国家社科基金
GUOJIA SHEKE JIJIN HOUQI ZIZHU XIANGMU
后期资助项目

# 语境论与科学哲学的重建

## 上册

Contextualism and Reconstruction of
Philosophy of Science

魏屹东 著

北京师范大学出版集团
BEIJING NORMAL UNIVERSITY PUBLISHING GROUP
北京师范大学出版社

**图书在版编目(CIP)数据**

语境论与科学哲学的重建/魏屹东著.—北京:北京师范大学出版社,2012.9
(国家社科基金后期资助项目)
ISBN 978-7-303-14064-0

Ⅰ.①语…  Ⅱ.①魏…  Ⅲ.①语境学  Ⅳ.①H030

中国版本图书馆 CIP 数据核字(2012)第 018224 号

| 营 销 中 心 电 话 | 010-58802181 58805532 |
| 北师大出版社高等教育分社网 | http://gaojiao.bnup.com.cn |
| 电 子 信 箱 | beishida168@126.com |

YUJINGLUN YU KEXUEZHEXUE DE CHONGJIAN
出版发行:北京师范大学出版社 www.bnup.com.cn
　　　　　北京新街口外大街 19 号
　　　　　邮政编码:100875

| 印　　刷: | 北京市易丰印刷有限责任公司 |
| 经　　销: | 全国新华书店 |
| 开　　本: | 165 mm × 238 mm |
| 印　　张: | 34.75 |
| 字　　数: | 570 千字 |
| 版　　次: | 2012 年 9 月第 1 版 |
| 印　　次: | 2012 年 9 月第 1 次印刷 |
| 定　　价: | 69.00 元(全二册) |

| 策划编辑:曾忆梦 | 责任编辑:曾忆梦 |
| 美术编辑:毛　佳 | 装帧设计:毛　淳　毛　佳 |
| 责任校对:李　菡 | 责任印制:孙文凯 |

# 国家社科基金后期资助项目

## 出 版 说 明

后期资助项目是国家社科基金设立的一类重要项目，旨在鼓励广大社科研究者潜心治学，支持基础研究多出优秀成果。它是经过严格评审，从接近完成的科研成果中遴选立项的。为扩大后期资助项目的影响，更好地推动学术发展，促进成果转化，全国哲学社会科学规划办公室按照"统一设计、统一标识、统一版式、形成系列"的总体要求，组织出版国家社科基金后期资助项目成果。

全国哲学社会科学规划办公室

# 序

　　《语境论与科学哲学的重建》是《广义语境中的科学》一书思想的细化和深化。在后一本书中，我的主要思路是：从"语境原则"（语境决定文本意义）出发，运用类比或隐喻把这一原则从语言层次扩展到社会、历史、文化和认知层次，然后运用扩展的语境解释事物或者事件的意义。我将这种思路称为语境的认识论提升和方法论扩张。因为，既然语境决定文本的意义，那么，事件或行动作为"文本"，它们的意义也一定由社会的、历史的或文化的语境决定。在那里，社会、历史和文化是作为"语境"使用的。我试图将狭义的语境提升到广义的语境，将语境原则提升到哲学认识论和方法论，也力争用案例给予充分的证明。这是否就是"语境论"呢？

　　经过更加广泛的阅读和更加深入的思考，我发现，先前的想法有点简单，甚至有点幼稚。因为我理解的语境论与作为世界假设的语境论和作为认识论的语境论之间还有一定距离，比如，我想当然地认为它是本体论的。其实不然。实际上，我是不自觉地运用了语境论的分析方法，比如概念和命题的语境分析、事件的历史分析，并没有就语境论本身进行深入细致的研究。这是《广义语境中的科学》一书的缺陷，但并不是遗憾。正是这些缺陷才使我有机会去反思并弥补它。经过这番思考后，我深深体会到，换一个角度或者提升一个高度看世界，给自己的思想提升了高度，给自己的灵魂储蓄了深度，给自己的认识增加了广度，给自己的知识增加了厚度，给自己的心灵增加了纯度，给自己的生命拓展了宽度。

　　现在看来，语境论并不是我想象的那样简单，它有自己一套严格的概念体系，它是众多世界观中唯一一个自称是非本体论的世界观，或者说，它是认识论范围的世界假设。当然，这并不妨碍和影响人们去建立具有本体论的语境论。非本体论的语境论只是没有假定世界由什么构成，或者说世界的本原是语境，是语境产生出实在的世界。世界的实在性是语境论的前提预设。必须指出，承认世界的实在性并不是判断一个世界观是不是本体论的必要条件。我们知道，唯心主义也承认世界是实在的，只是认为这种实在源于精神，而不是源于物质。"语境原则"和"语境作为基底"虽然是语境论的思想之一，而且"语境"的确具有本体论性，但本体论性还不是本原。除此之外，语境论还有更为深刻的思想，比如关于人类活动、人际交流、文化嵌入的思想等。这些思想对于当代科学和现代社会的可持续发展有着十分重要的意义。

　　本书的目的就是以语境论思想重新诠释科学哲学。之所以把语境论用于科学哲学的重建，是因为我发现所有科学哲学流派并不否认语境论，而且它们在很多方面与语境论是一致的。其实，在我看来，不同的科学哲学流派是不同程度的语境论，只是名称不同罢了。当然，名称不同，意义也一定有差异，这正是语境变换的结果。由于是在不同语境中的解释，因此，不同的科学哲学流派的观点之间存在着差异甚至矛盾，就是不言而喻和理所当然的了。需要指出的是，科学哲学的语境解释有把科学哲学流派泛语境化之嫌，正由于要冒此之险本书才有了创新性，创新与冒险并存。我接受这个挑战的同时，也真诚接受同仁的批评！

　　本书是我在长期进行科学哲学教学、学术研究、学术交流和合作过程中逐渐累积的结果，相当一部分内容已经以论文形式发表，书中又做了进一步修改和完善。这里列出已发表论文的清单：《证实、证伪与对称破缺》，《哲学动态》，1997(5)；《科学、非科学及伪科学的界定》，《自然辩证法研究》，1998(6)；《科学哲学发展中的四种形态》，《哲学动态》，1999(11)；《从珀金发现苯胺紫所想到的》，《科学》，1999(6)；《反对伪科学的两个有力武器》，《科学与无神论》，2000(6)；《西方科学哲学中的形而上学与反形而上学》，《文史哲》，2003(4)；《科学论对科学技术哲学的丰富和发展》，《自然辩证法通讯》，2003(4)；《科学主义：我们应该如何理解》，《科学技术与辩证法》，2004(6)；《"科学论战"为哪般？》，《自然辩证法通讯》，2005(1)；《科学哲学的认知转向及其成因》，《科学技术与辩证法》，2005(4)；《认知科学对科学哲学的渗透及其影响》，《科学技术与辩证法》，2005(6)；《作为世界假设的语境论》，《自然辩证法通讯》，2006(3)；《科学主义及其表现形式》，《自然辩证法通讯》，2007(1)；《论情景化潜意识表征》，《科学技术与辩证法》，2009(2)；《科学革命发生的语境解释及其现实意义》，《自然科学史研究》，2009(3)；《语境论的科学研究纲领方法论》，《人文杂志》，2009(4)；《认知语境与语境认知模型》，《哲学动态》，2010(6)；《试论科学编史学的语境化综合》，《自然辩证法通讯》，2011(3)；《归纳推理与科学说明的语境解释》，《南京社会科学》，2011(5)；《怀疑论难题与认识的语境论的解决策略》，《社会科学》，2011(10)。

　　在完成此书的过程中，我同山西大学科学技术哲学研究中心和哲学社会学学院的一些老师、同事和研究生多次进行交流、讨论，他们提出的问题和意见对我启发颇多，帮助颇多，我受益也颇多。在此，我对他们表示衷心的感谢！同时还要感谢国家社科基金对我的大力支持。最后，我要特别感谢我的爱人刘俊芳女士，正是她的无私奉献，才使得我有充足的时间和精力去完成本书。用语境论的术语讲，正是在这样的家庭语境、单位语境和国家哲学社会科学的语境中，我才能及时完成本书。

魏屹东

2011 年 1 月于山西大学蕴华庄寓所

# 目　录

# 上　册

# 第一章　科学哲学：从狭义语境论到
# 广义语境论

　　20世纪是科学哲学发展的"黄金世纪"，学派林立，新观点不断涌现。从"正统"的逻辑经验主义，经证伪主义，到历史主义及后历史主义和语境论（Contextualism）；从"语言转向"，经"解释转向"和"修辞转向"，到"认知转向"，构成了科学哲学发展的脉络。科学哲学出现了"百花齐放，百家争鸣"的局面，成为哲学阵营中一支生力军。

　　从语境论的视角反思科学哲学的发展，笔者发现，这些不同的学派和不同的转向有着共同的旨趣，这个共同的旨趣就是"语境"。也就是说，不论哪个学派，都自觉或不自觉地把语境作为探询的基底，都在自觉或不自觉地运用语境论的观点和方法，因此都是不同程度的语境论，或在某层次上与语境论"不谋而合"。正像人人都是常识实在论者，他或她并不否认其生活的环境事物存在一样，人人也是语境论者，因为他或她都是某一语言的运用者和某一社会、文化中的行动者，人的言语、行动都受到语言和社会文化环境的制约。任何概念、命题、理论都是语境依赖的和语境敏感的，因为没有语境我们就无法准确把握和理解它们的意义。正如语境实在论者施拉格尔（Richard H. Schlagel）所说的那样："所有经验和知识都是相对于各种语境的，不论是物理的、历史的、文化的还是语言的。由于语境变化，因此人们审视这些问题的角度也是变化的。"①科学实在论者和语境纲领的提出者及积极践行者郭贵春正确地指出："对于科学哲学而言，'语境'是一个重要视角，它提供了重新审视科学哲学发展的基础，逻辑经验主义侧重于符号化系统的形式语境，历史主义强调整体解释的社会语境，而具有后现代倾向的后历史主义则侧重修辞语境。没有形式语境，就没有科学的表征，没有社会语境就没有科学的评价，而没有修辞语境就没有科学的发明。所有这一切都只有在语境的意义上才能生成和发展，所以，从元理论的层面上对'语境'观念进行分析，是整个'语境'研究的基础。"②正是秉承了这一思想，笔者才有了研究语

---

① Richard H. Schlagel：*Contextual Realism：A Meta-Physical Framework for Modern Science*，New York：Paragon House，1986：Introduction，xxxi-xxxii.

② 郭贵春：《隐喻、修辞与科学解释》，北京，科学出版社，2007，第3页。

境论的基础理论或元理论与运用语境论观念和方法重新思考科学哲学的想法。

由此我们可以看出，整个 20 世纪科学哲学的发展，无论是实在论的还是反实在论的，是科学主义的还是人文主义的，是理性主义的还是非理性主义的，是现代主义的还是后现代主义的，是描述的还是规范的，是一元的还是多元的，是语形的还是语义的，是绝对的还是相对的，都自觉或不自觉地把语境作为一个对话的"平台"。在这个平台上，不同流派、不同观点既对立又融合，既交叉又重叠，在对立统一中继承与发展，在相互作用中借鉴与扬弃，表现出语境论的特征——用郭贵春教授的话说就是，在本体论上"超越现实，走向可能"，在认识论上"超越实体，走向语境"，在方法论上"超越分割，走向整体"。不同形式的语境论的相互作用、相互补充，构成了整体的科学哲学的内在统一，因为"形式语境必然要与语义相关，没有语义分析的形式语境是空洞的；而语义分析必然要涉及社会语境，否则，它是狭隘的和不可通约的。社会语境的目的不能不是促进科学的发明与创造，而这一目的的实现必然要通过修辞语境的具体化来得以完成和展开，所以，没有修辞语境的现实化，社会语境就是盲目的。修辞语境在很大程度上是语用分析的情境化、具体化和现实化，它是以特定的语形语境的背景和社会语境的背景为基础的，否则，它就不可能真正地发生"①。

由于语境的普遍存在和人们对它的习以为常，在行动中人们常常会省略或忽视他或她所在的语境。这好比人生活在空气中而往往不考虑空气的存在一样。语境由于作为前提，或作为背景，或作为基础，常常被忽视或省却，因为最根本、最基础的东西往往最容易被忽视。然而，这些作为前提、背景、基础的东西，往往是最重要的，没有它们，人们就无法理解事件或行动的意义，也就根本谈不上科学研究和认知。因此，无论我们如何强调语境对于意义的重要性都不会过分。在更广泛的意义上，可以说，在语言世界中，一切都是语境化的。语言的界限就是我们认识的界限。

就认识而言，一切知识都是语境化的。因为认识是不能脱离语境的，我们生活的世界是基于语境的世界的。语境分析的过程也就是语境寻求的过程，只有找到文本、事件或行动的语境，才能更好理解和把握它们的意义。因此，语境寻求的过程也就是意义展现的过程，人的世界就是意义的世界。

---

① 郭贵春：《科学修辞学的本质特征》，《哲学研究》2000 年第 7 期。

## 第一节　从不自觉的语境论到自觉的语境论

在笔者看来，科学哲学的发展经历了从不自觉到自觉、从狭义到广义的语境论转化。狭义语境论是指没有社会、文化渗透的语境论，只把某个东西如语言、经验、假设、信念作为事件的语境。广义语境论是把社会、文化、心理等因素作为关联因素纳入对事件的分析和理解之中，即作为事件的语境。语境的存在，使得理解成为可能，使得事件或行动有了意义。由于语境决定意义，因此，无论是词语、文本，还是事件、行动，它们的意义都是由它们的语境决定的。语境发生变化，意义也随之变化。同一命题或事件，在不同的语境中，意义也会不同，没有绝对的意义。比如，一种称为"广谱哲学"的观点认为，事物的性质、功能、属性等本身无意义。它们只有在一定的关系中、一定的联系中才有意义。这其实就是语境论的观点。"广谱哲学"提出的"最小联络公理"——对于任何客观事物 A，至少存在另一事物 B，使得（A，B）属于关系 R①，与语境论的"联动"原则基本一致，因为这个原则要求事件或行动永远处于相互联系和作用的关联之中。不存在游离于关系之外的事物或事件，关系与事物同在。不过，二者的区别在于："广谱哲学"坚持认为关系之外无意义，关系决定意义；而语境论认为，语境决定意义，语境包含关系，在原始语境中存在原始意义，语境的变化产生新的意义。因此，语境论具有相对主义的特征。

20 世纪 80 年代未出现的一种新解释框架——语境实在论（Contextual Realism）特别值得我们关注，它将科学实在论和语境论相结合，提出了一种不同于传统分析哲学式解释模式的、关于科学知识和科学发展的新模式。施拉格尔指出了这种新模式不同于分析哲学模式的三个方面：

（1）它不是把语言作为哲学探究的首要材料，而是把经验探询的结果作为首要材料（如果科学家仅致力于数学形式主义而忽视了实验探究的发现，他们能取得如此大的进步吗）；（2）它不

① 关于广谱哲学详见：张玉祥：《广谱哲学探讨》，北京，中国经济出版社，1998。"广谱哲学"是华北水利水电学院教授张玉祥 1996 年提出的一种哲学理论，主要目的是解决哲学的普适性和精确性之间的矛盾问题。它力图继承传统哲学的合理成分，又吸收自然科学的实验和数学方法，从广义客观性、广义可控性、广义量化建模的视角探讨哲学问题，使之更精确。这种哲学包括广谱存在论、广谱联络论、广谱阴阳论、广谱演化论、广谱知识论和广谱价值论，与语境论的观点非常相似。

依赖逻辑作为澄清概念和论证的工具；（3）它是系统的，因为它极力说明知识问题的不同方面，比如经验探询的层次，量子力学的自相矛盾的结论，神经生理学中的种种研究，心身问题困境，语言指称问题，真理的意义和标准，这些问题相互关联，并蕴涵了一种新解释框架：语境实在论。[①]

此后不久，国内部分学者致力于语境论科学哲学及其在诸自然科学中的应用研究，取得了一系列骄人的成果，比如对物理学问题、生物学问题、数学问题的语境分析，同样值得我们关注[②]。目前的生态哲学、可持续发展观、科学发展观等，可以说都是语境论在不同领域的具体应用，这些理论都是从更广阔的自然、社会、文化的高度探讨人的发展和人类生存问题，也就是把自然、社会、文化作为语境，把人类放入其中，讨论人与这些语境的相互关系。可以肯定地说，自然、社会和文化是人类生存和发展所必需的东西。我们承认，自然先于人类，自然是人类生存的必要条件，因此，自然是"一阶语境"。自然和人类的相互作用才造就了社会，进而有了语言和文化，相对于自然，社会是"二阶语境"，相对于社会，语言和文化是"三阶语境"。社会、语言和文化反过来又影响人类社会的发展，这样自然、社会、文化和人类就是一个良性循环的发展过程。自然环境的恶化是社会和文化语境出了问题，不是自然本身出了问题。因此，人类必须反思自己的行为，改善社会和文化语境，从而改善自然环境。

## 第二节　从独断论到语境论

语境论不仅是相对主义的（相对于语境），也是经验主义的。经验标准基于这样的观点，即存在着由个体共享的先验的确定知识体，个体的合法性如此明显，以致任何进一步的知识表征可以通过它或它的含义与共享的证据一致的程度得到检验。在过去的两千年里，西方知识发展的这个经验的、主体间的标准作为可接受证据的性质不断进化。根据这个证据，所有知识表征能够得到检验，而且这样一个检验能够被应用于实践。在传统的经验意义上，不论感觉证据是否有明显的独立性，最终标准一般认为是感觉的直接证据。

---

[①]　Richard H. Schlagel：*Contextual Realism：A Meta-Physical Framework for Modern Science*，New York：Paragon House，1986：Preface，xiii.
[②]　参见本书"参考文献"中郭贵春、成素梅、魏屹东、殷杰、贺天平等人的成果。

综观西方哲学史和科学史，笔者发现，经验证实标准的发展一般经历了五个阶段：独断论(Dogmatism)→理性主义→实证主义→逻辑经验主义→语境论。这几个阶段虽然名称不同，但共同点是经验主义特征，即它们依赖一个据称是共享信息的可靠主体来检验任何知识表征。

独断论由于它的来源、它的公正或合理性[①]，使得判断一个理论可接受的标准是它与受崇敬的可靠信条的本体一致。任何被显示与这个主体冲突的命题都将遭到拒斥。独断论在中世纪之前的地中海和欧洲社会是已经确立的认识论，如基督教神学、经院哲学等。文艺复兴后，理性主义开始取代独断论，但独断论在一些社会范围如宪法法理学家、宗教基础主义者、弗洛伊德学说信奉者那里仍有市场。独断论预示着笨拙而严格的危险，但正如一个理论是认知对象的模棱两可的表征一样，被断言的主体也是模棱两可的，当产生新的需要和意见时允许新的解释有误差。连续的探索通常也被允许补充或颠倒独断内容。

导致独断论逐渐被理性主义取代的一个更重要的问题是，受崇敬的规范真理的主体通常包含这样的原则：它们在似真性方面极大地变化，或相互矛盾，而且所有原则主张在经文(scripture)范围内要平等接受。中世纪哲学家安塞姆(Anselm)1077年在《独白》中从理性原则获得基督教义的主要部分，而不利用经文。这是西方世俗社会推进知识的开始。随后，中世纪逻辑学家阿布拉(Abelard)在《关于种和属》中进一步宣称，独断论对于判断知识命题的真理不仅不必要，而且不充分，因为理性分析能够代替经文来获得基督教真理。同时它也不适当，因为独断的主体即使在基本问题上也包括矛盾的陈述，因此，它不能提供一个判断关于这些问题的可选择明确表达的清晰标准。

在文艺复兴后的几个世纪里，始于公理的演绎理性方法得到充分利用。公理似乎是内在地令人信服的，比如原因比结果更重要，或是根据观察已确立的，比如所有生命来自生命，通过从可接受的公理分析它的逻辑导出性评价命题，即一切知识由自明的公理推演出来。在阿奎那、司各脱、奥卡姆、笛卡儿、斯宾诺莎、康德等人看来，这个理性主义的标准对知识的进步有重要贡献，知识是运用理性的结果，感觉经验不能达到确定性。理性主义优于独断论的地方在于：它的初始命题被接受是

---

① 独断论是怀疑论者对非怀疑论哲学的统称。怀疑论者认为，独断论者假设了他们相信为确定真的某些观点。不过，独断论并不是怀疑论的否定形式。古代怀疑论认为，我们应当悬置我们的判断，知识既非可能，也非不可能；在德国古典哲学中，独断论是指知识源于独立实在对心智的影响这一见解，这一见解与康德的先验唯心主义相对。在现代哲学中，独断论是指某些非批判的、非理性的断言。

由于这些命题的实验的或直观的似真性，而不是它们的特设性(given-ness)，因为与任何知识表征匹配的检验在逻辑上是更形式化的。

从理性主义到实证主义的转变，比从独断论到理性主义的转变更为缓慢，也更深刻。因为从独断论到理性主义的进化一直是一个细化的过程，包括初始条件的更复杂的选择和与新知识匹配的更正式的客观检验。但从理性主义到实证主义的进化则相反，因为理性主义从一般到特殊，而实证主义从特殊到一般。这种转变经历了从 14 世纪到 17 世纪，从罗吉尔·培根，经奥卡姆到弗朗西斯·培根。到 17 世纪，在洛克、伏尔泰、休谟等实证主义者的积极倡导下，随着英国经验主义和法国启蒙运动的发展，实证主义已经成为确定的认识论。直到 19 世纪孔德的著名的三阶段定律(神学阶段、形而上学阶段和实证阶段)的确立，才获得了"实证主义"的称谓。实证主义主张实证地给予知识，避免任何给予经验之外的沉思冥想。

20 世纪初，逻辑经验主义和与之相关的证伪主义，以非常复杂的方式综合了先前理性主义的演绎观和实证主义的归纳观而推进了经验主义。石里克、卡尔纳普、亨普尔、波普等科学哲学家提出了一个判断科学意义的双重经验标准——演绎先验标准和归纳后验标准。逻辑经验主义者坚持认为，在先验的意义上，知识表征应该是从一个更广阔的经验固定的理论可被正当地推出的，在后验的意义上，知识表征应避免通过一个新经验检验的观察不能被证实的危险。到 20 世纪中期，逻辑经验主义已经成为自然科学包括科学心理学占优势的认识论，它规定观察者从一个假设－演绎理论开始，而且这个理论的一般原则从先验的科学工作获得，并包含独立和非独立变量之间的一个新的假设关系，而操作这些变量受到经验检验的支配。如果这个检验结果与假设一致，它与导出它的理论就是更确信的；如果这个假设关系不能被证实，这个假设及其理论就会遭到拒绝。比如，在心理学中，几代心理学家已经使他们的研究概念化，以便与这个规定一致。

逻辑经验主义后的科学哲学——历史主义和后历史主义，奉行的是语境论的进路。语境论者认为，虽然逻辑经验主义对于演绎和归纳的漂亮综合帮助科学家既探索一个先验的理论，又探索一个后验的可控观察，但是它仍然有缺陷。这些缺陷倾向于日益恶化科学家的行为，并使科学家与他们自己及其工作疏远。语境论者主张，知识不仅与逻辑、理性有关，也同样与社会、心理和历史有关；知识的社会、心理和历史特征，并没有降低知识的纯洁性。也就是说，知识不仅是理性的产物，也是社会的产物。科学由"学院式"走向"社会式"就是极好的证明。

　　语境论的科学哲学主张，把语境作为阐述问题的基底，把语境论作为世界观与方法论，认为科学家的所有的认知活动都是在特定的自然、社会、语言和认知语境中进行的，科学理论是一定语境条件下的产物，在一个语境中是真的科学认识，在另一个更高层次的语境中有可能会被加以修正甚至抛弃。这种修正或抛弃是在再语境化的基础上进行的。因此，只有在语境的基底上，才有可能架起沟通科学主义和人文主义的桥梁；才能将规范的科学哲学与描述的科学哲学有机地结合起来；才能走出辩护主义者的科学哲学与非理性主义者、相对主义者的科学哲学之间的两难选择的困境。①

## 第三节　从单一科学哲学到语境化的"科学论"综合

　　科学哲学作为一门独立学科并不是孤立的，与它密切相关并相伴发展的学科还有科学史、科学社会学及科学知识社会学。这些学科共同构成了"科学论"的内核。

　　从学科对象看，科学哲学围绕科学语境化。以科学为研究对象的学科都有一定的关联。从某某学科的观点、方法看科学，就形成了科学某某学，比如，从历史学审视科学，就形成了科学史；从社会学审视科学，就形成科学社会学；从伦理学审视科学，就形成了科学伦理学；从哲学审视科学，就形成了科学哲学，等等。这些新的学科围绕科学形成了新的学科群，这就是笔者称之的"科学论"(Science Studies)综合(如图 1-1 所示)②。

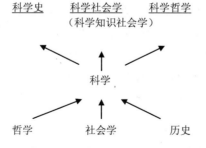

科学史　　科学社会学　　科学哲学
（科学知识社会学）

科学

哲学　　　社会学　　　历史

**图 1-1　以科学为对象的学科之间的构成关系**

---

① 郭贵春：《隐喻、修辞与科学解释》，北京，科学出版社，2007，第 6 页。
② 魏屹东：《广义语境中的科学》，北京，科学出版社，2004，第 1～4 页。

从发展关系看，科学哲学处于"科学论"的语境化之中。我们知道，科学哲学与科学史及科学社会学的关系最为密切。笔者把它们之间的关系及演变关系概括为图 1-2：

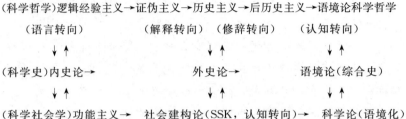

图 1-2　科学哲学相关学科间的内在关联

这些关系说明，不同学科之间存在内在联系，表现出两个共同的发展趋向：（1）语境论的综合；（2）认知转向。认知研究也表现出语境论的渗透，因为认知是语境化的，心智的涌现是语境化的。需要进一步说明的是：（1）逻辑经验主义、内史论和功能主义是典型的科学主义；（2）社会建构论是相对主义的反科学主义；（3）科学大战既是科学主义者（科学家和大部分科学哲学家）与科学知识社会学家之间的争论，也是科学与"SSK"①之间的争论；（4）历史主义从图尔密开始，经库恩发扬光大，因此，也称"库恩转向"或"历史转向"。"库恩转向"不仅影响了科学哲学，也影响了科学外史和社会建构论的兴起。也有哲学家认为"库恩转向"也是"语境转向"的开始，因为他把历史、心理和文化因素引入科学哲学；（5）"科学论"应该是一个学科群，包括所有以科学为研究对象的学科，主要是科学哲学、科学史和科学社会学及科学知识社会学；（6）"认知转向"是指 20 世纪科学哲学的发展，以后历史主义结束，此后的学派更替模糊了，许多科学哲学家转向了科学认知、科学发现问题及认知科学的哲学问题研究，形成了科学哲学的第四次战略转移②。

"科学论"的出现，使科学哲学上升到新的高度。哥白尼革命以来的科学发展（包括以科学为基础的技术进步），彻底改变了人类社会的面貌，使这段历史成为人类历史上最辉煌、最难以忘怀、最富有挑战性的一段

---

① "SSK"是科学知识社会学的英语名称"Sociology of Scientific Knowledge"的首字母缩写，它奉行社会建构论的思想。

② 魏屹东：《认知转向：科学哲学发展史上一次新的战略性转移》，见李平等编：《科学、认知、意识——哲学与认知科学国际研讨会文集》，南昌，江西人民出版社，2004，第 3～32 页。

历史过程。"这一过程常常引起巨大的震动，无论是对科学本身，还是对科学家本人，以至于对整个社会都会产生深远的影响。"①特别是"二战"以来，科学的迅猛发展以及对社会的巨大影响激发了人们对科学的研究热潮——"科学论"的出现。哲学家、历史学家、社会学家、人类学家、科学学家以及伦理学家和女性主义者等纷纷将目光投向科学，关注科学，研究科学，反思科学，相应地出现了科学哲学、技术哲学、科学史、科学社会学、科学知识社会学、科学学、科技伦理学以及"STS"及"SSTS"②这些新的研究领域。同时也形成了不同于传统科学技术哲学（自然辩证法）的研究理路，如逻辑学理路，历史学理路，社会学理路，文化学理路，语言学理路，伦理学理路等。"科学论"的出现，使科学哲学的发展表现出以下三个特点：

第一，科学哲学的内容得到丰富与充实。传统科学哲学主要研究科学的合理性、科学理论的结构与功能、科学的划界、科学发展模式等。"科学论"的出现，形成了围绕科学的种种争论——理性主义与非理性主义、本质主义与非本质主义、绝对主义与相对主义、现代主义与后现代主义、科学主义与人文主义、实在论与反实在论，掀起了一场"科学大战"（Science War）。这是一场科学与"反科学"的论战，一场科学与人文的大冲突，一场科学家和人文学者的直接交锋与对话，一场关于科学的不同思想和观点的大碰撞。这场论战涉及科学本性、科学真理的客观性和理性、科学的合理性、科学方法、科学道德、科学价值、科学与社会诸因素如政治、经济、军事、教育和文化的互动等问题，必将对科学哲学产生深远的影响。学者们还提出了解决这场论战的种种方案③：一是以传统文化改造科学，如以中国传统文化消除科学的负面效应；二是以人文精神消解绝对的科学主义，如萨顿的新人文主义；三是以系统观重建科学，如系统哲学、自组织哲学的科学观；四是以社会学、人类学和文化学方法重塑科学，如科学知识社会学的种种理论。"科学论"的这些尝试和探讨使科学哲学得到升华与深化，使人们对科学的理解从一元走向多元，从一维走向多维，从片面走向全面，从表层走向深层，从科学

① 〔美〕R. M. 克朗：《系统分析和政策科学》，北京，商务印书馆，1986，第7页。
② "STS"有两个含义：一是指科学、技术与社会（Science，Technology and Society）；二是指对科学和技术的研究（Science and Technology Studies），有人将它译为"科学技术学"，有人译为"科学技术论"等；"SSTS"指对科学、技术和社会的研究（Studies in Science，Technology and Society），这一名称可以消解一些关于"STS"名称的不必要的争论，美国科学史学会（HSS）用的是此名称。
③ 魏屹东：《广义语境中的科学》，北京，科学出版社，2004，第2页。

"文本"走向科学"语境"。

第二，科学哲学研究范围得到拓宽与深化。逻辑经验主义从语言分析角度研究科学语言的逻辑结构，认为科学在逻辑上是自洽的，语言上是准确的、无歧义的，经验上是确证的，促成科学哲学的"语言转向"；历史主义从历史分析角度研究科学的发展，认为科学是历史地通过范式的更替发展的，逻辑和历史是统一的，促成哲学的"解释转向"；社会建构主义从社会学角度研究科学，认为科学是社会建构的，是由社会决定的，而不是由理性或客观决定的，影响了哲学的"修辞转向"，拉图尔的"社会修辞学"方法就是从社会学角度研究科学知识产生的过程；文化主义从文化角度研究科学，认为科学是文化现象，是文化而不是社会和自然决定科学的发生与发展，影响了科学哲学的文化哲学研究，比如罗蒂从科学哲学到文化哲学的转向；计算表征主义认为科学是认知过程，认知又是计算和表征过程，科学发现就是心智的计算表征过程，这或多或少影响了科学哲学的"认知转向"。这些研究都从各自学科拓宽和深化了科学哲学的研究视野。

第三，科学哲学与相关学科得到融合与整合。"科学论"中的每个学科都以科学为研究对象，这种内在一致性使这些学科近年来不约而同地走到了一起，出现了相互融合的趋势。以科学史、科学哲学和科学社会学为例。就这三个学科发展趋势而论，它们一般都经历了从内在论到外在论，再走向综合统一的过程。科学史从内史、外史到内外史统一，科学哲学从逻辑经验主义（内在论）、历史主义（外在论）到后历史主义（综合论），科学社会学从功能主义（内在论）、社会建构论（外在论）到社会文化主义（综合论）。这种颇为一致的趋向绝不是偶然的巧合，而是科学发展走向综合趋势的反映。即使"STS"的兴起，也受到这些学科特别是科学哲学的影响，因为科学哲学从历史主义到科学实在论的演进中，都强调紧密联系社会文化因素研究科学发展，科学哲学也因此逐渐向科学发展的社会效应和价值领域延伸，这就促成 20 世纪 80 年代一门新研究领域"STS"的兴起。尽管这些学科研究的侧重不同，但彼此之间的重合表明：不同的学科在相互渗透和交叉，学科固有的疆域正在被打破，不同的相关学科在渗透和交叉中逐渐得到整合。这种不同学科的渗透、交叉与整合使得科学思想史与科学社会史研究珠联璧合，使科学哲学与科学知识社会学在知识生产问题上殊途同归，使心智哲学与认知科学在心智问题上趋于一致。这些学科相互融合，相得益彰，使科学哲学得到提升和扩展，使之成为具有语境论特色的新的科学哲学。

## 第四节　从科学中的哲学到语境论的科学哲学

真正意义上的科学哲学(Philosophy of Science)是 20 世纪初形成的。但就它的思想传统而言，同科学的历史同样久远。随着科学的发展，科学哲学不断拓展自己的研究范围，丰富自己的内容，改变自己的形式。纵观科学哲学的发展历程，笔者认为它大致经历了五种形态的演变：

第一，科学中的哲学(Philosophy in Science)。近代科学产生前的前科学时期，古希腊一批杰出的自然哲学家如毕达哥拉斯、德谟克里特、亚里士多德等的论著中以及中世纪和文艺复兴时期的哲学家罗吉尔·培根、奥卡姆和司各脱等的论著中都包含着丰富的科学哲学思想，他们着重探究科学方法如归纳、演绎、分析—综合、公理法等，这是前科学哲学时期。近代科学形成后，真正的科学哲学思想萌生于具有哲学头脑的科学家如开普勒、伽利略、牛顿、莱布尼茨等的著作中，他们侧重于科学方法及科学研究的逻辑进程。科学哲学思想的系统化和规范化则发轫于 19 世纪中后期赫歇尔的《自然哲学研究》和孔德的《实证哲学教程》，特别是惠威尔的《归纳科学的哲学》和穆勒的《逻辑系统》，可看成是科学哲学作为一门独立学科的标志，他们着重研究科学中的诸种哲学问题及科学理论的逻辑结构。受这些哲学家的影响，20 世纪初的一批哲人科学家马赫、彭加勒、杜桓等加深和强化了科学中哲学问题的研究，为现代科学哲学的形成和发展奠定了基础。科学中的哲学研究直到现在仍是科学哲学中的一个重要领域，科学家的科学哲学思想研究和某学科中的哲学问题研究如物理学哲学、化学哲学、生物学哲学等属于这一传统。

第二，科学的哲学(Scientific Philosophy)。科学的哲学是相对于传统哲学而言的。逻辑原子主义和逻辑经验主义是"科学的哲学"的代表。逻辑原子主义主张以数理逻辑改造传统哲学，代表人物罗素提出"逻辑是哲学的本质"，认为科学哲学的任务在于逻辑分析。罗素的学生维特根斯坦继承并发展了他的观点，进一步提出"全部哲学是语言批判"，主张哲学语言逻辑化、科学化。逻辑经验主义继承发展了逻辑原子主义，形成了科学哲学史上第一个真正的科学哲学运动，涌现了一批专业的科学哲学家，如石里克、卡尔纳普、亨普尔、艾耶尔、赖欣巴哈等。他们以拒斥形而上学为己任，以逻辑和经验为基点，对以思辨性、综合性、模糊性为特点的传统哲学进行改造，试图建立科学的、精确的哲学，声称自己的哲学才是科学的哲学。逻辑经验主义虽过分夸大了逻辑分析的作用，但也使哲学走向了精确化、逻辑化和科学化，深化了哲学的反思功能，为现代科学哲学的兴隆奠定了基础。

第三，现代科学哲学（Modern Philosophy of Science）。现代科学哲学指肇始于 20 世纪 20 年代的逻辑经验主义，并同后来相继出现的证伪主义、历史主义、科学实在论等流派共同形成了科学哲学运动。它以科学为研究对象，对科学进行全方位、多层次的哲学反思。其研究内容主要包括通论和各论。通论研究一般的科学哲学问题，如科学的性质、功能、结构，科学观察，科学理论的结构，科学发现的方法论，科学理论的评价、目的，科学的划界，科学发展模式等。各论是自然科学诸学科的哲学问题，如数学哲学、物理哲学、化学哲学等。现代科学哲学是科学哲学最主要的形态，形成了科学哲学的基本范式。

第四，科学的社会哲学（Social Philosophy of Science）。这是 20 世纪 90 年代以来形成的一种新的科学哲学形态。它将科学放到社会文化大背景中去考察，即立足于社会文化大背景反思科学，主要研究科学的本性、价值、精神、文化意蕴以及科学与技术、经济、政治、教育、道德、宗教等的互动关系。发轫于 20 世纪 60 年代初的历史主义学派开启的后现代科学哲学和对爱因斯坦、玻尔等科学家具有非经典的后现代意识的科学哲学思想研究以及科学的人文主义研究和科学的后现代主义研究是这种科学哲学的主流。这种科学哲学同科学外史及科学社会史的研究遥相呼应，共同构成了科学的社会哲学这道亮丽的风景线。这其实就是没有"语境论"标签的语境论。

第五，语境论的科学哲学（Contextualist Philosophy of Science）。语境论形成于 20 世纪 40 年代，美国哲学家派普（S. Pepper）是其代表，他把语境论看做是一种不同于机械论和有机论的世界假设。但把语境论引入科学哲学研究的则是 20 世纪 80 年代后期的事情，这一转折点以施拉格尔的《语境实在论》（1986）为标志。把语境论引入科学哲学，用其观点和方法审视科学哲学，形成了具有语境论特征的科学哲学。语境论作为一种世界观和认识论，它把整个世界和世界上所有的事物（包括植物、动物、人类）看做是在多层次环境中不断相互作用、不断变化着的系统。这种多层次环境被设想为不断变化和积极影响它自己以及它的环境的整体。也就是说，任何事物的变化发展都与其环境的变化发展息息相关。语境论世界观拓展了人们理解事物的范围，它把当前事物看做是过去事物的结果和未来事物的原因，从因果链透视实在世界。或者说，现实事件或行动是过去的历史事件功能地呈现的结果。比如，关于可持续发展的种种生态观点都是语境论的不同形态。在科学哲学中，历史主义之后的种种科学哲学流派如后现代主义、女性主义、社会建构论等，都是某种程度的语境论。在国内，目前出现的语境实在论和语境纲领的研究①，就是对语境论的继承和发展。科学哲学的语境论趋向表明：语境纲领框架下的科学哲学将成为科学哲学研究的一个新范式。因为：

> 无论是以语境实在为特征的本体论立场，以语境范式为核心的认识论路径，还是以语境分析为手段的方法论视角，"语境"所具有的元理论特征，使人们已经不能把语境论仅仅局限于"使科学哲学融合起来"。事实上，作为一种普遍的思维特征，它在世界观的意义上，成为构造世界的新的"根隐喻"。②

## 第五节  语境论与相关理论的区别

语境论作为一种世界假设或世界观，有许多亚种。或者说，它可以派生出许多不同理论，类似于维特根斯坦的"家族相似"。"Contextualism"这个词的拉丁文词根"Contextus"是连在一起之意。由于过去在使用它的不同语境中对它存在各种解释，因此对它的真实含义并没有一个十分清楚的表述。当一个人持语境论观点时，他可能选择不同的词来表达，如透视论（Perspectivism）、事项处理论（Transactionalism）、生态论、历史主义等。尽管这些概念之间存在着差别，但它们有着共同的思想内涵：言语、事件或行动与其语境不可分离，语境制约它们的发展。与语境论相关或者相似的理论有辩证唯物主义、交互论（Interactionism）、系统论、社会建构论、实证主义、基础主义和连贯论。这些理论具有语境论的总特点，同时彼此也有差异，尽管这些差异有时并不十分明显，而且容易混淆。因此，有必要对这些相似的理论进行辨析。

（一）语境论与辩证唯物主义

辩证唯物主义是语境论的一个版本③，二者可以从以下五方面进行

---

①  关于这一研究，参见郭贵春：《语境纲领与现代科学哲学的发展》，《中国社会科学》2006 年第 5 期；魏屹东：《作为世界假设的语境论》，《自然辩证法通讯》2006 年第 3 期；殷杰：《语境主义的本质特征》，《哲学研究》2006 年第 6 期。

②  郭贵春：《隐喻、修辞与科学解释》，北京，科学出版社，2007，第 2 页。

③  See Steven C. Hayes, Linda J. Hayes, Hayne W. Reese, Theodore R. Sarbin: *Varieties of Scientific Contextualism*, Context Press, Chapter 4, 1993.

区别：（1）辩证唯物主义是本体论世界观，主张世界统一于物质，物质、时间、空间和运动不可分割；语境论是非本体论的世界观，它没有假定世界由什么构成，只主张世界中的事件在语境关联中通过扩散、集聚和融合不断变化，变化产生新奇（novelty）。（2）辩证唯物主义主张实践是社会目标引导的，实践是认识的来源和最终目的，实践是检验真理的唯一标准；语境论强调语境中的行动（act in context），成功工作是检验真理的标准，行动往往是个人目标引导的，主张行动是知识的基础，知识产生于它的特定语境。二者都不承认有绝对真理。（3）辩证唯物主义的根隐喻是社会实践（劳动、生产和客观活动），认为世界的组织和目的是实践的特性，坚持世界的可知性；语境论的根隐喻是历史事件或行动，认为世界在组织和目的意义上是非理性的，主张世界仅在成功实践的意义上是可知的。二者都反对康德的不可知"物自体"。（4）辩证唯物主义认为矛盾双方既排斥又同一、自我运动与发展；语境论认为，人的目标与其障碍之间的矛盾，导致工具行动把目标与其障碍合并起来，当工具行动与它的目标和障碍完全整合时，三者形成一个整体结构，障碍不再作为障碍出现，工具作为插入行动也不再出现，而只是完全作为整个复杂行动的一个环节。这是语境论解决矛盾的方式[①]。（5）历史唯物主义应用辩证唯物主义观点解释社会与历史的发展，强调历史事件之间的联系与发展；语境论应用历史事件解释事件或行动的变化，强调事物的多层次变化与新奇，以及这些不断变化着的不同层次之间的相互功能关系。它们都强调发生事件的历史关联。

（二）语境论与交互论

交互论就是现代实验心理学中的刺激－反应理论。它主张行为由环境的性质决定，环境与行为之间是刺激－反应关系，可相互独立存在，并把环境刺激当做语境的同义词。譬如，斯金纳的交互论把行为看做是环境刺激的一个功能，而环境刺激本身则在事件的线性过程链的可见范围内起作用。语境论强调语境（环境集）与结构（texture）[②]之间的相互关联，语境不简单地外在于事件，而是它所指向的事件的一个不可分部分。语境与结构并不是相互独立的，而是互补定义、相互包含的，其中一个变化可引起另一个变化。语境在这里不是被看做一个本体论的范畴，而是事件的一个有机组成部分。我们既不能说存在着脱离语境的事件，也

---

① S. Pepper：*World Hypotheses*：*A Study in Evidence*，Berkeley，CA：University of California Press，1942：262.

② "texture"是指能引起历史事件明显特征的内在结构与关系。

不能说存在着没有事件的语境。把语境想象为脱离事件的存在，无异于设想存在脱离脸的微笑。语境不是有序的、不变的外在实体，它不能精确地分解为各个部分，然后把它们归结为非线性因果模型进行解释。相反，语境被看做是一个本质上用来审查和解释事件的复杂的"关系框架或矩阵"①。同具有内在基础主义传统的因果模型相比，语境论假定了一个相关因素、反馈环和双向因果关系之网。语境中的一个变化能够改变意义，一个事件本身一个因素的改变能够引起其语境的变化。

(三)语境论与实证主义

两种理论的区别在于：(1)实证主义源于18世纪至19世纪的联想主义，与行为主义在许多观点上相似；语境论源于格式塔、历史主义和实用主义，与解释学、批判实在论②有许多相似。(2)关于信念和事实的关系，实证主义认为收集事实是为了形成信念；语境论认为收集事实是为了证明、澄清和普遍化已有的信念。(3)关于观察的性质，实证主义认为我们能够看到实在；语境论认为我们能够看到我们所知道的，看不到我们不知道的。(4)关于理论评价，实证主义比较理论与事实，认为一个好的理论是那种可以被证实的理论；语境论比较两个不同理论，认为一个更好的理论是那种更清晰、更具说服力、更接近综合、描述更清楚的理论。(5)关于科学与其他知识的关系，实证主义认为科学知识是客观的，科学之外不存在有意义的东西；语境论认为科学知识与其他知识在依赖语境的意义上基本上没有差别。(6)关于事实与增长，实证主义认为事实就是事实，当发现新的事实时，已经建立的事实本身仍保留，进步是真实的，并逐步缩小知识与真理之间的差距；语境论认为真理依赖于语境，当发现新事实时，旧事实可能消失或改变，进步的意义依赖于语境。(7)关于方法与事实，实证主义认为方法是发现客观事实的基础，存在科学方法，方法独立于理论；语境论认为方法就其重要性而言依赖于理论，在理论指明的事实之外不存在事实，不涉及理论的适当方法是不存在的，即方法是依赖理论的。

---

① 魏屹东：《广义语境中的科学》，北京，科学出版社，2004，第21~24页。

② 批判实在论是在批判朴素实在论中形成的，其代表人物是塞拉斯。这个名称源于他的著作《批判实在论》(1916)。批判实在论主张存在一个独立的、客观的物理世界，这个世界是我们认为的对象。之所以是"批判的"是因为它声称，直接呈现于我们意识中的是心灵状态，而不是物理事物本身，心灵正是通过心智这个中介而认识外部世界的。这样，批判实在论者就把心灵、心智和外部世界作为一个整体考虑。这与语境论的观点基本一致。

（四）语境论与系统论

系统论是为了解决复杂系统问题而产生的，代表人物是贝塔朗菲。它兼有机械论和有机论的特点。它同语境论的共同点在于，它们都反对把世界看做是独立要素和线性因果性的离散世界，通过使用综合、组织和目的论等概念强调复杂性、整体性和系统性。如果把这种观点应用到心理学和社会领域，它强调"人的能动想象力"，人在活动中是作为一个有方向性或目的性的开放系统存在的。

语境论不反对综合、统一和组织的可能性，也强调目的性，但反对系统论在有机论立场上固有的"现象—实在二元论"（Appearance-Reality Dualism）。也就是说，语境论不把生成或变化过程看做遮掩某些不变的机械论的结构和某些绝对的有机论的整合的面纱，它把能动的、变化的和持续的事件看做实在，而不是把它看做由永久性结构或原则刻画的某种形式的实在。同样，有目的的行动不必被当做一个隐含的有机原则，而是被置于人际间，并被看做相互关系的突现的特性。这样，系统论所概念化的东西是把有机体的内在特性作为开放系统，语境论把事件或行动置于人际间的范围，并作为关系过程的突现性质得到检验，而且强调把智能个体构造的特点、倾向和特性看做相互关系的特性。

（五）语境论与建构论

这两个理论在许多假定上有共同之处。建构论（Constructivism）假定：理论之外不存在一个"真实"的世界，理论是人为建构起来解释这个世界的。它强调实在的社会建构和个人意向性在建构社会实在中的作用，主张真理不是对外部世界的真实反映，而是人们用来解决实际问题的可行的、适当的工具，没有哪个理论比别的理论更能反映实在，否认科学知识的客观性和实在性。例如，格拉瑟菲尔德（Glaserfeld）声称："……我们的知识是有用的、相关的和可行的，然而，我们要求评价实证目标。如果知识支持经验，能够使我们做出预测，根据情况产生或避免某些现象……如果知识不能够服务于这个目的，它将是有问题的、不可靠的、无用的，并最终被贬斥为迷信。"①这种立场也与社会学中的人类学定向密切相关。比如，科学知识社会学中的人类学方法就是社会建构方法。

语境论者基本赞成上述观点，只是在"社会实在是一个完全和充分的个人意向性的建构"这个主张的范围上有所不同。语境论者强调在创造知

---

① E. Glaserfeld："An Introduction to Radical Constructivism,"in P. Watzlawick（ed.）：*The Invented Reality：How Do We Know What We Believe We Know? Contributions to Constructivism*，New York：Norton，1984：23-24.

识过程中社会文化和背景信息的建构作用，主张人在与外部世界的联系中的语境化关联，并不否认科学知识的客观性和实在性。他们强调"语境"不是被看做条件的外在环境，而是被看做社会行动本身的不可分割部分。而且强调，在一般和特殊的意义上，"语境"被规定为是从宏观的政治和社会制度层面到微观的人际间的交流层面不断变化的东西。日常生活事件和由它们创造的语境在它们被嵌入更广阔的社会文化和历史环境中显现。为了防止回归到一元论立场（唯心的或唯物的，唯心主义者认为语境是人类意向性的产物，唯物主义者认为语境决定活动的性质），语境论者强调不同语境之间的相互关系和连续性的重要性。宏观层面的语境进入日常生活的微观层面的语境，并成为一体，而且日常生活实践可能以意向或非意向的方式在它们发生的更广阔语境中激起变化。也就是说，人们在论说、交流和通信中建构语境。从语境论的优势观点看，说这个建构总是反映人们的意向活动和这个建构采取的方向总是反映一个期望的结果的观点是过于简单化的。之所以说这个辩护过于简单化，是因为它否认社会结构（宏观层面的语境）的真实性和人类行为表现的实际的"约束"（constraint）和"给予"（affordance）的真实性①。总之，建构论倾向于忽视更广阔、宏观层面的语境和它们表现的实际约束，语境论则专门集中研究人际关系和二元建构。

（六）语境论与基础主义

在认识论范畴，语境论与知识"确证"（justification）问题密切相关。认识的"语境论"主张，推理证明过程总是依赖于信念背景，而信念本身并没有证据支持。杜威、维特根斯坦、波普、库恩等被认为是这种语境论的代表。根据这个观点，人们关于知识陈述的证明，并不是排除任何逻辑上可能的途径来确定其真伪或论证的不充分，而是排除某些特别相关因素或认识上的缺陷。知识陈述依据不同的语境而变化。

由于把语境看做是解决问题的基底，语境论似乎与基础主义很相似。其实二者无论在传统上还是实质上都不同。关于知识确证的基础主义是这样的一种观点，它主张"一切知识和得到辩护的信念在根本上都取决于某种基础，这种基础是由非推理的知识或者某些特殊的信念构成的，那些信念本身得到了辩护，但其辩护并不在于它们是从其他已经得到辩护的信念中被推导出来的"②。基础主义有两个主要特征：其一，坚持基本

---

① M. Georgroudi："A Prospective Look：The Need for Constructive Integration，"*Contemporary Social Psychology*，1985，11(1)：19-21.

② 徐向东：《怀疑论、知识与辩护》，北京，北京大学出版社，2006，第 357 页。

信念是自我确证的或内在可靠的。但当代基础主义一般认为，这种内在可靠性并不像早期基础主义认为的那样，是必不可少的基本信念；其二，由于认识论上的基础地位，实质性的基础理论限制那些过于狭窄地"确定类"（specified kinds）信念的内在可靠性。语境论者不仅反对所有形式的内在可靠性学说，而且在相当重要的意义上，反对基础主义在适当条件下对作为语境基础的信念的类不加任何约束，因为对于内在可靠性的解释与辩护一直是基础主义者面临的主要问题。

在方法论上，语境论也与辩护的"回归问题"（regress problem）紧密相连。基础主义认为阻止辩护回归的唯一方法是运用"自我确证的基本信念"（self-justified basic belief）。信念之所以基本和自我确证，是基于信念本身的特性，因此，基础主义的任务之一便是确定内在于自我确证信念内容的重要标准。语境论者反对把"自我确证的基本信念"作为回归问题的阻止者，因为这样无异于把需要进一步确证的信念作为标准。这种所谓的"自我确证的基本信念"本身需要进一步确证或辩护。它是建立在没有确证的信念基础上的，这本身又构成了一个新的"回归问题"。语境论者认为阻止回归问题的最好方法是语境，语境是无须再确证的。一个命题的意义是由其语境决定的，并随语境的变化而变化。不过，语境论者面临的困难在于，如何解释一个未经确证的命题能为其他信念提供辩护。

（七）语境论与连贯论

语境论既与知识确证的连贯论或融贯论（Coherence Theory of Justification）有某些相似性，同时也存在差异性。关于知识确证的连贯论认为，知识并不存在基础主义者声称的所谓的"基础信念"，我们应该把我们的信念系统设想为一个相互关联、相互支持但没有任何明确基础的网络。连贯论者与语境论者都不赞成这样的观点："特定的信念具有一个固定的认知地位，而且，对于按照'先验的/经验的'、'必然的/偶然的'、'分析的/综合的'这样的区分来划分我们的信念，他们也不感兴趣。"[①]连贯论与语境论的差别主要有两个：其一，语境论者主张知识的整体论，反对原子主义的知识论，但他们不像连贯论者那样采取一种极端的整体论立场。"换句话说，尽管语境主义者强调说，辩护总是预设了某些语境上相关的信念，但他们并不使用'总体观点'或者'我们的整个信念系统'

① 徐向东：《怀疑论、知识与辩护》，北京，北京大学出版社，2006，第482页。

这样的概念。"在语境论者看来，"总体辩护"思想是一种幻想①。其二，连贯论者明确区分了"事实承诺"和"认知规范"，认为前者是本体论的，后者是方法论的；语境论者则认为"事实承诺"与"认知规范"是认识论和方法论的而非本体论的。因为：

> 融贯论者认为，事实承诺是从构成信念系统或者总体观点的那些信念中得到表示的，其认知地位取决于那个系统或者那个观点多好地满足了"融贯性"这个一般的认知标准。所以，在融贯论的辩护理论中，"融贯"就是唯一的认知规范。相比较，在语境主义的图景中，事实与规范的区分与其说是本体论上的区分，倒不如说是方法论上的区分。②

连贯论者还提出一种与基础主义相反的关于推理证明的整体论模型。根据这种模型，一种信念，通过合并进入一个适当一致的整体信念系统，就可以被确证。语境论者认为，这种方法会带来一些问题，比如，连贯标准如何清楚地给出什么东西满足这种标准？它与我们信念为真之间的关系是什么？人是否具有一个作为他自己的整体信念系统的清晰图景令人怀疑，连贯论的"整体观"似乎使得证明服从于严格的理想化事物。连贯论者则反驳说，语境论恰恰是由于不能说明真实的认识论上的证明如何可能并避免了这些问题，它最终将不能与"'确证'依赖于未加确证的假设"这一怀疑论观点区别开来。

连贯论者的这一反驳引出这样一个问题：语境论者是否要回答传统理论家遇到的同样问题，或以同样的方式回答这些问题。传统的确证范式的目的是要回答普遍的怀疑论问题，如我们关于外在世界的任何信念得到确证了吗？语境论者的高明之处在于他们不是直接回答怀疑论，而是尝试着判断或消解传统怀疑论问题。语境论者需要说明传统的整体证明在解释怀疑论问题时为什么不奏效，比如，语境论者杜威、维特根斯坦、库恩等认为，所有已确证的信念为了获得证据支持而依赖一些无须证明的未确证信念。语境论者认为，在探询的任何语境中，人们简单地假设一些可接受性命题作为认识的始点，这种"以语境为基础的命题"虽然缺乏证据支持，但能够为其他命题充当证据支持。而且强调"以语境为

---

① 徐向东：《怀疑论、知识与辩护》，北京，北京大学出版社，2006，第482页。
② 徐向东：《怀疑论、知识与辩护》，北京，北京大学出版社，2006，第483页。

基础的命题"随着语境和文化传统的不同而变化，譬如，从神学语境到生物学语境，从一种文化传统到另一种文化传统。

不过，语境论者关于"未确证的假设能够为其他命题提供知识的证明"的观点受到挑战。因为人们需要关于未确证的假设怎样能产生证据支持和一个不可能信念怎样使另一个成为可能的精确说明。为此，一些语境论者建议放弃对知识的传统证据条件，而把知识的证明条件作为因果条件。如果你知道 P，当且仅当：

(1) 你相信 P；

(2) P 是真的；

(3) 你相信 P 是通过事实因果地被产生并确定；

(4) 事实使 P 为真。

这是各种知识因果理论的逻辑基础。但知识因果理论在普遍陈述知识这里也面临严重的问题。比如，我们清楚地知道"所有知识是人为产生的"，但这一陈述为真似乎并不是"所有知识是人为产生的"这一事实因果地支持的。语境论者如何解决这个问题还将拭目以待。笔者将在第三章详细讨论这个问题。

## 第六节　语境论的本质特征

语境论作为一种新的认识论和方法论，具有理念上的新颖性和创造性，方法上的横断性和普适性。它已经在经济学、社会学、建筑学、教育学、心理学、伦理学和行为科学等众多领域有广泛的应用。

派普运用根隐喻理论首次对语境论进行了系统研究。他认为语境论的根隐喻是"历史事件"，"历史事件"是现实中动态的、活跃的、语境中的行动①。语境论者通过"历史事件"的复杂网络来解释现实事件的相互关联和相互作用。语境论假定了一个真实的、复杂的和不断变化的世界，但没有假设以某种方式组织起来的本体世界，其兴趣直接与人们的实践目标相关。

语境论的基本范畴是"变化"和"新奇"。正如派普所说，"在最根本的

---

① S. Pepper：*World Hypotheses：A Study in Evidence*，Berkeley，CA：University of California press，1942：232.

意义上接受的变化与新奇将被当做这个理论的基本预设"①。在他看来，变化是事件的演化、显现和重构，既可以"变慢"，也可以"稠化"，以便人们区别各种事件及定性描述和定量评价它们之间的相互关系。

事件的变化通过扩散、集聚和融合的方式进行。结构的性质通过组分、组分的语境和指称表达。组分是"结构中的一个起作用的细节，它延伸到一个语境中，并把这个语境的一些性质带入结构"②。结构由组分构成，并存在于语境中。组分和其语境之间没有明确的界限，因为组分之间的连接构成语境，语境在很大程度上决定组分的性质（详见第二章）。

语境论这些思想可以概括为以下四个重要特征：

第一，人类活动的开放—变化性。变化和发展不是被当做某种自相矛盾、瞬息万变或有别于静态、稳定和结构有序的东西。实在被看做是建构或生成持续过程中的存在。生成不是衍生的，而是固有的。在变化过程中，个体被看做是具有意向性的人，而不是主动或被动的生物。但这并不意味着事物变化的性质只反映人类行为的意志特点。实在不是个人意向性活动的主观建构，也不是个人对偶然、意外刺激的简单反应。人的意向性是在一个开放、非决定和不断变化的世界中发展的。这样的世界既可引起意向性也可限制意向性。语境论强调实在的变化特性，强调人类意志是在社会文化环境中发展这一事实的重要性。

第二，知识的可修正—相对性。要理解人类行为及其意义，就必须研究它的"语境"——人类行为得以展开的社会政治和历史条件。这种"语境"被认为具有时间和定向行为，即指向过去（行为何时何地发生），指向现在（保持行为此在特点的条件），指向未来（可能性和尚未实现的结果）。③ 换句话讲，一个行动的语境不是被当做外在的和静止的模糊结构，而是被看做具有内在的、动态的可数独立变量，可以用矩阵来表示的东西。人的意向行为在社会文化语境这个媒介中运行，同时也在它的发展过程中改变并重构这个媒介。人类行为与其语境之间的辩证张力正是语境论者所要强调的个人行动的社会历史负荷。这意味着，在理解社会行为或事件时，我们不能只考虑独立的个体，并认为其行为的过程和结果完全由心理因素决定。我们也不能用外在的社会实在的功能和组织

① S. Pepper：*World Hypotheses*：*A Study in Evidence*，Berkeley，CA：University of California press，1942：235-236.
② S. Pepper：*World Hypotheses*：*A Study in Evidence*，Berkeley，CA：University of California press，1942：247.
③ S. Pepper，*World Hypotheses*：*A Study in Evidence*，Berkeley，CA：University of California press，1942：232.

因素来解释这种心理因素。每一个社会行动总是和心理因素缠绕在一起，同时改变它嵌套在其中的社会文化语境。

第三，理论－实践的统一性。由于事件的不断变化特点和嵌套事件的社会语境的基本非确定性或边界开放性，使得人类经验的每一个概念组织需要得到修正，而且对事实的任何解释不能是自我确证的。因此，我们不能谈论关于社会行为任何超历史、超语境地有效的绝对原则。我们需要指明形成某种真理和知识陈述的语境边界。这样，知识就是相对的和不完善的，这不仅是因为它根本上受到语境的制约，而且因为这些语境并不是稳定和持久的实在形式，而是不断自我发展和变换的。

第四，经验的实在－实证性。研究者不是超越社会的无私利者，其行为和研究成果都深深地嵌入他们时代的文化烙印。研究者不可能超越他们时代的文化边界，而是建构社会知识的积极参与者。事实也不是表征外在客观实在的绝对的、静态的形式，而是在具体的社会、历史语境中发展的，因为这些语境不仅能够影响"什么东西被当做事实"，而且引起研究过程本身。科学知识社会学家谢廷娜指出，"科学产品是语境明确的建构物，它们具有语境化特点和形成过程的利益结构特征，不对其建构过程进行分析就不能恰当地理解它们"[1]。

在语境论者看来，知识的积累不能简单地被归结为科学仪器所显示客观事实的精确性的提高，而在很大程度上被归结为社会生活和历史建构的意向过程。在这一意向过程中，研究者被赋予进行观察、假设和应用他们研究结果来实现生活环境的多项责任。这样，语境论者反对将观察与观察对象、纯科学与应用科学严格区分的二元论，强调它们之间的语境关联。语境论者还强调，不仅"观察渗透理论"，没有中立的观察，观察也渗透文化，渗透历史，甚至渗透社会权力和利益。科学研究也不是"价值无涉"的，研究渗透文化，渗透历史，渗透社会权利和利益。

---

[1]　Knorr-Cetina，D. Karin：*The Manufacture of Knowledge*：*An Essay on the Constructivist and Contextual Nature of Science*，New York：Pergamon，1981：5.

# 第二章  作为世界假设的语境论

美国哲学家派普在 20 世纪 40 年代初首次提出根隐喻理论，为形式论、机械论、有机论和语境论这些世界假设提供了理论基础①。语境论是派普极力提倡的一种重要的哲学学说，它的最主要概念是"变化"和"新奇"，并由这两个概念衍生出一套亚概念，用来说明事件的变化和发展。他认为语境论有两种：描述的和功能的。前者注重个人目的分析，后者注重实践目的分析。语境论作为一种整体论，其优点在于着眼于现实目标，缺点是分析范围广，精确性弱。

派普的语境论有其一套严格的概念范畴，它构成了事件或行动的语境分析的哲学基础。在《世界假设：对证据的研究》(1942)一书中，他对语境论进行了系统研究和深入分析，但没有引起人们足够重视。20 世纪 80 年代后，许多学者如汉兹（Steven Hayes），德罗斯（Keith DeRose）等②纷纷对语境论的认识论、方法论及其应用进行了广泛研究，提升和推广了语境论在解释现实世界中所发生事件的意义和作用。派普是一位典型的语境论者，在他那里，语境论是一种特别的世界假设，它源于日常生活的根隐喻（root metaphor）。

---

① 形式论的根隐喻是形式的相似性，机械论的根隐喻是机器，有机论的根隐喻是植物，语境论的根隐喻是历史事件。

② E. John Capaldi：*Contextualism in Psychological Research：A Critical Review*，Calif Thousand Oaks，Sage London，1999；Lewis Edwin Hahn：*A Contextualistic Worldview：Essays*，Carbondale，Great Britain：Southern Illinois University Press，2001；Marja Keränen：*Universalism，Contextualism and Reflexivity：Constructing Versions of European Political Science*，Glasgow：Dept. of Social Sciences，Glasgow Caledonian University，1995；Keith DeRose："Contextualism and Knowledge Attributions，"*Philosophy and Phenomenological Research* 52，1992；Ralph L. Rosnow and Marianthi Georgoudi(eds. )：*Contextualism and Understanding in Behavioral Science：Implications for Research and Theory*，New York：Praeger，1986；Mark Timmons：*Morality without Foundations：A Defense of Ethical Contextualism*，New York，1999；Oxford：Oxford University Press.

## 第一节　根隐喻与世界假设

根隐喻是派普提出观察世界和认识世界的隐喻理论。派普在寻求元哲学体系的起源时发现，哲学史上不同阶段总有一些概念被不断用来说明世界。譬如，一台简单的机器经过一段时间后可以形成机械论的世界观，把世界看成能让人们思考和做事的机器①。他最初假设，我们借助一个熟悉的隐喻来理解事物，然后，根据这个隐喻说明事件的发展和变化。而一个特殊的隐喻本身包含着一些固有的假设，并构成一个唯一的"语言游戏"。他发现根隐喻存在于日常生活和常识语言中，由常识证据支持。对这些基本隐喻进行提炼就会产生不同的世界假设。也就是说，世界假设根源于日常生活的根隐喻。世界观是世界假设的模式，根隐喻是归纳这些假设的深层隐喻。一个特殊的世界观以独特的哲学范畴为描述这个世界提供基础。为此，派普提出了六个根隐喻——形式、机器、有机体、语境(或情境)、洞察力和权威。前四个最为重要，因为它们有常识证据支持，后两个由于缺乏证据支持而不可靠。正如派普认为的那样，洞察力来源于神秘性经验，本质上是"非证实的"，权威是"泛灵论"的，依靠权威而非证据确定其可靠性。他之所以提出根隐喻，是因为他观察到人类的世界观总有一些互相联系的中心范畴，而这些中心范畴正是来自根隐喻②。根据形式、机器、有机体、语境这四个根隐喻，派普概括出四个相应的世界假设，即形式论、机械论、有机论和语境论。接下来，笔者将分别阐述这些世界假设。

### 一、形式论及其范畴

形式论的根隐喻是表面或形式的相似性。比如一张纸，一片叶子③。它的常识证据是我们通常看上去像的东西。这个证据支持"世界由相似事物的不同种类组成"这个一般看法。形式论者的任务就是命名和分类这些事物。形式论是派普的四个世界观中最简单、最早系统化的理论。形式论有两种，一种是内在的(immanent)(或应用的)；另一种是先验的(transcendent)(或理想的)。内在形式论的任务是对经验事件进行分类，

---

① 参见胡壮麟：《认知隐喻学》，北京，北京大学出版社，2004，第109页。
② 参见胡壮麟：《认知隐喻学》，北京，北京大学出版社，2004，第109页。
③ S. Pepper：*World Hypotheses*：*A Study in Evidence*，Berkeley，CA：University of California press，1942：151.

这些经验事件基于它们可观察形态的相似性①。先验形式论假定了抽象的理想形式，它关注这些想象的形式和观察的形式之间的相似性。比如，先验形式论者承认柏拉图的"理想"橡树与我们以前看到的橡树符合。

内在形式论的基本范畴是特点（character）、细节（particular）和参与（participation）②。特点指事件的性质，细节是一个单一的个体事件，参与是指具有某些特点之细节的结合。先验形式论的范畴主要是标准（norm），标准例示的内容，物质化这些标准所例示的原则③。这两种形式论的唯一区别是特点和标准之间的不同，其他范畴则非常相似。

先验形式论者始于一套特点，这些特点由一特殊形式构成。比如，生物学家可能描述这些特点，它为一个种类形成一个好的样本或标准。正如派普所说："生物学家似乎有一个关于标准习惯非常确定的观点和它的种类的标准外形。"④两种形式论都支持基本关系的观点。例如，在一起谈话的两个人的旁一侧关系和前一后关系，但这些"关系"也被看做是由它们自己独特的特点确认的离散细节或形式。由"原因一结果"、"融合"、"突现"等术语指向的更精确的关系不包括在形式论的范围，它们包括在其他的世界观中，并为区别它们提供一个识别基础。

形式论的观点是分析的，因为它试图通过研究它的个体特点和通过把它置于适当的范畴使某物有意义。把完全不同但相似的事件置于普通范畴内使我们的观察和不同推理过程有序。形式论又是分散的，因为某人的分析以水平的方式向外移动，并包含这个世界越来越多的事件。虽然知识是增加的，但仅仅是在我们能够不断地分类更多事物，并能够产生更精确的范畴时。知识更加精细到我们能够把事件置于不断精细的亚范畴的程度。

在形式论者看来，事件的语境是它所属的范畴，这个范畴基于它具有的并与同一种类的其他成员共有的特点。事件的语境也包括一个更大分类系统内它的种类的场所⑤。在应用的或内在的层面，形式论的叙述是关于

① S. Pepper：*World Hypotheses*：*A Study in Evidence*，Berkeley，CA：University of California press，1942：151-152.

② S. Pepper：*World Hypotheses*：*A Study in Evidence*，Berkeley，CA：University of California press，1942：154.

③ S. Pepper：*World Hypotheses*：*A Study in Evidence*，Berkeley，CA：University of California press，1942：163.

④ S. Pepper：*World Hypotheses*：*A Study in Evidence*，Berkeley，CA：University of California press，1942：165.

⑤ James L. Owen：*Context and Communication Behavior*，Reno，Nv：Context Press，1997：21.

经验事物中相似性的故事，比如它们的不同可观察的形式。在理想或先验层面，叙述在涉及实际观察到的细节上属于某人的"理想"或"标准"的概念。

形式论的真理标准是符合论（Correspondence）。在内在形式论的情形中，争论中的符合论是可观察事物的关系。在先验形式论的情形中，争论中的符合论是某物的"理想"或"标准"和接近那个理想和标准的可观察事件的细节之间的关系。术语符合论通常"是作为图像、地图、图表、句子、公式和心理想象这样的客体被保留的"①。这些客体被看做是对与"指称客体"或多或少符合的"描述"。这样我们可以说，一幅图画就它共享那个人的某些特征来说是一个人的"真实"相似物。虽然句子没有以一幅图画或地图的方式捕获指称客体的形式，但它却以言语惯例的形式做到了这一点。也就是说，语词充当指称客体的方便的符号替代品。从这种观点看，句子、公式和其他符号"描述"，就它们充当捕获和表达它们所指的一些客体的形式性质的方便方式来说是真实的。

先验形式论是有问题的。因为对事件的一个特殊状态来说，我们任何人都能决定什么是"理想的"或"标准的"的假定，这就产生了我们这样做的资格问题。在相互参与和意义协商的过程中，选择这些问题的一个独断立场时常被发现。

在容易命名和分类事物的意义上，所有的学者都可能是形式论者，因为命名和分类事物是科学研究的前提。还有不少人也更对区分某些事件相互影响和与其他事件融合的过程问题感兴趣。然而，这些兴趣超过了形式论的范围，要探索事物的相互作用和相互融合问题需要借助机械论、有机论和语境论的观点。形式论有相当的范围，为了给事件的无限多样性提供一个地方，我们的分类法可以被修正和扩展到一个特别的基础上。但是，精确性是有限的，我们知道的"事实"越多，把事实置于它的适当范畴就越难。缺乏精确性使形式论成为"四个理论中适当性最小的一个"②。如果不是它的根隐喻的力量，比如我们关于事物之间相似性的直觉力，人们可能不把形式论作为一种相对适当的世界观。正如同派普所指出的那样："没有任何其他理论的根隐喻如此强烈地期望获得确定性。"③

---

①　S. Pepper：*World Hypotheses：A Study in Evidence*，Berkeley，CA：University of California press，1942：180.

②　S. Pepper：*World Hypotheses：A Study in Evidence*，Berkeley，CA：University of California press，1942：144.

③　S. Pepper：*World Hypotheses：A Study in Evidence*，Berkeley，CA：University of California press，1942：144.

## 二、机械论及其范畴

机械论的根隐喻是机器。这种观点假定了一个由事件构成的真实世界，这些事件通过某种类型的力相互作用和影响。它还进一步假定，我们通过仔细的观察和不断完善的描述以及相关推论或"思索"，不断地"发现"这个世界①。机械论者的目标是客观地"看"这个世界的部分以及它们的相互作用。机械论的常识证据是我们观察到的物质相互撞击并通过接触施加的力。我们也能看到远距离力的影响，比如当北极磁力转动指南针时，或当地球引力把抛向空中的物体拉回地面时。机械论进一步得到精确证据积累的支持，比如通过观察和推理，我们能够建构原子的概念及其运动规律，这些规律已经导致对预测和控制的测量。

机械论有两种：离散的（discrete）和统一的（consolidated）。每种都基于自己的根隐喻。离散的机械论以推—拉型机器为基础，其根隐喻是杠杆，这种机器强调接触相互作用。统一的机械论以远距离相互作用为基础，其根隐喻是电磁场②。离散的机械论与形式论共享世界细节的概念，而且包括依据力的术语描述的细节之间规律关系的概念。然而，这些规律被看做是离散的实体，一个不同于另一个。这个结果是偶然和必然之间的一个奇异极性。譬如，离散的机械论者可能推理说："既然这个原子（偶然地）的确这个时候偶然在这个地方，而且（必然地）服从惯性定律，碰撞的发生就是必然的。"③随着这种机械论观点的精确化，细节最终局限于时间和空间语境中，接着是时间、空间和引力的融合，于是便朝着统一机械论的概念发展。相对论之所以取得它那个时代的最高成就，是因为它有能力处理时空场的细节。在这种机械论看来，所有偶然性让位于必然性，"一个完全统一的机械论将是一个完全机械和内在决定的宇宙观"④。在这样的世界中，事件和规律不是独立的细节，而是统一于它的场本身的结构或语境。派普辩护说："统一的机械论不是梦，而是目前物

---

① S. Pepper：*World Hypotheses：A Study in Evidence*，Berkeley，CA：University of California press，1942：224.

② S. Pepper：*World Hypotheses：A Study in Evidence*，Berkeley，CA：University of California press，1942：186-187.

③ S. Pepper：*World Hypotheses：A Study in Evidence*，Berkeley，CA：University of California press，1942：196.

④ S. Pepper：*World Hypotheses：A Study in Evidence*，Berkeley，CA：University of California press，1942：207.

理证据所能证明的关于这个世界性质的最似真的理论。"①

离散的机械论必然假定，机器的功能可以主要根据它的内在动力学来理解，而且很少关注它碰巧位于其中的巨大场。相比之下，统一机械论的概念在机器的内在和外在功能之间做出重要的区别。正如格雷高瑞（Gregory）所说："机器一般被看做是由清晰确定部分构成的功能实体，这样，内部功能能够从这些部分的知识得到理解以及它们如何相互作用。为了理解它的外部功能，即它所做的，我们必须知道它的环境。"②他进一步指出，当我们希望说机器的整体时，我们必须"在使它的部分起作用的语境中"考虑它③。在他看来，统一的机械论分析很好地超越了机器的部分及其它们的功能关系，它包括对机器同它的环境相互接触和相互作用特殊方式的分析。事实上，统一的机械论更是语境导向的（context oriented），它关注更大范围的相互作用变元，并充当离散的机械论的更严格概念的矫正物，相对论是其典型的理论。然而，这两种机械论共同假定：这个世界由离散的事件构成，这些事件通过某些类型力的操作相互作用和影响。这些基本假定适合形成所有机械论关于这些事件及其在语境内和语境之间的相互作用的话语。

根据机械论的不同类型，其范畴也有两类：第一范畴和第二范畴。前者间接通过推理获得，后者直接通过经验掌握。第一范畴包括位置场、第一性的质和保持这个场中第一性的质的构造规律（第一定律）；第二范畴包括第二性的质、连接第二性的质与第一范畴的原则和第二性质之间的规律性的规律（第二定律）④。这些范畴之间的关系如图 2-1 所示：

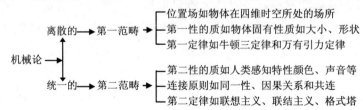

**图 2-1　机械论各范畴之间的关系**

①　S. Pepper：*World Hypotheses：A Study in Evidence*，Berkeley，CA：University of California Press，1942：214.

②　R. L. Gregory：*Mind in Science*，Cambridge，England：Cambridge University Press，1981：73.

③　R. L. Gregory：*Mind in Science*，Cambridge，England：Cambridge University Press，1981：83.

④　S. Pepper：*World Hypotheses：A Study in Evidence*，Berkeley，CA：University of California Press，1942：193-194.

第一范畴也叫有效范畴，第二范畴也叫无效范畴。这两套范畴之间的关系非常松散。譬如，唯物主义机械论者霍布斯忽视或否认第二范畴，他认为颜色和声音不过是物质的运动；主观唯心主义机械论者如贝克莱忽视或否认第一范畴，他认为"存在就是被感知"。这两种范畴对于使机械论成为相对适当的世界观所需要的范围都是必要的。而且第一和第二范畴"都更直接彼此需要。业已证明，我们对于这个结构的最终认知证据和通过第一范畴描述的这个宇宙机器的细节，完全来自第二范畴内的物质"①。

机械论的观点是分析的，它假定整体是由合理地相关的离散部分构成的。它也是还原论的，就我们能够把它们还原到它们最小的部分及其合理的规律而言，我们逐渐接近事物真实存在的方式。它还是综合的，某物的整体被看做是它的组成部分之和。机械论进一步假定，离散事实的积累将最终连在一起，揭示事物的内在结构和模式，证实某人统一世界的信念。

根据机械论的观点，一个事件的语境由接触（直接）作用力，或远距离（间接）作用力构成。机械论者的纲领是通过回答"是什么力产生这样那样的作用"的问题而使事物有意义②。这样看来，我们是通过发现客体或实体以及它们必然地、决定性地和合理地相关的方式来叙述语境和先前知识的重要方面。机械论与"独立变元"作用于"依赖变元"的概念一致。经验主义是它最终选择的方法，因为它所谓的离散和操作特殊变元，以及它们彼此间的有力作用是依赖经验的。经验主义也因此与提出从机械论方法和经验方法转移的观点密切相关。

机械论的叙述是形式论叙述的更复杂版本。同形式论的故事一样，它命名和描述事物的特性，但它增加了一个新成分——描述个体部分之间的必然关系。这些关系包括离散部分相互作用和结合起来形成整体的方式。机械论的叙述也包括根据这个巨大机器的决定律描述的理想世界所做出的推论。

由于离散的机械论与超验的形式论没有什么差别，它的真理标准也是以形式上相似的符合论为基础的。譬如，早期机械论的符合论概念是基于朴素图示和符号理论的。但是，机械论者最终认识到这些理论争论

① S. Pepper：*World Hypotheses：A Study in Evidence*，Berkeley，CA：University of California Press，1942：195.

② T. R. Sarbin：The Narrative as the Root Metaphor for Contextualism，in S. Hayes et al：*Varieties of Scientific Contextualism*，Reno，Nv：Context Press，1993：52.

符合的是一对感知之间的符合，比如我们对事物的感知。由于所有感知都可能被扭曲，因此，我们如何与世界保持客观联系仍然是未知的。其结果是，预测性证实（predictive verification）成为机械论的真理标准。特别是事件的符号表征，就它们为预测未来事件提供基础而言被认为是真实的。

统一的机械论最终试图通过对应的"因果调节"理论在外部世界和我们对它的表征之间的鸿沟上架起一座桥梁。这个理论本质上是说，真实世界通过进入我们的神经系统与我们进行直接机械接触，然后激励我们发现适合它的言语和非言语方式。当这个解决方法不能提供在观察和符号表征之间的鸿沟上架起桥梁的机械论的方式时，就需要语境论的真理标准——"成功工作"。正如派普所说："离散的机械论倾向于真理的对应或形式论的真理理论，而统一的机械论倾向于操作的或语境论的真理理论。"①派普的基本结论是："第一和第二范畴之间的鸿沟仍是机械论不适当的核心问题。"②

机械论由于把事物分解成非常小的组成部分而使它精确，但在范围大小上相对弱。"部分"似乎可以无限可分，因此，机械论的叙述在看不到整体图景时容易迷失在细节的海洋中。在物理领域，机械论得到常识和大量精确科学证据的支持。许多反对机械论的方法是基于离散机器的原始概念的，当根据统一的机械论审视时则值得重新考虑。统一的机械论印象最深刻的特征是，它包含许多类复杂现象而同时保持基本的机械论关于离散部分根据合理的力被组合的假定。

### 三、有机论及其范畴

有机论的根隐喻是植物生长。"有机论者相信世界中每一实际事件或多或少遮蔽了有机过程。"③植物和动物包括人类的生命循环现象为有机论提供了有力的常识证据。许多矿物和晶体以可预测的步骤进化。有机生长隐喻也能用于人与人之间的关系，比如，人际关系的开始、发展和结束。

有机论有两套范畴：一是表现或者现象（appearance），比如观察者

①　S. Pepper：*World Hypotheses：A Study in Evidence*，Berkeley，CA：University of California Press，1942：225.

②　S. Pepper：*World Hypotheses：A Study in Evidence*，Berkeley，CA：University of California Press，1942：231.

③　S. Pepper：*World Hypotheses：A Study in Evidence*，Berkeley，CA：University of California Press，1942：281.

观察到的有机过程；二是完全知道的最终有机世界。

第一套范畴"表现"集中在"步骤"或"阶段"模型。有机论的典型纲领是过程模型的建构，这个模型根据它们在生长步骤或阶段系列中的位置描述事件。派普给出了"表现"的七个范畴，它们构成有机整合从低层到高层的一个分析序列。这些范畴是："(1)经验片段(fragment)同(2)连接(nexus)一起出现，自发地导致(3)矛盾(contradiction)、差距、敌对或抵抗对分解力在(4)有机整体(organic whole)中的恶化，这已经被发现(5)隐含(implicit)于这些片段中，而且依靠连贯的整体(6)超越(transcend)先前的矛盾，这(7)节约(economize)、节省、保持经验的所有原始片段而没有任何损失。"①

在派普的这段论述中，片段是指自然的独立可观察实际物质的事实或信息，它是自然固有的，而不是人为创造的。片段具有相对性，即根据人们获得的成就的程度来决定，也就是说，片段是"理论负荷的"。以天文学为例，对于阿那克西曼尼，片段是天空中明亮的表现(星星)及其运动部分；对于开普勒，片段是循环运动系统；对于牛顿，片段是开普勒定律。片段只有当被纳入内在系统并与其他事实相连接时才精确，才有意义。因此，片段是有机论最基本的概念。连接指片段之间的内在驱动而达到整合。矛盾指片段的整合过程中出现的不一致或冲突。有机整体是片段连接成的系统，派普通过分析天文学的历史得出三个标准：包容度、确定度和有机度。隐含指片段包含在整合它们的整体中，超越指要克服整合片段过程中的矛盾，节约指片段的最小化。

有机论的第二套范畴是这个完全知道的最终有机世界。这个理想的世界根据三个范畴——包容性(inclusiveness)、确定性(determinateness)和有机性(organicity)描述②。包容性通过历史整合获得，比如天文学和力学发生的历史整合；确定性通过附加事实的包围和更多渗入这些事实的细节和分叉获得；有机性概念假定了一个理想系统，在这个理想系统中，"每个元素包含每个其他元素"，"任何元素的选择和替代将改变其他每个元素或甚至破坏整个系统"③。

在有机论者看来，新发现的整合层次"那时确实在那里事实上起着作

① S. Pepper：*World Hypotheses*：*A Study in Evidence*，Berkeley，CA：University of California Press，1942：283.

② S. Pepper：*World Hypotheses*：*A Study in Evidence*，Berkeley，CA：University of California Press，1942：310.

③ S. Pepper：*World Hypotheses*：*A Study in Evidence*，Berkeley，CA：University of California Press，1942：300.

用"。譬如，我们能够看到地球在太阳引力场中运行的很久以前，地球一直就是那样。有机论者假定"在片段之间存在连接的必然性"和"整体的隐含"。同时，知识朝着这个整体的进步可能通过不同的路径进行，"从错误到真理有许多途径"①。

可以看出，在"表现"的应用层面，有机论的研究纲领是连续过程模型的发展。这样，一个已知事件的基本语境是它相对于构成一系列步骤或阶段的场所。实际叙述是关于各种步骤和阶段的故事，这些步骤和阶段构成一个特殊过程和这些步骤和阶段之内的特殊事件的场所。在理想化层面，叙述是关于这个世界内在性质的，这个世界采取一个统一有机整体的形式，并能够根据包容性、确定性和有机性术语得到描述。

有机论叙述的真理标准是"连贯"（coherence）。然而，在这个语境中，"连贯"没有与逻辑一致性（consistency），比如形式无矛盾相混淆，它属于一个理论包含已知事实的能力。"一致性仅仅是形式的无矛盾，而连贯是物质事实的积极的有机相关性。它不是形式一致性，而是有机论者建立作为真理的物质连贯。"②

常识告诉我们，一个故事在它本身不矛盾的意义上能够具有形式一致性。但从有机论的观点看，一个连贯故事只是就它包含相关事实而言是真实的，当然，如果它包含一些事实，它可能是部分地真实。"托勒密理论比阿那克西曼尼理论更真实，开普勒理论比托勒密理论更真实，牛顿理论比开普勒理论更真实"③。物质一致性的最终检验采取精确的形式，即确证的预测。与机械论一样，适当确证的精确预测是作为真理的最强证据看待的。

有机论在精确方面强而范围方面弱。然而，机械论是通过把分析事物还原到它们的构成部分而取得精确，而有机论是通过综合取得精确，也就是通过实际片段或部分事实的统一，直到它们在有机过程中找到它们的正确位置。

相对于形式论、机械论和有机论，语境论是我们了解最少、理解最不深刻的一种世界假设，接下来笔者将对它进行详细分析和讨论。

---

① S. Pepper：*World Hypotheses：A Study in Evidence*，Berkeley，CA：University of California Press，1942：294.

② S. Pepper：*World Hypotheses：A Study in Evidence*，Berkeley，CA：University of California Press，1942：310.

③ S. Pepper：*World Hypotheses：A Study in Evidence*，Berkeley，CA：University of California Press，1942：310.

## 四、语境论及其范畴

语境论的根隐喻是"历史事件"。这里的"历史事件"不是指过去的、死的、必须发掘的事件，而是现在活的事件。也就是说，历史事件是"再现"的事件，它是现实的而非可能的，是进行的而非完成的，是发生的而非封装的。真实的"历史事件"是现实中动态的、活跃的事件，是其语境中的行动①。因此，语境论不是着眼于过去，而是着眼于现在，不是关注已经发生的动作，而是关注正在发展的动作。语境论诉诸"历史事件"的复杂网络，"历史事件"与现实事件相互渗透，这个网络包括每个观察者的独特历史。譬如，在解释一个文本的过程中，人们许多先前的经验功能地呈现，并成为人们所说的一部分。因此，"历史事件"是"似现在"（specious present）。所谓"似现在"是指，过去发生的历史事件的性质功能地渗透到现在正发生的事件之中。比如我们的传统文化，总是潜移默化地影响我们的行为，也就是我们的行为或多或少总是表现出传统文化的痕迹。自然界也好，人类社会也罢，不能与它的过去决裂。这是千真万确的真理。

语境论假定了一个真实的、以复杂和不断变化的方式呈现的世界，一个由个体以新颖方式经历的世界。这意味着这个世界对多种解释是开放的。语境论是唯一一个非本体论的世界观。语境论之所以是非本体论的，是因为它不假定世界由什么构成，或者说，它没有假定世界由语境构成，而是把现实世界作为认识的前提。这不同于系统论，系统论认为世界由系统构成，系统是实在的。语境论虽然是非本体论的，但它并不是反实在论的，因为它并不否认世界的实在性，也不否认语境的实在性。在笔者看来，本体论不等于实在论，前者关注世界的本原问题，本原可以是实在的，也可以是非实在的，比如唯物主义和唯心主义，后者关注世界的实在性问题，比如语境实在论②。

在非本体的意义上，语境论也可叫认识的语境论。它认为知识归因的真理是随着构成和评价归因的语境变化的。在这里，语境论使主体的认识地位依赖这个主体的环境，比如，主体的共同体承认的认识标准是

---

① S. Pepper: *World Hypotheses*: *A Study in Evidence*, Berkeley, CA: University of California Press, 1942: 232.

② 语境实在论是本体论的，因为它是实在论，而非语境论。它是语境论与科学实在论的结合。因此，语境实在论还不是语境论。语境是实在的，因为它由实在的物质及其特征来表现，但语境是否就是世界的本原呢？或者说世界是不是由语境构成的呢？如果认为是，就是本体论的，如果不是，就是非本体论的。

什么，主体从事的活动的种类是什么。也就是说，语境论使一个主体的认识地位依赖认识地位正被评价的语境这个事实。这可能不同于主体占据的语境。也就是说，与机械论、有机论和形式论不同，它没有假设以某种方式组织起来的世界，它的兴趣更直接与人们的实践目标相关。

由根隐喻"历史事件"衍生的语境论的一套范畴如图 2-2 所示：

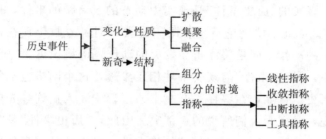

**图 2-2　历史事件衍生的范畴之间的关系**

这个概念系统是处理现实事件的工作范畴，每个不同概念可以自由地组合。

可以看出，语境论的基本范畴是"变化"（change）和"新奇"（novelty）。派普指出："在最根本的意义上接受的变化与新奇将被当做这个理论的基本的预设。"①而机械论和有机论是通过它们的形而上学承诺把新奇看做无关紧要和错误的。在语境论者看来，变化是事件的演化、显现和重构，变化可以"变慢"，可以"稠化"。这样，我们就可以区别各种事件，可以定性地描述和评价它们及其相互关系。一事件描述及其关系是基于我们对它的体验，是基于我们对它是什么和如何起作用的直觉感觉。出于实践目的，我们能够区别一整个事件的性质（quality）和它的结构（texture）的性质。一般来说，"一已知事件的性质是其直觉的整体，结构是对性质有贡献的细节和关系"②。

性质和结构的范畴是语境分析的基础。但将二者区别清楚并不容易。对语境论者来说，性质和结构这些范畴没有区别整体及其部分，它们在我们关注的焦点与整体对其细节之间做出区别。也就是说，事物的整体以整体方式被展现，并以定性的形式得到描述。然而，当我们关注包含在整体中的结构或细节时，每个结构本身作为整体被展现，这个整体也

---

① S. Pepper：*World Hypotheses*：*A Study in Evidence*，Berkeley，CA：University of California Press，1942：235-236.

② S. Pepper：*World Hypotheses*：*A Study in Evidence*，Berkeley，CA：University of California Press，1942：238.

能够以其他定性的形式得到描述。整体及其细节的关系取决于我们每时每刻关注的目标取向。在任何情形下，某物的整体及其细节由于它们自己的独特的、明显的和整体的性质而呈现于我们面前。

事件的变化是通过扩散（spread）、集聚（convergence）和融合（fusion）体现的。扩散即向外渗透的过程。当我们看到它从过去显露出来进入未来时，它属于一个事件的直觉的性质。定性时间（个人的扩散经验）不同于示意性（schematic）时间（量化它的导出性数学方式）。某人对一事件的扩散的直觉感觉有一个传递性质（transitive quality），如对前一后的感知，一事件具有历史和朝向未来的传递过程。事件的扩散可以根据它在变化过程中的参与做进一步的分析。最简单的过程是线性过程，在这个过程中，一事件按次序从时刻 A 到时刻 B 再到时刻 C。线性过程是事件在传递过程中"从开始到结束伴随一个向前向后的连续中间扩散点"的描述①。

当一个单一线性过程捕获事件的瞬时性质时，语境分析典型地包括集聚或收敛过程。"收敛过程是一个复杂的线性过程，在这个过程中，或有几个始点（事件 A1，A2，A3）"集聚于一个结果（事件 B）或几个结果（B1，B2，B3）源于一个始点。也就是说，多集聚事件可以产生一个结果，比如宣战；一个单一事件比如赢得彩票奖可以有多个结果。与某些观点相反，语境论者不反对线性思维本身，而是包括它。他们所反对的是过于单纯化的线性分析，这种分析不能说明描述大多数事件的集聚过程。从语境的观点看，一个"单一事件"几乎总是被证明是一个复杂的结构和组分之网，这些结构和组分与它们各自的语境相互贯通，并从过去传递到未来。

融合是集聚的一种特殊情形，在那里事件不仅相互作用，而且吸收新的或突现的事件。因此，融合是事件不同成分的混合，混合到无法分解。比如，柠檬、水和糖有各自的可感知性质，当把它们混合时，我们得到一个新的事件，我们称为柠檬水的东西，它具有自己独特的性质。也就是说，柠檬水看上去、尝起来都不是柠檬、糖和水的单纯性质，它在味觉上是三者的融合。比如，不同乐器演奏的曲子在听觉上的融合。因此，融合是单纯化和结构化的中介，事件的性质融合得越紧密，事件就越统一。但融合表现出某种程度，即融合的量的程度，也就是事件的性质在不同层次上表现出的融合

---

① S. Pepper：*World Hypotheses*：*A Study in Evidence*，Berkeley，CA：University of California Press，1942：253.

度。一个事件的性质是该事件自身的整体性或总特点。它的结构是
细节和构成性质的关系。性质和结构相互制约，没有性质的结构和
没有结构的性质都不存在。譬如，一个句子的性质是它表达的意义，
结构是词和词之间的语法关联。水的性质是它表现的特性如可饮性，
结构是各个水分子之间的化学键关联。食盐的性质是它表现的特性
如可调味性，结构是钠离子和氯离子键合形成的晶体。

结构的性质是通过组分（strand）、组分的语境（context）和指称（reference）来表达的。这三个部分组成一个密切关联的组。组分是"结构中的一个起作用的细节，但它也延伸到一个语境中，并把这个语境的一些性质带入结构"[①]。譬如，一个文本，它的一段是一个结构，一个句子是一个组分。不同的组分相互连接构成结构，结构相互连接构成文本。组分的语境是其结构，结构的语境是整个文本。结构由组分构成，并存在于语境中。组分和语境之间没有明确的界限，因为是组分之间的连接决定了语境，而且在很大程度上语境决定组分的性质。结构、结构的组分和组分的语境是相对的，因为如果几个组分组成一个结构，这个结构周围的组分就是其语境。

组分的指称是结构的第三级范畴，它们由更直接的组分组成。组分的指称有四种：线性指称（linear reference）、收敛指称（convergent reference）、中断指称（blocking reference）和工具指称（instrumental reference）。

线性指称是最简单和最基本的指称，它有一个始点、一个转换方向、一个终点（或满意的结果），比如一个句子的每个词是一束这种指称。线性指称在本质上是一个前－后、未来－过去、始点－终点的活动，是从开始到结束的一次转换，同时拥有连续干扰的前－后扩散点。

收敛指称是一个复杂的线性指称。在这个指称内，要么几个始点收敛于一个终点，要么几个终点产生于一个始点。这是语境论对相似性的共同经验的描述。只有当收敛指称发生时，相似性才出现。没有收敛指称，就没有相似性。世界上没有两个本质上完全相似的东西，成为相似的东西是当它们发生在收敛指称中时。事件的物理性质是收敛指称，如重量、维度和温度变化。对语境论者来说，这些收敛指称没有一个是自然实体永久的内在特性。物理性质只是物理结构中可预测指称的收敛。

① S. Pepper：*World Hypotheses*：*A Study in Evidence*，Berkeley，CA：University of California Press，1942：247.

中断严格讲不是一个指称，而是指称的破坏。线性和收敛指称有时被激活，但不能达到预期结果，它们可能在过程中出现中断。中断表达这样一个不能还原的事实，即组分不总是一个顺利地从始点达到终点的概念，平滑连续的组分构成我们通常意指的有序的语境整合。因此，中断是无序的一个事实，它必然包含新奇的某些程度。组分的中断往往不是预料中的，出乎预料才产生新奇。譬如，道路上一个事先没有预料到的拐弯，是指称的一个组分的空间中断和新奇，而预料到的拐弯没有中断，也不产生新奇。因此，中断产生新奇。新奇可以分为介入性新奇（intrusive novelty）、突现性新奇（emergent novelty）、朴素性新奇（naive novelty）和整合性新奇（integrative novelty）。

介入性新奇是说，当一个组分与另一个组分交叉时，就意味着一个行动没有预料到由一个冲突的行动支持。当这个介入性组分或行动拥有自己过去的历史时，派普把这种新奇称为介入性新奇。这种新奇与介入的组分相关，也就是说它不是绝对的。当组分从某些远语境进入一个结构时，所有结构新奇可能都是介入性新奇。

突现性新奇是指一个组分绝对地开始或中断且不用解释。突现性新奇又分为突现定性新奇和突现结构新奇，前者指事件或事件之间出现的新性质，因为性质是结构的一个整体特点，因此，新性质在事件中必然出现。后者指不同组分整合后出现的新奇。

朴素性新奇是指一个结构或组分没有任何迹象地完全消失，或没有任何前兆地出现。因此这种新奇也被称为绝对新奇。

整合性新奇是指行动中的奇异，它通过融合构成新的组分，并具有新的因果潜力。它在回顾过去方面是可分析的和可理解的，但在其性质上是不可预测的，它所有的结果也不可预测。比如，语境论者认为水的性质是不能从氧和氢的性质来预测的，工业合作组织的效果也不能从个体心理学和经济需要来预测。

工具指称包括三个方面的含义：（1）它本身是一个线性指称，具有自己的始点和终点；（2）这个终点依赖它伺服的最初指称的终点，这个依赖性或伺服使工具因子绝对化，而且这个指称将工具组分与终端组分连接起来；（3）它是指向中断组分的指称。[①]　一个工具行动本身是一个具有自己终点的结构，但它由它伺服的、被附加的最终行动引导到一侧，而由

---

① S. Pepper：*World Hypotheses*：*A Study in Evidence*，Berkeley，CA：University of California Press，1942：261.

它中立的中断行动引导到另一侧。这两个后来的行动处于工具行动的语境中，但与工具行动连接非常密切。由于组分或指称的数目构成工具行动的部分结构，这些组分或指称直接从这个语境的这些行动进入工具结构。当一个工具行动与它的目标和障碍（obstacle）完全整合时，这三个要素一起形成一个整体结构。障碍不再作为障碍出现，工具作为插入行动也不再出现，而只是完全作为一个整个复杂行动的环节。这是语境论解决矛盾的方式。因为目标与其障碍之间的矛盾，导致工具行动把目标和它的障碍合并起来。工具行动的成功工作意味着，克服这个目标的障碍就等于是这个工具行动否定了这个障碍。

从以上论述我们知道，语境论的核心概念是变化。变化是宇宙间一切事物或者事件的关键特征，进化和革命是变化的重要模式，变化过程中产生新奇和集聚。在一个不断变化的世界里，新奇和集聚是变化中的突变，是连续性的中断和结束。因此，语境论者对变化中的新奇非常重视，他们探讨了许多类型的新奇。第一个新奇是唯一性或者独特性（uniqueness）。詹姆斯认为每个事件都是唯一的，正由于唯一它才是它自己。即使它再次出现或者发生，它至少与原来的它有所不同。派普提出了四种新奇：介入性的、突现性的（性质突现性）、整合性的（结构突现）和朴素性的（绝对的）。当行动的冲突中断了指称性组分时，介入性新奇就发生了。这个未料到的冲突引起人们的注意并使得这个境遇的知觉增强，同时也可能产生突现性质的新奇，即产生一个新的性质。通过语境中的一个结构的组分的不断介入，而且从一个时刻到另一个时刻的复杂变化，整体结构在不同时刻是不同的，每个时刻都有不同的性质。一个性质消失了，另一个新的性质就产生了。整合性新奇是结构的突现，它引起此组分的整合或者融合。整合是某种新的东西。在所有这些新奇的情形中，追踪组分可能导致产生新性质和新结构，尽管语境论者倾向于假设在任何两个事态之间追踪连续性或者连接。正是通过不同类的新奇，语境论者展示了一个解释世界的新理论。

然而，派普的四种新奇范畴产生了几个问题：（1）是否有根本或绝对的新奇？（2）是否有这样的结构或者组分，没有任何先前的事件指向它们，它们的始点不是其他组分的整合或者融合？（3）在组分与现在或者未来事件没有任何联系的意义上，是否有这样的绝对终点，它在没有留下痕迹前就消失了？（4）语境论的操作程序是否会导致语境论的循环？派普认为，在语境论的范畴中没有什么东西可以排除这样的结构，即使这是真的，我们仍然需要更多的证据去证实，而不是仅作假设。按照语境论，不存在任何绝对的新奇、绝对的始点和终点，任何结构和组分都是其语境中的结构和组分，语境的变化决定了结构和组分的不同。也就是说，一切事件都是其语境中的事件，一切变化也都是语境中的变化，在语境中不存在循环问题。

语境论者发现了自然中的连续性与非连续性，发现了个体结构层次的性质和事件的复杂模式层次的性质。语境分析不是用一个排斥另一个，而是公平对待二者。习惯、倾向和规范意味着连续性，多样、新奇和不规范意味着非连续性。突变是非连续性的标志，但也是连续性的中断，它是联系连续性和非连续性的桥梁。在事件的某些更大模式中，重大的非连续性就是革命。比如，生物进化过程既有突变也有渐变。地质变化中既有灾变也有均变。科学史表明，连续性和革命性比我们预期的要多，如哥白尼革命、牛顿革命，达尔文革命等。在笔者看来，突变不只是连续性的中断，也是连续性和非连续性的结合。突变产生新奇性，与我们掌握的知识相比它更具有不可预测性。但是这并不意味着我们不能追踪它。我们完全可以通过不断提高的技术和发展出新概念追踪那些突变。语境论者主张变化，有时也承认进步，但不承认必然的或者不可避免的进步。语境论者反对任何形式的超自然设计，也不承认存在亚里士多德所说的最后因。事实是，我们的确观察到人和动物有目的行为，但是不希望把这种行为还原到任何层次的事物上。我们并没有发现宇宙的目的或计划。我们只是探索宇宙，探索未知。语境论及其反思探询方法为我们提供了探索宇宙的观念和途径。

## 第二节　不同世界假设之间的关系

### 一、不同世界假设的正交关系

第一节中提出的四种世界假设之间是什么关系呢？派普用三对相互对立的概念，即"精确－范围"①、"分析－综合"、"整合－分散"来说明不同根隐喻和基于它们的世界假设之间的正交相互关系。②

---

①　这里的范围（scope）就是作用域或者视界，它之所以与精确是对立的，是因为，分析的范围越大，精确性就越低，模糊性就越强，反之，精确性就越高，模糊性就越弱。也就是说，分析的精确性与范围的大小成反比。

②　L. James Owen：*Context and Communication Behavior*，Reno，Nv：Context Press，1997：19.

|  | 精确的　整合的 | 范围的　分散的 |
|---|---|---|
| 分　析　的<br>（隐喻） | 机械论（2）<br>（机器） | 形式论（1）<br>（相似性） |
| 综　合　的<br>（隐喻） | 有机论（3）<br>（植物生长） | 语境论（4）<br>（历史事件） |

**图 2-3　四种世界假设之间的正交关系**

如图 2-3 所示，形式论是分析的，因为它试图通过研究个体特点和通过把它置于适当的范畴使某物有意义。把完全不同但相似的事件置于普通范畴内使我们的观察和不同推理过程有序。形式论又是分散的，因为某人的分析以水平方式向外移动，并包含越来越多的事件。虽然知识是增长的，但仅仅是在我们能够不断地分类更多事物，并能够产生更精确的范畴时。知识更加精细到我们能够把事件置于不断精细的亚范畴的程度。

机械论也是分析的，它假定整体由合理相关的离散部分构成。它也是还原论的，因为就我们能够把它们还原到它们最小的部分及其合理的规律而言，我们逐渐接近事物真实存在的方式。它还是整合的，某物的整体被看做是它的组成部分之和。机械论者坚信，离散事实的积累将最终连在一起，揭示事物的内在结构和模式，以此来证实他们的统一世界的信念。机械论由于把事物分解成非常小的组成部分而使它精确，但在范围大小上相对弱。"部分"似乎无限可分，因此机械论的叙述在看不到整体图景时容易迷失在细节的海洋中。许多人反对机械论方法的基于离散机器的原始概念，当根据统一机械论审视它们时，就值得我们重新考虑它们。统一机械论给人印象最深刻的特征是，它包含许多类复杂现象，并同时保持机械论关于离散部分根据合力被组合的基本假定。

有机论既是综合的又是精确的。它的研究纲领假定：所有事实迟早能够被整合到包容性更强的过程模型中，它不断展现这个单一而重要的、构成整个世界的有机过程。在有机论者看来，当一个事件能够被看做关于构成一个特殊有机过程的步骤或阶段时，此事件才成为有意义的。在宇宙层面，有机论假定，在理想世界中所有"个体过程"成为整合的，并显示一个单一而巨大的有机世界。有机论者试图回答"什么步骤或阶段描述了一个特殊过程"这一问题。为了寻求这个问题的答案，他们建构阶段模型，寻求它们本身不变的变化规则。这些规则的稳定性大概归于详细而精确的有机结构的内在动力学。有机论者假定，相互矛盾的或不能立即融入过程模型的事实是对我们无知的证言。随着知识的增长，它假定这些问题将得到解决。像机械论者一样，有机论者假定知识增长会不断揭示事物的最终性质。派普通过天文学的发展来说明有机整合的途径。他指出，从阿那克西曼尼到爱因斯坦的天文学发展过程中，每个概念的突破是如何产生新的和包容性更强的宇宙图景的。这个宇宙图景充满先前的裂痕，并解决早期零散观察事实之间的明显矛盾。沿着这条路径的进步支持更多事实，并把它们合并为一个更大的整体。

语境论既是综合的又是分散的。说它综合是因为"历史事件"这个复杂网络与现实事件相互渗透，它包含的"过去信息"自动地呈现于现实事件中，成为现实事件不可分的一部分；说它分散是因为语境因素的关联是发散性的。然而，"语境论预先强调什么特征方面没有多少差别；其他方面迟早都将被涉及"①。语境论者通过基本范畴和描述这些基本范畴细节的相关范畴的"变化"看世界。他们最初的目的是综合的而不是分析的，观察者的全部经验和对整体的描述是初步的。一个事件的全部最重要的东西是某人做事的经验中的特殊证据。他们的目的也是分析的而非综合的，分析是从一个事件向外移动，并提供它与其他事件的相互作用与相互渗透的描述。

形式论和机械论之间有一种强烈的结合倾向，它们相互支持，而且具有可比的结果。形式论强的地方正是机械论弱的地方。如果一起使用，每个理论的范畴会为支配权而竞争。

机械论和语境论之间也有强烈的结合倾向。比如，许多实用主义者和一些机械论者以各种比例显示了这种结合。这两种理论以许多方式互补。机械论为语境分析提供基础和实体，语境论为机械综合提供认识路径和方法。每个都可能在另一个强的地方不适当地发生。当混合时，两套范畴不能很好地协调。

语境论和有机论之间非常相似，只是前者具有分散性，后者具有整合性。形式论和有机论之间相互敌视。有机论者喜欢破坏形式论者的"线性"与"原子"逻辑，而形式论者乐意打破有机论者的"混乱的"与"心理"逻辑。

在派普看来，即使经过不断提炼的这些世界假设，有些隐喻会产生"相对适当的"世界假设，有些产生"相对不适当的"世界假设。"相对适当性"以精确和范围这两个基本标准为基础。精确是对某一世界观捕获现象细节能

---

① S. Pepper：*World Hypotheses*：*A Study in Evidence*，Berkeley，CA：University of California Press，1942：260.

力的量度,范围是对某一世界假设包含广泛现象能力的量度。我们没有完美的世界假设,只有相对适当的世界假设。之所以是相对适当的是因为它们要证明精确与范围。

当然,分析和综合的区分并不意味着分析理论(形式论和机械论)排斥综合理论(有机论和语境论),也不意味着综合理论排斥分析理论。对于分析理论,事实主要在于要素的本质,以便使综合成为一个推论而不是一个基本事实。对于综合理论,基本事实是复杂的,以便使分析成为推论。

整合的观点(机械论和有机论)假设"世界以单一的理想形式存在"。事实与假定有关,秩序是范畴,新奇事件被解释为错误;知识由于越来越多事实的发现和整合而进步。而分散的观点(形式论和语境论)假定,事实只与它们被发现本来是如此的内容相关,特别是语境论,它是自我有意识地向世界由有序和无序构成的可能性开放,承认新奇事件的可能性。派普认为所有这些世界假设都是充分的,不存在一个比另一个优越的问题。只是人们在解释世界的过程中,可能喜欢一个而放弃另一个。今后还可能出现新的世界假设,他曾经总结了第五种世界假设,即选择论(Selectivism),其根隐喻是人们有目的的行动①。

## 二、不同世界假设的区别

笔者将以上四种世界假设之间的区别归纳为表 2-1。

表 2-1　不同世界假设的比较

|  | 形式论 | 机械论 | 有机论 | 语境论 |
|---|---|---|---|---|
| 根隐喻 | 形式或相似 | 机器(杠杆或场) | 有机生长<br>(植物或动物) | 历史事件或语境<br>中的行动 |
| 基本<br>假定 | 自然具有永久<br>结构 | 自然具有永久<br>结构 | 自然具有永久<br>结构 | 自然没有永久<br>结构 |
| 常识<br>证据 | 人们经常看到的<br>相似的东西 | 观察到的东西 | 生命的循环 | 人类实践 |
| 目标 | 命名和分类事物 | 客观地观察世界<br>及其有规律的相<br>互作用 | 解释生命的发展<br>阶段 | 解释世界中发生<br>的事件或行动 |

---

① See S. Pepper: *Concept and Quality: A World Hypothesis*, LaSalle, IL: Open Court, 1967.

续表

|  | 形式论 | 机械论 | 有机论 | 语境论 |
|---|---|---|---|---|
| 类型 | 内在的和先验的 | 离散的和统一的 |  | 描述的和功能的 |
| 基本范畴 | 特点，细节，参与；标准，标准例示的内容，物质化这些标准所例示的原则 | 位置场，第一性的质，第一定律；第二性的质，连接原则，第二定律 | 现象，经验片段，连接，矛盾，有机整体，隐含，超越，节约；包容性，有机性，确定性 | 变化，新奇；性质，结构；扩散，集聚，融合；组分，指称 |
| 事件的语境 | 事件的范畴 | 由事件的接触作用力和超距作用力构成的力场 | 相对于构成一特殊过程的一系列阶段的场所 | 实践环境 |
| 真理标准 | 符合 | 符合 | 融贯 | 成功的工作 |

## 第三节　世界假设语境论的类型

根据要实现的目标，作为世界假设的语境论一般分为描述的语境论和功能的语境论。

### 一、描述的语境论

描述的语境论是根据给定的目标进行分析的。描述的语境论者有一个相当个人化的分析目的。他们通过检查整体的参与者来寻求对整体的正确评价。汉兹(Hages)认为，这个目的是一种一致目标，但它在以下几个方面不同于有机论的一致标准：(1)没有假定存在任何最终分析。一种分析在某一时刻起作用，在另一时刻可能不起作用，对这个人起作用，对那个人可能不起作用；(2)在一个领域先进并不意味着在另一个领域也先进。比如，理解衰老的原因不意味着理解恐怖症。这两方面的差异来自语境论的分散特性；(3)追求一致性是描述语境论者通过使事件处于它的各种语境组分，寻求这个事件性质的积极评价。分析是语境中的行动，这个行动的结果不是客观的和抽象的，而是个人的和局部的。①

"历史"是理解描述的语境论一个好的类比。历史包括建构和再建构历史记录或"事实"背后的故事。"事实"这个词是引用的，因为故事改变

---

① Steven C. Hayes，Linda J. Hayes，Hayne W. Reese，Theodore R. Sarbin：*Varieties of Scientific Contextualism*，Context Press，1993：21.

事件本身的实际性质。由于语境变化，性质也变化，反之亦然。譬如，美国内战，既可以解释为解放奴隶的战争，也可以解释为北方对南方的经济征服。建构故事的目的是正确评价事件的性质，这场内战是如何发生的，它的意义如何。因此，战争的性质是什么随故事的变化而变化。

历史学家可以提炼一些原则来帮助他们对历史记录进行解释，但每个历史境况是独一无二的，没有答案能通过别的分析而不被改变。即使当一个特殊分析有广泛意见支持时，新的说明可能后来推翻这些意见。历史面临的困难是它难以知道知识何时真正进步了，这就是为什么有人把历史看做人性学科，而不是科学。描述的语境论者把历史看做一个研究领域的观点，既受到知识极端分散性的冲击，也受到它依靠分析者个人历史背景的冲击。历史由谁来写，由谁来评说，有多少史料支持，对历史的纯洁性是一个巨大的挑战。

描述的语境论的优点是：保持了语境论的根隐喻"历史事件"的真实性，其目的不威胁整体论。它的缺陷是：（1）难以评价和分享它的目标的实现，难以建构基于描述的语境论的进步科学；（2）当外在目的可能通过检验部分评价整体时，难以隔离更直接的实践目标；（3）进行语境分析时，个人主观性与实际客观性的矛盾很难避免。

## 二、功能的语境论

功能的语境论的分析具有强烈的实践目的——事件的预测－影响力。"工程"是理解功能语境论及其目标的一个好的类比。工程师对引起事件的预测－影响力的物理世界感兴趣。这个目标是"双目的"的，因为如果没有能力改变事件的过程，纯粹预测知识用途不大。出于实际目标，工程师不只是在反复试验的基础上寻求实际结果，经验表明，具有充分精确性和范围以允许某些结果是可预测的和有影响的，比言语规则有更实际的好处。这样，从实际目的出发，工程师对概括出的简洁性知识感兴趣，他们喜欢逻辑严密和综合性的知识，但不愿接受任何近似知识。喜欢综合原则不是本体论的陈述，而是强烈的实践陈述。正如比格兰（Anthong Biglan）指出的那样："功能的语境论的目标是，基于词语概念和规则经验地探询一个有序系统的发展，然后根据精确、范围和深度预测现象。"[①]精确是指在确定分析目标后，把有限的概念用于现象分析；范围

---

　　①　Anthong Biglan: *Changing Cultural Practices: A Contextualist Framework for Intervention Research*, Reno, NV: Context Press, 1995: 29.

是说用几个概念分析更多或者更大范围的现象；深度是指一个层次的分析与另一个层次的分析连贯起来。这种分析的一个重要特征是集中于事件或者现象的语境。

功能语境论的优点是：它能容易评价和分享它的目标的实现。功能语境论者知道他们何时已经很好地建构了分析，知道何时能够用适当的精确和范围预测和影响行为。其缺陷是：它的方法威胁它的根隐喻①。部分原因是语境论者可能借机械论方法把整体分解成部分为他们的目标服务，从而摇摆于机械论与语境论之间。部分原因是如果你对行为影响感兴趣，你必须区别原则上可操作事件和不可操作事件，但为了影响他人的行为，你必须操作语境，直接操作行为是不可能的。这样功能的语境分析就会面临四个问题：(1)功能地定义外部刺激偏向机械论。例如，当你把事件分成细节，并把可操作名词与动词分开时，你开始把语境当做一个机械客体。(2)如果你正在操作刺激，而且刺激就是反应功能，你如何把刺激和反应区别开来？(3)当你把行动与语境分开时，即使出于实用目的，除分析外你没有别的方法吗？你识别的语境特征不是你与世界相互作用的方面吗？譬如，当你改变时钟时，你谈论的事件是你与世界相互作用知道的事件吗？(4)在语境论的根隐喻范围内，分析的实际目的导致这样的区别——它们是实际上有用的并实现语境论的真理标准，但在根隐喻范围是不能理解的。功能语境论者要么必须忍受这类永久性模糊，通过放弃行为影响作为目标解决这个问题，要么通过放弃语境论解决这个问题。

### 三、两种语境论的区别

两种语境论的差别在于它们所强调的目标不同。描述的语境论者的首要目标是个人理解，强调分析个体和特性方面，因为理解或多或少是个人的和情境的。功能语境论者既承认个人理解的合理目标，也承认某人的历史对其怎样作为一个分析者起作用这样的事实。功能的语境论者还对预测和影响的目标感兴趣。影响不仅包括信息和劝说谈话，也包括协商的结果和意义的协商。他们强调任何图式(schemata)如计划、策略、地图、方针、公式和规则等的价值，图式提高人在复杂和变化的环境中采取行动的能力。当图式被用于的环境依附于连续的变化时，在某人自

---

① Steven C. Hayes，Linda J. Hayes，Hayne W. Reese，Theodore R. Sarbin：*Varieties of Scientific Contextualism*，Context Press，1993：24.

己的时代发现有用的图式可能相当"完美无缺"。一个图式通常采取在特殊环境中导致满意行动假设的形式。假设蕴涵行动，如果这个行动导致预期结果，就说这个假设是真实的。在功能语境论者看来，图式不需要揭示任何像形式论、机械论和有机论设想的世界的真实结构，它们只需对成功的行动做出贡献。

两种语境论的差别在于所强调的东西不同。二者都通过相同的基本范畴和通过描述这个基本范畴细节的相关范畴"变化"看世界。两种语境论之间的区别可以根据它们的中心目标的不同来区别。描述的语境论的首要目标是理解，理解或多或少是个人的和情境的。也就是说，理解是针对某一个人的而不是其他人，这个时间针对某一个人而不是其他时间。一种理解也不必然对另一种有贡献。

不论是哪种语境论，其最终的目的是综合的而不是分析的，观察者的全部经验和对整体的描述是初步的。一个事件的全部最重要的东西是某人做事的经验中的特殊证据。

笔者根据福克斯(E. J. Fox)①、比格兰、汉兹和莫里斯(Morris)等人对语境论的分析，将两种语境论做了比较，如表 2-2 所示。

表 2-2　两种语境论的内容比较

|  | 描述的语境论 | 功能的语境论 |
|---|---|---|
| 典型例子 | 社会建构论 | 行为分析 |
| 分析目标 | 通过对整个事件的参与者和特性的评价，理解这个事件的复杂性和丰富性 | 通过使用基于经验的概念和规则，用精确、范围和深度预测和影响事件的发展 |
| 建构的知识 | 个人的、短暂的、具体的、局部的、同时受限制的知识，比如一个历史叙述 | 一般的、抽象的，同时不受限制的知识，比如一个科学原理 |
| 内容与焦点 | 语境中的个人 | 语境中的行为 |
| 优先方法 | 定性和叙述 | 定量和实验 |
| 学科类型 | 自然历史 | 自然科学 |
| 类比语境 | 历史 | 工程 |
| 真理标准 | 融贯 | 效用 |

---

①　http://contextual psychology. org/contextualism.

### 四、语境论的其他分类

德姆博斯基(Dembski)把语境论分为温和的与硬核的①。温和语境论认为，所有人类的认识都发生在一定的语境中，同时也受到语境制约。这与实证主义关于所有问题可以通过理由(reason)来解决，而且人类根据理由解决问题的能力在增强有所不同。温和语境论反对这种对理由作用的夸大，主张所有认识的情况发生在语境中，所以必须承认语境在形成我们关于世界的种种观点中的作用。理由在语境中才能起作用，它与语境不能分离。也就是说，理由是有语境的。在温和语境论者看来，理由之于语境恰如灵魂之于身体。在德姆博斯基看来，温和语境论是没有问题的，因为我们不是生活在柏拉图的"理想国"中，而是生活在具体的时间和空间中，我们不能摆脱我们生活在其中的社会、文化、语言和认识语境。他认为，如果把语境普遍化和绝对化，温和的语境论就变成了硬核的语境论，就像启蒙时期把理由绝对化一样。这正是他称"语境论的谬误"的原因所在。

语境论在科学哲学中的表现尤为明显。德姆博斯基认为，逻辑经验主义之后的科学哲学就是语境论主导的科学哲学。在这种科学哲学中，两种语境论混合在一起。后历史主义者夏佩尔详细审查了从逻辑经验主义到历史主义的科学哲学(从语言转向到语境论转向)，认为这一转移表现出从哲学的"不可违背观点"走向"种种形式的相对主义和怀疑论"。这也是促使笔者从语境论审视科学哲学的动因之一。

## 第四节　世界假设语境论的自然进化观

语境论继承并发展了生物进化论的发展观，可以说是一种进化的语境论。哈恩(L. E. Hahn)把这种语境论哲学的核心思想概括为两点：(1)变化与处理变化的方式；(2)根据经验的生物学基旨(matrix)建构的自然主义方法②。依据这种变化观，语境论者完全接受达尔文的生物进化思想，主张生物进化是自然选择的结果。对于语境论者来说，最重要的事实莫过于变化，他们发现，大到广阔的宇宙，中到人类社会，小到

---

① See William A. Dembski："The Fallacy of Contextualism," *The Princeton Theological Review*(October)，1994.

② Lewis E. Hahn：*A Contextualistic Worldview*：*Essay*，Southern Illinois University，The Board of Trustees，2001：13.

原子的构成，无一例外地充满变化。每个存在都是一个事件或者历史，有自己的始点、质变和终点；宇宙中的每一事物都经历了一个生成、质变和灭亡的过程，然后让位于其他事物；一个静止事物的固定世界不再适合语境论的和后达尔文主义的观点。笔者将语境论的进化自然观的要点概括为以下十个方面：

## 一、自然变化观

自然是一个由事态（affair）、事项（transaction）和历史构成的、以持续不断的开始和结束为标志的复杂体。在我们这个不断变化的世界里，我们期望着不可预测的新奇事物、新质事物，正在生成的不完整事物、真实偶然发生的事物和不确定、不稳定境遇以及相对稳定事物的境遇。为了探索这类事物的发生，我们必须以新的观念和新方法应对持续发生的事态。语境论就是这样的新观念和新方法。它不是要发现不变的模式，而是发现变化的模式及其这些变化之间的相对不变关系。我们发现，我们越是关注自然秩序中的具体变化，构成我们世界的事态的多样性和变化性就越清晰。比如，达尔文进化论方法就是描述这种具体变化的方法。它揭示了这样的事实：我们的世界是异质性和多样性的，而非同质性和同一性的世界；或者说，我们的世界并非是一个严格有序的逻辑系统，而是充满偶然和混沌的复杂系统。这样的世界与机械论和有机论描述的世界截然不同。

## 二、自然整体观

自然是一个整体，但不是"铁板一块"的单一整体，而是一个由许多元素相互作用构成的有机整体。语境论者因此赞成多元论，反对一元论。不绝对地说"所有"、"一切"和"绝无"等这些绝对的词语。语境论者主张，世界的每个部分以某种方式与其他部分相联系，同时以某种方式与其他部分相分离。也就是在整体联系的意义上，语境论者主张每个事件与其他部分的联系与分离，而且认为我们能够以经验的方式探索这些联系。在我们以经验方式与这个由复杂事物、变化事物构成的世界打交道的过程中，不容置疑性或者确定性是没有位置的，而可错论和或然论（Probabilism）更为适合。虽然在日常言语中可能存在实际确定性，但是在事实问题的探索中，认知确定性原则上是难以保证的。语境论反对任何形式的绝对确定性，包括绝对可靠的教义、不容置疑的绝对真理、不言而喻的原理等。因为绝对确定性阻止我们进一步的探讨。在语境论者看来，确定性是相对于语境的，是与证据密切相关的。当把我们关于事实的推理置于不容置疑的真理基础上时，就容易导致怀疑论或者非理性主义。事实上，我们既不能发现绝对可靠的原理，也不需要去发现它们。我们只能把我们的说明置于证据链上，每个证据都是可能的而非绝对的。如果许多证据指向一点，可能性就会增加，我们关于某事的信念就会增强。信念指导我们去行动，但是不会发现所谓的不容置疑的真理。

### 三、自然连续观

语境论者反对对事物的超自然主义的任何解释。超自然主义者借用特殊创造物、奇迹等词语超越自然系统解释自然现象，而语境论者试图完全根据自然法则说明自然事件，而不用跳出自然系统。语境论者更关心自然系统内从事态产生的问题而不是试图发现某些由神灵设计的事件的整体性。他们特别反对那些神性化的词语比如"上帝"、"神灵"等，这些超自然神灵以任意方式通过特殊的超自然措施介入对自然的解释，达尔文主义与神创论的长期论战就是典型的例证。因此，语境论奉行的是自然主义进路。

这里需要说明的是，语境论者虽然不赞成超自然主义者对事件的解释方式，但这并不能说明他们一概地反对宗教和神学。用什么方式或什么范畴解释事件是一回事，是否信仰神灵和宗教是另一回事。不少语境论哲学家比如杜威也使用"上帝"这个概念，但是他是用自然主义术语解释这个概念的，而不是用神学或者宗教术语解释的。我们日常也使用"上帝"这个概念，但我们在做解释时并不使用它。前者是一种解释方式，后者是一种信仰，两者不能混淆。

可以看出，语境论的自然主义方法在较不复杂存在形式和更复杂存在形式之间假设了一个基本连续性（continuity），以便低级形式的存在产生高级形式的存在。这并不是说，高级形式的存在及其活动可以还原为低级形式的存在。不过我们必须认识到，生命、有意识活动、语言交流、各种文化形式，是以自然秩序的方式从低级形式发展而来的。在那些低级形式中这些现象是不显现的。也就是说，高级的人类活动现象是以低级的物理、化学和生物现象为基础的。这是不争的事实。更准确地说，这些高级事物是如何发展的是反思探询或者科学研究的问题。但是，语境论者主张，原则上，追踪这些现象从低级阶段到高级阶段的发展机制是可能的，因为存在的层次问题在现代生物学的范围已经得到相当科学的解释。并且，语境论者运用遗传性假设（性质的连续性和突变性）解决变化的模式问题就指日可待了。

## 四、语境转化观

　　科学规律在特定语境或者范围内是准确和精确的，但是在另一个语境中则是无效的。比如，语境论者不赞成机械决定论者运用科学规律来说明确定性和普遍性，然后再使用它们推出每个特殊规律的做法。语境论者认为，这个过程主要是基于这样的事实——以这种方式进行推理的个人不熟悉包括形成规律的测量和实际程序。在依据根本变化或者基本新奇性解释科学规律的过程中，我们应该清楚这些构想是一致性陈述和统计平均。它们具有的这种必然性是惯用的而不是经验地获得的。虽然这些规律对于许多类实例是准确的，但是不能应用于具体事项。比如，牛顿定律不能说明原子运动。在这种意义上，它们更像是人寿保险的保险精算图，而不是机械论的理想模型。因为这些图也许能够准确预测某年有多少人死亡，但是不能准确预测某一个人在某年死亡。为了避免这类结果，我们需要某些更好的方法，而不需要像独裁主义或者沙文主义、先验准则、简单猜想一类的东西。语境论者强调使用实验方法，认为它是我们得到更准确的预测和更好控制问题境遇的方式。问题越是重要，越是需要实验方法。现代科学实际上就是实验的科学，物理学、化学和生物学概莫能外。因为"一个实验就是决定结果的一个行动纲领，因此也是一种把智力引入境遇的途径"①。比如在生物学中，一个实验就是我们发现一个生物体如何调节使它能够趋利避害的一个智力指导程序。尽管实验方法不能提供确定性，但是它能够帮助我们从自然环境、社会获得所需要的大量测量数据。如果通过实验方法我们能够发现或者引入适当的工具，那么我们就能够更好地探索未知世界。

## 五、目标定位观

　　在探索事物的变化及其变化的方式过程中，明确目的和语境是非常重要的，这样就趋向了相对主义而避免了绝对主义。在语境论者看来，相对主义比绝对主义更适当，因为相对主义强调语境、境遇和关系。虽然语境论还不是相对主义，但与相对主义有许多共同之处。比如，事物的意义是相对于一个境遇而言的，脱离这个境遇谈论意义就会扭曲和损

---

① Lewis E. Hahn: *A Contextualistic Worldview*: *Essay*, Southern Illinois University, The Board of Trusteses, 2001: 16.

失意义。哈恩指出：

> 把一个结构置于不同的语境中，然后改变它的性质。不论这个变化对于给定的目的重要与否，它都依赖这个目的或者这个语境。至少，性质的恒常性从一个语境到另一个语境不是某种假定的东西，而是某种必须被探索的东西。它需要规划并建立适当的控制结构。因此，这种观点排除了绝对，而且无条件概括可能是误导性的。语境论者主张，如果我们能够说明所指的目的、依据的标准、在哪些方面、如何描述所满足的条件，描述任何事态，或者详细指明它的关系就是一件非常容易的事情，而且通常进行得很顺利。幸运的是，由于日常目的语境的存在使得这些事情足够明确。①

也就是说，对于某事或者某物如果目的和语境明确的话，行动起来并不是困难的事物。比如，一把小刀，用来削苹果是适当的，而用来劈柴则是不适当的。一种教学方法对于一组具有相应知识背景和兴趣的学生是有效的，而对于缺乏相应知识背景和兴趣的学生则是无效的。苹果树适合于北方的土壤和气候条件而不适合于南方的土壤和气候条件，如果我们要在南方栽培苹果树，其效果就可想而知了。因此，只要做事的目的和语境明确，做起来就是容易的。相反，如果做事的目的和语境不明确，做起来就很困难。在行动之前，明确目的和语境是非常重要的。

## 六、相对还原观

对事物的还原分析是必要的但不是绝对的，语境论者反对绝对的还原主义，赞成相对的还原主义。在分析事物的过程中，语境论者反对把一个复杂事物还原到绝对或者固定的元素，比如，把生物体还原到分子水平，认为还原是追踪变化模式的过程，赞成对事件的遗传性解释。也就是说，在把一个整体事物分解为原子单位或者不能再分解的某类构成物如基本粒子的意义上，语境论者反对元素分析的可能性。正如派普所说的那样，分析是展示一个事件结构的事态，这一过程包括对这个事件

---

① Lewis E. Hahn：*A Contextualistic Worldview*：*Essay*，Southern Illinois University，The Board of Trusteses，2001：16.

组分的识别，但是这些组分的部分性质来自这个事件的语境并进入这个语境①。所以，分析还原是一个追踪指称从一个语境到另一个语境的过程。我们应该追踪哪些指称，追踪多远，依赖于那个引起我们分析的问题。我们可以追踪一个给定结构的组分进入方便控制的结构。例如，色柱或者音阶结构，我们可以追踪它们并用光波或空气振动图表示。而光波或空气振动图示与构成物理学的图示系统相联系，并以各种方式与其他科学的图表结构交缠在一起。任何色彩都可以相当精确地按照色调、饱和度、价值被置于色柱之上，这样的话，我们就可以根据此图表在将来生产它们。

我们知道，柏拉图的实在论和机械论的自然主义已经假设，任何整体都能够被完全分解为它的构成元素。至于这些元素是什么则是有争议的。但有一点是肯定的，那就是一个整体可以被还原为它的构成元素，比如德谟克里特的原子论所主张的那样。然而，语境论者是坚决反对这种还原的可能性的。在语境论者看来，不存在任何最终完全被分解的东西。根据语境论者的说法，某物能够被分解是因为我们对它和分解本身缺乏了解。分析探询既包括对一个结构的构成组分的识别，也包括对相关语境指称的识别，而且传统说明倾向于把它限制在结构的一个具体形式方面。

例如，当我们把一个给定事件分解为 A、B、C 时，这并不是说这个事件仅由 A、B、C 构成而没有任何剩余，而是说我们追踪连接这个事件的 A、B、C 的关系模式。当然，这并没有排除我们追踪这个事件与其他组分 D、E、F 之间的关系模式的可能性，或者这个事件与许多其他可能性之间的关系②。对语境论者而言，终极宇宙单位或者元素是不可靠的实体，把事物还原到这些我们以为是最终成分的解释是对分析探询方法的极大误解。因此，不存在对任何事件任意分解的方法。一个事件的结构能否以许多方式展示出来，取决于分析的目的或者产生这个问题的性质。按照派普的说法，一个事件的性质是其组分性质的融合，而且任何给定结构的部分性质由于它的环境结构的性质而增加到这个事件上，反过来环境结构的性质部分地依赖于它们语境中其他结构的性质。这个过程远不是分解还原可以做到的。至于这个过程依赖于我们遵循的哪个所

---

① See S. Pepper：*World Hypotheses*：*A Study in Evidence*，Berkeley，CA：University of California Press，1942：248-252.

② Lewis E. Hahn：*A Contextualistic Worldview*：*Essay*，Southern Illinois University，The Board of Trusteses，2001：18.

指组分，我们追踪的哪个结构，我们可能有许多种分析，而每个分析或多或少适合它的目的。

进一步讲，如果分析还原是展示一个事件结构的事态，那么根据条件和结果的遗传性说明就是非常有序的。因为这是展示事件结构的一个非常重要的手段。对于语境论者来说，自然是一个不停地开始和结束的场所，始点、完成、中断，与它们连接的指称和介入其中的方法－客体（means-objects）或者在某一个语境中操作的工具，本身就是范畴化的东西。而且，这些范畴的区别是在一个时间过程中进行的，忽视这一事实的分析就忽略了极其重要的东西。尽管这种分析提供了一个无时间的逻辑分类，但是它不可能随着时间的推移展示一个事件的结构。因此，遗传性说明更加具有清晰的说服力。

## 七、语境追踪观

人与自然关系的解释不仅与生物学特征密切相关，而且也与心理学特征密切相关。这就要看我们采用哪种心理学理论去解释了。如果我们采用洛克、贝克莱和休谟的哲学心理学或者传统内省心理学去解释，人与自然似乎是彼此孤立的，因为这种老式心理学根据相关感知或者印象以及由联想构成的观念来描述经验。也就是说，人借经验与自然联系起来，而经验又借所谓的感知或者印象说明，这显然是缺乏说服力的。如果我们采用新式心理学或者实验心理学解释人与自然的关系，人就是自然的一部分，经验的生物学基质是核心。因为这种新式心理学利用生理学和实验心理学的发展观，并根据目的行为的持续过程来描述经验。实用主义和语境论把这种科学的心理学作为自己的核心，社会科学家和哲学家米德（G. H. Meda）把它作为实用主义和语境论的首要来源。在米德看来，语境论（包括实用主义）有两个来源：一是行为主义心理学，它能够使人们在行为内表达智力，并根据有机体的活动描述行为；二是研究过程，它唤醒人们通过研究工作检验假设[1]。不过，这里说的行为主义心理学不是华生的行为主义，这种心理学基本是个体的、机械论的，与内省主义对立。我们所说的是目的行为主义，这种心理学是基于摩尔[2]水平的而不是分子水平的，而且重视观察材料，特别是对活动个体的观察。

---

[1] G. H. Mead：*Movements of Thought in the Nineteenth Century*，Merritt H. Moore (ed.)，University of Chicago Press，1936：351.

[2] 摩尔是化学单位，1 摩尔等于 $6.23 \times 10^{23}$ 个分子。

　　在米德看来，行为基本上是社会性的，语言作为社会化的工具是在一个群体内相互作用的一种形式，而不是仅仅根据个体行为来解释的工具。心灵、意识不是被排除在解释之外的某种东西，而是被用来解释精神与行为关系的某种东西。而且精神与行为的内在与外在的区别不是抽象的形而上学说教，而是根据经验的合理解释。图尔曼（E. C. Tolman）在《动物与人的目的行为》中运用语境论观点和方法对人和动物的目的行为做了非常系统的解释。图尔曼假设，摩尔行为－行动以重要方式与心理学和物理学中的事实相联系，每个这样的行为都有自己的识别特性。为了识别行为，图尔曼特别指出，我们首先要描述"（a）目标－客体或者要到达或者源于的客体；（b）当与方法－客体短期接触而产生如此到达或者源于的客体时，与方法－客体交流的具体模式"①。其次，识别行为也要详细指明两类特性：一类是初始原因，也即环境刺激和初始心理状态；另一类是行为决定因素，也即目的和认知的固有决定因素②以及目的和认知能力。哈恩认为，这种摩尔行为的显著特点是它的有目的特性，无论是动物还是人类。这种行为为了满足各种要求才得以实现，比如达到某个给定的环境类型，或者为了心理的安宁或者不安，或者为了获得生存所需的必需品如水、食物、居所等。生物体不断尝试着保持所需的环境条件，如果必要，他们就会改变这些条件以实现他们的目的③。

　　以上分析表明：语境论的自然主义方法把人置于自然之中，并在人与其环境、自然、社会和文化之间设定了一个基本连续性。作为有意识的生物体，人类以多种方式与其环境相联系，并在相互作用中成为一个整体，以至于我们很难把彼此分开。这个道理看似简单，做起来却很难。目前的环境污染就是源于人类自己对环境的破坏。语境论的自然主义方法有利于我们唤起人们的环境保护意识，笔者把这种语境论称为自然主义的语境论。自然主义的语境论是一种一元论，它反对任何形式的二元论的二分法，比如自我与世界，主体与客体，心灵与物质，意识与存在，等等。如果交互论或者事项处理论是可接受的，那么这些二元论就是站不住脚的。在语境论者看来，自我与世界之间的关系不是一种对抗关系，而是一种相互交流的依赖关系。个人内在的思想形式与外部物质世界不

---

①　E. C. Tolman：*Purposive Behavior in Animals and Men*，New York：Century，1932：12.

②　目的和认知的固有决定因素还包括行为调节，这是图尔曼用来替代有意识认识和心灵主义观念的概念。

③　Lewis E. Hahn：A Contextualistic Theory of Perception，in George P. Adams，et al. ed.：*University of California Publications in Philosophy*（22），Berkeley：University of California Press，1942：8-9.

相容的观点，与语境论的结构及其语境、指称的组分从一个结构进入另一个结构的思想不一致。语境论者也不接受独立主体与独立客体的观点，因为我们不是从主体和客体开始的，而是从一个整体事态或者境遇开始的，在这个境遇中，出于实践或者智力控制的目的，我们能够区分作为实验者的主体和作为被实验对象的客体，能够区分自我和非自我。也就是说，在适当的语境中，为了一定的目的，运用适当的分析手段比如语境分析，我们能够识别任何不同的或者相似的事物及其性质，解决可能遇到的问题。

## 八、存在层次观

关于存在的层次问题，语境论者不是把物质、生命和心灵看做与存在截然不同的独立类，而是把它们理解为相互连接和相互作用的不同方式，理解为描述相互作用事件的各种特殊场的不同途径。用杜威的话说，它们是变化的复杂性、范围、密切度相互作用的结果。我们可以根据要解决的问题区分存在物的许多"层次"，即相互作用的方式，比如物理学的原子层次，化学的分子层次，生物学的大分子或者基因层次，某个层次都有自己明显的特征。在《经验与自然》中，杜威描述存在物的三种层次①：(1)质量—能量相互作用的物理—化学层次，在这个层次，物理科学根据事物呈现的方式寻求发现那些事物的性质和关系；(2)心理—生理层次，或者需要—要求—满足活动的有机模式；(3)心灵或者人的经验层次，在这个层次，社会事项包括语言和意义产生了。这三个层次从(1)到(3)是一个从低级到高级发展的过程。它们的相互作用显示了复杂性、不同功能、各种结果和多种性状模式的不同程度。我们称为物质体、生命体和心灵的东西，都是从具体的事项或者境遇中通过抽象形成的。

例如，根据以上问题，我们可以把物质体看做行为客体，或者看做物理刺激。这些抽象概念是物理学家直接从具体行为境遇中概括出来支持所有可能的操作的，以便为广泛的相互作用范围提供尽可能好的工具。比如，物理刺激可以用一给定频率的空气振动描述，或者根据质量来描述。空气振动和质量就是抽象概念。如果我们用一个公式描述一给定的质量，至于这个质量是什么并不重要，它可以是树木、硬币、纸、人体肌肉组织、石头等，因为这些东西都是由原子构成的物质。而且公式描述的是它们的数量和定性关系，与它们是什么东西没有联系。另外，物

---

① John Dewey：*Experience and Nature*，Chicago：Open Court，1925：261-262.

理图表是一种好的分析工具，有着广泛的应用。如果图表应用不广泛，我们就会修正它们以得到更适当的范围，在其中一个范围确定一个组分的可能性，对于发现许多问题是有用的。这样一个物理客体的关键问题，或者描述这个问题的陈述是：它是否能让我们做出准确的预测并解决这个问题。为此，我们进入物理学的图表结构追踪这个组分。

当然，在物理－化学层次形成的概念对这个层次的许多问题是有用的，但是，对于其他两个层次则不一定有用。也就是说，物理－化学层次的概念和原理不一定适合心理－生理层次和心灵层次。语境论者反对用物理－化学层次的概念和原理说明其他高级层次的事物，反对心理－生理层次和心灵层次的事物只不过是物理－化学层次的组合的观点，比如说生物体只是物理材料加上其他东西的混合，成年人只是儿童加上其他几个因素而已。这些解释显然忽视了不同组分之间的相互作用，忽视了相互作用产生的不同功能和结果。因此，如果不坚持语境论，就会走向还原主义。如果接受语境论关于变化和可错论的观点，我们就会以新的眼光看世界，去发现新的事物。在语境论者看来，如果我们坚信新的性质一定会出现，而不是简单地去探索一种解释，认识到这个事实我们就会产生新的理解。比如，生命和心灵是从没有生命和心灵的事件中进化而来的，如果承认这个事实，当生命和心灵以适当的发生方式和支持条件相互连接起来时，我们就能够说明生命和心灵的可能性、变化的具体方向是如何指向进化状态的。但是，在变化的知识面前，我们所做的预测可能是错误的，我们期望通过观察和实验使我们的预测更准确。

## 九、反思探询观

语境论的自然主义和生物学倾向使它坚持主张反思性思维或者批判性探询的科学方法。那么，什么是反思性思维或者批判性探询呢？所谓反思性思维或者批判性探询，在语境论者看来，就是问题解决或者怀疑消解（doubt-resolving）过程。这种方法有着广泛的应用，特别在计算机科学和认知科学中被用来解决这个变化世界里我们面临的许多问题，比如计算机能否思维问题、常识知识表征问题。这些问题应该是具体的、明确的，如果我们运用语境论方法就可能解决这些问题；如果不受语境约束地任意提出问题，任何方法对它恐怕都无能为力。也就是说，反思性思维或者批判性探询是以语境的存在为前提的，即在语境中解决所提出的问题的。笛卡儿的普遍怀疑是有问题的，因为我们不能不受语境约束地去怀疑。怀疑的发生也是有语境的。

那么，这种方法的具体步骤是什么呢？杜威在《逻辑：探询的理论》①中对此方法做了详细的论述，并把它分为五个步骤：(1)提出问题。也就是在复杂的现象中提炼或者概括出问题。这是探询的开始，也是发现问题的开始。这种境遇可能是冲突、矛盾倾向、困惑、怀疑、模棱两可等之一。(2)澄清问题。通过观察和分析我们收集阐明困难或者确定问题所需的经验材料，用清晰阐明的问题取代一些模糊的想法。(3)清晰地表达问题。清晰地阐明问题后，我们尝试提出如何解决所提问题的假设或者解决方案。此时，我们有解决问题的多种想法，这些想法包括进一步的观察，引导我们找到相关事实。我们对问题的陈述越适当，我们寻找的解决方案就越有预测性。(4)演绎式地论述问题。我们通过推理获得各种假设的意义，弄清哪一个是我们所期望的。在某些情形中，在我们演推出一个给定假设的含义前，我们需要更多信息。然后，在详细分析和审视提出的各种解决方案的可能结果的基础上，我们确定一个可行的研究计划。(5)证实或者证伪问题。也就是通过观察或者实验，检验最有希望的假设。如果其中一个假设得到确证，问题就解决了，怀疑也消除了。一个新的研究阶段又开始了。这些探索步骤与科学哲学家波普从问题开始的科学发现模式非常类似。波普也许受到杜威的启示。

然而，这些研究阶段过于简单。而且在实际研究中，具体过程也不完全遵循这些步骤，也可能是其中几个，也可能有压缩或者合并步骤的情形。比如，如果在第一步所提解决方案的可能结果没有多大希望，我们可能返回到第二和第三步骤，重新考虑我们的问题，看看是否考虑其他可能的方案。对于复杂而困难的问题，精心设计的研究规划是必要的。杜威的方法尽管简单，但是还是清晰的、准确的，基本反映了实际的研究过程的情况。这就是解决问题的反思探询方法，它适合于个人问题、社会问题和科学问题，比单纯的试错方法和解决一个问题并提供如何解决这个问题的某些解释性陈述更有优势。

## 十、经验真理观

关于经验，传统公认的观点认为，经验是一种知识状态。实用主义者抑或语境论者杜威认为，经验是我们人类与我们的自然和社会环境相互交流的事情，一个做和经历的过程，在这个过程中，我们为了间接产

---

① See John Dewey：*Logic*：*Theory of Inquiry*，New York：Henry Holt and Company，1938：1-527.

生进一步的功能而使用直接环境条件。经验不是一种与客观实在分离的
个人主观内在状态，它部分地与外部世界相联系，正是通过它我们生活、
从事活动、感知我们的世界。而传统经验观把经验看做是人们对过去发
生事件的经历或者感受，强调过去的感受，与现在没有多少关系。语境
论的经验观强调经验的语境的、境遇的、交互作用的和场特征，把经验
看做是与现在联系的体验过程。杜威反对特殊论（Particularism）的经验
观，即主张忽视经验与世界的连接性、关联性和连续性，注重孤立的感
觉材料、印象和观念。语境论不是在推理的意义上把经验与思想对立起
来，而是把经验看做充满推理的过程。在语境论者看来，经验负载了推
理，通过推理追踪方向和关系，并孕育了对未来趋向和运动的预测。这
种经验观并不神秘，经验与真实世界相联系，在经验过程中有假设、行
动计划、问题的可能解决方案和反思方法，这些因素在探索过程中起到
了预测可能变化的重要作用。

与经验相关的是真理。从语境论的经验观看，真理是一种观念在实
践中如何形成的问题，无论这些观念是不是所期望的、是不是提供了定
性的证实。由于实践本身就是一种语境形式，因此这种真理观也就是一
种语境论的真理观。进一步讲，在实践中获得的观念是知识，这种知识
是被置于问题语境和反思探询中的，因此知识也是语境依赖的。柏格森
区分了直觉知识和分析性相关知识，认为前者是真正的知识，即领会性
质（realization of quality），后者是衍生知识，即根据经验和逻辑推出的。
哈恩认为经验感知有两个极限：一个是领会性质或者识别性质；另一个
是诱发实践动因的东西，一个不比另一个更真实①。派普主张性质的直
觉知识与对事物本质信息的分析一样，应该被看做是一种认知形式②。
杜威承认柏格森关于直觉知识作为领会性质先于概念而且更深刻的观点
是正确的，但是他希望保留"相关知识"这个术语③。他认为直觉知识具
有普遍性，它描述了一个整体问题境遇，引导了探询过程。对直觉知识
这个唯一性质的深刻认识不仅对感知知识重要，而且对整个人类的生存
都是重要的。在这里，这些哲学家强调了直觉对于形成知识的作用。用

---

①  See Lewis E. Hahn: A Contextualistic Theory of Perception, in George P. Adams,
   et al. ed.: *University of California Publications in Philosophy*（22），Berkeley: Uni-
   versity of California Press, 1942.

②  S. Pepper: *Aesthetic Quality: A Contextualistic Theory of Beauty*, New York:
   Charles Scribner's Son, 1937: 29.

③  See John Dewey: "Qualitative Thought," *Philosophy and Civilization*, 1930: 93-116
   (101).

语境论的术语说，境遇越新奇，事件变化的过程就越迅速，出于适用目的直觉地探询知识就可能越有用。

当然，强调直觉知识并不是贬低通过实践获得的知识。实践知识超越了直接认识和感觉材料。感官本来就不是产生知识的通道，而是对行动的刺激。感觉也不是知识，而是重新改变行动的信号，或者是解决问题的征兆。先验性质可能是我们知道的条件，或是相关知识的开始，但是这类知识是我们使用感觉识别的一个事态，它是通过推论得出的，是探询的一个产物。问题是，探询过程是如何被引导获得确定结论的。这个过程包括控制观察的操作、检验和实验。

## 第五节　世界假设语境论的优势与缺陷

通过以上分析我们知道，作为一种新的世界假设，语境论并不是万能的，有其优点，也有其缺陷。笔者将其优点和缺点概括为以下五个方面：

### 一、关注事件与其语境的关联

语境论描述的事件或行动及其语境"不能完全区别开来，因为每个都对其他的性质有贡献"①。特别是事件或行动的分析在起作用的语境方向上移动，同时语境分析在起作用的事件或行动的方向上移动。比如，一个准备对一群特殊听众发表演说的人，他的语境分析将考虑听众的兴趣延伸和影响演讲者表演的方式。听众的语境分析将考虑演讲者的表演延伸和影响听众的反应。语境是作为历史，而非作为地方；是作为行动的历史环境，而非作为行动的现存物理环境。也就是说，语境由与一件特殊事件的发生和性质有关的事件构成。而且一件特殊事件的描述，仅仅就它包括对它的发生和它的性质有贡献的条件而言，才是有意义的。

大多数语境论者把主体概念化为"追求目标的能动者、行动者，在社会语境中行动、谈话、对话和策略性相互作用的研究客体"，并强调"社会和文化形式、血缘关系和家庭、政治和经济、最近和遥远的历史"②。语境分析的综合和分散特征最容易在描述的方法论中得到理解。语境叙

---

① Steven C. Hayes，Linda J. Hayes，Hayne W. Reese，Theodore R. Sarbin：*Varieties of Scientific Contextualism*，Context Press，1993：100.

② T. R. Sarbin：The Narrative as the Root Metaphor for Contextualism，in S. Hayes，et al.：*Varieties of scientific contextualism*，Reno，Nv：Context Press．1993：56.

述特别适合描述特殊事件在它们的过去和现在环境内阐明的方式，并参与变化的过程。叙述的各种形式可以适合于修辞分析、对话分析、人种学、动物行动学、历史编史学、传记、解释学、记号语言学、角色扮演、剧场等更明确的目的。

## 二、提升了人类实际活动的重要性

这是语境论的一个特别重要的贡献。人们所说和所做的事情根据它们自己的价值成为合理的研究目标，而不需要把它们还原到更微观的层面，也不需要简单地把它们作为一个基础来推断在其他层面进行的认知活动。科学的概括仍然是可能的，但它们集中在把语境的偶然性作为神经学的或心理作用的规则。科学不必试图证明自己是趋向某些有序和无序的假想宇宙状态的进步事业。描述的语境论者可能只是为了从一个事件产生某种意义去揭示一个特殊领域，功能的语境论者可能仅仅为了帮助解决实际问题应用和提炼某些规则。

然而，语境论的缺陷也是明显的。对于描述的语境论，它关注对事件或行动意义的个人理解，且这种理解不必对他人理解的意义有贡献，因此，它的主观性强而客观性弱。对于功能的语境论，在一个环境中对预测和影响事件有贡献的图式可能在另一个图式中没有影响，即这些图式不能在不同时间在同一环境中产生影响。而且，当语境论者在产生可靠图式方面不断成功时，他们被推到机械论或有机论的范围。或者说，当语境论在短期内提供规则性时，"它实际上时常威胁永久结构的证据"①，因此，它"时常濒临于退到根本的机械论的结构，或濒临于分解为悬在有机论的隐含整合的拱形上"②。

## 三、揭示了"历史事件"对于现实世界的意义

在变化加速和无序似乎控制世界的地方，"理解"是语境论者最希望的东西。有序的情形也一样，因为它太复杂和无限地变化，而使它被看做无序。在变化减慢和有序似乎支配世界的地方，语境论者至少就眼前情形来说接受工具主义的预测目的和影响。语境论者强调诉诸变化的功能范畴，并追随通过某人自己时代可能揭示的任何有序或无序的变化。

---

① S. Pepper：*World Hypotheses*：*A Study in Evidence*，Berkeley，CA，University of California Press，1942：253.

② S. Pepper：*World Hypotheses*：*A Study in Evidence*，Berkeley，CA，University of California Press，1942：253.

也就是说，语境论者的根本兴趣是实践的而非本体论的，而现实的实践是"历史事件"功能地"再现"于现实环境的结果。

### 四、语境分析具有多元性和任意性

这表现在以下几点：（1）语境分析从哪里开始或结束没有任何规则。做出怎样的决定具有任意性，类似费耶阿本德"怎么都行"的多元主义方法论。理论上讲，语境分析可以从任何引起你注意的事件或行动开始。它可以一直分析下去，直到你的兴趣改变。在决定了某人的实践目的后，语境分析从哪里开始或结束，或应该集中在什么上的决定最好根据某人先前的经验决定。先前经验不仅对语境分析有指导作用，也引导语境导向的图式，这种图式推动未来目标的获得。这些图式充当"过去社会经验的一个总结和未来经验的一个指南……它们构成叫做周期'科学'的东西，并从周期到周期变化"①。（2）预先选择人们应该关注的事件或行动也是没有什么规则的。派普指出："在许多特性中选择一个而不是另一个，或者，许多特性中的一个反对非常少的另一个，具有内在的任意性。"②你可以不断地在不同事件及其结构之间做选择，也可以永远追求结构的许多组分和它们进入不同语境的方式。（3）范围大而精确性弱。范围通过这样的事实获得，即当捕获事件的性质和结构时，语境叙述连同它们在变化过程中的关系和含义内在地能够在许多方向移动。然而，这个范围的获得是以牺牲精确性为代价的。派普强调："有许多平等地分析事件的有启迪作用的方法，仅仅依赖从这个事件进入它的语境中你所理解的组分。"③语境分析本身蕴涵着范围的扩大，因为语境是向外延伸的。在语境确定的情况下，如何提高精确性是语境分析面临的一大困难。

### 五、倾向于哲学实用主义

语境分析是实际目标导向的。实际目标保证语境分析不至于失控。为了达到实际目标，语境分析可以随时开始。当目的达到时，可以停止；当目的不能达到时，可能转移到新的目标。也就是说，语境分析本身没有重要意义，其重要性在于人们追求的实际目标。"根据实用主义的格

---

① S. Pepper：*World Hypotheses*：*A Study in Evidence*，Berkeley，CA：University of California Press，1942：267.

② S. Pepper：*World Hypotheses*：*A Study in Evidence*，Berkeley，CA：University of California Press，1942：233.

③ S. Pepper：*World Hypotheses*：*A Study in Evidence*，Berkeley，CA：University of California Press，1942：250.

言，一个概念的意义是由运用它的'实践的'或'实验的'结果来确定的。"①这个"实践的"或"实验的"结果就是目标。在描述的语境论的情形中，核心目的是以理解的形式导致一个满意结果的实践行动。在功能的语境论的情形中，核心目的是以预测的形式导致一个满意假定的实践行动。语境论的真理标准是可使用性（workability），从这个意义上讲，语境论是实用主义的，它寻求它那个时代的可使用性。另外，在大多数社会中，成功的行动本身包括更多的"好的"东西，也包括我们所做的对他人有益的东西，对我们的文化有益的东西。正是通过强调有用的社会制度和实践，人们才增加一代代的成功工作，在这个意义上，语境论也是人文主义的。

---

① 〔英〕苏珊·哈克：《逻辑哲学》，罗毅译，张家龙校，北京，商务印书馆，2003，第120页。

# 第三章 作为认识论的语境论

认识的语境论(Epistemic Contextualism or Epistemological Contextualism，EC)是同知识论(Theory of Knowledge)①紧密相连的，是一种关于知识归因的认识论。它是这样一种观点，即由特定知识语句表达的命题，依赖于说出这个句子的语境。更具体地讲，认识的语境论是这样的主张——由给定的知识语句，如"S知道P"和"S不知道P"，依赖于产生它们的语境，即知识的形成与理解是语境依赖的。在某些语境中，S知道P，而在另一个语境中，S不知道P。这两个陈述在各自的语境中都是正确的。因为语境不同，认识标准的高低程度不同，在不同的语境中进行对话、行动就会产生争论或者冲突。或者说，不同的语境设置了不同的认识标准，而且这些认识标准随着语境的变化而变化。语境论者坚信：EC是对我们认识判断的最佳解释，能够回答怀疑论的问题，比如，为什么在大多数语境中我们能够判断我们拥有知识，而在一些语境中我们不能判断我们拥有知识。这一观点既有不少支持者，同时也受到了质疑和批判。

## 第一节 认识的语境论形成的思想根源

虽然说EC是近十多年才发展出的一种新的认识论，但它是20世纪下半叶以来各种关于知识问题之理论的重叠、竞争、合流与融合的结果。这些理论将语境因素作为某种认识论问题的核心，认为知识是语境相关的、语境敏感的和语境依赖的。笔者将语境论产生的根源归结为以下五个方面：

### 一、经验的实用自然主义

实用主义作为20世纪上半叶的一场哲学运动，其主要代表人物有詹姆斯、皮尔斯、杜威、米德和哈恩等。实用主义之所以是语境论的早期

---

① 认识论的另一种名称，探讨知识产生的科学方法和途径。

根源之一，是因为它的某些思想与语境论很相似甚至一致，哈恩把实用主义的这些语境论观点称为实用的自然主义①。它的核心思想可以概括为以下几点：

第一，詹姆斯以来的实用主义者，将时间看做通道、持续的过程，或者感知的期间(felt duration)，这与语境论是一致的。派普的语境论就主张在时间过程中行动，事件是语境中的发生物。大多数实用主义者关注变化的实体、过程中的事物和模式化的事件；他们反对把实体看做是静止的、永恒的和不变的，主张关注生成过程中的事物，因为在他们看来，除了变化，没有具体的事物存在。一些具有实用主义特征的过程哲学家，寻求的不是所谓持久的实体和属性，而是过程中的事物、与其他历史关联的历史、变化的事件，并同时追求它们的新奇性、偶然性和稳定性。这些模式化的事件彼此之间相互运动，总是在语境中发生，并在这些语境中与其他事件关联。

第二，实用的自然主义的范畴特征主要有两点：(1)一套结构性状(textural traits)，它们显示事件的性质；(2)一套语境或者环境性状，它们表示一个事件在与其他事件的关系中的位置。结构范畴包括结构、组分(strand)、性质、融合和指称(reference)②，语境性状主要包括环境、始点(initiation)、方式(means or instrument)、终点(termination)、完成(consummation)和中断(frustration or blocking)。这两个特征与派普的语境论范畴非常相似。正如实用主义哲学家哈恩指出的那样：

> 语境论者开启的模式化事件不是一个具体的原子单元，而是一个具体个体特性、完全融入一个整合整体的所有倾向的复杂相互关系。术语"结构"借自编织艺术，它意指每个历史事件是诸多发生事件的一个网络，一个其他历史事件以某种发生进入的中心。结构可以分解为构成组分，而且结构、组分和语境相互关联。一个更大语境中的组分可以成为另一个小语境中的结构。组分作为结构的一个细节，它伸展并进入语境中，把语境的某些性质带入结构。由于结构的特点是它的组分性质的融合，而且组分是部分地来自语境，分解结构就会把我们带入其他事件的结构。

---

① Lewis E. Hahn：*A Contextualistic Worldview*：*Essay*，Southern Illinois University，The Board of Trustees，2001：82.

② 是一个表示方向和距离值的概念，不是指一个名称或者概念。

指称既是一个事件性质的一部分，又与它的语境相联结。组分伸出并指向其他结构。它们从始点运动，通过运用方式—目的或者工具，到达中断和完成。为了控制事件的方向，我们必须提醒自己重视方式。①

第三，每个事件有某种组织或者结构，这些结构可以通过分析知晓。这是实用主义者早已认识到的。比如，詹姆斯和杜威曾经认为，经验事件不必具有从其他领域附加给它们的关系。构成一个事件的不同因素和性质根据结构和组分这些术语共同形成一个相关的模式。这些术语能够清楚地说明，构成因素与模式或者整体相关，而不是与要素或者部分相关。独立的"实体"、"本质"、"实在"是在独立的关系中孤立地发生的。这里提出了一个分析的新观念：分析不是把复杂的东西还原为不变的或者固定的元素的过程，而是通过追踪变化的模式展示一个事件结构的过程。这一过程需要识别事件的组分，这些组分从事件的语境中获得它们的部分性质，并找到进入语境的途径。因此，分析就是跟随指称从一个结构到另一个结构的过程。不过，我们跟随指称多远、追踪哪些指称就依赖于我们探寻的问题了。这样，依赖那些我们跟随的指称的组分以及我们追踪并进入的那个环境的结构，我们可能有许多分析，每个可能或多或少适合它的目的。尽管我们做了许多分析，但我们从来不能达到终极元素，也没有这样的东西作为分析的要素，这是因为，事件的结构可能以许多不同的方式得到显示，这取决于分析的目的，或者取决于产生它的问题的性质。

第四，实用主义演化出进化的语境论和生态的语境论。语境论的范畴对于分析以及感知性质是非常重要的。特别是"语境"概念，它是语境论的核心，对于哲学思维的重要性无论怎样强调都不为过。杜威曾经深有体会地说："哲学思维最普遍的错误是忽视了语境。"②把结构置于一个不同的语境中，会改变它的感知性质，不论这种改变对一个给定目的重要与否，都依赖这个目的或者这个语境。如果使用一个合适的语境，任何事件都可能增强美的特性；通过运用适当的工具，建立可控制的结构，

①　Lewis E. Hahn：*A Contextualistic Worldview*：*Essay*，Southern Illinois University，The Board of Trusteses，2001：6-7.

②　John Dewey：*Context and Thought*，in University of California Publications in Philosophy，Berkeley University of California Press，1931(12)：203-224；reprinted in LW 6：5.

我们就能够解决我们的理论和实践问题。

对于任何事件，我们可以发问：它什么时候、什么地点发生？从哪里开始？目的是什么？如何发生即以什么方式走向终点？这些问题我们可以通过运用语境论加以解决。为了指明一个事件的语境，我们需要弄清它的环境、它的始点、它的演化过程以及它的中断与终点。每个事件都与其他事件的环境相关，它们支持或者阻止它的性质，但它与这些事件不是彼此分离的，而是密切地相互作用的。正如生物体的生存和进化与其环境不能分离一样，每个事件与其环境因素也同样不能分离。因此，保护生态环境就是保护动物包括我们人类自己。这一观点必然导致文明生态观，也就是笔者称之为进化的和生态的语境论。

第五，实用的自然主义的反思探询方法为语境论提供了新的方法。实用主义奉行的经验方法，杜威将其称为科学方法，哈恩则称为反思探询方法。这一方法与语境分析极为相似，它不同于其他方法，如试错探询法和观察法的地方主要有两点：一是它由某些问题或者困难引起；二是它不仅导致问题的解决，而且形成它如何被解决的某些描述或者解释陈述。按照这一观点，反思探询首先从问题或者困难开始，当出现错误时，接着通过观察和分析予以澄清，并寻求假设来解决问题，推出这些可能解决方案的意义，最后用观察和实验加以证明。这一过程是科学中常见的，也是成功的，但是语境论者相信，将这一方法用于更复杂、更困难的问题比如价值问题，也许同样重要和有效。

例如，在传统的内省心理学中，洛克、贝克莱和休谟早就将人类与其环境关系的解释与他们采用的心理学紧密地联系起来，而实验心理学和行为主义心理学则将这种解释与生物学联系起来，不论是传统心理学还是科学的心理学，都考虑到人类与环境关系解释的语境因素——心理的和生物的。后来，发展的认知心理学和社会心理学还将智力、社会、文化因素作为语境条件。总之，对事件发生的相关语境条件的分析，是所有持语境论观点的人的共同特征。语境思维因此成为一种普遍思维方式。

## 二、知识判断标准的多元主义

在不同的语境中，认识的标准是不同的，有高的有低的，有强的有弱的。在关于知识标准的讨论中，当我们做出一般的认识评价时，怀疑论者要求在高标准和低标准之间做出区别。语境论者则认为两个标准在各自适当的语境中都是合法的。维特根斯坦关于意义与使用的关系以及

"语言游戏"的多样性的主张，设置了不同的标准，从而开创了关于观念或者术语的语义多元主义。在预示着语境方法论的案例研究中，也存在着多元主义。亚卡斯塔（Castañeda）以哥伦布发现美洲大陆为例[①]，讨论什么才算做知道。人们是否知道哥伦布 1492 年 10 月 12 日发现美洲在不同的语境，比如（1）电视问答比赛；（2）中学课本；（3）著名历史学家的考证（1492 年 10 月 11 日）中是不同的，这是因为判断知识正确性的标准在不同的语境中是不同的。这是理解知识本质的关键所在，也因此容易导致相对主义。

在多元主义知识标准问题上，科学哲学家费耶阿本德以其"怎么都行"而闻名，对认识的语境论的形成产生了深刻影响。费耶阿本德的多元主义表现在认识的、理论的和方法的三个方面。在认识方面，费耶阿本德认为是多元的，他反对科学是理性的传统观点，主张科学在很大程度上是非理性的。在他看来，非理性保护新理论或为新理论辩护，传统、成见等非理性因素在理论的承认中起重要作用。比如，伽利略成功地为哥白尼理论辩护。科学并不是构成世界观必不可少的唯一条件，它只是人类用来应付环境的工具，目前已经成为"最新的、最富于侵略的'最教条的宗教制度了'"。为此他提出了三种方法来消解科学知识的唯一性：一是解除一切强加给科学的所谓"普遍规则"，主张认识上的"无政府主义"；二是建立一个与现存社会不同的"自由社会"，主张科学与国家分离；三是科学家与教育分离，目的是防止科学家把绝对真理思想强行灌输给青少年。

在理论方面，费耶阿本德认为是多元的。这包括三个方面：一是理论与经验事实可以不一致。逻辑经验主义强调理论与事实的一致，他反对事实对理论的判决作用，主张理论可以与事实不一致，这是因为科学研究中的"观察偏见"、"实验期望"、"背景渗透"起作用的结果；理论具有韧性，即理论并不因与经验事实不一致而被证伪；理论可以脱离经验而存在，经验不一定进入检验过程，或者说获得知识的过程不一定依赖经验，比如靠直觉，在理解过程中消除感知。二是理论之间不必一致。逻辑经验主义强调新理论与已经确认的理论之间的一致性（一致性条件），费耶阿本德认为二者不必一致。如果一致性的基础是理论与经验事实的一致，那么经验事实就是检验理论的标准。这与科学的实际不符。不同

---

① H. Castañeda："The Theory of Questions，Epistemic Powers，and the Indexical Theory of Knowledge,"*Midwest Studies in Philosophy*，*Volume V*，1980：217.

理论在不同证据误差范围内可能不一致，因为一致性条件隐含这样的假设：经验事实独立于理论而存在。这样就预设了经验事实先于理论存在。三是理论之间不可通约。费耶阿本德继承了库恩的"范式不可通约"的观点，认为不一致的理论可以并存，但是并不是"不是你死，就是我活"。这些并存的不一致的理论是不是可通约，也就是一个是否可以用另一个表征。费耶阿本德对此持否定态度。在他看来，由于理论的形成与文化背景有关，文化的差异将导致理论的差异，表现为不可通约。比如，不同民族的思想和语言；不同理论之间也必然存在差异，如概念系统不同，不能相互翻译；还有本体论不同，不同理论的本体论假定不同，比如，经典力学的绝对时空观和相对论的相对时空观。

在方法方面，费耶阿本德认为是多元的。费耶阿本德坚持了理论和认识上的多元主义，在方法上也必然是多元的。归纳法要求理论与事实一致，这正是费耶阿本德要反对的。在他看来，理论无需完全从归纳获得，他主张科学家要敢于提出与现存理论和经验事实不一致的新假设、新概念和新思想，敢于坚持新提出的理论，而不是当遭遇反驳时简单地抛弃它，敢于引入一些新的观察术语。因此，他主张科学研究的无规则性，反对一切现成规则，认为规则即约束，与科学研究的"自由性原则"相悖。于是，"唯一的规则就是怎么都行"。

### 三、理解知识的相关选择理论

知识的相关选择理论（Relevant Alternatives，RA）是一种以确证为中心（justification-centered）的知识说明的选择理论。代表人物是德雷特斯克（Fred Dretske）和古德曼（Alvin Goldman）[①]。它的核心思想是：如果 Q 是 P 的一个相关选择，那么知道 P 不要求你提供证据，证据能够使你排除 Q。也就是说，知道 P 与任何相关非 P 选择不被排除是不一致的。这提供了限制怀疑论者威胁的方式，因为怀疑的可能性是不相关的，至少是不常见的。比如，假如你在动物园的围栏中看到的一只斑马，可能是一只被精心伪装的骡子，这是不相关选择，此时为了知道那是一只斑马，你不需要提供证据反驳这个选择。

---

[①]　F. Dretske："Epistemic Operators," *The Journal of Philosophy*，1970，67(24)：1007-1023；*Knowledge and the Flow of Information*，Cambridge，MA：The MIT Press，1981；"The Pragmatic Dimension of Knowledge," *Philosophical Studies*，1981(40)：363-378；A. Goldman："Discrimination and Perceptual Knowledge," *The Journal of Philosophy*，1976，73：771-791.

RA 与语境论自然地结合在一起，因为作为相关的选择是语境的一个功能，在语境中产生并评价知识归因。早期 RA 的支持者如德雷特斯克，否认知识封闭于已知的逻辑结论中①，但是现代语境论的 RA 的支持者主张，我们应该保留闭合原则（Closure Principle）②。闭合原则是说：假如 Q 是某些你不能排除的选择，而且在一个给定的语境中 Q 是不相关的，如果你知道 P 而且知道 P 包含非 Q，那么你就被认为也知道非 Q。语境论者主张，当你明确提出问题——不论你是否知道非 Q，并使 Q 相关，由于你不能排除 Q，你就不能被认为知道非 Q，也不能被认为知道 P。他们认为，不存在单一的语境，在这样的语境中，你知道 P 同时又不知道非 Q。在 Q 是相关的诸多语境中，你被认为不知道其中任何一个。在 Q 是不相关的诸多语境中，你被认为知道二者③。

当然，RA 与语境论也不是必然联系的。一些 RA 理论者相信④，选择所相关的东西完全是由认识者及其环境这些事实决定的，它不因知识归因的语境变化而变化。这被叫作没有语境论的相关选择理论，我们将在第三节讨论。

不同种类的 RA 理论是有差别的。这主要表现在两个方面：一方面，"排除"意指什么，是不是行动者（agent）、他或她的证据，以及别的什么东西做排除的工作；另一方面，不同的 RA 理论者提出不同的相关性标准。比如，德雷特斯克主张，相关性标准与客观情形中实际存在的种种可能性有关⑤，而古德曼则认为，是关于主体心理或者谈话环境的那些

---

① F. Dretske："Epistemic Operators,"*The Journal of Philosophy*，1970，67(24)：1007-1023；"The Pragmatic Dimension of Knowledge,"*Philosophical Studies*，1981(40)：363-378.

② Gail C. Stine："Skepticism, Relevant Alternatives, and Deductive Closure,"*Philosophical Studies* 29，1976：249-261；S. Cohen："Contextualist Solutions to Epistemological Problems：Skepticism, Gettier, and the Lottery,"*Australasian Journal of Philosophy*，1998，76(2)：289-306；K. DeRose："Solving the Skeptical Problem,"*The Philosophical Review*，1995，104(1)：1-52；D. Lewis："Elusive Knowledge,"*Australasian Journal of Philosophy*，74(4)，1996：549-567.

③ J. Pryor："Highlights of Recent Epistemology,"*British Journal for the Philosophy of Science*，2001(52)：98.

④ F. Dretske："Knowledge：Sanford and Cohen," in *Dretske and His Critics*，B. P. McLaughlin ed.，Cambridge，MA：Blackwell，1991：185-196；K. DeRose："Contextualism and Knowledge Attributions,"*Philosophy and Phenomenological Research*，52(4)，1992：913-929.

⑤ F. Dretske：*Knowledge and the Flow of Information*，Cambridge，MA：The MIT Press，1981：131.

事实决定了哪些选择是相关的①。

### 四、格蒂尔问题引发的社会建构论

格蒂尔问题也叫格蒂尔悖论（Gettier Paradox），它是格蒂尔 1963 年在《确证的信念是知识吗？》一文中提出的，目的是质疑知识的确定性问题。我们知道，自柏拉图以来，命题知识一直被定义为确证的真信念。这种传统的知识证明过程为：A 知道 P，当且仅当（1）P 是真的；（2）A 相信 P；（3）A 有充分的理由相信 P。格蒂尔通过一个反例对此三重分析提出了质疑。这个反例是：史密斯与琼斯申请同一工作。史密斯相信琼斯将会得到这份工作，并知道琼斯口袋里有十枚硬币。他据此推出这样的信念——得到这份工作的人口袋里有十枚硬币。最后的结果是史密斯本人得到了这份工作，碰巧他的口袋里也有十枚硬币。这个结果进一步强化了史密斯的信念：相信将得到这一工作的人口袋里有十枚硬币，就是真实的了。但是史密斯并不知道这一点。这一案例表明：传统认识论对知识的分析是有问题的，因为 A 并不知道 P，尽管所有三个条件都得到了满足。

格蒂尔问题引发了对命题知识性质的长期争论。有人认为传统的知识分析不充分，需要补充条件，有人认为格蒂尔反例并不可靠，应该放弃。虽然许多建议已经提出，但问题依然存在，没有达成一致。正如达米特指出的那样："我们从格蒂尔悖论中得知，没有一个合理的对真信念的确证足以使信念的持有者有权陈述知识；确证必须与使这个信念成真的东西有着适当的联系。"②

索萨（Sosa）③、哈曼（Harman）④对格蒂尔问题做了深入讨论，波洛克（Pollock）后来做了进一步发展⑤。他们主张，有某些东西是我们在社会上期望知道的，而且这些期望与我们是否知道有关。如果是这样，并且在这些期望中有某些变化性，那么，就会在知识标准中存在一个相似

① A. Goldman：*Liaisons：Philosophy Meets the Cognitive and Social Sciences*，Cambridge，MA：The MIT Press，1992：147.
② 转引自〔英〕尼古拉斯·布宁、余纪亮编著：《西方哲学英汉对照词典》，北京，人民出版社，2001，第 412 页。
③ E. Sosa："The Analysis of 'S knows that P,"*Analysis* 25，1964：1-8.
④ G. Harman："Knowledge，Inference，and Explanation,"*American Philosophical Quarterly*，5，1968：164-173；"Reasoning and Explanatory Coherence"，*American Philosophical Quarterly*，17，1980：151-158.
⑤ J. L. Pollock：*Contemporary Theories of Knowledge*，Savage，Maryland：Rowman & Littlefield，1986：190-193.

的、基于社会性的变化。格蒂尔问题表明：没有证据似乎能够克服你关于知识的主张，即确证的真信念不是知识。就这类证据影响你的认识立场而言是随着语境变化的。

普莱尔(Pryor)提供了一个例子来说明这一点①。假设在白宫工作的一位朋友告诉你总统在墨西哥，进一步假设你的确相信这个陈述"总统在墨西哥"。同时也假设，你不知道华盛顿邮报印错了总统不在墨西哥，而是在缅因州度假。在某些语境中，我们可能想把你的合理的真信念作为知识，而不考虑误导性报纸报道的存在事实。在其他语境中，我们承认报纸报道广泛地传播的事实阻止你把关于总统下落的信念当做知识。语境论者能够通过语境的变换说明这一事实。

格蒂尔问题直接或者间接导致了社会建构论②(Social Constructivism)的形成。社会建构论是科学知识社会学(SSK)奉行的范式，它主张科学知识是社会性建构的，而不是发现的，在知识建构的过程中充满了各种利益和社会协商，因此，科学知识是一种社会产物，而不是自然产物。或者说，科学不只是探索自然的纯粹理智过程，科学家不只是靠智力把自然中的事实说出来，他们还需要智力以外的许多社会的、文化的东西。传统科学观把自然与社会相对立，自然是被动的待发现者，同时又是判别科学知识真假的最终裁判者。被动的待发现者同时又成为最终的裁判者，这是不是有点奇怪呢？如果把自然和社会看做是一个联合体，自然与社会的对立问题就不存在了。社会建构论者认为，科学知识的产生过程是建构性的，是科学共同体通过协商机制决定的，具体说是通过实验室的知识建构和科学论文的建构完成的。

因此，"科学研究的成果是由特定的活动者在特定的时间里构造和商谈出来的，这些成果是由这些活动者的特殊利益、由当地的而非普遍有效的解释来运载的，并且，科学活动者利用了对他们活动境况定位的限制"③。皮克林认为，SSK 的主要问题是把科学作为知识，其突出特征是

---

① J. Pryor：“Highlights of Recent Epistemology,”*British Journal for the Philosophy of Science*，52，2001：97.

② 社会建构论不同于结构主义(Constructionism)和数学上的建构论，它是科学知识社会学的另一个称呼。结构主义是一种历史唯心主义观点，认为不存在由独立于我们认识而存在的事件构成的真实过去，历史研究不是发现过去，而是建构过去，因此它否认历史的客观性。数学上的建构论认为，数学是处理它可以构造的那些东西，即根据我们已经接受的事物系统地证明的东西，反对数学中的柏拉图主义。

③ 〔奥〕卡林·诺尔-塞蒂纳：《制造知识：建构主义与科学的与境性》，王善博等译，北京，东方出版社，2001，第 64 页。

把科学看做是社会建构的，他指出："SSK 强调科学知识的工具意义，强调科学行动者的力量，即知识是用来使用的，不只是用来沉思的；行动者具有自己的利益，作为知识的工具能够成功地促进或者阻碍这种利益的实现。"①皮克林不赞成 SSK 的科学观，主张一种他称之为"后 SSK"的立场："科学知识不应该被视做对自然的透明的表征，而应该被视做相对于某种特定文化的知识，这种知识的相对性可以通过社会学的利益概念而得到刻画。"②在皮克林看来，SSK 的研究进路是有问题的，因为 SSK 把科学文化仅仅表征为单一的概念网络，把实践仅仅表征为由利益建构的一个不确定性终结的筑模过程，这类表征不能很好地把握实际的实验室科学所呈现的复杂性说明，因此说，"单纯的 SSK 不能向我们提供把握行动中的科学丰富性的概念工具，这种丰富性包括：仪器制造，试验的计划、运行和解释，理论的说明以及与实验室管理部门、出版部门、基金提供部门的谈判等。把实践描述为不确定的以及利益导向的，最多也就是捕获了问题的表面"③。后 SSK 倡导科学实践的研究，这种科学实践不仅包括了社会的利益，也包括了文化、科学管理等与科学活动密切相关的东西。科学实践观正是科学语境论要倡导的东西。

## 五、社会认识论

社会认识论是关于知识或者信息的社会维度的研究④。这一研究近年来受到一些哲学家比如罗蒂、安尼斯、古德曼和富勒（Steve Fuller）的关注。而在此前，关于认识的社会性一致被忽视。罗蒂将这一理论称为"认识论的行为主义"⑤。而第一个明确表述语境论社会认识论的则是安尼斯（D. B. Annis）⑥。在安尼斯看来，人是社会动物，当涉及信念的确证问题时，哲学家倾向于忽略社会因素，特别是忽略语境因素的存在对于

----

① 〔美〕安德鲁·皮克林：《作为实践和文化的科学》，刘大椿主编，柯文、伊梅译，北京，中国人民大学出版社，2006，第 4 页。

② 〔美〕安德鲁·皮克林：《作为实践和文化的科学》，刘大椿主编，柯文、伊梅译，北京，中国人民大学出版社，2006，第 5 页。

③ 〔美〕安德鲁·皮克林：《作为实践和文化的科学》，刘大椿主编，柯文、伊梅译，北京，中国人民大学出版社，2006，第 5 页。

④ A. Goldman："Social Epistemology," *The Stanford Encyclopedia of Philosophy* (*Spring 2007 Edition*), Edward N. Zalta (ed.), URL = < http://plato. stanford. edu/archives/spr2007/entries/epistemology-social/>.

⑤ See R. Rorty：*Philosophy and the Mirror of Nature*，Princeton NJ：Princeton University Press，1979.

⑥ D. B Annis："A Contextualist Theory of Epistemic Justification,"*American Philosophical Quarterly*，15(3)，1978：213-219.

知识确证的重要作用。这样一来，基础主义和融贯主义仅仅把知识的确证描绘为关于主体的某些事实的功能，而忽视他或她的社会环境（语境）。安尼斯认为这对于知识确证的社会特征来说是不公平的。他举例说，假如琼斯没有受过医学训练，我们想知道他是否具有"小儿麻痹症是病毒引起的"常识知识呢？如果琼斯说他是看到医学专家的论文是这么说的才知道的，那么这已经足够了，因为他已经履行了已有的问题语境（issue-context）。假如这个语境是硕士学位的考试，那么我们就会期待的更多。如果考试者仅仅像琼斯做的那样，那么我们就会认为他是一个非常缺乏医学知识的人。因此，相对于一个问题语境，一个人相信命题 h 可能是合理的，而相对于另一个语境可能就是不合理的。这表明：社会信息包括信念、知识、各种理论等，在知识确证方面起到相当重要的作用。

古德曼在《社会认识论》一文中对传统的认识论和反传统认识论作了总结。他认为，在如何理解"知识"、"社会"的范围是什么，社会认识论的研究目的是什么这些问题上，研究者并没有达成一致。在他看来，传统进路研究真理、确证与合理性问题；反传统进路主张放弃这些问题，侧重研究知识形成的社会因素、信念形成的社会实践，强调知识在共同体、文化或者语境中的"制度化"，寻求知识产生的社会力和影响力。因为"不存在无语境或者超文化规范的合理性"①。20 世纪 70 年代兴起的科学知识社会学是这一进路的代表。这些科学知识社会学家彻底或者部分否定科学知识的客观性、实在性、真理性和合理性，主张科学知识是社会建构的②，并由此引发了著名的"科学大战"，也导致了认识论的社会转向③。

富勒认为，社会认识论解释科学文化的策略是对目前共有的两个假设的挑战。这两个挑战是：(1)科学家在他们的自然场所中所做的几乎都具有某种意义；(2)科学的社会与文化研究的最主要目的是提出一种策略，以尽可能理解科学家在其自然场所中所做的意义。社会认识论者否认这两个主张，并同时提出自己的两个主张：(1)只有你不仔细考虑并且具有相当仁慈的性情，科学家在其自然场所中的所做才会具体某种意义；(2)科学的社会与文化研究的最主要目的在于提出一种元解释策略，以揭

① Barry Barnes, David Bloor: "Relativism, Rationalism, and the Sociology of Knowledge", in M. Hollis, S. Lukes (ed.): Rationality and Relativism, Cambridge: MIT Press, 1982: 27.

② See Bruno Latour, Steve Woolgar: Laboratory Life: The [Social] Construction of Scientific Facts: Princeton: Princeton University Press, 1979.

③ 魏屹东：《"科学论战"为哪般?》，《自然辩证法通讯》2005 年第 1 期。

示出解释者如果采用了科学家的参考系，以科学家的利益来介入科学，那么科学家的所做才会具有意义①。

在富勒看来，科学家只承认理性的力量，社会学家也运用这种力量，同时更注重将理性与社会性结合起来解释科学家所说与所做之间的关系，即根据"改变语境"和"打破参考系"的灵活性做出解释。那些在一种语境中具有意义的内容，在随后另一种全新的背景假设中需要重新解释。富勒进一步对照性地分析了社会认识论者对科学社会学家与哲学家共同持有的三个前提条件进行了质疑。这三条前提假设是②：

(1)比起运用策略来制造利益无涉的知识来说，科学家更可能善于利用策略来有意识地最大化他们自己的利益。

相反，科学家个人利益动机并不能保证他们的科学研究能力，他们应该无偏见地关注各种机会。

(2)在研究环境中，科学家能够根据"其经验教训"来改进他们的活动。

相反，从经验教训得出的意义具有在被高度控制的场所中才能发生，在这种场所中，科学家的行为服从于直接的和特殊的反馈。

(3)如果解释者不能显示科学家的行为是理性的，而同时科学家群体中的人不会碰到这样的问题，那么解释者就未能理解"语境"或"背景知识"在自然场所中的角色。

相反，"语境"或"背景知识"能被灵活地应用，从而能提高"意会维度"的交流能力，以形成一种社会心灵感应。当以相同的方式考虑"背景知识"的工作，与"语境"所不同的是，"背景知识"暗示的是正在消失的东西可能会在科学家的头脑中被发现，而"语境"暗示着科学家日常的环境特征。因此，"语境"与"背景知识"在科学家的实际工作中有着非常重要的作用，只是科学家可能忽略或认为它们是理所当然的东西而未加重视。这种误解在科学家当中是较为普遍的。

---

① 富勒：《社会认识论与科学的社会与文化研究议程》，见〔美〕安德鲁·皮克林：《作为实践和文化的科学》，刘大椿主编，柯文、伊梅译，北京，中国人民大学出版社，2006，第412页。

② 富勒：《社会认识论与科学的社会与文化研究议程》，见〔美〕安德鲁·皮克林：《作为实践和文化的科学》，刘大椿主编，柯文、伊梅译，北京，中国人民大学出版社，2006，第414～415页。

总之，社会认识论无论在理论上还是在实践上都是非常重要的，理论上重要是因为它把社会置于知识形成过程中的中心位置，实践上重要是因为它在信息相关的社会机构的重新设计中起到可能的作用。

## 六、结束语

以上讨论的各种观点，虽然名称各异，但是都将"语境"作为认识论的核心概念，也就是语境关联或者基于语境的认识论。比如，安尼斯把语境论看做基础主义和融贯主义的选择方案，以此来说明知识和确证本身；亚卡斯塔不是关注知识和确证，而是关注我们解释事件时使用的语言材料，阐明"知道"的语境的语义学。这是两条不同的认识论路线：一条是实在论的，探讨主体关于知识的实在性；另一条是语义学的，探讨知识内容的真实性。关于实在论路线，威廉姆斯（Michael Williams）的认识论的实在论①最有代表性。这一理论认为，认识探询的对象具有某些根本的"结构统一体"，它使得它们成为一个特定类的实例，而不依赖于任何"情境的、规范的和其他语境地变化的因素"。相比之下，语境论者主张探询对象的"情境的、规范的和语境地变化的因素"，否认"结构统一体"的存在。其实，在笔者看来，这两种观点并不矛盾，只要将"结构统一体"看做语境即可，因为语境是具有结构的东西。关于语义学路线，柯恩（Stewart Cohen）、德罗斯（Keith DeRose）、海勒（Mark Heller）、刘易斯（David Lewis）和内塔（Ram Neta）②是其代表。他们一致强调知识归因者（而非主体）这个事实的重要性，知识的归因者是言说者说出的句子的目的、意图、期望和预设等。这两种认识论虽然立场和路线不同，但是对于探讨知识的本质都是重要的，特别是语义学进路特别受关注。

---

① M. Williams：*Unnatural Doubts：Epistemological Realism and the Basis of Skepticism*，Cambridge，MA：Blackwell，1991：108-119.

② S. Cohen："Contextualism，Skepticism，and the Structure of Reasons，"*Philosophical Perspectives* 13：*Epistemology*，1999：57-89；K. DeRose："Contextualism and Knowledge Attributions，"*Philosophy and Phenomenological Research*，52（4），1992：913-929；M. Heller："The Proper Role for Contextualism in an Anti-Luck Epistemology，"*Philosophical Perspectives* 13：*Epistemology*，1999：115-129；R. Neta："Skepticism，Contextualism，and Semantic Self-Knowledge，"*Philosophy and Phenomenological Research*，67（2），2003：397-411.

## 第二节 怀疑论难题与认识的语境论的基本策略

认识的语境论是在回应怀疑悖论的过程中逐渐形成和发展的。怀疑论者认为我们不拥有关于我们周围世界的任何知识。认识的语境论者主张，我们不仅拥有知识，而且这些知识是语境依赖的，在语境之外我们不能理解知识。著名的怀疑悖论（Skeptical Paradox or Skeptical Puzzle，SP）①对认识的语境论提出了挑战。因此，有必要先弄清什么是怀疑论难题。

### 一、SP 的一般形式

关于我们"知道"还是"不知道"，怀疑论者认为，在哲学语境或者严格标准条件下我们不知道，语境论者认为，"知道"还是"不知道"在各自的语境中是明确的。为了说明自己的观点，怀疑论者提出了以下论证形式：

前提 1：我不知道非 H（H 为某些怀疑的假设，比如我是一个无身体的"缸中之脑"，受刺激而具有那些我曾经有的经验，如我不是一个"缸中之脑"）。

前提 2：如果我不知道非 H，那么我不知道 P（P 是一个常识命题，通常我们都知道它的意义，比如我有手）。

结　论：所以，我不知道 P。

常见的例子是：

（1）我知道我有手。

----

① 德罗斯将"SP"称为"无知论证"（Argument from Ignorance，AI）。这个名称首先源于前提 1，最初在"Peter Unger：*Ignorance：A case for skepticism*，1975"中出现它的形式。"AI"的形式化表述为：（1）我不知道非 H；（2）如果我不知道非 H，那么我不知道 O，所以（3）我不知道 O。在这里，H 是指怀疑论的假设，比如，我是一个无身体的缸中之脑但具有正常人的感觉，O 是指关于外部世界的命题，比如，我有手。"AI"是怀疑论的第一个和最有力的论证。除"AI"外，怀疑论还有一个"可能性论证"（Argument from possibility），其形式表达为：（1）$H_{ind}$ 是可能的；（2）如果 $H_{ind}$ 是可能的，那么非 $O_{ind}$ 是可能的；所以（3）非 $O_{ind}$ 是可能的；（4）如果非 $O_{ind}$ 是可能的，那么我不知道 O；因此（5）我不知道 O。下标"ind"是指：在"……是可能的"范围所发生的事情，被保存在象征语气内，以便被表达的可能性是一个认识论的可能性。

　　（2）如果我不知道我不是"缸中之脑"（BIV），那么我不知道
我有手。
　　（3）我不知道我有手。

　　SP之所以构成一个难题或者悖论，是因为：第一，每个前提有相当
的似真性（plausibility）。比如，关于前提1，我怎样才能知道我不是一个
"缸中之脑"，是否挥动一下手就知道呢？关于前提2，它是知识闭合原
则①的一个例子，这个原则通常被当做公理使用，而且使用了公认的推
理规则"如果－那么"；第二，我们的直觉是反怀疑论的，结论几乎不可
能，尽管这个论证形式上似乎是有效的。
　　比如，怀疑论者吴格（Peter Unger）提出的怀疑论证②就似乎是有
效的。

　　（1）如果某人知道某事是那样，那么此人绝对地确定那事是
那样就是正确的。
　　（2）任何人绝对地确定任何事是那样绝不是正确的。
　　（3）所以，从来没有人知道任何事是那样。

　　这些命题独立地看似乎是有理的，放在一起整体地看，我们就会发
现，它们之间是相互矛盾的。也就是说，我们面对的是一套独立的、非
常合理但相互不一致的命题。由于这个原因，我们必须做两件事：一是
解释产生悖论背后的哪个假设应该被拒绝，为什么？二是解释我们是如
何陷入混乱的。针对这些问题，语境论者提出了各种解决方案，接下来
笔者将逐个加以论述和分析。

## 二、语境论解决 SP 的一般途径

一般而言，解决 SP 有以下三种途径③：

　　其一，放弃我们的主张而接受怀疑论的结论。
　　其二，拒绝前提 2 和闭合原则。

---

① 闭合原则的形式是：如果 S 知道 Q，而且 S 知道 Q 推出非 H，那么，S 知道非 H。
② P. Unger：*Ignorance：A Case for Skepticism*，New York：Oxford University Press，
1975：95.
③ See http：//plato. stanford. edu/entries/contextualism-epistemology/3. 2.

其三，拒绝前提 1。

这是三条主要途径。还可能有其他解决路径。比如，我们可以提出第四个解决办法——彻底拒绝 SP，因为它不构成一个悖论。不过在笔者看来，第四个途径不是解决问题的好途径，因为最省事、最简单的解决办法就是对某问题或者悖论彻底否定。这其实不是解决问题的积极态度。积极的态度应该是认真地对待 SP，提出合理可行的解决办法。前三个途径也并没有穷尽对 SP 的解决。在语境论者看来，这是件好事。他们通常认为，接受怀疑论观点不是因为我们应该或者必须做的事情，也不是因为闭合原则非常似真，而是因为我们很难弄清前提 1 如何是假的。如果这三个途径没有一个能够解决 SP，那么还有什么方法可以解决它呢？语境论者和非语境论者各自提出了不同的解决方案，笔者将从第三节开始分别做详细论述。

也有人认为，在某种深刻的意义上来说，我们的知识是不连贯的，由于这个理由，像 SP 这样的认识论悖论是无法彻底解决的[①]。这是一种悲观的观点，完全倒向了怀疑论。语境论对 SP 持积极态度，认为 SP 威胁我们直观的反怀疑。根据认识的语境论，通过特定知识表达方式表述的命题是完全依赖语境的，因此，一般来说，如果语句"S 知道 P"是真的仅仅是假定 S 具有真信念并坚持强的认识立场，那么为了使得这个语句能够表达一个真实的情形，控制 S 的认识立场的强度有不同的变化标准。也就是说，语境论的这个一般解决途径对 SP 的解决涉及这样一个主张，即 SP 包含的可能性在语境中引起转换，这样，在实施的标准中有一个相应巨大的向上的转换（即转向更高的标准）。那些标准在严格的意义上不是认知的，因为它们不涉及知识本身，但是它们的确影响语句"S 知道 P"表达真实情形的信以为真的信念。

SP 中的前提 1 的表述之所以表达了一个事实，仅仅是因为，由于高标准语境的引入，它所表达的是：关于命题"他有手"，主体 S 并没有坚持非常强的认识立场。然而，那与他遇到的低标准是相容的，虽然低标准也相当苛刻，比如，那些在更一般的语境中起作用的标准。正如德罗斯指出的那样："怀疑论者设置非常高的标准使得我们不能达到这一事实没有任何倾向表明，我们没有达到更松散的标准，这些标准在日常对话

---

① S. Schiffer："Contextualist Solutions to Skepticism,"*Proceedings of the Aristotelian Society*，96，1996：317-333；"From Contextualism to Contrastivism," *Philosophical Studies*，2004，119(1-2)：73-103.

中是适当的。这样，当怀疑论证的说服力得到解释的同时，我们日常主张的知道免遭怀疑论者非常有力的攻击。"①

根据语境论对 SP 的处理方法，有能力的言说者至少不能明显地意识到这些语境敏感标准，他们也因此不能在那些使用于怀疑论语境的标准和那些使用于日常语境的标准之间做出区别。这导致他们认为某些知识归因是冲突的，而事实上它们是相容的。这样一来，语境论者就把知识归因的语义学与一种误差理论（Error Theory）②结合起来。

### 三、语境论解决 SP 的基本策略

德罗斯概括了语境论的基本策略③。他假设一个言说者 A（对于归因者）说，"S 知道 P"是主体 S 的真实信念 P。根据语境论的知识归因理论，A 对于命题 P 的真假断言，与 S 所持认识立场的强度有关，而认识强度是根据 A 的对话语境性质变化的。根据语境论，怀疑论者在其论证过程中运用了知识的语义标准，也因此创造了一个语境，借此语境他能够真实地说我们不知道任何东西，或者知道得很少。在他看来，这样的标准一旦建立起来，我们就会正确地意识到我们主张知道的那些事情是错误的。我们为什么被迷惑呢？我们为什么不能接受怀疑论的结论呢？也因此为什么阻止把这种知识归于我们或者其他人呢？语境论者认为原因在于：一旦我们发现我们自己处于日常的会话语境中，不仅我们主张知道而怀疑论者否认我们知道的那些事情是真实的，而且我们否认我们知道那些事情同样也是错误的。但是，怀疑论者所表达的否定也是错误的吗？在怀疑论者的当下情境中，我们主张知道同样是正确的吗？

根据语境论的解决方案，我们没有认识到的是，怀疑论者的当下否定是我们知道的不同事物，这些当下否定与我们日常主张知道的那些命题完全相容。一旦我们认识到这一点，我们就会看到怀疑论对知识的否定和我们日常的知识归因是多么的正确。因此，我们日常关于知道的主张就会免于怀疑论强有力的攻击。同时，怀疑论的质疑和论证也得到了解释。怀疑论激活了我们难以达到的知识高标准，这一事实没有任何倾向表明：在日常会话和争论中，我们不满意更加适当的低标准。如此一

---

① Keith DeRose："Contextualism and Knowledge Attributions,"*Philosophy and Phenomenological Research*，1992，52(4)：917.

② 一种主张有能力的言说者被语境论语义学误导的观点。笔者将在后面详细讨论这个理论。

③ Keith DeRose："Solving the Skeptical Problem,"*The Philosophical Review*，1995，104 (1)：4-7.

来，知识归因的语境论就一直随着对哲学怀疑论的回应而不断得到发展。

基于以上策略，德罗斯提醒我们注意以下三点：

第一，这类策略没有考虑谨慎的怀疑论者通过"无知论证"声称只建立弱主张——在某种意义上（高标准的或者哲学的），我们不知道相关命题 O，同时又不宣称建立冒失的观点——我们日常主张知道那种相同的命题是错误的。无论这样的怀疑论立场是否具有意义，都是值得我们关注的问题。德罗斯认为，语境论的这个策略是重要的，因为"无知论证"最初威胁我们日常主张的真值，即我们所想和所说我们知道这和那自始至终都是错误的。由于这个理由，怀疑论的"无知论证"的前提在某些高的或者哲学意义上不一定是正确的。它们在日常知道的意义上是正确的。事实上，我们最初被诱惑说没有充分的理由认为我知道我不是一个"缸中之脑"，或者说，如果我不知道我不是一个"缸中之脑"，那么我能够知道我有手。如何避免怀疑论的这个难题是非常令人迷惑的。

第二，在表达语境论的策略中，德罗斯假定了语境论的一个温和的怀疑论版本，根据这个版本，哲学怀疑论者能够轻易地以使知识的否定为真的方式，成功地提高知识标准。某些语境论者认为提高知识标准并不那么容易，而且认为怀疑论者的对手能够做到，不是通过让怀疑论者放弃提高标准，而是保持低标准。但是重要的是识别怀疑论者威胁提高知识标准的动机。在提高标准方面，怀疑论者实际上是否成功阻止了其反对者并不重要。为了在维护日常知道的主张的同时能够解释怀疑论者的论证说服力，无论怀疑论者在哪些条件下能否实际上成功提高知识标准，语境论者可以暂时假设一个语境论的温和版本，并使它成为一个无偏见的问题。因此，语境论者的最高目标是：就怀疑论者确实成功而言，他是通过提高知识标准实现的，所以他的论证的成功没有任何倾向表明：我们通常主张知道有任何方式的缺陷。

第三，即使人们不在怀疑论者的"无知论证"表达范围，"无知论证"也是令人迷惑的。当人们自己考虑"无知论证"而没有他人说三道四时，这个论证的吸引力几乎可与直觉吸引力相媲美。然而，语境论的解释包括通过在会话中所说的内容使知识标准不断变化。德罗斯多半是根据这些会话规则设定了语境论的解释的。因为在他看来，他的前辈就是这样做的，他要继承他们的思想和方法。他提醒人们，我们必须认识到，有效的解决方案必须能够概括并解释，即使人们孤立地思考它并认为它什么也没有说的时候，这个论证为什么如此吸引人。

这个基本观点应该采取以下两种形式的一个或者两个：其一，它能够坚持知识标准变化的规则，这个规则支配我们知道什么或者不知道什么的思想的真值条件，而我们所知道或者不知道的反映了关于知识我们说了什么的真值条件的规则。在那种情形中，语境论解决方案的一个类比物可以应用于思考，根据这个类比物，"无知论证"的前提和结论被真正地思考了。但是，在德罗斯看来，当处于"无知论证"的掌控之中时，他拥有的真实想法，比如，他不知道他有手，将与他在另一个语境中形成的想法，比如，他确实知道他有手，是相容的。其二，在适当条件下，我们关于某物是否能够或者不能够被真实地断言的判断，即使当我们孤立地做出这个判断，甚至什么也没有说之时，它也可能持续影响我们关于它是真是假的判断。因此，"无知论证"的前提可能被真实地断言了，即使当这些前提被思考时，也使得这些前提至少近乎为真。

## 第三节　虚拟条件的语境论对怀疑论难题的解决

虚拟条件的语境论主要由诺兹克（Robert Nozick）提出，德罗斯完善并积极倡导而形成的。

### 一、诺兹克的虚拟条件说明

诺兹克在《哲学解释》①一书中首先提出了解决 SP 的虚拟条件说明（Subjunctive Conditionals Account，SCA）。SCA 主要是针对"无知论证"或者 SP 的第一个前提而提出的。根据 SCA，我不是一个"缸中之脑"（我的确有这样的信念，我们大多数人都有）这个信念的问题在于：即使它是假的，我也可能有这样的信念。因此，使得我们很难主张我们知道我们不是"缸中之脑"。因为我们有一个强烈的一般倾向认为，当我们相信命题 P 是一个我们坚持的信念时（即使 P 是假的），我们不知道 P。因此我们可以说，如果 S 将会相信 P，即使 P 是假的，S 相信 P 是不敏感的。SCA 的概括可以重新表述为：当我们认为 S 相信 P 是不敏感的时候，我们倾向于判断 S 不知道 P②。

在笔者看来，既然 SP 的前提是虚拟条件句，描述的是一种可能性而非现实性，因此，它的真实性就是值得怀疑的了。因为虚拟条件句设定

---

①　See Robert Nozick：*Philosophical Explanations*，Cambridge，MA：Harvard University Press，1981.

②　Keith DeRose："Solving the Skeptical Problem，"*The Philosophical Review*，1995：18，104(1).

的内容本身就是假定，与现实世界是有区别的，SCA 正是基于这样的思想给予 SP 以说明的。诺兹克认为，为了使 SP 的第二个前提有说服力，怀疑论者使得 H 与 P 不相容就足够了。逻辑地看，H 是一个假设的命题，其真值有待检验，而 P 是一个常识命题，其真值很容易检验，由一个有待检验的命题 H 推出一个确定的命题 P，这是不合逻辑的。因为前提不真实，结论的真实性就无从保证。虽然"如果—那么"（if-then）是一个推理规则，但是它是条件句不是非现实的虚拟句，因而是可能实现的真实条件句。比如，如果我有时间，我一定去看你。我抽出时间完全是有可能实现的。如果我是上帝，我就无所不能。问题是我不可能是上帝，因为上帝是不存在的，我也因此不可能是无所不能的。前一个例子是真实条件句，后一个例子是虚拟条件句。前者的承诺可以实现，后者的承诺无从实现。这两个例子说明一个道理：虚拟的假设不能当真，仅仅是一种假设而已。可见，SCA 具有较强的解释力。

为了避免怀疑论那样的问题，我们需要分清哪些是真实条件句，哪些是虚拟条件句。问题是我们如何区别这两种条件句呢？在笔者看来，这并不难做到。在汉语体系中，表达条件句的句式通常是"如果……那么"、"要是……就"，所表达内容的真实程度可以根据其意义的可能性判断。比如，如果我是你，我就会这么做。这就是一个虚拟条件句，因为我不可能是你，这是人人都知道的事实，无需证明。如果我有车，我明天就去野营。这是一个真实条件句。我虽然现在没有车，但是并不排除我明天会有车。我拥有车是完全可以实现的事情。

在英语体系中，表达条件句的方式是非常明确的。条件句是通过"if-then"和不同时态结合起来表达的。笔者仍以上述两个例子的英语表达来说明。

> If I were you, then I would do that.
> If I have a car, then I shall go camping.

前一个句子是虚拟条件句，时态是"过去时"；后一个句子是真实条件句，时态是"现在时"。"过去时"表示不可能实现，只表达一个愿望或可能而已；"现在时"表示可以实现或即将实现。因此，在英语中，区别真实条件句和虚拟条件句是很容易的事情。从这种意义讲，SP 论证混淆了这两种条件句，因此，产生矛盾就是难以避免的了。在 SP 论证中①，除句型"if-then"外，时态均为"一般现在时"，怀疑论者并没有使用"过去时"，也许在他们看来，前提 2 中的条件句所述内容，是有意义并为真的。

然而，SCA 仍然有缺陷。它不能解释这样的情形：一些 S 确实知道 P，即使我们判断 S 会相信 P，纵然 P 是假的。为了弥补这个缺陷，诺兹克除了运用虚拟条件句外，还引入了 S 知道 P 的方法"M"。他举下面的例子说明他的观点。

> 一位老奶奶，当她孙子来看她时，她看见孙子很健康；但是，如果他生病或者已去世，别人会告诉她孙子很健康，以消除她的担忧。然而，这并不意味着，当她看见孙子时，她仍然不知道孙子健康（至少能走动）。②

在这个例子中，老奶奶似乎知道孙子健康，尽管她没有满足诺兹克分析"S 知道 P"时的第三个（虚拟）条件：

> 如果 P 不是真的，S 就不会相信 P。

问题是我们如何知道 P 不是真的呢？毕竟第三个条件是虚拟语句，其内容是假设的，并没有得到验证。诺兹克认识到了这一点，他使第三个条件相对于方法 M，通过 M，S 逐渐相信 P：

> 如果 P 不是真的，而且 S 打算使用 M 实现是否相信 P 的信念，那么即使 S 使用了 M，S 也不会相信 P。

这个引入 M 的语句仍然是虚拟条件句。在上述例子中 M 就是"看见"。不过，"看见"并不是某人相信某事的充分理由或者必要条件。因为"看见的"未必是真实的，这是科学哲学中早已经阐明的观点"观察渗透理论"。也就是说，眼见不一定为实，也可能为假。老奶奶看见孙子健康，

---

① SP 的英语表达为：（1）I don't know that not-$h$；（2）If I don't know that not-$h$, then I don't know that $p$；（3）So, I don't know that $p$.

② Robert Nozick：*Philosophical Explanations*，Cambridge，MA：Harvard University Press，1981：179.

并且宁愿相信孙子健康，但她不一定就相信她孙子健康；即使别人告诉她说她孙子健康，她也未必相信他人之言；我们相信老奶奶有她自己的经验判断。也许当她看见孙子时就已经有了判断：她知道孙子健康或者不健康。即使她知道孙子真的有病，她也宁愿相信孙子健康。

因此，即使诺兹克的 SCA 使用了 M，也不能完全说明上述例子的情形。SCA 的概括说明，我们倾向于判断 S 不知道 S 在哪里没有满足诺兹克的第三个条件。这里我们不能忽视语境的作用。老奶奶是有家庭的，她的家人为了她的健康，即使她孙子不健康，也要向她隐瞒真相。如果她想见到孙子，而孙子又不健康，家人又不能一直隐瞒她，此时，家人可能让孙子精心打扮而假装健康。这样一来，她看见的是经过伪装健康的孙子而不是真实健康的孙子。在这种情况下，我们还能够说她知道或者不知道孙子健康吗？

这个例子告诉我们，无论虚拟条件有多少，是否使用方法使某人相信，综合考虑那些条件和其他相关因素进行语境分析是非常重要和必要的。只有这样，我们才不会在怀疑论难题面前迷失方向。通过语境分析，我们发现，"无知论证"或者 SP 论证是有问题的，SCA 在一定程度上解决了它的问题，但其缺陷仍然存在。正如德罗斯指出的那样：

> SCA 的概括是：当我们认为 S 相信 P 不是敏感的时（当我们认为 S 会相信 P 即使 P 是假的时），我们仍然倾向于判断 S 不知道 P。这个例子隐含 SCA 概括的缺陷是：我们不能如此判断我们对 P 的无知，非 P 在那里隐含了某种我们以为我们知道的东西是假的，而不用假设我们如何错误地相信我们认为知道的东西的解释。因此，*我错误地相信我有手隐含了我没有手*。既然我的确使我自己知道我有手（这个信念不是不敏感的），既然以上斜体表示的命题不能解释我如何在关于我有手方面误入歧途，我就会判断我的确知道那个命题是假的。然而，这仍然是一个初级陈述，还有进一步细化的空间。我们现在需要有信心把握正确的方向①。

在德罗斯看来，SCA 对 SP 的处理基本上是失败的。因为这个处理

---

① Keith DeRose："Solving the Skeptical Problem," *The Philosophical Review*，1995，104 (1)：23.

是基于诺兹克的真实、敏感信念的知识说明的。在那里，如果某人从来就没有相信 P，如果 P 从来就是假的，某人关于 P 的真实信念对于 P 的真值条件就是敏感的。因此，诺兹克对 SP 的处理隐含了接受 SP 的前提 1。不幸的是，在接受前提 1 的同时也就否定了前提 2。诺兹克声称，你不知道你不是一个 BIV，因为你对这个结果的任何信念是不敏感的，也就是你没有 BIV 的体验或感觉。你一直坚持这个信念，即使它是假的（即使你是一个 BIV）。比较而言，你有手的信念就是一个敏感的信念。如果这个信念是假的，即如果你没有手，那么你就不会坚持它。所以，你的确知道你有手，即使你不知道你不是一个 BIV。怀疑论的错误在于它的前提 2，即假定你能够知道你有手仅当你也知道你不是一个 BIV。

为了克服 SCA 的缺陷，德罗斯引入一个新的工具——比较条件（comparative conditional）[1]。他认为，按照语境论的知识归因理论，主体的认识立场的强度取决于这个主体在会话语境中对言说者的知识归因成真的程度，成真度越高，认识立场就越强。因此，认识立场的相对强度（relative strength of epistemic position）就是认识的语境论的核心概念。如何知道一个认识立场比另一个更强呢？德罗斯认为最佳表达工具就是比较条件句。比如，如果 a 个子高，那么 b 个子高；如果 b 个子不高，那么 a 个子不高。我们承认这个比较条件句的基础是相对知识：b 至少与 a 一样高。他进一步论证到，假设 S 是一个推定的主体，P 是一个 S 相信的真命题，A 和 B 是 S 知道的境遇。使用比较条件句的形式表达为：如果 S 在 A 中知道 P，那么，S 在 B 中知道 P。在这种情形中，我们共同的比较基础使我们认识到，S 在 B 中关于 P 的认识立场至少与 S 关于 P 在 A 中的认识立场有同样的强度。这个比较条件句给出了一个比较事实：它使得这个事实更加清晰。

比较条件句对于 SP 的前提 2 同样有效。它能够用来检验同一个境遇中同一个主体相信的不同命题的认识立场的相对强度。比如，如果 S 知道 P，那么 S 知道 Q，并且，如果 S 不知道 Q，那么 S 不知道 P。这个直觉上正确的条件句说明，S 对于 Q 的认识立场至少与 S 对于 P 的认识立场同样强。同样，在同一个境遇中，两个不同主体相信的同一个命题或者不同命题的情形，也能够用比较条件句做出说明。如果 S 知道 P，那么 S'知道 P，并且，如果 S 不知道 P，那么 S'不知道 P。对于 P，S 和

---

① Keith DeRose："Solving the Skeptical Problem，"*The Philosophical Review*，1995，104 (1)：30-32.

S'至少有同样的认识立场。在同一个境遇不同主体和不同命题的情形中，如果 S 知道 P，那么 S'知道 Q，并且，如果 S 不知道 Q，那么 S'不知道 P。S 对于 P 的认识立场和 S'对于 Q 的认识立场至少有相同的强度。

运用比较条件句这个工具，德罗斯对 SP 的前提 2 及其例子进行了比较：

| 非 H(怀疑论的假设) | O(关于外部世界的命题) |
|---|---|
| 我不是一个 BIV | 我有手 |
| 那些动物不是精心伪装的骡子 | 那些动物是斑马 |
| 昨晚公牛队是否赢，报纸都没有错误 | 昨晚公牛队赢了 |

根据比较条件句：

如果我知道非 H，那么我知道 O；如果我不知道 O，那么我不知道非 H。把第一个例子套进去就是：如果我知道我不是一个 BIV，那么，我知道我有手；如果我不知道我有手，那么我不知道我不是一个 BIV。通过比较我们知道，这些比较句的内容在日常语境中是能够被理解并被接受的。因为对于我们正常人来说，我们的确知道我们不是 BIV，也知道我们有手；如果我们连自己有没有手都不知道，我们还能够指望我们知道自己是不是 BIV 吗？除非是不正常人或者思维混乱的人才会弄不清离谱的假设和实际命题之间的关系。

## 二、德罗斯的虚拟条件语境论

在深入分析、批判诺兹克的 SCA 的基础上，德罗斯进一步提出了虚拟条件的语境论(Subjunctive Conditional Contextualism，SCC)。这是一个颇有影响的认识论。我们仍以下面这个 SP 为例来阐明 SCC 的解决方案。

(1)我知道我有手。

(2)但是，如果我不知道我不是"缸中之脑"，我不知道我有手。

(3)我不知道我不是"缸中之脑"。

对于 SP 来说，SCC 主张，在知识标准非常高的语境中，我们应该拒绝(1)，而怀疑论者确信在这样的语境中我不知道我有手。然而，在其他语境中，认识标准更随便，我们应该拒绝(3)，并且正确地说我不知道我有手。德罗斯借助诺兹克的虚拟条件说明来解释(3)的似真性。在他看来，"尽管不是没有例外，我们有一个非常强烈的一般倾向认为，当我们认为我们的信念 P 是一个我们一直坚持的信念时，我们不知道 P，即使 P 是假的"①。德罗斯把信念 P 看做是不敏感的，如果它是一个我们一直坚持的信念(即使它是假的)。因此，SCA 的概括就变为：如果我们认为 S 的信念 P 是不敏感的话，我们倾向于认为 S 不知道 P。这就是说，即使这个概括没有表达我们关于知识的一般标准，仍然有语境存在，在这个语境中，怀疑论者用它来表达知识标准。比如，你是一个"缸中之脑"这个可能性。这种语境中的标准是怀疑的标准。根据这个标准，如果我们的信念被当做知识的话，它们必须是敏感的。当这个标准准备好时，就如同在怀疑的语境中那样，我不知道我是一个"缸中之脑"。因此，我的信念——我不是一个"缸中之脑"是不敏感的：即使我是一个"缸中之脑"，我也会相信我不是一个"缸中之脑"。此外，由于(2)在所有语境中都是对的，所以自然而然的推论就是：在怀疑的语境中我不知道我有手。这样，德罗斯的语境论解释了(3)的似真性，并通过主张存在我们应该拒绝(1)的语境而给出怀疑论者的理由。

然而，德罗斯应该避免怀疑论的结论——我从来不知道我有手。他是这样做到这一点的，即通过证明在日常的知识归因语境中，怀疑标准是不适当的和认识标准是相对低的来反对(3)。在这些语境中，怀疑标准是不适当的，我们的信念作为知识不必是敏感的。这样，我们能够深信无疑地断言，在日常语境中，我们的确知道我们有手。而且，由于(2)在所有语境中都是真的，这意味着，在日常语境中我知道我不是"缸中之脑"。这样一来，德罗斯的语境论解释了拒绝(3)的似真性，允许我们保留我们通常习惯拥有的知识。

在德罗斯看来，这些语境之间的差别在于：在怀疑的语境中，知识标准相对较高，而在日常语境中相对较低。那么，应该如何解释这些差别呢？德罗斯确信，如果他的解决方案是充分和适当的，他就必须解释"知识标准是如何由怀疑论者提出的"这个问题。与这个问题本质地相关的是德罗斯的敏感规则(Rule of Sensitivity)。当某人断言 S 知道或者不知道 P 时，知识标准就基本形成，而且是在 S 关于 P 必须是敏感的信念的层次上，如果这个信念被看做知识的话。

①　Keith DeRose："Solving the Skeptical Problem,"*The Philosophical Review*，1995，104(1)：1-52；Reprinted in Keith DeRose and Ted A. Warfield(eds.)：*Skepticism：A Contemporary Reader*，Oxford：Oxford University Press：193.

　　德罗斯提供了怀疑论者如何形成这些知识标准的如下解释：在利用 SP 或者 AI 攻击我们关于命题 O（通常我们认为知道的命题）假定的知识过程中，怀疑论者本能地选择了其怀疑假设 H，结果使它有了两个特征：（1）我们至少处于这样的立场，即知道非 H 与知道 O 同样强烈。但是，（2）我们可能关于非 H 的任何信念是一个不敏感的信念①。考虑特征（2），怀疑论者的我不知道非 H 的断言，按照敏感规则，把知识标准推向了使这个断言为真的水平。根据敏感规则，知识标准被提升到这样一个水平，以致要求我们关于非 H 的信念在其成为知识之前是敏感的。既然我们关于命题 O 的认识立场一点也不比关于非 H 的更强（特征 1），那么，在由怀疑论者适当地提出的关于 AI 的前提 1 的断言的高标准方面，我们也未能知道 O②。在德罗斯看来，怀疑论者的断言是机械论的，他们正是利用它形成知识标准。当怀疑论者断言我不知道我不是一个"缸中之脑"时，这就唤起了敏感规则，而且知识标准被提升到这样一个水平——如果我的信念被当做知识的话，它们必须是敏感的。由于我的信念我不是一个"缸中之脑"是不敏感的，也就是说，即使我真的是一个"缸中之脑"，我也会相信我不是一个"缸中之脑"。在怀疑论的语境中，我仍然不知道我不是一个"缸中之脑"。因此，即使假定（2）是真的，在怀疑论的语境中，我仍然不知道我有手。

　　当然，当无人提及怀疑论的假设时，敏感规则就不会被唤起，认识标准允许信念作为知识，即使这些信念是不敏感的。这意味着，在日常语境中，我们仍然处于使我们知道事物的认识状态。

## 第四节　相关选择语境论对怀疑论难题的解决

　　知识的相关选择理论（Relevant Alternatives Theory）是认识的语境论的主要形式之一。根据是否接受闭合原则，相关选择语境论可分为两类：一是拒斥闭合原则的相关选择语境论，包括德雷特斯克（Fred Dretske）的排除的相关选择语境论和海勒（Mark Heller）的"反运气"的相关选择语境论；另一个是接受闭合原则的相关选择语境论，包括柯恩（Stewart Cohen）的可错论的相关选择语境论和刘易斯（David Lewis）的调节的相关选择语境论。

---

① 一个我们拥有的信念，即使非 H 是假的，或者说，即使 H 是真的。

② Keith DeRose："Solving the Skeptical Problem，"*The Philosophical Review*，1995，104 (1)：37.

闭合原则是说，知识在已知蕴涵条件下是封闭的。也就是说，如果 S 知道 P，并且知道 P 蕴涵 Q，那么 S 知道 Q。据说这个原则具有似真性和可解释性的价值，因为它有助于解释我们如何通过演绎来认识事物，比如，我知道明天是星期一，我之所以知道这一点是因为我知道今天是星期日，如果我知道今天是星期日，那么明天就是星期一。闭合原则也有助于我们对知识的说明，笔者将通过演绎认识事物这个事实，使得闭合原则成为似真的和可描述的。

## 一、排除的相关选择语境论

德雷特斯克的知识相关选择理论主张"把知识作为证据状态，在这个状态中，所有已知的相关选择是被排除的"[①]。具体说，如果 S 知道 P 是排除了 P 的相关命题包括由 P 推出的命题，那么 S 就一定知道 P。这就是排除的相关选择语境论。由于该理论排除了相关选择命题，自然就拒绝了闭合原则。但是，这个理论留下几个问题需要澄清：

其一，对命题 P 的一个选择是什么？命题 Q 是命题 P 的一个相关选择，当且仅当命题 Q 和命题 P 不都是真的。例如，命题"这只动物是野兔"是命题"这只动物是家兔"的一个相关选择，因为这个动物不能既是野兔又是家兔。

其二，对命题的一个相关选择是什么？德雷特斯克认为，一个相关选择是这样一个选择，"一个人当他知道 P 时必须持证据立场以排除其他选择"[②]。但是这还远不够。是什么使得 S 必须排除那些选择呢？这个问题并没有确定的回答，甚至还存在严重的分歧。比如德雷特斯克主张，一个选择 Q 是相关的，仅当存在着一个客观的、可能的 Q。其他人则认为，一个选择 Q 是相关选择，仅仅是因为我们把 Q 当做一种可能性。不过，在笔者看来，任何问题都是有其语境的，语境会告诉我们应该排除哪些选择，应该接受哪些选择的。

其三，排除一个相关选择是什么意思呢？这个问题同样存在争论。一种关于排除的强观点认为，S 能够排除一个相关选择 Q，仅当他相信非 Q 的证据足够强，以至于允许他知道非 Q。另一个关于排除的弱观点认为，S 能够通过满足以下三个条件来排除一个相关选择 Q：(1)关于非

---

① Fred I. Dretske："The Pragmatic Dimension of Knowledge,"in *Perception*，*Knowledge and Belief*：*Selected Essays*，Cambridge：Cambridge University Press，2000：52.

② Fred I. Dretske："The Pragmatic Dimension of Knowledge,"in *Perception*，*Knowledge and Belief*：*Selected Essays*，Cambridge，Cambridge University Press，2000：57.

Q 的证据强到足够使他允许他知道非 Q；（2）关于非 Q 的证据强到足够使他有非常充分的理由使他相信非 Q；（3）S 关于非 Q 的信念是认识上非证据的、理性的。在这里，这是"一个有理由使 S 相信非 Q 而不用把证据强加给的信念"①。相关选择理论的支持者可能采取强观点，主张 S 能够排除 Q，如果他思考非 Q 的证据，要么强到足够使他知道非 Q，要么强到足够允许他有非常充分的理由相信非 Q；也可能接受弱观点，主张三个条件是可以接受的，但是接受哪一个并不清楚。

德雷特斯克认为，他能够知道命题 P 而不用排除 P 的不相关选择。他坚持主张，他知道命题 P 没有推出任何东西，无论他是否知道 Q，在那里 Q 是 P 的一个不相关选择，也可能是 P 的一个必然推论。这是对闭合原则的否定。假设选择命题"这是一只野兔"与我知道的命题"这是一只家兔"不相关，那么我们也要意识到，前一个命题的否定是后一个命题的必然推论。这就是否证语境的作用。也就是说，命题 P 与非 P 是互为否证语境的。知道了一个也就知道了另一个。例如，如果我知道这是一只家兔，那我就知道它不是野兔，即使我没有见过野兔。因此，德雷特斯克认为，闭合原则是不成立的。当然，这一看法是有争议的，至少接受闭合原则的人是不同意的。

## 二、"反运气"的相关选择语境论

海勒接受德雷特斯克的主张，认为我们能够通过拒绝闭合原则解决怀疑论的以下难题②：

（1）在一个无树的世界里，我不知道我不是一个"缸中之脑"（即"缸中之脑树"，BIVT）。

（2）如果我知道在我面前有一棵树（命题 T），而且我知道命题 T 暗含我不是一个"缸中之脑树"，那么我知道我不是一个"缸中之脑树"。

（3）所以，我不知道命题 T（已知我知道命题 T 暗含我不是"缸中之脑树"）。

---

① Stewart Cohen："How to be a Fallibilist," *Philosophical Perspectives* 2, *Epistemology*, 1988：112.

② Mark Heller："Relevant Alternatives and Closure,"*Australasian Journal of Philosophy* 77, 1999：196-208.

为了说明我们为什么要放弃这个难题，进而放弃闭合原则，海勒对相关选择理论做了特别的辩护。他声称如果他的解释是正确的，那么这个难题就是错的。他把他的解释理论称为扩展的相关选择（Expanded Relevant Alternatives，ERA）。扩展相关选择的含意是：S 知道 P，仅当在任何封闭的非 P 世界里，或者任何更远、足够封闭的非 P 世界里，S 不相信 P。

ERA 说明了我们思考的倾向。比如，如果我知道命题 T，那么在任何封闭的世界里我不相信 T，因为在这个封闭世界里 T 不是那种情形。ERA 还说明了我们思考的这种倾向——如果我想知道命题 T，某种别的东西有时是需要的。想象一下，"真实世界充满了人造树的复制件，S 不能把它们与真实树区分开来"①。在这种情况下，我们倾向说，S 不知道 T，即使在任何封闭的非 T 世界里，他不相信 T。尽管充满人造树复制件的世界不在封闭的非 T 世界范围内，这些世界对于真实世界仍然足够封闭，以至于应该视做相关的。因此，海勒主张，至少在某些情形中，S 想知道 P，在任何足够封闭的非 P 世界里，他必须不相信 P。

ERA 为相关选择语境论提供了一个基础。它让我们把作为环境的不同语境看做不同的认识标准。哪个非 P 世界算做认识相关的，也就是，哪个非 P 世界算做与真实世界足够接近，是从语境到语境不断变化的。这就是罗蒂所说的"再语境化"，笔者将这种不同语境间的变化称为"语境变换"②。由于 ERA 是根据相关选择或者相关非 P 世界描述了认识标准，那它就允许认识标准具有语境敏感性。根据这一点，海勒坚持我们能够解决 SP，这个难题是错误的。不过，需要首先说明的是，不存在这样的语境，在其中我知道我不是一个"缸中之脑树"。在 ERA 的情形中，如果我想知道我不是一个"缸中之脑树"，在任何封闭的"缸中之脑树"世界里，我必须不相信我不是一个"缸中之脑树"。因此，既然我的确相信在封闭的"缸中之脑树"世界里我不是一个"缸中之脑树"，那我就不知道我不是一个"缸中之脑树"。

海勒认为也可能有这样的语境，在其中我的确知道命题 T。这种情形是真实的，因为"当我考虑我是否知道命题 T 时，我使用不同的世界作为相关选择，这不同于当我考虑我不是一个'缸中之脑树'时的用

---

①　Mark Heller："Relevant Alternatives and Closure," *Australasian Journal of Philosophy* 77，1999：200.

②　参见魏屹东：《语境与认知推理》，《山西大学学报》2009 年第 5 期。

法"①。根据 ERA，在语境中我知道命题 T，因为在任何非 T 世界里我不相信命题 T，这个非 T 世界对真实世界足够封闭。之所以要考虑足够封闭的非 T 世界，是因为那些世界包括完全封闭的非 T 世界。在足够封闭的非 T 世界里，我们不知道命题 T。由于 ERA 是真的，SP 就是假的——即使我不知道我不是一个"缸中之脑树"，我仍然能够知道我前面有一棵树，因此避免怀疑论陷阱。这样，我们便通过放弃闭合原则而解决了 SP。

然而，任何否定 SP 的解决方案都必须解释，它为什么对于我们似乎是正确的。在海勒的解释中，他认为 SP 之所以表面上看是正确的，是因为某些语境与闭合原则的要求一致。比如，有这样的语境，在其中，非常远的非 T 世界如"缸中之脑树"世界，与真实世界足够接近而算做认识上相关的。在这些语境中，我既不知道命题 T，也不知道我不是"缸中之脑树"。因为在"缸中之脑树"世界里，我既相信命题 T，也相信我不是一个"缸中之脑树"。存在这些语境和这些语境与闭合原则要求一致的事实，使得 SP 看起来是正确的。

海勒把这种关于看似真或者碰巧为真的命题的理论称为"运气"的知识理论，他反对这种理论，而坚持主张一种他称之为"反运气"的知识理论(Anti-Luck Theory of Knowledge)②。这种"反运气"的知识理论包括反事实理论、相关选择理论和可靠论(Reliabilism)。在他看来，认识者的真信念一定伴随着一个保证(证据)发生，也就是在信念和真理之间有一个必然联系。一个碰巧为真的信念不是知识。当一个真信念成为知识时，它就不能是靠运气产生的。因此，一个信念一开始可能就是错的。在一套选择好的可能境遇中，不存在 S 有信念而不知道其为真这样的可能境遇。认识的语境论要告诉我们的是，"知识"是一个语境敏感的术语，在不同的语境中它指称不同的性质。不过语境论没有告诉我们关于那些性质的任何信息。弄清那些性质是知识论的事情。知识论告诉我们那些性质是什么，并使得那些性质形成一个性质家族③，语境论然后告诉我们在一个给定的语境中"知识"为什么指称这个家族成员。也就是说，S 的真信念 P 是知识，当且仅当在任何选择的非 P 世界里 S 不相信 P。这

---

①  M. Heller："Relevant Alternatives and Closure,"*Australasian Journal of Philosophy* 77，1999：197.

②  M. Heller："The Proper Role for Contextualism in an Anti-Luck Epistemology," *Philosophical Perspectives* 13，*Epistemology*，1999：115.

③  这个性质族等同于"知识"的所有指称物共同具有的一般特性。

就是知识理论。

海勒认为，他的"反运气"理论相当于相对选择理论：S 的真信念 P 是知识，仅仅是因为 S 能够把真实世界 P 和非 P 世界区分开来。这个理论也可以称为反事实理论：S 的真信念 P 是知识，仅仅是因为如果 P 是假的 S 不会相信 P。为了使这些理论相关，我们只需要假定最接近的非 P 世界与相关选择理论当做选择的世界是相同的世界。既然知识是真信念，那知识就是一种必然性。一旦选择了一套世界，这个理论就提供了关于 S 是否有知识这个问题的答案。如果在每个语境中为每个知识主张选择了相同的世界，那么我们的工作就无用了。然而，在每个语境中，我们并不是选择相同的世界，这正是语境论起作用的地方。被选择的世界与真实世界非常相似，之所以相似是由于从一个语境到另一个语境变化的结果。

海勒把语境的作用概括为两点①：（1）相似性的不同方面在不同的语境中或多或少具有重要性，因此，围绕真实世界的世界分类，它们与真实世界的相对距离，随着语境变化；（2）非常近和非常远之间的边界定位，非常相似和非常不相似之间的界限，也是语境敏感的。第二个作用特别受到怀疑论者的质疑和讨论。在他看来，对世界的每个选择确定了一个具体的认识选择，正是这些不同的选择才是"知识"这个术语的可能指称物，也正是语境决定了这些可能指称物中的哪一个在一个特殊场合是知识所指的。选择包括的内容越多，对一个主体有知识的要求就越大。如果两个评价者在不同的语境中，他们就有不同的知识标准和判断标准，这就是知识判断的高标准和低标准问题。在日常语境中往往运用低标准，在怀疑的语境中往往使用高标准。也就是说，何时使用哪种标准是由当时的语境决定的。当然，"语境论不是万能的，但是它是理解反运气认识论的关键因素"②。

### 三、可错论的相关选择语境论

柯恩是一个著名的语境论者，他在《如何成为一个可错论者》一文中，表达了接受闭合原则的语境论观点。同其他语境论者一样，柯恩的语境论也试图解决 SP。他常引用的难题包括三个相互独立地似真但又相互不一致的命题：

---

①　M. Heller："The Proper Role for Contextualism in an Anti-Luck Epistemology," *Philosophical Perspectives* 13, *Epistemology*, 1999：116.

②　M. Heller："The Proper Role for Contextualism in an Anti-Luck Epistemology," *Philosophical Perspectives* 13, *Epistemology*, 1999：127.

（1）我知道我有手。

（2）如果我不知道我不是一个"缸中之脑"，那么我不知道我有手。

（3）我不知道我不是"缸中之脑"。

为了解决这个悖论，柯恩运用相关选择理论，一方面接受命题（2）的似真性，即它的真值；另一方面，接受闭合原则，即我知道我有手就蕴涵了我不是一个"缸中之脑"。在柯恩看来，在怀疑论语境中，包括"缸中之脑"选择的语境是相关的，我们应该接受命题（2）而否定命题（1）。然而，在日常语境中，包括"缸中之脑"选择的语境是不相关的，我们应该接受命题（1）和（2），拒绝命题（3）。

为什么会出现这样的矛盾呢？让我们仔细分析柯恩的解释。对于柯恩而言，某个命题 Q 的一个选择 H 对于某人 S 是相关的，也就是说，S 关于 H 的认识立场阻止 S 知道 Q[①]。他进一步主张，相关标准是存在的，而且这些标准应该反映我们关于 S 知道 Q 的各种条件的直觉能力。我们的直觉能力既受到一个人所持证据内在条件的影响，也受到他的证据的外在条件的影响。因此，他提出了相关性的两个标准：外在标准和内在标准。

外在标准是说：如果命题 P 的一个选择 H 的概率是高度充分的，而且 H 取决于有条件的理由 r 和其环境的某些特征，那么这个选择就是相关的[②]。也就是说，这个高度充分的概率的高低由语境决定。根据这个标准，我们可以对以下事实做出判断：某动物园有一只精心伪装的骡子，无论我们有没有关于这个事实的证据，这个事实使得选择"有一只精心伪装的骡子"相关是充分的。由此我们可以推测，如果动物园有一只精心伪装的骡子，那么在某种程度 d 上说有一只精心伪装的骡子而不是斑马就是可能的。在柯恩看来，是语境决定了程度 d' 的概率，概率越高，就越能够使一个选择相关。根据这个外在标准，如果 d 等于或者高于 d'，那么，选择"有一只精心伪装的骡子"在这个语境中就会是相关的。

内在标准是说：如果 S 缺乏充分的证据或者理由来否定命题 Q 的一

① S. Cohen："How to be a Fallibilist," *Philosophical Perspectives* 2, *Epistemology*, 1988：101.

② S. Cohen："How to be a Fallibilist," *Philosophical Perspectives* 2, *Epistemology*, 1988：102.

个选择 H，比如相信非 H，那么，这个选择 H 就是相关的①。由此可以推测，充分证据的数量是由语境决定的。根据这个标准，S 拥有的相信"没有一只精心伪装的骡子"的证据数量非常低，使得这个选择"它是一只精心伪装的骡子"相关。我们可以做进一步的假定，S 拥有确定数量的证据 e 使他相信没有一只精心伪装的骡子，在这里，语境决定证据 e'的数量，数量越少，越使得一个选择相关。由此，如果 e 等于或者少于 e'，那么选择"这是一只精心伪装的骡子"在这个语境中就会是相关的。

可以看出，这两个标准对语境都是敏感的。根据柯恩的看法，不存在任何一般的详细说明：为了使一个选择不相关，是什么构成了充分证据来否定这个选择。同样也不存在任何一般的详细说明：是什么构成了充分证据使得我们知道命题 Q。这依赖于知识归因（attribution of knowledge）发生的语境。然而，相关性标准是如何转换的呢？柯恩清醒地认识到，对于这个问题他必须说明，如果他的语境论方案对于解决 SP 起作用的话，这个转换又是怎样发生的。由于柯恩把理由看做是具有统计特性的，因此，他认为这些理由既产生了我们基于这些理由而正确地相信的或然性，也产生了我们基于这些理由而错误地相信的或然性。当这些错误的或然性集中起来时，它们便凸显出来，相关性标准就发生了转换。而集中这些错误的或然性，使得某些选择成为相关的。

例如，假设我有理由相信这是一只斑马。对世上所有人来说，它看起来就是一只斑马，但是在动物园的某个区域，它就是一只精心伪装的"斑马"，我有充分的理由相信动物园管理人员只是把斑马放入标有"斑马"标记的地方，等等。然而，也许有人强调，所有这些理由与"这个动物是一只精心伪装的骡子"相一致。对于世上所有人来说，这样的骡子看上去就是斑马。在这种情形下，即使是最小心谨慎的动物园管理人员也会把这样的动物放入标有"斑马"标记的地方。之所以强调这样的事实是因为，它会使我基于我的理由而错误地相信的或然性更加突出，进而使得"这是一只精心伪装的骡子"这个选择相关。

在柯恩看来，这意味着，任何时候当有人强调我们理由的统计特性时，任何时候当有人指出我们基于那些理由而错误地相信存在或然性时，相关性的标准就发生了转换。因此，在日常语境中，没有人强调我们错误地相信的或然性，那种或然性不会显现，我们能够基于我们的理由知

---

① S. Cohen：" How to be a Fallibilist," *Philosophical Perspectives 2*, *Epistemology*, 1988：103.

道这是一只斑马。然而，在怀疑论的语境中，某些人的确强调我们错误相信的或然性，那种或然性会显现。在这些语境中，柯恩关注的是错误的或然性，关注"这是一只精心伪装的骡子"这个选择的相关性。由于我们不排除哪个选择，因此我们不知道那是一只斑马。

柯恩的相关选择语境论允许我们像解决斑马和精心伪装的骡子这样的难题一样去解决 SP。因为他的理论是根据证据形成的，而且这样的难题包括信念，由于这些信念我们才拥有证据。不过，柯恩指出，激进的 SP 也包括使得我们不能拥有证据的信念——"激进的怀疑论假设在任何证据的基础上对异议有免疫性"①。由于这个理由，柯恩的相关选择语境论似乎对于激进的 SP 也无能为力。为了克服这个困难，柯恩修正了他的理论，以使该理论考虑到我们不能拥有证据的信念。他认为，对这类信念，即使我们没有它们的任何证据，我们拥有它们是认识上理性的。他把这种信念称为内在的理性信念（intrinsically rational beliefs）。信念"我不是缸中之脑"就是内在的理性信念之一。在柯恩看来，即使我没有这个信念的任何证据，我也相信我不是一个"缸中之脑"是理性的。

根据他的内在的理性信念，柯恩进一步修正了相关性的内在标准。他认为，主体 S 相信命题 Q 仅仅是因为 S 拥有充分的证据支持 Q，或者说 Q 是内在地理性的，这是有理由的②。修正后的内在标准是：命题 P 的一个选择 H 是相关的，如果 S 否定 H 而相信非 H 不是有充分理由的，由此推测，在那里，理由的充分程度是由语境决定的。根据这个修正的内在标准，柯恩注意到，"我不是一个缸中之脑"这个选择通常是不相关的，因为我的信念"我不是一个缸中之脑"是内在地理性的。这意味着，"我不是一个缸中之脑"这个选择并没有排除让我在我的理由基础上知道我有手。因此，在日常语境中，我知道我有手，因为我有充分理由知道我有手，而且排除了所有相关选择。进一步讲，由于这些标准在日常语境中相对较低，在那些语境中我也同样知道我不是一个"缸中之脑"。

然而，怀疑论者强调，我没有任何证据使我相信我不是一个"缸中之脑"这样的事实的语境也是存在的。关于这一点，怀疑论者关注的是我的错误或然性。按照柯恩的看法，这使得"我是一个缸中之脑"这个选择相关，我不能排除这个选择。所以，通过在这些怀疑论语境中应用这些标

① S. Cohen：" How to be a Fallibilist," *Philosophical Perspectives* 2, *Epistemology*, 1988：111.

② S. Cohen：" How to be a Fallibilist," *Philosophical Perspectives* 2, *Epistemology*, 1988：113.

准，我既不知道我不是一个"缸中之脑"，也不知道我有手。这样一来，柯恩在坚持闭合原则的同时似乎解决了 SP。

在同怀疑论的不断争论中，柯恩一直强调他说的"语境"是"归因的语境"(context of ascription)，也就是说，他说的语境论是这样一种观点——知识的归因是语境敏感的，具体说，包含词"知道"的语句的真值及其同源词"知识"依赖于语境决定的标准。因此，语句"S 知道 P"在不同的语境中有不同的真值。或者说，一个包含知识谓词或断言的句子的真值的变化，依赖于言说者说出这个句子的目的、意图、期望、预设等①。这些目的、意图、期望、预设等就是知识的归因者。他试图建立知识归因的演推原则(entailment principle)和推理结构。他的演推原则为：

> S 知道 P 是基于(理由或证据)R，仅当 R 演推 P。

也就是说，S 知道 P 是有理由或证据 R 的，而且 R 能够推出 P。这个原则容易导致怀疑论，因为它包含了证据和这个原则的可靠性问题。而可靠论是怀疑论一贯反对的观点。如果用一个与 P 不相容的任何命题作为 P 的一个选择，可靠论可以描述为：

> 即使有某些选择 P 存在，S 基于(理由或证据)R 能够知道 P 与 R 相容。

在柯恩看来，可靠论允许我们在非演推理由的基础上知道 P。但是这个理由需要多么充分呢？他用一个例子说明这是多么难回答的一个问题。

> 玛丽和约翰到达洛杉矶机场准备乘某一航班去芝加哥。他们想知道航班是否在芝加哥停留。此时，他们偶然听到有人问乘客史密斯，他是否知道此航班在芝加哥停留。史密斯翻看从旅行社得到的航班时刻表说："是的，我知道此航班在芝加哥停留。"由于玛丽和约翰在芝加哥机场要签订一个重要的商业合同，玛丽格外谨慎地问："这个时刻表可靠吗？它可能有印刷错误。

---

① S. Cohen："Contextualism, Skepticism, and The Structure of Reasons,"*Philosophical Perspectives* 13：*Epistemology*，1999：57.

他们可能在最后时刻改变了航班时刻表。"玛丽和约翰一致认为史密斯的确不知道飞机会在芝加哥停留。他们决定与航空公司代理人联系以确定准确的时间。①

在这个例子中，谁是对的呢？由于使用的标准严格程度不同，答案自然不同。柯恩给出了几个不同的答案。

(1)玛丽和约翰的较严格标准太强，比如史密斯的标准是正确的，所以史密斯能够知道航班在芝加哥停留(在了解航班时刻表的基础上)。

但是进一步追问就会发现，这并不是一个好的答案。因为时刻表可能有错误或者已经过时。也可能在飞机起飞前不久改变了时刻表。史密斯不知道这一情况。这样可能的情形就是：

(2)玛丽和约翰是对的，因此史密斯的标准太弱(史密斯不知道，但是玛丽和约翰知道——与代理人进一步核实后)。

在日常生活中，我们获得的信息大多来自印刷品，如报纸、时刻表等，我们常常相信它们，也就是把知识归因于它们。如果我们否认史密斯知道，那么我们就不得不否认我们日常生活中许多我们声称知道的情形。例如，你如何知道湖人队赢得冠军的？我从报纸上看到的。这是很难反驳的理由。因为我们大多数人都会相信报纸。如果我们承认史密斯知道而事实上他又是错的，那么我们必须承认我们日常生活中有许多我们以为知道而事实上我们并不知道的情形。当然还可能有第三种情形：

(3)玛丽和约翰与史密斯的标准都是不正确的，它们都太弱。

在柯恩看来，这些答案似乎都不能令人满意。我们不能简单地说标

---

① S. Cohen："Contextualism, Skepticism, and The Structure of Reasons," *Philosophical Perspectives* 13：*Epistemology*, 1999：58.

准正确还是不正确，而是应该说语境决定哪个标准是正确的。因为玛丽和约翰的语境和史密斯的语境不同。因此不存在语境独立的正确标准。知识归因是语境敏感的。笔者赞成柯恩的看法。知识的归因的确是依赖语境的或者语境敏感的。在语境中我们才有可能判断一个命题的真假，或者某人知道还是不知道。

举一个真实事例。

那是 30 年前的事情，当时我正读大学。暑假的某一天，村里来了一伙自称是天津某医学院的学生下乡实习，专门给村民看病。村里的大喇叭广播了此消息，不少人前去看病。我出于好奇也前去观看。我发现这些人诊断出的几乎都是一种肝病。我怀疑地问一个"大夫"，"你们是哪里来的？"她回答说，"河北省天津市某医学院"。同时还给我出示了她的学生证，上面清晰地写着"河北省天津市某医学院"。我知道天津是直辖市（依据 20 世纪 70 年代的地图知道和听说），不隶属河北省。我开始怀疑这伙人是骗子。于是我问我最信赖而且最近去过天津的一个人，天津隶属河北吗？什么时候改的？他说他的确在天津看到某家商店的牌子上就写着河北省天津市，而且颇自信地说没有问题，村里还给这伙人安排了住宿。我开始动摇了，我知道天津是直辖市吗？如果我是对的，这伙人就是骗子。如果我是错的，天津市就隶属河北。当然，不久我还是通过进一步的证据揭穿了这伙人的确是骗子。这个例子表明：同样一个命题比如上例"天津隶属河北省"，在某些语境中我的确知道（根据地图），而在某些语境中我不知道（当下有人证明）。笔者举这个例子不是要说明某个命题的真值，而是要说明"知道"的归因问题，即凭什么知道而不是知道内容的真假。凭什么知道是归因问题，内容真假是语义问题。

又如，我对我的朋友说，"我知道你是四川人"。我的朋友说，"你不知道我是四川人，我是重庆人"。我说，"我知道你过去是四川人，现在是重庆人"。我的朋友说，"你既不知道我是四川人，也不知道我是重庆人，我是加拿大人"。那么，我究竟知道不知道我的朋友是哪里人呢？关于我知道的归因的语境说明是：在重庆市改为直辖市前的语境中（重庆隶属四川），我知道；在重庆市改为直辖市后的语境中，我不知道。在我的朋友加入加拿大国籍前，我知道；在我的朋友加入加拿大国籍后，我不知道。因此，"知道"的归因是随着语境变化的。

## 四、调节的相关选择语境论

另一个接受闭合原则的语境论者是刘易斯①。他在《语言游戏中的计分》一文中提出"调节规则"(rule of accommodation)试图解决 SP。所谓"调节规则"是说,在一个给定的语境或者情境中,为了使所陈述的命题或者主张为真,我们可以根据具体条件调节(提高或者降低)评判的标准。这个原则在许多包含语境敏感术语的话语范围起作用,它特别指明,当一个陈述包含像"其他条件均同和在某种限制内"这样的术语时,会话计分(conversational score)倾向于变化到使那个陈述为真。刘易斯以"扁平"这个词为例,认为该词是语境敏感的。一个语句描述一个表面的扁平程度为真的情形,是由说出这个语句的语境决定的。这个语境包括了判断扁平程度的标准。判断标准高低不同,扁平的程度就不同。这个原则同样适用于知识标准的判断。比如,"我的桌面不平"。按照"调节规则",如果根据"我"的标准(比如玻璃表面),这个陈述就是正确的;如果根据木工的标准(水平尺标准),这个陈述就是假的。前一个标准是高标准,后一个标准是低标准。标准的高低是可以调节的,也就是说是随着语境变化的。在"我"的语境中,桌面不平,但是在木工的语境中,桌面是平的。如果双方协调统一标准,桌面平不平的问题就可以解决。在许多情形中,"调节规则"都是有效的。

在 SP 中,刘易斯认为,怀疑论者也使用了同样的原则,即通过改变知识标准把他们认为的东西算做知识。比如,语句"S 知道 P",在什么情况下 S 知道 P,在什么情况下 S 不知道 P,是由怀疑论者自己规定的标准决定的。在高标准条件下比如哲学标准,S 不知道 P,而在低标准条件下比如日常标准,S 知道 P。例如,"我知道地球围绕太阳转",在日常生活语境中,这是一个错误的陈述,因为我们都知道太阳"东升西落"这个事实,但是在天文学家以及具有天文学知识人的语境中,这个陈述就是正确的,因为地球只是太阳系的一颗行星。在这里,天文学知识是背景性知识。掌握了这些知识,判断知识的标准就提高了,不懂这些知识,判断标准自然就低。这并不是说,怀疑论者是具有知识的人,非怀疑论者是不具有知识的人。而是说,怀疑论者判断知识的标准高,他们常常提出一些形而上学问题,使得判断知识的标准异

---

① D. Lewis："Scorekeeping in a Language Game," *Journal of Philosophical Logic* 8，1979：339-359.

常地高，以至于许多我们相信为真的命题由于不能满足他们的标准而被认为是假的。

　　怀疑论者为了使自己的陈述为真，通常改变会话计分来提高知识标准。一旦知识标准被这样提高了，那么"明事理的认识论者必须承认失败。而且当他声称拥有绝对知识时，他就决不会犯任何错误。关于计分，他所说的就像本来那样是正确的"①。在这里，刘易斯阐明了语境论的基本策略：他维护我们通常所说的真理，或者在怀疑论者找到我们之前所说的真理，以避免怀疑论者根据其改变什么算做知识的东西来解释他攻击的成功，进而反驳我们。德罗斯认为，以这种方式解释怀疑论攻击的说服力，倒减轻了其对于我们日常知识主张的危险②。

　　这个解释似乎是专门为 SP(或者 AI)做出的。因为 SP 的前提 1 是知识的否定，这类提高知识标准的断言有助于使它为真。也就是说，这类否定仅仅是一种通过"调节原则"提高知识标准的做法。当怀疑论者主张前提 1 时，知识标准就已经通过"调节原则"提高到这样一个水平，在这个水平我们既不知道我们不是一个 BIV，也不知道我们有手。然而，"调节原则"不能真正地解释 SP 的说服力。或者更一般地，它对于怀疑论假设的任何论证无能为力。为什么会这样呢？为了解释这个问题，德罗斯把怀疑论者分为两类：AI 怀疑论者和朴素怀疑论者。前者如它的名称所反映的，是真正的怀疑论，不仅难以对付，而且论证有力，很难反驳；后者过于简单，只是坚持认为你不知道你有手是因为你没有提供任何理由论证这个断言。

　　AI 怀疑论者为什么不好对付呢？在笔者看来，首先，它的表达形式比朴素怀疑论者的表达形式更抽象。命题 H 是远离现实世界的假设，谈不上证实不证实，也谈不上证伪不证伪，是地地道道的形而上学命题。其次，前提 1、前提 2 及结论都是否定句，而使用否定命题会增加证明的难度。如果用肯定句表达情形就会不同。

　　　　前提 1：我知道非 H(比如我不是一个缸中之脑)。
　　　　前提 2：如果我知道非 H，那么我知道 P(比如我有手)。
　　　　结　论：我知道 P。

---

① D. Lewis："Scorekeeping in a Language Game," *Journal of Philosophical Logic* 8, 1979：355.

② Keith DeRose："Solving the Skeptical Problem,"*The Philosophical Review*，1995，104 (1)：9.

在日常语境中，我的确知道我不是一个"缸中之脑"，当然知道我有手。这是确定无疑的事实。在怀疑论语境中，这些表达就变成了"我不知道……"语句。特别是它的前提1"我不知道我不是一个缸中之脑"是一个无知前提，因为"我是一个缸中之脑"就是假定，既然是假定，那么我们就应该知道它的否命题"我不是一个缸中之脑"。

那么，"调节规则"对于两种怀疑论者都是适用的吗？答案是肯定的。对于朴素怀疑论者来说，它主张我不知道我有手，"调节规则"能够把知识标准提高到保证它的主张为真的水平。不过，"其他条件均同"语句能否阻止这个结果，就看我们如何充实它了。对于 AI 怀疑论者，同样可以通过"调节规则"达到他们所要求的知识标准。因此，这个原则并没有偏爱 AI 怀疑论者而不喜欢朴素怀疑论者。由于基于这个原则的解释不能在两种怀疑论者之间做出区别，这个原则也就不能解决我们的问题。其实，"调节规则"主要用于 AI 怀疑论难题，因为朴素怀疑论问题在日常语境中是容易解决的。

然而，进一步的问题是，利用"调节规则"调节知识标准以满足 AI 怀疑论的要求的标准又是什么呢？也就是说，在什么范围内调节？调节到什么程度？这个原则并没有一个准确的说明，更没有精确的操作规则。这是这个规则的缺陷和不足。

例如，在买彩票①的情形中。我们知道中奖的概率不高，也就是赢的机会不大，我们还是继续买，即使常常不中。按照 SP 的论证形式分析如下：

(1)我不知道我不能赢。

(2)如果我不知道我不能赢，那么我不知道我输。

(3)我不知道我输（结论）。

在这个例子中，H 指"我赢"，P 指"我输"。由于我相信我能赢，所

---

① 这个例子类似于彩票悖论(Lottery Paradox)。该悖论是凯伯格(Henry Kyburg)在《合理信念逻辑的概率》(1961)一书中提出的。他论述说，我合理相信在一百万张彩票中将有一张会中奖。但是我不合理地相信 1 号票将中奖，也不合理地相信 2 号票将中奖。这一过程继续下去，以至于最后我没有理由相信任何单独一张彩票将中奖。于是悖论就产生了。因为我的确相信有一张票将中奖。这一悖论涉及部分信念与整体信念的关系问题。也表明，任何一个单一的信念，无论它多么合理，组和起来构成的总信念与整体信念往往是冲突的。

以我一直买下去。然而，事实是，我经常输而不是赢。为什么经常输的事实不能制止我继续买彩票呢？因为我相信我总有机会赢（信念使然）。因此，上述论证可以改为：

(1)我不知道我不能赢。

(2)如果我不知道我不能赢，那么我不知道我输。

(3)但是，我的确知道我输（不是结论）。

在这个过程中，"调节规则"调节什么并不清楚。也许，通过这个规则，可以使我相信"我不知道我输"为真。但是事实上，我知道我输，这里不需要调节规则。

刘易斯在《难以捉摸的知识》(1996)一文中进一步阐明了他的语境论立场①。他认为语境论对于 SP 的基本观点是：知识归因的评价条件服从于变化。威廉姆斯(M. Williams)认为这种变化与"均变论"有某种联系，如果是这样，语境论就回到了传统的基础主义认识论的立场上。他把刘易斯的语境论概括为四点：

(1)知识与确证没有任何本质联系。知识只不过是绝对可靠的信念：信念是基于证据形成的，而证据排除任何错误（对于刘易斯来说，证据没有隐含确证的能力）。

(2)算做"每个"错误的东西随着语境变化。这样的话，"绝对可靠性"的标准也变化：在某些语境中这些标准比其他标准更严格。

(3)为了使认识语境有效变化，关于 S 知道 P，S 逐渐认识到以前被忽视的错误。

(4)"做认识论"的本质特征是，在可接受错误的范围内要认识到没有任何约束。因此，当做认识论时，绝对可靠性就成为最为严格的事情。②

我们可以接受语境论的基本观点，但是可以拒绝以上任何一个具体

① D. Lewis："Elusive Knowledge,"*Australasian Journal of Philosophy*，1996，74(4)：549-567.

② M. Williams："Is Contextualism Statable?" *Philosophical Issues*，10，Skepticism，2000：80-81.

的论点。在刘易斯看来，知识不需要确证，知识归因是语境敏感的是由于知识需要确证的观点是错误的。他指出：

> 确证对于知识不总是必要的。非循环论证所支持的东西依赖于我们的知觉、记忆和证据吗？然而我们的确通过这些手段获得知识。有时，在远没有论证支持的情况下，我们甚至不知道我们如何知道。我们曾经获得证据，得出结论，并且获得知识；现在我们已经忘记我们的理由，然而我们仍然保留我们的知识。①

刘易斯清楚地认识到，这样的论证并不存在，但是我们的确通过知觉、记忆和证据这些手段获得了知识。由于他想论证知识不需要确证，因此他必须主张，在一个典型的知觉情形中，我们确实拥有知识，但是我们没有确证的信念。而我们没有确证信念的理由是：我们没有一个非循环论证支持我们的知觉依赖。他的论证方式如下②：

(1)人们的确知道知觉命题是真的。
(2)人们没有非循环论支持依赖知觉的观点。
(3)如果(2)，那么人们就没有确证的知觉知识。
(4)人们就没有确证知觉知识。
(5)如果(1)和(4)，那么知识就不需要确证。

因此：

(6)知识不需要确证。

这个论证与怀疑论证很相似。如果用"知识需要确证"代替(1)，然后使用(2)和(3)建立(4)，再得出(1)的否定命题——人们不知道知觉命题是真的。由于人们不知道知觉命题是真的，所以知识不需要确证。正如

---

① D. Lewis："Elusive Knowledge,"*Australasian Journal of Philosophy*，1996，74(4)：551.

② R. Feldman："Contextualism and Skepticism,"*Philosophical Perspectives* 1：*Epistemology*，1999：110.

费尔德曼指出的，这是一种"确证怀疑论"①。可以看出，刘易斯从语境论开始最终又走向了怀疑论。看来，在认识论上摆脱怀疑论是何等艰难。

概言之，相关选择的语境论在接受还是拒绝闭合原则方面并不是绝对的。正如我们看到的，那些拒绝闭合原则的人否定相互冲突命题中的一个而接受另一个。比如拒绝命题(2)"如果我不知道我不是一个缸中之脑，那么我不知道我有手"。因此，在拒绝闭合原则的相关选择的语境论者看来，在命题(1)和(3)之间根本不存在冲突。但在接受闭合原则的相关选择的语境论者看来，在命题(1)和(3)之间存在冲突。因为根据闭合原则，在我不知道某些怀疑论的选择不能获得的语境中，我也不知道关于外部世界的某些事物。

## 五、对相关选择语境论的质疑

柯恩等人早期的语境论受到了许多批评。这些批评导致他放弃了在《如何成为一个可错论者》一文中所表达的相关选择语境论立场，并在其后的研究中修正了他原先解决激进 SP 的语境论方案。他面临的责难主要有两个：一个是关于我有证据使我相信我不是一个"缸中之脑"的观点；另一个是他关于我拥有某些偶然事实，特别是关于我不是一个"缸中之脑"的事实的先验知识的观点。关于"我知道我不是一个'缸中之脑'"是仅仅建立在否认我是一个"缸中之脑"的内在理性基础上的，在柯恩看来，这意味着我先验地知道我不是一个"缸中之脑"，并因此知道我拥有某些偶然事实的先验知识。这两个责难使得柯恩远离了他早期的相关选择的语境论。

即使柯恩现在承认"我能够拥有证据使得我相信我不是一个'缸中之脑'"，他仍然认为存在这样的信念，对于这些信念，"我从来没有过证据"。根据这些信念，他提出了一个新的激进的 SP。柯恩假设，有一个动物是"缸中之脑"，它从来不会有如此那般的证据证明它是一个"缸中之脑"，他把这种动物叫作 BIV∗②。现在的问题是，我不是一个"缸中之脑"的信念是一个我从来不会有证据的信念。根据那些信念形成的新悖论为：

(1)我知道我有手。

---

① R. Feldman："Contextualism and Skepticism," *Philosophical Perspectives* 1：*Epistemology*，1999：111.

② 另一种"缸中之脑"，以区别于第一种"缸中之脑"。这其实是一种不知道论证的"缸中之脑"。相对于人，如果我们是"缸中之脑"，我们知道如何论证我们不是"缸中之脑"。

(2)如果我不知道我不是一个 BIV＊，那么我不知道我有手。

(3)我不知道我不是一个 BIV＊。

由于这个悖论涉及一个怀疑论假设，对于这个假设我从来不会有证据，那么，关于我能有证据使我相信我不是一个 BIV＊ 的观点，不会对柯恩解决这个新悖论的方案造成麻烦。如果柯恩放弃相关选择这个理论框架，他解决 BIV＊ 悖论的方案又是什么呢？他首先意识到，我不是一个 BIV＊ 的信念可能是内在理性的，或者是他现在称之为非证据理性（non-evidentially rational）①的东西。换句话说，主体 S 相信 P 是非证据理性的，如果 S 相信 P 是认识上理性的，即使 S 关于那个信念缺乏任何证据。他把这种观点进一步描述为：

> S 知道 P，当且仅当他相信在某种程度 d 上 P 是认识上理性的，在那里，认识理性既有证据成分，也有非证据成分，而且 d 在那里由语境决定。②

我们假设，我有一定数量的证据使得我相信我有手，而且我有手的信念因此在程度 de 上是有证据理性的。我们进一步假设，我不是一个 BIV＊ 的信念在程度 dne 上是非证据理性的。柯恩主张："非证据理性（关于我的信念我不是一个 BIV＊）是综合理性，或者任何经验命题确证的一部分。"③因此我们可以设想，我有手的信念在程度 d＊ 上是认识上理性的，在这里，d＊＝de＋dne。也就是说，d＊ 的程度比 de 和 dne 高。而信念程度的高低是由语境决定的。

柯恩认为，一个信念如果算做知识的话，它必须是认识上理性的，其程度"是由言说者意指的某些复杂函数、听者的期望、会话的预设以及

---

① 非证据理性在这里其实就是先天理性，或者称直觉判断力。比如，我知道我不是一个"缸中之脑"就是不需要证据而知晓的先天知识或者直觉知识。这种直觉知识是不需要证据的。

② S. Cohen："Contextualism, Skepticism, and the Structure of Reasons,"*Philosophical Perspectives* 13, *Epistemology*, 1999：63-69.

③ S. Cohen："Contextualism, Skepticism, and the Structure of Reasons,"*Philosophical Perspectives* 13, *Epistemology*, 1999：86.

突显关系等共同决定的"①。在他看来，听者的合作是这个函数的核心部分。他也主张，在日常语境中，这个复杂函数能够详细说明：如果一个信念在程度 de 上是认识上理性的，那么它就是充分地认识理性的，而程度 d* ②高于 de，因此在 d* 上，一个信念一定是认识上理性的，而且更加充分。这意味着在日常语境中，我能够知道我有手。正如柯恩认为的那样，"由于我有手推出我不是一个 BIV（和进一步的 BIV*），在那些相同的日常语境中，我不是一个 BIV 的信念对于我知道我不是一个 BIV 是充分的，认识上是理性的"③。这样一来，柯恩就克服了我先验地知道我不是一个 BIV 的质疑，因为"我关于我不是一个 BIV 的知识是部分地基于我的经验证据的（我有手的证据），而不是先验的"④。因此，在日常语境中，我们接受新怀疑论悖论中的命题（1）和命题（2），拒绝命题（3）。

然而，在怀疑论语境中，这个复杂函数详细说明：如果一个信念在程度 ds 上是认识上理性的，那么它就是充分地认识理性，而且 d* 低于 ds。这意味着，在怀疑论语境中，"我有手的信念对于我知道我有手不是充分理性的。在那些相同的怀疑论语境中，我知道我不是一个 BIV 是没有任何基础的"⑤。也就是说，在怀疑论语境中，我们接受命题（2）和命题（3），而拒绝命题（1）。这样的话，柯恩就在坚持闭合原则的同时解决了 BIV* 悖论。

## 第五节　其他形式的语境论及其对怀疑论难题的解决

以上讨论的条件语境论和相关选择语境论对怀疑论难题的解决并不能让关注知识确证问题的学者们满意。不少人对认识的语境论提出了各种修正，以此解决怀疑论难题，且也都有独特之处。接下来笔者将分别详细地进行论述并做进一步的分析。

---

① S. Cohen："Contextualism, Skepticism, and the Structure of Reasons,"*Philosophical Perspectives* 13，*Epistemology*，1999：61.

② 在新怀疑论悖论中，一种关于我有手的信念的程度，在柯恩看来它是认识上理性的。

③ S. Cohen："Contextualism, Skepticism, and the Structure of Reasons,"*Philosophical Perspectives* 13，*Epistemology*，1999：77.

④ S. Cohen："Contextualism, Skepticism, and the Structure of Reasons,"*Philosophical Perspectives* 13，*Epistemology*，1999：76.

⑤ S. Cohen："Contextualism, Skepticism, and the Structure of Reasons,"*Philosophical Perspectives* 13，*Epistemology*，1999：77.

## 一、确证的语境论

这是一种早期的语境论，是认识的语境论的来源之一。它由安尼斯在《知识确证的语境理论》①一文中提出，试图替代基础主义(foundationalism)②和连贯主义(coherentism)③，可以说是一种知识确证的语境论。相对于后来的语境论，它是一种老式的语境论。这种语境论否认基础主义意义上的基础陈述的存在，也否认连贯对于知识确证的充分性。安尼斯认为，基础主义和连贯主义都忽略了知识确证的社会性质或者社会因素。根据他的语境论方案，主体 S 被确证相信命题 P，仅当 S 可能遇到某种表达真实怀疑的反驳。这些反驳包括但不必然限于：S 不是处于知道 P 的立场，以及 P 是假的。比如，由于 S 在这种情形中是不可靠的，他就不是处于知道命题"雪是白的"立场。因此，如果 S 不能被确证相信"雪是白的"，他一定会遭到反驳。

安尼斯坚持主张，一种知识是不是确证的与这种知识的认识目标相关。一般而言，我们的知识目标是拥有真信念避免假信念。当某人提出一种知识主张时，必然会遇到反驳，此时，此人可以根据这些反驳修正自己的主张，直到这种主张为真。也就是说，知识的真假是在反驳中得到确证的。为此，安尼斯提出了"问题语境"(issue-context)这个概念。在他看来，当问 S 是否确定相信 H 时，S 必须是处于问题语境中。这个问题语境是包括 H 在内的提出问题的具体境遇。它决定理解的水平和 S 必须展示的知识，也决定一个适当的反驳者群体(objector-group)④的存在。比如，在给定目标的条件下，如果一个人 S 声称某个陈述是真的，我们可能提出反驳：(A)S 不处于知道 H 的立场，或者，(B)H 是假的。让我们考虑反驳(A)。假如我们问 S 如何知道 H，他会给出各种理由 $e_1$，$e_2$，

---

① David Annis："A Contextual Theory of Epistemic Justification,"*American Philosophical Quarterly* 15，1978：213-219.

② 确证的基础主义是这样一种理论，它主张某个被最终确证的经验陈述必须从基础陈述的特殊项引申出至少它的某些确证，这些基础陈述至少具有某种独立支持作用的确证度，而且可能引申出其他陈述。对基础主义的反驳主要有两点：一是否认基础陈述的存在；二是否认这样的主张——即使基础陈述不神秘，这种陈述也不能证明我们要确证的所有不同的陈述。

③ 确证的连贯主义也称融贯主义，与确证的基础主义相反，它主张一个陈述是确证的当且仅当它与某一类陈述系统是连贯的。对连贯主义的主要反驳是：在一个一致的和综合的陈述系统中，连贯对于确证是不充分的。

④ David Annis："A Contextual Theory of Epistemic Justification,"*American Philosophical Quarterly* 15，1978：215.

$e_3$，…，$e_n$ 证明 H 为真。我们会反驳说，理由 $e_1$－$e_n$ 是假的，它们并不能给予 H 适当的支持。当然 S 可能会给出另外的理由 i 继续证明 H。我们会继续反驳说 i 也不能证明 H 为真①。这些反驳可能增强了 S 的理由 $e_1$－$e_n$ 以及 S 对于反驳的回应。但是，某人的主张及其反驳是在问题语境中实现的，脱离这个问题语境，争论就会无限进行下去，必然导致"无穷倒退问题"（infinite regress problem），如果是这样，争论就没有意义了。也就是说，问题语境制止了"无穷倒退问题"的发生。在安尼斯看来，这种语境不仅能够制止无穷倒退问题的发生，而且也不需要基础主义，因为：

> 如果问题语境是给定的，某人关于某事的一个信念就是基于语境的，此时适当的反驳者群体不需要此人为了处于拥有知识的立场而让他提供他相信这个信念的理由。如果这个反驳者群体需要理由，那么这个信念就不是基于这个语境的……考虑这样的两种情形：反驳者群体不需要某人为了处于拥有知识的立场让他提供支持他的信念的理由，并因此接受他的主张；反驳者群体需要理由同时也接受他的主张。在这两种情形中，不存在任何倒退的理由。如果一个适当的反驳者群体，其成员是挑剔的真理寻求者，在这个具体的问题语境中没有任何实质的怀疑，那么这个人的信念就得到了确证。这个信念已经经受了具有经验证实情结的反驳者的检验。②

他举了这样一个例子来继续阐释他的语境论观点。琼是一个没有受过医学训练的普通人，我们问他是否知道小儿麻痹是由病毒引起的。如果他说他记得是在一个报道上看到某人是这么讲的，那么这个理由就足够了。他已经完成了一个适当的问题语境。假如这个语境是一个医学博士学位考试，那么我们就会有更多的期待。如果一个考生只是说了琼所说的，那么我们就会认为他非常缺乏医学知识。因此，相对于一个问题语境，某人可以被确证相信 H，而相对于另一个语境，他没有被确证相信 H。

这就是知识确证的语境论的观点。根据这种语境论的知识确证模型，当问某人 S 是否被确证相信 H 时，我们必须认识到这是相对于某些具体

---

① David Annis："A Contextual Theory of Epistemic Justification," *American Philosophical Quarterly* 15，1978：214.

② David Annis："A Contextual Theory of Epistemic Justification," *American Philosophical Quarterly* 15，1978：216.

问题语境的，是这些问题语境决定了理解的水平和需要的知识。这翻过来又决定了适当的反驳者群体。比如，在上述医学博士学位考试的语境中，这个群体不是一群没有受过医学训练的普通人，而是一群有资格的医学考生。这是因为，S 被确证相信 H 是相对于问题语境的，S 必须能够满足所有的异议，比如(A)和(B)。所有这些异议表达了反驳者群体的一个真实的质疑，在这个群体中，反驳者是决定性的真理寻求者。因此，社会信息包括信念、社会实践、文化、各种理论等在确证知识的过程中起不可或缺的作用。

在科学研究的情形中，科学家追求的是发现和检验过程中所使用方法和技术的精确性。假如在某一时间 t，某一科学领域某一科学家运用最佳方法和技术创造了理论 T，S 接受了 T。而在此后的另一时间 t'，由于方法和技术的改进出现了新的理论 T'，此时说 S 没有被证明接受 T 是因为他接受了 T'是十分荒唐的事情。因为相对于 t 时刻的标准，S 被证明接受了 T，即使 S 后来放弃了 T 而接受了 T'。而且在不同时间，标准不同，反驳者群体不同，问题语境也不同。因此，在语境论者看来，说 S 被证明接受了 T 是正确的。对于在同一时间的不同的两群人，情形也是一样的。假设 S 是一名地球物理学家，他在时间 t 接受由地球物理学家运用最佳方法提出的理论 T。与此同时，在孪生地球也有一些我们不知道的更高级的物理学家拒绝 T。在这种情况下，S 仍然被确证接受 T。

因此，"为了确定 S 是否被确证相信 H，我们必须考虑 S 所属的共同体的实际确证标准。更特别地，通过详细指明在共同体 G 中产生的、具有某些社会实践和确证规范的一个问题语境，我们确定 S 是否被确证相信 H。这决定了理解的水平和 S 期望获得的知识以及 S 要满足的标准。适当的反驳者群体是共同体 G 的一个子集。为了被确证相信 H，S 必须能够以满足他们的实践和规范的方式与他们的质疑一致"[1]。

出于这个理由，安尼斯主张知识的确证理论必须自然化(naturalized)。自然化倾向已经在当时的科学哲学中出现。比如，逻辑经验主义探讨科学的逻辑，即科学的结构、证实、解释等。但是，安尼斯认为这样的探索方法远不是适当的。在他看来，科学作为一种实践活动，产生关于外部世界的确证信念。科学不仅与自然也与社会有着紧密的联系。因此，知识的确证是相对于社会实践和一组规范的。但是这并不意味着

---

[1] avid Annis："A Contextual Theory of Epistemic Justification,"*American Philosophical Quarterly* 15，1978：215.

确证是纯粹主观的。由于确证是基于问题语境的，知识确证的主观性与客观性在问题语境中会得到合理的解释。

总的来说，安尼斯认为，确证 S 相信 P 依赖于谁提出某些异议，依赖于 S 相信 P 是正确的重要性。也就是说，确证 S 相信 P 是语境依赖的。这种主张知识确证的语境论比基础主义和连贯主义都具有优越性，因为它们忽视了知识确证的社会因素和文化因素。安尼斯总结说：

> 语境论是基础主义和连贯主义这些传统理论的一个选择。在基础主义意义上，它否认基础陈述证据的存在（虽然允许语境般的基础陈述存在），它也否认像传统解释的那样一直把连贯看做对于确证是充分的。两种理论都忽视了对确证是本质的语境因素，比如命题 h 的问题语境和价值、社会实践、确证标准。特别是确证的社会性质是无论如何不能被忽视的。①

威廉姆斯（Michael Williams）在《反常的怀疑：认识的实在论与怀疑论的基础》一书中为确证的语境论做了辩护。在他看来，语境论是这样一种主张："如果不依赖于所有的东西（情境的、学科规范的和语境的变化因素），那么一个命题就没有任何认识的地位。至于它或承认或需要哪类确证的问题，不存在任何事实。"②他的认识辩护是反认识的实在论的。认识的实在论主张，即使不依赖语境因素，一个信念需要哪类确证问题的事实都存在，尤其是它坚持认识优位学说（The Doctrine of Epistemic priority，DEP）的真理观。

根据 DEP，如果我们关于外部世界的信念要成为知识的话，那些信念一定是由我们的感觉经验确证的。威廉姆斯认为，一般的、认识的实在论和具体的 DEP 都是"容易引起争论和可能不必要的关于知识及其确证的理论观点"③，而怀疑论必然依赖这些有争议的观点。由于是理论形态，这些观点并没有以认知思维的日常形式强加于我们。这说明怀疑论是反常的，证明的责任在怀疑论者一方，而不在语境论者一方。威廉姆斯主张，既然怀疑论不能担负起这个责任，我们就没有任何理由认真地

---

① David Annis："A Contextual Theory of Epistemic Justification,"*American Philosophical Quarterly* 15，1978：218-219.

② Michael Williams：*Unnatural Doubts*：*Epistemological Realism and the Basis of Scepticism*，Princeton，NJ：Princeton University Press，1996：119.

③ Michael Williams："Fogelin's Neo-Pyrrhonism,"*International Journal of Philosophical Studies* 7，1999：144.

对待它了。

在笔者看来,在知识及其确证问题上,虽然说怀疑论是反常的,还是值得我们去重视的,毕竟它提出了值得我们去思考的问题,比如,基于信念的知识一定是确证的吗?我们如何知道知识是确证的呢?知识和确证是什么关系?事实上,这些问题是语境论者无法回避的。

## 二、相对的语境论

沈福[①]在《语境论对怀疑论的解决》一文中,把 SP 的论证称为怀疑论证(Sceptical Argument,SA),其具体形式为:

(1)我不知道我不是一个 BIV。

(2)如果我不知道我不是一个 BIV,那么我不知道我有手。

(3)我不知道我有手(结论)。

他认为,(1)和(2)是正确的,但(3)是错误的。为什么是这样呢?我们知道,两个正确的前提推出的结论必然是正确的。要解决这个悖论我们需要回答两个问题:其一,两个相互矛盾的命题哪个是假的?其二,为什么这个假命题看起来是真的?为了与其他形式的语义语境论区别开来,他把他的语境论称为大写的语义语境论[②]。根据这种语境论,以"S 知道 P"形式表达的语句没有完整的命题显示其意义。这种语句的表达方式在不同的表达方式语境中可以表达不同的命题。同时,以"S 知道 P"表达方式表达的不同命题有许多共同点:它们都推出 P 为真,S 相信 P,S 满足知识的语境相关标准;变化的是知识标准,而不是知识本身,为了表明 S 知道 P,这些知识标准详细指明了 S 对于 P 所持认识立场的强度。

简单地讲,一方面,S 知道 P,在某些语境中所表达的是相对于标准 E 的(Easy);另一方面,S 知道 P,在某些其他语境中所表达的是相对于标准 T(Tougt)的[③]。在这里,标准 E 是相对弱的认识立场,即较低的标准;标准 T 是相对强的认识立场,即较高的标准。当然,合理的语境论

① S. Schiffer:"Contextualist Solutions to Skepticism,"*Proceedings of the Aristotelian Society*,96,1996:317-333.

② 沈福将"contextualism"这个词表示为"Contextualism",第一个字母不仅大写,而且为斜体。为了便于中文表述,笔者将其称为大写的语义语境论,其实质是相对标准的语境论。因此笔者又将它称为相对的语境论。

③ S. Schiffer:"Contextualist Solutions to Skepticism,"*Proceedings of the Aristotelian Society*,96,1996:318-319.

不只是这两个标准。一方面，认识立场的认识强度是变化的，而且不同的表达语境可以产生程度的差异；另一方面，命题形式"S知道P相对于标准N"只是方便记忆，一个完善的语境论无疑会提出一个结构更清晰的命题形式。沈福试图做到这一点。在他看来，当知识被定义为相对于变化的标准时，认识的闭合原则必须对相对性做出说明。

基于这个理念，他给出了知识的相对闭合标准：

如果 x 知道 p 相对于标准 N，而且 x 知道 * [1]如果 p，q，那么 x 知道 q 相对于标准 N[2]。

然而，当 x 知道 * 如果 p，q 时，我们靠什么使语句"如果 x 知道 p，那么 x 知道 q"清楚明白呢？那就要弄清是什么标准蕴涵在前提和结论中了。沈福的论证如下：

(1) 如果 x 知道 p 相对于 E，那么，x 知道 q 相对于 E。
(2) 如果 x 知道 p 相对于 T，那么，x 知道 q 相对于 T。
(3) 如果 x 知道 p 相对于 T，那么，x 知道 q 相对于 E。
(4) 如果 x 知道 p 相对于 E，那么，x 知道 q 相对于 T。

命题(1)和命题(2)的真值是由闭合原则加假定 x 知道 * p 蕴涵 q 保证的。命题(3)的真值是由闭合原则、以上假定和满足标准 T 推出满足标准 E 的事实保证的。命题(4)则可能是假的。由此我们可以得出：一个命题如果满足了高标准，它必然也满足低标准；而满足低标准的命题，不一定满足高标准。这就是为什么命题(3)可以成立，而命题(4)不可以成立的原因。

沈福之所以引入相对标准，是因为在他看来，"S知道或者不知道P"就不是命题的形式，命题形式应该是"S知道或者不知道P相对于标准N"。不论语境论能否有效解决 SA，其表达形式应该为：

(1) 我不知道我不是一个 BIV 相对于 T。
(2) 如果我不知道我不是一个 BIV 相对于 T，那么我不知道我有手相对于 T。

所以：

---

[1] "知道 *"是指闭合意义上的知道，是相对于非闭合原则而言的。

[2] S. Schiffer："Contextualist Solutions to Skepticism," *Proceedings of the Aristotelian Society*，96，1996：320.

(3)我不知道我有手相对于 T。

对于这个修正的 SA，语境论者和怀疑论者都普遍感到满意，因为它既说明了 SA 力度，也使得在日常语境中形成的知识主张为真。

## 三、解释的语境论

瑞波(Steven Rieber)在《怀疑论与对比解释》一文中提出了自己解决 SP 的路径①。他认为，当我们把 SP 中的三个独立命题放在一起讨论时，就会产生悖论。他首次提出以下知识的分析形式：

> S 知道 P，当且仅当：P 的事实解释了为什么 S 相信 P 的原因。

这是一种从要知道的命题 P 的事实出发来解决怀疑论悖论的思路。S 知道 P 是因为 P 的事实使得 S 他相信 P。瑞波解释说，对知识的分析需要一种语境敏感性，它是解决怀疑论难题所必需的。在他看来，"算做解释的东西是高度语境依赖的。特别是最近的对比解释研究工作已经清楚地说明，知识依赖于一种不言而喻的对比"②。比如这样的事实：只有携带梅毒的人才会得麻痹性痴呆症，但是大多数携带梅毒的人并没有得麻痹性痴呆症。假设某人 S 既携带梅毒又得了麻痹性痴呆症，试问：S 携带梅毒的事实能够解释他得了麻痹性痴呆症的原因吗(命题 a)？

按照瑞波的解释，这个问题的答案依赖于同 S 不言而喻地所对比的东西。我们进一步假设，另一个人 B 既没有携带梅毒又没有得麻痹性痴呆症，如果将命题 a 与 B 对比，我们会进一步追问：S 携带梅毒的事实能够解释为什么是 S 而不是 B 得了麻痹性痴呆症的原因吗？答案是肯定的，因为是 S 携带梅毒而不是 B 携带梅毒，只有携带者才会得麻痹性痴呆症。

我们再做进一步的假设，第三个人 C 携带梅毒但是没有得麻痹性痴呆症，在这种情况下，如果与命题 a 进行比较，结果会怎样呢？我们自然会问：S 携带梅毒的事实能够解释为什么是 S 而不是 C 得了麻痹性痴

① Steven Rieber："Skepticism and Contrastive Explanation," *Noûs 32*，1998：189-204.
② Steven Rieber："Skepticism and Contrastive Explanation," *Noûs 32*，1998：195.

呆症的原因吗？对于这个问题，答案可能是否定的。因为虽然 S 和 C 都携带梅毒，但是得不得麻痹性痴呆症会因两个人的年龄、性别、体质、免疫力甚至工作环境的不同而不同。也就是说，两个人的生活语境不同，因而结果不同。因此，一种事物能否解释另一种事物是依赖语境的。

根据瑞波对知识的解释性分析，知识必然是语境敏感的。既然知识是语境敏感的，在不同语境中对知识的解释就会不同，因此，解释的语境论就可以解决 SP。在他看来，问"我知道我有手吗？"就是问"我有手的事实能够解释我相信我有手的原因吗？"这就是语境论者通过对比对问题的转换。在日常语境中，这个问题是非常清楚的，无需自找麻烦。同样，在日常语境中，我也知道我不是一个 BIV。不过，通过对比会使 BIV 的怀疑论可能性更加突出，也会进一步引起我们思考知识归因问题。

例如，当这种对比出现时，为了理解"我知道我有手吗？"这个问题，我们会问"我有手而不是无手的 BIV 的事实能够解释我为什么相信我有手而不是相信我是无手的 BIV？"答案是否定的。因为使我相信我有手的所有证据与我是无手的 BIV 相一致。如果这个问题的答案是否定的，那么"我知道我有手吗？"也是否定的。因此，在怀疑论语境中，与 BIV 可能性对比的语境是凸显的，我们应该接受命题（3）而否定命题（1）。在这样的语境中，怀疑论者可以正确地说，我既不知道我不是一个 BIV，也不知道我有手。

这样一来，瑞波的解释语境论以它自己的方式解决了 SP。在日常语境中，我们接受命题（1）和命题（2），拒绝命题（3），因为在这样的语境中，我的确既知道我有手，也知道我不是 BIV。然而，当我们考虑某些怀疑论的可能性时，某些对比就凸显出来。在这些语境中，我既不知道我有手，也不知道我不是一个 BIV。

## 四、妥协的语境论①

费尔德曼是一个比较保守的语境论者，甚至也是一个温和的怀疑论者。他首先总结了 20 世纪 80 年代以来关于反怀疑论的三种观点：一是普特南的内容外在主义；二是诺兹克关于否定的闭合原则；三是关于知识归因的语境论。在他看来，这三种观点避开了怀疑论提出的认识论的核心问题，而它们又退回到怀疑论立场。即使语境论关于知识归因的真

---

① R. Feldman："Contextualism and Skepticism,"*Philosophical Perspectives* 1：*Epistemology*，1999：91-114；"Skeptical Problems, Contextualist Solutions"，*Philosophical Studies* 103，2001：61-85.

值条件随语境变化的观点是正确的，这个事实也不能说明语境论对于怀疑论的回应是令人满意的。因为怀疑论者提出的核心问题是：在日常语境中我们是否适当地满足了知识的标准，而不是像语境论者认为的那样，在某些认识论语境中我们是否适当地满足了某些所谓的更高标准①。

知识语句或者命题的语境依赖是语境论的核心观点。关于这个观点费尔德曼提出三点质疑②：第一，语境论者对于语境依赖词语的应用条件的说明，不是必然要推出的，我们运用这些术语说出的任何事情都是正确的。第二，语境论没有解决模糊问题。第三，语境依赖是某种模棱两可的东西。这些质疑是非常有道理的。因为在语境论者看来，语句"S知道P"在这个语境中是正确的，语句"S不知道P"在另一个语境中也是正确的，理由是语境不同，意义自然也就不同。这就走向了相对主义。至于模糊问题比如悖论，语境论也没有给予很好的解决。而语境依赖的模糊性是语境论的一大缺陷，如何精确化是语境论者要面对的难题。

他主张，对于SP必须弄清其关键问题所在。他以柯恩对SP的回应为例进行了分析。

（1）我们知道某些日常经验命题是真的。

（2）我们不知道怀疑论的选择是假的。

（3）如果我们不知道怀疑论的选择是假的，那么我们不知道这些日常经验命题是真的。

这三个命题不都是真的。要解决这个悖论，我们必须弄清其中哪一个是假的，尽管三个命题看起来是真的。这个悖论包含的闭合原则为：

如果S知道Q，而且S知道Q推出非H，那么，S知道非H。

为了能够使这个悖论在这个公式中起作用，日常经验命题和怀疑假设或者否命题必须充当Q和H的例子。如何在经验命题和怀疑假设之间建立合理的关系，是语境论者面临的又一个难题。

对于日常的经验命题，我们不会有什么异议，比如我们有手。而对

---

① R. Feldman："Contextualism and Skepticism,"*Philosophical Perspectives* 1：*Epistemology*，1999：91.

② R. Feldman："Contextualism and Skepticism,"*Philosophical Perspectives* 1：*Epistemology*，1999：92-93.

于远离我们的怀疑命题，我们有很大的质疑。为什么呢？不是我们经验判断有问题，也不是我们的直觉判断和逻辑规则有问题，而是我们解决 SP 的方法和路径有问题。也就是说，我们必须选择适当的方法解决 SP。"这要求我们必须认真地构想怀疑假设，以便我们能够通过我们认为知道的日常经验命题推出它们的错误。"①

那么，我们如何合理地构想怀疑假设呢？如何通过经验命题推出怀疑假设的错误呢？费尔德曼对上述悖论进行了分析。按照柯恩的解答，在日常语境中，命题(1)是正确的，命题(2)是错误的。我们的确知道日常经验命题是正确的，我们也的确知道怀疑假设是错误的。具体而言，我的确知道我有手，我的确知道我不是一个 BIV。这没有什么问题。但是，在另一个语境中，特别是怀疑的语境中，问题便凸显出来，命题(1)是错误的，命题(2)是正确的，我们不知道经验命题是正确的，而怀疑命题是错误的。据此在任何语境中命题(3)是正确的。

其实，这正是语境论的观点：在不同的语境中，相同命题的意义不同。所以在日常语境和怀疑语境中，命题(1)和命题(2)意义不同。在任何语境中命题(3)也是正确的。由于语境论这个过于宽泛和模糊的观点，使得怀疑论者有机可乘。费尔德曼认为，上述论证中的错误成分在任何语境中源于没有持续追踪语境，或者源于在当下语境中从这样的认识——在另一个语境中表达它的语句表达了一个真实情况，错误地推论这个成分的真值②。也就是说，怀疑论者错误地把日常语境与怀疑语境、经验命题与怀疑假设混淆了。

在他看来，德罗斯对"无知论证"的解答遵循了柯恩的思路。因为德罗斯主张这个论证由于命题(2)在日常语境中是错误的而不完善，但是在另一个语境中特别当我们思考这个论证时，命题(2)是正确的，这个论证也因此是完善的。而在刘易斯的解答中，怀疑假设增加了我们应该在日常语境中排除的可能性。部分原因是，在日常语境中，这些怀疑论者想象的奇怪可能性不包括在所有可能性中，但是，在怀疑语境中，有我们不能排除的额外可能性。难怪刘易斯发出这样的感叹，"认识论掠夺了我们的知识"③。通过对三种解答的分析，费尔德曼发现，它们的共同点

①　R. Feldman："Contextualism and Skepticism,"*Philosophical Perspectives* 1：*Epistemology*，1999：95.

②　R. Feldman："Contextualism and Skepticism,"*Philosophical Perspectives* 1：*Epistemology*，1999：97.

③　D. Lewis："Elusive Knowledge,"*Australasian Journal of Philosophy*，1999，74(4)：550.

是：虽然我们的日常知识主张是正确的，但是在认识论的怀疑论凸显的语境中，怀疑论是正确的。这样一来，语境论者又回到了怀疑论的立场上去了。

费尔德曼既承认语境论的优点，同时也同意对怀疑论采取妥协的态度。因为他认为，SP 在某种意义上是正确的，它揭示了经验命题和怀疑假设或者形而上学命题之间的一种十分敏感和微妙的关系：感性与理性、实践与理论、假设与证明、知识与确证，等等。他把语境论与怀疑论之间的关系比作道德冲突和科学发现的冲突。他说："依我看，我们关于知识归因依赖语境变化的倾向性更像道德争论和科学争论的情形。在这些真实冲突的情形中，关键问题是有关一个命题的冲突性证据。这些论证既有支持这个命题的，也有反驳这个命题的，更有诉诸语境依赖打发不掉的论证。"[①]可以说，正是怀疑论者的质疑，才使认识论有了大的发展。由此笔者联想到克隆技术带来的伦理冲突。在克隆科学家的语境中，克隆的目的是探索未知，造福人类，但是在反技术者的语境中，克隆无疑会产生伦理问题，比如，克隆者与被克隆者是什么关系呢？现代伦理理论难以解释。这就需要双方各自提供有力的证据或者论证去说服对方，或者通过妥协协商达成一致。

不仅如此，费尔德曼还对语境论本身做了进一步的分类。他把语境论分为"裸体的"语境论（bare contextualism）和"着装的"语境论（clothed contextualism）[②]。一个是"裸体的"语境论，这是指纯粹的语境论——认为语句或者命题的真值纯粹由语境决定。费尔德曼认为，语境论的纯粹真理对于我们解决 SP 是不充分的。因为假设应用于"知道"的标准变化，这并不意味着这些标准达到完全排除所有知识的高度。同样，标准变化这个纯粹事实也不意味着它们低到足以让我们满意的程度。比如"某人比爱因斯坦聪明许多"的标准是变化的，依赖于"许多"是多少。然而没有人知道"许多"是多少。也就是说，标准的纯粹变化性不足以支持语境论者回答 SP 的变化性的种类。

另一个是"着装的"语境论。这种语境论者认为，"裸体的"语境论不可能提供关于怀疑论问题的满意答案，他们提出关于"知道"的归因条件的各种说明以支持他们的主张。这些典型的语境论者有柯恩、刘易斯和

---

① R. Feldman："Contextualism and Skepticism,"*Philosophical Perspectives* 1：*Epistemology*，1999：104.

② R. Feldman："Skeptical Problems, Contextualist Solutions,"*Philosophical Studies* 103，2001：67-71.

德罗斯。柯恩主张知识需要证据或理性信念，这是传统语境论的知识说明观。在柯恩看来，一个知识归因者的语境决定了一个主体的理由必须充分到足以保证知识的归因为真。在日常语境中，我们能够满足较低的标准，知识归因也因此常常是真实的。而在怀疑的语境中，我们的理由不足以使我们达到高标准，知识归因也因此几乎不真实。他承认当我们考虑怀疑假设时，比如 BIV 假设，我们常常会遇到新的困难。但是，他认为我们仍然知道它是假的，因为存在"理性的非证据标准"①。也就是说，我们拒绝怀疑假设是出于内在理性的。

　　刘易斯把语境论与拒绝知识需要确证的观点相结合。他认为知识需要排除所有选择，即知识需要确证。但是我们很难排除怀疑假设。在日常语境中，我们能够排除某些选择，知识归因可以是真的，而在怀疑语境中，我们无法排除怀疑假设，因此不能保证知识的真实性。这是一种否证或排除方法，类似于波普的证伪主义。我们知道，证实一个知识主张需要大量的证据或理由，这会使我们陷入逻辑经验主义的困境。如果排除所有其他的选择或可能性，我们同样需要理由，这又会使我们陷入证伪主义的困境。因此，刘易斯的语境论主张不足以解决 SP。

　　德罗斯的语境论的核心主张是关于敏感性和认识立场强度的观点。敏感性是说：S 的信念 P 是敏感的，如果情形不是：如果 P 是假的，那么 S 会相信 P。这就是敏感性规则。根据这个规则德罗斯指出："当某个主体 S 知道或不知道某个命题 P 被断言时，如果需要的话，知识标准倾向于被提高到这样一个水平，需要 S 相信那个特殊命题 P 是敏感的，以至于它被算做知识。"②在费尔德曼看来，某人的认识立场强度根据世界的范围来量度，通过这个范围某人准确地追踪一个命题的真值。某人从现实中追踪一个命题越深入，某人的认识立场就越强。根据德罗斯的规则，一般情况下知识标准需要通过真实世界和所有最接近的可能世界追踪命题的真值。在这些最接近的可能世界里，我们讨论的东西可能是假的。在这里，从真实世界到最不可能世界之间存在无数个可能世界。在真实世界，我们能够知道某个命题，在可能世界我们不知道某个命题。然而，按照德罗斯的规则，当提及怀疑假设的知识时，这套相关世界会扩展到包括那些使怀疑假设为真的世界范围。一旦这套相关世界得到扩

①　Stewart Cohen："How to be a Fallibilist,"*Philosophical Perspectives* 2，*Epistemology*，1988：68.

②　Keith DeRose："Solving the Skeptical Problem,"*The Philosophical Review*，104（1），1995：36.

展，它就会相对稳定一段时间。在此时间内，凡是断言"知道"的任何人为了使这个断言为真，他必须处于更强的认识立场。此人必须通过这套扩展的世界追踪这个命题。因此，在那些语境中，把知识归因于人们是不对的。

基于对这些语境论者观点的分析，费尔德曼主张，我们应该有条件地接受怀疑论。他认为，在怀疑的语境中，怀疑论者是正确的，他们的主要错误在于认为，他们的怀疑主张与我们日常关于知道的主张冲突。这是有道理的。因为在不同的语境中，关于知识的主张肯定不同，在各自的语境中，语境论者和怀疑论者都是对的，但是在交叉的语境中，存在不一致或者冲突就是必然的。怀疑假设之所以看起来矛盾，是因为我们没有认识到在语境中那些变换的结果。也就是说，怀疑论的知识主张与我们日常的知识主张并不冲突。在这个意义上，语境论应该接受怀疑论的观点。

## 五、证据的语境论

克莱恩(P. Klein)[①]在探讨认识的语境论时提出了两个问题：第一，语境论是正确的吗？第二，如果它是正确的，它阐明了怀疑论问题吗？他对第一个问题持肯定态度，对第二个问题持怀疑态度。而且针对第二个问题发展了语境论。

根据语境论的基本观点：知识语句的真值是随着言说者说出语句的性质变化的。具体地讲，说某人S知道某事，是因为S满足了相对高的证据标准；当S的证据不能满足高标准时，也可以说S不知道某事。因此，"S知道P"和"S不知道P"在不同的标准下都是正确的。因为语句的真值部分依赖于说出它们的言说者使用的标准。如果是这样，确定判断标准就是语境论的关键问题。

在克莱恩看来，语境论关于任何性质的归因都是正确的。他举了这样一个例子。Lax说Sam是幸福的。我们发现他所讲的"幸福"是指，一个人之所以幸福是因为他或者她一生中的幸福多于不幸福。Stringent不同意这种观点。他认为一个人幸福是因为他(她)几乎没有经历不幸福的时刻。关于Sam是否幸福谁是正确的呢？按照语境论者的说法，两种说法都是正确的。因为Lax和Stringent关于幸福的标准不同。他们分别代

---

① P. Klein："Contextualism and the Real Nature of Academic Skepticism," *Philosophical Issues* 10，2000：108-116.

表了两种不同的标准：一个宽松的标准，一个严格的标准。笔者认为，幸福是主观性很强的一个词。同一个人在不同时刻幸福感会不同；不同的人在同一时刻或者在不同时刻幸福感都会不同；不同的人群在同一时刻幸福感也会不同。因为判断幸福感的标准不同。比如，一个富人问一个乞丐幸福吗？出乎富人意料的是，回答是"幸福"；一个乞丐问一个富人幸福吗？同样出乎乞丐意料的是，回答是"不幸福"。看来，幸福与财富没有必然的联系，而与个人主观感受有关，而主观感受与幸福的标准有关。判断幸福的标准不同，幸福感就会不同。语境论可以对此现象做出合理的说明。

那么，语境论是否能够对 SP 做出合理的说明呢？克莱恩认为这就看使用什么标准了，也就是宽松标准还是严格标准了。认识论者使用宽松标准认为我们拥有知识，而怀疑论者使用严格标准主张我们不拥有知识。或者说，在日常语境中我们的确拥有知识，当标准提高到怀疑论的标准时，我们不再拥有知识。但是这并不是认识论者和怀疑论者之间争论的适当解释。克莱恩假定，他们都赞成在给定逻辑后承的情况下知识是闭合的，也就是说以下闭合原则是正确的：

KC：如果 S 知道 x，而且 S 知道 x 推出 y，那么 S 能够知道 y（没有进一步的论证）[1]
其中：x＝h：S 有一只手
Y＝－sk；sk：－h 仅仅好像 h

在双方都认可闭合原则的条件下，认识论者主张"S 知道 h"，怀疑论者声称"不，S 不知道，因为 S 不知道－sk"。认识论者应该如何做呢？根据 KC 的含义，认识论者继续坚持 S 知道 h，而且主张 S 能够知道－sk 而不需要进一步的论证。但是，认识论者做不到的是继续相信 S 知道 h，KC 是正确的，没有进一步的论证 S 不能够知道－sk。

在克莱恩看来，这并不是一个好的解决方案。虽然怀疑论者也承认闭合原则，即承认 x 推出 y 是合乎逻辑的，但是，他认为认识论者的主张是错误的，因为认识论者不能提供任何证据使得怀疑论者相信－sk。即使在认识论者的立场，S 也不知道 h，因为认识论者接受 KC 而没有进一

---

[1]　P. Klein："Contextualism and the Real Nature of Academic Skepticism,"*Philosophical Issues* 10，2000：110.

步的论证。如果情形是这样，那么在"幸福"的例子中，对 Sam 的幸福的说明就是失败的。Stringent 承认 Lax 关于幸福的含义是正确的，但是怀疑论者不承认认识论者是正确的。怀疑论者争辩说认识论者不知道 h，即使他承认认识论者关于"知道"的意义。不是因为认识论者对 h 的确证不够充分，而是因为不能提供－sk 的证据。因此，h 无论如何是不能被知道的。

正如柯恩已经指出的那样，这是一种普遍怀疑论（Global Skepticism），它与 KC 的日常应用截然不同。在德罗斯的"斑马案例"中，局部怀疑论（Local Skepticism）者利用了 KC，并主张 S 不知道那些动物是斑马，因为没有进一步的调查，S 不知道它们是伪装的骡子。在克莱恩看来，语境论也不能说明局部怀疑论问题。反而会更加认为认识论者犯了一个错误。因为怀疑论者会认为，由于认识论者没有任何充分的证据主张那些动物不是伪装的骡子，那么他就不能知道那些动物就是斑马。而且怀疑论者还会指出，S 主张那些动物是斑马的证据没有包含对那些动物是伪装的骡子不利的任何东西。

克莱恩进一步认为，柯恩的语境论基本上是正确的，它能够解释严格标准和宽松标准对于 S 缺乏或者拥有知识的表面上矛盾的争论，但是不能解释怀疑论者和认识论者之间的争论，不论是普遍的怀疑论还是局部的怀疑论，因为它们之间的争论不是关于 S 为了拥有知识需要多少证据的争论，而是关于什么算做相关证据的争论。怀疑论者认为 S 不能使用正推出的命题作为证据去支持已推出的命题。所以 S 不知道。而认识论者认为 S 能够也因此知道。换句话说，争论的焦点是，正推出的命题是否可以作为已推出命题的证据使用。语境论对这个问题还没有做出令人满意的回应。

语境论者内塔（Ram Neta）在《语境论与外在世界问题》①一文中提出知识标准不变观。他认为我们不应该把怀疑论看做是产生那些标准的根源，相反，我们应该理解怀疑论对什么算做证据的东西加以严格限制。在他看来，怀疑论是通过揭示知识证据归因的语境敏感性来提出 SP 的。比如，当怀疑论者提出 BIV 怀疑论假设时，他限定了我真实地把那些心理状态当做我的证据的东西。无论我是否是一个 BIV，这些心理状态对我是有用的。也就是说，他阻止我把我的任何心理状态作为我关于外部

---

① Ram Neta："Contextualism and the Problem of the External World，"*Philosophy and Phenomenological Research* 66，2003：1-31.

世界信念的证据，也就是在我的信念和我的证据之间创造了一个不可逾越的认识鸿沟。在这些语境中，我的信念不能满足认识标准，也因此不能算做知识。在不考虑任何怀疑论假设的语境中，我有许多关于外部世界信念的证据。在这样的语境中，我的信念能够满足认识标准，也因此能够算做知识。这样，与其他语境论一样，内塔的语境论是要解决我们熟悉的冲突，解释在大多数语境中我们为什么判断我们拥有知识，而在其他语境中判断我们为什么不拥有知识。

在笔者看来，证据的语境论把证据作为一个非常重要的语境条件来证明一个信念的确定性，这与证据主义（Evidentialism）[1]很相似。证据主义是一种关于知识确证的理论，它主张，一个信念或对一个命题的信念态度，对某人来说，如果他在某一时间获得的这个信念在认识论上是得到证据支持的，我们就说此人的信念得到了证明。也就是说，证据主义是这样一种主张，认为一种信念，当且仅当能够为证据所支持时才算得上是得到确证的知识确证理论。那么，证据是什么？证据是如何获得的？获得的证据是否需要进一步的确证呢？证据又是如何支持信念的呢？这些问题对证据主义构成了严重的挑战。要解决这些问题，笔者认为还是要回到语境论，信念的形成、确证以及证据的获得都离不开特定的语境，只有在特定的语境中，一个信念才能被证据确定；只有在特定的语境中，证据才是确定的。因为信念是语境敏感的，证据也同样是语境敏感的。具体地讲，在特定语境 c 中，在时间 t，一个信念 b 是自明的、合理的，当且仅当这个信念是由证据集 $e_i$ 经验地支持的。在这里，证据集 $e_i$ 是特定语境中的证据，它具有时间性、经验性、主体性、关联性。笔者将这种语境论称为语境的证据主义或语境论的证据主义。

## 六、批判的语境论

威廉姆斯把老牌语境论者柯恩、刘易斯和德罗斯的语境论主张称为"朴素会话语境论"（Simple Conversational Contextualism，SCC）[2]。他对

---

[1] 证据主义的观念最初隐含在齐硕姆的哲学中，后来由费尔德曼和科尼在"证据主义"一文中明确提出。他们的定义是："我们称做的证据主义是这样一种观点，即，对信念的认知辨明，是由信念者对信念的证据性质决定的。"转引自〔英〕尼古拉斯·布宁、余纪亮编著：《西方哲学英汉对照词典》，北京，人民出版社，2001，第 339 页。

[2] M. Williams："Contextualism, Externalism and Epistemic Standards," *Philosophical Studies* 103, 2001: 1.

这种语境论表示怀疑，赞成确证主义（Justificationism）①的观点，认为"SCC 是一种肤浅的语境论，它不能对付深形式的怀疑论"②。

他把 SCC 的思想概括为以下五点③：

(1)我们的认识评价实践包含提高和降低归因知识标准的机制。

(2)这些标准的提高和降低存在于错误可能性范围的膨胀和收缩之中。

(3)这些标准主要依据会话语境中的变化提高和降低，特别是产生什么主张，或者错误可能性（"失败者"）根据什么产生或者被注意到。

(4)哲学反思或者"做认识论"在那里创造了一个语境，因为关于可能发挥作用的错误可能性没有任何限制，认识标准上升到最高水平，在这个水平它们被证明是不能被满足的。

(5)虽然做认识论提高了标准，以至于使得怀疑结论为真，但是这并没有使日常知识归因无效，而在日常语境中知识归因是正确的。

威廉姆斯认为，SCC 把知识归因标准的提高和降低诉诸语境的变化性过于简单。因为他们仅认识了认识上相关语境变化的一个主要维度：标准的提高和降低。但是是什么引起变化呢？标准的提高和降低的限度是什么呢？这些问题都还不清楚。这就为怀疑论留下了空间。他指出：

SCC 通过由哲学反思创造的认识评价的特殊语境的说明方式与怀疑论联系起来。在日常语境中，我们注意到的错误可能性通过各种实践兴趣被保持在一定范围内，比如，我的需要是参加会议。但是，做哲学反思时，我们逐渐远离日常所关心的事情。因此，为了在哲学反思的语境中使知识主张为真，我们

---

① 一种认为科学是寻求确证、确定性或或然性的观点，它支持证实主义（Verificationism）的主张，即知识是已被证实或者确定的信念，或者说，一个信念仅当它能够为确定的观察或经验事实所证明时，才是可接受的，过去的经验证据使未来的事件成为可能。

② M. Williams："Contextualism, Externalism and Epistemic Standards," *Philosophical Studies* 103，2001：22.

③ M. Williams："Contextualism, Externalism and Epistemic Standards," *Philosophical Studies* 103，2001：2-3.

必须能够排除任何和所有错误的可能性，无论它们多么遥远或者多么难以置信。然而，我们不能做到这一点：的确，怀疑假设，比如我是邪恶的欺骗者的受害者或一个"缸中之脑"，被设计出来以阻止被排除。①

在威廉姆斯看来，按照语境论的观点，由于认识标准诉诸语境变化，那么在哲学反思的超常语境中，知识归因就可能是假的。但是这并不意味着在日常语境中当不同标准生效时，知识归因也是假的。语境论的目的就是要把日常知识与怀疑假设分离。对怀疑论的一个好的回应应该是诊断式的而不仅仅是辩证式的。语境论者不仅要说明怀疑论为什么错，还要解释它如何错，又如何具有吸引力。这是语境论者要回答的问题。然而这些问题又难以回答，因此，怀疑论是不容易被打发走的。

为此，威廉姆斯分析了怀疑论的不同形式，他认为有两个条件是任何形式的怀疑论都必须满足的。第一个条件是，怀疑论必须提出一个关于我们认识无能为力的独特主张。也就是说，怀疑论者必须提出大量我们无知的东西，这要求他们比我们做得更多。第二个条件是，怀疑论必须是严格的。或者说，怀疑论必须说明知识何以不可能。正是在这个意义上，怀疑论通常被认为是关于知识不可能的学说。一般来说，知识条件越精确，导致否定知识可能性的怀疑论就越温和。如何区分确证的知识和非确证的知识就产生了格蒂尔问题。许多哲学家试图通过增加第（4）点解决格蒂尔问题，即限制确证的类型能够形成知识。

威廉姆斯认为，如果我们采取了这个策略，我们必须认识到否定知识可能性的两种方式：第一个方式是承认我们的许多信念有积极的认识地位（包括高的认识地位），但是否认它们有一个能够达到适当知识的高地位。也就是说，怀疑论者允许我们满足前三个条件，而否认我们能够满足第四个条件。威廉姆斯把这种怀疑论称为知识确定的怀疑论（Knowledge-Specific Scepticism）。第二个方式是拒绝我们有能力提升到确证信念的水平，也就是说我们没有能力对知识进行确证。这是激进的怀疑论。他还根据知识标准的精确程度，把知识确证的怀疑论进一步区分为不可取消性怀疑论（Indefeasibility-Scepticism）和确定性怀疑论（Cer-

---

① M. Williams："Contextualism，Externalism and Epistemic Standards，" *Philosophical Studies* 103，2001：2.

tainty-Scepticism)①。前者是说，真信念作为知识是必须得到证据确证的，或者说确证是不可取消的。不可取消的确证是不被进一步获得的真信念破坏的确证。后者是说，一个更严格的标准是指知识需要绝对的确定性。这两种形式的知识确定的怀疑论都是高标准的怀疑论。

在知识的确证问题上，威廉姆斯把刘易斯看做是一个绝对可靠主义者，因为刘易斯认为：S 知道 P 当且仅当 S 支持 P 的证据排除了 P 为假的每个可能性。威廉姆斯对此提出质疑，认为当做"每个"可能性的东西是随着语境变化的，绝对"可靠性标准"也随着语境变化，而且比其他标准更严格。语境变换（相关错误可能性的膨胀与收缩）是根据支配会话预设的规则发生的。也就是说，当我们预设命题 Q 时，我们忽略了非 Q 的所有可能性。同样，当我们忽略任何可能性时我们就歪曲了我们的预设。刘易斯通过证据把知识与排除错误可能性联系起来。这个证据和排除是与外部世界相联系的，因此，刘易斯奉行的是外在主义策略。为此，威廉姆斯提醒我们注意知识确证的两个方面：一方面是确证的程序，这涉及认识的责任，也就是，为了确证一个特殊的信念，某人必须使它形式化，或者以认识责任的方式保持它；另一方面是确证与主体的知识背景相关。当某人使用证据排除所有假的可能性时，使用哪些证据排除哪些可能性是有选择的。而这种选择是语境敏感的。或者说，不同知识背景的人使用的证据可能不同，因而排除的错误可能性也不同。

虽然刘易斯使用证据排除错误可能性，但他认为证据并不是确证。他把知识看做是非确证的东西，在他看来，确证对于知识既不是充分的，也不是必要的。威廉姆斯认为，刘易斯的知识主张远不是非确证的，因为使用证据就意味着确证。确证不是不言而喻的或者自我确证的，而是需要外部证据和理由的。针对刘易斯的语境论，威廉姆斯深入分析了这个理论所包括的一些规则，他称之为预设规则（presupposition-rule）。这些规则包括：

(1)信念规则：主体 S 相信获得的一个可能性没有被适当地忽视，无论他这么做是否正确。他既不应该相信获得一个可能性，证据和论证也没有确证他相信，无论他是否相信。

(2)保守规则：采用我们通常期望的、在我们周围的那些预

---

① M. Williams："Contextualism, Externalism and Epistemic Standards," *Philosophical Studies* 103，2001：6.

设，它们允许我们保留或者忽视某些预设，除非有其他规则迫使我们注意被忽视的可能性。

(3)注意规则：当我们说一个可能性时，准确地说我们是指：我们不是指它能够被适当地忽视。因此，一个完全没有被忽视的可能性本身没有被适当地忽视。

(4)现实性规则：实际获得的可能性没有被适当地忽视；现实性总是一个相关选择；没有任何假的东西被预设。

(5)相似性规则：假设一个可能性明显与另一个相似。如果其中一个没有被适当地忽视，另一个也没有。

(6)可靠性规则：传递信息给我们的程序，如感知、记忆和证据，是相当可靠的，我们可以适当地假设，在考虑它们的情形中，它们起作用的过程中没有任何过失。[1]

威廉姆斯认为，以上规则有些是禁止的，有些是允许的。比如规则(1)、(3)、(4)、(5)是禁止的，规则(2)、(6)是允许的。信念规则强加了一个规范的限制，即某人可能没有忽视他应该相信的可能性，无论他实际上是否相信。如果某人相信某个可能性，他就不会忽视它，如果他不相信它，他就可能忽视它，信念并不是忽视某个可能性的必须或者唯一因素。注意规则是不对称的，它支持忽视行为是随意的。当我们使用这个规则时，我们就创造了一个新的语境，同时导致预设转换，怀疑假设就不会被忽视，注意规则也因此容易导致怀疑论。而且预设转换使得闭合原则无效：在论证的开始你知道，而在论证的结束你不知道。注意规则的另一个明显缺点是，它错误地把忽视某事等同于没有意识到某事。没有意识到是无意的，而忽视多半是有意的。比如，在一个舞会上我忽视你不是因为我没有意识到你在那儿。相反，我知道你在那儿而故意忽视你。注意规则是 SCC，特别是"做认识论"概念的一个必然结论，但这个规则隐含了某些缺陷。

在威廉姆斯看来，现实性、相似性和可靠性规则都是重要的。虽然现实性和相似性有利于刘易斯通过充分但误导的证据的方式解决格蒂尔问题，但是没有现实性和相似性规则的限制，我们同样可以解决格蒂尔问题。他指出：

---

[1] M. Williams："Contextualism, Externalism and Epistemic Standards," *Philosophical Studies* 103，2001：13-17.

　　在格蒂尔案例中，我在证据 E 的基础上形成了一个真信念
P，证据 E 通常是 P 的真值的一个可靠指示者，所以我的信念
就得到了确证。但是在格蒂尔问题的具体环境中，P 为真的理
由与 E 没有任何关系。在证据 E 的基础上接受 P，我忽视了可
能性，在这些可能性中即使 P 是假的，E 也是可用的。深入这
个案例的细节就会发现，由于这些可能性以各种明显的方式与
现实性相似，它们被不适当地忽视了。结果我的信念没有成为
知识。①

　　这就是说，现实性、相似性规则及其结合并不能完全保证知识的可
靠性。可靠性对知识为真是绝对必要的。可靠性作为理解知识理论的基
本规则，没有这个规则我们就不能准确地知道。因此，威廉姆斯重视可
靠性规则，赞成确证主义的主张。

　　另外，威廉姆斯还认为 SCC 过于简单。因为它假设了知识标准的一
个简单范围——从不严格到严格，而且把严格性作为错误可能性（失败
者）范围的一个函数（功能）。失败者的相关性被认为（离现实性）越远，知
识标准就越高。严格性的这样一个简单范围并不存在，因为远离的方式
不止一个。

　　他说："'远离'这个概念，包括与注意规则相关的高标准怀疑论，是
实际远离的常识概念：怀疑的可能性表征世界，在这些世界里，我们通
常所相信的是假的。但是按照怀疑论者的看法，当这些世界实际远离时
（就是这个观点），它们在认识上是接近的。所以，认识到这一点并不是
把更高标准强加到普通标准的事情，而是认识到我们总是陷入这个困境
的事情。"②

　　这表明：知道的方式在日常世界和怀疑世界是不同的；不同个体之
间的知道方式也不完全相同。不是怀疑假设规定了做认识论的语境，而
是做认识论使得怀疑假设似乎相关。

---

①　M. Williams："Contextualism, Externalism and Epistemic Standards,"*Philosophical Studies*
103，2001：17.

②　M. Williams："Contextualism, Externalism and Epistemic Standards,"*Philosophical Studies*
103，2001：21.

## 第六节 认识的语境论面临的反驳

上述不同形式语境论对认识的语境论做了种种修正，并提出不同解决方案。而从反语境论角度对其进行修正并提出解决方案可能更好。

### 一、优格劳的反驳

为了反驳语境论关于知识的确证理论，优格劳（Palle Yourgrau）运用著名的"斑马悖论"提出了反对语境论的理由。关于这个悖论对话如下[①]：

> 甲：那是一只斑马吗？
>
> 乙：是，是一只斑马。
>
> 甲：但是你能排除它仅是一只精心伪装的骡子吗？
>
> 乙：不能。
>
> 甲：那你就承认你不知道那是一只斑马了。
>
> 乙：不，我的确知道那是一只斑马，但是经你质疑后，我
>
> 不再知道了。

优格劳论证说，在会话中语境论者主张知识标准是随着语境的变化而变化的。然而，这个会话悖论使他越发糊涂了。因为在这个会话过程中，对于说明乙的认识立场的变化方面，似乎没有发生什么改变。在会话的开始和结束，乙的认识立场几乎没有变化，因此，如果乙在开始时知道，那么他在结束时也应该知道。这表明，与认识的语境论相反，我们不能由于仅仅涉及某些怀疑论的可能性就改变知识的标准。

对于这个质疑，德罗斯曾经进行了回应[②]。他指出，一旦甲提出怀疑的可能性，那就等于提出了知识标准，而乙不再确切地说"我的确知道那是一只斑马"。一旦知识标准被提高了，那么任何知识归因的真值，包括被认为仅仅在过去某些时候应用的归因，必须根据那些高标准去判断。一旦标准被提高了，乙既不能把知识归于过去的他，也不能否认知识指向现在的他。他现在应该仅否认他自己拥有知识。一旦标准被提高了，

---

① P. Yourgrau："Knowledge and Relevant Alternatives,"*Synthese* 55，1983：183.

② Keith DeRose："Contextualism and Knowledge Attributions,"*Philosophy and Phenomenological Research* 52，1992：913-929.

过去的乙和现在的乙都不知道这是一只斑马。

## 二、沈福的反驳

沈福试图消解针对认识的语境论的种种批评①。语境论者坚持认为,我们是相对于从语境到语境的转换标准来归因知识的。也就是说,当我们说乙知道那是一只斑马时,我们意指乙是与如此这般的认识标准比较知道那是一只斑马的。换一个角度,语境论者认为,我们的知识归因是绝对地相对的。然而,语境论者对优格劳质疑的回应意味着,乙或者任何其他人出于这个理由,不能意识到我们的知识归因绝对相对于这些从语境到语境的转换认识标准的。沈福辩护说,这是一个普遍的语言真,言说者的确知道某些归因是绝对地相对的。比如,当有人说"下雨了",此时在场的人都明白是什么意思。说下雨了是相对于此时此地的。但是在沈福看来,当我们说"乙知道那是一只斑马"时,我们通常并没有使我们自己断言乙知道是相对于任何标准的。这意味着语境论者认为我们的知识是绝对地相对的是错误的,而且认为知识标准能够从语境到语境地转换也是错误的。这是认识的语境论的两个核心观点。如果这两个观点不成立,认识的语境论自然就是错误的。

这两个反驳使得人们疏远了认识的语境论而倾向于不随语境变化的认识标准的理论。怀疑论就是这样的一个理论。费尔德曼指出:"认为语境论主张知识标准随着语境变化的观点是错误的。相反,它主张是应用'知识'这个词的标准变化。"②比如,他对德罗斯的"敏感性原则"提出两点质疑:其一,如果我们关于知识的主张是由这个原则支配的,那么我们就会否定我们较实际情形更容易获得知识。因为这个原则暗含了说知道或者不知道某些怀疑假设的错误是把知识标准提高到使关于知识的主张为假的高度;其二,以极端难以置信的方式区分了怀疑假设及其含义。比如,朴素 BIV 假设和精致 BIV 假设,前者是说我只不过是一个 BIV,后者是说我是这样一个 BIV,被欺骗而错误地相信日常存在的东西如桌子和椅子。这两个质疑是非常有力的。

---

① Stephen Schiffer: "Contextualist Solutions to Scepticism," *Proceedings of the Aristotelian Society* 96, 1996: 317-333.

② R. Feldman: "Comments on DeRose's 'Single Scoreboard Semantics'," *Philosophical Studies*, 2004, 119(1-2): 24.

### 三、摩尔主义的反驳

还有一个是摩尔主义（Mooreanism）①，它认为知识标准是不变的。二者的区别在于，前者认为这些标准相对高，后者认为这些标准相对低。怀疑论者声称，不仅没有所谓的我们知道我们不是 BIV 的语境，也没有所谓我们知道我们有手的语境。这种观点令人难以置信，因为它们与我们日常生活中有许多语境的事实不一致，正是在这些语境中，我们才能够认识我们周围的世界。摩尔主义者声称，没有任何障碍能够阻止我们知道我们有手和我们不是 BIV。比如，摩尔主义者索萨（Ernest Sosa）认为，知识需要安全性，根据安全性，仅当它是 P 时，S 才相信 P②。在索萨看来，我们有手和不是 BIV 的信念都是安全的，两个信念因此都是知识。在缺乏确凿证据或者事实的情况下，让一个人轻易地相信他或她没有被欺骗是不易的。例如，在现实社会中，许多欺骗之所以能成功，就是因为在很大程度上，受骗人不认为自己受骗，他们确信自己所相信的是真实的。在真实世界，由于远离真实世界而到达非常远的可能世界，我们没有被彻底欺骗的信念与我们是否被欺骗的事实是一致的③。如果我能够通过语境知道我不是一个 BIV，那为什么有时候会出现似乎我不知道我不是一个 BIV 的情形呢？索萨是这样解释的，由于我们容易把安全当做敏感性，而且我们不是一个 BIV 的信念不是敏感的，有时对于我们而言，我们不知道我们不是一个 BIV 的信念是不安全的，因此，我们不知道我们不是一个 BIV。尽管如此，索萨仍然认为，这仅仅是一种现象。由于我们的信念是安全的，我们就能够通过语境知道我们不是一个 BIV，于是我们采用了对 SP 的摩尔式回应④。

布莱克（Tim Black）也运用诺兹克的知识敏感性必要条件⑤，提出一

---

① 摩尔主义因英国分析哲学家摩尔（G. E. Moore，1873～1958）而得名。摩尔在伦理学和认识论方面有重要贡献，主张伦理标准和认识标准的不变性。
② Ernest Sosa："How to Defeat Opposition to Moore,"*Philosophical Perspectives* 13,*Epistemology*，1999：142.
③ Ernest Sosa："How to Defeat Opposition to Moore,"*Philosophical Perspectives* 13,*Epistemology*，1999：147.
④ 摩尔式回应的形式是：（1）如果我不知道我不是一个 BIV，那么我不知道我有手；（2）我知道我有手；（3）所以，我知道我不是一个 BIV。这是一种常识实在论的应答。
⑤ See Robert Nozick：*Philosophical Explanations*，Cambridge，MA：Harvard University Press，1981.

个解决 SP 的摩尔式应答①。在《对怀疑论难题的摩尔式应答》一章中，他认为，只有那些与 S 是否知道 P 的相关世界，才是 S 的信念根据实际产生它的方法形成的世界。这表明 BIV 的世界（S 是 BIV 的可能世界）与 S 是否知道他不是 BIV 不相关。因为 BIV 世界是这样一个世界，在这样的世界里，S 的信念是由另外一种方法产生的，而不是由实际产生它的方法产生的。因此，由于 BIV 世界与 S 是否知道外部世界的事物不相关，S 既知道他有手也知道他不是 BIV。这就是布莱克对 SP 的摩尔式回应。

## 四、反驳的有效性

不过，以上对认识的语境论的反驳是否有效呢？回应这些异议对于语境论者来说并不难。因为在他们看来，认识的语境论之所以有力，是因为它把这些异议放在问题语境中考虑。比如，德雷斯克不赞成语境论者对 SP 的以下回应："怀疑论作为关于普通人知道什么的学说，通过怀疑论者的口不可能成为真实的。然而，把知识当着索引的东西去处理似乎具有，或者非常密切地具有这样的效果。正是出于这个理由，我才反对怀疑论。"②对于这一点，即使在允许怀疑论者成功地陈述某些实情比如"你不知道命题 P"的地方，语境论者能够回应，说认识的语境论因此使怀疑论成为真实的是容易的。如果那需要假设知识语句不拥有语境敏感的内容，那么在损失我们日常主张知道为真的情况下，怀疑论者的否认就是真实的。当然，这种假设不成立是语境论者处理 SP 的核心观点。

又如，优格劳提出的"斑马悖论"反对认识的语境论的理由也不那么有效。在笔者看来，这个对话不是很清楚。在这个会话语境中，语境论者部分承认它的真实性，那就是要弄清对话所处的语境。如果是在一个无人涉足的野生动物世界，两个观察一群斑马的人如此这般的会话就难以理解了。如果是在一个动物园，两个人如此这般的对话就可以理解了，因为斑马可能是人为伪装的骡子。而在非人的世界里，骡子自己是不会伪装成斑马的。因此，一个人知道不知道自己看到的是斑马，就要看他所处的环境或者对话的语境。一旦怀疑的可能性产生，相关知识主张不再表达真实的东西。认识的语境论在某种意义上毕竟是一种语义学的观点，它根本不涉及知识。假设在怀疑的可能性没有产生之前，乙就声称

---

① Tim Black："A Moorean Response to Brain-in-a-Vat Scepticism,"*Australasian Journal of Philosophy* 80，2002：148-163.

② F. Dretske："Knowledge：Sanford and Cohen,"in *Dretske and His Critics*，B. P. McLaughlin ed.，Cambridge，MA：Blackwell，1991：192.

在他前面有一只斑马；假设乙在形成自己的主张中表达了一个真命题，而且他这样做并不意味着他知道。他完全进入到对象语言之中。根据德罗斯的看法，就乙参与对话的合法性而言，认识的语境论所承认的仅仅是元语言主张。例如，先前的表达方式"乙知道那是一只斑马"的确表达了一个真实命题，但是现在的表达方式不同且复杂，也可能不是真实的，使得乙的认识态度发生了变化。

考姆帕(Nikola Kompa)已经注意到，认识的语境论似乎允许乙说：如果乙早点说他知道那是一只斑马，那么他就表达了一个事实，但是他不知道那是一只斑马[①]。考姆帕认为这是一个不能令人满意的结果。因为这样做就是根据相关标准把"知道"明显相对化，也就等于说，"我知道 $s_1$——那是一只斑马，但是我不知道 $s_2$——那是一只斑马。"正如巴赫(Kent Bach)认为的那样[②]，认识的语境论似乎什么都没有说，因为它排除了命题的合法性。根据认识的语境论，那些陈述只是使得由相关表达方式表达的命题清晰化。但是语境论者会反驳说，任何关于不熟悉事物的不当主张，源于我们不能完全意识到所表达问题的语境敏感性。无论如何，非怀疑的语境论者也许会说，由于他不合理地下行进入对象语言，即谈及知识，与说出"知识"语句表达的命题相反，他才能说最糟糕的事情莫过于：一旦怀疑的可能性成为显著的，知识的消失就是必然的了。

在笔者看来，认识的语境论者不必担心，即使怀疑论难题存在，知识也不会消失。因为知识本来就是可错的。既然知识是可错的，当然也就存在真知识和假知识，确证的知识和非确证知识，可靠的知识和非可靠的知识。在语境中，是哪种知识应该是能够确定的。当然，我们追求的是确证的知识，怀疑论者质疑的就是这一点，即认为确证的知识是不可能的。在科学语境中，我们要求知识是确定无疑的，因为科学是求真的、排除错误的。从这种意义上讲，SP 对于我们知识的确定和准确是有重要意义的。

## 第七节　认识的语境论引发的问题

语境论作为一种新的认为论，引起了怀疑论者的质疑，也使我们不

①　N. Kompa："The Context Sensitivity of Knowledge Ascriptions,"*Grazer Philosophische Studien*，64，2002：11-18.

②　K. Bach："The Emperor's New 'Knows',"in G. Preyer and G. Peter(eds.)：*Contextualism in Philosophy：Knowledge，Meaning，and Truth*，Oxford：Clarendon Press，2005：58-61.

得不思考以下问题：

## 一、解决 SP 的有效性问题

坚定的语境论者认为，认识的语境论能够解决 SP，而非语境论者或者怀疑论者认为，认识的语境论不能解决 SP。虽然质疑的观点不少，但是它们都认为认识的语境论是一种语义学的或者元语言学论点，因此，不能成功地对付和回答 SP。也就是说，认识的语境论对于 SP 是无效的。

科尼和费尔德曼（Conee & Feldman）是这种观点的代表①。他们认为，认识的语境本身不能产生对语境论解决方案非常重要的结果。比如，在日常语境中，由知识语句这种表达方式表达的命题是真实的，这样的观点不是通过认识的语境论本身获得的。某些实际理论是为此目的而提出的。有些反驳观点认为，认识的语境论根本不能正确地描述怀疑论立场。正如我们前面论述的那样，认识的语境论认为，怀疑论的主张仅是相对于非常高的认识标准来表达真理的。但是，怀疑论者的确提出一个具有历史重要性和哲学意义的问题——怀疑论和非怀疑论之间的争论的问题就是我们是否对我们的日常认识标准满意②。SP 是一个纯粹的知识论问题，而不仅仅是知识判断的高标准问题。

费尔德曼是这样描述它们之间的争论的：

> 关于怀疑论的争论既不是作为一个我们的证据资格被认可的争论，也不是产生于关于知识标准是什么的不同观点的争论。相反，它是一个关于我们的证据如何充分的争论。如果这样去理解它的话，在任何一个具体语境中，判断关于那些标准与词"知道"相联系以确定认识论意义是困难的。从这个视角看，语境论是中立的怀疑论，因为它没有说明这个问题的这一部分。③

---

① E. Conee："Contextualism Contested and Contextualism Contested Some More," in M. Steup and E. Sosa（eds.）：*Contemporary Debates in Epistemology*，Malden MA：Blackwell，2005：47-56，62-66；R. Feldman："Contextualism and Skepticism," *Philosophical Perspectives* 1：*Epistemology*，1999：91-114；R. Feldman："Skeptical Problems，Contextualist Solutions," *Philosophical Studies* 103，2001：61-85.

② H. Kornblith："The Contextualist Evasion of Epistemology," *Philosophical Issues* 10，2000：27.

③ R. Feldman："Comments on DeRose's 'Single Scoreboard Semantics'," *Philosophical Studies*，2004，119(1-2)：32.

同费尔德曼一样，索萨认为，由于认识的语境论的"不谨慎和错误的表述"，它就是一种有限的关联认识论①。因为，由于认识的语境论被限制于某种元语言观点，它对于怀疑论仅具有有限的意义。在非怀疑的语境中，从我们能够使用"S 知道 P"表达真实命题这个事实可以得出：我们不能推知我们是否知道任何东西——一个我们能够在哲学语境中考虑的问题。但是事实上，如果它被规定为某些无语境答案的问题的话，人们可能以为认识的语境论的支持者不承认这个问题的意义。

针对认识的语境论没有完全描述或者回答怀疑论提出的问题的这种指责，认识的语境论的一些支持者做出了回应。比如，内塔认为，怀疑论者"没有提出我们不能满足非常严格的知识标准这种无趣的主张。相反，他声称我们没有满足日常的知识标准"②。而反对者则认为，怀疑论者能够做到这一点，仅仅因为他不能把某些心理状态看做证据。也许有人认为，这造成了我们被迫接受非常高的认识标准，即使这些标准不能直接控制"知道"本身的适当使用。

怀疑论的麻烦在于，"当说'S 知道 P'这种形式时，我们自始至终都在进行虚假的表达"③。而认识的语境论的要旨不是要表明我们知道什么，或者我们日常的知识主张表达真命题，而是要表明这些主张的假定真要与 SP 的前提的表面真一致，而且认识的语境论教给我们如何可能做到这一点④。索萨不赞成这种看法，他认为非怀疑论者希望保持"摩尔立场"并为其辩护，"摩尔立场"不是这样一个元语言主张——在日常情境中普通人声称"知道"某些事实，他们通常表达了真实情况。相反，"它是这样一个立场，它在哲学语境中被使用，是关于通过某人所知道的，扩展到人们通常所知道的。在最低程度上，它是关于人们在他们日常声称知道时是否是正确的。这与在日常表达方式'我知道 P'中他们是否是正确的则是非常不同的"⑤。在索萨看来，一旦我们放弃了元语言观点，正如认识的语境论者所理解的那样，我们也因此放弃了摩尔立场。

索萨关于怀疑论的这一主张，是在哲学语境中形成的。这自然会导

① E. Sosa："Skepticism and Contextualism," *Philosophical Issues* 10，2000：9.

② R. Neta："Contextualism and the Problem of the External World,"*Philosophy and Phenomenological Research*，2003，66(1)：2.

③ K. DeRose："Sosa, Safety, Sensitivity, and Skeptical Hypotheses," in J. Greco(ed. )：*Ernest Sosa and His Critics*，Cambridge，MA：Blackwell，2004：37.

④ 著名语境论者柯恩和德罗斯都持这样的观点。

⑤ E. Sosa："Replies,"in J. Greco(ed. )：*Ernest Sosa and His Critics*，Cambridge，MA：Blackwell，2004：281.

致一个相关的、截然不同的语境论回应。似乎有充分的理由说明，当认识论者认真考虑我们知识的范围、不同怀疑论证的说服力等问题时，他们就拥有了一个单一的、共享的语境①。在这个语境中，一些有怀疑倾向的人拒绝承认我们知道，而他们的反怀疑论者同事坚持宣称我们知道。争论仍然在继续。认识的语境论者提出的解决方案意味着，在这个语境中，怀疑论主张是正确的观点得不到认识的语境论者的认可。也就是说，由知识语句表达的命题以认识的语境论者宣称的方式语境地变化。但是这并没有告诉我们这些语句的哪些具体方面是正确的，哪些具体方面是错误的。语境论者则反驳说，事实上不存在一个单一的、共享的语境来控制严格的认识论讨论。这意味着，在不同语境中，知识标准是变化的，而在同一个语境中，知识标准是不变的。这是同一个问题的两个方面。语境论者强调的是语境的不同而不是相同。完全相同的两个语境是不存在的，正如世界上没有两片完全相同的叶子一样。一些认识的语境论的支持者如柯恩认为，语境论者没有强迫任何一种观点主张，在何种环境或条件下怀疑论的主张表达了真实情况，而是坚持认为认识的语境论至少是提供了一种解决 SP 的方案，或者说是一种更可取的竞争性解释而已②。在笔者看来，认识的语境论的确是一种解决怀疑论难题的适当路径，但不是唯一的路径。很显然，认识的语境论在解决 SP 方面远没有那么有效。人们对待它的态度取决于它解决 SP 的效力以及它提供证据的能力。

## 二、误差理论问题

认识的语境论吸引人的地方在于，它能够在一组似真的主张中解决某些明显的冲突，而不用强迫我们拒绝这些主张中的任何一个假的主张。正如赖特(Crispin Wright)指出的，认识的语境论之所以有诱惑力，在很大程度上它能够导致某一"(潜在)不妥协'非假'观点的争论，在争论中，我们不得不提供更多事实的未形成的概念，使得一方的正确是以另一方

① E. Conee："Contextualism Contested and Contextualism Contested Some More,"in Steup，Sosa(eds.)：*Contemporary Debates in Epistemology*，Malden MA：Blackwell，2005：53.

② S. Cohen："Contextualism Defended and Contextualism Defended Some More,"in Steup，Sosa(eds.)：*Contemporary Debates in Epistemology*，Malden MA：Blackwell，2005：59-60.

的错误为代价的"①。不过，无论语境论多么诱人，对解决 SP 多么有力，它注定是要面对"误差理论"的。毕竟认识的语境论的正确性被认为是最近的发现。而且在那些情形中，言说者关于谁知道或者不知道的主张，根据语境论者的说法是不冲突的。但是许多语境论者坚持一种信念，即两种说法不可能都是正确的。

例如，我们日常知道不同事情的主张似乎与怀疑论者否定我们知道任何这类事情的观点冲突。这就是为什么怀疑论者一直以来提出的一个问题，这个问题对语境论者来说就构成了一个新的解决方案。语境论者寻求解释我们为什么思考这个问题，一般地说，我们为什么认为在高标准情形中所说的事实上与低标准情形中所说的是相容的②。这意味着我们不能完全理解语境论的语义学，也不能真正地追踪语境中的转换。

怀疑论者认为，误差理论是成问题的。沈福反驳说，以语境论者宣称的方式说"我们被我们的词语所迷惑"是难以置信的。因为"如果知识语句以语境论者所要求的方式被索引的话，言说者知道他们所说的是什么"③。从表面上判断，这个反驳是没有多少分量的。回到上述的 SP，两个前提均被认为是非常似真的，论证也似乎是有效的，而结论似乎难以置信。因此，"某种似真的东西一定发生了"④。这样的话，认识的语境论不是一个完全"无错"的观点，这可能意味着宽容本身的考虑并不支持它。也就是说，说语境论本身是可错的，并不意味着可以原谅它的错误。

那么，为什么说语境论的误差理论是有问题的呢？柯恩对这个理论作了分析，他认为，语境论者的唯一错误在于涉及言说者的"元判断"（meta-judgments）⑤，但是巴赫认为，这种错误在对象层次与错误隔离的

---

①　C. Wright："Contextualism and Skepticism：Even-Handedness，Factivity，and Surreptitiously Raising Standards，"*The Philosophical Quarterly*，2005，55(219)：240.

②　See S. Cohen："Contextualism，Skepticism，and The Structure of Reasons，"*Philosophical Perspectives* 13：*Epistemology*，1999：77；K. DeRose："Contextualism：An Explanation and Defense，"in *The Blackwell Guide to Epistemology*，J. Greco，E. Sosa(eds. )，Malden MA，1999：194.

③　S. Schiffer："Contextualist Solutions to Skepticism，"*Proceedings of the Aristotelian Society* 96，1996：328-329.

④　Keith DeRose："Solving the Skeptical Problem，"*The Philosophical Review*，1995，104(1)：2.

⑤　S. Cohen："Contextualism Defended and Contextualism Defended Some More，"in Steup，Sosa，(eds. )*Contemporary Debates in Epistemology*，Malden MA：Blackwell，2005：70.

情况下存在是难以置信的①。德罗斯以几乎同样的方式回应说，如果你把 SP 介绍给一群被试(subject)，问他们这个结论是否与日常我们知道这个事情的主张相矛盾，有些人的回答是肯定的，有些人的回答是否定的。换句话说，如果语境论被证明是正确的，会有许多人对此视而不见。因此，无论语境论还是不变论谁被证明是正确的，普通言说者所说语句的实质内容部分会受到"语义学无知"(semantic blindness)的折磨②。因此，欺诈是某种我们无法摆脱的东西。

对于以上反驳回答的评价，我们需要考虑两个问题：其一，从它本身考虑，语境论的误差理论是否是似真的；其二，这个理论是否形成了内在于语境论的问题。第一个问题的范例是柯恩关于知识归因的"平面怀疑"观点，即认为没有什么东西实际上是平的。然而这一切可能发生，因为"虽然平面的归因是语境敏感的，但是有能力的言说者未能认识到这一点。而且由于他们未能认识到这一点，他们可能错误地认为，在极端标准的语境中③，他们勉强的平面归因与日常语境中他们的平面归因相冲突"④。

然而，某种说出的语句之间的明显的不相容性，实际上由于它们在不同的语境中表达不同的命题。一旦我们看到的情形是这样，任何不相容的现象趋向消失。比如，我们可能不同意"河南是平坦的"这个说法。如果我们清楚地知道你的意思是指河南相对于山西没有多少山，我的意思是指河南没有多少丘陵。这样我们会很快地同意我们自始至终都是对的。但是，在多数情况下，这种情形不会发生，因为在各自语境中，判断命题的标准不同。

认识的语境论者承认在相同的条件下人们对命题的理解也会有差别。比如，上述某地平坦的例子。柯恩注意到，我们已经知道存在"变化度，对于它有能力的言说者不清楚语言中的语境敏感性"。索引词如"我"、"明天"等的语境敏感性是容易认出的，而像"平坦"、"圆的"等这些词的语境敏

---

① K. Bach: "The Emperor's New 'Knows'," in G. Preyer, G. Peter(eds.): *Contextualism in Philosophy: Knowledge, Meaning, and Truth*, Oxford: Clarendon Press, 2005: 67.

② J. Hawthorne: *Knowledge and Lotteries*, New York, Oxford: Oxford University Press, 2004: 107.

③ 指知识判断的高标准和低标准。在同一个语境中，如果对相同命题的判断标准不同，结论自然会不同。争论也就在所难免了。

④ S. Cohen: "Contextualism Defended: Comments on Richard Feldman's 'Skeptical Problems, Contextualist Solutions'," *Philosophical Studies* 103, 2001: 91.

感性是不容易认出的。也就是说，抽象词比形象词的语境敏感性难以辨认。至于"知道"这个词，"认识它的语境敏感性就非常困难了，即使有能力的言说者在大量反思之后接受了语境敏感性。认识它需要进行敏锐的深刻思考，探究解决难题的最佳路径，以便'看到''知道'的语境敏感性"①。

霍夫温博(Thomas Hofweber)提出的"隐藏的相对性"(hidden relativity)②观点支持柯恩的主张。在霍夫温博看来，我们说"八月是夏季"意味着我们住在北半球，如果我们说"八月是冬季"意味着我们住在南半球。言说者可能并没有意识到这一点。即使言说者意识到了，当他说出这些语句时，也没有感觉到被强迫使这些特性显性化。语句中隐含的意义就是语句表面意义的"隐藏的相对性"。这个概念与隐喻的特性非常相似，因为隐喻表达的是字面意义背后的含义。比如，"玛丽是天使"的本意是说她美丽、善良，美丽和善良就是"隐藏的相对性"。所以，当沈福说"没有人渴望告诉你他所说的和他隐含地陈述的意思是他相对于如此这般的标准而知道命题 P"时③，这本身并不说明，这样的相对性事实上是不必要的或者不适当的。当你问某人他说"八月是夏季"是什么意思时，他可能只是简单地重复他所说的话，并不说明这句话的隐含意义。表面意义通常是常识知识，而隐含意义通常是专门知识，这种知识需要通过学习才能知晓。比如，当北半球是夏季时，南半球就是冬季。

然而，"隐藏的相对性"这个概念并不是很清楚的。比如，这个概念是否真正地提供了一个模型使我们明白我们忽视了知识语句的语境敏感性呢？因为当人们没有意识到"八月是夏季"的相对性时，一旦他们意识到这个相对性，他们就会主动地使这个语句清晰化。但是，当这个所谓的相对化在知识语句内被显性化时，人们可能会更加糊涂了。比如，"八月是夏季"在北方是一般人都知道的常识，如果一定要强调其隐含的意义"我们住在北半球"的话，知道的人会认为这是多此一举，不知道的人会认为是故弄玄虚。因此，认识的语境论常常会遇到抵触，它也因此被认为是强化了争论，而不是消除了争论。其实，"夏季"这个概念是与地理学密切相关的，大多数人在说"八月是夏季"时，并没有相对性这个概念，无

---

① S. Cohen："Contextualism Defended and Contextualism Defended Some More,"in Steup, Sosa (eds.)：*Contemporary Debates in Epistemology*，Malden MA：Blackwell，2005，61.

② T. Hofweber："Contextualism and the Meaning-Intention Problem,"in K. Korta, E. Sosa, X. Arrazola(eds.)：*Cognition，Agency and Rationality*，Dortrecht，Boston，London：Kluwer,1999：99.

③ S. Schiffer："Contextualist Solutions to Skepticism,"*Proceedings of the Aristotelian Society* 96，1996：326.

论是意识到还是没有意识到"隐含的意义"。对于语境论者来说，证据是必需的。在不同的语言共同体中，判断标准的变化决定了知识语句的真值条件。在我们日常的知识归因行为中，我们由这样的事实引导也是必然的。

这个问题产生了另一个问题——误差理论是否形成了内在于语境论的问题。就相关表达的语境敏感性能够被深深地隐藏而言，即使经过了深思熟虑，这些表达仍然不是很清楚的。比如，是什么驱使我们判断言说者所说的是"正确的和适当的"，也就是语境论者所说的意识到语句的语境敏感性。因此，语境论者必须在相信我们掌握知识语句的语境敏感性和归因于我们未能掌握这些知识语句的语境敏感性之间寻求"一种微妙的平衡"①。

在霍夫温博的案例中，内塔注意到，人们忽视的现象是物质世界的事实。他指出："语境论者不应该说我们关于知识归因的语义无知是由我们对知识的真实性质的无知产生的。在某种程度上，它被认为是由于我们对那些归因内容依赖语境因素的方式的无知产生的。"②正如我们看到的，语境论者所说的"语境"远非指我们的物质的情境和其中的各种现象的性质，而是指言说者所说的语句的目的、意图、期望、预设等那些东西。这些东西是与心理性质相关的。

根据瑞修(P. Rysiew)的看法，霍夫温博的"隐藏的相对性"和语境论的观点之间的不同点加强了人们对语境论的误差理论的关注③。因为这似乎在我们的语义自我知识能力方面隐含了一个相当明确的亏损。也就是说，说我们"合并语境"(conflate contexts)就等于说，当我们说出知识语句时我们把我们的意图、目的等进行混合。我们的确知道那些已经发生的事情。但是无论是否在语义自我知识方面构成亏损，当其他术语的语境敏感性相当容易被接受的时候，当我们被认为绝对掌握了这个真理的时候，如果我们对于为什么许多人很难与语境论的真理达成一致方面做出解释，那也是一件好事。柯恩评价说，我们重视确证和知识。但是语境论原理是紧缩的。关于知识，语境论者认为，我们的"S知道P"形式的大多数日常表达是真实的，即使在那些实例中认识立场的强度没有满足我们的高标准。同样的，关于平面，语境论者认为，我们的"X是平

① E. Conee："Contextualism Contested and Contextualism Contested Some More,"in Steup, Sosa(eds.)：*Contemporary Debates in Epistemolog*，Malden MA：Blackwell，2005：54-55.

② R. Neta："Skepticism, Contextualism, and Semantic Self-Knowledge,"*Philosophy and Phenomenological Research*，2003，67(2)：404.

③ P. Rysiew："The Context-Sensitivity of Knowledge Attributions,"*Noûs*，2001，35(4)：477-514.

的"形式的大多数语句的日常表达是真实的，即使 X 的表面没有完全达到绝对的平。换句话说，语境论是一种"好消息坏消息"理论。好消息是说，我们有许多知识，而且许多表面是平的；坏消息是说，知识和平面不完全是他们吹嘘的那样。我们发现，人们接受平面比接受知识更容易[①]。因为平面归因不需要知识确证和归因所要求的规范力。

概言之，认为的语境论有这样或者那样的不足，比如"语义无知"，"自我欺骗"等，但是这些缺点不足以抵消它的优点。尽管争论还会继续下去，甚至会更加激烈，但认识的语境论在解释知识归因方面具有相当的解释力。我们不能因为某个理论有某些不足就抛弃它，如果这样，我们就会犯"孩子和洗澡水一起被倒掉"的错误。

### 三、语言模型问题

根据认识的语境论，"知道"是一个语境敏感的概念。但是认识的语境论者以怎样的语言模型解释这个事实讨论的并不多。比如，柯恩把知识看做索引对象[②]，哈姆博格（Hambourger）把知识比做巨型库[③]，海勒认为知识是一个模糊术语[④]，德罗斯运用类比说明知识语句某种表达方式之间的冲突[⑤]，但没有给出"知道"的适当模型。因此，关于"知道"的语言模型问题，语境论者还没有提出很好的解决方案。

然而，不管采用哪个模型，围绕"知道"的语言材料如果是真实地语境敏感的，那并不是人们所希望的。这种主张一直是遭到反对的。比如，斯坦利（Jason Stanley）坚决主张，与"平坦"、"高的"这些术语不同，"知道"不是明确地可分类的（gradable），比如，知道多少，知道什么程度是很难确定的。我们说某人"非常高"是有意义的，而当说我知道某物"非常好"时，"非常"在这里不是起一个程度修饰词的作用。但是"被确证"（jus-

---

① See S. Cohen："Contextualism and Unhappy-Face Solutions：Reply to Schiffer,"*Philosophical Studies* 119，2004：193.

② S. Cohen："How to be a Fallibilist,"*Philosophical Perspectives*，Volume 2，1988：97.

③ R. Hambourger："Justified Assertion and the Relativity of Knowledge,"*Philosophical Studies* 51，1987：262.

④ M. Heller："Relevant Alternatives and Closure,"*Australasian Journal of Philosophy*，1999，77(2)：206；"The Proper Role for Contextualism in an Anti-Luck Epistemology," *Philosophical Perspectives* 13：*Epistemology* 1999：121.

⑤ K. DeRose："Contextualism and Knowledge Attributions,"*Philosophy and Phenomenological Research*，1992，52(4)：920-921.

tified)显然是分类的，即使可分类性对于语境敏感是充分的①。从知识需要确证这个事实来看，它不意味着"知道"也是语境敏感的。"知道"也不像索引词比如"我"、"这里"或者关系项比如"朋友"那样行动。

豪韶尼（John Hawthorne）提出了一个相关论证。他指出，运用一个不可思议的语境依赖术语，我们发现使用他称为"澄清技巧"的方法是很自然的。他举例说明他的观点：我回避你的主张"美国堪萨斯州是平坦的"，并指出在我们前面有一个高岗。与其你承认错误或者简单重复你的主张，不如你澄清说："好的，我的意思是说那里的山很少。"豪韶尼的意思是在"知道"的情形中我们很少有澄清的技巧，而"只有通过澄清技巧，语境依赖的敏感性才能呈现出来"②。卡佩勒和利珀（Herman Capellen & Ernie Lepore）③根据某一术语的真实语境敏感的测试说明，"知道"这个概念没有通过测试，也就是没有得到令人满意的结果。认识的语境论者对这个问题的回答也因人而异，比如对斯坦利问题，有人提出建议。帕蒂（Barbara Partee）认为，"知道"的确不同于像"高的"这样的表达，但是它有更好的模型可用④。考姆帕（Nikola Kompa）建议，"知道"的语境敏感性最好被理解为源于一类独特的"不确定性"（unspecificity）⑤。其实，"知道某物"是与知道者的背景相关的，而背景因人而异，从这种意义讲，说"知道"是语境敏感的就具有某种不确定性，这种不确定性因人而异，因事而异，因时而异，因地而异。因而也就具有不确定性。如果"知道"本身是一个非语境敏感概念，那么某人说自己知道某事就具有绝对的意义，也就是说，它不需要任何判断标准。在语境论者看来，这是很难让人理解的事情。如果"知道"是一个非语境敏感术语，认识的语境论就没有必要存在了。

如果所陈述的或者所主张的东西具有确定无疑的决定因素，那么在知识语句的不同使用中所陈述的或者所主张的东西在真值条件下不断变化，即使"知道"是非语境敏感的。这里存在着一个认识的语境论与语言哲学的关联问题。认识的语境论主张，"知道"是根据语境的变化而变化

---

① J. Stanley："On the Linguistic Basis for Contextualism,"*Philosophical Studies*，2004，119(1-2)：119-146.

② J. Hawthorne：*Knowledge and Lotteries*，New York，Oxford：Oxford University Press，2004：104-106.

③ H. Cappelen ，E. Lepore："Context Shifting Arguments,"*Philosophical Perspectives* 17：*Language and Philosophical Linguistics*，2003：25-50.

④ B. Partee："Comments on Jason Stanley's 'On the Linguistic Basis for Contextualism',"*Philosophical Studies*，2004，119(1-2)：147-159.

⑤ N. Kompa："The Context Sensitivity of Knowledge Ascriptions,"*Grazer Philosophische Studien* 64，2002：11-18.

的，在不同的语境中，"知道 P"和"不知道 P"都是对的。非语境论比如怀疑论认为"知道"是非语境敏感的，即使所表达内容在不同使用中变化。在笔者看来，这里有一个误区，语境的使用环境不同，也就是语境不同；确定无疑的决定因素对于语句而言是确定的语境因素，不确定的因素是潜语境因素。我们不能认为确定的因素就不是语境因素，而潜在的因素才是语境因素。这里的确存在着一个关于"知道"的分类问题，与词相关的就是语境的分类问题。

关于分类问题，有人提出了批评。路德罗（Peter Ludlow）坚持认为，分类性（gradability）是一个过于粗糙的判断"知道"是否语境敏感的标准。他不赞同豪韶尼关于"知道"的澄清技巧普遍有效的观点，主张我们有充分的理由认为"知道"的语义学对于认识的语境论主张的知识变化标准来说，包括某些占位符（placeholder）。他把认识的语境论看做是一种"普通的语言哲学"，认为我们可以通过"谷歌搜索"出许多如"通过客观标准……"，"通过学术标准……"，"运用某些确定性……"等短语与"知道"同时组合成不同的句子，从而表达不同的内容和意义。这些短语是构成认识的语境论的语言基础的可能材料①。

一般而言，在不同领域做出某些可评价的判断过程中，我们会使用不同的标准，甚至明确注意到的标准。这个事实并不必然说明，语境论的语义学的相关术语是正确的。正如这些术语几十年前处于普遍语言哲学之优点的争论中心一样，关于这些材料的适当哲学操作的方法论问题诱发了认识的语境论。正如路德罗所描述的那样，是否把它们看做语义展示的或者语法上误导的东西，相关的表达方式是否必然使知识的语境变化标准更加凸显，或者使编制"知道"本身的信息的传输更加有力，是认识的语境论必须面对的。

## 四、心理预设问题

在"S 知道 P"的形式中，不仅"知道"是语境敏感的，而且作为主体的 S 也是有心理预设的，即有信念的。S 知道 P，是因为 S 相信 P 的存在为真。如果 S 怀疑 P 的存在，或者 P 存在的真假，那么 S 就不会相信 P，也因此不知道 P。当然，S 知道 P 与 S 相信 P 是有区别的。因为 S 相信 P，不必然要求 S 知道 P。比如某人相信上帝，并不意味着他知道上帝。

---

① P. Ludlow："Contextualism and the New Linguistic Turn in Epistemology,"in Preyer and Peter（eds.）：*Contextualism in Philosophy*：*Knowledge*，*Meaning*，*and Truth*，Oxford：Clarendon Press，2005：11-50.

反过来，S 知道 P，也不意味着 S 相信 P，比如 S 知道"发生在美国的'9·11'事件是恐怖袭击"，但这并不意味着 S 相信那是恐怖袭击。"9·11"事件的确发生在美国，这是事实，有双子楼倒塌为证，但是这并不能一定使 S 相信它是恐怖分子所为。这要看 S 的文化背景和看待这个事件的立场。如果 S 是美国人或者欧洲人，他知道就意味着他相信；如果 S 是阿拉伯人，他知道不一定意味着他相信。

一般来说，如果你不相信 P，而且认为它还需要进一步的证实，你就不能前后一致地断言 S 知道 P。例如，在上述玛丽和约翰乘飞机的例子中，玛丽的确没有说"史密斯知道飞机会在芝加哥停留"，出于她的信念她考虑到相反的情形。因为她不能确定史密斯的时刻表是可靠的。她自己也对飞机在芝加哥停留有疑问。因此，她不能前后一致地把有关航班信息的知识归于史密斯，即使知识包含真相。这就是玛丽为什么不能肯定史密斯知道飞机在芝加哥停留的原因。所以，不仅玛丽不得不否定她知道，因为她认为这没有得到证实，而且由于史密斯没有她要求的任何证据，她也必须否定史密斯知道。上述分析表明，根据 S 关于 P 的降低的信念使得这些例子得到最佳说明，在这里 S 并不缺乏信念。

我们知道，当人们就某个问题发生争论时，常常是因为存在证据的冲突。也就是说，双方都从这个问题的某一方面论证和思考，而任何一方面都不容易被否定。集中于问题的哪一方面会影响人们对这个问题的看法。仍以玛丽和约翰乘飞机为例。如果玛丽和约翰致力于史密斯可能犯错误的各种可能性，比如印刷错误，这可能促使他们考虑史密斯不知道他声称知道的。特别地，如果某人致力于一种可能性，这倾向于使他过高评价它的概率①。此时，坚持某一问题的信念这个预设就起了作用。因此，知道与信念之间有密切的关系。可以说，在某种意义上，是某些预设的信念决定了人们对语句的理解或者误解。

笔者举一个我们在工作和生活中经常会遇到的现象"说者无心，听者有意"。某人 S 因工作业绩不佳而未能晋升职称。S 因此抱怨说评价标准越来越高了，业务的提升赶不上标准的变化。无论评价标准如何变，合理不合理，至少在同一时段它对于该单位的人来说是一视同仁的，S 对评价标准有异议也是可以理解的，毕竟评价标准在不同时段发生了变化。根据语境论的观点，评价标准是随着目标要求的提高变化的，要求高了，

---

① See R. Feldman："Skeptical Problems，Contextualist Solutions，"*Philosophical Studies* 103，2001：74-78.

评价标准自然就要提高。由于晋升职称受挫，使得 S 对与晋升评价有关的话语相对于其他人更敏感。当有人在某个场合提及与职称评价有关的话语时，S 就会联想到自己，还可能怀疑别人是在说自己。这是心理预设的一个典型现象，也是认识立场不同的问题。"触景生情"现象也是这个道理。当某人遇到与他或她先前相似或相同的境遇时，会勾起他或她对过去发生事情的回忆或联想。俗话说的"一朝被蛇咬，十年怕井绳"就是这种现象。这是心理预设在起作用。

还有一些认识的语境论的支持者认为[①]，实用主义因素能够解释相关的知识归因行为。比如在玛丽和约翰乘飞机的案例中，他们应该确保他们关于飞行计划的认识立场是非常强烈的，强烈到足以排除印刷错误，这种强烈的认识立场对于知道可能是必须的或者是不需要的。这一点对玛丽和约翰是显而易见的。因此，史密斯是否确实知道，即表达"史密斯知道……"的命题是否真正为真，可能与玛丽和约翰所关心的有关或者无关。另外，"S 知道 P"必然推出 S 处于一种合理的认识立场，这就是为什么承认某人知道必然涉及他或者她关于知道某事的信念。但是，玛丽和约翰承认史密斯具有这样的资格，即他知道飞机在芝加哥停留，而且如果他们认为他的证据不足以使他们相信的情况下而仍然认为他处于一个合理的认识立场。这就有点奇怪了。不过，通过否定史密斯知道，他们能够表达似乎不相关但是真实的想法，即他的认识立场不充分，以至于使他们不需要进一步的检验。总之，如果我们通过说出句子的相关表达方式理解所表达的内容，知识否定将促使我们去表达真理。

需要指出的是，这里涉及的实用主义因素、心理预设和证据冲突问题似乎与语境论无关，每个立场都可以解释我们为什么知道许多事情。在笔者看来，这些立场都与语境论相关，因为在低标准语境中，我们相信我们能够表达真理，在高标准语境中，我们可能没有表达真理。不过需要解释的是，在标准被提高时，为什么同一个主体的知识否定仍然能

---

① Blaauw，Black，Brown，Prades，Rysiew 持实用主义语境论的立场。在前面我们已经论述，实用主义是语境论的来源之一，运用实用主义解释事件及其行为就是语境论的解决方案之一。See M. Blaauw："WAMing Away at Contextualism,"*Nordic Journal of Philosophy*，2003，4（1）：88-97；T. Black："Classic Invariantism, Relevance, and Warranted Assertability Manoeuvers,"*The Philosophical Quarterly*，2005，55（219）：328-336；J. Brown："Contextualism and Warranted Assertibility Manoeuvres,"*Philosophical Studies* 130，2006：407-435；J. Prades："Skepticism, Contextualism and Closure,"*Philosophical Issues* 10，2000：121-131；P. Rysiew："The Context-Sensitivity of Knowledge Attributions,"*Noûs*，2001，35（4）：477-514；"Contesting Contextualism," *Grazer Philosophische Studien* 69，2005：51-70.

够是正确的，即使主体的境遇没有任何变化。这就是为什么人们试图引入这些所谓的非语境论因素的原因。

## 五、语义确证问题

许多哲学家发现，在断言命题 P 的过程中，人们常常标榜自己知道 P。这是一种似真实的观点，也是语义确证的问题。也就是说，人们凭什么说知道 P 的意义呢。这个观点的理由之一是，如果我们的谈话由"合作原则"（the Cooperative Principle）支配，那么"说"本身假设了人们力求实现某些可信的认识条件。用格雷斯的话说，就是"尽量使你的陈述为真"，这是他的最高原则——特性原则（Quality Principle）。他的另外两个原则是：不要说你所相信的为假；不要说你所相信的缺乏证据①。然而，即使我们坚持了这两个原则，也不能保证你所陈述的事实为真。如果一味地坚持这两个原则，那就是自欺欺人。因为我们无法保证我们所相信的为真。

在格雷斯看来，由特征刻画的属性和其他两个原则接近我们通常认为的关于"知道"的首要条件（the central conditions），比如用确证（justification）代替证据（evidence）。这样，情形似乎是，如果我们尽量去遵守合作原则，假如我们以为我们不知道某事，我们就不应该"说"知道某事。因此，如果我们的确说了命题 P，我们就使自己陷于无法实现的条件之中，比如，实际上处于知道 P 的关系之中。这就是威廉姆森所说的"理解是断言的准则"。威廉姆森认为，我们所要知道的是作为"断言的知识说明"的，借此我们的语言实践由以下规则支配：仅当你知道 P 时，你必须断言 P②。德罗斯把这两个观点看做"同一枚硬币的两面"，主张如果断言的知识说明是正确的，那么它就为认识的语境论提供了一种辩护。他总结到："如果某人处于一种断言命题 P 的立场的标准与构成'我知道 P'的真值条件的标准相同，那么如果前者随着语境变化，后者也同样随着语境变化。简言之，断言的知识说明连同断言性的语境敏感性一起产生知识的语境论。"③

这一辩护受到了两方面的质疑。一方面，我们需要考虑我们是否不能接受这样的观点，即在断言 P 的过程中，当我们运用规则支配断言比

① H. P. Grice: *Studies in the Way of Words*, Cambridge, MA: Harvard University Press, 1989: 27.

② Timothy Williamson: *Knowledge and its Limits*, Oxford University Press, 2000: 243.

③ K. DeRose: "Assertion, Knowledge and Context," *The Philosophical Review*, 2002, 111(2): 187.

如"不要断言你自己不知道"时，我们声称我们知道 P。根据维纳（Matt Weiner）①的看法，知识规则太强，诱发它的案例不能应付除会话规则支配言语行为外所假定的规则——适当的断言是正确的。另一方面，莱特（Adam Leite）②主张，从断言的知识说明直接为认识的语境论辩护依赖于关于"保证的断言性"（warranted assertability）概念的模棱两可语言。巴赫也认为，德罗斯的辩护也大量地依赖于第一人称知识要求③。布莱克森（Thomas Blackson）④则认为德罗斯的辩护偏爱认识的语境论，不喜欢另一个最近的观点——"主体敏感不变论"（subject-sensitive invariantism）。这种观点与认识的语境论没有多少联系，知识与断言之间的关系是近年来知识论者关注的焦点。由于断言包括了对其语义内容的肯定，因此，命题或陈述的语义内容的确证，就成为认识的语境论研究的内容。

## 第八节　相关非语境论解决怀疑论难题的策略

认识的语境论的出现遇到了语境论内部和外部的许多质疑。不少人从不同角度给予批评并试图给出解决路径。比如，艾根（Andy Egan）等⑤认为，是相对主义而不是认识的语境论使得认识模型的语义学更适当。巴赫和费尔德曼⑥质疑语境论模型是否能应用于人们关于不同知识语句

---

① M. Weiner："Must We Know What We Say," *The Philosophical Review*，2005，114（2）：227-251.

② A. Leite："How to Link Assertion and Knowledge Without Going Contextualist：A Reply to DeRose's 'Assertion，Knowledge，and Context'," *Philosophical Studies* 134，2007：111-129.

③ K. Bach："The Emperor's New 'Knows'," in Preyer，Peter（eds.）：*Contextualism in Philosophy：Knowledge，Meaning，and Truth*，Oxford：Clarendon Press，2005：66；Feldman，R："Comments on DeRos's 'Single Scoreboard Semantics'," *Philosophical Studies*，2004，119(1-2)：73-74.

④ T. Blackson："An Invalid Argument for Contextualism," *Philosophy and Phenomenological Research*，2004，68(2)：344-345.

⑤ A. Egan，J. Hawthorne，B. Weatherson："Epistemic Modals in Context," in Preyer，Peter（eds.）：*Contextualism in Philosophy：Knowledge，Meaning，and Truth*，Oxford：Clarendon Press，2005：131-168.

⑥ K. Bach："The Emperor's New 'Knows'," in Preyer and Peter（eds.）：*Contextualism in Philosophy：Knowledge，Meaning，and Truth*，Oxford：Clarendon Press，2005：66；R. Feldman："Comments on DeRose's 'Single Scoreboard Semantics'"，*Philosophical Studies*，2004，119(1-2)：27.

是否能够表达真理的思想。威廉姆森和豪韶尼①提出了信息在记忆中保持和检验的问题，前者主张认识的语境论由于重视归因者(attributor)而忽视主体(subject)因素，它在处理实际决策问题的内容时不考虑行动者(agent)和准行动者(qua agent)②的自主性；后者声称认识的语境论在表达命题态度方面具有难以置信的结果。当然，这些对认识的语境论批评是否有效是有争议的。但是不论这些批评是否有效，作为语境论的补充或者语境论之外的另一些新的解决路径，大大刺激了认识的语境论的发展与完善。因此，探讨这些非语境论对于解决 SP 有重要意义。

## 一、实在论的常识确定策略

这是摩尔(G. E. Moore)解决 SP 采取的策略——一种普通人的常识信念确定策略，也即常识实在论的策略。

SP 的形式化论证为：

(1)如果 S(怀疑命题)，那么非 CS(常识命题)。

(2)现在是 S。

(3)那么非 CS。

摩尔的形式化论证为：

(1)如果 S，那么非 CS。

(2)现在是 CS。

(3)那么非 S。

在这里，摩尔采取了一种被称为"摩尔替换"(Moore Shift)的方法或策略。让我们考虑一个具体例子来替换 S 和 CS。

---

① T. Williamson："Knowledge, Context, and the Agent's Point of View,"in Preyer , Peter(eds. )：*Contextualism in Philosophy：Knowledge, Meaning, and Truth*，Oxford：Clarendon Press, 2005：100-101; J. Hawthorne：*Knowledge and Lotteries*, New York，Oxford：Oxford University Press, 2004：109-110.

② 这里的"agent"和"subject"是同义词，都指人。准行动者指非人的主体，比如自然，各种生物。"Attributor"是指知识的来源者，比如信念、期望、兴趣、预设等。这三个词既有区别也有联系。根据阅读的文献，笔者个人认为，"agent"在计算机科学和认知科学中用的较多，意思是动因、作用者，与"active object"是一对范畴；"subject"通常在哲学中使用，与"object"是一对范畴；"Attributor"在知识论中使用，与"knowledge Attribution"是一对范畴。

SP 的论证为：

（1）如果我不能区分是醒着还是做梦，那么我不能确定我有身体。

（2）我不能区分是醒着还是做梦。

（3）所以，我不能确定我有身体。

摩尔的替换论证为：

（1）如果我不能区分是醒着还是做梦，那么我不能确定我有身体。

（2）我确定我有身体。

（3）所以，我能够区分是醒着还是做梦。

在以上论证中，前提（1）是相同的，前提（2）进行了替换，也即将原来的怀疑命题替换为常识命题，结果（3）不仅不同，而且恰好相反。很显然，摩尔在这里使用了替换策略。如果前提（1）是经验上有效的，或者说逻辑上一致的，那么，这两种论证形式都是有充分根据的。然而，很显然，两者中只有一个是正确的。关键问题在于常识命题和怀疑命题之间哪个是正确的。这是怀疑论者和所有非怀疑论者之间不断争论的问题，也是他们常常陷入困境的问题所在。

我们如何能够保证我们有更充分的理由去相信一个常识命题而拒绝一个怀疑命题呢？摩尔认为，我们可以借助常识的力量。常识是每个人都共有的经验感知能力，比如我们看到的树木、各种颜色等这些日常生活中存在的东西。在摩尔的论证中，他坚信我们确实知道某些外部世界的事物，而且我们对这些事物的认知是直接的和非推理的。这是一种典型的直接实在论。根据直接实在论，我们的感觉能力能够直接把握外部事物的性质和特点，而不用进行推理。这是普通人的一种认知方式，也是最基本的认知方式。它的理论基础是民间心理学（Folk Psychology）。怀疑论者对此提出挑战，认为这种直接认知能力依赖的是我们的感觉能力，而感觉能力是不完全可靠的，比如，对许多我们不能直接感知的事物如微观事物，直接感知就无能为力了。怀疑论的质疑涉及另一个更深刻的问题——认知本体论或间接实在论。也就是说，我们的认知能力得以存在的前提假设是什么，或者说，是什么东西保证我们能够认知外部事物。

在笔者看来，摩尔的常识实在论是类似于实证主义的观点，怀疑论是类似于科学实在论的观点。因为实证主义者把我们的认知能力局限于感觉经验范围，认为经验之外的事物我们不能认识；而科学实在论者主张我们的认知能力并不仅仅局限于经验范围，感觉经验不能直接把握的对象，我们可以通过理性思维或想象去认知，比如通过假设方法或者思想实验建立理论模型，从而去认识直接经验不能把握的外部事物。

按照摩尔的常识实在论，他的论证中的前提(2)是最重要的，它必须是我们确定地知道的东西，而不是我们相信但不确定的东西。根据这个前提我们能够知道，摩尔的推理思路是这样的：

(1)某些外部事物存在，比如我们的手。

(2)我们能够根据常识经验确定地知道某些外部事物存在，比如我们有手。

(3)所以，我们知道某些外部事物，比如我们知道有手。

那么，我们如何知道某些外部事物存在呢？摩尔论证说，当他举起他的一只手时，他确实知道它存在，当举起另一只手时，他更加确信手的存在。在他看来，这是确凿无疑的事实。然而，怀疑论者会反驳说，摩尔怎样能够保证他不是在梦中举手呢？也就是他如何区分他是醒着还是在梦中呢？摩尔也意识到这个问题，尽管他承认直接实在论可能是错的，但是他还是认为，感觉经验证据能够告诉他知道是醒着还是做梦，而拒绝怀疑的命题。此时他依赖的仍然是感觉证据。摩尔在后来评论罗素的主张"我不能确切地知道这是一枝铅笔"时声称，这是对直接实在论的否定。在摩尔看来，这个主张依赖两个假设：不存在物质体和没有人确切知道物质体，前者否认外部世界的存在，后者否认人可以认识外部世界。尽管摩尔也承认直接实在论有可能是错的，但他仍然反对罗素的主张，认为这两个假设都是有问题的，因为他的确知道那是铅笔，他也的确知道外部世界存在①。这是一种基于常识的信念——我们的确知道许多外部事物，尽管我们没有能力知道我们如何知道。他说："当下有一个活的身体，即我的身体"，"既然它已经产生，它就要么一直与地球发生联系，要么不会远离地球"，"我常常感觉到身体和其他事物，它们形成了环境的一部分，包括其他人。"②

① G. E. Moore: *Philosophical Papers*, London: George Allen and Unwin, 1959: 226.

② G. E. Moore: *Philosophical Papers*, London: George Allen and Unwin, 1959: 33.

很显然，摩尔在这里使用了替换策略。然而，是什么使得常识具有确定性我们并不清楚，摩尔也没有给予正面回答。正由于此，摩尔才常常受到置疑和批评，比如，确定性的标准是什么？常识的认知基础是什么？认知的本体论是什么？这些正是哲学家要进一步深入探讨的问题。而这些问题恰好为语境论提供了发展空间。

## 二、可错论的妥协策略

如果"知道"需要"相信"是基于证据的，也就是说是证据使所相信的成为必然，那么，我们几乎没有任何知识可言。这一假定并不是难以置信的。可错论(fallibilism)①作为一种近乎普遍接受的认识论，为我们提供了一种解释的可能性。可错论主张，如果我们要坚持我们的确知道许多事情这个非常强的主张，否认某人能够基于非必要的证据知道似乎不是一种选择②。因此，"妥协的知识归因"(concessive knowledge attributions)的重要性就是显而易见的了③。比如，形式语句"S 知道 P，但 Q 是可能的"，在这里，Q 必然推出非 P。对于许多人来说，这种语句的表达方式非常令人奇怪。可错论对于 BIV 难题的论证是这样的：

(1)如果我知道 BIV 的专门技能和技术不存在，那么我知道我不是一个 BIV。

(2)我知道 BIV 的专门技能和技术不存在。

(3)所以，我知道我不是一个 BIV。

正如刘易斯所描述的那样，如果你声称 S 知道 P，而你又承认 S 不能排除某种可能性，其中包括非 P，情形无疑是：你已经承认 S 完全不知道

---

① 最初源自皮尔士。它是这样一种主张，我们的所有信念包括最基本的信念，都是不确定的、可以修正的。或者说，凡是主张所有知识或者命题都是包含错误的，都是可以修正的观点，都是可错论。可错论的论证形式是：S 知道命题 P 需要一个证据的或者可靠的条件 C，但是 C 并不是充分的，因为当 P 为假时 S 满足 C 是不可能的。实用主义哲学家杜威、詹姆斯，科学哲学家赖欣巴哈、波普、奎因等都是可错论者。与它相对立的是绝对可靠论(infallibilism)。此观点认为某些知识是绝对正确的、不可修正的，比如宗教教义。绝对可靠论的论证形式是：S 知道命题 P 需要 S 满足一个证据的或者可靠的条件 C，结果是，当 P 为假时 S 满足 C 是不可能的。

② S. Cohen："How to be a Fallibilist,"*Philosophical Perspectives*，Volume 2，1988：91.

③ See P. Rysiew："The Context-Sensitivity of Knowledge Attributions,"*Noûs*，2001，35 (4)：477-514.

P。关于可错知识以及包含错误的知识似乎是矛盾的。如果你是一个知足的可错论者，你被要求是诚实的、朴实的，重新审视你所听到的内容，比如，"他知道，但是他没有排除所有错误的可能性"。即使你的耳朵麻木了，不能使你所听到的公开化，可错论仍然是错误的吗？如果刘易斯是对的，尽管假定了相关表达方式仅仅是可错论的"公开的、明显的"陈述，表面的不一致意味着，与我们的日常认识主张相反，"经过定义的知识必须是不可错的"①。刘易斯试图在可错论和怀疑论之间建立联系，这必然涉及认识的语境论。用可错论的术语我们可以说，S 知道 P 当且仅当 S 的证据排除了每一个可能性，其中包括非 P。但是，由于每个可能性被限制在一个特定的会话范围，而且由于某种非 P 可能性在一个给定的情形中会适当地被忽视掉，我们一定会坚持我们直觉的非怀疑论策略。

斯坦利试图阻止刘易斯的认识的语境论倾向性，他为可错论辩护，认为我们不必为其言语的不一致担忧。斯坦利把可错论定义为"某人知道 P 的学说，即使他们支持 P 的证据与非 P 的真值逻辑上一致"②。在斯坦利看来，"妥协的知识归因"只不过是奇怪的探测术（odd-sounding），它在大多数情况下都是不真实的。但是这不足以驳倒可错论。就刘易斯引用探测术的表达方式而言，它的确描述了可错论的观点——S 的证据不必然推出他所知道的（任何逆命题的否定）。不过，这并不是可错论的最佳说明。关于可错论这种认识可能性的陈述的正确说明应该是："'S 知道 P 是可能的'是真实的，当且仅当 S 所知道的不必然推出非 P，在一定程度上这是显而易见的。"③所以，当刘易斯引用的语句自相矛盾时，它们就没有完全反映可错论的思想④。

唐赫蒂（T. Dougherty）和瑞修（P. Rysiew）提出了一种说明"妥协的知识归因"的新策略，他们试图在保护可错论和避免认识的语境论之间保持一种平衡。这实质上是一种折中主义的策略。当他们承认"妥协的知识归

① D. Lewis："Elusive Knowledge,"*Australasian Journal of Philosophy*，1996，74（4）：549-550.

② J. Stanley："Fallibilism and Concessive Knowledge Attributions,"*Analysis*，2005，65（2）：127. 柯恩把可错论定义为某人基于非必然推理能够知道的观点，See S. Cohen："How to be a Fallibilist,"*Philosophical Perspectives*，*Volume 2*，1988：91-123.

③ See K. DeRose："Epistemic Possibilities,"*The Philosophical Review*，1991，100（4）：581-605；J. Hawthorne：*Knowledge and Lotteries*，New York，Oxford：Oxford University Press，2004：24-28.

④ T. Dougherty，P. Rysiew："Fallibilism，Epistemic Possibility，and Concessive Knowledge Attributions,"*Philosophy and Phenomenological Research*，Vol. 78，No. 1：123-132.

因"的后一部分观点(S不能排除某种非P的可能性)表达了认识的可能性时,他们认为,对于S来说,他应该根据他的证据而不是他所知道的东西不能被排除的那些事物来考虑认识上可能的东西。按照这种看法,"妥协的知识归因"精确地表达了可错论思想。但是,唐赫蒂和瑞修认为,"妥协的知识归因"的奇怪性(oddity)没有对可错论提出任何问题,也因此没有激发人们对语境论的使用。可错论究竟能不能对认识的语境论有所帮助,我们将拭目以待。

### 三、比较论的对比策略

一般来说,所谓比较论是指在通常的意义上,我们把知识看做是相信者和事实之间的一个二元关系,而不是看做相信者、事实和比较类之间的一个三元关系。也就是说,当我们理解表达"S知道P"时,我们是相对于某个比较类Q的。谢佛(Jonathan Shaffer)[1]是比较论(contrastivism)的提出者和倡导者。他主张以比较论代替语境论。在他看来,在认识的语境论者坚持认为"知道"在不同的语境中表达了主体和命题之间的不同的双术语关系的同时,根据比较论,"知道"通过一个包括关系体系的可变比较类,指出了一个三元关系,即相信者、事实和比较类。当这个比较类不是明确地规定时,它是可转换的(shifty)。谢佛指出:

> 语境论把"知道"看做不同语境中指示不同认识性质的一个索引物。而比较论把"知道"看做是一个用槽作为比较命题指示的二元关系。我坚持主张比较论通过使用一个更好的语言模型解决了语境论的主要哲学问题。语境论的观点最好通过比较论去理解。[2]

在他看来,语境论具有索引性、相关性和模糊性特征。索引性是说"知道"是一个索引物,相关性是说"知道"的内容由相关选择决定,模糊性是说"知道"内容语境的变化揭示了怀疑论证是如何模糊的。比较论有消极和积极两种界定。消极的比较论认为,知识是一个Ksp[3]形式的二

---

[1] J. Schaffer:"From Contextualism to Contrastivism in Epistemology," *Philosophical Studies* 119,2004:73-103.

[2] J. Schaffer:"From Contextualism to Contrastivism in Epistemology," *Philosophical Studies* 119,2004:73.

[3] "Ksp"是"s knows that p"形式的缩写。

元关系；积极的比较论认为，知识是一个 Kspq 形式的三元关系，Q 是一个比较命题，也就是说，"知道"指示了一个三元关系 Kspq。这个三元关系产生三个需要澄清的问题：（1）Q 因子是如何进入知识归因的？或者说 Kspq 与"知道"之间的关系是什么？（2）Q 的真值由什么决定？（3）为什么相信 Q 是真实存在的？这三个问题是比较论必须回答的。

谢佛给出了 Q 是一个句法真的五个理由：（1）比较归因，"S 知道 P"是"相对于……"或者"依赖于……"（2）结合，"S 知道 P"与其他词比如量词、连接词（如果－那么，仅当）等结合，从而清晰表达意义，比如"S 知道 P 仅当……"（3）省略，通过命题比较省略共同的东西，比如"我喜欢喝茶，他也喜欢"。（4）聚焦，语义敏感是聚焦差异的，而聚焦差异诱发了 Q 的差异，比如"知道我把我的车卖给他"就是"知道我把我的车卖给他而不是借给他或者给他"。也就是说，当"知道我把我的车卖给他"时就是"知道我把我的车卖给他而不是卖给你"。（5）表面矛盾，这是由于转换 Q 的结果。比如"我喜欢红色"和"我不喜欢红色"看起来矛盾，如果转换为"我喜欢红苹果"和"我不喜欢红色衣服"就不矛盾了。这五个理由能否令人信服是有争议的。

笔者认为，这种积极比较论仍然是一个以比较命题为归因者的语境论。这个比较类既可以是方法、标准，也可以是另一个命题。其实，这个比较类就是语境，主体、命题和语境构成了一个三元关系。主体与命题的关系正是在语境中才能被确定，命题的意义正是在语境中才能被显现。因此可以说，比较论就是认识的语境论的变种。当然，二者也存在差异，因为比较类可以不是语境，也可以是别的什么东西比如环境、文化等。就实质而言，比较论与我们下面要谈到的相对主义非常相似。

## 四、相对主义的相对性策略

麦克法琳(John MacFarlane)[①]积极倡导相对主义(relativism)[②]，主张语境论就是一种相对主义(语句、命题的意义相对于语境)，或者叫语境相对主义。这种看法似乎有道理。因为语境论的确具有相对性特征，但是相对主义还不是语境论。知识的相对主义主张，知识语句的真值依赖于语境的某些特征。它强调知识语句是在语境中被评价的，而不是在

---

① See J. MacFarlane："The Assessment Sensitivity of Knowledge Attributions," in T. S. Gendler，J. Hawthorne（eds.）：*Oxford Studies in Epistemology* 1，Oxford：Oxford University Press，2005：197-233.

② 相对主义不同于相对论，相对论的英语表达是"relativity theory"。

语境中被说出的。在这里，评价(assessed)与说出(uttered)处于不同的层次，前者是事后的评估，后者是事前的发生。因此，相对主义是在评价的意义上而不是在发生的意义上使用语境的。在这种意义上，笔者把相对主义称为"评价的语境论"。

在伦理学和语言学中，语境论者主张我们考虑一种伦理观或者一个术语的意义时，应该重视各种不同的语境，他们反对普遍抽象的形式主义，如抽象的道德原则、抽象的逻辑结构等。比如，关于道德问题和人类自由问题的评价，语境论可以给出合理的说明。在不同的伦理框架里，道德是一个"公说公有理，婆说婆有理"的问题。比如随地吐痰，是一个道德问题还是一个行为习惯问题，持不同伦理观念的人有不同理解。再如，老师惩戒学生是应该还是不应该，仁者见仁智者见智，因为评价标准不同。在"非独生子女年代"老师惩戒学生是很正常的事情，而在"独生子女年代"，老师惩戒学生就成了严重问题。因此，道德评价不仅与伦理理论有关，而且与社会经济发展、文化发展、社会方式变化、教育标准改变，甚至与人们的喜好、意愿、期望等有关。所以，道德评价是一个非常复杂的问题，特定问题需要在特定语境中进行评价。人的自由也一样。关于人权问题，联合国每年都要出台所谓的人权状况报告，相互指责相互攻击的事情经常发生。为什么呢？评价标准不同。人权不仅与政治制度密切相关，还与文化、宗教、教育、经济，甚至心理因素有关。这个问题语境论同样可以给出合理的解释。

伯格西亚(P. Boghossian)认为，相对主义在"传统"的外衣下是"事实的"，而不是"语义的或者语言的"论点[1]，它关注知识关系而不关注"知道"。也就是说，语境论是语义的或者语言的，关注的是"知道"本身。他用三个句子精确描述了相对主义的含义[2]：

(1)关于一条特殊信息项的信念确证，不存在绝对的事实，{仅存在"信息 E 确证信念 B 相对于认识系统 C"的关系事实}(认识的非绝对主义)。

(2)如果一个人 S 的认识判断有任何为真的前景，我们一定

---

[1] P. Boghossian："Précis of Fear of Knowledge and Replies to Wright, MacFarlane and Sosa,"*Philosophical Studies* 141, 2008：412.

[2] P. Boghossian：*Fear of knowledge*, New York：Oxford University Press, 2006：73；"Précis of Fear of knowledge and Replies to Wright, MacFarlane and Sosa,"*Philosophical Studies*, 141, 2008：412-413.

不能把他的"E 确证信念 B"这种形式的主张表达为 $E$ 确证信念 $B$ 这种形式，而是表达为：*根据认识系统 $C$，$I$，$S$ 接受信息 $E$ 确证信念 $B$*（认识的关联主义）[1]。

（3）有许多根本不同的、真实选择的认识系统，但是不存在这样的事实，根据这些事实，其中一个系统比另一个系统更正确（认识的多元主义）。

在他看来，相对主义包括三方面的含义：认识的非绝对主义、认识的关联主义和认识的多元主义。相对主义与绝对主义对立，当然是非绝对主义的；同时由于它研究认识的关系以及认识的多样性，也必然是关联主义的和多元主义的。也就是说，相对主义具有非绝对性、关联性和多样性特征。

不过，相对主义者不喜欢语境论这个名称，不是因为语境论的解释力不强，而是因为语句或者命题的意义是相对于语境的。在笔者看来，相对主义者误解了语境论，它把语句或者命题看做是与其语境分离的，因为"相对"隐含了两个彼此独立的事物，比如语句与语境是独立的。事实上，语境论主张语句与其语境是一个有机整体，不可分离。语句是其语境中的语句，语境是包括语句的语境。孤立的语句和孤立的语境都是不存在的。既然是一个整体，就不存在相对不相对的问题。只是我们在谈论或者讨论问题时，误将语境中的语句当做相当于语境的东西。

## 五、不变论的稳定策略

不变论（invariantism）最初源于吴格（P. Unger）的《哲学的相对性》一书[2]。它是这样一种主张：关于一给定类的陈述，某人是一个不变论者，以防某人在那类陈述方面拒绝语境论。不变论有不同的具体名称，比如兴趣相对不变论（interest relative invariantism）、敏感温和不变论（sensitive moderate invariantism）、主体敏感不变论（subject sensitive invari-

---

[1] 在这里，伯格西亚用引号表示命题（E 确证信念 B）是令人怀疑的，用斜体表示命题（E 确证信念 B）是可信的。

[2] See P. Unger：*Philosophical Relativity*，Minneapolis：University of Minnesota Press，1984.

antism)。范特(Jeremy Fantl)与麦克葛雷蒂(Matt McGrath)①、豪韶尼②、斯坦利③以不同的方式为这些不变论辩护。这种观点认为,S是否知道,尽管不是通过相关知识语句本身所表达的内容,依赖于S实际感兴趣的某些事实,或者说依赖于关于这些事实S所相信的内容。在不变论者看来,不论主体对命题的看法有多么的不同,相关事实是不变的。也就是说,主体和命题是相对于事实的。因此,不变的事实决定了主体对命题的态度。这样一来,便会产生一个形而上学问题,即如何知道事实的真假,这恐怕又回到实证主义或者逻辑经验主义那里。

比如,斯坦利就认为"知道"对语境是不敏感的,也就是"知道"是非语境相关的,或者说"知道"的内容不随语境变化。他的理由主要有两个:一是"知道"的程度或比较级问题难以确定,比如表达形式"S知道P"和比较级形容词结合,就会有多种形式,比如"S非常知道P"、"S的确知道P"、"S绝对知道P"、"S比较知道P"、"S最知道P",然而,"非常"、"的确"、"绝对"、"比较"、"最"是什么程度呢?我们难以确定,因此,这些词对语境是不敏感的。二是如果"知道"是语境敏感的,它就应该在同一个语境中有不同的意义,而语境论者主张"知道"在同一个语境中是意义明确的,在另一个语境中意义可能发生变化,因此"知道"不是一个语境敏感的词。这两个理由似乎有点牵强。在笔者看来,正是由于"知道"是语境敏感的,它才能够与比较词搭配,才能对语境的变化敏感。相反,如果"知道"对语境不敏感,它就是一个孤立的词了。"S知道或者不知道P"是随着语境变化的。这一点是没有问题的。比如,在某人不在场的语境中,"我知道某人说谎",而在某人在场的语境中,"我不知道某人说谎",因为某人在场妨碍了"我"的信念。在各种评价活动中之所以采取"回避制",就是由于语境不同会产生不同结果。

概言之,这些所谓的非语境论观点,每个都有自己的优点和缺点。它们都是从自己的立场或者角度出发,并在彼此比较中、与认识的语境论和传统不变论的比较中考虑问题。彼此之间能否达成一致是目前学界讨论的话题。但是,可以肯定的是,这些观点都与语境论有着这样或者那样的联系,相信在求同存异的前提下,彼此之间会达成一致的。

---

① See J. Fantl, M. McGrath:"Evidence, Pragmatics, and Justification,"*The Philosophical Review* 111,2002:67-94.

② See J. Hawthorne:*Knowledge and Lotteries*,New York,Oxford:Oxford University Press,2004.

③ See J. Stanley:"Fallibilism and Concessive Knowledge Attributions,"*Analysis*,2005,65(2):126-131. *Knowledge and Practical Interests*,New York,Oxford:Oxford University Press,2005.

## 第九节　简要的评论

认识的语境论作为一种新的认识论，它的优势和缺点都是明显的。但是其优点还是大于缺点。我们赞成并支持认识的语境论，同时也不一概地反对非语境论，特别是怀疑论。认识的语境论就是一种主张知识的真值条件必然部分依赖于做出或确定这种主张的语境的观点。这种语境论对怀疑论的批判建立在把不同的语境、不同的知识标准以及不同的知识加以区分的基础上。不同的语境预设了不同的知识标准，不同的知识标准决定了不同的知识归因。比如语境论者主张，知识的归因，即对命题 p 是否为知识的判定，依赖于归因者的语境，知识的标准随着语境的不同而不同。

语境论者允许一个说话者正确地说"S 知道 P"，与此同时，也允许较高标准下的不同语境中的另一个言说者正确地说"S 不知道 P"，尽管两个言说者所谈论的是某个时间中的同一个 S 和同一个 P。在哲学语境中，知识的标准通常很高，在这样的语境里，怀疑论者能正确地说我不知道我有手。在常识语境里，知识标准相对来说是较低的，因此，在常识语境里，我们能正确地说，我的确知道我有手。

这些事实表明：认识立场是有强弱之分的。同一主体在不同的语境中对同一认知结果有不同的知识立场；同一主体在同一语境中对不同认知结果有不同知识立场。这种认识标准的强度说明了知识对其语境的敏感性。如果一个信念被当做知识，那么它必定是敏感的；如果这个信念是不敏感的，它就不能被当做知识。我们往往断定，当我们认为 S 的信念 P 是不敏感时（即使 P 是错的，S 也将相信 P），S 也不知道 P。因此，敏感性成为我们是否知道某事的重要因素。而敏感性是语境依赖的。其他因素比如信念、证据等也是语境敏感的和语境依赖的。从这种意义上讲，认识的语境论有相当的合理性和可靠性。

语境因素肯定影响知识的归因。一个主张正确与否的重要性不同，证据也不同。诺兹克认为，一切怀疑论论证都依赖闭合论证，怀疑论的基本假定是将知识看做是"封闭在已知的逻辑蕴涵中"。德罗斯认为，"无知论证"是怀疑论假设中首要也是主要的论证方式，它的出现，极大地推动了认识论的发展。认识的语境论可以说是在同怀疑论的论战中不断成长起来的。虽然怀疑论设置非常高的、我们无法满足的标准，但它并不能证明我们无法满足处于更为普通的对话与争论中的较为宽松的标准。在日常语境中，我确实知道我有手；如果我知道我有手，那么我就知道我不是"缸中之脑"，因此，我知道我不是"缸中之脑"。在怀疑论语境下，我不知道我不是"缸中之脑"；如果我不知道我不是"缸中之脑"，那么，我就不知道我有手，因此，我不知道我有手。根据语境论的观点，这两种观点都是正确的，因为各自的语境不同。在不同的语境中，所表达的命题的真假判断是依据其语境做出的。这样，虽然语境论的解释有折中主义、妥协主义和相对主义之嫌疑，语境论毕竟提供了一种比较合理的、可接受的解释。

　　然而，由于日常语境下的知识处于怀疑论质疑的范围之外，怀疑论难题因此就解决了吗？当然不是。斑马悖论、彩票悖论等就是很好的例子。这些例子表明：在日常语境中，人们不会因为某些怀疑论可能性的存在就会改变知识标准。"因此，我们可以断言，语境主义并没有根本解决知识与辩护的问题，也没有成功地回答怀疑论的挑战。实际上，这种观点蕴涵了一种关于知识的相对主义。"[1]正由于语境论具有相对性特征，才使得非语境论的解决进路——实在论的、比较论的、相对主义的、可错论的和不变论的，不断出现，这极大地丰富了人们解决怀疑论难题的方法论。

　　不过，我们应该认识到，引入怀疑论提高了知识的标准，使得人们不能真实地说出他们确实知道的事情。一旦知识的标准提高了，知识属性的真理性包括过去某段时间曾应用的属性，必定要依照那些较高标准来判断。语境论者既肯定日常知识的合法性，又承认怀疑论的合法性，这不是对怀疑论的妥协，而是对怀疑论者的尊敬。可以说，正是由于怀疑论者的质疑，才使得认识论有了很大的发展，才使得认识的语境论成为可能。

---

①　徐向东：《怀疑论、知识与辩护》，北京，北京大学出版社，2006，第 223 页。

# 第四章　语境论的科学研究纲领方法论

语境论虽然在 20 世纪 40 年代已经形成，但是 20 世纪 80 年代中期才引起哲学界的关注。其核心思想是：事件或行动是受语境限制的，命题的意义是语境敏感和语境依赖的。正如诺义萨说言："一切哲学问题都必须在特定的语境基底上进行回答，也就是说，理性意味着在特定的语境下对相关问题做出论证或回答。"①把这种认识论用于科学解释，就形成了一种不同于机械论和有机论的新的科学认识论和方法论。

作为一个语境论者，笔者坚信，科学绝不是独立发展起来的，它是语境（社会的、历史的、文化的、语言的和认知的）依赖的，受语境制约并以语境为界限②。经过长期的思考与探索，结合世界假设的语境论和认识的语境论，笔者形成并提出了关于科学研究的基本纲领、科学知识论纲领和科学方法论纲领。这也是笔者的语境论的科学哲学观。尽管这些研究纲领可能还不完善，还存在这样和那样的问题，但笔者相信，它们能够为科学研究者提供具有创造性的认识论和方法论，为中国建设创新型国家提供可资借鉴的理论依据。

## 第一节　语境论的基本纲领

科学研究是一个认知创造过程，遵循一定的认识论和方法论。传统的形式论、机械论和有机论虽然为科学研究提供了有力的认识论和方法论，但它们存在难以克服的缺陷。语境论整合了这些认识论和方法论，运用根隐喻"历史事件"，强调一切事件皆是"语境中的行动"，以此描述和表征事件的变化和发展，脱离语境的事件或行动我们不能理解。语境论的基本纲领可以归结为四条：

### 一、事件的变化纲领

人类行为或事件是一个不断变化着的实在的、积极的、能动的和发

---

① 转引自郭贵春：《隐喻、修辞与科学解释》，北京，科学出版社，2007，第 302 页。
② 魏屹东：《广义语境中的科学》，北京，科学出版社，2004，第 21～24 页。

展的环节（纲领 1）。这是关于人类活动的过程性质的基本纲领。语境论者强调事件的变化、发展和意志力。现实是作为积极、持续和变化的实在，它是开放变化过程的不完善、非决定的事实。也就是说，语境论有明确的目的论特征，但它并不否定有效因果性作为自然中另一个秩序的存在。根据语境论的思想，变化既不是外部刺激的偶然和暂时共同发生事件的结果，也不是人类意向活动的结果，它由许多事件聚集而成，其中有些事件趋向无序，有些秩序产生于无序，并再变成无序。普通事件不是作为静止、绝对和孤立的实体和事实，而是作为持续和不断变化的日常生活语境的一部分。这样，历史事件表达一个具体而特殊的日常生活的行动，它被嵌入语境和时间中，由连接在一起的许多因素、关系和活动组成，而且这些活动立刻产生这个事件的唯一结构。

　　本质地讲，语境论者强调变化和发展，与包含在机械论和有机论中的规律和静止事实相反。或者说，变化不是某种衍生的东西，而是基本和本质的东西。变化既不是一个隐藏持续或不变实在的自相矛盾的东西和一个在事物固定秩序内暂时不稳定的东西，也不是在一个基本稳定、静止和结构化的世界中事件演化正常过程的不正常现象。正是在这种意义上，语境论者特别强调变化是绝对的或无条件的，而寻求事件的绝对和不变的规律是做不到的。

　　在语境论者看来，人类经验是意向的和可修正的。人类行为嵌套在一个关系和意义的社会历史和文化矩阵中①。意向性是这个开放和非决定的可能语境内行动过程的产物或衍生物。换句话讲，它在这个开放、非决定和不断变化的世界的语境中发展，而这个世界"引起、提供或允许"有意向的目标和计划的实现，以及"限制、抑制或反对"这种实现。变化不仅仅是一个外在的、客观的和确定的世界强加在它自己上的单向过程，而且直接决定个人的心理构造，但并不反映个人主观性被断言独立于这个世界这样一个过程。人类的意向行动是社会文化语境的一部分，在它的发展过程中，历史事件改变和重构这个语境。

## 二、事件的意义纲领

　　人类活动或事件不是孤立于社会的，而是植根于意义与关系的社会历史语境之中（纲领 2）。这是关于人类交流语境性质的纲领。已知事件

---

①　作者曾经为解释科学活动而提出一个广义语境矩阵模型，科学是人类行为之一，因此这个模型也适用于其他人类行为，只要将这个模型中的某些语境条件改变即可，详见魏屹东：《广义语境中的科学》，北京，科学出版社，2004，第 21～24 页。

的持续变化特点，以及这些事件在其中嵌入的这个社会矩阵基本上是非决定和可修正的。或者说，经验的每个概念组织原则上是可修正的，没有什么事实的解释是自我保证的。因此，除了"人是社会动物"这个更广泛的一般性外，我们不应该谈论什么超历史的或超语境的有效的"绝对"原则。相反，我们需要特别指明规则、规范和在假定可指明的语境边界范围内的模式。然而，强调事件的变化和可变性并不必然意味着关于理解性质的绝对怀疑论。如果我们把这些过程置于显示它们的更大的结构和文化框架内，个人认知过程的基本不可断定性和不可重复性论点会发生根本变化。语境论者反对社会结构的"变动不居"的思想，承认社会文化语境不仅加强人类行动，而且也加强在相互作用中发生的意义和协商。对协商过程开放的是什么？假定确定的东西是什么？哪种变化可以合理地在相互作用过程中发生？构成这些过程的一个适当、有效和真实的说明是什么？这些问题反复无常并不可预测，是个人意志和意向性的偶然结果。人的理解、推理和协商部分受到特殊社会文化语境的制约，交流在这种语境中发生，并赋予它以社会可理解性。因此，断言知识是相对的和不完善的意味着：(1)接受社会过程的复杂性和可修正性；(2)在人的经验检验中，要求一个更大的理论和方法论的多元主义；(3)强调需要开放的解释系统和多因果模型，能够说明神秘的、相互依赖的影响；(4)承认事件发展过程的自由和新奇。也就是说，由于"事实"是在具体的社会和历史语境中被制造的，在制造的意义上研究真实性就是研究历史和社会生活。这样，语境论者否认行为和事件的绝对不变规律及法则的观点，主张以表现随历史变化的日常生活持续过程特点的规则(rule)、模式(pattern)和规范(regulation)来代替规律(law)和法则(principle)。科学方法不是被看做揭示事物组织的静止内在结构，而是被看做一个积极和建构性的探询过程。这个过程的产物以及这个过程本身将反映这个语境的边界，并在语境中产生和发展。

　　不过，这些语境边界不总是清楚地被指明的。现代科学的这些解释标准很显然比早期的标准更有力、更精确和更具有整合性。牛顿的科学不是不同于亚里士多德的科学，而是根据某种标准超越了它。然而，从语境论的观点看，知识的积累和进步反映了人类活动的意向和历史过程。在人类活动中，科学事实和知识被建构和重建，因为"所有的自然现象都被人类的行动所包围，这些人们行动的产品表现出其得以显示的各种各样的文化资源"①。一旦我们接受了这个观点，就意味着，科学研究及其结果受历史条件的限制，因为人类活动是变化的和语境依赖的。

### 三、事件的语境制约纲领

事件是边界开放和不断变化的，人对宇宙的最终探求是受语境制约的，获得的知识是相对的和暂时的(纲领3)。这是关于知识边界的纲领。人类行动概念化的实质是：它由它的语境解释和建构。这一点是对认知和行动之间的一个严格分离观点的反驳，强调"知"和"做"的相互关系。也就是说，知识不是通过一个孤立心智的投机尝试获得的，而是在行动的过程中，即在实现具体计划、目标和意图的过程中获得的。这意味着个人通过他们的行动逐渐认识他们的世界，知识是这些行动的结果，而且这些行动影响进一步发展和可能性的过程。这种概念化的一个重要含义是反驳科学是被动旁观者。语境论者不是把人类看做与其认识的世界相分离的动物，而是看做知识建构过程中的积极和创造性的行动者。同样，科学家不是被看做仅仅报告事实的无偏见的观察者，而是被看做积极的参与者，通过他或她的行动帮助建构这些事实的性质，并影响未来的行动和探索。科学家完全沉浸并行动于对他们的研究产生刺激的语境中，而且受到具体应用和他们发现结果的影响。因此，语境论者反对理论与实践的绝对划分，反对纯科学与应用科学的绝对划分。因为二者之间的区别不是很明确的，它们的研究过程受到文化和社会历史环境的影响，超越社会历史和文化的科学探索是不存在的。

### 四、事件的文化嵌入纲领

科学认知不是纯粹的、无偏见的理想探索过程，而是负荷语境因素的、"被污染"的社会文化过程(纲领4)。这是关于科学活动的文化嵌入纲领。在对科学知识的评价中，逻辑经验主义强调客观性(经验证实)，历史主义强调历史文化，SSK强调社会利益，后SSK强调科学实践。这些不同的倾向表明：科学知识不是单一的智力过程，它渗透了自然的、历史的、社会的、利益的和实践的这些语境因素。因此，语境论既不是纯粹的理性主义，也不是完全的经验主义，它既相信理性也依赖经验，但我们应该区别"经验的"和"机械的"语境论。语境论者非常关注经验和

---

① 〔美〕大卫·古丁：《让力量回归实验》，见安德鲁·皮克林：《作为实践和文化的科学》，刘大椿主编，柯文、伊梅译，北京，中国人民大学出版社，2006，第110页。

具体行动，在这种意义上，它是经验的，具有经验对抗性，并采取具体行动和实践活动的形式。它也不是机械论的，因为它不接受"人是机器"的任何含糊假定。它们的共同点在于承认经验对抗性是科学命题得到确认的必然过程。语境论方法与机械论方法的不同在于：它们如何相信这个确认过程和基于这个过程的假定；机械论的目标是对普遍规律的证实，这些规律引导行为生物的功能是作为一个自我保持的机器；语境论是非机械论的，最初目标是理解所观察物和所发现物的意义，这就是为什么语境成为研究者必须的一个概念框架，即它的符号功能可以使意义附加到某人的行动和观察上。这两个范式揭示了作为特殊环境中的积极思考者和认知者的相对性和易变性。

当我们接受知识的可变性时，我们试图坚持科学中唯一可接受的概括是基于直接经验的概括。如果任何领域的科学家仅仅在这样一个有限的假定内进行研究，他们将不会接受某些非常基本的科学事实。譬如，牛顿第一定律说，不受任何作用力的物体将继续保持静止状态，或永远保持匀速直线运动。但是没有任何一个科学家看到"匀速直线运动"。这说明经验概括的非确定性或非决定性是存在的，所有科学真理的普遍性总是需要信念支持。比如，行为科学家的信念像物理学家一样，不仅仅是接受某些相信的原因之外的实在的、教条的"真实相信者"的盲目信念，也不是逻辑真理，或单一理性分析，或实验观察的严格经验过程的线性结果。相反，正是基于多元经验对抗和经验实在的信念，一个说明才与语境适合，在这个语境内，行动和事件的意义根据使它们成为社会可理解的东西而得到揭示，这种说明的审美判断或评价受到人类理解的语境和历史边界的限制。

在这里，审美判断有两个含义：一是指在艺术领域，信念的对象是一个抽象想象，或实在的隐喻表征；二是指科学真理可能既是审美与经验的，又是情感与理性的①。科学家通常说的事实、方程或理论的"优雅"或"漂亮"，蕴涵着科学真理总是部分地在与审美有关联的情感的语境中得到评价的。也就是说，这些评价与情感、纯观察和纯智力有关。因此，科学的价值判断也是语境化的，脱离语境的价值判断是盲目的，脱离价值判断的语境是空洞。

概言之，语境论者认为：(1)事件或行动与其语境不可分，语境制约

---

① R. L. Rosnow：*Paradigm in Transition*：*The Methodology of Social Inquiry*，New York：Oxford University Press，1981：21.

事件或行动；（2）不断变化的事件是某种作为积极、持续、变化的社会实在，实在是变化的动态开放过程；（3）语境是事件或行动的复合体，而非本体意义上的实体；（4）变化产生新奇，新奇形成突现性质；（5）理解是人际间的互动，认知是行动者与环境的互动；（6）科学的价值判断是语境依赖的，没有脱离语境的判断。

## 第二节　语境论的科学知识论纲领

自古希腊以来，知识问题一直是哲学探询的主要对象。"在哲学史上没有什么问题能比知识问题更重要了。从古希腊时代开始，关于知识的性质、基础和限制一直处于哲学探究的最前列。我们现在的术语'认识论'（知识理论）就源于古希腊。"①这说明科学的过程和结果，无论在理论还是实践上，都包括在"知识"内。因此，理解科学事业的一个重要途径就是审查"知识"的意义。为此，我们必须弄清知识的起源、性质和局限，探询知识的外在和内在标准，探讨作为科学过程正统范式的逻辑经验主义与语境论之间的异同，以及语境分析导致的科学发现。

### 一、知识的语境起源、表征及局限性

根据进化的语境论，人这种动物之所以能够进化出认知能力，是因为人的生存和生产过程受环境状态的影响。一个物种相应于它的需要和反应选择，进化出追踪环境诸方面的能力，追踪指引它移动到一个新的地方，或者在老地方改变环境以提高需要的结果。由于发展追踪能力是一个对环境有代价的适应过程，它很可能被限制在环境的某些相应方面。这种追踪能力就是"认知"，它可能包括认知者和被认知物之间的某种符合，并通过感受器定向、姿势调整、神经循环等，使认知者的某些方面与被认知物的某些方面一致。这样的知识"表征"可能不是认知者和被认知物之间的密切相似，但可能是一个符号的或文字的符合。也就是说，知识的产生与认知者所处的环境密切相关，而不是认知者与所处环境符合。

然而，对知识的起源及性质的因果分析告诉我们，知识是有限的和不完善的，其表征缺陷一般表现为三个方面：不充分表征、错误表征和

① R. H. Schlagel：*Contextual Realism*：*A Meta-Physical Framework for Modern Science*，New York：Paragon House，Introduction，1986：xv.

过度表征。不充分表征是三类缺陷中最明显的一个，也是知识的第一个缺陷。认知过程源于人有选择地与其环境的各个方面相联系的需要，环境高度地与人的需要和反应选项相关。一方面，完全与环境信息脱离是危险的；另一方面，与整个环境信息相联系是压倒性的。系统发生学和个体发生学的发展塑造了人对重要方面的敏感性，于是，人类倾向于在熟悉的领域产生非常简化的表征，在这个领域人进化到足以应付环境。在不太熟悉的环境中，比如当认知者遇到异常情况，或当认知者明确表达广泛的理论表征时，知识过度单纯化逐渐成为危险的。部分表达许多境遇的普遍科学原理，在任何一个境域中有必要忽视大部分特殊信息。

知识的第二个缺陷是，它扭曲认知对象，因为认知者的表征器官的结构固定性限制了他们模拟认知对象的范围。一个表征与认知对象的不成熟匹配，可以通过一个单一认知对象的替代表征之间的不一致来阐明。比如，对于桌面，基于视觉和触觉的常识知识把它表征为一个固体的连续表面，而基于原子论的知识表征会完全不同，把它表征为是由原子组成的物质，原子之间有空隙。而实际的桌面可能与这两种表征都不同。

知识的第三个缺陷是，表征包含超量的信息，超越了被抽象的情形。这既源于认知器官本身，也源于超越了由过去经验固化的表征的推理，无论是系统发生学的还是个体发生学的，知识既表达认知器官也表达认知对象，是认知器官和认知对象的统一。

在科学和其他形式化的知识系统中，随着我们进入不熟悉境域和高阶抽象，知识表征的这些缺陷变得越来越严重，而且当我们进行知识交流时，这些缺陷由于语言的不适当而有所加强。就像认知对象在知识中被不适当表征一样，知识也被表达它的语言不适当地传播。语言在交流知识中的缺点，为我们提供了洞察表征认知对象的知识局限的一个类比。

承认知识有内在缺陷并不是说我们应该抛弃知识。知识的悲剧不在于它是不适当的，而在于这种不适当是必然的。也就是说，知识的不完善是绝对的，完善是相对的。不存在一成不变的知识。知识正是在适当和不适当、完善和不完善的矛盾辩证发展中增长的。知识的不适当性恰好说明了人的认知的局限性，不过适当的知识和不适当的知识都能够引导和启迪人。语境论者对认知缺陷的态度是，不是否定或抛弃它们，而是利用知识表征的模糊性和内在矛盾，从不同视角观察认知对象，并进行多重模糊表征的整合来辩证地探究世界，以便发现和创造新的知识。

## 二、判断知识表征适当性的标准

由于知识表征具有不完善性，有些甚至是错误的，这样便产生了一个问题：如何判断知识的不适当性，如何比较知识的不适当性。知识表征的多重缺点产生任何一个判断其效用的有限价值标准。一个给定的表征可能有几个目的，但对于其他目的可能是不适当的。每个标准在许多方面是不完善的，甚至相互矛盾的标准可能对特殊目的是有用的。这里笔者提出六个内在标准和七个外在标准。

（一）内在标准

根据现实世界的特定观察来详细阐述抽象的科学理论，我们能够通过内在于知识本身的多种特点判断知识表征。这些特点就是判断知识表征的标准。

（1）内在一致性。这是判断知识表征的最重要标准。一个理论必须具有内在的连贯性，即它内部不能产生相互矛盾的推论，否则，这个理论就是无效的。成熟的科学理论都符合这个标准。

（2）内在矛盾性。这是内在一致性的语境否证。在语境论者看来，否定是肯定的反证，论题和反论题是所表征情形中不可避免矛盾的相应证据。一个知识表征如果存在内在矛盾，那就是一个不适当的表征。一个理论如果具有内在矛盾性，那就不是一个好的理论。而且一个理论内的论题与反论题的内在矛盾正是理论综合与发展的内在动力。

（3）新奇性。一个知识表征或理论应当包含不同于传统知识的新内容。它的新奇性只有能够提供启发性刺激时知识表征才有价值。一个理论解释只有当它与这个领域的常规观念一致时才是可接受的。比如，一个假设的神经机制在已确立的心理学范围是一个可接受的解释，但一个假设的超感官解释则是不可接受的，比如，"耳朵识字"就是不可接受的。

（4）陈腐性。陈腐性与新奇性相反。它们是一对相互矛盾的标准。一个理论如果是陈腐的，那它就是不适当的表征。不过，科学的陈腐性是变化的，比如，灾变论的不连续性代替渐变论的连续性作为科学的元理论，日心说代替地心说成为天文学的一个范式。因此，陈腐性并不是说知识表征或理论是无用的、被淘汰的，而是相对于新的知识表征或理论而言，它们是过时的。

这里提出评价知识表征的这两对相互矛盾的标准，不是要辩明知识的无用性，而是强调这项事业的艰难性，知识适当性的判断是语境明确的。在笔者看来，一个确定标准在一个语境中可能是判断知识表征的一个好标准，但一个不同甚至相反的标准在另一个语境中可能更好。在不同的语境中，评价标准可能不同。

（5）简洁性。这是科学共同体公认的标准。知识表征应该是简单明了的。从托勒密的简单性原则到奥卡姆的剃刀原则，再到马赫的经济思维原则，这些理论家都主张一个理论的适当性应该在"经济、节俭"的基础上进行评价，即用最小的知识表达最大的境遇。

（6）优雅性。这是科学的审美标准。有的研究者使用美学标准而不是经济学标准来评价理论。正如库恩所言，在科学理论的表征中，对美的考虑有时胜过对真理的考虑。这些研究者通常以对称性、直线性、单一性，或其他和谐形式表现优雅性。不过在科学中，一种解释的要求取决于它的"漂亮"的程度一般被低估了，或者说，解释的一致性超越了优雅性。

（二）外在标准

外在标准是说，判断知识表征适当性的标准可以是知识以外的东西，即不是形式上的知识表征标准，而是社会的、文化的和认知的标准。这些标准包括：

（1）导出性。导出性是说，从某些可接受原则如欧几里得公理，运用某些已确定的规则，能够正当地导出确定的知识表征。这也是一个理论的内在逻辑要求。

（2）权威性。这是关于理论提出者的地位问题。一个标准的重要性不仅体现在独裁国家和等级宗教世界，也体现在科学、人文和艺术领域。在这些领域，受尊敬的学者支持的理论或主张通常容易被共同体接受。这一标准既有积极的一面，也有消极的一面。科学杂志和科研基金机构普遍采用的"双盲评价"程序，就是为了减少审稿和项目评审过程中的这种权威效应。

（3）社会性。公众对一个理论的接受会产生某种权重，某人被重要组织的接受可能特别有效。比如，如果一篇提出某一理论的论文被一个权威杂志如《科学》或《自然》所接受，或者遵循这一理论的研究工作被一个重要机构资助，或者该理论在"无形学院"被热烈讨论过，那么，研究者更愿意接受这样的理论。

（4）直觉性。这是理论提出者自己对知识表征的主观反应。柏拉图主张真理的最终标准是确定性的感觉，笛卡儿认为是清晰性和明了性的感觉。他们的观点可能被误解了。任何规范地研究知识问题的人都知道，当他经过艰苦的努力放弃一个个解决方案直到最后产生一个新的解决方案时，会引起他的惊奇反应。比如，阿基米得发现浮力定律时的惊奇，这其实是研究者的直觉和信念在起作用。

（5）实用性。知识表征对于人类生存或其他有价值的目的应该是有用的。一个在许多方面不完善的理论如难以证实、具有内在矛盾等，在实践上可用的范围内可能仍然获得广泛接受。例如，包含无理数、反直觉的非欧几里得几何数学系统，当被证明对设计交变电路有用时，获得了广泛接受。

（6）启发性。这是指知识形成过程中产生对要解释的环境的有用新洞见。刺激来源于语境，语境促进了启发。也就是说，任何启发都不是孤立的，它是问题语境刺激的结果。

（7）证实性。这一标准作为合法性的最终标准特别受到研究者的推崇。它基于这样的观点：存在着由个体共有的先验的确定知识体，任何进一步的知识表征可以通过个体的合法性及其含义与共有的证据一致的程度来检验。在传统的经验意义上，最终标准是感觉的直接证据，不论感觉证据是否有明显的独立性。这就是为什么研究者有"实证偏爱"的原因。

### 三、知识表征的语境约束

研究者可能承认语境论仅适用于他们的原始领域，而自然科学的支配地位使他们习惯于逻辑经验主义的认识论。例如，许多自然科学的基本原理如运动定律或热力学定律，典型地是以不能明确指出其严格语境的模糊形式被表述的，研究者恰恰是在这些语境中获得假设关系的。

任何一个真诚的物理学家，只要他对"自由落体下落速度与其质量无关"这个定律进行经验检验，都会得出不能证实的结果。他或她会观察到这样的结果：一个保龄球和一个乒乓球沿平板下滑，保龄球比乒乓球下滑速度快，而且先落地。这里忽视了真空这个语境。如果一个物理学家严格采取逻辑经验主义立场，提交一份详细描述这个实验过程的报告，以此作为反驳这个定律的证据，一定有人严厉地提醒他，这个定律只有在无摩擦的真空中才能获得。

物理学家都知道，真空条件就是这个定律成立的语境条件。新手往往会忽略这个语境，即不用断言这个定律常常在没有提及其语境限制的情况下得到陈述，或者人们就根本不能获得真空，因此，这个定律不能直接得到经验检验，或者这种境遇产生了这样的麻烦，即可能存在其他未阐明的、没有完全认识的语境限制。在物理科学和其他科学中一样，先验概念分析和后验经验对抗的目的是适当地发现语境，在其中，我们获得或不能获得假设关系，而不是检验一个严格先验假设的真值。

## 第三节　语境论的科学方法论纲领

语境论作为一种新的认识论，它如何能够改变和提高科学研究的创造性方法呢？笔者打算从四个方面展开讨论：首先，语境论要求关注纲领性研究策略，并将其作为正确方法论的实践，这几乎可以排除个人研究狭隘的战术层次形成的问题。其次，语境论提供知识生产创造方面的技巧，弥补科学研究过分集中在关键检验环节的不足。再次，语境论主张把系统研究类型作为人们常常使用的单线类型的补充或替代。最后，语境论强调理论、方法和语境的多元性。

### 一、研究方法论的等级策略

在前语境论传统中，过于关注设计一个重要实验检验一个特殊假设的真值，限制了研究者对方法论的注意。研究者几乎仅仅关注个人实验中产生的"战术性"问题，比如实验设计、测量、变量的操作和控制、数据分析等，而设计一个全面的研究纲领的战略层次的方法论问题往往被忽略了。语境论者通过确认概念和经验对抗不是检验一个给定的假设，而是探索其意义的目的，重新确立研究者对被忽略的"战略层次"的注意，这需要一个研究纲领而不是一次单独的具体研究。语境论者还通过系统地组织和全面深入地分析"前研究"，提升这些"前研究"的详细计划来探索其信息潜力。这就是为什么几乎所有的研究都有一个"研究动态"的历史探究的缘故。研究者只有通过探明"前研究"这个语境信息，才能更准确、更深入、更进一步地了解和掌握所要研究的问题或领域的进展，以便进行更加深入的研究，或者避免不必要的重复和浪费。也就是把问题或领域置于问题语境中。笔者将从三个抽象层次来讨论策略性纲领程序：在假设层次，探索其意义；在抽象理论层次，形成能够说明这个假设关系的多元解释；在具体的经验对抗层次，通过一个研究纲领系统地探索假设的相关语境。

第一是关于假设层次的纲领性计划。科学中的知识表征通常被表达为两个或两个以上变量之间的预测关系。因此，最初洞见的意义可以通过探索这些变量及其关系的性质更加充分地被掌握。一个知识表征是表达假设的言语规则和知识本身概括的实际现象之间的中介术语。正如知识表征是部分地、扭曲地对认识对象的信息进行编码一样，它的言语表达在知识表征中也部分地、扭曲地交流信息。这样，洞察力自身层次上的策略性探索应该包括探索可选择的名称及其变量的定义。基于这个目标，研究者能够列出每个变量的同义词和反义词，并将它们组织为一个结构。明确和含蓄地循环定义一个变量也是有用的。在一个给定经验对抗中，人们使用的任何操作定义明显是那个变量的仅仅一个部分定义。因此，先验分析能够达到多操作定义一个有效子集，而且能够梳理这个变量的几个分别可评价的子标准。

研究者对最初洞见的概念的把握，可能受到这个概念的不同的内在意义的威胁。但是，当这个渴望在心理上令研究者不安时，它表明，在揭示最初模糊地洞察一个具有外显语境限制的明显替代物的富集方面是一个真正的进步。通过经验赋予语境论研究者以技巧和信心，使研究者从这个棘手的复杂性中能够获得对假设意义的理解。在每个具体的实验中，研究者有必要把对最初洞见的不切实际的设计压缩到一个可操作的定义。语境论所允许的是在明确替代物之间精心选择这个详细定义的基础，而不是依附于这个偶然的明确表达式。在这个表达式中，研究者最初的洞见得到澄清。然后，研究者可以通过一个经验研究纲领追求可选择的意义，这个经验纲领被设计出来有效探索扩大的表征所揭示的充分信息。

在探索了假设中的变量的意义后，研究者可以利用某个表征形式如不同的范畴和条件命题来表达它，并以隐秘的符号表达式，或以图和表的方式，或以列表形式建立统计表，研究它们之间的假定关系，这个统计表显示数据应该如何得到排列和分析。研究者常常改变表征形式，并利用这些形式达到最佳的一致。当以图表形式显示时，有些研究者能更好地识别这个洞见的意义，而当以言语或以列表形式表达时，有些研究者则发现这个洞见更加刺激。研究者应该初步利用这个最具个人刺激性的模式，也应该探索其他模式，因为每个模式对于一个给定的目标具有特别的适合性。图式表征可能更好地暗示了适当的实验设计，言语表达对于相关理论或需要被控制的变量可能更有启发性，列表表征可能更好地预示了测量尺度和需要的统计分析的类型，等等。在表达关系的任何模式内，研究者应该探索不同变量。例如，通过一个相互作用的可选择列表表征，研究者可以获得相互作用结果的一个更深刻的判断。

第二是关于理论层次的纲领性计划。研究者通过探索表达假设变量和关系的方式洞见一般层次的纲领性计划后，纲领性计划可以进入更抽象层次，包括产生被假设关系的可选择理论说明。20世纪前半叶，逻辑经验主义通过强调把假设作为一个从更一般理论得出一个推论的重要性，纠正了关于科学的过分单纯化的实证主义观点。语境论通过强调不是一次而是多次，又将这个关于理论说明的观点向前推进了一大步。任何给定的假设关系可以从许多理由中的任何一个得出。每个理由预示了关于现实的一个抽象的部分观点。例如，行为科学的任何假定，如使用隐喻和其他修辞形式加强交流的劝说效果的预测，能够对许多理论说明有贡献，如隐喻加强来源的声望，把接受者置于一个更愉快的心态，促进其理解、提高认知反应能力等。研究者使这样的理论说明越清晰，影响假设关系获得范围的相互作用语境的含义就越丰富。

除产生对最初被假设关系的多种说明外，成熟的语境论研究者会走得更远，他们通过独创性见解导出相反的假设，然后产生对这个相反关系的多理论说明。例如，在提出许多理论来解释关于使用隐喻的信息比文字信息更具有说服力的最初见解后，语境论者会考虑相反的假设，即比喻性语言减弱劝说效果，然后产生这个颠倒关系的某些理论说明。比如，隐喻可能增加含糊性，引起怀疑，分散注意力等。这个理论层次的纲领性计划为研究者留下了对于最初被假设关系的许多理论说明，每个说明预示了这样的语境，在这些语境中，这些关系被获得或不能被获得，也预示了对相反关系的几种理论说明。每个说明还预示了这样的语境，在这些语境中，与最初直觉地产生的关系将不能被获得。对最初假设产生许多理论说明，特别是对相反关系，可能又一次产生混淆。从复杂性产生飞跃是自然的，知识是一个深思熟虑的过度单纯化的东西。在促进这个概念的详细策略过程中，在一个广阔的已知概念框架内，而不是在一个偶然的最初基础上，语境论者不反对简单化本身，而是反对故意简单化的做法。

第三是关于经验层次的纲领性计划。前两个层次的纲领性计划已经清楚地表明，最初假设及其对立面的确是一个重叠命题的模糊集，对于许多特殊理论说明中的任何一个来说，研究者能够获得每个命题的意义。我们可以把抽象的纲领性计划深入到更具体的经验对抗层次。这一层次的纲领将利用前两个层次丰富概念信息。每个理论说明预示了以下五个方面：(1)许多研究设计的细节(超越通常的独立、依赖和控制变量)，这些细节产生独创性灵感的更充分的含义；(2)一个说明独立和依赖变量之间关系的独特中间变量；(3)多相互作用独立变量，所有这些变量影响大量最初假定的独立—依赖变量关系的语境；(4)独立变量的不同操作将如何影响它对依赖变量关系的强度；(5)与独立变量有不同关系的依赖变量的几个子标准。

第三个层次的纲领性计划允许研究者既揭示第二个层次形成的多理论说明中的信息，也揭示第一个层次包含的假设的多种意义，以形成几种附加假设的类型。这一研究过程可以通过几个理论说明作为矩阵的行，以前面描述的不同假设产生的程序，如独特中间变量、相互作用变量、独立变量操作等，作为矩阵的列展示出来。这个矩阵的每个单元可能包含一个隐含假设。

实施这三个层次的纲领性计划会产生许多辅助假设，但研究者不可能进一步设计一个巨大的实验，并在这个单一实验设计中检验所有假设。相反，研究者应该采取分段方法或分层方法，根据一系列适当规模的研究去探索这个领域。每个研究为后续步骤提供一个反馈。这种分段方法较之在单一实验设计范围内通过研究整个领域而进行大量前期投入更有效，而且这样的单一实验设计在获得任何信息之前必须得以完成。

研究者在这个可能性矩阵的什么地方开始探索，从哪里介入，这就要看这些纲领性计划的艺术性、技巧性和科学性需要建立优先权的问题。研究者一旦在规定的纲领性计划中成为有经验的，关于探索的起点和途径问题，他们会运用一个有意义的原则来确立优先权，以便在一个已知语境中系统地做出程序性决定。相比之下，非语境论传统导致研究者忽视纲领性计划，而且研究的起点是随意的，探索的内容和方向也是不确定的。

## 二、提高科学研究创造性的程序

大部分研究者，甚至没有语境论观念的研究者，已经认识到科学方法论的讨论几乎不考虑创造知识过程的重要方面。所讨论的仅是假设检验的技巧，如测量、实验设计、操作和控制变量的方法、数据分析等。而产生假设的更广阔理论库及其相关语境的创造性技巧被忽视了。忽视与研究过程重要方面有关的创造性源于绝望或困惑，而不是缺乏欣赏或满意。逻辑经验主义者如同语境论者一样认识到，为了检验一个假设，研究者必须首先创造一个假设。但方法论者似乎相信，创造性的人是天生的，不是培养的，或者认为如果创造性能够完全后天习得，那仅仅是在某种学徒角色上，通过渗透性作用，而不是通过原则和目的训练的正规教育获得的。也就是说，创造性能力不是后天获得的，而是先天具有、后天激发的。人人都是科学家的说法是有问题的。

语境论增强了研究者对创造性性能的需要，因为它要求研究者形成不止一个而是一系列理论说明，不仅一次研究而是整个研究纲领。必要性是创造之母。语境论的说明包括生产科学知识的创造性及其重要方面是如何被主动教会的，笔者这里尝试提出提高科学创造性的三个程序：系统研究的纲领性计划、提高认知和解决问题能力的启示法、使用概念形成结构产生洞见。

第一，系统研究的纲领性计划。笔者在前面描述了研究者如何可能超越其通常习惯的单一研究战术，而进入横跨一系列研究的系统研究纲领的纲领性计划。笔者还描述了探索独创性洞见的概念系统的具有实际创造性技巧的三个不同层次的程序。关于假设本身的抽象层次的纲领性计划，要求研究者通过使用技巧，如改变内涵和外延定义、列出和组织描述符号和同义词及反义词名称等，探索变量的意义及其之间的关系，以便发现一个假设或洞见的深层意义。理论层次更抽象的纲领性探索包括产生多理论说明来解释被假设关系和其扩大对立面的理由，以及保持对这个关系语境的理解。关于纲领性计划的具体经验对抗层次，研究者通过丰富的技巧来探索在前两个层次揭示的假设的多层意义和说明，例如，从每个说明获得的独特中间变量，相互作用变量，变化及方式差异的预测等。持语境论观点的研究者通过实施所有三个层次的纲领性计划，也许能够掌握许多技巧来提高研究的创造性。

第二，提高认识和解决问题能力的启示法。创造性地产生知识表征的第二种方法是在一个广阔的认知范围给研究者以技巧，这些认知技巧能够通过描述、相关例子的说明和训练来获得。这里笔者尝试给出五种类型的启示法：

（1）对自然地发生的事件进行分析。例如，使用透彻的案例研究说明规则的反常事件、解释研究者使用的单纯经验方法，使其成为一个参与其中的观察者。这是最简单类型的启示法。

（2）对被使用的理论进行概念分析。这一启示法超越了对自然事件的分析而深入到概念意义层次。例如，通过提出一个合理的假设直到其含义成为似真的并猜想其原因，反转常识真实性的方向并猜想这个反转可能获得的特殊环境，进行语言分析如追踪词源或区别相似术语，或者猜想与所观察现象相互复合的适应函数。

（3）进行更复杂的间接推理。例如，使用假设演绎方法（也称溯因推理），制定一个检验表并将其用于问题分析，使用从非常熟悉的领域到理解一个未知领域的类比方法等。

（4）通过对先前研究的分析产生创造性假设。例如，根据实验的程序差异消解先前实验的冲突结论，说明重复失败的原因，注意和解释偶然发现的相互作用效果，把非单调关系分解为多重较简单函数等。

（5）收集新数据或再分析旧数据。例如，研究者通过引导一个多变量的审前调查，进行数学建模决定了是什么因素影响一个关系的几个参量，在搜索意外相互作用过程中增加附加独立变量，收集"自由讨论"式回应，进行内容分析等。

当然，研究者可以综合使用这些启示法进行创造性研究。

第三，使用概念形成结构产生洞见。增强创造性的第三条途径是在假设形成结构的建构和使用中训练研究者。这些假设形成结构包括一个指导和多样化有关问题思维的检验表，一个由行和列交叉构成的更精细的矩阵结构等。例如，在纲领性计划的抽象层次上，研究者可以为矩阵中作为列的假定关系提出一系列可选择性理论说明，然后在纲领性计划的具体经验层次，研究者运用一系列可以在矩阵中作为行的技巧，如不同的中介、相互作用、依赖变量子标准等，能够从每个理论获得不同含义。这样，为了在每个单元产生附加假设的行和列给研究者提供了双指导，因此，输入和输出矩阵特别有用，因为这种矩阵的输入列是能够操作的独立变量，输出行是通向最终依赖变量的中介链。一个典型的例子是交流—说服矩阵①。这个矩阵的输入列是交流变量的范畴和子范畴。在最广泛的层次上，这些范畴包括信源、消息、信道、信宿和目的变量，每个可再分为若干层次。例如，信源变量可分为可靠性、动力、吸引力等，信源可靠性进一步可再分为专门技术和确实性等。这个交流—说服矩阵的行由调解说服冲突的连续输出步骤提供，比如，位向、注意、理解、接受、保持力、行动等。使用由矩阵的列提供的输入列表可以创建一个说服活动来提供一个最初活动的成分。然后，通过追踪被选择输入列中的单元条目，研究者可以估计这些条目能够引起每个所要求的输出步骤的范围，这些输出步骤是说服冲突所需要的。在其他领域，可能更适合使用树结构而不是矩阵结构，树结构允许有不同分支，不同分支可在不同基础上再分。

例如，认知科学中的树表征，家谱中的"家族树"表征。这种表征是一种等级结构。在这个等级结构中，每个位置上的元素既继承了上一个层次中元素的某些性质，也把自己的某些特性遗传给下一个层次中的元素。同时，它也具有不同于上下层次中的元素的特性。不同层次中的每

---

① See W. J. McGuire: "Attitude and Attitude Change," in G. Lindzey , E. Aronson (eds.): *Hand Book of Social Psychology* (3rd ed. ), New York: Random House, 1985.

个元素都语境地联系在一起。

以上讨论的创造性方法的这三个类型——纲领性计划、创造性启示法和假设形成结构，详细说明而不是穷尽创造程序。这些创造程序可以推广，以提高科学研究中的更多创造性思维，它们在语境论方法中尤其明显。

### 三、科学研究类型的语境化

在语境论者看来，科学研究应该从单线型变为系统型，从结构整体（显示构架）变为语境整体（显示意义）。所谓研究类型是指研究者在进行个人研究中制定的战术选择模式。一个典型的研究可能包括数十个步骤，每个步骤都是一个选择点，每个选择点允许有多个可供选择的途径，选择点的增加通过决策树产生天文数字的可能路径，每个路径就是一个潜在的研究类型。在实际研究中，任何时期的某一学科的研究者集中于一个或两个占优势的确定类型，例如，牛顿型和达尔文型。集中于几个类型是部分地发生的，因为在前几个步骤的选择项倾向于缩小在后来选择点上可行的可选择途径。由于一个给定时代的类型、方法和问题倾向于相互加强，也由于坚持一个确定认可模式使个人研究者解除了必须做出艰难选择或必须确证选择的路径的烦恼，集中于某个综合类型时刻在发生着。比如，机械论和有机论倾向于相互加强并向语境论集中。

以行为科学为例，在 20 世纪前半叶，行为科学一直受严格单线类型的收敛和发散变量支配。这种类型与逻辑经验主义的假设相一致，即经验对抗的目的是检验一个源于理论的假设的有效性，这个假设与依赖变量和独立变量如何与其他因素不变的可能情况有关。这个典型单线类型的单纯概念化产生了它的特别严格的经验对抗模式，在这个模式中，以人为对象或其他观察对象根据它们的独立变量标准被分为两个或多个子集，然后测量它们的依赖变量标准，同时测量其他可能影响它们的依赖变量标准。

单线类型的初始概念化的严格性，导致研究者过度强调依据描述统计的推理数据分析。研究者典型地仅使用两个或非常少的独立变量标准，把描述统计最多还原为不同平均数之间的差异，而推理统计倾向于形式的优雅性，尽管通过估计一对平均数之间的实得差异可能使偶然发生的概率被用来检验无意义的假设。然后，习惯单线类型的研究者详细描述这个研究，并赋予实际策略和基本理论以含义，而很少注意语境限制，这些语境限制把"其他条件均等"的反事实的初始假设和所做的经验对抗限制强加到单一成功的检验上。

语境论者喜欢知识表征的丰富模糊性，他们通过转向研究的系统类型探索理论和经验对抗的启示性力量，而系统类型允许许多变量之间发生共变。在语境论者看来，没有什么东西能够起独立变量或依赖变量或中介变量的独特作用，以便其与一个强求一致的设计匹配。相反，每个变量将被允许自然地波动，而且在一个时间序列设计中在几个连续间隔得到测量。描述统计分析处理数据更为适当，它使用结构方程模型和其他因果分析类型，特别是能够揭示重复序列，能够估计多重预期因果途径以及发现不曾预料的因果路径的那些类型。描述统计将被用于探测的发现方式中，而不是简单地测量连接几个点的一些直线是否不同于一个无意义的假设水平线，这正是前语境论的单线类型的情形。系统类型的描述统计可能会发展出提供关于变量、形式和平均关系参数、任何两个变量包括倒数关系和产生任何变量自我调整的反馈环之间的相互关系的替代路径的统一度量标准。推理统计起初可能落后于系统类型描述统计中的这些预测量，但它可以以建模方式弥补其不足，以便估计不同兴趣语境交叉的关系参数的强度。系统类型报告者将通过产生使研究者和理论家更好地识别现象的明显复杂性而超越单线类型，他们正是利用这些现象处理、认识所包含的变量及其复杂的相互关系。

## 四、理论、方法和语境的多样化

除了前三种方法外，创造科学知识的第四种方法是在任何研究纲领中利用理论、方法和经验语境中的极大多样性。科学创造不应该拘泥于某一种理论、某一种方法或某一种经验语境。

首先，理论应该多元。理论的普遍性由语境论的基本原则所规定。这个原则是：所有命题为真（或所有命题为假）和任何给定命题为真有多种理由。逻辑经验主义强调，研究者应该知道在一个更广阔的理论说明中嵌入任何科学假设，而不是让假设成为一个特设的断言。语境论者提醒研究者，一次说明是不够的，应该在许多不同理论说明的基础上解释任何给定的假设关系来加强这个观点。任何科学假设可以源于许多说明中的一个，例如，关于光的本质的"粒子说"和"波动说"以及后来的"波粒二象性"，每个说明都有各自的假设和经验证据，都部分正确地描述了光的特性。又如，关于描述量子行为的薛定谔方程和狄拉克矩阵，在反映量子特性方面被证明具有等效性。这表明，对同一现象的说明具有理论上的多元性。语境论者在逻辑经验主义基础上，设计一个研究纲领探索被假设的关系，研究这个关系获得的理由的多样性，每个理由暗含了关于这个关系的参数的语境效果。因此，语境论者将通过产生许多而不仅仅是一个对任何给定关系的可能解释，探索他们最初洞见的问题，且将通过探索关于中介、相互作用效果等的含义，设计一个研究纲领来发现不同说明的操作。如果研究者自己不能执行一个适当的纲领，他们将至少在所做研究的小范围的报告中提及这些复杂性。

其次，方法应该多元。语境论的立场是，经验对抗应该作为发现、激发洞见的全部意义的一个过程，而不是简单地检验某人经验对抗的先验操作化。这意味着研究者应该使用各种方法。研究者应该超越当下过度使用的起反作用的方法，这些方法用研究者选择的标准呈现给参与者，用这些反响提供少量新信息的结果限制反响的那个维度，这些少量新信息能够令研究者惊奇，或引起对这个关系的语境边界的更充分的正确评价。语境论者可能保留如此有效的、容易获得的起反作用的测量，但应该增加可修整的测量，这些测量允许这个反响者揭示新信息。例如，如果有人预测人们对核能的喜爱处于一个并非无变化的、与他们离一个核发电厂的距离成反比的关系，这个语境论者可能使用一个传统的反应标准来测量对核能的喜欢，但也将开发经验对抗的发现可能性，以通过增加内容分析某些可修整的探讨，例如，"关于核能的重要考虑是……"，"关于核能我喜欢或不喜欢的东西是……"等。这些更小地起反作用的关于数据收集的测量和得分的评价是花费时间的，但在产生新观点和允许研究通过反作用测量超越探询的问题方面可能更划算。语境论者也可以利用反响的被忽视的方面，如花费的时间、反响次序等，并对不一致和除重要倾向描述统计外的反响分布的其他方面做出预测。

语境论的方法多样性延伸并超越了对设计的测量和分析。现在单线类型的狭隘设计包括一个或两个预先确定好的独立变量的操作和一个依赖变量的伴随波动的测量，而其他变量尽可能作为常数保持，提供在一个"其他条件均等"的人工世界中共变的可能信息。语境论者使用一个更自然主义的和更宽广的方法，在一个系统中识别许多重要变量，研究这个可能世界，允许它们都自然地协同变化，然后在连续时间间隔上测量整个变量集。这些时间系列数据受控于结构方程建模和其他因果分析。这些因果分析不仅揭示研究者期望的因果路径，而且揭示其他没有期望的因果联系。这样，语境论更系统地揭示每个替代关系和替代说明的一个先验理论说明，与一个使用测量和能够继续发现过程的设计的后验经验对抗相匹配。

最后，语境应该多元。除理论和方法的多元之外，语境论在一个先验概念分析和一个后验经验对抗期间在更多样的语境中检查初始观点。关于这个关系的最初灵感在某些特殊语境中典型地清晰阐明本身，受逻辑经验主义支配的研究者，可能与语境密切关联，在这个语境中，这个灵感最初表达它自己，并把自己转变为有必要加强的结果。这将证明是正确的可能性。此外，语境论者尽可能辩证地利用先验的和后验的语境，使用思想实验和经验对抗来揭示不同方向的界限，识别不同语境边界，在这个边界内保持关系，在这个边界外有许多可辨认的理由不保持关系。通过这个辩证过程，语境论研究者创造了一个更高阶的综合。

不过，这些语境论的规定可能加大了研究者的工作量。这个艰巨性可能比实际情况更大。语境论能够使研究者更好地鉴赏事实的复杂丰富性和那个事实的知识表征的次要但仍然真实的丰富性。它因此为发展更有力的概念形式和它们对不同语境的更敏锐的应用提供了鼓励和指导。通过掌握研究者的最初灵感的丰富复杂性，语境论者能够系统地探索它们，不论是先验的还是后验的，在更长的过程中更有效地追寻它们。除坚持其他认识论信条与可靠的理论反常外，语境论的规定与研究者作为有效思想者本能地所做的工作同步。通过使研究者与其更好的理论相联系，语境论提高了好的信念和好的工作。

总之，语境论的科学研究纲领方法论是一种新的科学认识论和方法论，也是一种新的科学哲学观。把语境论引入科学研究过程分析是一种尝试，提出的不同层次的纲领还有待进一步加强和提高。笔者相信，语境论虽然有这样和那样的不足，但作为一种新的认识论和方法论，对于提高科学研究的创造性有重要的作用和意义，我们应该接纳任何一种有利于科学研究的认识论和方法论，科学的创造性是不拘泥于某个固定模式和单一方法的。因此，语境论作为新的世界观和方法论，只是为我们提供了一种新的可能的创造性途径，但不是唯一正确和绝对的途径。

## 第四节 问题发现的语境追踪：近似处理

要研究问题首先要发现问题。在某种意义上，发现问题比研究问题无疑更重要。当面对极复杂的问题时，研究者常常对其进行"去粗取精，去伪存真"，以达到认识事物本质及规律的目的。这就是近似处理。这是语境论关于经验检验的层次分析方法。这种近似处理在科学研究中无疑具有重要的方法论意义。

## 一、在问题语境中追踪语境因素

所谓发现就是在语境的诸多因素中寻找隐藏的关键因素。近似处理就是实现这一目的的手段。它是研究者略去复杂研究对象非本质的东西而达到认识其本质的一种策略。近似处理模型一般有两种：模型近似和数学近似。

模型近似是指根据原型建构与原型相似或近似的模型的方法。这是科学知识的模型表征问题。模型不断接近原型，反映原型最本质的特征而略去一些不必要的细节。比如，牛顿力学中的"质点"、"刚体"之于真实的物体，热力学中的"理想气体"、"孤立体系"、"理想过程"、"可逆过程"之于实际气体和实际过程，电脑之于人脑均是模型之于原型。仿生学就是基于模型与原型的关系而建立的。模型近似是人的主观能动性的突出表现，其目是便于认识原型以及运用数学工具进行处理，这是人类认识复杂事物常采用的一种策略。如果一味要完全反映事物的全貌，不仅不可能，也必然归于失败，因为人们对事物的认识，特别是复杂事物的认识是一个近似真的反映，承认自然界的客观规律和这个规律在人脑中的近似真的反映，才是科学的态度。或者说，不遗漏任何细节地去完全表征外部世界是不可能的，知识表征的同构模型与相似模型的争论就是证明。

数学近似是指在运用数学工具处理复杂问题的过程中略去或消去一些"微小项"而使计算过程简化的方法。数学近似体现在计算过程中，是为得到理想的结果而采取的一种"策略"。例如，分析化学中计算溶液粒子浓度的"逐步逼近法"，量子化学中处理多原子分子体系的"微扰法"和"变分法"等都是对复杂问题所建数学模型（方程）进行简化处理。数学近似是人的主观能动性更加突出的表现，借助数学工具及其近似处理，人们对复杂问题逐渐从量的认识达到质的认识。从语境分析的角度看，近似处理就是要把那些对问题解决无关紧要的因素忽略掉，或者说是抓住影响问题解决的主要因素。从问题语境出发，这一过程就是语境追踪过程。或者说，解决问题就是在问题语境中寻找影响此问题的关键语境因素。因此，发现的过程就是语境追踪的过程。

## 二、近似处理是语境追踪过程

近似处理之所以成为科学研究具有高度策略性的研究手段和方法，这主要是由认识主体的能动性、认识客体的复杂性以及二者的相互作用过程的复杂性共同决定的。

在科学研究中，研究者总是在一定条件下运用一定的手段对某一研究对象进行认识的，或者说，是在特定语境中认识的。这一认识过程体现了认识主体、认识客体和认识手段是不断相互作用的。就认识主体而言，当面对复杂的认识客体时，他（她）会运用一切手段，克服人类感官的局限性，充分发挥主观能动性。就认识客体而言，由于其复杂性，认识主体对它的把握总不免带有一些偏差或主观成分，即总是一种近似的反映，主体和认识客体不断相互作用，使认识不断得到深化。因果观念总是把自然现象的客观联系做稍许简化，近似反映这种联系，人为地把一个统一的世界过程的某些方面孤立起来研究。语境分析就是要在整体中把握部分，从部分探知整体。近似处理不是人们面对复杂问题的一种"无可奈何"，而是一种认识策略和方法论，它更显示出人在认识和改造自然进程中的能动作用。

可以预见，研究对象越复杂，特别是人们的感官难以触及的宇观和微观领域，近似处理显得尤为必要。既然绝对真理的到达是一个不断逼近的过程，人们对客观事物的认识就是近似真的反映，从这种意义上讲，近似处理是科学研究必然而必要的手段了。

### 三、近似处理方法的启示

近似处理作为一种具体的语境分析方法，对于研究者的启示是多方面的。

首先，我们要把握整体与部分的关系。整体由部分构成，但整体的功能大于部分功能之和。因此，在对研究对象作近似处理时，必须从整体上进行考察，弄清本质的东西是什么，非本质的东西是什么，主要因素是什么，次要因素是什么，然后建立理论模型进行合理的近似。也就是说，近似处理前，我们必须先处理好整体与部分之间的关系，以不破坏研究对象的整体性功能为前提，否则，近似处理便毫无意义了。语境分析就是以语境这个整体的存在为前提的，失去这个前提就不是语境分析了。

其次，抓主要语境因素或者矛盾是近似处理的关键。抓住研究对象的主要因素是近似处理的应有之意。当面对复杂的问题时，通过语境分析抓主要因素具有策略性意义。比如量子化学中的玻恩－奥本海姆近似就是成功处理氢分子离子（$H_2^+$）的典范。他们假定，氢原子核的动能近似为零，氢原子核之间的排斥能为常数，因为核运动比其周围的电子运动慢得多，将氢原子核运动与电子运动分别处理，抓住电子运动这一主要因素，便得到了很好的结果，最终发展了分子光谱学理论。相反，托马斯和费米在研究分子结构多体问题时，不分主次因素，一概采用统计平均法处理电子运动的动能、库仑作用能和交换作用能，结果很不理想。后来，斯雷特将动能部分的库仑作为主要因素采用量子力学处理，交换作用能作为次要因素按统计平均方法处理，得到很好的结果，最终发展为 X 射线方法。足见，在科学研究的近似处理中抓主要因素的重要性。

最后，正确处理近似与精确的关系。近似不等于模糊，近似是为达到精确而采取的一种手段，因而近似处理是手段而不是结果或目的。在科学研究中一味追求精确而忽视近似处理是不明智的，因为绝对的精确是不可达的，精确是相对的，近似才是绝对的，近似中包含了精确，精确寓于近似之中，通过近似一步步达到精确。从这种意义上讲，没有近似，也不会有精确，近似与精确是辩证的统一。例如，量子力学中薛定谔方程的求解若不采用合理的近似就无法求解。逐步逼近法就是为达到精确而采用的方法，通过一步步逼近，近似转化为精确，而最终的精确又是相对的精确，其中含有一定的近似。语境论主张对复杂问题进行层次分析，多次测量与检验，通过不断的近似处理逐渐获得相对准确的结果。

# 第五章　科学哲学中的语境论

　　按照语境论的观点，一切历史思想都是当下事件或行动的语境。一切事物、一切学科都有自己的历史。科学哲学也不例外。哲学史上的所有哲学思想都应该被看做是当代科学哲学的历史语境，因为在语境中行动是语境论的核心思想。由于语境不同，行动的内容和意义也随之不同。从语境论的视角重新审视科学哲学，笔者发现，科学哲学的不同流派都具有语境论的特征，或者说是不同种类或者不同程度的语境论①。也就是说，只要把不同的东西作为一个事件或行动的相关背景或者关联因素，就会有不同的语境论。

　　虽然语境论这个概念在现代科学哲学中很少提及，但它以种种形式显现于科学哲学中。笔者所说的科学哲学是指逻辑经验主义以来的科学哲学流派，而不是泛指科学技术哲学，前者可称之为狭义的科学哲学，后者可称之为广义的科学哲学。它的发展历程一般经历了：逻辑经验主义→操作主义与新实证主义→证伪主义→历史主义→后历史主义→语境论的科学哲学。在笔者看来，实证主义以经验作为语境，是经验语境论；逻辑经验主义以语言作为语境，是语言语境论；证伪主义以逻辑作为语境，是逻辑语境论；历史主义以历史作为语境，是历史语境论；后历史主义以文化作为语境，是文化语境论；科学实在论以信念作为语境，是信念语境论。这样说可能过于牵强，有把某一因素放大之嫌，或许说具有语境论特征更合适。

## 第一节　科学哲学的历史思想

　　同任何学科都有其历史渊源一样，科学哲学也有自己的历史。这些深刻的历史思想构成了科学哲学的坚实基础，也形成了现代科学哲学的

---

　　①　这种看法肯定是会有争议的，有"泛语境论"之嫌。尽管如此，在笔者看来，运用一种新的认识论和方法论重新审视科学哲学是可行的，其结论也可能是有新意的。笔者常说的一句话表明了笔者的态度："语境论不是万能的，但没有语境论是万万不能的"，或者说"语境分析不是万能的，没有语境分析是万万不能的"。

历史语境。为了简化起见，笔者以列表形式勾勒出科学哲学的历史思想
（如表 5-1 所示）。

## 一、萌芽时期：古希腊、罗马和文艺复兴时期的科学哲学思想

**表 5-1  古希腊、罗马和文艺复兴时期的科学哲学思想**

| 序号 | 代表人物 | 主要科学哲学思想和方法 | 哲学特征 |
|---|---|---|---|
| 1 | 泰勒斯（Thales，约前 624～约前 547） | 万物统一于"水"；感性与理性统一 | 唯物主义 |
| 2 | 毕达哥拉斯（Pythagoras，前580～约前 500） | 万物皆数；数的和谐；否认感性，肯定理性；重演绎，轻归纳 | 唯心主义 |
| 3 | 德谟克里特（Demokritus，约前 460～约前 370） | 哲学原子论；归纳法 | 唯物主义 |
| 4 | 柏拉图（Plato，前 427～前 347） | 理念论；理性；演绎法 | 唯心主义 |
| 5 | 亚里士多德（Aristotle，前 384～前 322） | 质料与形式的统一；归纳与演绎的统一；归纳法（完全枚举、简单枚举、直观归纳）；三段论；类推法；假说推理 | 唯物主义与唯心主义的集大成者 |
| 6 | 古代怀疑论（罗马时期）皮浪（Pyrrhon，约前 365～约前 275）、塞克斯都·恩披里柯（Sextus Empiricus，约 160～210）等 | 人是万物的尺度；停止一切判断；世界不可知；认识了也不可说 | 怀疑论 |
| 7 | 经院哲学（中世纪） | 以信仰抑制理性；反对经验，反对理性；信仰高于理性；理性服从信仰 | 唯心主义怀疑论反科学 |
| 8 | 罗吉尔·培根（R. Bacon，约 1214～约 1292） | 倡导科学实验；提倡自然科学研究 | 唯物主义 |
| 9 | 司各脱（J. D. Scotus, 1265～1308） | 白板说；一切知识产生于感觉；求同法 | 经验主义 |
| 10 | 奥卡姆（W. Ockhom，约 1285～1349） | 剃刀原则；差异法 | 经验主义 |

## 二、孕育时期：16～19 世纪末的科学哲学思想

表 5-2　16～19 世纪末的科学哲学思想

| 序号 | 代表人物 | 主要科学哲学思想和方法 | 哲学特征 |
|---|---|---|---|
| 1 | 弗兰西斯·培根（Francis Bacon，1561～1626） | 知识就是力量；四假象说（种族、洞穴、市场、剧场）；实验法（变化、重复、倒转、转移、消除、应用、连接、偶获）；科学归纳法包括三表法（具有、缺乏和程度）和排除法，逐步归纳（经验观察和科学实验→事物的相互联系→科学命题→一般原理）（倒金字塔形） | 唯物主义 |
| 2 | 笛卡儿（Descartes，1596～1650） | 三类观念（天赋、外来、臆造）；天赋观念是第一原理，由演绎法获得；外来观念由归纳获得；臆造观念由臆造法获得；演绎获得必然真理，其他方法获得偶然真理；先验演绎法是唯一的科学方法；获得必然真理的三个步骤：靠直觉建立公理→用演绎建立命题定律→知识体系；用演绎法获得正确知识的原则：清楚明白、分解难点、由简到繁、彻底审查；我思故我在→上帝存在→世界存在→所有明晰观念为真→广延性原理→空间充实原理→接触作用原理；也即公理→一般世界原理→一般自然科学原理→具体自然物质（金字塔形）；否认真空、否认超距作用 | 二元论 机械论 先验论 |
| 3 | 伽利略（G. Galilei，1564～1642） | 科学的可接受性标准；不可接受的解释远多于可接受的解释；经验数学化方法；理想化方法（理想摆、自由落体） | 机械论 理性主义 |

续表

| 序号 | 代表人物 | 主要科学哲学思想和方法 | 哲学特征 |
|---|---|---|---|
| 4 | 牛顿（I. Newton, 1643～1727） | 分析－综合方法（光分解）；公理方法；思想实验（抛物体）；数学方法；超距作用思想；推理四规则；规则 1，除那些真实而已是足够说明其现象者外，不必去寻求自然界事物的其他原因（充足原因规则）；规则 2，对于自然界中同一类结果，必须尽可能归之于同一种原因（同类同果规则）；规则 3，物体的属性，凡既不能增加也不能减弱者，又为我们实验所能及的范围内的一切物体所具有者，应视为所有物体的普遍属性（普遍属性规则）；规则 4，在实验哲学中，原来认为是正确的东西，在没有出现其他现象足以使其更为正确时，仍然予以承认其正确（韧性规则） | 机械论 理性主义 |
| 5 | 洛克（J. Locke, 1632～1704） | 归纳主义：归纳→公理→结论；知识源于经验；经验具有感觉（外部经验）和反省（内部经验）；客观世界具有第一性的质（客观）和第二性的质（主观） | 经验主义 唯物主义 |
| 6 | 伽桑狄 (P. Gassendi, 1592～1655) | 原子主义：复兴古代原子论；重视对自然的研究；重视科学实验；世界是物质的，物质自己运动；世界没有"第一因"，物质是不灭的；感性先于理性 | 唯物主义 |
| 7 | 莱布尼茨 (G. W. Leibniz, 1646～1716) | 演绎主义：由演绎获得理性真理（必然真理）；由归纳获得事实真理（偶然真理）；单子论 | 理性主义 |

续表

| 序号 | 代表人物 | 主要科学哲学思想和方法 | 哲学特征 |
|---|---|---|---|
| 8 | 休 谟（D. Hume, 1711～1776） | 否认经验外的客观存在；一切必须还原为经验；否认因果性和必然性的客观性；因果性和必然性由习惯信念形成（习惯是人类生活的伟大导师）；知识分为经验和形式关系两类；经验知识由归纳事实获得，具有偶然性；形式关系知识由数学、逻辑推演获得，具有必然性 | 经验主义<br>怀疑论<br>不可知论 |
| 9 | 康 德（I. Kant, 1724～1804） | 先天综合判断→真正的科学知识；判断包括先天分析、后天综合、先天综合；认识三阶段：感性→知性→理性；感性包括后天质料和先天形式；知性包括因果性和必然性；理性是思维的综合统一，包括目的论和调节原则；调节原则包括节约律、连续律、少数类型因果作用律、从属关系律；认识模式：观察加实验→感性空间时间→知觉→知性、因果、必然、规律→理性（调节原则） | 唯心主义认识论 |

### 三、奠基时期：20 世纪初的科学哲学思想

表 5-3　20 世纪初的科学哲学思想

| 序号 | 代表人物 | 主要科学哲学思想和方法 | 哲学特征 |
|---|---|---|---|
| 1 | 孔德（A. Comte, 1798～1857） | 科学哲学的共同原则——实证原则：只有能用经验证实的陈述才是科学的陈述；科学认识过程：观察实验→（先后关系和相似关系）→规律→最小量关系；三阶段定律：神学阶段（超自然力量）→形而上学阶段（非人格化的抽象物质）→实证阶段（科学阶段） | 实证主义（第一代）<br>经验主义 |

| 序号 | 代表人物 | 主要科学哲学思想和方法 | 哲学特征 |
|---|---|---|---|
| 2 | 穆勒（J. S. Mill, 1806~1873） | 联想主义实证化：物→心理联想→（先后关系和相似关系）→结果；否认因果性的客观性；重视归纳轻视演绎，反演绎的理由：同义反复，窃取证据，前提无穷回归；归纳五法：合同法、差异法、合同差异法、共变法、剩余法 | 联想主义实证主义 |
| 3 | 赫歇尔（J. Herschel, 1792~1871） | 提出归纳－假设法；反对"发现与证明同一"观点；归纳可见现象，假设不可见现象；建立理论的模式：现象世界→归纳－假设→自然规律→归纳－假设→理论；发现与证明不同一，发现具有偶然性，证明则是必然性；肯定判决性实验 | 归纳主义假设主义 |
| 4 | 惠威尔（W. Whewell, 1794~1866） | 科学发现过程：事实＋观念（搜索事实，澄清概念）→（综合性归纳包括假说、创造性想象力）→结论（定律、规律、理论）→验证→应用（解释同类事实，预见不同类事实）；综合性归纳的原则：简单性、连续性和对称性；理论渗透于观察（观察渗透理论）；事实包括经验事实和有待综合的观念；观念包括经验事实的综合和各种观念的综合；观念是理解、表述经验的必要条件；理论渗透于经验之中；科学是不断进步的事业（支流汇入江河）；科学哲学要与科学史结合；真理包括必然真理（几何公理）和偶然真理（自然科学） | 假设主义归纳主义真理先验论 |

续表

| 序号 | 代表人物 | 主要科学哲学思想和方法 | 哲学特征 |
|---|---|---|---|
| 5 | 马赫（E. Mach, 1838～1916） | 物是要素的复合；时空观：生理时空（有限、不稳、变化）和抽象时空（无限、稳定、共有）；否定绝对时空观念；经济思维原则（以最少的概念来描述最多的经验事实） | 实证主义（第二代）假设主义 主观经验主义 |
| 6 | 彭加勒（H. Poincare, 1854～1912） | 简单性原则；约定假设（一切科学理论都是科学家的共同约定）；科学知识可错；承认直觉；否认客观实在 | 约定主义 直觉主义 |
| 7 | 杜恒（P. Duhem, 1861～1916） | 科学是实证的事业，既有约定成分也需要假设；种种假设＋先行条件→预见（结论）；科学通过假设进步（假设1→假设2…）；否认判决性实验 | 实证主义 约定主义 整体主义 |
| 8 | 罗素（B. Russell, 1872～1970） | 逻辑是哲学的本质；∑经验事实＝原子事实→（经逻辑分析）→理论（经验世界）；∑原子事实（不可分解的经验事实）→∑原子命题→∑复合命题→理论（科学知识）；四条纲领：认识必须限于经验范围，否则是非科学的独断形而上学；科学哲学的任务是对表述经验事实的科学陈述进行逻辑分析；逻辑分析不能为科学建立任何新真理；逻辑分析的意义使科学陈述逻辑清晰。名称的意义即它指谓的对象；科学不是时时刻刻都非常正确的，但科学很少是错误的；凡是可能的地方就要用逻辑构造代替推论出的存在物 | 逻辑原子主义 |
| 9 | 维特根斯坦（L. Wittgenstein, 1889～1951） | 全部哲学是语言批判；理解一个语句就是理解一种语言；经验证实原则；图像说；语言游戏说；回到生活；分析命题是重言式，其真假性依据逻辑规则即可断定 | 逻辑原子主义 |

以上简单概括的科学哲学的历史思想，构成了现代科学哲学的历史语境。科学哲学正是得益于这些历史思想而得以孕育和发展的。没有这些历史思想，现代科学哲学的形成和发展就是无源之水，无本之木。这恰好体现了历史语境决定科学哲学意义的作用。在语境论者看来，任何学科的形成和发展，都有其割不断的历史思想，因此，历史语境体现了继承和发展的关系。

## 第二节　逻辑经验主义的语境论特征

逻辑经验主义也称逻辑实证主义。它是 20 世纪 20 年代由石里克、纽拉特、卡尔纳普等维也纳学派成员提出的。这种观点把知识限于科学内，把所有有意义的命题划分为分析命题和综合命题两类。前者可先天地知道必然为真，后者可先天地知道偶然为真。它既坚持世界的逻辑结构，提出逻辑句法与语义学，又坚持实证主义，主张命题的意义就是其证实方法。一个命题若不能被经验事实证明，就是无意义的，它因此反对任何形式的形而上学命题。逻辑经验主义的兴起，极大地促进了分析哲学的发展。接下来笔者将详细分析和论证这些流派的语境论特征。

### 一、实证主义的语境论特征

我们知道，实证主义是逻辑经验主义的前身，它把经验事实作为判断命题真假的唯一标准，即用过去相信为真的经验事实去确证一个命题或理论。它因此也是一种典型的经验主义①。从语境论的角度看，实证主义不仅把经验作为判断标准，而且把经验作为语境。此时，经验不是一次事实检验，而是一个经验事实集。正是经验集构成了一个命题的语境。也正是在这个意义上，笔者说实证主义是经验语境论(如图 5-1 所示)：

**图 5-1　实证主义的经验语境化**

---

① 虽然说实证主义是一种经验主义，但二者是有区别的。经验主义主张知识源于经验，经验之外无知识；实证主义主张命题的真假由经验事实证实，凡不能证实的命题，就是无意义的。因此，经验主义强调知识的经验起源和知识的经验范围，实证主义强调知识的经验检验和经验确证。

　　语境论不否认经验在建构知识中的作用，但它反对把经验作为单一的标准，因为经验是语境化的。命题的意义是语境化的，经验只是语境因素之一，而不是全部。不过，语境论和实证主义的区别也是非常明显的，这些区别在第一章中已有说明，这里不再赘述。

## 二、逻辑经验主义的语境论特征

　　逻辑经验主义是把逻辑引入经验主义的结果，或者说是经验主义的逻辑化，或者说是经验主义和逻辑主义的结合。由于它奉行逻辑主义[①]，主张以逻辑特别是数理逻辑改造哲学，以逻辑强化经验，因此，它反对任何形而上学的东西，也不把形而上学作为语境，而是将语言作为语境，即在语言层面用逻辑方法分析科学命题和理论，然后以经验事实给予证明。从这种意义上讲，逻辑经验主义既是经验语境论，也是语言的语境论，它是逻辑的和经验的语境论结合的产物。

　　逻辑经验主义不反对语境论，不是因为它出现时还没有语境论，而是因为它本身是一种内在的语境论。就逻辑和经验而言，它们是依赖语境的，这里的语境不是"社会的、历史的、文化的和心理的"，而是"逻辑作为形式语言"，"经验作为语境"，进而"语言作为语境"。逻辑经验主义作为科学哲学的第一个流派，其观点被称为"正统观点"。它包括维也纳学派和柏林学派。石里克（M. Schlick）和卡尔纳普（R. Carnap）是维也纳学派的代表人物。赖欣巴哈（H. Reichenback）和亨普尔（C. G. Hempel）以及艾耶尔（A. J. Ayer）是柏林学派的代表人物。这些代表人物的某些思想具有以下语境论特征。

　　第一，哲学是澄清命题的语言分析活动，而语言分析当然离不开语境。这是石里克的观点。首先，在他看来，哲学方法即逻辑分析方法。哲学不是科学理论，而是说明科学理论的学说。说明过程是语言逻辑问题。因此，哲学方法就是逻辑分析方法。他虽然没有明确提及语境问题，但语言的逻辑分析不言而喻是语境依赖的。语言世界中的一切活动，都是语境限制的，此时的语境是潜在的。人们在进行语言分析时，常常不考虑语境，就像人在从事某活动时不考虑空气一样。其次，石里克认为，形而上学不是关于知识的理论，而是关于预设的学问。他指出，科学发

---

　　① 逻辑主义是由弗雷格、罗素和卡尔纳普提出的研究数学哲学的方法，主张每一数学真理可表达为真的逻辑命题，即逻辑真理，这些真理可以从很少的逻辑真理和规则中演绎出来。正如奎因在《从逻辑的观点看》(1953)所指出的那样，逻辑主义允许人们不加区别地使用约束变项来指称已知的或未知的，可指明的和不可指明的抽象实体。

现有意义的命题,哲学说明命题的意义。也就是说,科学在于发现,哲学在于说明。在实证的意义上,形而上学是不可能的。在语境论者看来,实证是语境依赖的,形而上学是预设,预设是信念,信念不需要证实。这样,形而上学的确不是关于实证知识的理论,而是关于知识的信念。形而上学作为知识的语境存在是有意义的,作为实证知识本身是无意义的。因此,石里克并没有否认形而上学作为语境的意义。再次,石里克主张,知识的本质是形式关系(结构),知识的起点是体验。体验不等于知识,它只是知识的起点。知识和体验的意义在于主观所与①,所与是指示的和体验的,是内容的客观形式,它也是说明的和认识的,是内容的主观表现。"只有结构而非内容才是可交流的、可认定的。"石里克将知识体看做是形式关系,结构是知识的本质,人们交流的是结构而不是内容。在语境论者看来,知识的结构和内容(意义)是一体的,结构表征内容,内容体现结构。结构和内容一起构成语境。把体验作为知识的起点,不管其合理性如何,体验都是语境化的,因为体验既包含主观经验,也包含客观内容,而且体验的表达也离不开语言。最后,石里克坚持真理即效用。这是他的实用主义真理观。他把真理分为形式真理和经验真理。形式真理指数学和逻辑,属于先天综合,是分析命题,具有同义反复变换性;经验真理指自然科学,它属经验事实,属于后天综合,是综合命题,是实际知识。由于实用主义是语境论的来源之一,因此,语境论也主张事件或行动的实际效果。在语境论者看来,真理是语境化的,在不同的语境中,真理具有不同的意义。真理不是一成不变的。真理讲效用,无用的东西不是真理。但有用不等于真理。语境论的真理观没有浅薄到"有奶便是娘"的地步。"有奶便是娘"是功利主义和机会主义,而不是实用主义,更不是语境论。在石里克看来,真理标准就是证实它的原则,即命题与事实一致。"陈述只有在其原则上可证实时才是有意义的。"语境论不反对这一原则,只是认为,经验证实是依赖语境的,事实的确立也是语境依赖的。

第二,用语言-逻辑构造的世界是语境化的世界。卡尔纳普强调语言-逻辑对世界的建构作用。在语言层次,卡尔纳普并不反对语境论。因为他明白,语言和逻辑在建构世界过程中是语境依赖的。比如,在用语言构造一个对象的"基本事实"及其关系中,卡尔纳普认为每个对象都

---

① "所与"是指经验和直觉直接获得的东西,或者是直接呈现给意识的东西,它是感觉经验的直接内容。

有一个基本事实，即有一个"基本命题函项"，每个对象的出现都可以用这个基本函项来表达。

> 对一特性概念来说，基本事实就是这个特性的存在（基本命题函项为："x 有……特性"，或"x 是一个……"）；对一关系概念来说，基本事实就是这个关系的存在（基本命题函项为："x 和 y 有……关系"）。①

按照他的构造方法，卡尔纳普用一个类符号比如 k 表示一个特性概念，用一个关系符号比如 Q 表示一个关系概念，于是它们的基本命题函项为："xεk"和"xQy"。

> 事实上，每个包含类符号 k 的语句都可以转换成使 k 仅仅在"xεk"的语境中才出现；每个包含关系符号 Q 的语句也可以转换成使 Q 仅仅出现在"xQy"的语境中。②

笔者把他的语境论思想概括为以下四点：

（1）知识源于经验，经验确证知识。他认为知识依赖于经验，经验证实的知识才是有意义的。证实包括直接证实和间接证实。直接证实的是观察命题或术语，间接证实的是理论命题或术语。理论命题只有还原到观察命题才有意义。卡尔纳普主张，直接证实可靠，间接证实不可靠。因为证实原则预设了经验可靠，它以经验的语言证实代替经验的内容证实。由于语言是共同的，因此，语言的证实依赖语境就是不言而喻的了。

（2）科学命题是综合命题和分析命题的统一。在卡尔纳普看来，综合命题形成综合真理，分析命题形成分析真理；综合真理具有或然性，分析真理具有必然性。综合命题即事实命题，由观察归纳获得，因此具有或然性；分析命题即演绎命题，由演绎获得，因此具有必然性。换句话说，或然性由经验决定，必然性由演绎决定。经验是语境依赖的，演绎是逻辑依赖的。经验也好，逻辑也罢，都是命题的语境因素。这种划分虽然有点绝对，但还是有语境根据的。比如，"这是一朵花"是综合命题，

① 〔德〕卡尔纳普：《世界的逻辑构造》，陈启伟译，上海，上海译文出版社，1999，第 92 页。

② 〔德〕卡尔纳普：《世界的逻辑构造》，陈启伟译，上海，上海译文出版社，1999，第 92 页。

依赖代词"'这'、句法'是'以及花的形状、颜色和味道等"这些语境因素。"2+2＝4"是分析命题，依赖"'2'是数，表示个数是两个，加法规则，'4'是数，表示个数是四个"这些语境因素。两种命题的划分也是有语境的，比如归纳、经验和演绎、逻辑。因为对命题的划分是一个认知过程，而认知是有认知语境的。

（3）语言是元语言和对象语言的统一。元语言是语言的语言，对象语言是表达事物的语言。前一种语言用来表达情感，后一种语言用来表述事物①。因此，语言具有表述和表达两种功能。在卡尔纳普看来，自然科学语言是表述语言，描述客观世界中的经验事实；文学艺术是表达语言，刻画人的内心情感。不论是哪种语言，也不管其功能是表达还是表述，依赖语境是必然的。例如，表达"心情不好"可能用到"烦躁、走神、发脾气"等词语，其语境可能是"身体状况不好，工作压力大，家庭关系不和谐，社会不安全"等。表述"这是玻璃杯"可能用到"体积、颜色、透明、质量"等词语，其语境可能是"家庭用餐，朋友聚会，杯子展览或做实验"等。由于存在两种语言，且具有不同的功能，因而也相应有两种说话方式：实质的和形式的。前者是包含经验内容的对象句子（对象语言），后者是包含逻辑关系的句法句子（元语言）。两种说话方式统一构成命题系统（综合的或分析的），科学就属于命题系统。卡尔纳普认为，如果两种说话方式混用就会引起混乱，大多数科学争论就是由此产生的。从语境论的角度看，说话方式不同，语境肯定不同，语境不同，意义当然不同，因此争论就是不可避免的了。也就是说，科学争论在很大程度上是由于语境不同引起的。争论是对同一个问题的不同看法，之所以有不同看法，就是由于争论双方的语境因素有差异，比如教育、文化、社会背景有差别。

（4）物理语言是"统一科学"的语言基础。卡尔纳普主张用统一的物理语言建立"统一的科学"（unity of science）。这是他的"科学哲学理想"，也是典型的物理主义。所谓物理主义，就是以物理为基础，应用行为主义心理学方法，从物理学的物的语言将心理现象还原为物理现象，将心理命题还原为物理命题，从而把"心理的"与"物理的"、"身体的"与"心灵的"统一起来，把一切经验科学还原为物理科学。它声称"心理学是物理

---

① 这是卡尔纳普后来提出的"双语模型"（double language model）。他主张科学语言由理论语言（元语言）和观察语言（对象语言）构成。观察语言直接与感觉对象连接，而理论语言既不能直接用经验方法去分析，也不能用观察术语加以定义，理论术语的经验内容是通过"对应规则"获得的，而对应规则是包含了这两种术语的句子。

学的分支"，"物理学语言是科学的普遍语言"。那么，如何用物理学语言描述心理现象呢？卡尔纳普认为，纯粹用物理属性就可描述精神现象，比如"我心情不好"可以描述为"我血压增高，步伐加快"。这似乎有点牵强。因为不是所有的日常语言描述都能够用物理学语言表达。比如文学作品中对人物形象的描述：对美女的描述"沉鱼落雁，闭花羞月"，对英雄好汉的描述"鼻直口方，浓眉大眼"等，如果纯粹用物理学语言描述，不能说不可能，至少显得呆板，缺乏可读性和趣味性。因此，统一于物理语言的科学只能是一个幻想。在语境论者看来，由于不同学科的语言不同，当然语境也不同，把不同语境的东西统一到物理学语境，无异于把不同的语言统一或合并到一种语言上，这是难以实现的理想。比如，曾经风靡一时的所谓"世界语"最终也未能成为统一的世界语。

　　笔者认为，物理主义是表面的或好像唯物主义，实际上的非本体论。这一点与语境论是一致的。因为物理主义只是要求用物理语言统一描述科学，没有假定世界是由物理语言构成的，或世界的本原是物理语言。如果它认为世界是由物理事件构成的，它就是本体论的物理主义。实际上，卡尔纳普没有作这样的假定。他是在语言层次讨论如何建构世界的。

　　第三，两个自然世界是语境不同的世界。赖欣巴哈把世界分为可观察世界与不可观察世界。他认为，可观察对象是现象世界和经验世界，中间现象世界不可测。现象世界可证实，中间现象世界靠假设，科学正是探索这些不可观察实在的活动。假设包括因果性假设、普罗塔哥拉假设（看到时才存在）、自由意志假设。因果性假设用于正常描述体系（古典物理学、日常生活、宏观世界），普罗塔哥拉和自由意志假设用于异常描述体系（量子物理学、微观世界）；异常描述即异常原理；宏观世界是决定论的有限解释，微观世界是非决定论的详尽解释。从语境论来看，这两个世界就是不同的语境，在不同的语境中会产生意义不同的理论，如传统力学和量子力学是对这两个不同世界的描述和表征。

　　第四，证实是语境整体的而非部分的。亨普尔放弃分析－综合命题、有意义与无意义命题的划分，坚持命题和意义的整体主义意义标准，被认为是修正的逻辑经验主义。这其实就是语境论的整体主义。因为命题及其意义的划分是语境依赖的，同一个命题在这个语境中是综合命题，在另一个语境中可能是分析命题，它们的意义在不同的语境中也不同。例如，命题"所有天鹅是白的"，在归纳语境中是综合命题，它的确定性是或然的，在演绎语境中是分析的，它的确定性是必然的。他还主张科学理论是具有结构性的整体语言系统，不是命题的简单集合。这与语境论关于文本是语句结构整体的观点一致。科学理论是一种文本，文本是有意义的，意义由语境决定。亨普尔认为，单独命题不是观察句子。语句不是基本单元，命题才是基本单元。理论系统＝观察层次＋观察语句＋语义规则＋公理＋理论语句。观察层次是基础，观察语句是支撑点，语义规则是支柱，理论语句和公理构成理论系统的网格。这是他的著名的"完全网"比喻。在他看来，科学知识是一个整体的语言系统，观察是形成知识的基础，或者说观察是产生知识的起点，命题是基于观察而形成的语句的集合，也即命题不是一个简单的观察语句，而是一个构成完整意义的语句集。这些语句通过语义规则连接起来，形成理论语句和公理，所有这一切才构成科学知识。从语境论的观点看，如果把科学理论看做一个结果，那么形成这个结果的前提背景是其语境。因为任何结果（含有意义）都有其形成的语境。

第五，意义在语用中实现，语用体现语境。我们知道，维也纳学派以维特根斯坦的证实原则作为判断命题意义的标准。石里克主张命题的意义就是它的证实方法，句子意指什么的问题同这个问题是如何证实的问题是同一的。他把意义证实的不可能性区分为经验的不可能性和逻辑的不可能性。前者指一个命题是不可能证实的，仅仅是因为缺少决定其或真或假的技术手段；后者是一个命题在原则上无论怎么样都不能经验地决定其真假。卡尔纳普认为，石里克对可证实性的表述和要求是不完全正确的，因为由于它的简单化导致对科学语言的狭隘限制，他不仅排除了形而上学句子，同时也排除了一些有实际意义的科学句子。如果证实的意思是决定性的，即最终的确证为真，那么就绝对没有综合语句是可证实的。我们只能够越来越确定地确证一个语句。因此，我们说的将是确证问题而不是证实问题，我们把一个语句的检验和它的确证区别开来，从而理解一种程序就是实现某些导致对一个语句本身或者它的否定在某种程度上的确认的实验。

艾耶尔主张命题意义确证的语用途径。在他看来，命题的意义只有通过使用才能弄清其意义，只有通过使用才能证实其意义，因为使用本身就是一个在特定语境中意义确证的过程。他声称，哲学分析就是语境定义问题，比如罗素的限定摹状词分析是通过定义一个词所出现的语句来表达该词意义的。在罗素看来，符号必须通过语境定义获得其意义，因为符号并不是指称物的表征，其意义只有在语句的语境中才有意义。当然，大多数的经验命题在某种程度上是不能非常明白地说出来的。因此，为了证实一个事物的陈述，我们要求的绝对不是确实的这个或确实的那个感觉内容的出现，而只是要求属于一个完全不确定的那个感觉内容的出现。但是，对于我们实际实现的任何检验一样，有同一检验目的，但在它们的条件和它们的结果上则与实现的检验有某种程度的不同。这就意味着永远没有任何一套观察陈述，可以真正地被认为是确实被任何给定事物的陈述所导致。这样的观察陈述也只有通过语用方法才能被确证。

### 三、对逻辑经验主义的进一步讨论

关于逻辑经验主义，有几点需要作进一步说明和讨论：

第一，逻辑经验主义的基本观点虽然是经验主义和反形而上学的，但其经验主义不同于休谟的。休谟的经验主义是个人的感觉经验，逻辑经验主义是公认的实验证实。反形而上学也不像孔德和马赫那样认为形而上学是错误的，而是认为形而上学是无意义的。科学知识依赖科学共同体公认的实验证实，并以数理逻辑改造传统经验主义和实证主义。

第二，代表人物除以上五人外，还有汉恩（H. Hahn）、赖特梅斯特（K. Reidermeister）、弗朗克（Ph. Frank）、纽拉特（O. Neurath）、门格尔（K. Menger）、米塞斯（R. von Mises）、魏斯曼（F. Waismann）、克拉夫特（V. Kraft）、费格尔（H. Feigl）等，他们进一步发展了逻辑经验主义。目前在科学哲学界出现了一种新的倾向，那就是回归逻辑经验主义。这一倾向表明，在经历了科学哲学流派的不断演进后，各种观点的不断碰撞与合流后，科学哲学家意识到，逻辑经验主义的科学哲学才真正称得上是"科学哲学"，值得我们去反思。如果像历史主义、文化主义、社会建构论那样去解构科学哲学，科学哲学不仅失去了"科学味"，而且也失去了"哲学味"。

第三，证实原则和意义标准在逐渐弱化。由强证实到整体证实演化，逐渐消解了证实原则。这实际上是走向了语境解释。因为只有在语境中，命题才能够被证实。可证实性是指"命题的意义是它的证实方法"。了解命题的意义，必须了解什么使命题为真。卡尔纳普后来把可证实性改为可确认性（confirmability）或可检验性（testability）。波普反对证实原则及其修正，提出可证伪性（falsifiability）或可反驳性（refutability）标准。

第四，逻辑经验主义是认识论的科学哲学而非本体论科学哲学，在方法论上脱离历史、心理和文化。在方法论上它是典型的科学主义，在本体论上是反科学实在论的，促成了哲学上的"语言转向"。

第五，关于科学理论的结构，逻辑经验主义认为，理论＝抽象演算＋演算模型＋对应规则＋经验定律。抽象演算是假设体系，演算模型是对假设的模型化，对应规则是把假设与客观事实连接起来的规则，经验定律是假设体系通过模型推理达到的经验规则。内格尔提出四种解释模型：演绎一规律解释、归纳一概率解释、目的论或功能解释和发生学解释。

第六，逻辑经验主义主张认识论和方法论上的还原主义。即将高层学科还原到低层学科，比如将生物学还原到物理学，将整体事物分解为更低层的物质，比如将细胞分解为分子甚至原子。笔者认为，对于自然科学来说，这是一种重要和主要的方法论。不这样，就没有办法了解事物的内部结构，也就不能进行更深入的研究。虽然整体和系统的方法是需要的，但那是在还原分解基础上的。缺乏还原分解方法的科学是不精确的和模糊的，如中医理论。我们需要整体论的认识论和方法论，但不是用此排斥还原方法。两种方法论应该是互补的。即使面对"黑箱"比如"活脑"时，虽然我们不能打开它进行观察和研究，但可以通过技术手段如脑扫描技术探测大脑活动的情况。

笔者举一个例子说明还原方法在我们实际生活中的广泛应用。有人问："你健康吗？"你说："一切正常"或者"健康"。然后继续追问"一切正常"或"健康"是什么意思？你可能说你进行了体检，一切指标都在正常值范围，比如体重、血压、血常规检验、尿检、心电图检查、超声波检查、X一检查，等等。这一切检查正是把身体"健康"这个整体概念分解为一个个具体指标，从而给出"健康"的判断。或者说"健康"的特征是通过一个个具体指标的数值来表征的。如果不是这样，而是仅仅根据"望、闻、问、切"的方法判断一个人的健康，那是不可靠的①。这也就是为什么中医必须与西医结合的原因。中、西医的结合意味着整体方法和还原分解方法的结合。

总之，逻辑分析使科学哲学精确化、准确化、明晰化，克服传统哲学的思辨性、综合性和模糊性，但逻辑分析是共时的而非历时的，抽象的而非具体的，分析的而非综合的，夸大了语言分析和逻辑分析的作用。

### 四、语境论对逻辑经验主义的批判

虽然说逻辑经验主义在语言和经验意义上与语境论是一致的，但这不意味着二者是一回事。语境论与逻辑经验主义到底是什么关系呢？在

---

① 这里说中医诊断方法不可靠并不是说中医不科学，只是强调它的不精确。笔者不赞成"告别中医"的极端主张，也不赞成用西医评判中医的做法。笔者主张中医与西医的结合与互补，这正是语境论所主张的。其实，中医才是地地道道的中国科学，它是在中国语境中发展起来的。它的优势在于整体的辩证施治。

科学哲学中，逻辑经验主义被认为是"正统哲学"，语境论是对它的继承和发展。语境论与逻辑经验主义在某些基本创新方面是一致的，但在某些方面不一致。接下来，笔者将通过分析逻辑经验主义关于知识发展的先验性的两个基本假定和后验性的两个基本假定探讨这些一致和不一致。

(一)语境论对逻辑经验主义先验观的批判

关于知识产生的先验阶段，逻辑经验主义假定：(1)研究者应当具有明确的假设，这些假设非常适当地嵌入一个更广阔的理论中，先于正式的经验对抗；(2)这些先验假设和理论有些为真，其他则为假。语境论赞成(1)，反对(2)，认为所有假设为真，即使存在相互矛盾的假设。

语境论关于所有命题包括相互矛盾的命题为真的先验立场可能是令人难以接受的，特别是关于所有假设是假的悲观认识论，因为任何知识表征都有过分简化、扭曲和外推认知对象的三个错误，并在口头交流中进一步被歪曲。然而，正是由于任何假设频繁出错，它的反面才偶然为真。在某些语境中，或从某些视角看，任何知识表征具有适当地模拟其表征物的潜力，它的中心要点证明了"每个可能相信的东西是真理的一个映像"观点的正当性。当所有它的隐藏假设被获得时，任何断言可能是正确的。如果给定一个根本不同的环境集，它的反假设也可能是正确的。换句话说，由于语境不同，同一假设可真可假。比如，在"地心说"的语境中，"太阳围绕地球转"这个命题为真，但在"日心说"的语境中，这个命题则是假的。

(二)语境论对逻辑经验主义后验观的批判

关于知识产生的后验阶段，逻辑经验主义的两个基本信条是：(1)知识表征应该诉诸经验对抗；(2)经验对抗的目的是检验这个假设是否有效。语境论赞成(1)，反对(2)，认为知识表征应该诉诸经验对抗，但通过使用经验对抗不是检验它们的有效性，而是通过澄清和扩展这个假设的意义继续这个发现过程。

作为语境论者，笔者认为经验对抗不是一次检验而是一个发现程序，这是从相同认识论前提得出的，这些前提导致语境论者断言所有命题为真。在20世纪前半叶，逻辑经验主义流行这样的观点——科学过程的先验阶段和后验阶段有相反的功能，先验阶段是产生知识和理论的一个创造阶段，后验阶段是在主体际间观察的基础上检验假设和理论的一个证明阶段，赖欣巴哈提出的"发现的语境"和"证明的语境"代表了这种观点。语境论作为一个工作假定具有选择性，认为任何假设从某些观点而不是从其他观点适当地表征认知对象，并揭示先验和后验阶段之间的更多的连续性。出于发现假设全部意义的创造目的，语境论通过在可选择理论构架内观察假设而使用先验阶段，使用后验阶段继续这个创造过程，通过一个经验对抗纲领发现新假设的全部意义。这两个先验和后验发现过程通过证明语境的对比集，揭示假设的更充分的意义。在这些语境中，由于种种理由假设关系被获得或不被获得，从而探索初始假设的信息潜力。

也许有人认为，在这两个创造过程中，语境论的立场是一个关于先验命题真值的太乐观的观点，而对于经验对抗的重要性是一个过于低调的观点。然而，认为一个相反的主张将是更准确的是似是而非的。语境论者可以断言所有命题为真，但累计起来则不一定真，因为每个命题在大多数语境中可能是错误的。当否认经验对抗能够检验假设的真理性时（因为所有假设真或假依赖于语境），语境论确实指出了经验对抗作为一个发现过程的连续统的更高目标，而不是像逻辑经验主义的观点那样，仅仅能够首先决定某些先验假设是否正确。关于科学过程的一般性质和关于自然科学需要的再创造的特殊创新，语境论的创造假定都具有重要的意义。

（三）语境论对"假设检验"的批判

在语境论者看来，假设检验是一个神话。把经验对抗作为一个假设检验过程，无论在描述上还是规范上都是有问题的。根据这个检验神话，研究者依据某些理论得出依赖变量和独立变量之间的一个假设的共变关系，并通过设计一个境遇获得一个经验检验。在这个境遇中，观察单元可系统地得到观察，它们的位置在依赖变量和独立变量上得到测量，两个变量之间的预测关系因此得到检验。根据这个假设检验神话，如果这个预测关系被发现，对于这个假设的真理性的信心就增加，而且产生假设的理论性增加。如果预测关系没有被发现，这些表达形式便遭到拒绝。在语境论者看来，假设检验是语境化的，单靠经验检验难以令人信服，因为经验不是绝对可靠的，经验也是依赖语境的。

关于解释的真实性问题，语境论者认为信奉逻辑经验主义的研究者实际上做的是非常不同的事情。在明确地表达假设后，可能在某些理论框架内，研究者开始进一步思考这个假设的有效性如何可能在某些适当经验语境中得到说明。出于这个目的，研究者进行关于变量、适当的境遇语境等的适当操作定义的某些思想实验。研究者有时做粗略的前研究工作以试验可选择操作，并检验测量的敏感性等。当研究者设计一个有希望的检验境遇变量时，他或她就执行了一个正式的经验对抗，并分析获得的数据以决定是否获得独立和依赖变量之间的假设关系。通常情况下，数据是不"友好的"，不能证实这个假设，但这个结果常常引导有经验的研究者在保持与逻辑经验主义的规则一致方面不是拒绝这个假设，而是考虑哪个环节可能出错了。也就是说，不能证实假设的结果会遭到拒绝，不是拒绝这个假设（正如逻辑经验主义要求的那样），而是拒绝这个实验。研究者可能以微小的方式修补这些令人失望的数据，比如，使用在获得的分布中注意到的比奇异性更有力的可选择重复检验，或控制附加变量，或改变其中一个测量，或检验一个次级测量，等等。如果这样的细化工作没有帮助，研究者可能会考虑所设计实验的适当性问题，比如，考虑这个关系在特别相关的某些小范围是否继续下去。

如果对这些已经获得数据的修补不能提高这个结果，研究者可能放弃第一个实验，并设计一个新改进的实验，这个新实验具有对其中一个变量的更好测量，一个适当的主题数量，一个对附加变量的控制，阻止某些可选择路径，等等。如果这个新实验仍然不能证实这个假设，研究者可能重新考虑最初的假设，或许重新把它作为一个更高阶的相互作用结果来明确表达。不是说在这个曲折的探索中研究者的行为不适当。相反，笔者把这样组织严密的探索看做适当的过程。事实上，信奉逻辑经验主义的研究者，一直把经验作为隐含语境使用。

如果研究者的耐心和独创性由于假设最终被证实而得到承认，研究者会写一个这个最终实验的报告，并在很大程度上忽略产生这个结果的基础工作。如果提交的手稿的确描述了探索性沉思、非正式前研究以及不成功的早期实验的前期历史，那么编辑和评论人可能要求删除这些迂回曲折的进程，而且声称为了控制这些变量所有研究者都做前研究，但杂志的篇幅有限，不能容纳这些准备工作的描述。事实上，最著名的科学杂志上刊载的论文几乎都省略了前期准备工作。这等于省略了最基本的工作，而仅把研究过程和结论写出来。有时，不走运的研究者在做了几个实验和付出时间与精力后仍不能证实假设，他或她很少把描述否定结果的论文提交杂志，即使提交了论文也不期望得到编辑的回应。

这个典型的科学过程的描述说明，只是在写研究结果而不是在实际进行研究时，研究者才像逻辑经验主义者。在做研究时，研究者的行为在语境论的经验对抗探索方面是非常适当的，他们都是实际的语境论者。只是在报告研究结果时，研究者写报告的行为才不适当，好像研究者遵循逻辑经验主义的脚本。语境论的分析使来自经验对抗的重要信息包含在准备工作中，即思想实验、前研究、不成功的最初实验等，正是通过这些准备工作，研究者才根据语境发现了他们最初假设的充分意义，在这个语境中，他们的确获得或没有获得假设关系。

当研究者以逻辑经验主义的名义写报告时语境信息才被删除了。这个报告简单地描述了最终的、精心构造的成功实验。在一个有创造性和持久性而且有充分资源的研究者，总是能够最终创造或发现获得假设关系的某些特殊语境的意义。语境论者的工作前提是所有假设为真，因此，只描述最终证实假设的最后实验对于证明其真理性方面没有多少意义。

通过使用经验对抗作为一个发现过程，研究者直觉地追求语境论的方法，但在把这个经验对抗描述为一个先验假设的检验中承认是一个逻辑经验主义的立场，这些研究者会冒严重减少工作的危险。工作本身受到伤害是因为这些研究者不能组织和记录这些前期的探索，并制止他们在最后起作用的严密设计的实验前获得的丰富信息。研究者通过提出语境、可选择中介变量、相互作用效果、独立变量和依赖变量的可选择意义等，做好探索的初期准备，从而丰富原始假设。

严格信奉逻辑经验主义的研究者不能系统地规划一个探索纲领，也不能仔细地观察和分析他们的结果，这样他们就损失了许多信息潜力。另一个损失更加个人化。研究者的语境论直觉和他们的逻辑经验主义主张之间的冲突倾向于消沉和疏远。使用经验对抗作为发现程序的当下实践，优于逻辑经验主义把使用它作为一次检验的主张，特别是如果经验被组织起来开发它的创造潜力，那么语境论者会使这一点更为清晰。这样，语境论者承诺解决实在和专业之间的当下经验对抗，以提高研究者的效率和真实性。

## 第三节　证伪主义的语境论特征

证伪主义也称批判理性主义，是逻辑经验主义到历史主义的一个过渡。它是在批判逻辑经验主义的基础上发展出的一个科学哲学流派。在笔者看来，"否定后件式"既是它的逻辑前提，也是它的语境因素或语境相关性。也就是说，证伪主义把逻辑作为语境相关性。波普、拉卡托斯是这个学派的代表。接下来笔者将分别探讨他们的语境论思想。

### 一、波普：逻辑作为语境相关性

波普将他的证伪理论建立在逻辑基础上，也就是把逻辑作为语境相关性。因为只有在特定的语境中，我们才能判断一个命题的真值，或者说，在特定的语境中，我们才能证实或证伪一个命题。脱离特定的语境，我们是无法判断一个命题的真假的。笔者将波普的语境论思想概括为以下几点：

（一）科学知识不是靠归纳和证实获得的，而是逻辑作为语境相关性获得的

在波普看来，归纳之所以不能获得可靠知识，根源在于：（1）从过去不能推测未来；（2）逻辑上不对称（由个别事实证明一般）；（3）用有限证明无限，这在逻辑上是不可能的。因为无数个单一经验事实无法证明一个自然规律或命题的正确性，而一个反例却足以推翻它。比如，"所有的乌鸦都是黑的"这个命题，人们不可能检验所有的乌鸦，但可以找一只非黑的乌鸦推翻这个命题。不过，需要指明的是，证伪和证实都是基于经验的。证伪的过程其实也是证实的过程，因为人们在找反例的过程中几乎总是碰到正例。人们普遍具有"证实偏爱"，因此，两者都同样难。

（二）只有能被证伪的理论才是有意义的，而证伪是语境敏感的

这是波普的证伪原则，它包括五点内容：（1）证伪是指逻辑上的而非经验上的。证伪性（falsiability）即可反驳性，也就是说，一个命题只有当它可反驳时才是有意义的。不可反驳的命题是形而上学命题。（2）由证伪原则可推知：科学是可错的，它不是真理本身，但探索真理。（3）证伪原则的逻辑基础是"否定后件式"：$[(t \to p) \cdot -P] \to -T$。这样，证伪主义是建立在逻辑基础上的。全称命题虽然不可证实，但是通过单称可证伪。（4）非科学命题包括逻辑的不可列尽的命题（永真式）、重言式命题，比如，"单身汉是没有结婚的男人"、数学命题如 $2+2=4$、形而上学命题、伪科学命题（占星、迷信）、宗教和神话。（5）形而上学命题有意义，因为它们有可能可转化为科学命题。它们对科学有指导、启示作用。证伪之所以是语境敏感的，是因为证伪过程依赖于经验对抗，即用一个经验事实否证一个命题。或者说，用一个经验性反例否证一个命题所包含的意义，比如，用一只非黑的乌鸦否证"所有的乌鸦都是黑的"这个命题。这个证伪过程构成了一个特别的语境，即判断乌鸦的语境。

（三）理论的建立是大胆猜测的过程，而猜测是基于问题语境的

波普主张：（1）理论先于观察，这是典型的假设主义。因为观察总是有目的的，即理论指导下的观察，或"观察渗透理论"；观察必须有所理解，比如，格式塔转化的"兔鸭图"，同一对象不同知识背景的人的理解不同。（2）观察期望使观察不是纯粹的（博格森的创造性直觉），他赞成康德"理性为自然立法"的观点，与归纳主义认为的观察先于理论相反。（3）理论始于问题。在波普看来，理论形成的过程为：创造性直觉→问题→不一致→反驳。这样，理论的产生是一个基于直觉和问题语境的过程。在这

里，波普提出了一种新的方法论，即"在经验科学中不能寻找真理的证据，因为这是根本不可能的。相反，每个所谓的自然规律应该毫无例外地被当做假设使用，直到有人证明它们是错误的"①。这一方法表明：

(1)来自经验的反例是经验科学中的一种方法规定，而且是最基础的规定。

(2)自然规律是假设，而且是以句子形式出现的假设。

(3)经验与假设之间的关系不属于那种从特殊到一般的归纳关系。

(4)从波普的设想出发，可以第一次按照一定的方法把握与解释科学的进步。

(5)假设从何而来这个问题现在变得完全没有意义。②

波普的这一证伪方法遭到了一些科学史学家、科学哲学家、科学家和公理主义者的反对。他们认为自然规律是存在的，并不是什么假设，反例并不能否定假设，相反，假设总是通过反例不断得到补充。公理是不用证伪的，也是不能证伪的，比如能量守恒定律可以通过热能、电能和势能得到证实而不是证伪。正如波塞尔总结的那样③：

第一，科学中的预设前提永远是可以得到检验的。"可检验性"是科学思维的根本特征。在经验科学中，可检验性必须以经验为基础。

第二，我们不能幼稚地认为经验科学就是"描写"自然。恰恰相反，科学中的公理是通过一定的方法达到的，公理中包括了许多"规定"。更重要的是，不能把"公理"教条化，而应该从目的出发不断地批评与检验公理。

(四)科学知识是在证伪的语境中不断增长的

这是波普的证伪度理论。它包括：(1)任何科学理论都具有可证伪

---

① 〔德〕汉斯·波塞尔：《科学：什么是科学》，李文潮译，上海，上海三联书店，2002，第93页。

② 〔德〕汉斯·波塞尔：《科学：什么是科学》，李文潮译，上海，上海三联书店，2002，第94～96页。

③ 〔德〕汉斯·波塞尔：《科学：什么是科学》，李文潮译，上海，上海三联书店，2002，第98页。

性，只是可证伪度不同。容易证伪的，可证伪度高，不容易证伪的，可证伪度低。可证伪度与证伪容易程度成正比。(2)理论可证伪度的判断有两个标准：(a)内容越普遍，可证伪度越高；(b)内容越精确，可证伪度越高。(3)理论的"类归纳"现象：个别→ 特殊→ 一般→…；理论→普遍性、简单性；应用→特殊性、复杂性。理论越简单，普遍性越高，内容越丰富(约定主义对简单性的理解：审美；实用；逻辑)。(4)可证伪度成为理论进步标准的三个条件：(a)新理论比旧理论有更多的统一性；(b)新理论具有预言性；(c)新理论受观察和实验的严格检验。(5)竞争理论检验前后：经验检验前具有可证伪性是潜在进步，经验检验后是实在进步。经验不能证实理论，但可以证伪理论。(6)证实(verification)是确证理论内在的真理性，不可证伪。验证(corroboration)是暂时性检验，可证伪，但不证明理论的真假。

(五)科学探索过程是不断逼近真理的过程，真理依赖于特定语境

这是波普的逼真度理论。它包括三方面内容：(1)理论是真实性和虚假性的统一。虚假性是科学可错的一面。(2)逼真度 $Vs(a)=CtT(a)-CtF(a)$。其中 $Vs(a)$ 为逼真度，$CtT$ 为真实性，$CtF(a)$ 为虚假性。(3)科学发展是 $Vs$ 不断提高的过程。$Vs(a)=CtT(a)$ 是理想状态，不可达到。作为探索性的科学发现是一个不断猜测—反驳的过程，其发展模式为：$P1→TT→EE→P2→…$。这个模型的含义是：从问题 P1 开始，大胆尝试性猜测提出假设(TT)，再通过批判和检验消除错误(EE)，然后发现新问题 P2……这是一个不断循环发展的过程，一个猜测、消除错误、完善理论的过程，一个试错的过程。因此，从方法论看，这是一种"试错法"。"试错法"有三个条件：(a)提出各种不同类型理论；(b)这些理论具有丰富内容；(c)经受得起经验足够严格的检验。一句话"大胆尝试，严格检验"。

他提倡的大胆猜测是一种科学精神。这种精神表现在三方面：(a)从错误中学习，科学即探索。科学史就是一部猜想史和错误史，"全部问题是可能地犯错误，在连续的失败中成为特定问题的专家"。(b)批判精神。不盲从权威，敢于批判权威，批判自己，科学方法即批判的方法。(c)提倡"革命"精神。批判旧理论，建立新理论。那么，证伪从哪里找反例呢？证伪是彻底否定或抛弃旧理论吗？事实上，任何一个理论都是有韧性的，即具有反抗被证伪的特点。这就是通过增加辅设性假设来抵抗证伪。辅设性假设有两类：辅助性和特设性，前者增加新内容，后者提供辩护。

(六)波普提出了语境化的"三个世界"理论

这是波普的本体论哲学。其语境关系可描述为图 5-2：

图 5-2　三个世界的语境化

这个理论具有相互作用性、独立性、自主性和实在性的特点。

可以看出，"证伪"是波普科学哲学思想的核心。它是在批判逻辑实证主义方法论基础上提出的一种逆向思维方法。波普认为，用有限的经验事实证实一个全称命题是不对称的，因为有限的事实和全称命题所包含的无限的事实相比，在极限上总是零，人们不可能穷尽全称命题包含的所有事实；若用一个经验事实即反例证伪一个全称命题在逻辑上是对称的。

证伪方法的逻辑基础是"否定后件式"推理，它是一种结论的真假已包含在前提中的演绎推理方法，与经验的归纳推理方法相对立。证伪作为划界标准也显示出方法论意义。证伪主义认为科学是可错的，科学研究过程是从问题开始的大胆猜测过程，科学的意义在于它的可证伪性，即可反驳性，凡是可证伪的命题是科学的，否则是非科学的。一个理论可证伪性越高，它所断定的事物就越多，内容就越丰富，就更具有说服力和预测力，同时也越便于进行检验、断定其真伪。

概言之，证伪作为逆向思维方法，表现出以下特点：(1)反归纳重演绎。实证源于归纳，证伪来自演绎；(2)有限证伪无限。用一个经验事实证伪所有事实；(3)单称证伪全称。用一个单称命题证伪一个全称命题；(4)反其道而行之。是发散性思维而非收敛性思维。

## 二、拉卡托斯：理论作为语境相关性

拉卡托斯对波普的证伪主义作了发展，提出了精致的方法论证伪主义。他认为波普的证伪主义的根本错误在于用经验证伪理论，提出"经验不能证伪理论，理论证伪理论"的观点。在他看来，科学理论不是单个命题的简单堆积，而是彼此间有关联的命题系统，一次证伪不足以否定一个理论，一次证实也不足以肯定一个理论，而且科学史表明对科学理论的检验大多数情况下不是证伪而是确证。拉卡托斯的证伪主义具有整体论的特征。但问题是，用来证伪旧理论的新理论的基础是什么呢？恐怕还是经验，尽管拉卡托斯认为经验具有主观性和欺骗性而不可靠，但他并没有找到更好的基础。其实，这个基础就是语境。只是他是不自觉地走向语境论的。

(一)科学是语境敏感的，因而是可错的

如果说波普是不彻底的可错论者，那么，拉卡托斯就是彻底的可错论者。在他看来，证伪主义就是可错论。可错论介于独断论和怀疑论之间。独断论认为人们可获得对世界的完全认识，怀疑论则怀疑人的这种认识能力。古希腊时期独断论占统治地位，主张世界由某种东西构成。中世纪宗教独断论盛行，把神学知识当做绝对真理，扼杀了怀疑论和可错论。

文艺复兴时期，科学接受神学独断论标准，认为科学知识必须绝对正确无误，形成了科学的独断论，伽利略和牛顿的成功，强化了科学的独断论，这就是后来的科学主义的根源，有的称之为科学的霸权主义或科学沙文主义。科学独断论和神学独断论之间进行了长期的争论。哲学的独断论包括经验主义和唯理主义，二者之间也进行长期争论，比如，非欧几里得几何证明唯理主义可错，归纳悖论证明经验可错。可错论是对独断论和怀疑论的挑战。

拉卡托斯认为，波普是第一个真正的可错论者，但他是教条和朴素的可错论者，是不彻底的证伪主义者，因为他只承认经验可错，而逻辑和数学不可错。拉卡托斯称自己是彻底的可错论者，或精致的证伪主义者，因为他既承认经验的可错，也承认逻辑和数学是拟经验的，而非绝对理性的，因而也是可错的，比如数学的逻辑主义、形式主义和直觉主义被证明是失败的。正如拉卡托斯指出的那样：

> 精致的方法论证伪主义融合了几种不同的传统。它从经验主义者那里继承了首先向经验学习的决心，它从康德论者那里接过了积极主义的知识论的方法，从约定论者那里，它学到了方法论决定的重要性。①

数学为什么是拟经验的呢？拉卡托斯认为数学不能被证实，只能被说明。例如，从公理到定理是不可逆的，即自上而下进行推理，不能自下而上推理。定理的经验正确性不能证明其真理性。数学的拟经验理论的基本原则是，寻求具有更大解释力和启发力的大胆的、富有想象力的假说。其模式为：问题→大胆猜测→严格检验与证伪→新问题……拟经

---

① 〔匈〕拉卡托斯：《科学研究纲领方法论》，兰征译，上海，上海译文出版社，1987，第53页。

验不是实在的证伪，而是潜在的证伪。

（二）经验不能证伪理论，理论证伪理论

波普主张用经验证伪理论，拉卡托斯则主张经验不能证伪理论，理论的证伪要用另一个理论来实现。因为"我们评价的当然是一系列理论，而不是孤立的理论"①。在他看来，经验中渗透理论成分，或者说观察受理论的污染，即经验与理论不可分；经验是可错的，而且错误的经验远多于错误的理论；理论可证伪经验，比如，哥白尼理论证伪了"太阳东升西落"的经验；不是经验观察与理论对立，而是理论与理论对立，比如伽利略用望远镜观察到太阳表面的黑子和月球表面有山，好像反驳了亚里士多德的"天体是完美无瑕的球体"，其实伽利略的观察是基于他的光学理论可靠性观点的；理论是一个整体，即原理＋条件。当理论与事实不一致时，可通过调整条件为理论辩护，比如，"天鹅是白的"（阳光下），水100℃沸腾（1大气压下）。这些条件其实就是语境因素。这就是笔者为什么把拉卡托斯的观点看做理论的语境论的原因。

不过，拉卡托斯与波普之间存在一致性。第一，他们坚持形而上学本体论对科学有指导意义，反对逻辑经验主义拒斥形而上学的立场；第二，坚持形而上学实在论，即认为客观世界独立于人的意识而存在；第三，认识上的乐观主义和猜测主义，即我们虽不能认识真理，但可以探索真理，科学过程是不断逼近真理的过程。

（三）科学研究纲领的进化与退化是语境变化过程

为了说明理论的韧性，克服波普证伪主义的不彻底性，拉卡托斯吸收库恩范式概念中的合理成分，提出以科学研究纲领作为理论评价的基本单位。他说，"我主张典型的描述重大科学成就的单位不是孤立的假说，而是一个研究纲领"②，而"评价的基本单位不能是孤立的理论或理论的合取，而是'研究纲领'"③。他的科学研究纲领由硬核、启示法与保护带构成。硬核是科学研究纲领的形而上学信念，是整个科学研究理论的核心部分或最基本假定，它决定着科学理论发展的方向。科学理论的不同，就在于硬核的不同。硬核是坚韧的、不容反驳和不许改变的，比如，科学史上的地心说就是托勒密天文学理论的硬核，牛顿动力学定律

---

① 〔匈〕拉卡托斯：《科学研究纲领方法论》，兰征译，上海，上海译文出版社，1987，第47页。

② 〔匈〕拉卡托斯：《科学研究纲领方法论》，兰征译，上海，上海译文出版社，1987，第5页。

③ 〔匈〕拉卡托斯：《科学研究纲领方法论》，兰征译，上海，上海译文出版社，1987，第153页。

和万有引力定律是牛顿力学的硬核。

硬核的周围是保护带，它们由许多辅助性假设与初始条件构成。保护带容许适当的调整或改动。科学家可以通过修改、调整辅助性假设来保护研究纲领的硬核，使其免遭反驳或证伪。启示法分为反面启示法与正面启示法。反面启示法禁止反常指向硬核。正面启发法包括一组部分明确表达出来的建议或暗示，以说明如何改变、发展研究纲领的可反驳的变体，如何更改、完善可反驳的保护带。

拉卡托斯用正面启示法说明了理论发展的取向，体现了科学家在科学认识中的能动性。当出现反常时，科学家通过调整保护带中的辅助假说，使反常仅仅反驳某一个辅助假说，从而保证硬核不被反驳。这样，拉卡托斯就说明了理论面对反常时的坚韧性。其实，拉卡托斯是把科学理论的硬核、方法论与保护带联系在一起，构成了一个语境化的整体结构。在反驳理论核心部分之前，科学家必须先反驳保护带。也就是说，拉卡托斯通过语境的关联性保护理论免遭批判。因此，拉卡托斯是一个语境论者。

拉卡托斯提出了基于研究纲领的科学发展模式为：研究纲领的进化→ 研究纲领的退化→ 新研究纲领取代旧研究纲领→新研究纲领的进化……新研究纲领 $T_2$ 代替旧研究纲领 $T_1$ 的条件为：(1)$T_2$ 能够解释 $T_1$ 以前的成功；(2)$T_2$ 比 $T_1$ 有更多的经验内容；(3)$T_2$ 多于 $T_1$ 的经验内容得到了观察和实验的确证[①]。在他看来，凡是能够预见新经验事实的理论就是科学的，不能预见新经验事实的理论就是非科学的；研究纲领在进化阶段是科学的，到退化阶段就变成非科学的；科学是随着历史的发展而变化的，不是一成不变的。这正是语境论的观点，因为研究纲领的进化与退化是理论语境变化的结果，也就是说是理论语境的变化导致了研究纲领的变化。借用拉卡托斯的话说就是，"如果一个问题的转换在理论上和经验上都是进步的，我们便称它为进步的，否则便称它是退化的"，也就是说，"只有当问题转换至少在理论上是进步的，我们才'接受'它们为'科学'的，否则，我们便'拒斥'它们为伪科学的"。这样，拉卡托斯就以问题转换的进步程度和理论系列引导人们发现新事实的程度来衡量进步，因为"如果理论系列中的一个理论被另一个具有更高证伪内

---

① 〔匈〕拉卡托斯：《科学研究纲领方法论》，兰征译，上海，上海译文出版社，1987，第45 页。

容的理论所取代，我们便认为它被证伪了"①。而"把科学进步重建为竞争的研究纲领的增殖及其进步的和退化的问题转换，给科学事业描绘了一幅图景，这幅图景同把科学进步重建为一系列的大胆理论及其戏剧性地被推翻所提供的图景在许多方面是不同的"②。

相应于以上三个条件，拉卡托斯提出了判定理论进步的三个标准：理论进步标准、经验进步标准和启示法进步标准。他认为，如果研究纲领的每次修正都导致了新的出乎意料的预测，那么它在理论上就是进步的；如果这些预测中有一些得到了认证，那么它在经验上就是进步的。启示法进步则是指保护带的不断修正必须以启示法为根据。在竞争的研究纲领中做出选择时，符合这三个进步标准的研究纲领就是科学的，应该接受，否则就是非科学的，应该拒斥。"这样，精致证伪主义就由如何评价理论转换到了如何评价理论系列的问题。只能说一系列的理论是科学的或不科学的，而不能说一个孤立的理论是科学的或不科学的：把'科学'一词用于单个的理论是犯了范畴错误。"③

(四)科学史的合理重建是历史语境的重建

根据科学研究纲领方法论，拉卡托斯进一步提出了从科学哲学对科学史进行合理的重建。他借用康德的一句名言说明了科学哲学与科学史的关系："没有科学史的科学哲学是空洞的；没有科学哲学的科学史是盲目的。"④在他看来，科学史由内因史和外因史构成：内因史是科学思想发展史，外因史是科学社会史；内因史是主要的，外因史是次要的；内因史起决定作用，外因史起影响作用。正如他指出的："但是合理重建或内部历史是首要的，外部历史只是次要的，因为外部历史的最重要的问题是由内部历史限定的。"⑤他赞成库恩把科学史和科学哲学的关系比做"跛子和瞎子"的互助关系。为此他提出了评价科学方法论的元标准：编史学研究纲领方法论，用来对科学历史进行合理的重建。他的编史学研究纲领有四条标准：(1)要与科学共同体的基本价值判断符合；(2)把更

---

① 〔匈〕拉卡托斯：《科学研究纲领方法论》，兰征译，上海，上海译文出版社，1987，第47～48页。

② 〔匈〕拉卡托斯：《科学研究纲领方法论》，兰征译，上海，上海译文出版社，1987，第126页。

③ 〔匈〕拉卡托斯：《科学研究纲领方法论》，兰征译，上海，上海译文出版社，1987，第48～49页。

④ 〔匈〕拉卡托斯：《科学研究纲领方法论》，兰征译，上海，上海译文出版社，1987，第141页。

⑤ 〔匈〕拉卡托斯：《科学研究纲领方法论》，兰征译，上海，上海译文出版社，1987，第163页。

多的外史恢复为内史；（3）能够预测基本的价值判断；（4）导致先前已经接受的基本价值判断的修改。在他看来："科学研究纲领方法论，跟任何其他方法论一样，构成了一个编史学研究纲领。接受这一方法论作为指导，历史学家要在历史中寻找竞争的研究纲领，寻找进步的和退化的问题转换。"①这是一种语境论的科学编史观。内因史有其思想语境，外因史有其社会语境，内因史与外因史的互动与问题转换是语境化的表现。

可以肯定，拉卡托斯的精致证伪主义比波普的证伪主义更为合理。首先，以研究纲领作为理论评价的基本单位，更加符合科学史实际。科学并不是一个个全称命题，相反，它们往往是由多个理论构成的有机整体。几乎每一个理论都无法避免反常的存在，但它们并未被反常现象反驳倒。其次，证伪旧理论的新理论必须包含更多的经验内容，并且一部分得到了确证，这样就保证了科学发展的连续性。同时，拉卡托斯的方法论既是逻辑的又是历史的。其科学发展模型具有相对的稳定性，同时又是一个动态的过程，是一个不断以进步的研究纲领代替落后的研究纲领的过程。在纲领进步和退步的评价标准上，拉卡托斯提出的科学与非科学划界具有可变性，科学分界问题是与历史密切相关的，科学的划界是历史的、可变的，随着新纲领取代旧纲领，原来的科学可以变成非科学，非科学也可以发展为科学。这一过程具有典型的历史语境进化特征。

## 第四节　操作主义的语境论特征

所谓操作主义就是主张以操作行为来定义科学概念，并以操作行为澄清科学概念以及其他概念，其核心是对概念的操作分析。操作主义的创始人是布里奇曼（W. Bridgman），他是美国著名的实验物理学家，因对超高压实验的研究获 1946 年诺贝尔物理学奖。布里奇曼对于操作方法的哲学探讨，对科学哲学产生了重要影响。

布里奇曼继承了实用主义者皮尔斯的"操作理论"，主张一切科学概念都是以经验为基础的，而经验是经验着的人的活动，因此，定义概念就应该依据人的经验，定义概念的基本方法就应该是确切地描述人的经验活动的方法，这种方法就是操作方法。他之所以强调"操作"，是为了强调人的这种经验活动通常是有目的、有指导的活动。一句话，布里奇

---

① 〔匈〕拉卡托斯：《科学研究纲领方法论》，兰征译，上海，上海译文出版社，1987，第 157 页。

曼把实验作为语境相关性，强调意义体现在实验操作中。

## 一、意义产生于操作，操作在实验语境中展现

布里奇曼的操作概念有两点含义：一是狭义操作——实验室操作或仪器的操作，也就是工具操作＝感官＋仪器；二是广义操作——非仪器操作＋仪器操作，非仪器操作指精神或智力操作，即思维活动过程，包括"纸和笔"操作和言语操作。"无论是实验室'物理'操作的概念，还是某种结构的'纸和笔'的操作的概念，我们都必须要求操作能够准确、直接地执行。"[①]在布里奇曼看来，操作是科学知识最终的基础和根据，科学活动限于操作之内，之外是无意义的形而上学"废话"。事实上，布里奇曼把意义限定在操作之内，操作就成为意义的基底。由于意义由语境决定，因此，布里奇曼的实验其实质就是语境相关性。

在操作概念的基础上，布里奇曼提出了他的意义理论。该理论的核心有三点：（1）科学理论的词组，如果对应于与该词组相应的一组操作的总和，它就是有意义的，反之，就是无意义的。（2）科学问题，如果对应于与该问题相应的一组操作的总和，就是有意义的，反之，就是无意义的。（3）科学命题如果根据一组操作能决定其真假，就是有意义的，反之，是无意义的。

根据操作的意义理论，布里奇曼以操作分析物理的实在性。在他看来，实在存在于操作活动中，超越操作的客观世界不存在。没有操作，也就无所谓客观世界。操作之外无实在。比如，一个概念就是一组智力操作的总和。长度有接触长度和光学长度，它们是不同的操作方式，与操作过程有关，而与实在无关。所有微观粒子都是在操作过程中产生的，不同的操作方式，产生不同的结果，比如，光的粒子说和波动说。这样，就不存在所谓的"场"。由此，布里奇曼得出结论：一切科学都是操作的结果，操作之外不存在任何东西。

布里奇曼进一步认为，语词的意义是在活动层面被发现的。我们把握语词和语言的意义是为了交流，而交流成功的标准是能够使别人理解，体现在别人是否能够按照我们的要求行动。在他看来："在语词环境中，人们展现其具有社会价值的确定的、同样的、稳定的行为方式。人们利

---

① 涂纪亮、陈波主编：《美国实用主义文库》，见杜丽燕、余灵灵编：《布里奇曼文选》，余灵灵、杨富芳译，北京，社会科学文献出版社，2009，第10页。

用概念使自己适合于其同伴，执行概念的未加分析的操作全部是语词操作。"①于是，语词离不开活动，语词的意义是在操作中形成和确定的，理解语词离不开操作分析。外部的客观事物和世界是极端复杂多变的，无法被现有的任何语言所描述和再现，并且现有的许多未加分析的常识概念更加剧了语言交流的困难，因此，必须借助操作分析进一步明确我们的概念，使得我们的概念和描述更接近于外部世界，使得我们运用的程序和采取的行动更有可能达到我们的目的。

## 二、操作基于理论，理论提供语境基础

19 世纪末 20 世纪初的物理学革命前后，反对先验概念的经验主义哲学思潮在美国盛行。皮尔斯提出了如何以经验主义方法确定和检验概念的意义问题，主张概念的意义在于它们蕴涵着可以感觉的实际效果，必须从经验中把握概念的意义。要确定某一对象的概念，不能只是靠静止的观察与思考，还要靠给对象施加适当的操作和行为，即要在这个对象上实施一套与概念相一致的操作，以操作的结果来检验这一概念。

受皮尔斯的影响，布里奇曼逐渐形成他的操作主义。一方面，布里奇曼重视物理学的方法论问题。他从相对论和量子力学的创立意识到，20 世纪初的物理学革命把物理学研究的重点从内容转移到方法上。因此，他特别强调对方法问题的重视。另一方面，他重视物理学的经验主义特征。虽然相对论和量子力学理论是高度抽象的，高度依赖数学模型，但他从中看到了经验事实对于突破传统物理学理论的重要作用，看到了相对论和量子力学对于经验个体的行为的依赖作用。他认为，正是科学家个体的有目的的实验行为，推动着科学的发展。为了突出物理学革命的新方法的经验性质，他使用明显具有目的和过程特征的"操作"概念，把爱因斯坦等物理学家所使用的方法概括为"操作方法"。

对于我们应该如何理解和使用"操作"概念，他指出："无论如何，我并不认为这会导致严重的误解，上下文（语境）总能使之清楚，不论对操作做广义的理解，即任何心理的、人工的或语词的东西都可以被当做一种活动，还是对操作做狭义理解，即操作活动显然适应默契的目的。"②也就是说，操作作为一种方法，通过它把抽象理论模型与经验事实语境

---

① 涂纪亮、陈波主编：《美国实用主义文库》，见杜丽燕、余灵灵编：《布里奇曼文选》，余灵灵、杨富芳译，北京，社会科学文献出版社，2009，第 50 页。

② 涂纪亮、陈波主编：《美国实用主义文库》，见杜丽燕、余灵灵编：《布里奇曼文选》，余灵灵、杨富芳译，北京，社会科学文献出版社，2009，第 13 页。

相联系，从而体现了操作方法的中介性和工具性。抽象理论模型只有通过操作与经验事实语境的联系，才能显示出其理论价值，否则，理论模型就会失去指导意义。

### 三、操作基于经验，经验依赖语境

在布里奇曼看来，人们一直试图在自己的头脑中找到外部世界所依据的模式。现在人们认识到，我们只能依据发生的经验来获得认识，因此必须尝试使我们的概念和思想符合我们的经验。操作方法就是确定和检验概念与对象是否相符的基本方法。这样操作方法就是以操作行为来定义和澄清概念，并推而广之。它的实质就是对概念的操作分析，就是对形成概念的前提条件的各种细节进行分析。操作分析既是对操作过程进行分析，又检验概念与对象是否一致。

概念是基于经验的。由于经验是不断变化的，并不断推进到新的领域，因此概念也必须是变化的，传统的概念需要根据新的经验重新确定。经验也不遵循预定的模式，要把握新的经验，就要把这些经验分解为一系列可理解的要素。而把经验分解为可理解的要素这样一个任务的不可或缺的部分，就是找到尽可能准确地描述或再现经验的操作方法。这种方法把对经验的描述分解为具有确定性的各种操作，以这些操作来确定和澄清我们在描述时所用的概念。正如《布里奇曼文选》的编译者所总结的那样①：

第一，概念必须由经验主体的操作来确定。在经验范围内，这种操作既是时空确定的，又是可重复的。操作的确定性既有利于确定和澄清现有的概念，又有利于扩展、融合、形成新概念。操作的可重复性能保证概念的可靠性。布里奇曼以相对论的操作主义解释来说明这一点。他认为，爱因斯坦的狭义相对论揭示了传统物理学的先验概念的局限性，强调了物理学概念必须由确定的经验操作确定。由于概念是由确定的操作来赋予意义的，所有先验的和独立的概念都是没有意义的。相对论表明了由确定的操作使概念得以精确表述的重要性。

第二，操作是个体的经验主体的操作。布里奇曼在强调概念必须由经验主体的操作来确定，强调操作的唯一确定性和可重复性时，是着眼于经验主体的可替代性的。随着经验范围的拓展，布里奇曼更加强调作

① 涂纪亮、陈波主编：《美国实用主义文库》，见杜丽燕、余灵灵编：《布里奇曼文选》，余灵灵、杨富芳译，北京，社会科学文献出版社，2009，编者前言5～7页。

为个体的经验主体在操作方法中的作用。布里奇曼指出，量子理论是高度数学化的，用非专业语言做出适当概括几乎是不可能的，但它背后的一个简单观念就是，当我们对待非常小的实体时，通常关于事物的常识观念不再有效。如果我们试图以与思考通常的经验对象同样的方法去思考微观领域的事物，我们就会使自己陷入矛盾。这就是说，常识语境中的理论不再适合于描述微观语境中的事物，因为语境不同了。

在微观世界，事件不仅不能重复，而且原始事件只能为唯一的观察者所观察。于是观察者在微观领域起着十分独特的作用，传统的宏观思维形式不再适用于微观领域。在相对论中，经验主体还是可以替代的，而在量子理论中，经验主体是个体，是不可替代的。因而，他坚持科学的私人性，坚持科学方法的私人性。科学的过程，是对意义不断理解、不断评价的过程，是不断检验以确信人们正在做他们想做的事，并不断判断对错的过程。

第三，操作是被观察对象与经验主体的互动过程。在操作中，经验主体是处于经验对象中的观察者和操作者。在传统科学中，普遍认为观察者是消极的旁观者，所观察到的东西不论是否在被观察都是一样的。在量子力学中，观察微观对象的行为必然包括对象和观察者之间的互动，观察者必须以某种方式包括在系统之中。也就是说，观察者与被观察对象是互补的、不可分离的，试图分离观察者和被观察者，说物体独立于观察者是没有意义的。或者说，在微观领域，观察者与被观察者及观察仪器都是特定语境中的相关因素，这个特定语境将这些相关因素紧密地连接在一起，脱离这个特定语境，观察者就不能再对观察对象进行观察了。

## 四、真理的意义在操作语境中显现

操作主义具有明显的实用主义特征，如果把操作看做语境的相关性，那么，意义就是在操作语境中显现的。《布里奇曼文选》的编译者对此做了很好的概括。

第一，布里奇曼认为，操作过程和对象过程具有同一性。这消解了对于终极实在的追求。关于外在于我们经验范围的纯粹的外部世界的概念是没有意义的，因为所有进入人的经验范围的东西总是被人改变了的东西。传统哲学在我们头脑中寻求外部世界所依据的模式也是没有意义的，因为形式是稳定的、本质性的东西，在变化的经验范围内是无法把握的。只有通过操作分析才能把握概念和对象。因为操作分析是经验范围内的活动，是对被操作的或发生了的事件进行分析，对过程进行分析，因此，它就消解了不变的、具有稳定性的形式，从而也消解了把静止的客观事物本身作为认识对象的观念。

第二，布里奇曼主张直觉在操作中具有重要作用。操作分析必须是尽可能明确和彻底的。事实上，没有一种操作分析是终极的，即便是依靠直觉的操作，也不是令人满意的最基本的操作。因为经验范围是在不断扩大的，在一定的经验条件下依靠直觉进行的操作，是没有最终的确定性的。尽管如此，他依然肯定了依靠直觉的操作，认为只要有适合于我们的目的的、依靠直觉来完成的操作，对于我们无疑也就足够了。操作分析的价值就在于使我们更清楚地看到我们是否有可能达到我们的目的，使我们看清哪些程序对于达到我们的目的是有用的，哪些程序对于达到我们的目的是无用的，甚至是有妨碍的。

第三，布里奇曼主张真理取决于建构真理的操作方法。就实质而言，布里奇曼的操作主义是实用主义的和相对主义的。在他看来，真理是应付环境的工具和手段。理论是解决问题的工具，哪个好用、方便，哪个就是好理论。这完全是实用主义的相对真理观。既然纯粹的外部世界和纯粹的形式是没有意义的，我们所认识到的一切都是在操作过程中获得的，那么，真理就不具有静态的、绝对的意义，不具有普遍性，也不具有唯一性。也就是说，"没有绝对的真理，只有相对的真理，没有普遍的真理，只有具体的真理，没有唯一的真理，只有各种各样的真理，它们的成立并不依赖于符合客观事物，而依赖于我们所使用的方法"①。

## 五、操作主义的启示与缺陷

在笔者看来，操作主义是超越唯物主义和唯心主义的第三条道路，其实质与逻辑经验主义无异，只是用操作分析代替逻辑分析。亨普尔认为，操作主义给我们的启示是：如果一个理论可运用于经验现象，那么它的特征术语必须借助先前获得的前理论术语做适当的解释，这种观点是一种语境意义，对于科学理论而言，解释语句通常给理论术语提供语境解释。比如，"电子"这个理论术语是由它的静止质量、电荷、自旋这些术语提供解释的，而"电子"的操作定义是什么呢？亨普尔认为是一组实验室操作程序，或者是一组实验数据。因为"电子"的操作定义可以由语境定义给出，如"绝缘金属球体的表面存在电子"，"电子从一电极中逃

---

① 涂纪亮、陈波主编：《美国实用主义文库》，见杜丽燕、余灵灵编：《布里奇曼文选》，余灵灵、杨富芳译，北京，社会科学文献出版社，2009，编者前言第10页。

逸"，"云雾室中的凝结行踪标示着电子的轨迹"等。这就是说，当解释性语句与包含被解释术语的语句结合时，它们就能够产生用先前已获得的概念来表达检验蕴涵。但是，操作主义虽然提供了有益的启示，但仍然需要修正，"特别是，我们必须拒绝这样的概念，认为科学概念与一组操作是'同义的'。因为：第一，对于一个术语，可能存在而且经常存在着好几种替代性的应用标准，它们基于不同的操作。第二，为要理解一个科学术语的意义并适当地运用它，我们必须知道它的系统地位，这种系统地位由它在其中起作用，并将它连接到其他理论词语中的理论原理来加以指明。第三，一个科学术语不能被认为'同义于'一组操作，即它的意义不能由这组操作来完全决定"①。因此，任何一组检验操作只在一个有限的范围内提供一术语的应用标准，这个有限范围就是语境限制的范围，超越语境谈论任何操作都是无意义的。比如，温度计所做的操作只是对"温度"这个词的部分解释而不是全部解释。

## 第五节 逻辑实用主义的语境论特征

奎因（Willard Von Orman Quine）是美国著名的逻辑学家和分析哲学家，逻辑实用主义的创始人。早年留学欧洲时，他深受逻辑实证主义②的影响，但他并不完全赞同其观点，因此一直在致力于对逻辑实证主义的批评。1951 年他发表的《经验主义的两个教条》一文，对逻辑实证主义的核心思想进行批判，从而引出他的一系列逻辑实用主义的哲学观点。

### 一、实用主义的逻辑化：本体论承诺作为语境相关性

实用主义是语境论的来源和表现形式之一。而奎因奉行的是逻辑化的实用主义。他的《经验主义的两个教条》被看做是 20 世纪最有影响的论文之一，被看做是逻辑经验主义衰落的标志。

奎因认为，逻辑实证主义在理论上陷入困境的原因是受到两个教条的制约。他指出："现代经验主义一般地说是受着两个教条所制约的。一个教条是相信分析的真理（或以那些独立于事实的意义为根据的真理）之

---

① 〔德〕亨普尔：《自然科学的哲学》，张华夏译，北京，中国人民大学出版社，2006，第148 页。

② 逻辑经验主义的另一个称呼。不过二者还是有区别的。逻辑经验主义的来源是英国的经验主义，逻辑实证主义的来源是法国孔德的实证主义和马赫的科学实证主义。在经验证明的意义上，二者没有什么区别。从学派看，逻辑经验主义的形成是以石里克、卡尔纳普为代表的维也纳学派，逻辑实证主义的形成是以赖欣巴哈为代表的柏林学派。

间存在着根本的区别；另一个教条是还原论：相信每一个有意义的陈述都等值于以指出直接经验的词为基础的逻辑构成。我将论证这两个教条是站不住脚的。我们将看到，一旦抛弃这两个教条，就会打破思辨的形而上学和自然科学的界限，就会转向实用主义。"①在奎因看来，这两条都不能成立，因为经验证实本质是还原论的，综合真理大于分析真理，它们都是或然的。

逻辑实证主义依据分析命题和综合命题以及经验证实原则，把理论分为三种类型：经验科学（物理学、生物学、社会学等）、数学和逻辑学、形而上学（传统哲学）。一个命题的事实成分缩小到为零，其真假仅凭意义分析就可以决定，这就是一个分析命题；一个命题真假取决于它的事实成分是否和经验相符合，这就是一个综合命题。经验科学的命题是能够被经验证实或证伪的综合命题；数学和逻辑是能够用分析方法来证实或证伪的分析命题；形而上学命题既不能被经验证实或证伪，也不能用逻辑分析的方法证明其一致性，形而上学的命题因此是毫无意义的。总之，逻辑实证主义认为，要检验一个命题是否有意义，只需对其进行逻辑分析，如果它既不属于同义反复的分析命题，也不属于以事实为依据的综合命题，那么这个命题显然是无意义的。哲学命题不能还原为这两者，所以哲学命题没有意义。

在奎因看来，思辨的形而上学必须抛弃，因为这种形而上学本体论缺乏现代科学的语言和逻辑基础，使得究竟"何物存在"这个问题至今仍使人们感到困惑。如何做到这一点呢？奎因主张只要把科学方法引入本体论研究，以现代逻辑的原则为指导，重新构造对本体论问题的阐述方式，我们便可以弄清，对什么东西可以进行有效的探索，在什么地方产生了不同本体论之间的差异，人们应如何消除这些差异，等等。奎因认为，分析哲学家应该着眼于本体论问题，是因为它隐含在一切理论问题之中，这个问题的解决是其他一切理论问题得以解决的基础。无论是自然科学家，还是数学家，或是哲学家，当他们构造或谈及一种理论时，实际上都连带着他们的本体论态度，他们的各种理论的陈述中不可避免地暗含着本体论上的断言。这就是所谓的"本体论承诺"。在奎因那里，本体论承诺是作为语境相关性使用的。

---

① 〔美〕奎因：《经验主义的两个教条》，《二十世纪的哲学（下册）》，纽约，1962，第102页。

## 二、约束变项：本体论承诺的语境载体

奎因在《论何物存在》一文中，对关于本体论承诺的载体的两种回答进行了批判。他反对"本体论承诺的负载者是单称词项或名词"和"本体论承诺依赖于我们所使用的谓词"的观点，赞成罗素的观点，即谈论一个名称并不意味着承认这个名称所指示的对象在某种意义上存在。也就是说，何物存在不依赖于人们对语言的使用，但人们说何物存在则依赖于其对语言的使用，或者说，"本体论承诺"是人们在使用语言时产生的，比如，当我们说"这是一把椅子"、"那是一张桌子"时，我们就不能否认世界是物质的。因为当我们说这些句子时，已经蕴涵了物质世界的存在。

对于第一个观点，奎因首先认为，单称名词的出现最终是可消除的，具体途径是将单称名词转换为一个摹状词，如果没有现成的办法，也可通过人为的方法将其改写。其次是将摹状词消除掉。例如，命题"秦始皇因病死于回长安的途中"，其中"秦始皇"这个单称名词的出现并不是必然的。我们将"秦始皇"改写为"秦二世的父亲"，这样，上面的命题就可以被改写成"秦二世的父亲因病死于回长安的途中"。这就是奎因对单称名词进行消除的第一步。

奎因的第二步计划是将前面的那样一个命题再进行改造，那么这个含有摹状词的语句就可以看成是这样一个合取命题："至少有一个并且至多有一个 x 传位于秦二世，并且这个 x 因病死于回长安的途中。"经过这样的一种改造过程，单称词项被消除了。这就证明，单称名词的出现是可以被消除的。因此，单称词项就不可能是本体论承诺的载体，使用它们决不会使人们因此担负在本体论上许诺某物存在的责任。

那么，本体论承诺的承担者是什么呢？奎因认为是约束变项。而使用约束变项是我们卷入本体论承诺的唯一途径，因为"存在就是作为约束变项的值"。正如他所说："一般而言，某给定种类的实体为一理论所假定，当且仅当其中某些实体必须算做变元的值，才能使该理论中所肯定的那些陈述为真。"[①]在奎因看来，承认如此这般的实体，当且仅当，我们认为在我们的变项的值域内包括这类实体，"被假定为一个存在物，纯粹只是被看做一个变项的值"[②]。奎因之所以把本体论承诺与约束变项联

---

① 〔美〕奎因：《从逻辑的观点看》，江天骥等译，上海，上海译文出版社，1981，第95页。

② 〔美〕奎因：《从逻辑的观点看》，江天骥等译，上海，上海译文出版社，1981，第12页。

系在一起，是因为他把句子中的变项看成一种不定代词，代表着某事物中的任意一个，这类事物就是这个变项的值域。也就是说，约束变项是被量词限定了的变项，其值域已经给定，它同样作为代词而成为指称的基本手段，存在就意味着处于一个约束变项的取值范围内，即成为它的一个值。奎因认为，只有从约束变项出发考虑本体论问题，才能得到一个可靠的标准来判定一个理论所承诺的是什么样的本体论。之所以说约束变项是语境载体，是因为语境本身就是一个约束体，它有边界、包含规则，并限制其中的变项的结构及其关联。例如，上述的例子中，秦始皇在视察途中死亡这个历史事件和秦二世继承皇位这个历史事件，构成了这个命题的历史语境，这个历史语境又决定了这个命题的意义。

### 三、语义整编：本体论承诺的语境判断

如何对本体论承诺做出判断呢？奎因认为可以用"语义整编"来判断，即运用现代数理逻辑的工具，对日常语言表述的理论进行释义性改写，以消除其中的各种反常和冲突。语义整编包括前后相继的步骤——语法分析和释义。语法分析是自然语言整编的第一步，它要求研究者对某理论所使用的语言的各种语法范畴及其语义作用进行分析，从而对该语言有深刻的了解。语义整编的第二步是释义，它要完成的任务有两个：一是消除日常语言中妨碍成功交际的不确定性和不规则性，如模糊性、歧义性和指称缺失。比如，我们将有关的句子置于特定的语境中予以分析，就可以消除掉语词的模糊性、多义性和歧义性；二是消除语言中除标准记法外的词不达意项或构造之外的一切其他成分。比如，我们通过对被定义词的意义进行提炼和补充以改进被定义词，目的是为了保持某些特定语境的用法，使其他语境的用法更为明确。

由此可见，奎因的"语义整编"是在语法分析和释义的基础上，先用标准记法对使用自然语言表达的理论进行改写，以清除自然语言的模糊性和歧义性引起的指称障碍，使隐含在理论中的本体论承诺在整编或改写过的语言中得以明确。然后，在整编或改写过的语言中，找出被量词所约束而成为约束变项的值，它们就是该理论的本体论承诺。因此，识别本体论承诺的方法也就是用标记法对用自然语言表述的理论进行整编的方法。

然而，对一个理论所使用的语言进行整编，可以有不同的方式和方法，因而有可能得出不同的本体论承诺。那么，对于这些不同的本体论的承诺，我们应如何对它们作出合理的判断呢？奎因提出了"没有同一性

就没有实体"的这样一个判别标准。该标准的含义是：在一给定的话语的语词中，彼此不可分辨的对象应当解释为对这个话语是同一的。我们借助同一性标准就能使某个东西个体化，规定它到底是哪一种东西，说明它出自何处并排除其他不合标准的东西。

这里产生了两个问题：一是任何概念系统是否必然蕴涵某种本体论预设？二是如何判定一个概念系统的本体论承诺？关于第一个问题，奎因与逻辑实证主义是有分歧的。逻辑实证主义者坚持认为："一个语言构架的接受决不可以看做蕴涵着一个关于所谈的对象的实在性的形而上学教条。"[1]而奎因则认为："一个人的本体论对于他据以解释一切经验乃至最平常经验的概念结构来说，是基本的。"[2]"给定一个理论，我们可加以研究的具有哲学意义的一个方面就是它的本体论。"[3]对第二个问题可以转述为：究竟有没有一种语言手段，我们一经使用就不能逃脱对某物存在的本体论承诺。

奎因通过逻辑分析得出两个结论：其一，并非构成概念系统的任何要素都有本体论承诺。具体来说，专名、谓词、普通代词、逻辑联结词这些只具有句法作用的语言要素都不具有本体论承诺；其二，当我们幻想使用语言构架中的约束变项的时候，就有本体论承诺。"我们的整个本体论，不管它可能是什么样的本体论，都在'有个东西'、'无一东西'、'一切东西'这些量化变项所涉及的范围之内：当且仅当为了使我们的一个断定是真的，我们必须把所谓被假定的东西看做是在我们的变元所涉及的东西范围之内，才能确信一个特殊的本体论的假设。"[4]当我们说"有些狗是白的"，我们并未承诺"狗"和"白"这些抽象实体，而是承诺了"有些东西是狗，并且是白的"。因此，本体论承诺的语言表达式应为："存在就是约束变项的值。"[5]这表明，约束变项不仅有句法作用，而且具有语义作用，正因其有所指才使其涉及本体论。

### 四、奎因论题：假设作为语境相关性

奎因论题也叫杜恒—奎因论题，其含义是说：任何一个假设或一个理论语句，如果由它衍生的预测或推论与观察事实明显不一致时，并没

① 洪谦：《逻辑经验主义》(上卷)，北京，商务印书馆，1982，第93页。
② 〔美〕奎因：《从逻辑的观点看》，江天骥等译，上海，上海译文出版社，1981，第10页。
③ 〔美〕奎因：《从逻辑的观点看》，江天骥等译，上海，上海译文出版社，1981，第121页。
④ 〔美〕奎因：《从逻辑的观点看》，江天骥等译，上海，上海译文出版社，1981，第12～13页。
⑤ 〔美〕费格尔、塞拉斯：《哲学分析读本》，纽约，纽约出版社，1949，第50页。

有证明这个假设或语句是错误的，或被最终驳倒。预测以作为背景知识的其他假设为基础。科学家可以修正这个知识背景，以保留相关的假设。经验检验只能用于整个假设体系，而不能仅用于单个命题或语句。也就是说，理论是命题系统，命题存在于理论之中。经验意义的单元是整个科学。命题或语句的意义是由它所在的理论语言确定的。或者说，一个语句的确定条件是由它存在于其中的理论或语言决定的。因此，杜恒—奎因论题是一种基于假设的语境论，假设集形成了命题的语境相关性（如图 5-3 所示）。

**图 5-3　杜恒—奎因论题的假设语境化**

奎因论题表明，科学是整体系统，其中数学和逻辑是科学的核心，理论科学（物理、化学）居中，外围是经验科学（应用科学）。这些学科遵循译不准原则，即不同语言系统不可互译，间接经验和直接经验不可互通。他以整体科学系统反对单一命题的经验证实。在他看来，真理是有用的，科学理论是用来应付环境的工具，"是用过去经验预测未来经验的工具"；经验不可靠，因为经验具有私人性和主观性。科学理论无真假之分，只有有用和无用之别；形而上学有意义，但限于本体论的承诺，他主张自然主义的认识论，即将自然作为语境看待。

逻辑经验主义把一切命题划分为分析命题和综合命题，认为分析命题的真假完全取决于其逻辑值，与经验事实没有任何联系，综合命题的真假完全依赖于经验事实的检验。分析命题与综合命题是完全对立的，二者之间没有任何关系。奎因看到了这种区别观点的不合理性，并从经验主义内部对其进行了严厉的批驳。可以说，奎因的整体主义科学观开启和奠定了科学观由孤立命题到整体系统、由静态逻辑分析到动态结构调整的深刻转变，对我们从哲学角度准确理解科学性质提供了一种更为积极的整体性思维方式和评价向度。

另外，奎因的自然化的认识论即自然主义认识论也具有语境论特征，之所以这样说是因为奎因发现构成知识及其获得的基础必须诉诸行为主义心理学和对科学的历史考察，这一点正是语境论所要求的。值得我们注意的是，同时期的美国哲学家内格尔（Ernest Nagel）则把自然主义与语境论相结合，形成了他的语境论的自然主义(contextualist naturalism)。内格尔受实用主义、自然主义和逻辑经验主义及分析哲学的影响，形成了被称为"科学的自然主义"或"结构的自然主义"科学哲学，也就是说，他把逻辑经验主义自然主义化，把自然主义语境化，使得它们统一为"理性的经验主义"。在他看来，所谓逻辑原则的必然真是有语境限制和操作限制的，如果把科学方法看做是广义意义上的逻辑，内格尔则把他的语境论自然主义推广到一般的科学研究之中，他的《科学的结构》就是运用语境论自然主义方法的杰作，强调在特定语境中用特定方法和知识来解决特定问题①。这充分说明语境论方法在 20 世纪 50 年代已经有较广泛的应用和较普遍的认可了。

## 第六节　历史主义的语境论特征

历史主义是科学哲学发展史上的一个重要流派。它的出现被公认为是科学哲学的"历史主义转向"。这个流派的代表人物有图尔密、库恩、劳丹、夏皮尔、费耶阿本德，他们在批判逻辑经验主义和证伪主义的基础上，提出了自己的新理论，对科学哲学的发展起到了承上启下的推动作用。然而，历史主义的科学哲学强调非理性的东西，导致非理性的泛滥，使科学理性陷入危机。从语境论视角看，历史主义是把历史事件作为根隐喻，从而把历史作为语境，因而可以被看做是一种历史的语境论。

### 一、图尔密：自然的理想秩序作为语境相关性

图尔密(Edelston Stephen Toulmin)被誉为是开创历史主义科学哲学的第一人，他在思想上属于维特根斯坦后期语言哲学传统，主张回到生活实践。

（一）科学陈述不是普遍命题

图尔密反对逻辑经验主义用归纳逻辑和演绎逻辑对科学进行重建的观点，主张摆脱逻辑，回到科学实践。在他看来，科学定律和科学原理不是日常的普遍陈述句，日常概念一旦负荷新的推理技术和新的模式就取得新的含义。比如，"光直线传播定律"有三个背景支持：（1）对光和影子这些日常现象的经验；（2）由这些经验发展而来的技术，比如日影计时

---

① 关于内格尔的语境论自然主义的讨论，徐向东在《科学的结构》一书的"译者的话"中有详细论述。参见〔美〕欧内斯特·内格尔：《科学的结构》，徐向东译，上海，上海译文出版社，2002。

等；(3)没有表述出来但隐含在日常语言中被认为是理所当然的对光现象规律性的认识。这三点表明了从不知到知的两个变化：一是适应于大范围内光现象的技术的发展；二是伴随新推理技术而来的新模式。这两个变化构成了科学发现的核心。

图尔密认为，科学定律应该不问真假，应该问成立不成立。也就是说，定律不是或真或假的命题，而是用来构成关于世界或真或假命题的规则，是为科学家在现实中找出自己研究方向提供的指示和行为的规则。科学理论是从原理到定律再到现象的等级结构。笔者将逻辑经验主义和图尔密的科学哲学观做了比较，如图 5-4 所示：

　　　　逻辑经验主义(描述自然史)　　　　图尔密(描述科学史)

　　　　　　　普遍陈述　　　　　　　　　　　经验事实

　　演绎相关→↑　　　　　　　　　非演绎相关→↑

　　　　　　　定律　　　　　　　　　　　　　定律

　　演绎相关→↑　　　　　　　　　非演绎相关→↑

　　　　　　经验事实　　　　　　　　　　　普遍原理

**图 5-4　逻辑经验主义与图尔密历史主义的比较**

在这个等级结构中，下一层为上一层提供得以固定的框架，最终由现象定律来解释现象。在逻辑经验主义的模式中，经验事实经由演绎相关通达普遍陈述。在图尔密的模式中，普遍原理经由非演绎相关获得经验事实，这是两个相反的逻辑过程。

(二)理论包含"自然的理想秩序"

图尔密提出了"自然的理想秩序"(ideal order of nature)[①]的概念。他认为，科学的目的不是做出正确的预见(做出正确预见是流行观点)，而是探求对自然的理解。预见只是一种技艺和技术，是科学的一种应用，而不是科学本身的核心。理论中总是包含某种"自然的理想秩序"。"自然的理想秩序"是一般科学原理，比如，万有引力定律，光速不变原理，它们是科学家用来解释自然现象的根据和标准。根据这些标准，科学家知道自然界的哪些事件是自然的、合理的和规则的，因而是不需要解释的；哪些事件是不自然的、不规则的、有偏差的，因而是需要解释的。因此，

———————

① 有人将此概念翻译为"自然秩序理想"，笔者认为这不符合英语原意，译为"自然的理想秩序"更准确。

科学理论的作用就是阐明"自然的理想秩序"和对那些偏离"自然的理想秩序"的现象做出解释。

在他看来，"自然的理想秩序"具有自解释性和范例性的作用。前者为建立科学理论提供基础，后者为科学研究提供模型。"自然的理想秩序"的意义有三：（1）科学的功用就是建立自然的观念系统，这些系统提供相应的解释技术。"自然的理想秩序"处于这个系统的核心。（2）对外以范式方式指导科学家去识别自然现象，对内以范式方式启发科学家建构科学理论。（3）科学的发展是"自然的理想秩序"的改变。不同科学发展时期存在不同的"自然的理想秩序"，即不同的解释范式。这是一种科学的历史进化观，不同于稍后的库恩的革命观。

（三）科学进步是"生态学的"进化

图尔密反对逻辑经验主义把命题作为辩护的基础和把命题系统作为合理性辩护基础的做法。他坚持概念问题与命题问题的区分，坚持概念组织问题与命题系统问题的区分。在他看来，科学的本质在于随历史而变化。不过，他不同意库恩的强历史主义，主张弱的历史主义，强调科学的合理性判断标准本身经历一个历史的发展变化过程。这样，在不同学科中，不同的发展阶段上，对什么是适当的判断应该联系标准本身的历史发展。关于科学概念和理论评价、选择的最终理性根据是"生态学的"，也即"语境论的"。

这种"生态学"观点包括三个假设：

(1)需要在创新和选择方面讨论传统的发展。创新即一个智力传统的信奉者是如何构想出一些可信进路而从他们当前的地位向前推进的；选择即他们出于什么考虑从这些创新中做出选择的决定，从而在流传中修正传统。

(2)当在某一传统中研究概念发展时，人们会注意到一种与对智力变异做出不断选择联系在一起的过程，而智力评价联系着这个发展过程中的可辨认的小生态环境。

(3)在概括竞争理论的优劣时，应该去研究事实上引导人们当时在可用的概念创新之间做出选择的那些选择标准。

这样，评价标准就是与这些标准按"生态学方式"运用于其中的环境联系在一起的。概念问题逻辑上先于命题问题。没有概念，就没有命题的评价与选择。概念直接与经验事实和解释实践相联系，而词、模型、公理演算与表征技术相联系，即它们只是表达概念的符号工具。科学概念是人类智力生活和想象中的那些技艺或传统、活动产物、程序或工具。它们是微型的制度和惯例。也就是说，概念植根于实际生活和科学活动中，它们提供科学解释活动赖以进行的界限和框架。科学的中心目标是探求理解。他主张，科学发展的基本单元是"学科"；学科决定了科学的概念组织的最基本的分类结构；科学发展是一个双重过程的结果：在每一阶段，总有许多竞争着的智力变异不断产生和流通；在每个时代，总有一个选择过程不断进行。

根据他的"生态学的"观点，图尔密认为，一门自然科学的最终目标就是一个充分适当的概念和解释程序的群体，而不是一个充分得到确证的命题系统。理性不是通过演绎、归纳或预先设定的不变的基本规则为一种立场辩护，而应是指在面临不断变化的环境时，人们适当地改变自己信念系统的能力。也就是说，理性是智力的可适应性。

## 二、库恩：范式作为语境相关性

美国科学史家、科学哲学家库恩是历史主义的主要代表人物。他着眼于科学发展的历史和现状，在科学中引进了科学以外的因素——社会因素、心理因素、文化因素。针对波普"只有中断，没有连续；只有突变，没有渐变"的科学发展模式的缺陷，他提出了一种新颖的科学范式的更替发展观，并描绘了一种常规时期和革命时期相互交替的科学发展模式。"范式"（paradigm）是库恩科学哲学的中心概念，也是区别于其他科学哲学的本质概念。

（一）作为语境的范式

库恩在《科学革命的结构》中认为，科学著作，如亚里士多德的《物理学》、托勒密的《天文学大全》、牛顿的《原理》、富兰克林的《电学》和拉瓦锡的《化学》等，都在一定时期为以后几代的工作者暗暗规定了在某一领域中应当研究什么问题和采用什么方法，之所以能够这样是因为这些著作具备这两个根本特点。凡是具备这两个特点的科学成就，他称之为"范式"①。而"取得了一个范式，赢得了范式所容许的那类更深奥的研究，是任何一个科学领域在发展中达到成熟的标志"②。

---

① Thomas. S. Kuhn：*The Structure of Scientific Revolution* (*third edition*)，Chicago，London：The University of Chicago Press，1996：10.

② 〔美〕托马斯·库恩：《科学革命的结构》，金吾伦、胡新和译，北京，北京大学出版社，2003，第10页。

在笔者看来，库恩的范式就是一种语境。因为"范式"一词无论在实际上还是在逻辑上，都很接近"科学共同体"这个概念。而一个科学共同体就形成一个语境，在这个语境中，科学家使用共同的语言进行交流和表达，他们由于所受教育和训练的共同因素结合在一起，他们自己也被认为专门探索一些共同的目标，也包括培养自己的接班人。同一共同体成员在很大程度上阅读同样的文献，吸取类似的教训；不同的共同体总是注意不同的问题，所以超出集团范围进行交流就很困难。因此，范式就具有限制性作用，这与语境决定意义的限制作用具有相同的效果。

在语境的意义上，"范式"可能是：(1)科学家共同体；(2)共同信念；(3)共同约定；(4)共同传统；(5)框架；(6)模式；(7)共同观点和方法；(8)专业基旨(disciplinary matrix)；(9)共同知识背景；(10)共同的教育形成的风格；(11)思维定式；(12)思维方式；(13)范例……据马斯特曼的统计，在《科学革命的结构》一书中，范式的含义有20多种。笔者认为，范式是同一学科或者相关学科的科学家集团共同信奉的理论。一个理论能不能成为"范式"，就看它能否得到科学家共同体的支持和认可，凡被科学家共同体支持和认可的理论才能取得支配地位，从而使它成为"范式"。

一个理论能否成为"范式"，我们可以从其内部和外部去判断。从内部看，它应该具有结构性、整体性、工具性、稳定性、简单性、有效性、精确性、广泛性和一致性。从外部看，它应该具有社会性、历史性、文化性和心理性。也就是说，能够成为"范式"的东西一定是某共同体成员共同关注并遵守的东西，它具有精神工具作用、定向聚集作用、抵抗反常作用和指导解题作用。所谓精神工具是说"范式"是理论层次的东西；所谓定向聚集是说"范式"能够引导科学研究目标；所谓抵抗反常是说"范式"具有韧性，不容被反驳；所谓指导解题是说"范式"能够引导科学家解决问题。"范式"的这些特点和作用表现出语境的特点和作用。因此，说"范式"就是语境。

(二)"范式更替"就是语境转换

我们知道，库恩提出的科学发展模式为：前科学→常规科学→反常→危机→革命……这个模式不仅否定了逻辑实证主义的科学发展的"积累观"，也否认了波普的"突变观"，他把两者有效地结合起来，形成了科学发展的"范式更替观"。

在库恩看来，科学发展可以分为"常规科学"和"非常规科学"(即"科学革命")两个阶段。一门学科自出现了一个统一的范式后，就进入渐进性发展的常态科学时期。所谓"常规科学",就是根据范式"解难题的活动","它是一项高度累积性的事业"①,也是"指坚定地建立在一种或多种过去科学成就基础上的研究,这些科学成就为某个科学共同体在一段时期内公认是进一步实践的基础"②。在常规科学时期,科学家集团对于共同的范式坚信不疑。常规科学不能改变范式,常规研究无论在观念上还是在现象上都很少要求创造性的东西。因此,常规科学的任务不是检查范式、改变范式,而是坚守范式,坚定不移地用范式去解决科学研究中的各种问题。

常规科学不是永世不变的,常规科学时期有时会出现反常现象。所谓"反常",就是新事实和观念与范式的预期不相符合,也就是人们无法用范式对现象作出解释。用库恩的话说就是"反常现象也就是不符合预期的现象","反常现象的特征是顽固地拒绝被现有的范式所接受",或者"反常只是在范式提供背景时才出现。范式越精确,范围越广,它提供作为反常的指示器就越灵敏,而且有机会引起范式变化"③。

随着常规科学的发展,科学研究继续不断地揭示出乎意料的新现象,反常现象愈来愈多,并愈来愈频繁,于是就引起常规科学的"危机"。危机是新理论产生的前提,其意义在于"它们指示出更新工具的时机已经到来"④。这样,科学家对范式开始怀疑,对它的信念逐渐动摇。库恩认为"一切危机都是随着新范式的出现及其被接受而宣告结束的"。危机之后是科学革命时期。科学革命就是抛弃旧范式建立新范式。因此,"科学革命就是旧范式向新范式的过渡。"⑤如果原有范式无法妥善解决这个危机,那么科学家将逐渐修改原有范式规则,并最终使新的范式取代旧的范式,科学革命转变为常规研究。

不过,这个过程远不是一个积累过程,也远不是一个可以经由对旧范式的修改或扩展所能达到的程度。库恩认为,在这个转变期间,新旧范式所能解决的问题之间有一个很大的交集,但并不完全重叠。在解谜

---

① Thomas. S. Kuhn：*The Structure of Scientific Revolution*（third edition），Chicago ，London：The University of Chicago Press，1996：52.

② 〔美〕托马斯·库恩：《科学革命的结构》,金吾伦、胡新和译,北京,北京大学出版社,2003,第9页。

③ Thomas. S. Kuhn：*The Structure of Scientific Revolution*（third edition），Chicago，London：The University of Chicago Press，1996：65.

④ Thomas. S. Kuhn：*The Structure of Scientific Revolution*（third edition），Chicago，London：The University of Chicago Press，1996：76-77.

⑤ Thomas. S. Kuhn：*The Structure of Scientific Revolution*（third edition），Chicago，London：The University of Chicago Press，1996：90.

的模式上，也还存在着一个决定性的差异。当转变完成时，专业的视野、方法和目标都将改变。既然范式是作为语境出现的，那么很自然，范式更替的过程就是语境转换的过程。笔者将从范式的稳定性、生成性、竞争性、创新性和隐喻性进一步说明范式更替的语境转换过程。

从稳定性看，"前科学→常规科学→反常→危机→科学革命……"是一个从不稳定到稳定再到不稳定的过程。前科学时期由于还没有形成范式，处于理论竞争阶段，所以还谈不上稳定。常规科学由于有了范式而进入稳定时期。从反常、危机到革命时期，稳定性逐渐减小。因为没有了范式，也就没有了稳定性。范式在科学发展过程中起稳定作用。

从生成性看，前科学是无范式的科学，常规科学建立了范式，反常是出现反例，危机是反常增多，科学革命就是打破旧范式，建立新范式。这是一个从无范式到有范式再创造新范式的过程。

从竞争性看，前科学是科学观点自由竞争阶段，常规科学是遵循范式进行探讨阶段，反常阶段虽不怀疑现存范式，但是注意到现存范式的不足，危机阶段开始怀疑范式，再通过新旧范式的竞争形成科学革命，最终建立新范式。

从创新性看，前科学处于原始创新时期，常规科学按范式解题，反常是出现不一致，危机说明不一致增多，而科学革命则是再创新理论。通过科学革命，旧范式被推翻或者被新范式取代。

从隐喻性看，前科学是"诸侯割据"阶段，常规科学是"建立天下"，反常是"出现动荡"，危机是"天下大乱"，科学革命是"破旧立新"。这是一个从"无政府"到建立"政府"再到建立"新政府"的过程。

概言之，范式更替既是一个量变质变过程，又是一个否定之否定过程。范式转换表现为语境转换，即范式 1→范式 2＝语境 1→语境 2。库恩所讲的范式不可通约其实就是语境的不可通约。我们知道，在不同的语境中，文本或者事件的意义是不同的。从这种意义上讲，语境是不可通约的。用库恩的话说，旧范式到新范式的更替就是"格式塔"转换，二者之间没有连续性和共同性；范式转换是信念的变化，是世界观的变化，类似于宗教的"改宗现象"；新旧范式使用两套不同的概念体系（语言可能一致），如牛顿理论和相对论。

(三)词典论是彻底的语境论

如果说库恩前期的范式论是一种不彻底的语境论，那么，后期的"辞典论"就是一种彻底的语境论。

20 世纪 80 年代，库恩开始从先前的科学社会学和科学心理学角度论述科学变化,转向了从分类学(taxonomy)和语言学角度来探讨科学革命。他发现科学革命在语言上是不可通约的,即革命前后的理论变化是语义整体的变化。范式变化的实质是分类学的变化,即词义的变化。这样,库恩就将范式从社会学转向了语言学和分类学,把范式整体的转换看成是词义整体的变化,"不可通约性"转换成了"不可翻译性"。从语境论来看,就是从一种社会语境到另一种语言语境的变化。

在库恩看来,科学革命不仅是分类学范畴的变化,也是研究对象和境遇在概念上的分配方式的变化。意义概念的相互定义,它们相互连接成一个整体,因而科学革命必然是整体的。也就是说,科学革命与分类学范畴相关,而且范畴又是一个语言整体,因此,科学革命必然植根于概念所指的世界之中。正如库恩所说:"语言是一个钱币的两面,一面指向世界,一面指向在语言指称结构中对世界的反映。"①革命前后的两个理论,用不同的分类学的两个共同体的科学家就处于两个不同的世界之中。比如,亚里士多德的物理学的分类学肯定不同于牛顿物理学的分类学,而牛顿的物理学的分类学又不同于爱因斯坦的物理学的分类学。例如空间概念,牛顿的物理学就不同于爱因斯坦的物理学,前者是绝对空间,后者是相对空间。库恩发现,不同的分类学有不同的辞典,新辞典要通过不断调整以包容更多的词汇,革命就是用新辞典代替旧辞典的过程。库恩自己意识到,他先前认为亚里士多德物理学是完全错误的,而当他认真反复地阅读并用亚里士多德的术语理解物体运动现象后,或者是从亚里士多德的角度看物体运动后,他突然意识到许多谬误的、错误的术语消失了,变成合理的了。为什么会这样呢?从语境论来看,亚里士多德的语境不同于牛顿的语境,当然,在不同的语境中理解物体运动的意义就会不同。一个辞典就是一个语境,辞典变化就是语境变化,笔者将这个变化称为科学革命的"辞典隐喻"。那么辞典隐喻具有哪些特性呢?按照库恩的用法和描述,一部辞典应该具有以下特性②:

(1)辞典由一套具有结构和内容的术语构成,诸术语构成一个相互联系的网络。一部辞典具有一套特定的术语。

(2)世界或者自然界是通过辞典进行描述的。

---

① 转引自金吾伦:《库恩》,见涂纪亮、罗嘉昌编:《当代西方哲学家评传》(第二卷),济南,山东人民出版社,1996,第206页。

② 参见金吾伦:《库恩》,见涂纪亮、罗嘉昌编:《当代西方哲学家评传》(第二卷),济南,山东人民出版社,1996,第209~210页。

（3）理论与辞典相互密不可分，互相捆绑在一起。理论所需要的辞典的项目只有与理论本身连在一起时才能获得。

（4）不同理论需要不同的辞典才能理解。理论一旦改变，辞典也需要而且也必定随之而变化。不同时变化辞典，就不同时改变理论。

（5）相继的辞典之间不完全重叠，它们之间有部分交叉，即有些术语是共同具有的，有的则是每一辞典所专有的。这些专有的术语是不可通约的，或说不可翻译的。

（6）辞典是一种历史产物。不同时代的社会背景、不同的文化与不同的历史时期就会有不同的辞典。

（7）辞典是认识世界的方式。世界与辞典有一种依赖关系，世界并不完全独立于时间、语言与文化。

概言之，"辞典隐喻"是一种语境隐喻，辞典的更新导致语境的变化。不同的历史时期有不同的辞典，因而也就有不同的语境。语境发生变化，事件的意义也随之发生变化。这就是库恩的基于辞典的语境论思想。

（四）科学进步是语境变化的结果

范式转换是否意味着科学是进步的呢？库恩认为不是这样。由于范式的不可通约性，新范式是不是就一定比旧范式进步就不好比较了。在库恩看来，科学并没有向着一定的目的发展，也并没有越来越接近一种永恒不变的科学真理。只有在常规科学时期，进步才似乎是明显的。因为在常规科学时期，范式为人们提供了科学的标准、范围及其需要发展的东西。在一定目标和方向下的科学发展才可被称为进步。

然而，库恩怀疑旧范式被新范式取代，旧的常规科学过渡到新的常规科学是一种进步。他相信我们一定会在科学中找到进步问题的一个更精确解。也许科学的进步完全不是我们对它理解的那样。在他看来，一种进步不可避免地会表示科学事业的特征，只要这样一种事业存在的话，在科学中就不需要另一种进步。他进一步认为，为了更加精确，我们也许必须放弃这种明确的或含蓄的观念：范式的改变使科学家和向他们学习的那些人越来越接近真理。库恩主张科学事业应该使用"进化"概念来理解科学的发展状况，以"进化"取代"进步"来说明科学的发展。在库恩那里是以革命前后新旧范式不可通约为前提的。革命前后科学的标准、范围以及世界观都发生了整体性的变化。虽然革命前后科学家们的解题能力提高了，但失去了原有科学的目的和意义，而代之以新的甚至是不相容的目的和意义。这是由于科学革命前后的语境发生了变化的结果。

更为重要的是，在库恩看来，范式间转换并不是渐变，而是突变。这是因为转换是一种不可通约的、竞争的范式之间的转化，不可能一次完成。像形态转变那样，它必须立刻产生或者根本不产生。因此，科学的发展很难或不可能找到一条真正的、永不会改变的标准来说明怎样的科学发展才是进步的。

不过，科学的确又是进步的，毕竟古代的科学与现在的科学不可同日而语。这又如何解释呢？库恩认为，革命是无形的，每次革命之后的新的常规科学的教科书都要重新编写，但是在科学革命完成时其中包含了许多的对历史事实的曲解。那些曲解掩盖了革命，因为教科书把现代常规科学的各种实验、概念、定律和理论尽可能处理成分离的或者尽可能连续的事业。正是由于这个原因，人们常会认为科学发展一直是"进步"的，只是这种看法是以当前常规科学时期的范式的稳定、正常发展为前提的，并不是一种超历史的、完全客观的判断。也就是说，判断科学的进步是以语境变化为前提的。正是语境的变化，才导致人们以为科学是进步的，只是人们忽视了这种语境的变化。

（五）库恩科学信念转变的历史语境分析

鉴于库恩的影响，学界普遍把科学哲学上的"历史主义"和科学史上"外史主义"的兴起称为"库恩转向"。他提出的"范式"概念在许多学科广泛应用。"危机"一词的提出是一个典型的范例，对范式的提出有重要影响。我们可以从他个人思想的转变中找到这一词产生的根源。经历过战争的库恩，用精神分析法对自己青年生活中影响自身发展的重大事件进行了反思，这与他后来对科学发展进行概括的范式更替模式有相似之处。在他随后从事的科学史研究工作中表达的一系列个人观点和对战争的看法转变的论文中都可以找到相似的概念。

第一是个人信念的危机。库恩小时候生活在纽约，在浓厚的学术氛围中长大。他当时在曼哈顿的一所进步学校里学习，他喜欢 1927～1933 年在林肯中学就读时相对稳定的社会及学校的环境。从幼儿园到五年级，学校都注重培养学生的独立思考的能力。十三岁时，他就曾为和平主义作过激烈的辩护。

从 1934～1940 年，在库恩上哈佛大学之前的这段时间，他曾多次转学。1933 年，他们全家搬到哈得逊河畔的克罗顿，在那里，库恩就读于海森希尔学校，由于学校最高年级只有九年级，1936 年举家搬迁到皮克斯基尔附近。1937～1938 年他在宾夕法尼亚州的苏罗博格（Solobury）学校读十年级，1938～1940 年，在康乃狄克沃特敦塔夫脱学校读十一、十二年级。他对自己所读的几所学校进行了比较，认为苏罗博格学校和塔夫脱学校对他没有吸引力，他更喜欢海森希尔学校。海森希尔学校的几年学习教会了他如何独立思考。这所学校是由伊丽莎白·姆丝（Elizabeth Moos）夫人创办，是一所"左"倾学校，有社会主义思想倾向。海森希尔学校虽然规模不大，但很进步，学生可以直呼老师的姓名，是纽约地区少数联合实验学校之一，学校四处弥漫着反战气氛——他们经常高唱《国际歌》。库恩在塔夫脱学校读书的 20 世纪 30 年代里发生了一系列重大事件：1935 年墨索里尼派兵入侵埃塞俄比亚，1936 年将其吞并，1936 年西班牙爆发内战，德国和奥地利合并，1938 年 3 月希特勒的军队吞并奥地利，1938 年 10 月希特勒进入苏德台地区，1939 年 3 月占领捷克斯洛伐克。这些重要事件警示人们成为纳粹分子是危险的，美国此时已出现了反法西斯思潮。在塔夫脱学校的最后一学年（1939～1940 年），库恩对希特勒操纵的欧洲充满深深的忧虑，他开始赞同美国对欧洲进行援助，这促使他由和平主义转向支持战争。

库恩相信，他所在的学校的环境变化促使他的政治观点发生改变。1941 年在哈佛上二年级时，他写了论文《战争和我的危机》，为我们提供了他的意识形态发生转变的详细论述。他在文章中写道："在九年级结束的时候，我离开了海森希尔学校，开始接受严格的教育。由于转学，我与我的积极信奉和平主义的朋友逐渐失去了联络，欧洲遭受战争的威胁，随后又爆发了战争，我对自己现在和将来的安排做出决定。相信长时间我都无法对过去确定的标准来保留自己的观点。"[1]在同一篇文章中，库恩探讨他向正义的干涉主义立场转变的一些细节，他写道："不论过去还是现在，我都认为战争是邪恶的，因此，我在理性的思维方式下，反对战争是必然的。事实上，我拒绝签署牛津宣言，是因为我感觉只有去战斗才能避免侵略。虽然我没有签署誓言，但我积极地参与和平罢工，和我所有的朋友就此问题展开激烈的讨论，寻找战争爆发的原因。就我个人理解而言，战争是由资本家追逐利润引起的。我认为他们是一群失去灵魂的人，打着民族主义的旗帜，号召全世界人民为他们卖命。为达到他们的目的，向交战国双方兜售军火。"[2]

---

① Tomas S. Kuhn：*The War and My Crisis*，MIT，box 1/3，unpublished manuscript，2 October，1941：4.

② Tomas S. Kuhn：*The War and My Crisis*，MIT，box 1/3，unpublished manuscript，2 October，1941：3.

库恩也表达了他对和平主义所持的怀疑态度："我偶尔是个怀疑论者。我钦佩我的父亲萨姆(Sam)，他是最早应征入伍的士兵之一，他对德国的战败有足够理性的判断。但他却对战争这个话题保持沉默，虽然他对此不抱幻想，他从不限制我，反而鼓励我。和平主义成了在我心中蛰伏已久的自由主义的一个焦点，后来随着战争的爆发，我心中的自由主义很勉强地出现。"① 尽管库恩对战争的怀疑明显源于自由主义，但他的父亲是一个干涉主义者，而不是一个和平主义者。甚至在德国入侵苏联前，他父亲和家庭中的其他成员都赞成通过《租界法案》，向盟国提供援助②。

库恩相信，美国民主国家的未来是与欧洲紧密相连的，他坚持认为如果援助盟国意味着战争，那么美国应当冒这样的危险。如果有必要，美国的海军和空军都应该参战。库恩坚决支持这个观点，如同他以前坚持和平主义的观点一样。由于转学和升学的原因，使他的生活有了间断。这种间断阻止了他去比较两种观点，他认为如果自己当时去做比较，把原来的信仰保留下来，那么其中的一个观点可能早已不存在。他回想自己由和平主义者转变为干涉主义者的历程，逐渐明白当时世界各国的政策的特点及相互之间的复杂关系。

在《战争和我的危机》中，库恩写道："由和平主义到干涉主义的转变，听起来似乎只是简单的思想变化。这些思想形成对我的判断力产生影响，尤其是对共产主义者，我对他们的思想还是有一丝敬畏的，仅仅如此而已。我已经从反对战争的人群中挺身而出，思想的基础使我和他们紧密交织在一起，我信奉的自由主义并不影响这个基础，因为一个有理性的人总是围绕着这个观念，这才是我最主要的危机，我可以就战争展开讨论……但是对于美国参与战争将会产生什么样的影响还不能轻易得出结论……在此背景下，以前坚持的立场仍有正确的可能性。"③可以看出，库恩坚持的和平主义已有所动摇。这可能就是他要同时应付两种观点时，感到有些困难的原因。

库恩常在自己思考问题时投入大量的感情，可以说他的信念掺杂了许多感情的东西。第二次世界大战在一些重大的历史事件之后爆发，库恩全家也由此增加了对犹太人的遭遇的同情。尽管库恩一家不是犹太人，

---

① Tomas S. Kuhn: *The War and My Crisis*, MIT, box 1/3, unpublished manuscript, 2 October, 1941: 3-4.

② 在《租借法案》的条款中，即使在美国保持中立的情况下，援助仍会被送往英国。这个法案是由罗斯福签署，国会通过，于1941年3月开始生效。

③ Tomas S. Kuhn: *The War and My Crisis*, MIT, box 1/3, unpublished manuscript, 2 October, 1941: 6-7.

也没有亲戚被关在集中营，但他还是关注这类事件。库恩的姑姑埃玛（Emma）曾带回了一个在意大利居住的名叫格恩特（Guenther）的犹太男孩。她对欧洲这一时期发生的事件很敏感，也富有同情心。库恩的祖母塞蒂（Setty）还资助了一对来自德国的年轻夫妇。

库恩在哈佛读书的日子里，校长科南特和大部分学生对战争的看法都发生了转变，认为盟国的行为理所当然是正确的，"我们必须赢得战争"①。此时，哈佛大学已有很多教师离开学校入伍。哈佛大学为此险些停办。库恩也受到了这种参战氛围的影响。

库恩在《战争与我的危机》中发表了他对自由主义的理解。他认为"自由"一词褒多于贬。自由应当是和谐社会的主人。出生于富裕家庭的这代人理所当然地认为，批评和行动的自由，包括对美国民主传统的向往，对课本中的内容和政客的许诺的怀疑。库恩认为这种自由的氛围一直弥漫在他的家庭里。在家中，父母和子女没有代沟。父母尊重孩子提出的理由，在没有充分解释的情况下，是不会向子女下达命令的。于是在做主要决定时，家庭成员都可以参加讨论。所以库恩在政治上是个自由主义者。

库恩还强调了"原因"是理解的准则和判断行为的基础。他写道："我的思想的基础就是充分完全地信仰原因。我所信仰的东西既不神秘也不神圣，但它简单而完整。我认为除了原因能得出正确的结论之外，其他都毫无意义。反过来说，原因足以恰当地解决所有的问题……我为未来我所期望的理性社会构建了一幅美景，但在今天看来还不够清晰，它的假设前提是不是最基本的，应该服从于原因。在我看来，人可以通过教育融入社会中。更清晰的是我对战争的看法。在大学一年级时激进思想的颠覆威胁到了我所有的信念及行为的出发点。"②一系列的事件使库恩个人信念发生了转变，这些变化与库恩自己对科学发展的观点存在细微差异相一致。也就是说，他自己认为"中断是内在的一系列属于重要方法的主要事件"③。这与前面论及的派普的语境论是一致的。

库恩认识到他早期的信念体系是一个相互关联的整体。第二次世界大战对他的和平主义信念是一次挑战，也是对他把原因当做唯一得出正确结论的单一思想行为的一种挑战。库恩在他的文章中写道："原因无法

① Jensine Andresen："Crisis and Kuhn,"in Margaret W. Rossiter(ed.)：*Catching Up with the Vision*，A Supplement to isisVol. 90，1999：48.

② Tomas S. Kuhn：*The War and My Crisis*，MIT，box 1/3，unpublished manuscript，2 October，1941：2-3.

③ Jensine Andresen："Crisis and Kuhn,"in Margaret W. Rossiter:`Catching Up with the Vision`(ed.)，A Supplement to isisVol. 90；1999：46-47.

解决一个问题，我自大地不去相信是我自己有缺点而不是原因有瑕疵。原因不能作为客观的、清晰的判断资源"，"还不能放弃原因，在解决问题时，原因还可以作为判断的一个基础"。库恩经过思考，得出了他的结论："我仍然将原因作为判断的唯一根据。但我意识到所有结论是由更多判断组成的，我的结论是由更多的判断组成的，我的结论（指支持战争）与其他的非理性的主观因素相比较而言是正确的。"库恩用接受人们在生活中、工作时其他理性的力量有更多细微的差别的观点来代替他一直坚持原因是唯一辨别事物的基础这一信念。库恩承认："尽管我认为战争是建立在内外不确定基础上的⋯⋯我仍然认为缺乏不容置疑的事实，因为它试图对我的猜测进行可能性测量，因为它的基础超越了原因变成了我自己专有的。尽管我发现自己对这个观点越来越满意。因此我没有理由再怀疑它，它提供了我继续进步的基础。"[1]对某些决定或行为的原因的思想能理性地保留下来对库恩来说很重要，他的后半生一直致力于寻找原因。这种观点也容忍了原因并非是科学家们在不同立场上评估时使用的唯一标准，尽管原因是过程中重要的部分。但是，库恩担忧的是：人们读他的著作是因为他说科学是非理性的。其实，库恩认为科学主要是理性的事业，人们误解了他。

库恩写完《战争与我的危机》后的三周内，他又写了另一篇文章《国际气候与美国的战争宣言》，表明他仍在思考战争的影响，此时的库恩是个干涉主义者。他写道："毫无疑问，美国将加入反对轴心国的战争。孤立主义的行列在缩小，而他们仍旧努力去推迟或阻止美国的参与。我们的一些对外政策的刊物已在讨论什么时候我们要加入战争，因为对于我们民族来说打败希特勒是必须的，这已成为一种共识。"库恩对此做了注释："赞成者（认为干涉是必要的）认为：人们的一致性一定是来自对某些事情或事情背后的思考。战争宣言就它本身而言是没有意义的。"在这篇文章中，库恩自己更倾向于对战争的干涉，可以是陆军、海军和空军协同作战。他在文章结束时写道："目前，我们要保留曾经发展的'民主政体的兵工厂'，保留大型武器，战争宣言，直到我们做好准备将部队投入到战争中去。"[2]

---

[1]  Tomas S. Kuhn：*The War and My Crisis*，MIT，box 1/3，unpublished manuscript，2 October，1941：7-8.

[2]  Jensine Andresen："Crisis and Kuhn," in Margaret W. Rossiter(ed. )：*Catching Up with the Vision*，A Supplement to Isis. Vol. 90，1999：52.

　　这两篇文章反映了库恩的心声："我的父亲有很强的社会良知和责任感。我的家庭不是基督教会教徒意义上的和平主义者；在海森希尔学校时，我们反对战争，仅在政策内容上，没有把如此强烈的爱国心称为反对非正义行为的活动。这也包括我们家庭的自由主义观，因为我们同情受剥削低收入的工人，尽管我们还年轻，也经历了经济大萧条。"①

　　透过库恩智慧的语言可以看出，如果不是由于家庭的缘故，库恩可能不会注意到这一点，而是把精力放在智慧和原因上。最初，他没有认识到很多人做出的决定和原因无关。

　　在库恩去世前，就他如何转变成为一名干涉主义者，他发表自己的看法："我认为在海森希尔学习的九年间，我成为一个比较激进的人。我们常参加工人们组织的'五一'大游行。我离开这所学校后，也就离开了他们。我保留着自由主义的信念，但我不再是个积极分子。当罗斯福计划援助英国时，我们全家都很高兴，我们甚至认为美国应当加入这场战争。"库恩的民族性与千万战争受害者的经历增加了他这个和平主义者发生转变的动力。

　　第二是职业选择的危机。库恩在塔夫脱学校两年间学习了物理、化学两门课程，并以第三名的成绩毕业（塔夫脱学校 1940 年班级有 105 名学生），由于在数学和理科方面的优异成绩，他获得了伦斯勒·阿拉姆学会奖章（Renselear Alumni Association Medal）。

　　库恩在数学和物理之间做出选择而征询他父亲萨姆的意见时，萨姆回答道："如果你特别偏爱数学，我当然认为你应当继续学下去。如果不是，你可能更应该去学物理。因为学习数学时，如果你没有创造一个好的宇宙体系，你能做的仅是保险公司的统计师，或一名中学教师。但是物理恰恰相反，你可以从事很多职业。"②库恩认为他自己并不偏爱数学，于是他选择了物理。

　　由于库恩的天赋及他父亲的建议，1940 年，他进入哈佛大学的物理学专业学习。在读大学二年级时，库恩继续从事物理方面的研究，但把它作为自己终生的职业而感到迷惑。在四年的学习之后，对于一个已掌握了基础物理和数学的人来说，放弃这几门学科已成为不可能的事情。

---

①　Jensine Andresen："Crisis and Kuhn,"in Margaret W. Rossiter(ed.)：*Catching Up with the Vision*，A Supplement to Isis. Vol. 90，1999：50.

②　Tomas S. Kuhn，Aristides Baltas，Koatas Gavroglu，Vasso Kindi："A Discussion with Tomas S. Kuhn：A Physicist Who Became a Historian for Philosophical Purposes,"*Neusis：Journal for the History and Philosophy of Science*，Spring-Summer，1997：157.

库恩一直学习物理，直到 1944 年 12 月 7 日珍珠港被炸之后，他才转入电子学专业。

据他回忆，珍珠港被炸时，任何一个哈佛大学的物理系学生都在关注电子学，好像为战争做准备。所以他在学习物理时也抽出时间来学习电子学，同时他对文科的一些课程也有兴趣。于是他努力去追寻这些兴趣，特别是哲学课，在他未来的发展中起到了举足轻重的作用。这些经历是一次真正的冲突。

1943 年 5 月库恩大学毕业之后的一段时间里，他在哈佛大学科学研究室和无线电发展实验室工作。1944 年 7 月，库恩乘船到达欧洲，加入了无线电研究室在大马尔沃（Great Malvern）建立的实验室。库恩从事的工作是在技术情报中使用雷达对抗使盟国部队不被德国的雷达探测到。库恩很满意能将自己的专长用到二战中去。

库恩在第二次世界大战时开始对科学哲学产生了浓厚的兴趣。在工作之余，他阅读了大量科学哲学方面的书籍，包括斯诺的里德（C. P Snow'Rede）演讲稿及后来出版的描述人类与科学之间的紧张与对立的《两种文化及科学革命》。库恩在古格海恩（Guggenhein）请愿书上写到，他已被外行盛行的明显对科学存在的误解所干扰；他认为许多错误的观念源于为解决未来科学的技术问题而设置的一些基础课程。当"二战"结束以后，他再次关注这个问题。

库恩的和平主义意识形态的转变使他继续钟情于阅读历史书籍。在教学中，对这些书籍的阅读成为推动他从事科学史研究的非理性因素。他开始试图理解在亚里士多德和牛顿的理论中一些概念的本质区别。他回忆道："一个值得纪念的日子，这些困惑都消失了。我立刻感觉到基础的方法并非传统课本所记载的方法。"[①]这就是库恩所说的"自我启迪"。库恩不再简单地把亚里士多德的运动理论作为一个错误的理论来看，而是从方法论的层面去理解这一理论。亚里士多德的理论使当时的自然哲学家坚信一套与现在完全相悖的关于世界属性的信念。他认为自己对亚里士多德思想的顿悟，是具有重大意义的特殊事件，证实了建立在历史基础上的方法论的作用，也证实了库恩的思想发生了突变式的跳跃。

基本政治立场的转变，个人经历的深刻变化和对亚里士多德理论的洞察，使库恩对格式塔心理学产生了浓厚兴趣。在《科学革命的结构》一

---

① Tomas S. Kuhn：*The Essential Tension* ：*Select Studies in Scientific Tradition and Change*，Chicago：Univ. Chicago Press，1977：xi.

书中，库恩发展了"格式塔转变"这一概念。他认为观点的变化与视觉格式塔相类似。然而，格式塔的变化包含着变化发生时明显不同的格式塔。视觉格式塔的变化是独特的。用库恩的话来说："在变革的时代里，普通科学的传统发生了变化，科学家对周围环境的洞察力将会受到再教育。在一些相似的情形下，他必须学会理解一种新的格式塔。在他所做的研究领域，随处可以看到与他以前所研究的领域具有不可通约性。"①在视觉格式塔中，库恩发现与他所理解的转变具有相似的特性。

　　当库恩从欧洲回来后，他的未来变得很不确定。他回忆说："当1945 年夏天我回到学校时，欧洲的战事已基本结束，但日本还没有投降，我不知道自己是否会被派到太平洋地区做相同的事情。后来，我听说我不会被派到日本时，哈佛秋季学年也即将开始，因此我决定继续学习以获得物理学学位。但是当我继续我的学业时，我很困惑，不知道物理学这个专业是否真正是我的兴趣所在。我很清楚它非常狭窄，要求更多的专业知识。尽管还没有完成学业，但我已在寻找它的替代品啦。"②事实上，库恩在战争期间从事电子方面的工作使他对物理更加淡漠，他说那段战争经历成为他从事物理研究的热情发生变化的部分原因。他只是勉强做现在的工作。

　　1945 年 9 月，库恩争取到了哈佛大学物理学毕业课程的入学许可，并被允许参加本科相关课程及逻辑形而上学的学习。1946 年，他通过研究生考试并开始攻读固态理论物理学博士学位，但他越来越多地去尝试这个领域的其他选择。

　　早在 1943 年，哈佛大学校长康南特就曾发起了"哈佛教育委员会在自由社会的普通教育的客观性研究"，并要求成员提交美国普通教育的详细改革。委员会于 1945 年公布了报告，此时库恩已经回到了哈佛大学。普通教育委员会提出对于文科生在学习理科时应该集中学习各科的历史。接下来的几个月，库恩在哈佛毕业生公告中写了一篇关于这篇报告的短文。他赞扬委员会的这项建议。由于他的毕业指导教授、著名的物理学家弗莱克(Joha H. Van Vleck)的推荐，或是由于库恩在毕业生公告中对《普通教育报告》的评语，1947 年春，康南特邀请库恩协助完善普通教育中的理科课程。库恩同意加入这项工作，他认为他找到了一份极好的工

①　Tomas S. Kuhn：*Structure of Scientific Revolution*，Chicago：University of Chicago Press，1962：111.

②　Skuli Sigurdsson："The Nature of Scientific Knowledge：An Interview with Tomas S. Kuhn，"*Harvard Science Review*，Winter，1990：19.

作，可以替代物理学。在他的古格海恩申请中，他写到如果没有康南特的邀请，他也许不会修正他对职业做的第一次选择。

由于康南特思想的影响，库恩对科学特性的理解越来越有兴趣。康南特相信对科学最清晰的理解将会在对历史的学习中找到。他向普通教育委员会提交的《理解科学：历史学习》报告中阐释了他的观点。这份报告随即发表，康南特在文中提到："我的主张是，通过自己学习一些相关的历史事件，外行也能很好地理解科学。"[①]在康南特邀请库恩改进普通教育课程后，库恩放弃了从事物理研究的职业，并于 1947 年秋季开始了对科学史的研究。在他完成物理学论文之后，他把他的这一决定告知了康南特，康南特表示支持。这激发了库恩开始对科学史的探讨，并为之耗尽一生的精力。

库恩和康南特共同从事的工作成为他们之间紧密联系的纽带。康南特是库恩坚定的支持者，在他繁忙与困惑的时期为他提供精神上的支持。"海龟的脖子只要在外面转动就会有进步"，这个寓言鼓舞库恩转向新的方向。从 1961 年起（《科学革命的结构》出版前的短时期内），他们俩之间就有往来的信件，库恩写信给康南特："你就是那个教我'把海龟脖子伸出来，快速爬行的人'。"[②]

康南特曾为库恩的第一本书《哥白尼革命》写了序言。库恩在前言中评价康南特思想对他的影响及支持。他说："没有人像康南特给我留下这么持久的印象。和他一起工作时，他劝导我从历史学的角度理解科学研究的结构和功能。"[③]1962 年，库恩在书中写道："是哈佛大学校长康南特，第一个介绍我进入科学史领域进行研究，引发了我对科学发展观念发生彻底改变的人。"[④]在《科学革命的结构》出版后，康南特曾写信给库恩："我刚刚读完你出版的这本书，我向你表示热烈的祝贺。我非常感谢你所作的贡献，更加为能将你的名字以这样一种方式与非常重要的书联系在一起而感到骄傲。你不仅对传统科学提出了挑战及对科学的非传统见解，还用深刻感人的方式写出文章加以证明……我必须坦白地承认你

---

① James B. Conant：*On Understanding Science：An Historical Approach*，New Haven，Conn.：Yale University Press，1947：1.

② Jensine Andresen："Crisis and Kuhn,"in Margaret W. Rossiter(ed.)：*Catching Up with the Vision*,,A Supplement to Isis，Vol. 90，1999：58.

③ Tomas S. Kuhn：*The Copernican Revolution：Planetary in the Development of Western Thought*，Cambridge，Mass：Harvard University Press，1957：ix.

④ Jensine Andresen："Crisis and Kuhn,"in Margaret W. Rossiter(ed.)：*Catching Up with the Vision*，A Supplement to Isis. Vol. 90，1999：58.

选择的'范式'概念会带来一些麻烦。当我读完这本书时，我开始认识到你也许无法超越你的基本主题。"①事实上，上百万本的《科学革命的结构》已经开始印刷，已翻译成十几种语言。这本书出版后的最初几年，在许多杂志包括《科学》、《爱西斯》(Isis)、《今日美国物理学杂志》中引起了广泛争论。

康南特安排库恩作为期三年的哈佛研究会协会的初级研究员。1948年1月，库恩请示了协会主席康南特，开始从事科学史的研究工作。1948年夏天，库恩认为这是个有威望的协会，并于1948年10月开始了研究员的工作。在最初半年的协会工作，库恩完成了他的物理学学位论文《单价元素凝聚性的原子量功能的缺陷》。

根据库恩申请，在剩下的学期里，他继续他的阅读计划："在协会里最早的一段时间都被物理学占用，后面的时间则大部分用于物理学普通教育，但有一年或一年半的时间专心致力于对科学史的研究，偶尔做一些特殊的课题像符号逻辑学和发展心理学。它们都有助于我自己领域的研究。"②在库瓦雷(Alexandre Kayre)、迈耶逊(Emile Meyerson)、迈兹格(Elene Metzger)和麦耶尔(Anneliese Meier)研究的影响下，库恩发现自己得出与皮亚杰研究儿童在成长阶段的转变相同的结论。他也研究沃尔夫(B. L. Wholf)在大众视野中的影响和奎因《人造分析的根本区别》的文章及他对符号逻辑的研究。最后，库恩信奉了富莱克(Lueluik Fleck)的研究，并沿着他的方向弄清楚他关于科学团体在社会学层次上的科学进步思想产生的来龙去脉。这些研究促使他形成了后来的语境论思想。

1948年，库恩作为康南特的特使到华盛顿大学参加普通教育会议。康南特1951年编辑《哈佛实验科学史案例》。他请库恩和化学助理教授纳什(Leonard K. Nash)担任1950～1951年学会的自然科学的教学任务。库恩开始关注科学史领域，也开始了他的教学生涯。然而，这个教学任务作为普通教育课程把他对哲学的兴趣(他们把它命名为"物理科学的研究模式")退到了次要地位。他回忆道："大约十年的时间，在一个我从未系统研究过的领域中从事教学，几乎没有给我留下足够的时间明确表达我最初的思想。"③

① Jensine Andresen："Crisis and Kuhn,"in Margaret W. Rossiter(ed.)：*Catching Up with the Vision*，A Supplement to Isis，Vol. 90，1999：59.

② Jensine Andresen："Crisis and Kuhn,"in Margaret W. Rossiter(ed.)：*Catching Up with the Vision*，A Supplement to *Isis*. Vol. 90，1999：59.

③ Tomas S. Kuhn：*Structure of Scientific Revolution*，Chicago：University of Chicago Press，1962：ix.

库恩喜欢弗洛伊德的著作。因为弗洛伊德相信自己用历史学家敏锐的洞察力能完成自己的心理分析。库恩回忆道："他的著作提供了理解人的技巧和使他们更好地了解自己的方法，我认为自己要成为历史学家需要做很多工作，也需要一定的能力。"①

库恩在协助准备哈佛理科普通课程教学工作时，很多都得益于心理分析。库恩后来结束了他的方法论研究，开始了对历史学原著的研读。在评价他的方法论研究时，库恩认为："当阅读主要思想家的著作时，首先要寻找到自己认为是明显荒谬之处，并问自己应该如何去写才是正确的。"②库恩的科学方法论是建立与别人看待事物是否有共鸣的基础上的。除了感性在很大程度是可以影响人的理性，就科学在宗教文化的环境下工作，库恩一般都不会谈及情绪、生活的主题。

在他快走向生命的尽头之际，他的孩子南特(Nat)曾问他，分析学在他日后的思想中的影响程度。库恩认为分析学帮助他研读原著，尽管库恩读过弗洛伊德的《时代的一般智力进程》(The General Intellectual Tenor of Times)，他认为皮亚杰对他的影响更大。南特想知道弗洛伊德的转移概念是否影响了他父亲提出的范式及范式转变思想的发展，特别是对待经验的态度影响他的观念。显然，库恩自己不否认弗洛伊德的转移概念对他的影响，而南特认为弗洛伊德的思想是通过皮亚杰间接影响到他的父亲的。因此，库恩可能已经接受"转变"这个概念。尽管库恩要求可靠的证据证明社会环境能通过各种方式影响他们，但他更倾向于内在主义，认为内在的科学传统的训练取代了影响科学家的社会及心理因素的力量。

第三是洛厄尔演讲与《科学革命的结构》的诞生。1951 年年初，库恩应洛厄尔(Lowell)学会的邀请发表了八篇公开演讲。那年他 29 岁，仍然是个初级研究员，他发现准备这一系列有相当分量的演讲是有压力的。他曾回忆道："对于其他人来说，被邀请到研究协会做演讲是很寻常的事……在做演讲准备时，我有些恐惧，几乎到了神经衰弱的地步。但我坚持下来了。我尝试用八篇演讲中的三篇去写《科学革命的结构》，其他

① Tomas S. Kuhn, Aristides Baltas, Koatas Gavroglu, Vasso Kindi: "A Discussion with Tomas S. Kuhn: A Physicist Who Became a Historian for Philosophical Purposes," *Neusis: Journal for the History and Philosophy of Science*, *Spring-Summer* 1997: 165.

② Tomas S. Kuhn: *The Essential Tension : Select Studies in Scientific Tradition and Change*, Chicago: Univ. Chicago Press, 1977: xii.

的尝试也在进行中。"①

库恩在"深冬季节"提交了演讲稿，在他准备洛厄尔演讲时，库恩把它们作为以科学进步为题的书的框架。在他发表演讲前的两个月的时间，库恩在给哈佛普通教育教育委员会主席的信中写道："我希望洛厄尔的演讲是对科学方法再教育的较好描述。"②1953年，库恩将他的书名初步定为《科学革命》，交由芝加哥出版社出版。

在洛厄尔演讲中，库恩致力于非理性和客观力量的研究，用以指导科学研究及在传统教材中晦涩难懂的部分。在第一篇名为《作为客观存在的科学"神话"》的演讲稿中，他以描述科学家接近他们的课题的态度或偏见以及产生偏见时对科学教育的作用来做结论。第二篇演讲讨论力学。第三篇则是解释亚里士多德的运动概念。第四篇演讲是对弗洛伊德理论的研究。第五篇演讲中，库恩仔细研究了科学活动中的"偏见与成见"的作用，他对"范式"做了最后的范围限制。他讨论和描述了科学中的"偏见"与"成见"的理论基础。在研究活动之初这些因素就已存在了，它们一般都不是从特例中观察得来的，常常不受意志的控制。他认为这些因素起源于科学与社会的训练，许多年来它们还是专业群体的特性。库恩希望"称这些因素是积极的科学家的观点或在现象世界里使用它的洞察力和判断的规则"③。在库恩的第五篇演讲稿中，"危机"成为无处不在的主题。根据库恩的观点，在特殊的科学家群体，危机的状态紧随反常实验而来，并强迫接受新的思潮或观点。他写道："发生在科学目标中的危机，在为专业科学家继续坚持观点和由此产生的理论做准备。这是一段由旧目标指导大部分理论的研究时期，但在同一时期，理论本身也有麻烦，而这些麻烦是大量的被设计出的假设。"④库恩继续概括科学革命这个概念的轮廓："科学革命，保留了旧的科学教程，而不能保留对大自然的旧的观点。"⑤他用达尔文的例子结束这篇长篇演讲，用这个例子支持"危机状态"的观念。在第六篇演讲稿中，库恩阐明了方向间的关系，更

① Tomas S. Kuhn, Aristides Baltas, Koatas Gavroglu, Vasso Kindi: "A Discussion with Tomas S. Kuhn: A Physicist who Became a Historian for Philosophical Purposes,"*Neusis: Journal for the History and Philosophy of Science*, Spring-Summer 1997: 172.

② *Tomas S. Kuhn to David Owen 6 January: From Papers of Tomas S. Kuhn Institute Archives and Special Collections*, MIT, box 3/10, 1951.

③ Tomas S. Kuhn: "Evidence and Explanation,"Fifth Lowell Lecture, *MIT Archives*, 16 March, 1951.

④ Tomas S. Kuhn: "Sixth Lowell Lecture,"*MIT Archives*, 16 March, 1951.

⑤ Tomas S. Kuhn: "Seventh Lowell Lecture,"*MIT Archives*, 27 March, 1951; and Kuhn: "Canons of Constructive Research,"*Eighth Lowell Lecture*, 30 March, 1951.

深层次地叙述了这些关系的影响："行为世界如同科学方向能最终证明存在的不足，并要求改进。如果他们用调节的方法证明它的不足或证明逻辑上的不协调，他们就可能被迫进入危机的范围……由于存在危机，旧世界的不足在行为世界中产生了彻底的改变。彻底改变的经历如同我们处理经验的精神类型……因为如此相似，所以容许更多细节的发展，我建议我们列出行为世界的科学目标的观念。"[1]

在第七篇演讲中，库恩继续讨论他对行为世界的看法。他说："我们都生活在行为世界，我们的行为产生巨大的影响。我们看到的世界是根据我们行为的必然性而简化了的世界。"[2]最后，库恩从语言、科技史、哲学的角度得出了信念转变的结论，并对洛厄尔演讲做了最后的总结。

洛厄尔演讲给库恩提供了一次机会，使他系统地梳理并论述了最终将他带入历史领域的过程。直到 1958 年，他都没有再修改《科学革命的结构》的手稿。1952 年春天，库恩被任命为哈佛大学普通教育及科学史的助理教授。随后的洛厄尔讲演，使他在教学中一直处于优势地位。库恩回忆道："我希望那段时间短一些，但它却持续了七年，我把我更多的哲学兴趣放在一边，而从事历史工作。仅在 1950 年后，完成了《哥白尼革命》，得到大学的任命，我才继续从事科学史的研究。"[3]

库恩一直在哈佛任教直到他获得 1955～1956 年的古格海恩研究员职位。1956 年春，库恩接到伯克利大学的邀请，请他担任历史与哲学科学史的助理教授。库恩接受邀请之后，于 1956 年秋，开始在伯克利大学任教。同年 5 月，库恩收到了装订好的《哥白尼革命：西方思想发展中的行星天文学》，这本书很快由哈佛大学出版社出版。1957 年秋，在学院全体教员的推荐下，伯克利历史与哲学系晋升库恩为有任期的助理教授。1958～1959 年，库恩接受了帕洛阿尔托(Palo Alto)行为科学发展研究中心(The Center for Advance and Study in the Behavioral Science)的邀请，此时的库恩回到以前感兴趣的哲学问题上去了。他的"范式"理论在这一时期更加具体化："一旦我陷入困惑，这篇论文(《科学革命的结构》)的草

[1] Tomas S. Kuhn: *The Essential Tension : Select Studies in Scientific Tradition and Change*, Chicago: Univ. Chicago Press, 1977: xvii.
[2] Tomas S. Kuhn: "Seventh Lowell Lecture,"*MIT Archives*, 27 March, 1951; and Kuhn: "Canons of Constructive Research,"*Eighth Lowell Lecture*, 30 March, 1951.
[3] Tomas S. Kuhn: *The Essential Tension : Select Studies in Scientific Tradition and Change*, Chicago: Univ. Chicago Press, 1977: xvi.

稿很快就浮现出来。"①

1960～1961学年，库恩经历了晋升教授的资格审查。1961年，哲学教授拒绝推荐库恩担任哲学系的教授，他们支持他晋升为历史学专业的教授。不久后，也就是1962年，芝加哥大学出版社出版了《科学革命的结构》一书。这本书包含的许多概念都曾在洛厄尔演讲稿中出现过。书中的中心概念是"范式"，还有"偏见"、"目标"、"行为世界"贯穿于他的文章中。"危机"这个主题在他的第五篇洛厄尔演讲中无处不在，作为在常规时期发生转变的关键，危机是由优越的范式下的不协调产生的，并驱使科学共同体的成员从事的工作是以不同的基本信念为基础的。在他看来，危机是科学理论出现的必要前提。

库恩也因他的《科学革命的结构》而被科学史铭记。他在第二次世界大战中的干涉主义立场使他不得不做出个人的、情感的、职业的转变，这些对他来说都是"内部的危机"。在他的著作中，他清晰有力地表达了"危机"是科学变化的基本的中心主题。这种相似极少同时发生，它对于我们深刻理解库恩的"危机"思想和范式理论有着积极的意义。

以上论述充分说明：库恩历史主义思想的形成不是偶然的，而是他赖以成长的社会语境对他影响的结果。因此，个人思想的形成和发展与他/她生活和工作的社会语境密切相关。脱离开社会语境谈论一个人的成长是没有说服力的，也是没有意义的。

### 三、夏佩尔：理由作为语境相关性

夏佩尔是历史主义科学哲学的又一个代表人物。他在继承和批判中发展了科学哲学，提出了信息域（domain of information）理论，被认为是新历史主义或后历史主义的代表。

（一）在绝对主义和相对主义之间保持张力

夏佩尔认为，科学哲学的核心问题是科学的合理性问题。他反对逻辑经验主义对科学知识进行静态的逻辑分析，反对"元科学术语"与"科学术语"的严格区分，反对"理论术语"与"观察术语"的严格区分，赞成"观察渗透理论"，认为这些区分是绝对主义或预设主义（Presuppositionism）的不可违背观点②。同时，他也反对库恩等人的历史主义对高层理论（范

---

① Tomas S. Kuhn：*Structure of Scientific Revolution*，Chicago：University of Chicago Press，1962：x.

② 这种观点认为，科学是以预先设置的某种东西为先决条件的，这种先决条件是绝对的、不可违背的。

式、研究传统)与低层理论的严格区分,反对理论之间不可通约,反对对科学理论进步和合理性的否定,认为这是相对主义观点。

在他看来,绝对主义把某东西看做一成不变的。这种观点是自柏拉图以来"不变性"思想的延续。比如,柏拉图的永恒不变的"理念"规定人的认识,康德先验的直观形式和悟性规范人的认识,形形色色的本体论的、方法论的、逻辑的和概念的预设主义限制了人们的认识。夏佩尔认为,世界上没有绝对不变的东西,哲学和科学发展都说明绝对主义是不合理的。他赞成皮尔士、杜威等批判必然真理和本质主义的做法,认为科学是永远演进的;奎因的逻辑实用主义把科学看成是信念的共同体,维特根斯坦认为必然真理不是"语言游戏"。科学发展一再证明,没有一成不变的绝对真理,科学史研究也证明,科学理论是相对的。这是夏佩尔反对绝对主义的科学依据。

尽管夏佩尔不赞成绝对主义,但是他也不完全赞成相对主义。相对主义把知识看成是相对某标准而言的东西。相对主义自皮浪主义和怀疑论以来也一直存在着。相对主义是对绝对主义的批判。夏佩尔主张在绝对主义和相对主义之间保持必要的张力,使二者在某一点达到平衡。如何达到此目的呢?要找到在绝对主义和相对主义之间发展的前后一贯的理论,他认为该理论需要同时满足两个条件:(1)科学的各个方面包括方法、标准、元科学概念等,原则上都可以修正,即不再需要预设主义,还要避免回到预设主义;(2)这些修正是根据某些理由做出的,这些理由是人们在从事科学研究过程中学会作为基础的东西。只要满足这两个条件,我们就可以避免相对主义和怀疑论。

(二)理由作为科学理论的语境相关性

夏佩尔认为,科学理论是有根据的,这个根据就是理由(reason)。在他那里,笔者认为理由是作为语境使用的。作为科学理论基础的理由一般表现为科学信念,而科学信念包括已有理论、假设、定律、原理、观察和实验等。

在他看来,科学信念必须满足三个条件:(1)成功性,即表明信念是成功的;(2)无可怀疑性,即没有明确的理由怀疑信念;(3)相关性,即信念作为理由与应用的那个特殊领域是对应的。(1)和(2)是潜在理由,(3)是现实理由。这三个条件构成了科学理论的语境。这样,夏佩尔的观点就是一种语境论的观点。因为理由与历史事件和背景信息相关。"成功"是当时科学共同体认可的,因此,成功也是相对的,随着时代而变化。背景信念为什么会成为科学理由呢?它是相对于"信息域"而言的。

为此，夏佩尔提出了信息域理论。"信息域"是"许多信息项连接而成的信息群"，信息项主要指经验事实，有时也指理论。它具有四个特征：(1)构成信息域的各个信息项之间具有某种联系；(2)联系而成的信息群包含着某些问题；(3)这些问题一定很重要；(4)科学有能力探索这些问题。要成为信息域，(1)和(2)必须满足，(3)和(4)满足一个即可。比如，电学、无机化学、遗传学等就是一个信息域。一个信息域就是一个特定的语境，或者语境相关性。

我们必须注意到，在信息域中，理论与观察密切联系在一起，信息域是人们在科学探索过程中自然形成的，它是可变化的和多层次的。"问题"是包含在信息域中的问题。它包括：(1)信息域的问题，即信息域的范围、精确性等；(2)理论问题，即信息域进行深刻说明的问题；(3)理论的成功问题，即理论的好坏问题。成功的理论应当能够说明信息域中所有的项目，而且说明是精确的；(4)理论适当性问题，即理论的形式问题，包括一致性、实在性、理论之间的相容性。

夏佩尔认为，科学问题具有复杂的结构，一般由相互矛盾的观念产生。信息域的合并、重组和进化构成科学发展的模式。信息域的具体特性表现为：

(1)信息域中心问题可改变，信息域可不变。
(2)信息域中的项目增加或减少。
(3)信息域重组(合并、分化)，比如电学和磁学。
(4)信息域中的信息项是经验事实。
(5)信息域中的观察与理论密切相关。
(6)信息域是多层次的。
(7)信息域是有结构的。

与范式相比，信息域无高层与低层理论之分，统一于信息域中；无常规科学与科学革命之分，统一于信息域的分化、重组之中；在理性主义与非理性主义、实在论与反实在论、绝对主义与相对主义之间保持张力。一句话，科学的一切变化都是在信息域中进行的，这种信息域的变化类似于语境的变化。

(三)基于理由的科学推理

夏佩尔把科学推理放在非常突出的位置。他认为，科学的发现和辩护是不可分割的，它们统一于科学推理过程中。他提出在信息域中如何发现问题、如何确定研究路线、如何解决问题、如何评价理论的六个问题：(1)哪些问题使科学家把某些信息项的集合看做一个整体？看做构成一个有待研究的统一信息域？(2)如何描述在科学发展的高级阶段所取得和经过修改的信息域的各个项目？(3)在这种信息域中，科学家发现了哪一类不合适而需要进一步研究的东西？把它们看成不适当需要修正的理由是什么？(4)哪些问题导致产生了特殊的研究路线？这些特殊的研究路线比别的研究路线更好的理由是什么？(5)期望对这些问题寻求具有某些特征的某类答案的理由是什么？(6)接受某个信息域的某个问题的答案是合理的理由是什么？以上这六个问题是科学哲学家必须研究和弄清的问题。

夏佩尔强调理性在科学发展中的作用，反对夸大社会、文化和心理这些非理性的做法。为此他提出三个假定：(1)科学合理性假定，即科学的创新常常被描述为合理的。(2)科学推理可概括性假定，即个别情况的合理性，常常可以普遍化为适用于其他许多情况的原则。(3)科学推理的可系统化假定，即科学推理的原则在许多情况下可以被系统化。

在夏佩尔看来，理性分析不能被理解为抽象的逻辑分析，理性分析要与历史分析相结合，与典型案例相结合。理性是科学的本质，它是根据理由进行的推理活动。他认为信息域是科学发现的基础，它具有三个功能：(1)把经验事实不断纳入其中，比如脉冲星的发现。(2)有助于提出新理论，比如中子星的发现。(3)信息域内各信息项之间类比，比如玻色子的发现。这样，夏佩尔就把科学发现看做是理性的推理过程，而不是非理性的直觉与猜测。

为此，夏佩尔提出了科学推理的两个模式。

第一个是构成性推理(compositional reasoning)。构成性推理发现事物的内部结构。这种推理又分为周期性和非周期型。周期型是指信息项的周期性变化引起的推理，比如元素周期律的发现就是如此。周期性推理应该满足以下条件：

(1)某一信息域的信息项是有序的。

(2)排列顺序具有周期性。

(3)这种顺序是非连续的或离散的。

(4)这种有序性和周期性是普遍的、精确的和详尽的。

(5)其他有关信息域也可导致结构性解释的理论。

(6)其他有关信息域中某些结构性理论可以做出成功的解释

或预见。

(7)该信息域与相关信息域构成一个更大的信息域。

非周期型是指有序但不是周期性的，比如，光谱分析方法的发现就是这样。不同元素光谱不同，同一元素也有几种光谱。比如，溯因推理（从结论到原因）和类比方法属于非周期性推理。

第二个是演化性推理（evolutionary reasoning）。演化推理是通过时间的演变发现理由。比如，天体光谱的分类、化学元素的演化。根据光谱分析方法对天体进行分类的研究，夏佩尔总结出两条推理原则：

(1)如果一个信息域是有序的，而且这一有序是某个构成因素的递增或递减，则有理由推测这一有序是演化的结果，有理由去探索。

(2)如果有一种方法把连续的有序看做是时间性的，而且找到一种方法把有序看做具有时间方向，则有理由认为这种有序是演化的结果。

依据这两条原则，夏佩尔把科学发现的推理程序总结为：形成信息域→明确中心问题→推测答案→选择研究路线→寻找类比→事实检验（证明）→结论。这一推理过程的优点是将发现与证明寓于理性推理过程之中，突出了科学发现的理性特征。

**(四)科学的语境实在论**

夏佩尔不仅是科学的理性主义者，也是一个持语境论观点的科学实在论者。他的语境实在论体现在以下几方面：

(1)后验的语境实在论。夏佩尔主张对科学进行实在论的解释，但他的实在论不同于传统的实在论。传统实在论假定了一个独立于我们而存在的客观世界，夏佩尔不做这样的假定和保证。他认为塞拉斯和普特南的实在论是先验的、预设主义和绝对主义的实在论，也是逼近真理的实在论。在他看来，我们对于客观世界的认识是人类对外在世界的一种信念，这种信念是在历史过程中逐渐形成的，因而是可以改变的。我们可以把独立存在的世界看做人类基本信念的总和，并对这些信念进行怀疑，根据相关性、成功性和无怀疑性做出解释。

(2)真理的语境观。夏佩尔反对在真理问题上的三种观点：一是真理符合论——命题为真与事实一致。这种真理观建立在直观与事实基础上，并以事实为判断标准，体现了真理的无怀疑性，但太依赖事实，太直观，事实似乎是裁决命题真假的唯一"法庭";二是真理工具论——命题为真实有用的。这种真理观是真理实用主义,体现了成功性,但太功利;三是真理融贯论——命题为真与其他命题在逻辑上一致。这种真理观主张理论的内在逻辑一致性是理论成为真理的前提,体现了相关性,但缺乏真理与客观世界的联系,缺乏经验基础。

在夏佩尔看来,这些真理观没有看到真理与理由之间的联系。他对这三种真理观进行了综合,主张真理必须具备相关性、成功性和无怀疑性三个条件(如图 5-5 所示)。

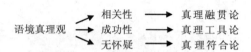

$$
语境真理观 \begin{cases} 相关性 \longrightarrow 真理融贯论 \\ 成功性 \longrightarrow 真理工具论 \\ 无怀疑 \longrightarrow 真理符合论 \end{cases}
$$

**图 5-5　夏佩尔语境真理观的内涵**

(3)科学知识语境论。夏佩尔认为,没有"纯粹"的、未经理论解释的事实,科学的客观性是与背景知识和背景信念相关的。背景知识和背景信念不仅决定理论的结构,也决定对经验事实的解释。也就是说,科学理论的客观性不仅以经验事实为基础,也同时以背景知识和背景信念为基础。而背景知识和背景信念必须符合相关性、成功性和无怀疑性三个条件,这样,才能保证科学理论的客观性。或者说,理论的客观性并不排除知识的主观性,因为经验事实也是人确定的。由此看来,夏佩尔的科学知识观就是一种知识的语境论。在这里,他是把背景知识和背景信念作为语境因素使用的,而背景知识和背景信念都含有理论成分。

(五)夏佩尔理论的优点与缺点

夏佩尔坚持科学的理性主义和科学实在论立场。他的科学合理性理论既避免了逻辑经验主义的绝对主义,又克服了历史主义的相对主义和非理性主义,提出的信息域理论及其发展模型基本符合科学的实际。笔者将其理论的优点概括为以下六点:

(1)他将科学合理性与现代科学发展实际相结合,主张科学理性是根据相关性、成功性和无怀疑性的背景知识和信念而进行的推理过程,比单纯的逻辑过程更合理。

(2)将合理性标准内化于科学内部,而且随科学的发展而发展,具有相对独立性。

(3)将观察陈述与理论陈述相结合,构成知识背景,以此作为科学研究的基础,克服将二者绝对分开的做法。

(4)建立科学推理模型,论述了科学发现的合理性,证明了科学发现与证明的统一、发现与辩护的统一、理性与非理性的统一。

(5)将方法内化于科学研究之中，不同于方法的一元论和多元论。

(6)提出了与传统实在论不同的语境实在论，坚持科学理论的可通约性和进步性。

除这些优点外，夏佩尔的科学哲学也存在不足：一是强调科学内部的理性分析，忽视外部的社会历史分析；二是强调科学发现的理性推理作用，忽视科学发现的复杂性和非理性因素如直觉、想象的作用；三是关于科学信念的理由及三个条件还需要进一步论证；四是根据个别科学案例概括的推理模型是否具有普遍性也值得我们怀疑。

## 四、劳丹：研究传统作为语境相关性

### (一)科学合目的性问题的语境解决

在科学进步的合理性问题上，劳丹认为，逻辑经验主义、证伪主义、科学实在论一般认为：(1)科学的目的是真理或逼近真理；(2)新理论能够解释旧理论的内容，具有更强的预见力和解释力；(3)新旧理论之间有逻辑关联，存在合理性评价的标准。而历史主义者如库恩和费耶阿本德主张科学进步的非合理性，在他们看来，理论即工具，无真假之分，仅有好坏之别，因而无进步可言；不存在中立的观察语言，每一观察必然蕴涵理论，因为描述观察是需要概念的，新理论不一定比旧理论能够解释更多内容；新旧理论之间没有必然的逻辑联系，即不可通约。劳丹认为前者是真理的预设主义，难以接受；后者是真理的实用主义和相对主义，有一定道理。

关于科学进步的评价标准，传统观点认为，科学的目的是追求真理，解释并控制自然，增加社会效用和提高个人声望。劳丹不同意这种看法，认为科学的成果与真理程度不一致，真理预设主义是有问题的，而且新旧理论的前后相继不一定接近真理。劳丹提出科学目的与评价合二为一的标准——解决问题。他认为，久经检验的科学理论预测了新的科学事实，其真正目的是高度解决问题的效力。这一标准具有隐含性和实用性，是科学的真正目的所在，也是衡量科学进步的标准。

由于劳丹确立了科学的真正目的是解决问题，因此，他首先对问题进行了划分。他把问题分为经验问题和概念问题。

经验问题包括三类：未解决问题(还没有被任何理论解决的问题)；已解决问题(被认为在某一领域所有理论已经解决的问题)；反常问题(在同一领域内一理论没有解决而其他理论解决的问题)。在他看来，经验问题是人们对所观察的任何自然现象感到新奇或企图做出解释时构成的问题，并强调经验问题不能完全脱离理论，因为"观察渗透理论"；经验问题也不等于事实，因为：(1)事实是所发生现象真实存在之意，而问题不一定是对于经验事实的描述，比如"自然发生说"所描述的问题，就不是真实所发生的，如说老鼠是在污浊的环境中自然而然地形成的；(2)未知事实不能构成经验问题，经验问题应该反映已知事实，比如，光线的弯曲在爱因斯坦创立广义相对论前，不构成任何问题；(3)只有人们可能对经验事实做出解释时才成为经验问题；(4)问题可以随着认识的提高而变化，事实一般不变。比如，自由落体是一个事实，最初它是"日心说"的一个反常经验问题，但伽利略用惯性定律和运动相对性原理解释后，它就变成了一个力学问题，而不再是天文学问题。

概念问题包括两类：内部问题和外部问题。前者由于理论内部逻辑不一致、机制不明而产生；后者由于理论与其外的科学信念、形而上学、社会意识、世界观等之间产生不一致而形成。外部问题也有三种情况：(1)不同理论之间的冲突；(2)理论与科学共同体普遍接受的方法论之间的冲突；(3)理论与当时流行的世界观之间的冲突。劳丹认为，在最简单的情况下，当一个理论连同适当的初始条件或边界条件推出问题的一个陈述时，它就解决了一个经验问题。当一个理论不存在它的前驱理论的概念困难时，它就解决或取消了一个概念问题。而且，概念问题比经验问题更为重要。因为"理论的形成既建立于观察，又建立在概念问题之上。观察可以要求修正理论，以便能够被理论所纳入；概念问题要求研究者应该在理论中尽量排除概念的不确定性，不断消除构成一个理论的各个成分之间的不统一性"①。

那么，问题靠什么来解决呢？劳丹认为是靠理论，也就是"理论解决问题"。为此，他提出了自己的研究传统理论。

(二)作为语境的研究传统

为了有效解决问题，特别是概念问题，他提出了"研究传统理论"。所谓研究传统是"有关该研究领域哪些可以做，哪些不可以做的一套本体论和方法论的信念"②。它包括两个内容：(1)一组有关某个研究领域的实体或过程的信念；(2)一组有关如何对这些领域进行研究、进行检验等的认识论和方法论准则。研究传统的特点可以概括为：(1)由许多特殊理

---

① 〔德〕汉斯·波塞尔：《科学：什么是科学》，李文潮译，上海，上海三联书店，2002，第137页。

② 〔美〕劳丹：《进步及其问题》，刘新民译，北京，华夏出版社，1999，第80页。

论构成，并为它们所说明；（2）表现出某些形而上学和方法论的信念；（3）具有长期发展的历史，经历了许多不同的发展形式，比如，原子论传统，光学中的"微粒说"和"波动说"。

与库恩的"范式"和拉卡托斯的"研究纲领"相比，研究传统具有的优越性表现为：（1）重视概念问题在科学争论和理论评价中的核心作用，而"范式"或"研究纲领"主要涉及经验问题；（2）注重不同研究传统之间的联系，而"范式"或"研究纲领"理论没有解决"范式"或"研究纲领"之间的关系问题，以及同一"范式"或"研究纲领"的不同理论之间的关系问题；（3）研究传统可以随时间进化，而"范式"或"研究纲领"在结构上过于僵硬，不允许随时间变化；（4）研究传统把本体论与方法论相结合，而"范式"没有阐明它所包含的本体论和方法论的框架，"研究纲领"的合理性标准太宽泛，使得科学进步与理论的合理性选择之间没有必然的联系。

劳丹认为，研究传统本身不具有解释和预测的功能，不能直接检验，它在理论的建构中起指导作用、启发作用、辩护作用和限制作用。

（三）基于研究传统的科学发展模式

在"研究传统"概念的基础上，劳丹描述了科学发展的模式：研究传统的自然进化→根本进化→自然进化→根本进化……这是一个基于研究传统的连续进化模式，具有连续性、保守性和相对性的特点。其中自然进化的含义是：修改理论的边界条件、校正比例常数、精练原先的术语和概念、扩充分类系统等，通过这些可以提高解决问题的能力。因此，任何理论都不是一成不变的，需要不断完善。这是一个从理论内部自我发展的自组织过程。根本进化是说，对理论内部最核心部分进行重大修改（不同于范式和研究纲领的硬核），表现出间断性和革命性的特点。

虽然这个模式中没有科学革命，但是根本进化表现了革命性。劳丹承认存在科学革命，但不同于库恩意义上的科学革命。在他看来，常规科学和科学革命之间没有明显的区别，不同理论的竞争是经常性的。用他的话说，"革命不那么革命，常规不那么常规"。在理论的发展中，"辩证的对抗是科学知识增长的根本动力"。科学革命不等于进步。革命可能是进步的，也可能是倒退的。革命也不必然是新的、更有解决能力的研究传统取代旧传统的过程。他认为："当一个过去不被重视，或不为所知的研究传统发展到一个信奉其他研究传统的科学家不得不把它当做竞争对手的阶段时，科学革命就发生了。"科学革命不是大多数人所信奉范式的转变，而是少数人观念改变的结果。也就是说，科学革命是少数人发动的。比如，牛顿革命和达尔文革命，在当时只有少数的支持者。他主张用"解决问题"的观点将"科学革命间断观"和"科学革命连续观"统一起来，目的都是解决问题。

(四)科学进步的合理性问题

作为有影响的历史主义者，劳丹认为传统的分析哲学没能阐明知识的合理性问题，也没有搞清楚正确的认知途径。传统观点认为，科学的目的是追求真理、效用和理论的确证，评价标准是证实、证伪等。劳丹认为这些标准是预设的、绝对的、形式的、中立的和分离的。表现出以下特点：(1)目的与价值分离；(2)标准一成不变；(3)要么拒绝，要么接受；(4)理论之间不可通约；(5)科学与非科学界限分明；(6)后继理论包含先前理论的经验内容。

为了阐明知识的合理性问题，劳丹提出解决这个问题的三条可能路径：第一是对传统分析哲学作某些改进，证明科学是牢固确立在认识之上的直觉，从而说明传统的合理性认知模型的价值；第二是把对合理性认知模型的追求看成一种失败的事业而予以抛弃，确认科学认知是非理性的；第三是尽力避开使传统分析哲学遭到失败的某些关键性前提，对科学认知的合理性重作分析。

劳丹认为第三条路径是可行的。他说："总之，我的观点并不是：进步性在于不断接受最合理的理论；而是合理性在于作出最进步的理论选择。"①他把科学认知定义为合理性的解题，认为科学本质上就是一种解题活动，解决问题的过程就是科学认知的过程，科学的目标是获得具有高度解决问题效力的理论。

劳丹把认知过程比喻为解题，认为设定解决问题是科学认知的基本单元，认知的目标是尽量把已解决的经验问题的范围扩展到最大，把反常和概念问题的范围缩减到最小。认知的价值由理论解决的经验问题的数目和重要性以及由此理论产生的反常问题和概念问题的数目和重要性的评估来决定，当前后相继的科学理论表现出不断增长的解题有效性时，科学认知就进步了。

在劳丹看来，构成理解和评价科学认知进步的主要单元不是某一具体的理论，而是研究传统，他说："因此，研究传统的一个初步、实用的定义可表述为：一个研究传统是关于一个研究领域中的实体和过程以及关于该领域中用来研究问题和构作理论的合适方法的一组总的假定。"②

---

① 〔美〕劳丹：《进步及其问题》，刘新民译，北京，华夏出版社，1999，第8页。

② 〔美〕劳丹：《进步及其问题》，刘新民译，北京，华夏出版社，1999，第83页。

劳丹建构了一个解释力更强的模型，对科学理论、方法和目标三者之间的关系作了更系统的说明，那就是他的科学认知的网状模型。

劳丹强调科学的目的是解决问题。评价标准是解决问题的能力。这一标准将目的与价值合二为一，表现出以下特点：（1）价值等同于目的；（2）标准随时间变化(提高解决问题的能力)；（3）不简单地拒绝，或接受，而是看是否具有启发力；（4）理论之间既有可通约性，又有不可通约性；（5）非理性是理性的补充；（6）后继理论可以不考虑先前理论的经验内容。

劳丹的观点部分已得到事实证明。比如，科学家已经主张把劳丹称为没有反驳的反常问题作为理论的主要对象；科学家已经在做澄清概念和归纳其他概念问题的工作；科学家已经在探索有希望的理论；科学家已经利用形而上学和方法论来支持或反对研究传统；科学家已经接受了那些还面临着许多反常的理论；某些问题的重要性和它作为一个问题的地位已经在发生着剧烈的变化；科学家已经接受了那些并没有完全解决前驱理论所有问题的理论。

（五）科学合理性的语境化网模型

劳丹主张任何科学模型应包括八个方面：（1）理论的转变基本上是非累积性，即先前理论的内容不一定都能被后继理论保留下来；（2）理论不仅仅因为它们有反常处而被拒绝，也不仅仅因为它们由经验事实确证而被接受；（3）理论的变化和关于理论的争论，通常是以概念问题而非经验问题为转移的；（4）科学家评价理论的标准和原则是可变的；（5）科学家对待理论的态度各种各样，不仅仅是接受或拒绝；（6）理论的普遍性具有不同的层次，因而其评价、检验也因之有显著差异；（7）"逼近真理"这一概念在语义上和认识论上都存在困难，把它作为科学进步的标准是难以令人相信的；（8）竞争理论的共存是一个规则而不是一个例外，理论的进化也因此主要是一项进行比较的工作。

传统科学哲学家认为，科学最主要的认知特点是"意见的高度一致"，"意见一致"是科学的本质特征。劳丹主张科学是"意见一致"和"意见不一致"的统一，需要把这两种观点进行综合。事实上，科学活动中充满了不一致，"意见不一致"才是科学的本质特征。

劳丹把工具主义合理性理论称为"说明理由的等级模型"。这种等级模型说明：科学争论常常是事实层次的争论，可以通过公认的方法论来消除；方法论层次的分歧可以通过共同的科学目的来解决(价值论)，即看哪一方法论更能解决问题；而价值论层次的分歧无法解决（如图5-6所示）。

不一致的层次　　决定的层次

事　实 ⟶ 方法论 ⟶ 达成一致
方法论 ⟶ 价值论 ⟶ 达成一致
价值论 ⟶ 无 ⟶ 无

**图 5-6　说明理由的等级模型的结构**

劳丹认为这一模型的错误在于：第一，方法论原则不能只选择唯一的事实陈述而排除其他事实陈述。第二，价值论原则也不能决定方法论的选择。第三，价值层次上的不一致完全不能得到解决。第四，这些单向说明是有问题的（假定了一个从目的到方法到事实的单向说明）。

劳丹提出一个网模型解决这个问题。网模型提供了一个在事实、方法论和价值论层次上如何合理形成意见一致的合理解释（如图 5-7 所示）。

**图 5-7　网模型的语境化结构**

这个模型是一个语境化的说明模型。它表明：（1）理论提出限制的方法，方法说明理由；（2）方法表明可以实现目的，目的说明理由；（3）理论和目的必须协调。从这一模型笔者得出两个结论：其一，科学的合理性存在于网络结构中，任何一个都不能做出说明；其二，科学的进步由理论、方法和目的的双向关系决定，不能孤立谈科学的进步。这正是语境论的观点。因为科学的合理性必须在其语境中才能得到合理的说明。

在笔者看来，这个模型有以下特点：

（1）各个层次之间是协调关系，不存在一个比另一个优越的问题。

（2）揭示了价值（目的）选择和改变的机制。

（3）说明了科学目的在科学合理性形成中是如何起作用的。

（4）提供了评价科学理论进步的分析方法。

（5）比以前的模型更优越。

图 5-8 的网模型提供了对传统认知目的的批判技术。劳丹概括了认知目的上的三种"乌托邦策略"：证明的乌托邦，比如知识证明上的经验

绝对可靠性；语义的乌托邦，比如把简单性作为科学的目的；认识论的乌托邦，比如实在论提供了科学变化的阶段图景，提供了对实在论价值观和方法论的批判，因为没有适当的方法保证实在论目的的实现。网模型对理论、方法和目的关系的进一步说明，构成了一个塔式结构。

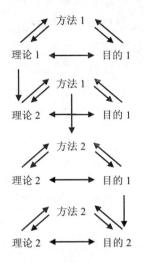

**图 5-8　网模型的演化机制**

　　图 5-8 的塔式结构表明，劳丹网模型的建构是建立在对传统认知模型批判的基础上的。劳丹把由波普、亨普尔、赖欣巴哈等人倡导的工具主义的观点称之为辩护的塔式模型。这种观点认为科学认知中的大多数争论是科学家们关于存在事实的争论，而这些争论可以通过共同持有的方法论规范的裁决来消除，而当科学家们在方法论层次上产生意见分歧时，他们便可以参照共同遵守的科学目的或目标。

　　这样，事实层面的认知分歧可以求助于上一层次的方法论，而方法论层面的分歧又可以求助于更高层次的价值论，认知分歧就在由低到高的层次分化中得以解决，层层递进仿佛一座塔。在劳丹看来，库恩等人的观点似乎走向了另一个极端，实际上却仍然是这种塔式模型外推的必然结果。

　　劳丹详尽分析了这种塔模型并指出其存在的明显缺陷。首先，任何一种方法论都可能允许不同的理论或假说并存，因此，仅仅依靠方法论规则很难在各种相互竞争的理论所作出的事实陈述之间作出唯一的选择。其次，塔模型认为持有共同认知目的但使用不同认知方法的科学家是非理性的，但事实是，科学的普遍特性之一就是不同认知方法的并存，认知目的同样不能决定方法论的选择。最后，塔模型的最大缺点就在于它假定了科学家们相同的价值论诉求，处于塔最高层次的认知目的一旦发生意见不一致将不能得到合理解决。

鉴于上述缺点，劳丹构造了新的合理性认知模型，他称之为的"网状模型"，其实就是一种语境化网络。在这一模型中，科学理论、方法论规则和科学认知目的三者之间存在着一种相互制约而又相互辩护的复杂关系。这样，科学的合理性就存在于一个网状的结构之中，我们不能孤立地说某一个有目的的行为是否合理，还必须仔细审查它的主要认知目的是否能够实现，确保实现认知目的的方法论来避免乌托邦式的幻想。劳丹指出，网状模型与塔模型的根本区别就在于它主张在科学协商的所有三个层次之间存在着一个相互调节和相互辩护的复杂过程，在这种模型中，辩护在上行和下行两个方向上进行，串联了目的、方法和事实的陈述。

这样，在塔模型中不同层次间的优越性、重要性和根本性就在无形中被消解了，价值观、方法论和事实陈述在相互依存中依照平等原则紧紧缠绕在一起。理论的选择必须符合某种方法论原则和某种认知目标，同时已接受的理论又反过来限制方法论和价值目标的选择。同样，方法论的分歧不仅信赖于认知目标，还要看它是否能最好地体现认知目标，确定某种认知目标能否实现时，已把方法论作为一种判断的标准，如果没有已知的方法论帮助实现目标，则该认知目标就是不可实现的。科学认知的合理性被圈定于一个网状结构中，不能孤立地离开理论、方法和目标的其中两方而谈论另一方的合理性。

## 五、费耶阿本德：文化作为语境相关性

费耶阿本德以其"怎么都行"（anything goes）的多元主义哲学而闻名于科学哲学界。他"是一位富于想象力的标新立异的科学哲学家，也是实证主义以及最近的证伪主义、科学哲学本身和试图制定或发现科学方法规则的理性主义的批评家"[①]。之所以说他把文化作为语境相关性，是因为多元主义是以文化本身的多元性为基础的，这种不同的文化导致了对科学的不同理解。在笔者看来，费耶阿本德的多元主义表现在认识的、理论的和方法的三个方面。

（一）认识是多元的语境分析

费耶阿本德反对科学是理性的传统观点，认为它排除了科学的非理

---

① 〔英〕牛顿－史密斯主编：《科学哲学指南》，成素梅、殷杰译，上海，上海科技教育出版社，2006，第173页。

性的任何成分，主张科学在很大程度上是非理性的。在他看来，非理性在科学认识中不是可有可无的，而是必不可少的，因为非理性保护新理论不致夭折，或为新理论辩护，比如传统、成见等非理性因素在理论的承认中起作用，而且非理性保护新理论免受经验事实的反驳。一旦新理论成熟，它就可以战胜旧理论。其中非理性是战胜旧理论的手段之一。比如，伽利略成功地为哥白尼理论辩护，被他称之为"伽利略诡计"。在费耶阿本德看来，非理性虽然在科学中不是主流，但也是科学的必要补充。据此，我们可以知道，费耶阿本德并不反对理性，而是主张科学家在坚持理性的同时不要排斥非理性，应保持理性与非理性的统一，并且是统一于语境中的。

费耶阿本德认为，由于知识是统一的，科学与非科学不能分离。证实、证伪、范式、研究纲领，都没有解决科学与非科学的分界问题。因为没有足以排除非理性的普遍研究方法，所以科学不排斥偶然性；科学中有时渗入某些非理性的成分，反而有利于科学的进步，比如，化学的发展得益于炼金术，科学与非科学之间不存在一成不变的界限。如果我们要理解自然界，如果我们要支配我们的物质环境，那么我们一定要用一切思想、一切方法，而不仅仅是其中的一小部分。关于科学外无知识的断定，只不过是一种最方便的神话故事罢了。

他提醒人们注意，科学不是神圣不可侵犯的。科学并不是构成世界观必不可少的唯一条件。科学只是人类用来应付环境的工具。科学已经变成了"宗教"，科学本身被教条化了。科学已经成为"最新的、最富于侵略性的、最教条的宗教制度了"①，到了必须克服科学沙文主义的时候了。为此，他提出了的三种方法：第一，解除一切强加给科学的所谓"普遍规则"，主张认识上的无政府主义，即科学不需要任何束缚，其发展要符合个人的幸福和个性充分发展的人道主义。第二，建立一个与现存社会不同的"自由社会"，主张"所有传统都是平等的，都处于权力的中心"②，科学与国家应该分离。第三，科学家与教育分离，防止科学家把绝对真理思想强行灌输给青少年，以造就真正合格的公民，即"不受特殊意识形态束缚的人"，"能按照自己的意愿做选择的人"，"心灵健全的人"，"是自己自由选择事业而不是被迫去选择事业的人"③。不过，我们应该看到，费耶阿本德的无政府主义不是政治上的，而是认识论和方法

---

① Paul Feyerabend：*Against Method*，Humanities Press，1975：295.

② Paul Feyerabend：*Science in a Free Society*，London：New Left Books，1978：9.

③ Paul Feyerabend：*Against Method*，Humanities Press，1975：308.

论上的。

(二)理论是多元的语境结构

费耶阿本德的理论多元主义包括三方面内容：

第一，理论与经验事实可以不一致。逻辑经验主义强调理论与事实的一致，这是人类的"实证偏爱"。费耶阿本德反对事实对理论的判决作用，主张理论可以成为没有经验的科学，理论可以与事实不一致。这是因为：其一，经验事实可能被"污染"，因为观察不仅渗透理论，而且充满理论。一个理论可以和证据不一致，这不是由于它不正确，而是因为证据受到污染，比如，科学研究中的"观察偏见"，"实验期望"，"背景渗透"；其二，理论具有韧性（韧性原理），即理论并不因与经验事实不一致而被证伪；其三，理论可以脱离经验而存在。理论高于经验。经验不一定进入检验过程，或者说获得知识的过程不一定依赖经验，譬如靠直觉，在理解过程中消除感知。费耶阿本德认为，作为科学基础的"观察术语"的意义根本不能与理论脱离，科学家用来作为经验证据的东西，并不是哲学家们意指的那种自然观察到的东西，或直接感觉的材料，也不纯粹是现象学式的绝对观察对象，更不是操作主义者与社会建构论者认为是仪器的读数。在科学中被称做观察陈述的东西，至少部分地依赖于理论，而且是以一种非固有的、理性的事实呈现的。也就是说，人们对观察术语的解释以及对其意义的理解至少是部分地取决于观察所依赖的理论背景。因此，一切观察报告都是经过"加工"，或者是被理论假设"污染"的。这正是语境论的观点。因为在语境论者看来，人们使用的每一个词的意义取决于说出这个词时所处的理论背景，词并不孤立地指称事物，它们通过成为理论的构成部分而获得意义，也就是通过进入理论这个语境结构之中才能获得意义。费耶阿本德喜欢把这种意义观称为意义的语境理论(contextual theory of meaning)，他不赞成维特根斯坦关于术语的意义在于它的使用的看法，而是主张一个术语或陈述的意义等同于它在理论中所扮演的角色，也就是说，一个术语的意义不是由使用决定的，也不是由它与经验的联系决定的，而是由它在一个理论或解释的广义语境中所起的作用决定的。在笔者看来，费耶阿本德认为理论覆盖任何语境的观点有点言过其实，因为如果理论的范围越宽，它的内容就会越少。理论如果可以脱离经验而存在，也就是说可以不依赖实践而产生。在语境论者看来这似乎是有问题的，因为脱离经验语境的理论可能就成为"空中楼阁"。这样一来，费耶阿本德又从非理性主义滑到了极端的唯理主义。

第二，理论之间不必一致。逻辑经验主义强调新理论与已经确认的理论之间的一致性(一致性条件),费耶阿本德认为二者不必一致。他认为,如果一致性的基础是理论与经验事实的一致,那么,经验事实就是检验理论的标准。这与科学的实际不符。不同理论在不同证据误差范围内可能不一致,因为一致性条件隐含这样的假设:经验事实独立于理论而存在(自由性原则)。这样就预设了经验事实先于理论存在。他主张一种增生原理,即增生意味着无需压制人们头脑里甚至最为稀奇古怪的产物。增生原理意味着科学家可以提出各种理论。人人都可以随心所欲。科学作为批判性事业,将从这种活动中获益。

费耶阿本德的韧性原理和增生原理的相互作用构成了科学发展的模式。韧性原理允许科学家坚持他认为最合理的理论,增生原理允许科学家提出各种理论。于是形成了多种理论并存和激烈竞争的科学发展局面。于是,某些旧理论被推翻,新理论获胜。

第三,理论之间不可通约。费耶阿本德继承了库恩的"范式不可通约"的观点。他认为不一致的理论可以并存,但是并不是"不是你死,就是我活"。这些并存的不一致理论是不是可通约,是不是可相容,也就是一个是否可以用另一个表征。费耶阿本德对此持否定态度。在他看来,由于理论的形成与文化背景有关,文化的差异将导致理论的差异,表现为不可通约。如果"要求只承认那些可得到的、已承认的事实相一致的理论,就会使我们没有任何理论"[1]。比如,不同民族的思想和语言。不同理论之间也必然存在差异,如概念系统不同,不能相互翻译。还有本体论不同。不同理论的本体论假定不同,比如,经典力学的绝对时空观和相对论的相对时空观。这样,由于理论之间不可通约,因而,不存在判决性实验。

费耶阿本德从多元主义出发,反对科学研究中固守某些固定不变的方法论,提出了"怎么都行"的"反规则"方法论。他以"理论增生"观点反对"齐一性"和"一致性"要求,鼓励创造与旧理论不同的新假说和新理论。在费耶阿本德看来,"理论增生对科学有利,而齐一性则妨碍科学的批判力量"[2]。所谓"理论增生",就是允许和鼓励创造与旧理论不同的新假说、新理论,而不是简单地排斥和抛弃它们。所谓"齐一性",就是要求新假说、新理论必须同旧理论一致,否则就被抛弃。前者是理论多元论,认为如果一个新假说受到许多观察经验的支持,它就是可以被接受的,

---

① Paul Feyerabend:*Against Method*,Humanities Press,1975:65.

② Paul Feyerabend:*Against Method*,Humanities Press,1975:36.

尽管它与旧有的理论不同；后者是理论一元论，它苛刻地要求新假说必须符合于公认的旧理论。

费耶阿本德认为，一致性条件排除一个理论或一个假说，不是因为它同事实不一致，而是因为它同另一个理论不一致，而且它同后者有着共同的确证事例。这样，新理论之所以受到排斥而不被接受，就是因为它出现得比旧理论晚，如果它是先提出来的，公认的旧理论就会由于与它不一致而不被接受。如果根据"齐一性"要求对不同于旧理论的新理论加以排斥和予以抛弃，就会导致对某些与旧理论不一致的事实视而不见，从而使旧理论成为僵死的教条。因此，费耶阿本德要求事实与理论的联系是十分密切的，不仅每一个单个事实的描述取决于某一理论，而且还存在一些事实，如果不借助某一理论人们就不可能揭露它们。由于某一理论同旧理论不一致而被排除掉，某一些事实就不会被发现。这样就大大减少了证明旧理论局限性的事实的数量，从而误认为旧理论是毫无瑕疵、绝对正确的。

（三）方法是多元的语境限制

费耶阿本德坚持了理论和认识上的多元主义，在方法上也必然是多元的。归纳法要求理论与事实一致。这正是费耶阿本德要反对的。在他看来，理论无需完全从归纳获得，他主张科学家要敢于提出与现存理论和经验事实不一致的新假设、新概念和新思想，敢于引入一些新的观察术语，敢于坚持新提出的理论，而不是当遭遇反驳时简单地抛弃它。因此，他主张科学研究的无规则性，反对一切现成规则，认为规则即约束，与科学研究的"自由性原则"相悖。于是，"怎么都行"就成了他的口号，"唯一的规则就是怎么都行"①。

笔者认为，不存在普遍的方法论规则是有道理的。科学探索的是未知的东西，没有固定方法可循。科学中不存在普遍合理的规则和评价标准，被认为是普遍的规则、方法总是被打破。科学中更不存在"放之四海而皆准"的普遍规则和理论。科学史一再证明：曾经被认为是正确的理论总是被证伪，这说明理论总是在特定语境中产生、发展和受到批判的。

可以看出，费耶阿本德是一位反传统的后现代主义者，表现出一种发散性思维，这对于科学创新有一定的启示意义。然而，如果科学研究没有规则，科学的训练就没有必要了。事实上，科学研究是有章可循的，不完全是"怎么都行"。没有固定不变的法则不等于不要规范。实际上，科学家

①　Paul Feyerabend：*Against Method*，Humanities Press，1975：28.

并不僵化地遵循一种普遍适用的方法，而是多种方法并用，因为"一切方法甚至是最明显的方法论都有其局限性"①。费耶阿本德反对唯一普适观念的目的是要说明在实际的科学研究中，科学家是很实用的，只要能促进科学进步，他们什么方法都用。在这种意义上，科学家都是实用主义者，他们自由地使用任何方法。他的"怎么都行"是强调他不奉行什么固定不变的教条，因为科学不是一种由遵从绝对具有约束力的方法来表明其特性的活动，"任何规则，不论其对科学是多么根本和多么必要，总有一些客观情况要求置这些规则于不顾，甚至采取与之对立的规则"②。

（四）"怎么都行"的文化多元主义和相对主义特征

"怎么都行"暗含了文化的多元主义和相对主义，这与语境论主张的科学知识的多元性、多变性，判断标准的相对性是一致的。费耶阿本德反对科学理性的西方中心主义，主张文化多元主义。他认为西方文明的进步在带来好处的同时，也引起了无数的弊端。科学不应该有什么特权，它应该是众多知识中的一种文化形态，科学作为人类的一种生活方式，有它自己的应用范围。科学作为一种文化形态，同其他所有民族的文化传统一样仅仅是人类文化大系统的一个部分。在他看来，现代主义把知识的内在力量和真理的霸权普遍化，借以消灭劣势民族与原始部落的自决意志，以实现其社会达尔文主义的血腥目标。既然科学知识的基础是不确定的、无限的外在未知世界，科学的真理性就不能是价值无涉和主客两分的，因此，自然与社会的分离以及科学对人文的压制就应该予以坚决取消。科学知识并不是纯粹理论上的规定，更多的是人们自己的实践参与。

费耶阿本德的多元主义还体现在他的科学史观中。他的多元主义科学史观具有自然主义的成分。理性主义主张先有理性后有实践，理性产生实践。自然主义则相反，主张先有实践后有理性，实践产生理性，实践决定理性。费耶阿本德坚持自然主义的某些成分而反对理性主义。他认为，不存在先验的、普遍的理性，规则不是产生在研究之前，而是产生于研究之中；不是理性决定研究，而是研究决定理性；研究是可变的、多元的，因而理性规则也是可变的；不同的研究产生不同的理性规则，科学研究在不断改变、不断进步，科学的标准、规则、程序也在不断改变。

在他看来，当科学家进入新的研究领域时，他们会修改自己的标准、程序和合理性规则，正如当他们进入新的研究领域时，会修改甚至更新

①　Paul Feyerabend：*Against Method*，Humanities Press，1975：32.

②　Paul Feyerabend：*Against Method*，Humanities Press，1975：23.

自己的理论、改进科学仪器一样。因此，科学研究中往往具有多种传统，也有多种规则、标准和方法。这些规则和标准往往是互不相容的，如日心说与地心说的规则，燃素说与氧化说的规则，都是互不相容的。因此，科学不是一种传统，而是许多传统的产物，它产生了许多局部互不相容的标准，它们在科学史上都起到了重要的指导作用。

科学的文化多元主义必然是反科学沙文主义和西方文化霸权主义的。这是费耶阿本德的后现代科学观中最有现实意义，也是最激进的一个方面。通过批判科学主义的极端观点，他汲取了人文主义的科学理念，从中可以看到费耶阿本德对科学与人文关系问题的新颖见解。费耶阿本德激烈地反对科学沙文主义，认为科学的优越性既没有得到科学历史的普遍论证，也没有得到现实生活的广泛支持，它属于一种想当然的、自以为是的假设，甚至是政治制度和军事压力的结果。可以肯定，费耶阿本德的文化多元主义不仅对后现代科学的兴起和发展有重要影响，而且对于现代社会、经济、政治的进步也有着重要影响。

"怎么都行"也暗含了相对主义。费耶阿本德认为，以逻辑经验主义为代表的现代科学观本质上是牛顿机械论力学的产物，它忽视科学的实际内容，而片面强调了科学语言的形式逻辑分析，不可避免地陷进了极端的形式主义泥潭。波普虽然对逻辑经验主义发起深刻的批驳，但其证伪主义本质上是以演绎主义方法取代归纳主义方法，仍局限于逻辑主义的窠臼中。费耶阿本德主张回到科学史之中，从科学史的案例研究中自然而然地引申出科学的观点和结论。这是一种科学史的语境论。费耶阿本德正是通过历史语境论反对普遍主义和一致主义的论点。

反一致主义是费耶阿本德的重要思想之一。"不可通约"命题是这一思想的自然推论。其实，反一致主义思想深刻地体现在他的理论增生与韧性原则之中。在费耶阿本德看来，科学的进步取决于理论之间的竞争，既然观察负荷理论，理论之间的优劣比较而非理论与事实之间的比较才是科学知识增长的动力。这就要求科学家勇于提出各种可行的假说，以造就一个日益增长的、互不相容的各种合理理论的海洋，并最终促进科学知识的进化。韧性原则说明，在各种理论的比较中，择优淘劣的原则不是必然有效的，因为一种理论的错误可能是表面的、暂时的，现在被认为是正确的理论日后可能成为错误的根源，而现在最可笑的神话有可能成为未来科学的核心。理论的竞争是一个长期的过程，通过不断地修正错误，理论最终会取得进步。一个理论 T 如果被人们所接受，T 总是伴随某些异质理论，在这些异质理论的推动下，T 迟早会被一个异质理论 T′所取代，T′又会同样地被另一个异质理论 T″所取代，如此一来，便构成了科学理论的发展序列，也即 T→T′→T″→…→Tⁿ。在这个理论序列中，每个理论之间不存在任何逻辑关系，即前理论不能逻辑地推出后继理论，它们之间不可通约，"科学理论的诠释仅仅依赖于它所描述事态的状态"①。或者说，各个理论之间既没有包含关系，也没有解决关系和还原关系。从语境论观点看，这个理论发展序列就是不同理论的语境变换过程，理论不同，语境自然就会不同，理论语境的变化，决定了理论的发展或进步。增生和韧性这两个原则体现了费耶阿本德历史主义科学观的实质，其中蕴涵着浓厚的相对主义色彩。

费耶阿本德相对主义的一个自然推论是他的反普遍主义。普遍主义通过强调西方科学的普适性，使自己变成了唯科学主义和文化趋同论。比如，费耶阿本德通过对量子力学哥本哈根诠释的研究与批判，以方法论为突破口，向普遍主义的科学观提出了激烈的反驳。费耶阿本德反对方法论的教条主义，认为科学主义者把其倡导的科学方法推而广之，使其绝对化。他之所以提倡多元主义方法论，旨在使科学相对化，因为在他看来根本就不存在绝对的科学。科学的存在和发展离不开社会的存在和发展。也就是说，科学是相对于人类社会包括政治、经济、文化、教育而存在的。据此笔者可以说，费耶阿本德是一位文化语境论者。普雷斯顿(John Preston)已经指出：

> 费耶阿本德为实在论辩护，据此，"科学理论的解释只依赖于它描述的事态"。同时他宣称，在维特根斯坦的《哲学研究》中，发现了一种意义的语境理论，按照这种理论，术语的意义不是由它们的用法所决定，也不是由它们与经验的联系所决定，而是由它们在理论或说明的更广语境中所起的作用来决定。费耶阿本德的早期著作的关键命题是"对观察语言的解释是由我们用于说明观察内容的理论决定的，并且它随着那些理论的变化而变化"，这个命题应该既概述了意义的语境理论，也概述了科学实在论。②

---

① Paul Feyerabend：*Realism，Rationalism，and Scientific Method：Philosophical Papers，Volume* 1，Cambridge：Cambridge University Press，1981：42.

② 〔英〕牛顿－史密斯主编：《科学哲学指南》，成素梅、殷杰译，上海，上海科技教育出版社，2006，第 174 页。

因此可以肯定，费耶阿本德不仅是一位文化语境论者，也是一位语境实在论者。

## 六、从系统作为语境看历史主义

20世纪60年代初兴起的历史主义科学哲学流派，反对逻辑实证主义和批判理性主义脱离科学发展的历史，孤立地凭借逻辑和经验研究科学理论的做法，把科学理论与科学史紧密地联系起来，在这种联系中探索科学理论的本质和发展规律。它的思想与作为现代科学主导思维方式的系统观是不谋而合的。在这里，笔者把系统作为语境看待，把系统观当做一种语境论。因为一个系统就是一个语境相关因素，反过来，一个语境也就是一个有边界的系统。不同之处在于：系统是相对于环境的，语境是相对于意义的。

一般系统论的创始人贝塔朗菲指出："系统认识论同逻辑实证论或经验主义确有很大差别。""各级系统不能靠研究其孤立的有关部分来了解。"①系统观强调用相互联系和整体的观点来看待世界，认为科学系统内部各要素之间是相互影响的。系统一旦集合成整体，其特征便不能成为部分的特征之总和。系统的特定结构来源于组织的相互作用和相互依赖，而且它具有动态性和历史性。这些特征明显体现在历史主义学派的理论中，与语境论极为相似，甚至一致。

历史主义认为科学哲学研究方法不应对科学命题进行静态的、孤立的、纯逻辑的分析，而应把研究同整个科学发展的历史结合起来；不是研究静止的、孤立的理论命题，而是研究变化中整体的科学的历史发展规律。科学的评价标准和发展模型是相对的、多元的，要把科学理论放在整个科学理论的联系中，把经验事实放在整个科学史的联系中，在联系和变化中全面地对理论进行评价。这种整体思想在科学中主要表现为系统论，在哲学中表现为各种整体主义，在科学哲学中是历史主义，在认识论上表现为语境论。也就是说，系统论是某种意义上的语境论，因为语境也是系统，只是系统论强调对事物结构的整体性认识，语境论强调对事物意义的整体性理解。

(一)科学整体论：历史主义的思想渊源

历史主义的产生与奎因的整体论有很大关系。正如系统论建立在反

---

① 〔美〕贝塔朗菲：《一般系统论》，袁嘉新、秋同译，北京，社会科学文献出版社，1987，第21、30页。

对还原论基础上一样，奎因的科学整体论也是建立在对还原论的批判基础上。奎因把逻辑实证主义的经验证实原则称为"激进的还原论"，这种还原论主张每一个有意义的陈述都可翻译为关于直接经验的陈述。奎因强烈地反对这种还原论思想并因此提出了他的科学整体论思想。奎因认为，检验知识的意义单位既不能是逻辑实证主义主张的单个陈述，更不能是洛克和休谟等人所主张的单个名词，他指出："具有经验意义的单位是整个科学，是我们的整个知识体系，而其中各种知识只具有这种意义的一部分，因此应当把知识的体系而不是孤立的个别的命题作为经验的单位。"而且，"我认为，我们关于外在世界的陈述不是个别地而只是作为一个有组织的整体面对感觉经验的法庭"①。

一般系统论认为系统具有等级层次性，同时等级层次是最合理的或最优的组织方式。这一特性也体现在奎因的科学整体论中。在奎因的思想中，他把科学整体比做物理学上的"力场"。它的边界是经验，科学整体的核心是逻辑命题和本体论命题，离经验最远的首先是它们；其次是普遍的和关于自然规律的命题。这种等级层次使科学整体更具合理性。奎因指出，当科学理论与经验事实发生冲突时，应当从离经验最近的命题开始，最后才达到作为科学体系核心的逻辑命题和本体论命题。这样做符合科学家们一般都遵守的"简单性原则"，可以做到尽量不打扰总的理论体系，尽量用一熟悉的原理来说明新现象，并且尽可能在修改后的体系中用较少的规律解释较多的现象。

奎因的科学整体论渗透了系统整体观的思想，用对知识的系统考察取代了逻辑经验主义对知识的陈述或分析的方法，重新确立了知识整体论在科学认识论中的重要作用，而且他的这一思想直接导致了当代科学哲学的历史主义的产生和发展。

(二)范式：一个边界不确定的系统

库恩是历史主义科学哲学的典型代表，范式是其核心概念。他不同意逻辑实证主义和批判理性主义把科学理论看做孤立命题的简单集合的传统观点，而赞同奎因把科学理论看成是各种命题和原理的有机统一的整体主义的科学观。范式就是具有系统特征的有机统一体。

从系统的角度看，范式存在于某一特定的科学共同体之内，它由多种因素构成。库恩指出范式是"包含定律、理论应用以及仪器设备在内的

---

① 〔美〕奎因：《从逻辑的观点看》，江天骥译，上海，上海译文出版社，1987，第40、59页。

范例",“牢固框架——概念、理论、仪器以及方法论方面的成规”①,“信念的基础结构”②。因此,范式是包含世界观、信念、理论、方法、仪器设备等因素的系统。英国科学哲学家马斯特曼(Masterma)对《科学革命的结构》一书中的“范式”概念作了分类,她指出范式包括形而上学方面、社会学方面和建构方面的内容③。从系统功能的角度来看,“范式”在科学活动中起着重要作用。首先,范式是开展科学活动的基础。它为科学共同体规定应研究什么问题和采用什么方法。其次,范式为科学共同体提供了世界观和方法论。最后,范式的重要认识论意义就是它起认识框架的作用。

从系统演化看,库恩的范式理论也符合系统的演化机制。在常规科学时期,科学系统处于稳态,这时科学出现在一个范式框架内,在该范式指导下解决该领域的难题。这时即使出现不适应范式的偶然发现或反常现象,如出现新观点或新事实等,即科学系统中的涨落,或者是语境中的新奇或中断。范式也有能力使科学家去处理反常现象,保持系统的稳态。然而,随着常规科学的深入发展,科学家必然会遇到一类反常,不仅使科学家无法用范式调整,而且构成了对范式的根本威胁。也就是一些随机的涨落通过非线性相干作用不断地放大成巨涨落,这就会导致范式系统的危机,产生各种竞争假说,最后触发科学革命,危机终结,形成新的范式,新的常规科学再次开始,科学系统进入新的稳态,这就构成了范式系统的演化。

(三)研究纲领:一个具有刚性结构的系统

拉卡托斯继承并发展了奎因和库恩等人的整体主义思想,形成了具有系统论思想的科学研究纲领理论。

拉卡托斯认为,科学的基本单位不是一个孤立的理论或命题,而是一个互相联系具有内在结构的完整的理论系统。这个系统就是“科学研究纲领”。它由三个部分构成:(1)作为研究纲领核心的“硬核”。(2)作为研究纲领辅助性假设的“保护带”。(3)指导研究纲领未来发展的启示法④。具体而言,“硬核”是研究纲领的基本理论和基本主张,它构成了纲领发展的基础,表现了纲领的本质,它是不可反驳的。一旦研究纲领的“硬

---

① 〔美〕库恩:《科学革命的结构》,李保恒、纪树立译,上海,上海科学技术出版社,1980,第8、35页。

② T. Kuhn: *The Essential Tension*,Chicago:University Of Chicago Press,1977:263.

③ 夏基松、沈斐凤:《历史主义科学哲学》,北京,高等教育出版社,1995,第71页。

④ 〔匈〕拉卡托斯:《科学研究纲领方法论》,兰征译,上海,上海译文出版社,1986,第154~155页。

核"部分遭到反驳与否定，整个研究纲领也就遭到了反驳与否定。"保护带"就是保护"硬核"，不使"硬核"受到反驳的一些辅助性理论或假说，其任务和功能是保卫"硬核"，尽可能不让"硬核"遭受经验事实反驳，从而使其成为名副其实的不可反驳的"硬核"。"启示法"有反面启示法和正面启示法两种。拉卡托斯认为，反面启示法是一种方法论上的反面的禁止性规定，禁止把反驳的矛头指向科学研究纲领的硬核。正面启示法是一种积极的鼓励规定。它提倡并鼓励科学家通过增加、精简、修改或完善辅助性假设等办法来发展整个科学研究纲领。

在此基础上，拉卡托斯提出他的科学发展的动态模式。这种动态模式就是进化的研究纲领与退化的研究纲领交替转换的模式。这一思想体现了系统的动态性。研究纲领有一个进化阶段。拉卡托斯认为，一个进步的研究纲领不仅能解释旧研究纲领的所有的成功，而且还能不断地作出新的预见并得到经验上的确证。这时的研究纲领处于动态稳定阶段，系统受到扰动后仍然能恢复和保持原来的行为。在这一时期的研究纲领不害怕反常，而是不断吸收同化这些反常，化不利于自身的反例为有利于自身的正例，从而不断发展自身。然而，任何研究纲领都不是永恒的，有进步的研究纲领，也就有退化的研究纲领。对于退化的研究纲领，如拉卡托斯所指出的那样，如果它的理论增长落后于经验的增长，即它只能对偶然的发现或竞争的纲领所预见和发现的事实进行事后的说明，这个纲领就是停滞的。这表明系统受到外来的扰动的影响后恢复原来行为的能力下降了。这种外来扰动成为新系统的触发器，使系统由不稳定状态跳跃到一个新的有序状态，即新的进步的研究纲领取代旧的退化的研究纲领。

拉卡托斯的研究纲领已不像库恩的"范式"那样内容庞杂混乱，而是形成了一个严密的有机系统。这有助于提高理论韧性，但他为系统设立了一个坚固的理性硬核，排除了认知因素在科学发展中的作用。

(四)信息域：一个信息项整合的系统

夏佩尔在批判逻辑实证主义的绝对主义和库恩历史主义的相对主义的基础上，提出了他自己的"信息域"理论。

从结构上来说，信息域具有系统结构的特征。首先，信息域是一个有机的整体。夏佩尔认为，每个时代的科学以相互关联又有区别的信息(包括"待研究的信息群"和"背景信息群")作为研究对象，形成不同的域。组成域的那些特定的事物叫做这个域的项。这些构成信息域的信息项相互联系相互渗透，共同构成科学研究对象的有机整体的域。而且这种联系具有充分的科学根据。因此，信息域这一系统结构是相对稳定的。其次，这一理论的结构具有层次性，各信息项的系统结构是某一信息域的有机部分，某一信息领域又是整体信息群的有机部分。因而呈现出明显的层次性。最后，这一理论的结构具有可变化性。夏佩尔认为信息域不是固定不变的，而是随着科学技术的发展和科学知识的增长而不断变化的，具体体现为信息域中心问题的改变，信息域的项目的增加和减少，信息域的合并与分化。

信息域的演化有别于老历史主义学派的演化。信息域的项不断变化扩大，以及信息域的不断合并、分化和进化就构成了科学的发展过程。与库恩的范式理论相比，在夏佩尔的信息域理论中，不再严格区分"高层次理论"与"低层次理论"，把两者统一于信息域中，同时他也不再坚持"常态科学"与"科学革命"的不同，而是把两者统一于信息域的重组和进化之中。系统的涨落表现为信息域的重组和进化。

夏佩尔的信息域理论强调了信息对系统所起的重要作用。他认为背景信息对形成信息域的问题起决定作用。因为背景信息"规定了什么是'合适的接收器'，传递和接收各类信息的方法，干扰的特性和干扰出现的环境，甚至干扰出现的统计频率以及（基本存在的）信息类型"。这些背景信息"为把信息组织成研究对象提供了基础，同时形成了描述这些信息的方法以及使其成为域的一些问题"①。

（五）研究传统：一个边界确定的系统

劳丹是新历史主义学派的重要代表人物。他在批判地吸收了库恩的"范式"理论和拉卡托斯的"研究纲领"理论的基础上提出了他的"研究传统"理论。在这一理论中，劳丹力图克服以前出现的困难，形成了一个更加完善的系统。

库恩的范式理论是一个系统边界模糊的理论。为了克服这一困难，劳丹给出了一个简明的研究传统的定义。劳丹指出："一个研究传统是关于一个研究领域中的实体和过程以及该领域中用来研究问题和构成理论的合适方法的一组总的假定。"②这一理论具有如下特征：（1）都是由若干具体理论组成；（2）每个研究传统都显示出某些形而上学和方法论的信条，它们作为一个整体表现出这个研究传统的个性从而与其他研究传统相区别；（3）每一个研究传统都经历过若干不同的稳定阶段，并且一般有着相当长的历史。劳丹指出用这些特征就可以辨识它们。这样，系统的

---

① 〔美〕夏佩尔：《理由与求知》，褚平、周文彰译，上海，上海译文出版社，1992，第233～234页。

② 〔美〕劳丹：《进步及其问题》，刘新民、兰征译，北京，华夏出版社，1990，第78页。

边界就可以确立。

在劳丹的研究传统中，系统和要素的关系是十分灵活的，克服了"范式"和"研究纲领"内部的僵死结构。不成功的研究传统可以统属有价值的理论；很成功的传统也可能统属不适宜的理论。若干个不一致的理论可以共同服务于一个研究传统，其中的原因就在于系统注重的是整体的效力，而不是具体的某一要素的成功性。在劳丹看来，由这种参差不齐的要素构成的系统也可以发挥巨大的功能。劳丹指出：首先，研究传统对理论问题有定向作用。这表现在"研究传统始终对其构成理论所必须解释的经验问题的范围和重要性有强大影响"①。同样，研究传统对其构成理论可能产生的概念问题的范围也有决定性影响。其次，研究传统具有限制作用。科学家在其中工作的研究传统禁止他采取与该研究传统的本体论或方法论不一致的具体理论。再次，研究传统有发现作用。这一功能表现在它作为某个领域提出初始理论。同时，研究传统包含的指导原则有助于修正或更改理论，以便提高解题能力。最后，研究传统具有辩护作用。劳丹认为研究传统的重要功能之一是使理论合理化或为理论提供辩护。

作为一个系统，演化是其基本特征。研究传统是一个不断进化发展的过程。它有着形成、发展和灭亡的历史。当它死亡时，也就失去了它的作用。库恩的"范式"不可通约性受到了许多人的批评。劳丹为了克服这一问题，提出了研究传统本身是在连续的发展中进化的。演化中的研究传统表现出很强的连续性。系统中出现的涨落，即研究传统发展中出现的反常及基本概念问题，可以通过修改具体理论而使研究传统处于稳态，这种修改可以是研究传统的核心理论，这就使系统具有很强的连续性。拉兹洛指出："（系统）表现出一种要把它们自己的'个性'固定下来的趋势，哪怕组成他们的大多数成员都换掉了，这些群体的特性仍然趋向于保存下来。"②这一点很好地体现在研究传统的演化中。劳丹指出："必须强调演化过程中相继阶段之间的相对连续性。如果一个研究传统在时间进程中发生了多次的演替，那么在它的最初和最近的方法论和本体论之间便会发生巨大差异。"③这就避免了拉卡托斯研究纲领中不可改变的硬核。当然，如果研究传统的当前的某种"神圣不可侵犯"的要素被放弃，这时系统的稳定状态就会被打破，经过突变产生新的研究传统。

---

① 〔美〕劳丹：《进步及其问题》，刘新民、兰征译，北京，华夏出版社，1990，第83页。

② 〔美〕拉兹洛：《用系统论的观点看世界》，闵家胤译，北京，中国社会科学出版社，1985，第5页。

③ 〔美〕劳丹：《进步及其问题》，刘新民、兰征译，北京，华夏出版社，1990，第94页。

### (六)历史主义中心概念的比较

从系统观看，历史主义的思维模式是一致的，即都属于系统思维模式或语境思维模式，都提出一个具有系统特征的中心概念来说明科学理论的演化，就像耗散结构理论用"耗散结构"，协同学用"协同"，超循环理论用"超循环"解释系统演化机制一样。不同之处在于："范式"引入了文化的心理的成分，这在很大程度上促使了科学哲学的"认知"转向，即从心理和文化的角度透视科学发现与科学发展。虽然"范式"概念是一个内容庞杂、边界模糊的系统，但这种不确定性恰恰表明科学认知作为精神和心理现象的不确定性，在某种程度上是对逻辑分析的超越。"研究纲领"反而剔除了不确定性，其实是又回到逻辑实证主义的老路上去，因为说到底，科学的发展不仅仅是理性的"硬核"和"保护带"，也不仅仅是方法论，在很大程度上还与心理因素和文化因素相关，因此，排斥文化和心理因素并不是明智之举。"信息域"虽然力图避免逻辑经验主义的绝对主义和库恩"范式"的相对主义，从信息项的重组、合并看科学理论的演化，但也应看到，构成"信息域"的前提、"理由"与文化、信念有关，因而，此概念并不比"范式"高明，但从信息整合的角度看科学理论的演化确有新意。"研究传统"克服了范式边界不明确和研究纲领过于坚硬的缺点，但也剔除了心理的和文化的因素。

概言之，库恩之后的历史主义虽然注重科学发展的历史因素，但并没有继承库恩关于文化、心理因素对科学理论有重大影响的观点。他们仍然受到逻辑经验主义强烈的影响，把文化和心理因素排除在科学哲学之外。正因为如此，后历史主义的科学哲学的发展并没有多大起色。由此看来，库恩的"范式"概念直接或间接地启迪了科学哲学的"认知转向"。这是科学哲学在后历史主义思想"沉默"一段时间之后的一个新的研究动向。相信"认知转向"将把科学哲学带入一个新的发展阶段。

## 第七节 科学实在论与反实在论的语境论特征

科学实在论是科学哲学中的一个颇有影响的哲学立场。其主张可表述为"科学的目的，就是要在其理论中给出'世界是怎样的'本义上为真的描述；对科学理论的接受涉及其为真的信念"①。反实在论是与此相反的哲学立场，其实质是工具主义，包括现象主义、操作主义、实用主义、

---

① 〔美〕范·弗拉森：《科学的形象》，郑祥福译，上海，上海译文出版社，2002，第11页。

建构主义和经验主义。本节主要探讨科学实在论者普特南和本格及反实在论者范·弗拉森的语境论思想。他们虽然在实在问题上持相反的立场，但在认识和方法的语境相关性上却几乎是一致的。

## 一、普特南：社会－历史因果链作为语境相关性

美国当代著名哲学家普特南（Hilary Putnam）以其科学实在论而闻名。他把自己的实在论表述为："在我看来，科学的陈述或者是真的或者是假的（尽管经常的情况是我们不知孰真孰假），而且它们的真和假并不包含在它们被高度地导出的描述人类经验中的规则性的方式之中。实在（reality）并不是人类心灵的一部分；毋宁说人类心灵是实在的一部分（而且是它的一个小的部分）。"[①]特别是在语言哲学中，他以意义的因果指称理论确立了其在分析哲学中的地位。在他看来，一个概念的因果关系是一种信念，具有一种语境相关性，其意义可以通过它的社会－历史因果链来指明。

我们知道，在 20 世纪 50 年代，奎因提出应该把意义理论和指称理论区分开来，意义理论涉及的是语言表达的形式，而指称理论涉及的是真理问题。与奎因不同的是，普特南坚持一种科学实在论立场，主张意义是由指称决定的，而指称必须通过因果关系构成的历史链来确定，真理是语境敏感的，等同于理想化的正当证明。这一观点最初由石里克提出。石里克认为，固定一个专名的指称，是由于通过一种最初的命名，比如通过命名给某人起名字，后来，那些参与命名的人就用这个名字称呼此人。这样，在交往中，其他人学会了使用这个名字，且以同样的方式传递给另外的人。传递的继续形成了一个社会－历史因果链。沿着这个链寻找下去，后来使用这个名字的言说者所指称的仍然是最初命名上使用它的人。

循着这一思路，普特南认为确定一个概念的指称是与它所处的语言共同体密切相关的。比如"黄金"这个词，人们必须通过学习懂得它的意义，但人们并不必要学习识别黄金的方法，黄金的意义依赖于说出它的言说者的一个特殊的群体——是作为一种货币金属还是作为一种象征性价值（结婚戒指）看待的人群。对于一群金融家来说，黄金就是一种贵金属，可作为货币使用；对于普通消费者而言，黄金就是一种具有价值的装饰品，可作为结婚戒指使用。这一事实说明：概念的指称和意义是与

①　涂纪亮、陈波主编：《美国实用主义文库》，《普特南文选》，李真编译，北京，社会科学文献出版社，2009，第 3 页。

社会中的工作划分相关的。基于这个理由，普特南提出了一个社会中语言工作划分的普遍性假说："每一个语言共同体都用例子表明刚才描述过的语言工作划分的种类：这就是说至少拥有某些词项，其相伴的'标准'仅仅被说话人的一个亚群所理解，而群体说话人对它的使用依赖于它们与相关亚群中的说话人之间的结构的合作。"[①]也就是说，确定一个概念的意义是与使用它的特定人群相关的。这是概念确定的一种社会意义，也是一种社会－历史因果意义。

普特南接受了这种因果指称理论，把它用做解释实体名词。他发现，在科学理论中使用的实体名词，如"电子"、"质子"、"中子"等经常发生意义上的变化，在不同的理论中，这些概念可能具有不同的意义。如何确定它们的意义呢？普特南把这个问题区分为两种情形：一种是内涵相同而外延不同；另一种是外延相同而内涵不同。他用"孪生地球"假设和"黄金故事"说明了这两种情形。

就内涵相同而外延不同而言，普特南假设了这样一个情境：一群地球上说英语的人正乘太空飞船到一个遥远的天体，飞船上有大量的金属铝和钼，但除了两种物质的原子性质外，人们从外观上很难分辨它们。当踏上遥远的天体时，人们把这些特性都忘记了，再也分不清哪一个是铝，哪一个是钼。他们恰好把名称弄颠倒了，用"铝"称呼钼，用"钼"称呼铝。此时，两种物质在这个人群中具有的意义与我们所指的意义不同。为什么呢？答案是语境发生了变化。

在普特南看来，词的意义取决于实际存在的事物，而不是言说者所指的含义。这是一种关于意义的外在主义。假设这些旅行者又来到"孪生地球"，它上面的"水"与我们地球上的水不同，仅仅在于水的化学结构，而不在于使用"水"这个词的人们所常见的那些性质。在正常的情况下，它不易分辨。然而它的味道同我们使用的水相同，它也在"孪生地球"形成湖泊海洋。当"孪生地球"上的人使用"水"这个词时，是指他们地球上的类似于水的那种物质，而不是我们地球上的这种水，它们是两种相似但不同的物质。根据事物的真实性质，我们可以说，"孪生地球"上的人用他们的词所指的东西并不是水，而是另外一种与水相似的物质。这个例子表明，我们地球人所指的水和孪生地球人所指的水是不是同一种物质，是依赖语境的。"在一种语境中，'水'可能意味着在化学上纯洁的

---

①　涂纪亮、陈波主编：《美国实用主义文库》，《普特南文选》，李真编译，北京，社会科学文献出版社，2009，第208页。

水，而在另一个语境中，它可能意味着在密执安湖中的物料。并且一个说话者可以有时指涉 XYZ 有如水，如果一个人把它当做水来使用的话。"[1]这就是说，在不同的语境中，水是什么是由其言说者的语境决定的。普特南还举了这样一个例子，说我们在火星上发现了"老虎"；它们非常像老虎，但它们是以硅为基础的化学而不是以碳为基础的化学，那么我们会问，火星上的"老虎"是老虎吗？这依赖于语境。在火星人的语境中，"老虎"就是他们所指的硅基老虎。在我们的语境中，老虎是我们所指的碳基老虎。因此，在普特南看来，一个概念的意义不能与外延等同，也不能与内涵等同，外延一般是由社会而非个人加以决定，而且是部分地索引式[2]地被决定的。也就是说，意义并不在我们的头脑中。

就外延相同而内涵不同来说，普特南以"黄金"一词为例，分析了内涵变化而所指对象没有改变性质的词。如果科学发现使我们接受了新的黄金的标准，抛弃过去根据对黄金的描述而得到的标准，那就一定存在一些阿基米得可能叫做"黄金"而我们却不能这样叫的金属，这些金属的外延是相同的，但它们的内涵却发生了变化。比如，"黄金"的"黄色"、延展性、不氧化性这些表面特性不变，但其内涵由模糊结构变为原子结构。按照普特南的看法，虽然黄金的内涵不同，我们仍然与阿基米得一样使用"黄金"一词来称呼黄金这种物质。阿基米得的"黄金"概念是指整个黄金，包括黄金的内在结构，而绝不仅仅是黄金的表面特性，尽管阿基米得当时并不了解黄金的内在原子结构，其原子序数是 79。

虽然在阿基米得时代还没有关于黄金的分子结构的知识，但是他也会直觉地意识到黄金是有结构的，至于其结构是什么则是模糊的。普特南进一步指出，一般说来，如果两人以完全相同的方式使用一个词，但他们所指的对象可能是不同的，因而，他们对这个词的意义的认识也是不同的。比如，"形而上学"这个词，人们以本体论的方式使用时，可能指亚里士多德"物理学之后"意义上的，也可能指"何物存在"意义上的。同时，如果两个人使用一个词的方式不同，但他们所指的对象可能是相同的，因而他们对这个词的意义的认识基本上是相同的，虽然在对象的性质的理解上可能有些差异。比如，"上帝"这个词，人们在宗教中和日常生活中使用时，所指对象都是指某种超人的精神，虽然可能是指不同

---

[1]　涂纪亮、陈波主编：《美国实用主义文库》，《普特南文选》，李真编译，北京，社会科学文献出版社，2009，第 219 页。

[2]　索引性是一种语境关联，或者说是语境相关性的一种。比如像"现在"、"这个"、"这里"这些词语，就是索引式的，也是一种外延，它们是随着语境的变化而变化的。

的"神"。在普特南看来，要确定词的意义，必须确定这个词的外延，词的意义是由词所指的对象的真实性决定的。按照这种观点，假如一个人终生使用某个名字，虽然这个名字所指称的这个人的内涵发生了变化，但是这个名字的外延未变，这个人的真实性未变，同一个名字还是指称这个人，不会产生误解的。如果不是这样，那我们就不能识别我们周围的任何人。也就是说，我们一旦确定了某人的名称，这个名称就会伴随其一生，虽然此人在不断地成长，外形与内涵都发生了变化。

普特南确定词的外延的理论根据是克里普克的因果指称理论。克里普克认为，在确定通名的指称时，"社会－历史因果链"起着十分重要的作用。人们确定一个名词的指称时，不仅依赖于我们怎样看（知识与信念），而且依赖于社会中其他人，以及这个名词如何传递的历史等。只有通过追踪这个词的历史，我们才能找到它的指称。比如一个男婴儿，出生时父母给他取个名字，周围的人都以这个名字称呼他，而且听到这个名字的人都会将这个名字与他联系起来，这样就形成了一个社会－历史因果链，而与言说者的知识与信念无多大关系。普特南认为："在许多语境中有这样的事实，我们把我所说的无论什么有关的东西归之于有关名字的标志，我们又把它归之于别人说相同的名字的标志，而我们正是从他得到这个名字的（所以，所指从说话者到说话者加以传递，从出现'命名典礼'的说话者开始，尽管没有固定的描述被传递），这简单地是在确定指称方面社会合作的一种特别情况。"① 例如，"原子"，"电子"这样的科学名词，与我们用来定义这些词的描述是不同义的。在确定这些词的指称时，我们不是根据我们关于这些词所指对象的知识，而是根据我们与这些对象之间历史的和社会的形成的"社会－历史因果链"。在笔者看来，这些"社会－历史因果链"就是这些词的语境。这些词的意义只能在其语境中被确定。这样一来，确定名词或者概念的指称和意义离不开语境，而名词的意义是通过"社会－历史因果链"确定的，因此，"社会－历史因果链"就是语境关联。

普特南把人们首次使用科学名词的事件称为"先导事件"，他强调对外延的确定就是通过一个恰当的"社会－历史因果链"把言说者与"先导事件"联系起来。在他看来，人们对科学名词的每次使用，只要与先导事件中的使用相同，那么这些使用就与先导事件因果地联系在一起。即使后来人们

① 涂纪亮、陈波主编：《美国实用主义文库》，《普特南文选》，李真编译，北京，社会科学文献出版社，2009，第226～227页。

不断使用该词，以致忘了它们最初是何时学到的，但由于他们用该词是指他们过去曾经用它所指的那种物理量，这就把现在的用法与过去的用法历史地联系起来了。普特南指出，每个科学名词都是以"先导事件"为起点，依次发展为后来的使用，这就构成了这个科学名词历史地、社会地传递下去的因果链。也就是说，人们的语言能力就是把因果关系加在先导事件之上的知识。而这些因果联系和先导事件共同构成了历史语境。

从以上论述可知，"社会一历史因果链"在确定指称中起着决定性作用。普特南以"电"这个概念为例进行了说明。在发现电现象的过程中，富兰克林只知道这种现象是以闪电的形式表现的，其他现象毫无所知。后来，人们对电流和电磁的关系有了更深入的了解，并创立了电磁学，把电与磁统一起来。从富兰克林到现代人，都可以使用"电"这个词，但不必知道"电"这个概念的内涵。这是为什么呢？按照普特南的解释，我们每个人都通过某种因果链与"电"在其中得到描述的那种情形相联系。这种能力是人们共同具有的。从语境论来看，人们在使用"电"这个概念时，省略了许多具有社会一历史因果性的语境相关性。

普特南还进一步指出，"电"这个词是从富兰克林开始使用的，他通过实验把观察到的现象描述为"电"，再把这个概念传给其他人。其他人再继续传下去并扩展开来。虽然后来关于"电"的信念和知识可能发生了变化，但人们用这个词时仍然是指"电"这种东西。在普特南看来，这种社会一历史因果链理论可以用来证明一切前后相继的科学理论中的名词具有共同指称的现象。根据普特南的理论，我们可以解释诸如"分子"，"原子"，"电子"，"中子"，"动物"，"植物"等这些他称为"自然类"概念，虽然它们在使用过程中其含义有所变化，但是还是沿用同一个指称。

普特南以"电子"概念为例说明了这样的观点：世界上没有任何东西完全符合波耳理论关于电子的描述，我们也不是根据电子理论来确定科学名词的指称的。我们之所以称呼那种东西为"电子"，不是因为实际存在着那种东西，而是由于一条历史一社会的因果链把不同的言说者与这个名词所指的对象联系在一起。普特南认为，人们通常是借助于理论描述去说明他们所使用的科学名词的指称。然而，上述分析却表明，科学名词与有关理论描述不是同义的。当言说者试图用理论描述确定科学名词的指称时，可能会出现这样的情况，即由于言说者的错误信念而使这些描述事实上没有指称。在普特南看来，我们关于事物的指称不是根据科学描述确定的，也不是根据内涵确定的，而是根据社会一历史因果链确定的。这就是历史一社会语境对人们指称观念的制约和限制。

看来，科学名词与有关理论说明并不是完全具有同义性，或者说，理论名词的意义不完全是依赖于理论的。普特南强调指出，概念的意义决不能依赖于理论，因为理论的变化取决于对相同对象外延的认识不同，而对象则是确定的。库恩和费耶阿本德把一个词的意义与包含有该词的理论已经接受的用法等同起来，认为如果同一个词出现在不同的理论中，那么就不能确认这个词具有相同的意义，因而理论的不同就蕴涵着意义的不同，理论决定意义，词的意义随理论的变化而变化。这就是理论的不可通约性观点。普特南批判了历史主义关于理论决定意义的观点，认为这种观点是错误的。在他看来，名词的意义是客观存在的，不会因为人们对事物认识的深入而变来变去。例如，无论测量温度的技术水平多么高，物体的"温度"总是客观存在的，是不容否认的。"温度"本身是一种物理的量，它客观地存在于物体之中，不能把它等同于人们对它的认识。不论人们对它的认识达到什么程度，它总归是"温度"这一点是不会改变的。这是一种典型的客观主义。

科学实在论者认为，那些并不严格对任何东西为真的概念仍然可以指称某种东西；不同理论中的概念可以指称相同的事物。相同的事物存在着一系列的理论，诸如"电"、"热"等，也就是说，在不同的理论中，它们的指称依然不变。依据普特南的观点，伽利略所用的"温度"一词和我们今天所用的"温度"一词指的是同一东西，同一个物理量。因此，只要我们仍然在使用"温度"一词指称相同的物理量，我们就不能说这个词的意义已经改变了。即使我们的知识和信念发生了变化，这个词的意义始终不会变。普特南在总结它的理论时指出，某些自然类词项，它们的外延不是由预先设置的一套"标准"确定的，而是在一定程度上是由世界确定的。那么，世界是什么呢？对于自然类，自然就是它们的语境相关性。

## 二、本格：自然和社会文化场作为语境相关性

本格是20世纪科学实在论的代表人物之一。他的科学的唯物主义哲学产生了重要影响。他之所以把他的本体论称为"科学的唯物主义"，是因为他认为关键在于它是从科学中汲取灵感并根据科学的进步获得检验和修正的。他的"科学的唯物主义"具有精确的、系统的、突现的与进化的特征。在笔者看来，他是把场作为语境相关性看待的。在他那里，物质的场、精神的场、自然和社会场，以及文化场都具有语境相关性。

（一）场作为物质的语境相关性

在科学哲学中有这样一种观点，即任何物理实体都是"场"（field）或

可以还原为场，而场并非物质实体，因此，物理实体也就不是物质。本格认为，这种观点在一个世纪前或许还讲得通，那时人们对场的概念还知之不多，还没有足够的认识，因此，场被看做是对有关物体之间相互作用的信息进行概括的方便工具。然而，自麦克斯韦创立经典电磁理论、赫兹发现电磁波以及爱因斯坦抛弃神秘的以太说以来，场的概念已有了很大的发展，它不再被看成一种权宜的虚构物，而被看做是表征一种"尽管难以捉摸然而却是真实的实在"。量子力学产生以后，物体更是被明确地解析为粒子以及不同粒子结合起来的场，因而，场也就成为物质存在的基本形态了。这是关于物理理论的指称对象问题。实在论者认为，理论的指称对象是物理实体，主观主义者认为是精神实体，哥本哈根派认为是主客互补体，二元论者认为是部分的物质实体和部分的精神实体。本格坚持一种批判实在论的立场，他以量子世界的存在为前提来建构理论，并以语义学来澄清指称对象的解释问题。

量子力学的"哥本哈根解释"是另一种非物质的观点，即认为量子力学不是关于独立存在的物理实体的理论，而是关于包括实验者在内的实验装置的理论，从而每一个量子事件最终都只是认识主体所作的任意决定的结果，从而物质与精神之间的界限只能由实验者本人任意地划定，以至于没有任何客观的存在物。这就是波耳著名的"互补理论"。对于这种观点，本格指出，"哥本哈根解释"忽视了两个基本事实：一个事实是，没有一个量子力学的公式包含了对人类主体的任一特性，特别是心理特性的描述；另一个事实是，许多实验都是高度自动化的，实验结果往往是在实验完成后才由实验者读出来的，这说明主体是不能随意介入和决定实验过程的。因此，量子力学根本就不支持物质已经精神化的论点。

非物质化还有一种说法，认为现代物理学已经证明世界是由事件构成的，而事件并非事物。本格反驳说，事件本身中没有事件，它们仅存在于这种或那种实体或场或任何别的物质客体之中。他指出："物理学并不把世界看成是由非物质的事件或没有任何变化的物质客体所构成的：物理现象的世界是变化事物的系统，即这一类型系统中最丰富的。"[①]

本格以系统场对"非物质化"论点的反驳是有力的。我们知道，19世纪末以来，旧的物质概念由于经典物理学发生了危机而在解释新现象时显得力不从心，唯心主义便据此证明"物质消失了"、"物质精神化了"。

① 〔加〕本格：《科学的唯物主义》，张相轮、郑毓信译，上海，上海译文出版社，1989，第7页。

对此，列宁在《唯物主义和经验批判主义》中对唯心主义的进攻进行了批判，捍卫唯物主义的基本原则。但是，受时代和专业的限制，列宁未能更多地引证科学成果来阐述唯物主义。作为一个坚定的科学实在论者，本格对"非物质化"观点的反驳实际上为《唯物主义和经验批判主义》作了科学的注脚。他援引现代物理学的一些公认的理论和实验成果，反复说明物质的实在性不但没有被科学所削弱，反而得到了加强，因此，科学并不是从唯物主义后退了，反而越来越明显地唯物主义化了。只是这种唯物主义更科学、更系统化了。

当然，本格对旧唯物主义的物质定义并不满意。他指出，自无质量的场被发现以后，物质客体不能等同于实在的、有重量的客体，更不能等同于固体的物质客体。物质客体也不能被定义为不依赖于主体而独立存在的东西，因为客观唯心主义者也会断言非物质的客体如"观念"、"精神"的独立存在性。他认为，我们应当从现代科学中寻找思路来给物质概念下定义。现代科学已经表明，所有物质，不论从微粒、细胞到人类社会，从流体、固体到气体，还是从自然类物体到人工产品，都经历着空间状态的变化。即使是基本粒子也是不稳定的，它们常常通过与其他粒子或场的相互作用、相互转化而以各种方式存在着。相反，一切非物质性的东西如思想、观念，虽然也是可变的，却不能体现为能够加以数学描述的空间状态的变化。因此，我们可以把物质客体表征为这样的东西：它至少可以处于两种不同的状态。也就是说，如果某一物质随着时间的流逝而能够从一种空间状态转移到另一种状态，那么它就是物质的，反之就是非物质的。

这种把事物与其场联系起来定义物质的做法有一定的科学性，因为毕竟世界上的任何事物都不是孤立的，而用"广延性"（占有空间）、"运动性"（空间状态的变化）来说明物质世界的本质是所有唯物主义的共性，而"客观实在性"这一辩证唯物主义对物质根本属性的规定，他并没有采纳。本格对物质定义有太多的实证科学的色彩，因而，物质在他那里不像是一个哲学概念，倒像是一个科学的概念。

（二）自然—社会作为精神的语境相关性

精神现象的本质历来是哲学研究的重大问题。比如，心身问题的长期争论就是一个典型的问题。要解答精神究竟是什么，往往是从解决精神与物质（肉体）的关系入手，即回答精神与物质何者为第一性，精神能否认识物质的问题。这就是所谓的哲学基本问题。

然而，本格在这个问题上与众不同。在他看来，精神的本质历来只有两种解答:"精神神经一元论"和"精神神经二元论"。根据前者,精神和大脑在某种意义上是一回事;按照后者,它们是不同的存在。本格认为,任何立足于精神与物质的关系来解决精神的本质的理论都是某种二元论。在他看来,唯心主义一般认为精神现象引起物质现象,唯物主义主张物质决定精神,二元论认为物质和精神是彼此独立的,这些观点其实都是"精神神经二元论"。他所说的"精神神经一元论"包括"泛心论"(任何东西都是精神的)、中立一元论(精神的东西和物理的东西都是单一实体的不同方面或表现)、"排除式唯物主义"(没有精神的东西)、"还原论的唯物主义"(精神可还原为物理现象)和"突现论的唯物主义"(精神是一种突现的脑机能或活动)。同样,二元论包括"自治论"(肉体和精神是彼此独立的)、"平行论"(肉体和精神是平行的或同时出现的)、"副现象论"(肉体影响或引起精神)、"泛灵论"(肉体影响、引起、激励或主宰精神)、"交互作用论"(肉体和精神相互作用),本格认为这些都不是真正的理论,都不具有明确阐述的假设①。除"泛心论"外,被本格归于"精神神经一元论"的是不同形式的唯物主义,它们虽然不承认有独立于物质的精神存在,却不认为精神是物质的某种结果,而认定精神只是物质及其活动本身。

本格积极倡导"突现论的唯物主义",认为这种唯物主义才能真正科学地解释精神现象的本质。他认为,每一作为精神而内省地体验到的事实都被认为是与某种大脑活动等同的。这就是他的生物的或唯物主义的精神观。在他看来,精神状态和过程是大脑的活动,并不是说这种活动仅仅是物理的、化学的或生物细胞的,而是复杂的神经集合的特殊活动,如神经回路、神经元和整个中枢神经系统的各种活动。他特别指出,不能将这一论点误解为精神是大脑的派生物,从而可以对大脑产生反作用。事实上,大脑活动与精神过程是同一的,两者存在着一一对应的关系。为了更准确地表述这种精神神经一元论,他对人的精神过程,包括感觉、知觉、动机、记忆、目的、思维、决定、创造性、自我意识等,进行了形式化的描述,得出了一个由假设、定义和由之导出的逻辑推论组成的假设-演绎系统。

不过,本格清醒地意识到他的"突现论的唯物主义"并没有完全解决精神现象问题的所有方面,它只是提出了处理这类问题的一般框架。也就是说,他的突现论的唯物主义仅仅为"心身问题"这个标题下的许多特

---

① 〔加〕本格:《科学的唯物主义》,张相轮、郑毓信译,上海,上海译文出版社,1989,第67~68页。

殊问题的详尽科学研究提供了一副可用的脚手架而已。这副脚手架能够为研究人类精神的历史演变、未来发展前景提供方法论的指导。他总结说，唯有唯物主义的精神哲学，才为遗传和进化的认识论提供了一个合适的哲学背景。事实上，根据他的看法，认识能力的产生和完善，无论就个体或就种系而言，都没有什么神秘可言，不过是与身体的其他部分并同自然环境和社会环境相互作用的大脑发展或进化的一个方面而已。在这里，意识现象或认知现象不仅是涉及身体的，而且是涉及社会和自然的。也就是说，就认知而言，身体、自然和社会是其语境相关性因素。离开这些语境因素，就不会产生认知现象，当然也就不会有知识。

在笔者看来，本格的科学唯物主义是有道理的。他继承了历史上的唯物主义关于精神现象的起源、形成上所一贯坚持的立场——试图为精神现象找到物质的立足点。古希腊原子论者认为灵魂由某种精细而光滑的原子构成，16世纪的布鲁诺认为灵魂体现在万事万物之中，18世纪的拉美特利认为心灵状态与身体状态是密切相关的。这些说法尽管有这样或那样的不足，但它们的基本思路却是正确的，即主张精神并非超自然的神秘现象，而是以物质为前提的。本格的科学的唯物主义精神观正是这一思路在当代的延续。

另外，他运用现代生理、心理科学的成果为唯物主义的精神哲学作论证。他用人的大脑的种种活动来表征一切心理现象，这至少在解答精神的生理基础及其活动过程方面是有根据的。当代认知科学的发展也证明了本格观点的合理性。特别是他立足于自然、社会和人类思维的长期历史发展来说明精神现象，正如恩格斯所说，人的思维之最本质的和最切近的基础，恰恰是人们所引起的自然界的变化，而不单纯是本来的自然界；人的智力是按照人如何学会改变自然界而发展的。在笔者看来，本格就是一个自然－社会语境实在论者，因为他把精神现象的产生和发展归于自然和社会的历史发展之中，而自然和社会无疑是物质的和实在的。

（三）社会作为文化的语境相关性

文化的真实存在，就像精神的真实存在一样，长期以来被认为是对唯物主义的挑战甚至是驳斥。历史上绝大多数唯物主义者都并不认为文化现象与物质客体是同一的（文化的物质载体除外）。辩证唯物主义者认为，文化包括文学、艺术、宗教、哲学，是由物质因素特别是物质资料的生产方式决定的。或者说，文化是作为置于物质性的经济基础之上的上层建筑这种"副现象"而存在的。这种上层建筑一旦形成，就获得了自身的相对独立性和能动性而反作用于经济基础。经济基础这种物质因素始终是第一动力，文化上层建筑却无论如何都是非物质性的东西。

尽管本格自己声称是一位科学的唯物主义者，但他并不赞成这种观点。他把这种观点说成是"经济文化二元论"。在他看来，承认文化与经济有本质的不同，如同承认精神与大脑有本质的不同一样，都违背了"世界统一于物质"这一辩证唯物主义的根本原则。他指责说，经济决定论或环境决定论是"半途而废的唯物主义"，并且也不能解释社会文化与社会的其他子系统之间的实际的相互作用。对真正的唯物主义者来说，不存在那种凌驾于物质实体之上的非物质的或观念的东西。考虑到一种社会变化可以由经济、文化、政治引起，某些文化上的变化如文字和科学的引进，具有重大的经济和政治效果，关于经济绝对居于其他部分之首的观点显然是不充分的。

本格倡导文化物质一元论，认为文化由三部分组成：一是直接从事文化事业的人；二是自然环境中作为思考、研究和行动的对象的部分，以及人工环境中由诸如显微镜、书籍、磁带、档案等文化的人工产品所组成的部分；三是文化工作本身如研究、写作、教育、交流等。他认为，人这个文化的主体是文化中最重要的部分，而人是物质的存在；所有文化活动都是人的活动，无论人是单纯地活动还是同别人合作进行。因此，不存在无相应个体的创造性写作或数学研究，而只有具有创造性的作家和富有开拓性的数学家。所谓文化并不是由诸如文学或数学这些领域组成的，而是由从事文学、数学等活动的人们所构成的，文化的第二个组成部分——研究对象和人工产品，它们的物质性是不言而喻的。至于文化活动本身，在本格看来，也完全是物质的过程，因为创造和传播文化的过程，正如物理运动和化学变化一样，是发生在物质客体之中和之间的，所不同的只是，承担文化活动的物质客体是人的大脑和其他肉体器官。因此，文化现象被本格完全归结为物质及其活动本身了，这就是他的"文化物质一元论"。

本格物质文化观中最吸引人的地方是他的"文化子系统"论，即文化是社会的一个子系统。他认为，人类社会可被设想为一个由人类构成的实在的物质系统，这个系统可以分解为若干个子系统。研究社会必须首先区分出它的子系统，然后建立子系统的模型，最后是探索社会系统及其子系统的相互作用和演化。为找出社会系统的子系统，最要紧的就是找出所有社会成员除生物行为之外所实际从事的事情。在他看来，所有社会的人均可分为三个主要的子群：从事农业、工业、商业或服务业的人，从事文化活动的人，从事控制或管理经济或文化活动的人。社会系统可分为经济的、文化的和政治的三个主要子系统，其中任何一个都可以引起社会的重大变革。

为了能够精确描述这些系统，本格为文化系统建立了数学模型——"文化结构矩阵"。他认为，作为构成社会系统的各个子系统，对人类社会的存在和发展是对等的和缺一不可的，它们相互制约、渗透、影响，共同体现着社会的进步。他还进一步认为，没有纯生物的、纯经济的、纯政治的或纯文化的社会活动，除非是仅考虑到它们的目的；社会活动是高度系统化的，在某一部分发生的事情看来总要影响其他部分中的事件。也就是说，每一重大的社会事件或过程都具有生物的、经济的、文化的和政治的成分，从而单纯从经济上或从政治上、文化上，或从生物学上发展一个民族是不可能的。这就是他关于人类社会四元成分概念的必然推论，在笔者看来这是一种典型的社会文化语境论。

### 三、范·弗拉森：经验建构作为语境相关性

范·弗拉森(Bas. C. Van Fraassen)是一位著名的温和的反实在论者。他的科学哲学是建构论与经验主义的统一，或者说是经验主义的社会建构化，用语境论的术语说就是经验主义的语境化。他说："我使用'建构'这个形容词来说明我的观点，即科学活动是建构的，而不是发现；是建构符合现象的模型，而不是发现不可观察物的真理。"[①] 在他看来，建构经验适合于现象的理论模型，因为无论我们如何不断地建构理论，外部世界总是同一个世界，我们之所以不断地修正理论，就是要使它与经验适合，尽管经验是有限的。一旦理论与经验适合，理论就"拯救现象"。"如果理论具有某种模型，以致所有现象都与此模型的经验结构同构，即，理论与经验是适当的。"[②] 可以看出，范·弗拉森的科学哲学是一种理论表征的同构论，即理论表征与经验事实在结构上一一对应。这是关于科学表征的一种流行观点。关于他的语境论思想，范·弗拉森在《科学的形象》一书中做了论述，主要包括以下四点：

(一)经验建构是语境依赖过程

范·弗拉森的建构经验主义是一种反实在论的立场，他主张："科学的目标是为我们提供具有经验适当性的理论，理论的接受仅仅与相信理论具有经验适当性的信念有关。"[③] 这意味着理论的接受与其内容的客观

---

① 〔美〕范·弗拉森：《科学的形象》，郑祥福译，上海，上海译文出版社，2002，第6～7页。
② 〔美〕范·弗拉森：《科学的形象》，郑祥福译，上海，上海译文出版社，2002，第82页。
③ 〔美〕范·弗拉森：《科学的形象》，郑祥福译，上海，上海译文出版社，2002，第16页。

性、真理性和实在性无关，而与理论的经验适当性的信念有关。这是大多数科学家和持实在论立场的哲学家所不能接受的。那么，理论在经验上的适当性是什么呢？这无外乎两种情形：一方面是理论描述的现象应该是可观察的；另一方面，理论的使用应该是令人满意的。而理论描述的可观察性和满意性是基于特定语境的。

我们知道，我们面对的是一个实在的世界，我们的认识及其知识是对这个实在世界某一方面或部分的认识，我们的这些认识是否一定就反映或描述了这个真实世界的某些部分？实在论者认为是这样，但反实在论者认为不是这样，尽管争论不断，但有一点是争论双方都不否认的，那就是，描述真实世界要使用语言，语言是表征世界的虽不是唯一但是十分重要的方式。要用语言描述世界，就要使用各种概念或范畴以及由概念构成的命题或陈述。至于那些概念与命题是否真实地描述了世界，那是另一个问题，即概念的指称问题和命题的真假问题，也就是概念和命题的意义问题。而意义问题无疑需要在特定语境中才能确定。在这个意义上，实在论者和反实在论者都不反对语境论，因为语境的确存在，这就是语境实在论的观点。可以看出，语境实在论具有调和实在论与反实在论的功能，但不是折中。在语境实在论者看来，说理论描述对实在的绝对符合或绝对不符合都是不可取的，当说这些的时候，我们是不能脱离特定语境的，通过语境分析就能够确定理论描述的意义，而无需确定它们是否与实在符合。也就是说，不仅经验对实在的建构是语境依赖的，理性对实在的建构也是语境依赖的。这正是范·弗拉森要表达的看法。

(二)命题意义依赖于语境

在范·弗拉森看来，由语句构成的科学命题或理论，"毫无疑问的是，在自然语境中，句子是典型地依赖于语境的，即是说，一个特定的句子表达的命题将随语境和使用的场合而改变"[①]。这就是说，命题或理论语句不仅依赖语境，而且随着语境使用的场合而变化。范·弗拉森认为这是斯特森早已确定了的，而且这样的例子很多。例如，如果语境 x 中的说话者是幸福的，那么在语境 x 中"我现在是幸福的"确实为真。这里的语境是指实际的场合，包括时间、地点、人物和事件，在这种场合，说话人"我"，听话人"你"和所谈论的事件都是确定的。这一切是语境预先规定好的。所以，"语境一般地通过选择术语的指称的谓词的外延、函子函数(即'和'、'大多数'这样的同一范畴词语)来选择特定句子 A 表达

① 〔美〕范·弗拉森：《科学的形象》，郑祥福译，上海，上海译文出版社，2002，第170页。

的命题。但是，在这些选择中，完全有可能产生语境变量并介入其中。在那种语境中，语境变量既可能是被认为是理所当然的假设、所接受的理论，也可能是与语境紧密相关的世界图景或范式"①。范·弗拉森所说的语境不仅仅是与语句相关联的上下文（语句环境），也包括常识预设、公理、公认理论和世界假设。特定句子表达的命题可能会由于语境变量的介入而意义有所改变。比如，命题"半斤八两"，在古代关于重量的度量体系中，半斤就等于八两，但是在谈论的语境中，说"半斤八两"就可能是"彼此彼此"或"一丘之貉"或"势均力敌"等意思。因此，一个命题的意义只有通过它在其中的语境才能确定。

（三）问题依赖于语境

问题一般是由疑问句表达的。它可以直接回答，也可以间接回答。可以有一个答案，也可以有几个答案。比如，"杯子里有水吗？"可以回答"有"，也可以回答"无"。"你如何去北京？"回答可以是"乘火车"，也可以是"乘飞机"或"乘汽车"。这些问题都是有特定语境的。也就是说，为什么会问这样的问题而不是那样的问题是由语境决定的。范·弗拉森指出，"在提出问题的语境中，存在着某种所接受的背景理论和实际信息的集合K。它是一个语境因素，因为有赖于提问者和受问者。正是这一背景决定着问题是否会被提出来，因此，一个问题在这一语境中可能会被提出来（或者相反，遭到正当的拒斥），而在另一语境中可能不会被提出来"②。例如，"你要哪一个？"这个问题是非常依赖语境的，是语境明确了你要的东西，比如，我前面放了一些苹果，你要的东西就是苹果，"哪一个"指的是哪一个苹果。

而"为什么"的问题是需要解释的，即需要给出理由。特别是科学上的问题，更需要一定的背景知识，那些背景知识就是语境因素。缺乏那些背景知识，我们就不能很好地解释为什么的问题。比如，要回答"铜为什么会导电"就需要关于金属结构的知识，要回答"为什么血液全身循环"就需要一定的关于身体结构的知识。在范·弗拉森看来，在给定的语境中，用疑问词表达的为什么问题是根据三个要素来确定的③：

---

① 〔美〕范·弗拉森：《科学的形象》，郑祥福译，上海，上海译文出版社，2002，第172～173页。
② 〔美〕范·弗拉森：《科学的形象》，郑祥福译，上海，上海译文出版社，2002，第183页。
③ 〔美〕范·弗拉森：《科学的形象》，郑祥福译，上海，上海译文出版社，2002，第180页。

（1）主题 $P_1$

（2）对比的类 $X=\{P_1\cdots,\ P_k\cdots\}$

（3）相关关系 R

　　用集合表示为：$Q=(P_k,\ X,\ R)$，其中 K 是背景理论和实际信息的集合。其含义是：如果命题 A 与 $(P_k,\ X)$ 具有关系 R，那么 A 就是与 Q 相关的命题。在这里，K 就是语境因素，集合 $(P_k,\ X,\ R)$ 构成问题 Q 的语境，对 Q 的解释是由它的语境决定的。在"铜为什么会导电"这个问题 Q 中，主题 $P_1$ 是"关于铜导电问题"，对比类 X 是关于铜金属的结构和有关电的知识，命题 A 是"铜会导电"，A 肯定与 X 有相关关系 R。对于缺乏 K 的人们来说，他们就很难回答这个问题，大多数情况下会说"不知道"。因为他们缺乏关于这个问题的相关语境。因此，问题的产生是依赖语境的，我们不能无端地提出一个问题；问题的回答也是依赖语境的，没有某个问题的相关知识和背景信息，我们无从做出回答；对问题的评价也是依赖语境的，没有语境相关性，我们不可能对问题做出恰当的评价。

　　（四）理论评价依赖于语境

　　理论是为了解决或解释或说明某个问题产生的。那么理论是否就真实地描述了那个问题，也即理论的有效性问题。比如，"物体为什么会自由下落"产生了万有引力定律。那么，万有引力定律是否真实地描述了或解释了自由落体现象，就是一个评价问题，评价问题显然是依赖语境的。范·弗拉森看到了这一点，他说："然而，在分析对科学理论的评价过程中，忽视语境因素对评价的歪曲，也许是一个错误，这些因素是科学家通过个人、社会和文化的状况而引进的。"[1]他以对问题的回答的评价为例，说明了理论评价的语境依赖性。

　　他设想我们置于这样一种语境中，该语境是我们所接受的理论和信息作为背景 K 的，而且问题 Q 是在这个特定语境中产生的。进一步假设 Q 的主题为 B，对比类 $X=\{B,\ C,\ \cdots,\ N\}$。那么"因为 A"（A 是 Q 的答案）怎样才是好的答案呢？范·弗拉森认为对问题 Q 的答案的评价有三种方法：一是对 A 本身的评价，即 A 是否可被接受，或为真；二是 A 作为原因而不是作为对比类的其他因素；三是比较"因为 A"与为什么问题的其他可能答案。第三种方法又有三种情形：（1）由于 K，A 是否可能；

　　①　〔美〕范·弗拉森：《科学的形象》，郑祥福译，上海，上海译文出版社，2002，第 110 页。

(2)它是否在更大程度上支持这一观点；(3)它是否因为其他可能给出的答案而变得完全或部分不相关。① 在他看来，这三种评价方法还需要进一步精确化。如果 K 包含了对 A 的否定，就可以排除"因为 A"；如果产生了为什么 B 而非 C，…，N 的问题，K 必定蕴涵 B，必定蕴涵 C，…，N 为假。这就是语境相关性 K 所起的作用。"因此，将 K 的 K(Q)部分遴选出来并用于对 A 的进一步评价，一定是一个更深一层的语境因素。如果 K(Q)和 A 蕴涵并蕴涵 C，…，N 为假，那么，在这一语境中 A 就获得支持主题 B 的最高分。"②

在范·弗拉森看来，科学的目的在于解释或说明。而"对说明的探求其实也是对具有经验适当性和经验强度的理论的探求"③。说明作为一种认识方式，实质是理论、事实和语境三者之间的关系。理论和事实之间的关系永远不会是完全符合的关系，说明作为对问题的回答其实是相对于语境的，因为问题所要求的信息是随着语境变化的。那么，科学理论能用依赖语境的语言来表达吗？范·弗拉森认为科学理论有可能是真实的，而科学活动的其他方面则可能不真实，特别是"解释"一词，是完全依赖于语境的。在他看来：(1)理论评价的语言，尤其是"解释"这一术语是完全依赖于语境的；(2)运用理论解释现象的语言也是完全依赖于语境的。这两点是有区别的，因为说牛顿理论解释了潮汐现象是一回事，而用牛顿理论解释潮汐现象是另一回事。虽然这两点不同，但是都依赖于语境。

---

① 〔美〕范·弗拉森：《科学的形象》，郑祥福译，上海，上海译文出版社，2002，第184~185页。
② 〔美〕范·弗拉森：《科学的形象》，郑祥福译，上海，上海译文出版社，2002，第186页。
③ 〔美〕范·弗拉森：《科学的形象》，郑祥福译，上海，上海译文出版社，2002，第197页。

国家社科基金
后期资助项目
GUOJIA SHEKE JIJIN HOUQI ZIZHU XIANGMU

# 语境论与科学哲学的重建

## 下册

Contextualism and Reconstruction of
Philosophy of Science

魏屹东 著

北京师范大学出版集团
BEIJING NORMAL UNIVERSITY PUBLISHING GROUP
北京师范大学出版社

# 目　录

## 下　册

# 第六章　科学哲学问题的语境解释

这一章笔者将对科学哲学中的七个问题作出语境论的说明：(1)证实原则与意义标准问题；(2)归纳推理与科学说明模型问题；(3)科学发现问题；(4)科学划界问题；(5)科学革命问题；(6)科学主义问题；(7)科学史的重建问题。这些问题都是科学哲学中的重要问题。笔者试图通过语境分析给出合理的解释。

## 第一节　证实原则与意义标准的语境解释

前面已经论述到，语境论作为一种新的世界观有狭义和广义两种。狭义语境论是不考虑社会、文化、心理因素，只把语言、经验、假设、信念等作为事件的内在关联因素，从而去探究事件意义的主张；广义语境论是把社会、文化、心理等作为背景性关联因素纳入对事件的分析和理解之中，从而探究事件意义的主张。不论是狭义的还是广义的语境论，都主张语境的存在使得理解成为可能，使得事件或行动有了意义。由于语境决定意义，因此，无论是词语、文本，还是事件、行动，它们的意义都是由它们的语境决定的；语境发生变化，意义也随之变化，即使是同一命题或事件，在不同的语境中，意义也会不同，意义是相对于特定语境而言的。笔者运用语境论方法审视逻辑经验主义的证实原则和意义标准，试图挖掘其新的内涵和意义。

### 一、实证原则：从单一事实检验到事态语境判断

经验实证和检验是实证原则的核心，其实质是归纳法。它最初来自实证主义。实证主义作为逻辑经验主义的前身，它把经验事实作为判断命题真假的唯一标准，即用过去相信为真的经验事实去确证一个命题或理论，此时的经验就成为判断命题或者理论真假的绝对标准，凡是与经验事实不一致或不符合的命题或理论，都是没有意义的。它因此也是一种典型的经验主义。从语境论的角度看，实证主义的错误不在于把经验事实作为检验标准，而是在于把经验事实作为唯一的标准，而且仅仅是

一次经验检验就可以做出真假判断。这显然是有问题的。在语境论者看来，经验作为判断标准是合理的，而且经验是作为语境相关性出现的。此时，经验是一个经验集，而不是一次经验检验，而正是这个经验集合才能够构成了一个命题的语境。语境论者不否认经验在建构知识中的作用，但它反对把经验作为单一的标准，因为经验也是语境化的。命题的意义是语境化的，经验只是语境因素之一，而不是全部。

在意义问题上，维特根斯坦是一个语境论者，他强调名称和命题的区别。他认为"只有命题才有意义；只有在命题的前后关系中，名字才有意义"①。在笔者看来，这个前后关系就是语境。在他看来，某个具体的有意义命题，必须满足两个条件：一是这个命题符合语言的逻辑。我们不能思考任何不合逻辑的事物，可以用语言表达和思考的是那些合乎逻辑的事物；二是命题要与它所描述的事态的存在或不存在相一致。也就是说，"命题的意义就在于与原子事实存在或不存在的可能性符合或不符合"②。这样，命题的意义取决于与事态的联系（语境），事态赋予命题以意义。或者说，命题的意义取决于事态的语境。

在维特根斯坦看来，对于有意义的命题或假设，总能找出一个可以证实这个命题或假设是真是假的方法，也只有找出某种证实方法，才能确定命题或假设是否与它描述的事态相一致。用他自己的话说就是："对假设的一切检验，一切验证和否证都已经发生在一个系统之内。这个系统并不是我们一切论证的一个或多或少任意的和可能的特点，而是属于我们所说的论证的本质。这种系统与其说是出发点，不如说是使论证有生命力的因素。"③因此，只有那些在一个系统内具有"可证实性（verifiability）"的命题才是有意义的。任何一个有意义的命题，总可以被证实为真或假；反之，如果一个命题既不能被证实为真，也不能被证实为假，则这个命题无意义。因此，命题是否具有可证实性成为命题是否有意义的标准。经验证实标准也因此成为意义标准。维也纳学派完全继承了维特根斯坦的这一思想。艾耶尔评价道："维也纳学派的实证主义精神仍然保持下来了，它重新调整了哲学与科学之间的关系，发展了一套逻辑技术，坚持了对意义的澄清，清算了哲学中那种被我称之为不知所云的夸夸其谈；这一切都为这门科学开辟了一个新的方向，这个方向现在仍然

---

① 〔英〕维特根斯坦：《逻辑哲学论》，郭英译，北京，商务印书馆，1985，第32页。
② 〔英〕维特根斯坦：《逻辑哲学论》，郭英译，北京，商务印书馆，1985，第50页。
③ 转引自〔英〕艾耶尔：《二十世纪哲学》，李步楼、俞宣孟、苑利均等译，上海，上海译文出版社，1987，第176页。

是不可逆转的。"①

石里克认为，一个命题的意义仅存在于该命题对某个经验事实的陈述，当该经验事实被指明后，我们才算给出了该命题的语义。这就是说，一个命题的语义是由与该命题相关的事实给出的。

> 如果我不能从原则上证实（verify）某个命题，也就是说，如果我绝对不知道应该用什么方法，应该怎样做，从而得知该命题为真还是为假，那么，我显然就完全不知道该命题实际上说什么。因为，如此一来我就不可能理解该命题，不可能通过一系列的定义把该命题所说的条件与可能的实验数据联系起来。如果我能这样做，那么能做的事实就足以指出通向原则上证实该命题的进路（尽管我很可能由于实际原因而常常不能实现所给出的进路）。②

奎因在《经验论的两个教条》一文中对证实原则进行了批判："现代经验论大部分受两个教条制约。一个教条是相信在分析的、或以意义为依据而不依赖于事实的真理和综合的、或以事实为根据的真理之间有根本的区别。另一个教条是还原论：相信每一个有意义的陈述都等值于某种以指称直接经验的名词为基础的逻辑构造。"③为了证明第二个教条的无根据性，奎因以整体主义知识观批判了逻辑经验主义对真理的分析。奎因认为，"具有经验意义的单位是整个科学"，"科学既依赖于语言，又依赖于经验"④。无论是处于知识总体边缘的经验科学，还是处于中心的数学逻辑真理，没有一个陈述不是作为科学总体的一部分而与科学总体一起接受经验的检验的。他也否定了以事实作为两种真理划分的依据，"我现在的看法是：谈到在任何个别陈述的真理性中的一个语言成分和一个事实成分，是胡说，而且是许多胡说的根源"⑤。他还进一步指出："我们所谓的知识或信念的整体，从地理和历史中的最有因果性的问题，到原

① 〔英〕艾耶尔：《二十世纪哲学》，李步楼、俞宣孟、苑利均等译，上海，上海译文出版社，1987，第160页。
② 转引自刘闯：《现代实在论新解》（一），《科学文化评论》，第7卷（3），2010，第27页。
③ 〔美〕奎因：《经验论的两个教条》，转引自洪谦：《逻辑经验主义》（下卷），北京，商务印书馆，1982，第673页。
④ 〔美〕奎因：《从逻辑的观点看》，江天骥译，上海，上海译文出版社，1981，第42页。
⑤ 〔美〕奎因：《经验论的两个教条》，转引自洪谦：《逻辑经验主义》（下卷），北京，商务印书馆，1982，第693页。

子物理乃至纯数学和逻辑的最深刻的定律，都是人造的网络，这个网络仅仅沿着边缘与经验相接触。"①在这里，奎因不是把个别经验事实作为判断标准，而是把整个科学形成的事实的联系即事态作为判断标准。这样一来，整个科学就成为判断命题或理论的语境相关性标准。

## 二、意义标准：从经验检验到语用重建

逻辑经验主义是把逻辑引入经验主义的结果，或者说是经验主义的逻辑化。由于它奉行逻辑主义，主张以逻辑特别是数理逻辑改造哲学，以逻辑强化经验，因此，它反对任何形而上学的东西。虽然它把经验教条化，但是从语境论角度看，它是将语言作为语境相关性，在语言层面用逻辑方法分析科学命题和理论，然后以经验事实给予证明。从这种意义上讲，逻辑经验主义既是经验的语境论，也是语言的语境论。接下来，笔者将进一步分析逻辑经验主义代表人物是如何重建意义标准的。

第一，石里克主张命题的意义就是证实它的方法。维也纳学派以维特根斯坦的证实原则作为判断命题意义的标准。石里克认为，命题的意义就是它的证实方法，句子意指什么的问题，同这个问题是如何被证实的问题是同一的。至于证实的不可能性，石里克区分了经验的不可能性，就是一个命题是不可能证实的，仅仅是因为缺少决定其或真或假的技术手段。而逻辑的不可能性就是一个命题在原则上无论怎么样也不能经验地决定其真假。"准确地说，逻辑经验主义的标准是：一个命题，只有是分析地为真（或是一个矛盾式）或在经验上可证实（或可否证），才是有意义的。"②

石里克不仅坚持实证原则，而且认为经验证实是依赖语境的，事实的确立也是语境依赖的，即语境→经验—命题←语境。纯粹的经验和纯粹的事实不存在，因而，"命题与事实一致"在脱离语境的情况下是不能确定的。这样，经验证实就变换为经验语境的寻求。比如，当我们肯定地说"雪是白的"时，是因为我们过去的多次观察的经验事实告诉我们如此。证实"雪是白的"不是要我们当下去验证这个陈述，而是经验已经证明了这个陈述。在语境论者看来，经验证实原则虽然有独断经验主义的嫌疑，但它毕竟是自然科学区别于其他学科的底线。因为自然科学的命题或理论是要有所断言的，而给出断言的最后只能是经验，虽然假设、

---

① 〔美〕奎因：《从逻辑的观点看》，江天骥译，上海，上海译文出版社，1981，第42页。

② 徐友渔：《"哥白尼式"的革命》，上海，上海三联书店，1994，第72页。

理论可以给出预言，但预言还不是断言。经验验证了的预言才是断言。

虽然石里克对证实原则作了细致的探讨，但是他对这个问题的处理却引起维也纳学派内部和外部的批判。首先提出反对的是卡尔纳普，他认为石里克对可证实性的表述是不完全正确的，因为由于它的简单化导致对科学语言的狭隘限制，这不仅排除了形而上学句子，同时也排除了一些有实际意义的科学句子。在卡尔纳普看来，如果证实的意思是决定性的，那么就绝对没有综合语句是可证实的。我们只能够越来越确定地确证一个语句。因此，我们所说的将是确证问题而不是证实问题，我们把一个语句的检验和它的确证区别开来，从而理解一种程序就是实现某些导致对一个语句本身或者它的否定在某种程度上的确认的实验。

第二，卡尔纳普以可"确证"代替"实证"。尽管卡尔纳普把"证实原则"视为意义的标准，但他认为这一原则有缺陷，需要修正，进而提出了"可确证原则"（the principle of comfirmability）。卡尔纳普把证实原则表述为："仅当一个语句是可证实的，它才是有意义的，而它的意义即它的证实方法。"[1]也就是说，只有当一个命题或语句可以还原为表示观察或知觉的基本命题或原子命题时，或者说，当一个命题的真值来自这些观察命题的真值时，它才有意义。

卡尔纳普的意义标准首先预设了分析命题与综合命题的区分。逻辑经验主义者断定经验是一切知识的源泉，是科学的基础；外部世界包括物质、时间和空间是人们通过感觉系统把它们规定为种种感觉材料，然后又通过感觉材料把它们构造出来。然而，根据意义的可证实原则，不仅形而上学命题、价值判断、美学被排除在科学之外，数学和逻辑命题也被排除，因为这类命题也不能被证实。为此，卡尔纳普区分了事实真理和逻辑真理。前者是根据经验证实原则已经被观察和实验证实的经验和事实命题，后者是符合逻辑句法规则的逻辑陈述。由于形而上学命题无意义，可证实原则只适用于经验和事实命题。

在卡尔纳普看来，"可证实性"就是"证实的可能性"。可证实性并不是实际的可证实，而是原则的可证实，石里克将其称为"逻辑上的可证实"。石里克在回答"语句 S 的可证实"是什么意思时以 S 所描述的事实来代替证实。比如，语句"水向低处流"是可证实的，因为这在逻辑上是可能的。卡尔纳普认为语句 S 之所以是可证实的，并不是由于 S 所描述的事实有逻辑的可能性，而是由于这个证实的过程有"物理的可能性"，因

---

① 洪谦：《逻辑经验主义》（上卷），北京，商务印书馆，1982，第70页。

为借助于测量仪器来观察水流以证实 S 语句是可能的。其实，卡尔纳普的"物理的可能性"似乎类似于艾耶尔的"原则的可能性"。在表述"原则的可能性"时，艾耶尔指出："还留下一些有意义的论及事实的命题，即使我们想去证实也不能证实；这只是因为我们缺少一些实际的方法使我们有可能完成那些有关的观察。"①比如，在月亮的背面有一座山脉，根据当时的科学水平，还没有发明一种太空飞船使我们能到达月亮的背面，所以不能用实际的观察去判定这个问题。但是在理论上，我们完全可以想象，一旦我们站在那个可以观察的位置上，我们就可以知道如何去判定。实际上，这种"物理的可能性"是一种理论层面的"可操作性"。

然而，经验和事实命题在无限的时间中不可能得到确切的证实。卡尔纳普也承认："如果把证实了解为对真理的完全的和确定的公认，那么一个全称语句，例如物理学或生物学的一个所谓规律，绝不能够被证实，这是常常被注意到的事实。"②科学理论的逻辑形式在时空上是具有无限的、普遍有效性的、严格的全称命题，它们是不可能通过有限的经验事实来证实的。正是由于命题的这一特征，使证实原则遭到许多批判。

面对以上批评，卡尔纳普提出用"可确证性原则"代替"可证实原则"，他说："如果证实的意思是决定性的、最后的确定为真，那么我们将会看到，从来没有任何（综合）语句是可证实的。我们只能够越来越确实地验证一个语句。因此我们谈的将是确证问题而不是证实问题。"③在他看来，如果观察命题能够对一个语句的确证方面做出肯定或否定回答，那么，这个命题就是可确证的。如果对一个命题无法提出任何可以设想的观察结果来做出肯定或否定的回答，那么，这个语句就没有任何意义。这样，卡尔纳普就把命题的确证问题建立在语境条件基础上，只是卡尔纳普更强调语言－逻辑对世界的建构。在语言层次，卡尔纳普并不反对语境论，因为语言和逻辑在建构世界过程中是语境依赖的。

第三，赖欣巴哈以概率重建意义标准。在证实的意义上，赖欣巴哈采取了退却策略。他不是坚持绝对的证实标准，而是采取相对的概率标准，以概率意义标准代替实证意义标准。这与语境论的相对主义特征是一致的。

赖欣巴哈以概率思想对证实和意义标准进行修正，主张概率意义是科学理论的本质。他认为，词语无真假，命题是语言的最小单位，有真

---

① 〔英〕艾耶尔：《语言、真理与逻辑》，尹大贻译，上海，上海译文出版社，1981，第34 页。

② 洪谦：《逻辑经验主义》（上卷），北京，商务印书馆，1982，第 69 页。

③ 洪谦：《逻辑经验主义》（上卷），北京，商务印书馆，1982，第 69 页。

假；命题包括已证实命题和未证实命题；已证实命题有确定值，未证实命题有不确定值，即概率；已证实命题是真值意义理论，未证实命题是概率意义理论。他的真值意义理论认为，间接命题（不可观察）可还原为直接命题（可观察），这就是他的"复归原则"。他的概率意义理论认为，任何命题只有可能权衡其概率时才有意义，否则没有意义。也就是说，命题的意义和真值是不能绝对地确定的，只能在概率意义上确定。

在语境论者看来，已证实命题之所以有确定的值是因为它们的语境是确定的。比如，"水由氢和氧元素组成"这个命题是已证实命题，其语境"发现氢和氧元素，水的分子量和分子式已经确定，氢和氧反应生成水得到实验的检验"是确定的。未证实命题之所以不确定，是因为它们的语境没有确定。比如，"月球背面有一座高山"是未证实命题，其语境"月球是地球的卫星，月球背面我们观察不到，人类还没有到达月球背面……"是不确定的。这样，确定意义的过程也就是寻求语境相关性的过程。已证实命题和未证实命题的划分也是语境依赖的。

第四，亨普尔以"验证"代替"确证"。在逻辑经验主义阵营中，是亨普尔首先放弃了分析－综合命题、有意义与无意义命题的划分，坚持命题和意义的整体意义标准，被认为是修正的逻辑经验主义。在他看来，证实是整体的而不是部分的。这其实就是语境论的整体主义。因为命题及其意义的划分是语境依赖的，同一个命题在这个语境中是综合命题，在另一个语境中可能是分析命题，它们的意义在不同的语境中也不同。例如，命题"所有天鹅是白的"，在归纳语境中是综合命题（作为结论），它的确定性是或然的，在演绎语境中是分析的（作为前提），它的确定性是必然的。不过，不论是"验证"还是"确证"，都是以经验事实为基础的，他说："一个陈述或一组陈述，除非它至少'在原则上'经得起客观的经验的检验，否则就不能有意义地被建议为是一种科学的假设或理论。""但是，如果一个陈述或一组陈述并非至少在原则上可检验，这就是说，它完全没有检验蕴涵，则它就是不能作为科学假说或理论有意义地被提出或被接受。因为没有任何可以设想的经验发现能与之符合或与之冲突。在这种情况下，它对于任何经验的现象都毫无所述，或如我们所说，它缺乏经验的含义。"①

亨普尔认为，科学理论是具有结构性的整体语言系统，不是命题的简

① 〔美〕亨普尔：《自然科学的哲学》，张华夏译，北京，中国人民大学出版社，2006，第46页。

单集合。单独命题不是观察句子，语句不是基本单元，命题才是基本单元。为此，他提出了一个著名的"完全网"比喻——理论系统＝观察层次＋观察语句＋语义规则＋公理＋理论语句。观察层次是基础，观察语句是支撑点，语义规则是支柱，理论语句和公理构成理论系统的网格。在他看来，科学知识是一个整体的语言系统，观察是形成知识的基础，或者说观察是产生知识的起点，命题是基于观察而形成的语句的集合，也即命题不是一个简单的观察语句，而是一个构成完整意义的语句集。这些语句通过语义规则连接起来，形成理论语句和公理，所有这一切才构成科学知识。"总之，我们检验的并不仅仅是一个假说，而是它和其他假说、其他原理的总体。因此，亨普尔的结论是，认识的意义是整个系统承担的。"①在笔者看来，这个整个系统是作为语境相关性起作用的。正如徐友渔评价的那样："亨普尔最后的意义标准是一种经验论、整体论和实用主义的混合物，它主张经验的意义不但是属于整个系统的，而且系统中的意义也是一个程度问题，即一个系统并不是要么全有，要么全无意义。"②可以看出，亨普尔是在逐步地修正和调整中走向了意义的整体论。

从语境论的观点看，如果把科学理论看做一个认知结果，则形成这个结果的前提背景是其语境。因为任何结果（含有意义）都有其形成的语境。

> 语言系统：某科学理论。
> 语境：人具有观察能力。
> 　　　获得观察语句。
> 　　　确定的语义规则。
> 　　　假定的公理。
> 　　　明确的理论背景。

正是基于这样的科学观，亨普尔才主张证实是整体的而不是部分的。我们证实了这个系统中的一个或几个，而不是所有语境因素，这个证实就是不完整的，因而也就不能证实这个理论，或者说只能部分地证实这个理论。亨普尔指出："在判定一个被提出的假说是否有经验含义时，我们必须自问，在给定的语境中，有哪些辅助假说被明确地或隐含地预设了，而给定的假说是否与后者相结合时产生检验蕴涵（而不是单单从辅助

---

① 徐友渔：《"哥白尼式"的革命》，上海，上海三联书店，1994，第79页。
② 徐友渔：《"哥白尼式"的革命》，上海，上海三联书店，1994，第79页。

假定中导出这个检验蕴涵）。”①其实，部分证实某理论没有多大意义，因为这个理论的整体意义并不能显现。语境确定的是理论的整体意义，不是部分意义，反过来，确定理论的整体意义就是寻求它的所有语境因素。理解意义的过程就是寻求它的语境相关性的过程。

由于科学理论是语言系统，亨普尔进一步主张科学理论包含内在原理和连接原理。内在原理指基本实体和过程的联系原则如定律，连接原理指定律与经验的联系。内在原理相当于抽象演算，连接原理相当于对应规则。这样，无论是从经验观察到抽象理论的“自下而上”，还是从抽象理论到经验观察的“自上而下”，科学理论作为知识系统都是有结构的。

亨普尔之所以以“验证”（validation）代替“确证”（confirmation）是因为，科学理论不能绝对地证实或证伪，只能相对地验证。具体理由是：(1)理论是普遍陈述，包含无限个实例，我们无法穷尽所有实例，无法达到未来，无法恢复过去。理论包含一组有限的可观察事实。(2)不存在判决性实验。因为实验验证的是理论还是实验本身（仪器）是不清楚的。由于理论包括辅助假设，验证的往往是辅助假设，而不是理论的核心部分。

亨普尔还提出“乌鸦悖论”（paradox of the ravens）②来说明他的观点。这个悖论是关于确证性质的一个悖论。它的语境相关性条件有三条：(1)对于“所有 A 都是 B”这一归纳命题，一个“A 是 B”例证提供了确证证据，一个“A 不是 B”提供一个反证据，而某些既非 A 又非 B 的例子则与这个归纳概括无关。③ (2)如果一个证据确证概括 $C_1$，那么它也构成对另一个与 $C_1$ 逻辑上等价的概括 $C_2$ 的确证证据。这是等价原则。(3)“所有 A 都是 B”等价于“所有非 A 都是非 B”。这是演绎逻辑原则。亨普尔首次发现，这些标准或原则虽然都是有效的，但如果把它们放在一起考虑，就出现了悖论。例如，“一切乌鸦皆黑”，按照第三个原则，它等价于“一切非黑的都非乌鸦”。非黑的东西包括红的花、白的纸、黄的衣服、绿的叶，等等。按照尼科德原则，红的花和绿的叶等是归纳概括“一切非黑的都非乌鸦”提供证据的确证事例，但这与概括“一切乌鸦皆黑”无关。而按照第二个原则，由于这两个概括是逻辑上等价的，因此，红的花和绿的叶等也为归纳概括“一切乌鸦皆黑”提供证据的确证事例。这是一个悖论。

① 〔美〕亨普尔：《自然科学的哲学》，张华夏译，北京，中国人民大学出版社，2006，第48页。
② 也称“亨普尔悖论”或“确证悖论”（Paradox of confirmation），即“一切乌鸦皆黑”＝“一切非黑的都非乌鸦”。
③ 这由法国哲学家尼科德（Jean Nicod）首先提出，因此称做“尼科德原则”。

对于它曾经有过许多尝试,但还没有一个得到普遍的认可。由于亨普尔提出的确证悖论是由三个高度似真的确证原则证明为不相容的这一事实产生的,那么,笔者可以根据语境分析给出恰当的解决。

笔者仍以"一切乌鸦皆黑"为例。

命题:一切乌鸦皆黑。

语境:乌鸦是一种鸟。

乌鸦是黑色的。

非乌鸦的鸟有的也是黑的。

非乌鸦的东西(非鸟)有的也是黑的。

逻辑推理与事实推理有时不一致。

非鸟的事物不等价于是鸟的动物。

事实归纳与逻辑演绎不是同一层次的推理。

在这些语境因素限制下,所有乌鸦是黑的才是似真的。第一个原则是归纳原则,在归纳语境中是有效的。第二个原则事实上是归纳和演绎的混合,事实证据与逻辑上等价是两回事。一个"A 是 B"的事实是"所有 A 是 B"的证据,但一个"非 A 是非 B"的事实并不是"所有 A 是 B"的证据。因为 A 和非 A,与 B 和非 B 虽然是逻辑上否定的,但不是语境否定的。也就是说,它们属于不同的语境。第三个原则是逻辑上等价的,但并不是证据事实上等价的。逻辑符号没有内涵,而证据是有内涵的,即有经验意义。比如,所有铜导电,不等价于所有非铜都不导电。非铜的东西还包括其他导电的金属。在这里,非铜概念扩大了铜的外延。这样,由于这三个原则的语境不同,把三个属于不同语境的东西放在一起自然会产生悖论。也就是说,属于不同语境的东西不能放在一起去理解。放在一起比较是可以的,但这就要进行再语境分析,即设置新的语境把不同语境的东西进行整合。设置新的语境就产生了新的意义。上述例子就是设置了新的语境,从而消解了亨普尔悖论。

第五,艾耶尔以语用重建实证原则。艾耶尔首先从卡尔纳普的可证实原则中吸收了合理的东西。他主张,如果我们想采取最后的可证实性作为意义的标准,那么我们的论证将会太过头了。为此,他提出一个检验综合命题的意义而不用最后证实的新方法——语用标准。他的策略是,弱化可证实性标准,使得观察证据间接地、部分地去证实命题,而不是直接地、完全地去证实命题。这个策略包含了两个原则:强证实原则和弱证实原则。

对于一个命题，如果要求直接地、完全地证实，就是强证实，如果要求间接地、部分地证实，就是弱证实。强证实已经被证明是不可行的，那么弱证实是否就是可行的呢？笔者认为还是可行的，因为"间接"意味着可能把抽象的命题还原为具象的命题，即经验上可观察的命题，"部分"意味着非全称，从而摆脱了全部证实的困境，也即归纳悖论的困境。

强证实原则和弱证实原则的划分，使得可证实原则提出了一个可用来决定一个语句在字面上有无意义的标准。例如，当且仅当一个语句所表达的命题或是分析的或是在经验上可证实的，这个语句才是字面上有意义的。艾耶尔认为，除非是一个语句在字面上是有意义的，不然就不会表达一个命题，因为我们通常认为每一个命题或真或假，就会导致我们说这个语句在字面上是有意义的。因此，如果可证实原则是用这样的方式表述的，那么我们可以论证说，逼近一个意义的标准是不完全的，因为它不包括这种情况，即有一种语句是完全不表达任何命题，那么这个命题就是多余的。原因在于，指定由这个原则去回答的问题，在我们可能应用这个命题之前，这个问题就已经被回答了。

其次，艾耶尔认为，一个陈述要使它在经验上有意义，它就必须是分析的，而且应当是直接或间接证实的。所谓直接可证实是说，一个命题或陈述，其内容是由一个或多个语句构成的；所谓间接证实是指，一个命题或陈述的内容与其前提的合取可产生直接证实的陈述，而其前提是分析的，或者是可直接或间接证实的。从语境论来看，一个命题的直接证实由于与经验观察相联系，不存在什么问题，因为观察是这个命题的语境相关性因素。一个命题的间接证实由于与其前提合取且这个前提是直接或间接可证实的(尽管是分析的)，这就构成一个复合的语境相关性，通过语境分析，就可以确定一个命题的意义。例如，"如果这是一朵花(观察语句)，那么那就是一个电子(理论语句)"，"如果—那么"这个推理形式没有问题，问题在于这两个语句是不相关的，一个是观察语境中的陈述，可以直接证实，一个是理论语境中的陈述，不可直接证实，二者并没有内在的关联性。这说明语境相关性就可以排除无关的合取语句，因为语境分析本身就是关联分析，相关性本身排斥无关性。

又如这样的语句，"如果雪是白的(观察语句)，那么星期五就是黑色的(不可观察语句)"，从表面意义看，两个语句之间没有任何关联，因为我们不能从雪是白的推出星期五是黑色的。"如果狗是哺乳动物，那么鲸就是哺乳动物"，这两个语句也是不相关的，狗与鲸并不属于同一类，虽然它们都是动物。因此，逻辑上的合取、析取用于语句或命题的分析，虽然具有严密性、缜密性，但不一定合乎常理。常理是基于一定的生活常识和一定的专门知识的，也就是具有特定语境的。在艾耶尔看来，有意义的命题必须能用观察语句或经验事实来定义。这一主张在逻辑上证明可能是有问题的或有困难，如果从语境分析入手，就可能解决或避免这个问题。笔者举一个自然科学中的例子来说明艾耶尔观点的合理性。

命题：食盐是一种可溶于水的物质。

语境分析：

(1)食盐是一种盐类物质(可观察的白色固体)。

(2)其分子式为 NaCl。

(3)溶剂是水(可观察)。

(4)放入水中(而不是其他溶剂，可观察)。

(5)溶于水后固态食盐消失(可观察)。

除语句(2)外，其余语句都是经验上可观察的。通过把一个命题分解为一系列经验上可观察的语句，就可以给出该命题的确切含义。

再次，艾耶尔坚持认为一个命题的意义是与它的证据语境相关的。一个命题，如果它或是一个观察陈述，或是一个从另一个观察陈述导出的观察陈述，它就是直接可证实的，而且这种可导出性不可能单独地从关联的观察陈述产生。一个命题，如果它是间接可证实的，这分两种情形：其一，在与某些其他前提的连接中，它导出一个或多个直接可证实的陈述，而且这些可证实的陈述不是从那些其他前提导出的；其二，那些其他前提"不包括任何既不是分析的，或是不可直接证实的，也不能够作为间接证实的陈述被独立地建立起来"①。这就是艾耶尔的意义证据关联原则，也即他的证实原则。

然而，这个原则受到了多方批评，其中邱奇(A. Church)的批评最有影响②。他认为这个原则使任何命题都有意义。假设 $Q_1$，$Q_2$，$Q_3$ 是逻辑上独立的观察陈述，S 是任何命题，当(1)$(-Q_1 \& Q_2) \vee (Q_3 \& -S)$ 与 $Q_1$ 推出 $Q_3$ 连接起来时，那么(1)是直接可证实的。当 $Q_2$ 由 S 和(1)推出时，且(1)是直接可证实的，则 S 是间接可证实的。假如 $Q_2$ 仅由(1)

---

① A. J. Ayer: *Language, Truth, and Logic*, London: Gollancz, (2nd. Edition, 1946.), 1936: 17.

② A. Church: "Review of Language, Truth, and Logic," Journal of Symbolic Logic 14, 1949: 52-53.

推出，那么 $Q_2$ 由 $Q_3 \& -S$ 推出。这意味着 $-S$ 是直接可证实的（$Q_2$ 与 $Q_3 \& -S$ 是逻辑上独立的）。尽管这证明了艾耶尔的证实原则是失败的，但是艾耶尔坚持认为证据与意义之间存在紧密联系，坚持认为在人们能够提供一个合理的经验意义标准前，仍然需要关于证实的一个满意说明。在他看来，对于一个命题而言，不是所有的证据都包括在这个命题的陈述的意义中的。比如，"张三衬衣上有血迹"这个陈述，并不必然包括在"张三是杀人犯"这个命题的意义中，也就是说，张三衬衣上有血迹并不能够证明张三一定是杀人犯。这意味着只有当下的证据对于人们形成一个过去的陈述是有用的，而且这样一个陈述的意义对于当下的证据也并不是严格的。总的来说，一个命题的意义是与它的证据语境相关的。

最后，艾耶尔的"语用"就是在语境中使用语言的问题，也是一个经验的和实践的问题。因此，语用标准也就是语境标准。艾耶尔之所以把实证原则放在语境中去考察，目的就是以语境原则消解证实原则遇到的问题。如果我们要弄清命题的字面意义、命题的真假、命题的强弱，离开语境是不可能的。艾耶尔的做法是：（1）在经验检验的意义上区分强、弱证实，而经验是在语用中体现的；（2）把命题还原为有字面意义的句子，而句子只有在语境中才能展现其意义；（3）把命题的范围扩大以延展到语境中，从而找到命题的意义；（4）用"观察陈述"代替"经验命题"，因为"观察渗透理论"，也就是理论是作为陈述的语境相关性的。总之，艾耶尔把实证原则建立在语用基础上，从而保证了这个原则的基本可靠性。

比如，在对知识的说明方面，艾耶尔奉行的是基于语境的说明观（context-based account of knowledge）。这种知识观主张知识具有其本质的组成成分，这使得人们普遍认为，一个人 A 把命题 P 当做知识，当且仅当 P 是真实的，A 确信 P，而且 A 在相关语境中有正当理由确信 P 的真值。在艾耶尔看来，所谓正当的理由就是特定语境中的各种条件，掌握知识意义的一个途径就在于人们提供相关命题证据的能力。那么相信者如何能够保证他们所确信的是真实的呢？艾耶尔认为要做到这一点就需要寻找各种相关条件，"在这些条件下，感知，记忆或证词，或其他形式的证据就是可靠的"①。这些条件其实就是语境相关性因素。

### 三、语境标准：意义在语境中展现

从语境论的视角反思逻辑经验主义的证实原则和意义标准，笔者发

---

① A. J. Ayer：*The Problem of Knowledge*，London：Macmillan，1956：32.

现，这些不同的观点有着共同的关系，这就是"语境"。逻辑经验主义并不反对语境论，不是因为它出现时还没有语境论，而是因为它本身是一种内在的语境论。就逻辑和经验而言，它们是依赖语境的，这里的语境不是"社会的、历史的、文化的和心理的"，而是"逻辑作为形式语言"，"经验作为语境因素"，进而"语言经验作为语境因素"。也就是说，不论哪个学派，都自觉或不自觉地在运用语境论的观点和方法，都是不同程度的语境论，或在某层次上与语境论"不谋而合"。正如人人都是常识实在论者，他或她并不否认其生活的环境事物不存在一样，人人也是语境论者，因为他或她都是某一语言的运用者和社会、文化中的行动者，人的言语、行动都受到语言和社会文化环境的制约。任何概念、命题、理论都是语境依赖的和语境敏感的，因为没有语境我们就无法理解它们的意义。

由于语境的普遍存在和人们对它的习以为常，在行动中人们常常会省略或忽视他或她所在的语境。这好比人生活在空气中而往往不考虑它的存在一样。语境由于或者作为前提，或作为背景，或作为基础，常常被忽视或省却。然而，这些作为前提、背景、基础的东西，往往是最重要的，没有它们，人们就无法理解事件或行动的意义，也就根本谈不上科学研究和认知。因此，无论我们如何强调语境对于意义的重要性都不会过分。在更广泛的意义上，可以说，在语言世界中，一切都是语境化的，语境的界限就是我们认识的界限。

## 第二节 归纳推理与科学说明模型的语境解释

逻辑经验主义是公认的科学哲学的第一个流派。它的观点也因此被称为"正统观点"。它建立的归纳推理模型和科学说明模型至今仍然被科学哲学界所称道。然而，从语境论视角去分析，笔者发现逻辑经验主义关于归纳推理的解释和说明模型是有问题的，至少是不充分的，不能够完全合理地解释科学的真实情况，语境解释可弥补它们的不足。

### 一、归纳推理的语境解释

归纳推理是 F. 培根在 17 世纪建立起来的。他在《新工具论》(1620)中全面而系统地论述了归纳作为科学发现方法的各种原则，其模式一般为：$\sum S_i \rightarrow T$,其中$\sum S_i$为事实集，T 为得出的一般结论或定律。从语境论来看，$\sum S_i$就是语境相关因素，T 是根据那些语境相关因素获得的意义。且不论通过这种方法获得的 T 是否是必然的，或者真的，其意义应该是明确的，即有所断定。因此，归纳推理作为一种方法，尽管是有限的，但它揭示了从特殊到一般的认识过程。这种具有非连续的跳跃性认识是人的一种普遍能力。"总之，归纳并不是对事实的简单概括，而是要通过概括更深入地揭示事物的本质和规律。"①但从逻辑上看，归纳推理的"跳跃性"的合理性在哪里？或者说，归纳推理为什么能够从个别事实推出普遍命题呢？

英国哲学家休谟通过深入研究归纳推理的合理性发现，从观察到的客观事实的规律性，推出普遍规律性的可能连续性，是缺乏适当根据的。这就是著名的"归纳问题"或者"休谟问题"。一般认为，归纳相对于演绎而言，它的结论不具有必然性。在演绎中，特殊结论是从普遍前提推出的，这种推理具有逻辑必然性。在归纳中，普遍是从特殊事实推出的，结论超出了它的前提。皮尔士据此将归纳称为扩充论证（ampliative argument）。也就是说，归纳推理由个别推出一般，由有限推出无限，由部分推出全部，由单程推出全程，不对等地扩展了。这样，归纳推理的逻辑必然性没有了保证，其结论是可能的而不是必然的。

深入分析我们会发现，归纳推理预设了"自然的齐一性"（uniformity of nature），即未来与过去相似，未观察到的事物与已观察到的事物相似。依据这样的预设，我们才有可能从已经观察到的现象概括出未观察到的现象。由于"自然的齐一性"既是归纳推理的前提，又是由归纳得来的，这就陷入了循环推理和循环论证的悖论。休谟对这个问题的解答是，归纳不是一种理性推理，而是习惯和惯例的结果。怀疑论者反驳说，归纳需要理性支持，习惯和惯例并不能提供这样的支持。自然主义的解释是，归纳并不需要外在于它自身的任何辩护，而习惯和惯例正是所需要的辩护。赖欣巴哈认为，归纳是一种通达假定或猜想的方法，而不是推理的方法。证伪主义者波普认为，归纳是一种猜测的过程，而不是论证过程。他以其证伪标准代替证实标准，从而消解归纳问题。他认为，由于任何有限数目的实例都不能充分地确定一个范围而超出这些实例的概括或归纳，而一个否证的反例则能够确定地反驳这个概括或归纳，这表明：证伪标准优于证实标准。古德曼发现了"新归纳之谜"——概率归纳

①　章士嵘：《科学发现的逻辑》，北京，人民出版社，1986，第 57 页。

之矛盾①，以解决"自然齐一性"原则包含的循环论证，他认为，借助自然齐一性如果不能依据其他齐一性将是徒劳的。哲学家罗素相信，依据知识的可能性，归纳的辩护是先验的。施特劳斯认为，归纳问题的产生是由于我们用演绎推理的标准来评价归纳推理，而事实上它们各有自己的标准。笔者认为这是有道理的。因为归纳是相对于演绎的。按照可错论的观点，既然知识是可错的，归纳推理就是可错的推理。对这一观点艾耶尔总结道：

> 无论我们对归纳问题持什么态度，这一点都是正确的，也即能够从一些已经接受的因果律中推出它，是对相信那些没有观察到的事件之存在的最有力辩护。②

卡尔纳普把归纳逻辑归于经验科学范围，认为即使赖欣巴哈的概率归纳理论也不足以解决经验科学自身的逻辑基础问题。然而，他相信，概率逻辑不仅能够为科学提供精确的描述，而且是所有归纳推理的基础。他采取贝叶斯主义的立场对概率概念进行科学的定义和形式化描述。贝叶斯主义(Bayesianism)也即贝叶斯认识论，认为归纳推理是不完全的，主张一个信念或假设得以证明的条件是：当且仅当这个信念或假设的概率高到合理的程度，而且这种概率随着获得新论据而发生的认识理由变化，可根据概率演算包括贝叶斯定理来计算和预测。按照贝叶斯认识论，对信念或假设概率的指定既是主观的又是理性的，不同的研究者可以主观地认定具有不同最初置信度(degree of belief)的假设。

卡尔纳普采纳了贝叶斯的认识论，试图对先验概率做出合理的解释。不过，他不赞成贝叶斯主义者把先验概率仅仅看做个人的主观置信度，而是力求对合理信念或假设做出他认为合理的说明，以揭示它的逻辑基础。卡尔纳普把合理信念直接描述为概率函数，并把概率看做表示一个陈述和另一个证据陈述之间的逻辑关系，试图对合理信念做客观、合理的描述。卡尔纳普的做法是，以"确证度"(degree of confirmation)代替

---

① 是指由休谟提出的问题"为什么一个假说的肯定实例能对预测将来的实例提供某种依据"转化为"一个假说的肯定实例是什么"的问题，并进一步转化为"什么样的假说为它们的肯定实例所验证"这个问题。关于这个问题的详细解释见：〔英〕艾耶尔：《二十世纪哲学》，李步楼、俞宣孟、苑利均等译，上海，上海译文出版社，1987，第 290～292 页。

② A. J. Ayer: *The Concept of a Person and Other Essays*, London: MacMillan, 1963: 206.

"置信度"。那么，什么是"确证度"呢？如果我们知道哪些观察与一个陈述的真或假相关，这个陈述就是可确证的。我们需要多少证据才能说这个陈述实际上被证实了呢？确证度就是这样一种度量，通过它把一般陈述按照可接受性加以排列。因此，确证度是一个量化的确证概念和概率概念。

比如，如果我们取 $h$ 为一个陈述，$e$ 为证据，$q$ 为介于 0 和 1 之间的实数（概率），$C$ 为确证度，则：$C(h, e) = q$，意思是"$h$ 关于 $e$ 的确证度为 $q$"。其中，$C(h, e)$ 表示"假设相对于证据的确证度"。正如他指出的那样，已知某些观察 $e$ 和一个假设 $h$（比如以一个预言或一组定律的形式），那么我们相信，在许多情形中，有可能通过机械的程序确定 $h$ 基于 $e$ 的逻辑概率或确证度。

他还引入信任函项 $Cred$ 和信念函项 $Cr$ 来解决如何把归纳逻辑应用于合理的决策。比如，某人 $x$ 在某时 $t$ 对某一条件概率所寄予的价值的期望定义了信念函项。他把假设 $h$ 相对于证据 $e$ 的信念函项 $Cr$ 定义为：

$$Cr_{x,t}(h, e) = \frac{Cr_{x,t}(e \cap h)}{Cr_{x,t}(e)}$$

信念函项 $Cr$ 和信任函项 $Cred$ 是什么关系呢？他认为信任函项是信念函项的基础。比如某人 $x$ 在某时 $t$ 的所有观察知识是 $a$，则他在 $t$ 时对 $h$ 的信任度是 $Cred(h, a)$，即：$Cr_t(h) = Cred(h_1/a_1)$。

这样，卡尔纳普用确证度、信念函项和信任函项的概念建立他的归纳逻辑的形式化体系。基于信念的概率逻辑是否解决了归纳问题呢？看来也未必，因为信念的基础是什么呢？在他看来是直觉，像演绎的最基本公理的有效性靠"演绎直觉"来保证一样，归纳逻辑的最基本的东西靠"归纳直觉"。这必然会陷入直觉主义的窠臼。从语境论来看，如果卡尔纳普是把信念和直觉作为概率的语境相关性使用的话，就可以避免无限循环或回归问题。

赖欣巴哈提出概率归纳理论来解决归纳问题。该理论认为，归纳具有合理性、不可靠性、偶然性和不确定性；偶然性蕴涵了概率，即可能性，或然性；偶然性意味着科学知识是可错的。因此，归纳问题不存在，归纳是一种渐近确认。赖欣巴哈试图以概率确定性消解归纳问题。在他看来，"归纳就是假定一个事件发生 $n$ 次也会在未来发生"，"归纳的目的是要发现一个事件的序列，它的发生频率是向着一极限收敛的"[①]。他把

① Hans Reichenbach：*Experience and Prediction：An Analysis of the Foundations and the Structure of Knowledge*，Chicago：University of Chicago Press，1961：341-350.

归纳推理定义为："如果在给定的序列的 $n$ 元的一个初始截面中导致频率 $f^n$，而且，如果关于某极限 $p$ 在第二层次的出现概率是完全不知的话，我们就可以确定频率 $f^i(I > n)$ 将于序列延续时在 $f^n \pm \delta$ 之内接近极限 $p$。"[①]在他看来，归纳推理并不是提出一个真命题，而只是提出一个渐近的确认。也就是我们认为这个推理序列要按照已观察的方式继续下去。这样，我们就可以以概率理论为手段，以一个事件在序列中的发生频率向一极限收敛，从量上描述归纳推理这种渐近确认的性质。

赖欣巴哈还进一步认为，归纳推理就是人们知道的关于未来事件的最佳确认，几乎所有归纳都不是孤立的，它们是在许多归纳组成的网络中起作用的。人们所期望的是一个观察到的频率保持不变需要对少次归纳的问题，需要根据另一个归纳才能做出。这样，赖欣巴哈就把归纳推理纳入概率逻辑的框架，强调归纳的渐近确认原则。

亨普尔支持赖欣巴哈的概率归纳理论，认为归纳推理对于假说方法起到了支持作用。他通过考察塞美尔怀斯对产褥热的研究工作发现，在某些科学研究中，人们以假说的形式提出了某一问题的试探性解答，然后从假说中推导出一些适当的经验蕴涵，并通过观察和实验去检验这些蕴涵。然而，这些适当的假说是如何获得的呢？是通过归纳推理获得的吗？亨普尔认为，通过狭隘归纳主义[②]方法是不可能获得假说的，因为搜集所有的事实无疑是要等到世界末日。不可能搜集到所有相关资料，所以，不存在普遍适用的"归纳法规则"。他指出："科学假说和理论不是从观察事实中导出的，而是为了说明观察事实而发明出来的。它们是对正在研究的现象之间可获得的各种联系的猜测，是对可能是这些现象出现基础的齐一性和模式的猜测。"[③]显然，亨普尔是否认归纳方法的有效性的，而赞成假设方法。他进一步指出："科学知识不是通过把某种归纳推理程序应用于先前收集的资料而得到的，相反，它们是通过通常所谓的'假说方法'即通过发明假说作为对所研究问题的试探性解答，然后将这些假说付诸经验而得到的。"但他转而又说："虽然科学研究肯定不是我

① Hans Reichenbach：*The Theory of Probability：An Inquiry into the Logical and Mathematical Foundations of the Calculus of Probability*，Berkeley：University of California Press，1949：446.

② 狭隘归纳主义是指这样一种理想的科学研究阶段：（1）对所有的事实进行观察和记录；（2）对这些事实进行分析与分类；（3）从这些事实中归纳地导出普遍概括；（4）进一步检验这些普遍概括。

③ 〔美〕亨普尔：《自然科学的哲学》，张华夏译，北京，中国人民大学出版社，2006，第23页。

们已较为详细考察过的狭义的归纳，但可以说是广义的归纳，因为它包含假说的解释要根据资料，资料不提供给它在演绎上决定性的证据，而只是提供某种强度的'归纳支持'或确证。任何'归纳规则'类似演绎规则，必须理解为确证的准则，而不是发现的规则。这些规则完全不能产生一个说明一定经验发现的假说，它们预设了形成'归纳论证'的'前提'的资料，以及形成它的'结论'的试探性假说，都是被给予的，因此这些归纳规则陈述是论证的健全的标准。按照这些归纳理论，这些规则确定的是资料对假说提供的支持强度，它们可以用概率来表示这种支持。"[1]

在笔者看来，赖欣巴哈的归纳概率思想具有某种语境论特征。因为归纳过程是一个由许多归纳构成的网络，这个网络即归纳语境。归纳的渐近确认是一个不断自我更正、不断试错的过程，这其实就是归纳语境变换的过程。无论是淘汰归纳法、枚举归纳法，还是直观归纳法，都是在其语境中进行推理的。笔者可以给出基于语境的归纳推理过程如图6-1所示：

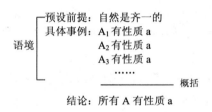

**图 6-1　基于语境的归纳推理过程**

这个通过归纳获得的普遍结论可以作为演绎的前提使用（演绎的前提也可直接由直觉获得，比如公理）。既然作为演绎推理前提的全称陈述不是由归纳就是由直觉获得，那么，演绎的前提也是依赖语境的，这种语境可称为演绎语境。

基于语境的演绎推理过程如图6-2所示：

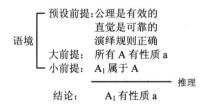

**图 6-2　基于语境的演绎推理过程**

---

① 〔美〕亨普尔：《自然科学的哲学》，张华夏译，北京，中国人民大学出版社，2006，第26～27页。

　　将演绎由一般到个别的推理过程和归纳与个别到一般的推理过程进行比较，不难发现，如果将公理或一般原则作为语境前提看，归纳与演绎是"同构"的。也就是说，它们的推理过程都包含预设，如归纳的"自然齐一"，演绎的"公理"。把预设看做语境因素，归纳和演绎都是语境依赖的。它们的不同在于：演绎的连续性由逻辑保证，归纳的连续性由直觉保证。而直觉与逻辑比较显得有点异常，因为直觉具有跳跃性和神秘性，逻辑则具有连续性和明晰性。这也是为什么人们说归纳推理的结论是或然的或不确定的，逻辑推理的结论是确定的或必然的原因所在。

## 二、归纳预设的语境解释

　　我们如何知道"自然是齐一的"呢？公理的真假如何保证呢？也即人为什么具有这种直觉能力呢？这是保证归纳推理可靠性的另外一个重要问题了，也是一个形而上学问题。这个问题的答案可以有许多，比如是常识，是经验，是实践，是上帝，是直觉，等等。各种主义应运而生，莫衷一是。为什么是这些东西使人具有直觉能力呢？那可能就要追问生命是如何产生的？意识是什么？……我们可以继续追问下去。这就陷入无穷倒退。

　　如何解决这个问题呢？笔者认为语境论是一种比较好的进路或策略。因为不同的问题有不同的语境，每个问题的意义由它的语境决定。比如，归纳问题在归纳语境中解决，演绎问题在演绎语境中解决。每个语境是每个相应问题的基底。脱离语境的问题不存在，语境之外没有问题。一切问题可以在语境中消解。具体讲，理解是基于语境的，解释是基于语境的，证明是基于语境的，认知也是基于语境的。一切研究和探索都是寻求研究对象意义的语境相关性的过程。

　　对于科学探索方法而言，除归纳和演绎方法外，科学家还常常使用实验和假设推理（abdaction，也称溯因推理），拟或是这些方法的综合。这些方法都与语境有关。笔者将它们之间的关系描述如图 6-3 所示：

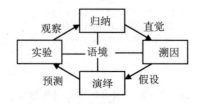

图 6-3　不同推理之间的语境关系

这是一个基于语境基底的、以知识为目标的综合推理方法。以演绎和溯因为例,演绎是根据语境条件寻求结论,溯因是根据要解释的事实寻求语境因素,特别是假设。这两个过程可以描述为图 6-4:

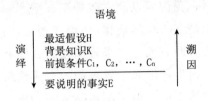

**图 6-4　演绎与溯因的语境关联**

溯因推理类似于数学上的倒推法或反证法,即从结论开始,把结论当做已知条件,一步步往前探索。溯因的实质也是如此,从要解释的事实出发,结合背景知识和前提条件,去发现最佳的假设,寻找最合理的原因。当然,演绎和溯因并不是简单的逆转关系,演绎的前提是已知的,而溯因要追溯的假设是未知的,而且溯因过程中还包括分析、猜测、试错和选择等。归纳也不是演绎的简单逆转关系,归纳还需要更多的东西。

与归纳相比,溯因更为复杂,因为归纳只是从个别事实过渡到一般理论,而溯因则包括更高的要求,即要求设想的假设与背景知识和其他条件构成一个整体。对此,赖欣巴哈有清醒的认识,他指出:

> 有些逻辑学家相信,他们应该把确证解释为演绎推理的逆转,这就是说,我们如果能够演绎地从理论推导出事实来,那我们就能够归纳地从事实推导出理论。然而,这个解释是过于简单化了。为了要进行归纳推论,还有许多东西需要知道,而不只是从理论到事实的演绎关系。[①]

### 三、科学发现与证明的语境解释

科学发现是归纳的结果吗?发现过程是归纳证明过程吗?对于前者,一般认为,归纳可能导致发现,但不是必然的。对于后者,历来有两种观点:一是认为发现和证明同一,发现某物也就是证明某物;二是认为发现和证明不同一,发现不是证明。赖欣巴哈提出发现的语境与证明的语境就是要说明:发现与证明不同一,发现先于证明;发现是心理问题,

---

① 〔德〕赖欣巴哈:《科学哲学的兴起》,北京,商务印书馆,1983,第 179 页。

证明是逻辑问题；发现属于心理学，证明属于科学哲学。

在笔者看来，这两种观点都是有问题的。发现的内容不同，证明的过程也会不同，证明是发现的继续而不是结束。当发现的是自然的某个实体如一个新天体时，我们说发现它就等于证明了它，这里的证明就是经验检验。当发现的是某个自然规律（用语言表征）时，证明就包括数学和逻辑推理与经验检验两方面。如果证明仅指数学和逻辑的推理，我们说发现和证明不是一回事，但属于发现的一个后续阶段。如果指事后的检验，发现和证明虽然不同，但证明也是发现的继续，或不同阶段。这样，语境论者把证明看做是发现过程的一个后续阶段。发现过程和证明过程都是语境依赖的，在语境的基础上它们是统一的。发现和证明不同一，但都是语境依赖的。

接下来笔者分别用科学事实和科学理论的例子来说明。

例1：冥王星不是太阳系的行星。

> 语境：冥王星是行星。
>
> 冥王星围绕太阳运行。
>
> 冥王星的轨道与太阳系其他行星不在同一平面。
>
> 冥王星的质量比其他行星小很多。

可以看出，对于"冥王星不是太阳系的行星"的发现和证明是同一个语境。对于科学理论的发现和证明也是如此。

例2：所有元素都由氢元素构成（普劳特假设）。

> 语境：氢是一个元素，其原子量为1。
>
> 氢由一个质子、一个中子和一个电子组成。
>
> 所有元素都由质子、中子和电子组成。
>
> 不同的元素质子、中子和电子数不同。
>
> 现代原子—分子论是正确的理论。
>
> 元素是同位素的混合物。

在赖欣巴哈看来，科学理论即假设，科学依赖假设。从语境论来看，假设是理论的语境因素。理论只有在经验确证的情况下才能成为理论。

赖欣巴哈之所以把世界分为可观察世界与不可观察世界，就是要说明发现的语境与证明的语境是不同的。他认为，可观察对象是现象世界和经验世界，中间现象世界不可测。现象世界可证实，中间现象世界靠假设，科学正是探索这些不可观察实在的活动。假设包括因果性假设、普罗塔哥拉假设（看到时才存在）、自由意志假设。因果性假设用于正常描述体系（古典物理学、日常生活、宏观世界），普罗塔哥拉和自由意志假设用于异常描述体系（量子物理学、微观世界）；异常描述即异常原理；宏观世界是决定论的有限解释，微观世界是非决定论的详尽解释。从语境论来看，这两个世界就是不同的语境，在不同的语境中会产生意义不同的理论，如传统力学和量子力学是对这两种不同世界的描述和表征。

### 四、科学说明模型的语境解释

科学说明是科学哲学的一个重要方面，它与归纳推理和科学发现有着内在的联系。亨普尔建立的关于科学说明的 D－N 模型（deductive-nomological explanation）和 I－S 模型（inductive-statistical explanation）颇具影响力，得到了普遍的认可。D－N 模型即演绎—规律模型，也叫覆盖律模型，亨普尔声称具有普适性。I－S 是归纳统计模型，亨普尔认为它的结论具有或然性。针对这两个模型的批判，一些科学哲学家相继提出了 C－R 模型（causal relevance）、S－R 模型（statistical relevance）、D－N－P 模型（deductive-nomological principle）和 C－C 模型（causal coherence）。[1] 笔者将论证这些说明模型是基于语境的。

（一）D－N 模型的语境解释

D－N 推理的逻辑结构如图 6-5 所示[2]：

$$
\begin{array}{l}
\text{语} \quad \text{一般规律语句集 } L_1, L_2, \cdots, L_m \\
\text{境} \quad \underline{\text{先行条件语句集 } C_1, C_2, \cdots, C_n} \\
\hline
\text{被说明事件} \qquad\quad E
\end{array} \quad \text{演绎推理}
$$

**图 6-5　D－N 模型的语境关联**

在这个模型中，一个事件可以从一个一般规律和某些初始条件中经过演绎而得到说明，而说明就是把事件纳入一般规律，或者用一般规律

---

[1] 关于科学说明内格尔也提出了四种模型：演绎模型、或然性说明、功能说明或目的论说明及发生学说明，这四种说明模型都是基于语境论自然主义框架的说明，详细内容参见〔美〕欧内斯特·内格尔：《科学的结构》，徐向东译，上海，上海译文出版社，2002，第 23～31 页。

[2] 〔美〕亨普尔：《自然科学的哲学》，张华夏译，北京，中国人民大学出版社，2006，第 79 页。

覆盖这个事件，因此，被说明事件就包含在规律的条件句中。解释包括六个逻辑条件：(1)被解释项必须是解释项的逻辑推论；(2)解释项必须包含普遍规律；(3)普遍规律必须源于被解释项的要求；(4)解释项必须具有经验内容；(5)构成解释项的语句必须为真；(6)解释和预测必须同构。

从语境论来看，被说明事件是语句或命题，一般规律语句和条件语句是该事件的语境相关性。说明某事其实就是根据语境寻求它的意义。由于一般规律语句和条件语句是作为语境因素使用的，因此它们有时可以被当做"不言而喻"的东西省略了。例如，"冬天路上的冰融化了，因为在冰上撒了盐"。这一说明的形式为"E 因为 C"，它把规律语句 L 省略了。这个规律为：盐水的冰点比水的冰点低。而且还省略了温度和大气压这些物理条件。这就是语境的作用。因为语境使得在特定语境中的某些前提条件被省略而不用做特别的说明。

这就是说，D-N 模型说明不一定要把一般规律作为显在的条件出现在推理过程中。如果已知的或理所当然的规律作为语境因素，那么它们在语境中是可以被省略的。由于 D-N 模型是基于语境的，在说明某事件的过程中，人们可以根据不同的知识状况寻找某个语境因素，因此就有多种解释情形：

(1)发现规律型。当条件语句、演绎规则和要说明的事件都满足时，缺少规律语句。这种说明情形就是根据语境寻求规律。比如，19 世纪天文学家莱维烈(U. J. J. Leverrier)和亚当斯(J. C. Adams)发现水星的运行轨道用牛顿的万有引力和当时知道的初始条件不能做出圆满的解释。于是他们假定有一颗尚未发现的行星介于太阳和水星之间，引起了水星轨道的摄动，使轨道出现偏离。然而，这颗假设的行星并没有被发现，原来它根本就不存在。直到爱因斯坦提出广义相对论后，才使水星的轨道异常现象得到解释。

(2)寻求条件型。当规律语句、演绎规则和要说明的事件都满足时，缺少条件语句。这种说明情形是根据语境发现初始条件。比如，门捷列夫发现了元素周期律后，预言了几种当时尚未发现的元素就属于这种情形。又如，天文学上的天王星轨道偏离问题，当时牛顿运动定律和万有引力定律已经确立，而且初始条件如太阳系至少由水、地、火、木、土、天王星组成也已经确定，问题只是要补充新的条件。莱维烈和亚当斯根据已有天文学理论预言在太阳系中有一颗还没有被发现的新行星，并计算了它的质量、体积和轨道，后来发现了这颗行星，即海王星。这就补充了新的语境条件。

(3)发现规律和条件型。当要解释某个已知事件时，需要同时发现规律和条件。比如，癌症的发病机理和影响条件现在还不清楚。又如人的认知过程，大脑的活动规律和激活的条件还没有完全被揭示。

(4)寻求算法型。有时科学说明的并不是缺少规律、条件和被解释的事件，而是缺乏具体的算法(逻辑规则或数学原理)。比如，复杂系统的数学计算，即如何用数学表达复杂系统。又如三体相互作用问题，力学规律和三体的状态已知，但如何用数学计算却是个难题。

(5)预言型。在规律和条件及算法都已知的情况下，说明模型就成了预言模型。预言与说明的区别就在于预言的结果还没有得到经验检验。比如，根据已有科学理论和事实预言新天体的存在。

(6)黑箱型。当要说明的事件已知，而规律语句、条件语句、演绎规则都不清楚时，这种情形就是根据已知事件或问题，发现规律语句、条件语句和演绎规则的探索过程。这是一个最艰难的发现过程。在创新意义上就是原始创新。比如，生命的产生，宇宙的形成，已知生命和宇宙，我们要探索它们是如何形成的问题。

(二)I—S 模型的语境解释

I—S 模型的逻辑结构如图 6-6 所示①：

$$
\begin{array}{l}
\text{语} \quad \text{规律}L: P_x \rightarrow P_r\ (P_x) = r \\
\text{境} \quad \underline{\text{条件}C: P_a} \\
\qquad\qquad E:R_a
\end{array} \quad \text{归纳}
$$

**图 6-6　I—S 模型的语境关联**

其中，$P_x$ 为事件 $x$ 的概率，$R_x$ 为 $x$ 的效果，$r$ 为概率值，$a$ 为一具体事件。

例如，"我感冒了，服用某药后康复"。这个例子说明了某药的疗效，比如，效率可达 85%。

$L$：某药对感冒的疗效是 0.85

$C$：我感冒并服用了三次某药

$E$：我现在好了

---

① 〔美〕亨普尔：《自然科学的哲学》，张华夏译，北京，中国人民大学出版社，2006，第 102～103 页。

从这个例子可以看出，I－S模型必须满足：(1)被解释项的获得必须具有很高的概率；(2)解释项必须根据至少一个统计规律推出被解释项；(3)解释项必须具有经验内容，即能够由实验来检验；(4)解释项的语句必须为真；(5)解释项中的统计规律必须满足最大明确性要求。

与D－N模型一样，I－S模型也是将规律 L 和条件 C 看做语境因素，推理依据因果推理。也就是说，规律和条件是原因，结论是结果。只是规律不是全程陈述，而是统计陈述。

(三)C－R模型的语境解释

对于D－N模型，人们提出了质疑，认为该模型忽视了因果关系在其中的作用。正是对D－N模型的反思产生了C－R因果相关模型。在许多事件和情形中，因果关系就是以给出合理的解释，而不使用D－N模型，比如，一家化工厂把污水排入河流使河水受到污染。可以说是化工厂的污水引起了河水污染。C－R模型表明，说明不是论证，而是对事件发生因果机制的阐明。在日常生活和科学活动中，因果相关性比比皆是，譬如，电脑为什么停止工作了，你会说是停电了。这就是一种因果相关性说明。停电导致电脑停止工作了。从语境论角度看，因果相关是一种语境相关，因为历史关联或因果关联是语境分析的主要特征。尽管休谟否认因果性，将其看成是一种习惯或惯例，但是非因果性现象还是常见的，比如，类比、模型、隐喻、假设等就是非因果说明。因此，C－R模型也是有其适应范围的。由于相关性往往与因果关系相联系，而因果关系又是语境相关的，因此，回答为什么的问题会涉及因果相关性和语境性。相关性本身就是语境的一个主要特征。

(四)S－R模型的语境解释

针对I－S模型的高概率和相对性的缺陷，萨尔蒙(Salmon)提出了S－R模型。在他看来，在有些事件中，高概率是不充分的，也是不必要的。比如，对有心理疾病的患者，不通过治疗而症状自动消失的概率也是不低的。这说明，对于统计说明而言高概率要求是不充分的。对于一个重症患者来说，如果不做手术就会是致命的，而如果做手术，成功的概率也不会很高。但是通过做手术，患者痊愈了，这表明高概率要求又是不必要的。因此，I－S模型的关键是统计相关，而不是高概率。S－R模型要说明的是被说明项的统计相关性，而不是考虑被说明项在特定语境中的概率是高、中还是低。因此，在特定的统计语境中，统计相关性是问题的关键。或者说，统计相关性是多数或多重复事件的统计说明，而不是个别事件的统计说明。个别事件根本不存在统计说明。比如，买彩票事件就是统计相关性的，但低概率买彩票也可能中奖，高概率买彩票也可能不中奖。只是高概率买彩票中奖的概率比低概率买彩票的中奖机会大。

（五）D－N－P模型的语境解释

这是雷尔顿（Peter Railton）为克服I－S模型的不足而提出的关于个别事件的概率说明的演绎－规律描述模型。在雷尔顿看来，I－S模型的高概率要求和相对性特征源于归纳推理的特征，而不是源于统计说明的。雷尔顿以铀238的半衰期为例说明了他的D－N－P模型。铀238的半衰期是45亿年，这是几乎不会发生的事件。D－N－P模型的第一步是一个概率定律（2）的推论（1），这个推论源于理论——U是U238的一个原子的前提（3），接着推出（4）在一定时间内的衰变的概率。附加说明（5）表明U确实发生了衰变。D－N－P模型对于这个例子的说明模式为[①]：

（1）是源于理论（2）的一个公式推导

（2）$(x)(Gx \quad Pr(Fx)=r)$

$\underline{（3）Gu}$

（4）$Pr(Fu)=r$

（5）事实上，$U$就是$F$

这个模型只有演绎论证而无归纳论证，因而避免了I－S模型的歧义性。从语境论来看，如果将（1）、（2）、（3）看做语境相关性条件，（4）、（5）就是根据这些语境相关性条件的推论或者结论。简单地说，对U238衰变的说明是在特定语境中发生的。

（六）C－C模型的语境解释

这是赖欣巴哈等人根据共因原理提出的一种共因说明模型。C－C模型说明的是事件之间的关联原因关系，而不是个别事件发生的因果关系。共因现象更加说明了语境的相关性，或概率的因果性在科学说明中的重要性。在许多情形中，两个或多个现象的发生是有共同原因的，比如，济南的趵突泉曾发生过同时停喷的现象，后来的研究表明，是地层下面的连通关系的共同蓄水层的水量不足导致的。这种共因现象在概率理论中有所描述。假如两种现象$A$和$B$相互关联，如果$Pr(A，B) > Pr(A)$

---

① 参见〔英〕牛顿－史密斯主编：《科学哲学指南》，成素梅、殷杰译，上海，上海科技教育出版社，2006，第573页。

$Pr(B)$，那么，$A$ 和 $B$ 就是相互关联的；如果 $Pr(A，B)=Pr(A)Pr(B)$，那么，$A$ 和 $B$ 就是独立的；如果 $A$ 和 $B$ 相互关联，那么当 $A$ 存在时，$B$ 很可能存在，反之亦然。赖欣巴哈将这种共因关系用概率语言描述为[①]：

$$(1)Pr(A \mid C) > Pr(A \mid -C)$$
$$(2)Pr(B \mid C) > Pr(B \mid -C)$$
$$(3)Pr(A \wedge B \mid C)=Pr(A \mid C)Pr(B \mid C)$$
$$\underline{(4)Pr(A \wedge B \mid -C)=Pr(A \mid -C)Pr(B \mid -C)}$$
$$(5)Pr(A.B) > Pr(A)Pr(B)$$

这一概率推理过程表明：C 是 A 和 B 的一种概率原因，一种共同的原因。从(3)和(4)可知，A 和 B 在概率意义上是无关的。一旦确定了 C 发生或不发生，就能够说明 A 和 B 的关联。共因说明构成了一种独特的统计说明。从语境论来看，(1)至(4)就是语境相关性因素，(5)就是这个特定的概率语境中形成的推论(意义)。概率原因相关在概率语境中就是语境相关。

概言之，不论是哪种推理模型，都是基于语境建立的。说明是基于语境的解释。这样，各种推理模型在语境的基底上实现了统一。因为"我们只能说，我们能够有效地和有意义地进行推理，总是发生在一个特定的语境之中，这个语境因为被设置在一个更广泛的背景中，所以就不仅向我们提供了一定的信息，而且在某种意义上总是与我们具有一定程度的相互作用"[②]。因此，语境这种东西是我们想摆脱也摆脱不了的，它时时刻刻都与我们在一起，不论我们是在言说、思考还是在进行推理。正如范·弗拉森认为的那样，如果把科学说明想象为理论与事实之间的一种描述关系的话，说明其实就是理论、事实与语境三者之间的关系，没有语境，理论和事实之间的单一关系永远不会符合更多的实例，说明本质上是基于语境的，因为说到底它是一种回答。既然说明是一种回答，它就与背景理论与评价问题相关，而这些问题又是依赖语境的。"因此，科学的说明不是(纯粹的)科学，而是科学的应用。它运用科学以满足我们的某些要求；这些要求在具体的语境中是相当具体的，不过它们要求

---

① 参见〔英〕牛顿-史密斯主编：《科学哲学指南》，成素梅、殷杰译，上海，上海科技教育出版社，2006，第 576 页。

② 徐向东：《怀疑论、知识与辩护》，北京，北京大学出版社，2006，第 543 页。

的总是描述性信息。"①

## 五、结束语

可以肯定，凡是用语言（符号的和文字的）表征的命题或理论，都是语境依赖的，以语境为界限的。同样，所有推理模型都是语境化的，演绎推理模型和归纳推理模型，虽然它们是通过运用逻辑得以实现，但并不是排斥语境的，它们把语境当做不言而喻的前提。因为，推理是理解过程，理解是依赖语境的。没有理解的纯粹形式化的推理过程，如人工智能运用符号的推理，才是无语境的过程，因而也没有理解。这也就是为什么我们说机器有智能但没有理解的原因。机器不能像人那样在语境中有效地进行交流。虽然人—机可以"对话"，那只是机械地接触，彼此之间并没有理解。

就认识而言，一切知识都是语境化的。因为认识是不能脱离语境的，我们生活的世界是基于语境的世界。语境分析的过程也就是语境相关性寻求的过程，只有找到文本、事件或行动的语境因素，才能更好理解和把握它们的意义。因此，语境寻求的过程也就是意义展现的过程，人的世界就是意义的世界。

## 第三节　科学发现的语境解释

科学发现是一个非常复杂的认知过程。逻辑经验主义将其归入心理学，拒绝谈论任何科学发现中的心理现象。历史主义者库恩认为：

> 所有科学发现都是范式变化的原因或贡献者，而且隐含在这些发现中的变化既是破坏性的，又是建设性的。在发现被同化后，科学家就能够说明更大范围的自然现象，或更精确地解释先前已知道的现象。②

在笔者看来，发现是语境中的认知突破，或是语境变换的结果。接下来笔者将以珀金发现"苯胺紫"为例来说明这个过程。

---

① 〔美〕范·弗拉森：《科学的形象》，郑祥福译，上海，上海译文出版社，2002，第 197页。

② Thomas. S. Kuhn：*The Structure of Scientific Revolution*（third edition），Chicago，London：The University of Chicago Press，1996：66.

1856 年，英国青年化学家珀金（W. H. Perkin，1838～1907），在精心设计"理想实验"制备治疗疟疾的特效药物奎宁时，意外地得到了苯胺紫染料，并很快设计了工业制法进行批量生产。这种被称为"锦葵紫"的染料不久便风行世界，珀金也一下子成为举世公认的染料权威。这一出乎意料的偶然发现，竟使珀金不仅开创了实验室人工合成有机化合物的时代，而且也开创了工业合成染料的时代。珀金由此成为公认的科学家兼企业家的"两栖科学家"之典范。苯胺紫的发现虽属意外，但如果说没有任何语境关联就做出了发现是不可想象的。

## 一、科学发现是目的引导的大胆探索过程

德国科学家伯恩（W. von Braun）认为，"基础研究就是做你不知道做什么的过程"，科学发现是"上帝恩赐"或"有运气"的结果。这种观点明显带有神秘主义色彩和盲目性，忽视了研究者的主观能动性。爱因斯坦则认为，科学发现往往基于个人探索，这种探索是靠直觉的洞见和判断力，而不靠逻辑推演或某种固定程序。也就是说，科学发现没有逻辑的通道，发现是个人直觉的创造，即柏格森（H. L. Bergson）意义上的"创造性直觉"。爱因斯坦非常相信这种创造性直觉，认为直觉是通过感性认识达到理性认识，并透过现象洞见本质的能力。科学哲学家波普也认为，科学发现过程是科学家借助灵感做"大胆猜测"，在试错中发现真理的过程。他主张从问题开始，大胆提出假说，然后进行验证，这一看法也得到了爱因斯坦的首肯。

珀金偶然发现苯胺紫，就是一个有目的的大胆探索过程。1856 年，霍夫曼（A. W. Hoffmann）敏锐地预见到有机化学在医学上的应用，提出了人工合成奎宁的设想，并将这一想法告诉了他的学生珀金。初生牛犊不怕虎，对奎宁一无所知的珀金竟大胆地向霍夫曼表示，他将解决奎宁合成问题。当时，珀金正从事煤焦油的研究。他想，既然从煤焦油中提取的丙烯基甲基苯胺的元素成分与奎宁相同，若能把两个丙烯基甲基苯胺分子合起来，再加一些重铬酸钾以补足所缺的氧原子，不就可以合成奎宁了吗？珀金的实验并没有成功，因为当时人们对奎宁的分子结构并不清楚，但他的探索并非盲目，而是有目的的，是在当时的化学理论指导下进行的。用库恩的话说，就是在化学范式指导下解决难题。

可以肯定，珀金从设计周密的实验中得到非预期的结果，并立即意识到这一结果的意义，这里既有理性的力量，也有直觉的洞见。这是一种有目的、有计划的大胆探索过程，并非在黑暗中探索。他没有囿于当

时的化学理论，更没有怀疑自己的实验结果，而是深入研究这一反常现象，重新调整实验目标，重新设计实验。这需要极大的勇气、自信和胆量。

## 二、科学发现是不断深化的复杂认知过程

科学发现是研究者运用研究手段（仪器和方法）探讨研究对象的结果。研究者借助研究手段对研究对象进行认识，不管最终结果是预期的还是非预期的，都可能做出重大的科学发现，研究者不应放弃任何一个结果和机会。如果结果是预料中的，说明所依据的理论是可靠的，否则理论就是错误的。

珀金按设想进行实验，没有得到预期的奎宁，而是意料之外的苯胺紫，这一结果起初令他十分意外，因为他对自己的设想十分自信。他重做了实验，仍没有得到奎宁，于是他意识到原来的设想可能错了，这促使他对奎宁的结构进行研究，只有搞清了分子结构，才能设法合成。当时，有机合成才刚刚起步，合成的都是一些经验性产物，有机合成的分子结构理论尚未建立，因而他合成奎宁的努力终归失败。这恰恰说明理论先于实验的重要性。但苯胺紫的意外获得，使他深受鼓舞，他对有机合成的认识深化了，探索有机合成真实机制的愿望也更加强烈了。尽管没能合成奎宁，但随后他相继合成了香豆素（1868 年）和茜素（1869 年）。

本质上错误的设想，却引导他合成了一个又一个有机化合物。看似简单的偶然发现苯胺紫的过程，其认识过程却十分复杂。看来，科学发现是不可能一蹴而就的，它是一个不断深化的复杂认识过程，是不断排除错误寻求真理的过程。"失败是成功之母"，真谛就在于此。而且，科学发现过程中得到的结果，无论是预期的还是非预期的，都值得研究者做进一步的探索，使认识不断深化，结果不断完善。

## 三、科学发现是创造和创新的过程

科学研究发现以前没有的新原理、新现象和新物质，这是一个包括理性和非理性思维的创造性过程，一个逻辑的、直觉的甚至心理参与的复杂过程。这一过程无论是逻辑还是非逻辑的、理性的还是非理性的，都渗透了研究者的体力、智力和心理活动。也就是说，科学发现是逻辑与非逻辑、理性与非理性、智力与心理综合作用的结果。

珀金发现苯胺紫不仅是一个创造性思维过程，而且是将科学发现产业化的创新过程。创造（creativity）和创新（innovation）是两个不同的概

念。创造揭示事物或问题的内在的本性，它包含解决问题的见解、洞察、顿悟、直觉及灵感。而创新是将创造性成果（原理、理论）转移、渗透到物化的产品中，即应用创造和发现的原理和定律于生产过程中，生产出产品并投放市场。创造与创新的关系恰如发现与发明的关系。

珀金之所以创造性地发现了苯胺紫，是因为他在意外发现苯胺紫之前，在理论上做了认真思考，在实验上做了精心设计。在理论的指导下，他做了他的那种"理想实验"，即把重铬酸钾加入丙烯基甲基苯胺，但所得到的并不是什么奎宁，而是一种有紫色闪光的黏液。珀金既意外又非常高兴，他清楚地知道他合成的肯定不是奎宁，而是一种肯定可以用作染料的化合物。当时，纺织业急需染料。珀金抓住这一有利时机，很快研究出苯胺紫的工业制法，并进行大批量生产。苯胺紫的产业化过程就是珀金的创新过程。他将发现与发明、理论与实践相结合，将实验室的发现成果很快转化成了现实生产力。在他那里，基础研究与开发研究是一体化的，这大大缩短了科学发现物化为产品的周期，有力地促进了当时德国染料工业的发展。

### 四、科学发现是抓机遇的过程

机遇不是天赐的，更不靠碰运气。它是研究者在科学研究过程中，对某个问题殚精竭虑而不得其解时，偶遇某件具有启迪性的事后思维火花的突现；或是研究者在长期研究某一问题过程中，偶然碰到某件事时，由于灵感的触发而豁然开朗。机遇之为机遇，是因为它往往出乎研究者的意料，是一种偶然；但偶然之中又有某种内在联系，因而机遇是偶然与必然的统一。如果机遇不反映必然，那它对科学研究便毫无价值。珀金得到的紫色闪光黏液，不少化学家也曾得到过，但都厌恶地将这一"污秽"之物扔掉了，认为是不应有的废品。珀金在意外之余感到惊喜，他精心提取了这一"污秽"物，发现了苯胺紫染料。这一偶然发现背后隐藏着必然，正如巴斯德（L. Pasteur）所说，"机遇偏爱有准备的头脑"。珀金在制备奎宁这一问题上的思考和研究比别人都更深入，付出的比别人都多，因此才得到了机遇之神的眷恋。

机遇的到来之所以令人感到意外或新奇，往往因为所得结果不合研究者的设想，不符合所依据的理论或假说。在确凿的事实面前，研究者不得不承认设想或假说的失败。但失败的假说并非毫无用处，相反，科学史上许多发现，都是根据本质上错误的理论或假说得出的。珀金依据当时的理论制备奎宁，导致了非预期的结果。他抓住这一非预期的结果，得出了重大发现，同时也证伪了他原先的美好设想。生物学家赫胥黎（T. U. Huxley）曾感叹：科学最大的悲剧是"丑陋"的事实扼杀了"漂亮"的假说。假说不论最终是被证实，还是被证伪，都是科学研究中一种十分重要的发现工具，它昭示着新理论或新发现的诞生。

### 五、科学发现是突破旧语境的过程

依据常规理论的发现，从本质上讲，应是一种"预见的实现"或"规律的再现"，按照库恩的说法叫"常规理论指导下的解难题"。这种依据常规理论实现的预见性发现，可以称为"正常发现"，而依据常规理论做出的非预见性或非预期发现，可称为"反常发现"。前者在科学研究中大量存在，是科学的常规研究；后者相比之下较少出现，是常规科学的反常现象。正是这种反常发现，使常规理论或旧范式遇到挑战，甚至导致科学的革命。

与这两种发现相对应有两种人。一种人习惯于在常规理论框架内进行研究，他们往往墨守成规，不敢越雷池一步，思维是收敛性的，有时会让碰到鼻尖的真理溜掉。比如，普利斯特列（J. Plestley）在发现氧气后，囿于燃素说拒不承认氧气是一种新元素，把到手的发现拱手让给了别人。另一种人虽受常规理论的制约，但往往敢于冒险，敢于突破旧框框，思维是发散性的，他们在面对反常现象时敢于怀疑常规理论。拉瓦锡（A. L. Lavoisier）建立氧化理论推翻燃素说，就是如此。

珀金也属于后一种人。他在意外发现苯胺紫时，首先想到的是自己设想的错误和当时有机化学理论的不足。当时他年仅 18 岁，有一种初生牛犊不怕虎的精神，受传统理论束缚较轻，敢想敢做，终于有所作为。比他年长的化学家霍夫曼首先想到合成奎宁，但囿于传统理论只想不做，与发现擦肩而过。看来，科学发现更偏爱那些敢想敢干又有理论头脑的中青年科学家。科学史也表明：大多数重大科学发现，都是科学家在中青年时代做出的。比如，牛顿就是一个十分典型的例子。

科学发现是科学知识的重要增长点，是创新之源，整个科学发展史都与科学发现密不可分。然而，科学发现是十分复杂的创造性认识过程，从经验事实到科学发现或科学理论的建立，并没有固定的逻辑通道。科学发现是一种复杂的创造性思维活动，每一个发现，都是科学家在一个新的文化背景、新的智力环境和新的科学知识语境中解决的一个新问题，因而都具有独特的性质。如果存在发现的固定模式，也就否定了科学发现的创造性。另外，科学发现没有固定的模式，不等于说它毫无章法可循。科学发现既有直觉、顿悟、灵感、心理、文化环境等非逻辑、非理性思维活动，也是理性思维的过程，两种思维互为因果、相互促进。一句话，科学发现是逻辑与非逻辑统一、理性与非理性统一的过程，是突破旧语境建立新语境的过程。这就是科学发现的逻辑。

## 第四节　科学划界的语境解释

科学划界是科学哲学的重要问题之一。如何区分科学与非科学、科学与伪科学，科学哲学家给出了各种标准如证实的、证伪的、概率的等。接下来笔者将对这个问题做详细论述和深入分析。

### 一、划界标准：从绝对经验主义到相对语境论

科学划界就是在科学与非科学（含伪科学）之间作出区分。它不仅具有重要的理论意义，而且具有重要的政治的、社会的和伦理的实践意义。在笔者看来，科学划界大致经历了绝对经验主义标准、相对实用主义标准、社会历史主义标准和多元语境化标准。

（一）绝对经验主义标准

用人类经验确定人类知识的可靠性和确定性，是人们很早就提出的一种区别科学知识和其他知识的标准。远在古希腊时代，巴门尼德等哲学家已认识到区分知识与纯粹意见、实在与现象、真理与谬论的重要性。亚里士多德已注意到科学的本质这一深层问题。他认为科学知识必须具有确定可靠性，并提出两个分界标准：一是通过科学原理的确实可靠性而与宗教、意见、迷信等区分开来；二是通过科学对第一因的理解而与工艺区分开来，即将理论知识与经验知识加以区分。但如何保证科学原理的可靠性呢？经验绝对可靠吗？当时的怀疑论者和相对主义者对亚里士多德的两个标准提出了质疑。牛顿力学的巨大成功，强化了经验确证的力量，人们相信科学即真理，是决定性的，只要根据掌握的科学知识，就可推导出一切。

20世纪初，逻辑经验主义接受了经验确证标准，以逻辑语言分析改造传统思辨性哲学为己任，拒斥形而上学，提出经验证实标准，即凡用经验和逻辑可证实的命题（知识）是有意义的、科学的，否则便是无意义的、非科学的。早期代表人物石里克还特别指出，经验证实并不一定是此时此地的证实，也包含证实的可能性，即逻辑上的和经验上的可能证实。后期的代表人物对这种强证实标准作了修正，卡尔纳普提出可检验

性和可验证性标准，赖欣巴哈提出概率确证标准，亨普尔提出整体验证标准，艾耶尔提出实践的可证实和原则的可证实标准。尽管修正后的标准向整体和实践回归，但经验基础并未动摇。

证伪主义者波普批评说，证实标准"既窄又宽"，"窄"是因为它把一些思辨性很强的科学理论，如爱因斯坦的引力场理论排除在科学之外，因为在逻辑上很难将它们归化为经验陈述；"宽"是因为像占星术、理性宗教等非科学、伪科学可以划入科学范围，因为它们的某些结论有时也能被经验或逻辑证实。波普抛弃传统"科学知识确定性"思想，代之以"科学知识可错性"观点，提出可证伪标准。其含义是"任何理论或命题，凡在逻辑上可证伪的（可反驳的），并在经验上证实了这种证伪性的，便是有意义的、科学的，否则便是无意义的、非科学的"。据此，他认为重言式命题，列尽各种可能性的命题、形而上学、宗教、神话、伪科学都属于非科学。他强调证伪是逻辑上的而非事实上的，因为事实上的证伪与证实同样难。事实上，证伪标准同样既窄又宽，"宽"是说像燃素说、以太说、地心说等错误理论也可纳入科学范围，因为它们原则上可证伪；"窄"是说一个反例就抹杀一个可能是科学的理论，因为在科学史上，理论与事实相矛盾是常有的事。而正是这种矛盾促使了科学理论的发展。

然而，是什么构成了证伪标准呢？波普认为：

> 如果一个理论或假说与其基本命题的某个集合在逻辑上不相容，那么它就是可证伪的。如果它同一个或一个以上的已被接受的基础命题合取，推出已被接受的基础命题的否定，那么它就被证伪了。[1]

那么，什么是基础命题呢？在什么情形下才算接受这些基础命题呢？在波普看来，基础命题是把某些可观察命题的物理属性归于某些时空区域的命题，它们是通过认可被接受的。基础命题中包含某些似规律的预设或是形而上学的成分，这些成分超越了经验所给予的东西，因而并没有得到确证。波普举例说，"这里有一杯水"这个命题，其中的"杯子"和"水"这些概念就不能再还原为单一的经验，这个命题就是基础命题。波普赞成卡尔纳普等逻辑经验主义者的看法，即一个命题只能为另一个命

---

① 转引自〔英〕艾耶尔：《二十世纪哲学》，李步楼、俞宣孟、苑利均等译，上海，上海译文出版社，1987，第150页。

题所支持或确证。如果是这样，命题的确证就会陷入无穷倒退，直到大家共同决定接受其中某个命题为止。这是一种确证的约定主义。之所以这样说，是因为，要接受某些基础命题系列中的一个或一些，必须具有一致性，否则，基础命题很难被接受。如果一个理论中包含有不可观察的概念，那就需要一些辅助假说来进一步说明这个概念。这就涉及概率问题。在波普看来，概率等于事件的开放序列的频率极限，因而事件的任何有限系列都不能排除一种预测的频率，这就需要一种约定，使得在某个阶段记录的频率与预测的频率不一致，那这种概率陈述就是被证伪了。如果一个理论为了避免被证伪，它的支持者可能会通过概率评估，或通过否定辅助假说，或拒绝接受某些基础命题，使之免予被证伪。如果是这样，那就是在搞"科学博弈"了。按照艾耶尔的说法就是：

> 构成一些假说使之与已接受的证据相符，但是还提出更多的要求，因而这些假说更容易被证伪；使这些假说受到最严格的可能检验，只要它们通过了这些检验，就将它们保留下来，如果同意接受对这些假说的某些命题集合的反驳，那么就拒绝它们，然后再构造新的假说，使之与这些命题及先前的证据相一致，但同时也冒最大的风险随时有可能被证伪。这样循环往复地继续下去。①

（二）相对实用主义标准

"经验绝对可靠"的神话的破产，使绝对经验主义标准失效，代之而起的是相对实用主义标准。

操作主义者布里奇曼将逻辑经验主义实用主义化，提出了操作意义标准，其含义是：每一个词语、每一个科学问题和每一个科学命题对应于一组操作，凡可操作的，包括仪器的和智力的操作，就是有意义的、科学的；反之是无意义的、非科学的。操作主义以"操作"代替"经验"，企图超越唯物主义和唯心主义，但实质与逻辑经验主义没有多大区别。

逻辑实用主义者奎因将经验主义实用主义化，认为科学是人们用来应付环境的一个概念系统和工具，凡是在应付环境中有用的就是科学的，否则是非科学的；科学理论只有有用无用之分，没有真假好坏之别。很

---

① 〔英〕艾耶尔：《二十世纪哲学》，李步楼、愈宣孟、苑利均等译，上海，上海译文出版社，1987，第151页。

显然，用实用作标准，科学与非科学的界限便模糊了，因为宗教、神话等非科学也同样有用。

精致证伪主义者拉卡托斯在他的科学研究纲领方法论中认为科学是由硬核、保护带、正面启示法和反面启示法构成的研究纲领。科学不再是孤立的理论，而是多个理论构成的整体。理论不能由经验证伪，而由理论证伪。理论 $T_2$ 证伪 $T_1$ 的关键在于 $T_2$ 比 $T_1$ 有"超余的经验内容"。这就是拉卡托斯的"新的经验事实的预见力"标准。显然"超余经验内容"对不同的理论来说是相对的，"超余的"经验事实越多，预见力越强，因而越有用。这一标准对于同一领域的理论系列是适合的，但对不同领域的理论，"超余内容"不可比，对于区分科学与非科学及伪科学更显得无力。

劳丹在其研究传统理论中认为科学的目的在于获得真理，科学的进步是后继理论比前驱理论更能解决问题，因而科学的目的在于追求高度解决问题效力的理论。解决问题效力的高低取决于"研究传统"的进化与退化，即研究传统越进化，解决问题效力越高，便越科学；相反，研究传统越退化，解决问题的效力就越低，便是非科学的了。这一标准明显具有相对主义和实用主义倾向，不可能在科学与非科学之间划出界限。

(三)社会历史主义标准

历史主义者库恩从科学产生的社会历史背景出发，提出了他的范式理论，范式是形而上学信念、科学基本原理及社会心理等因素的综合体，是科学共同体所具有的全部规定性，是认知结构和文化结构的统一，认识论、方法论和价值论的统一。库恩认为，范式是常规科学特有的，非常规科学没有形成范式，是前科学时期，科学发展是范式的更替。在库恩那里，划界问题已明显淡化，范式只能作为科学与前科学的划界标准，而不是科学与非科学的划界标准，而且库恩的范式标准明显具有社会、心理等非理性特征。

可以看出，科学划界发展到库恩这里，已表现出从一元走向多元、从绝对走向相对、从理性走向非理性的倾向性。具有后现代主义特征的历史主义者费耶阿本德就认为科学已经是一种宗教，是科学沙文主义，科学与非科学的区分不仅没有必要，也无法区分开来，主张"怎么都行"的多元主义标准。劳丹后来也认为不同时期的科学具有"异质性"，科学划界是个"伪问题"，主张消解划界。罗蒂则极力主张消解科学划界问题，认为"大写"的科学赖以存在的两块基石——具有获得真理的独特性和科学家比其他人更接近真理的信条是站不住脚的，科学并不比非科学特殊。

法因认为，科学的过去、现在和未来都不存在齐一性，科学是不断发展并不断丰富其内涵的，因而不存在什么统一的划界标准。

消解划界问题的呼声尽管越来越高，但划界问题并没有被消解。相反，沿着划界主义的道路，有一些科学哲学家致力重建划界标准的尝试，出现了"本体回归，走向实践语境"的趋向。这方面的代表人物首推本格和萨伽德，他们高举科学划界的大旗，反对消解划界，认为消解划界是在助长伪科学，会对科学事业和社会进步造成危害。为此，他们提出了多元语境化标准。

（四）多元语境化标准

本格从唯物主义本体论出发，主张科学划界是十分重要的，划界标准是多元的、精确的。他将"知识领域"作为科学划界的单元，提出了科学划界的精确定义，即认为科学作为人类知识体系，应满足：$E$：（$C$，$S$，$D$，$G$，$F$，$B$，$P$，$K$，$A$，$M$）。其中 $E$ 为特定的知识领域；$C$ 为确定知识的共同体；$S$ 为承认 $C$ 地位的社会；$G$ 为 $C$ 的世界观；$D$ 为 $E$ 的论域；$F$ 为 $E$ 的形式背景（逻辑和数学工具）；$B$ 为特殊背景；$P$ 为问题组合；$K$ 为 $E$ 所积累的特殊知识的储备；$A$ 为 $C$ 在对 $E$ 提高上所抱的目的；$M$ 为方法论体系。科学和非科学都是人类知识领域，都满足上述定义。但科学和非科学的区别在于构成知识领域的十个元素的具体内容不同和相互作用产生的结果上不同。本格认为：只要精确区别上述十个元素的特征以及它们的相互关联语境因素，就不难区别科学与非科学。

萨伽德从逻辑、心理学和历史学相统一的角度给出一个区分科学与伪科学的多元划界标准。这一多元标准体现在五个方面：（1）科学使用相关联思维方式，伪科学使用相似性思维方式；（2）科学追求经验证实和证伪，伪科学超越或忽略经验；（3）科学家关心与竞争理论有关的理论评价，伪科学家不关心竞争理论；（4）科学采用一致并简单的理论，伪科学采用许多非简单的特设性假说；（5）科学靠创新不断进步，伪科学一味保守，停滞不前。这五个方面的综合运用才可作出科学与伪科学的区分，运用其中一条会得出荒谬的结论。

总之，多元语境化标准尽管有使用不便和烦琐之嫌，但毕竟是科学划界走出消解误区的可贵尝试。这就是多元的语境论的标准。

## 二、"语境变换"与证实证伪标准的合理性

证实原则和证伪原则作为科学与非科学划界标准，它们的合理性如何呢？不少科学哲学家对其合理性进行了批判。这里，笔者从相变理论

的"对称破缺"概念出发，对这两个原则进行剖析，揭示其合理与否的深层原因。从语境论的角度看，"对称破缺"是一种语境变换，即由对称语境转化为不对称语境。语境的变换，必然导致打破对称性。因此，"对称破缺"就是"语境变换"。

所谓对称性是指事物在某种变换下的不变性。"对称破缺"是指事物对称性的突然降低和减少，它是事物有序演化与发展的一种度量。"对称破缺"的实质是语境变换，因而用"对称破缺"来分析证实与证伪原则的合理性具有一定的新意。也就是说，对称性减小的过程，就是语境变换的过程。

（一）证实与"对称破缺"

几乎所有的逻辑经验主义者都将命题分为分析命题（形式命题）和综合命题（经验命题），并认为前者是必然的，后者是或然的。奎因在《经验主义的两个教条》一文中，对这种划分作了深刻的批判，认为分析命题和综合命题的划分是人为的、教条的，任何命题从本质上讲都是综合的，因而是或然的。从"对称破缺"角度看，分析命题属于全对称操作，不存在"对称破缺"，因而没有新质的实现，不表达任何新的内容；综合命题可能是全对称也有可能是"对称破缺"，这可分为两个方面进行讨论：

第一，完全证实与"对称破缺"。完全证实（强证实）就是对普遍命题（全称命题）中的每个函项（事例）进行证实或验证。早期的逻辑经验主义者石里克就坚持科学命题（理论）的强证实原则，认为一个科学理论凡可以证实的，便是科学的、有意义的，否则便是非科学的、无意义的。从"对称破缺"角度看，这是一种全对称的证实，而全对称相当于事物的一种稳定、无序的混乱状态。换言之，完全证实会置理论（命题）于稳定而不发展的状态，使理论失去活力与发展的动力，因为经验与事实一致的证实的确可支持一个理论，但因此苛求经验与所有事实一致的证实则是不可能的。任何理论都是要发展的，因而完全证实一个理论只能是一个神话。

第二，部分证实（弱证实）与"对称破缺"。证实原则要求普遍命题（全称命题）的完全证实与完全证实的不可能的矛盾，使逻辑实证主义陷入了困境。后期的逻辑经验主义者卡尔纳普、赖欣巴哈、亨普尔和艾耶尔等纷纷对证实原则做了修正，如卡尔纳普的可检验性和可验证性原则，赖欣巴哈的概率确证度原则，亨普尔的整体验证原则以及艾耶尔的实践的可证实性与原则的可证实性等。概言之，可证实性要求：（1）完全的可检验性；（2）完全的可验证证；（3）可检验性；（4）可验证性。（1）、（2）是完全证实原则的更精确表述。

从"对称破缺"角度看,修正后的证实原则打破了原来要求的全对称封闭状态,具有一定的开放性,因而较为合理,因为对称性本身的打破意味着理论的潜在发展。可见,完全证实是理想化证实,部分证实较为现实合理。尽管部分证实仍难以克服归纳悖论和归纳逻辑前提不具有必然性的不足,不能完全证明一个理论(命题)的真伪性,但毕竟比完全证实前进了一步。

(二)证伪与"对称破缺"

这也可以从两方面来考察。第一是朴素证伪与"对称破缺"。完全证实的不可能与部分证实的不足,使证伪主义者波普另辟蹊径,从相反的角度即从逻辑的"否定后件式"出发,提出了可证伪原则。这种推论是结论的真假已包含在前提中的演绎推理,是一种经验证伪的演绎方法,与经验归纳推理相对立。就这种证伪而言,无论是经验上的还是逻辑上的,从"对称破缺"角度看,均是非对称的,即从个别证伪一般,从有限证伪无限,从单称证伪全称。换言之,即用对称性少的事物来说明或证伪对称性多的事物,用"对称破缺"来解释、证伪命题或理论。这是一种具有独特性的思维方式,是"对称破缺"在科学哲学上的具体表现。但其缺陷也是十分明显的,仅仅用经验不能证伪一个命题或理论,单称、个别反例的证伪带有明显的片面性和绝对性;逻辑推不出真理,真理的发现要靠创造性思维的参与,因为证伪保留了一个经验不可错的预设,其实,经验也是可错的。

第二是精致证伪与"对称破缺"。由于波普的朴素证伪原则存在着不可克服的缺陷,拉卡托斯提出了精致的证伪原则,其要点为:(1)经验不能证伪理论,理论证伪理论。因为经验具有主观性、私人性和不可靠性。(2)证伪是多层的而非单一的。(3)对 $T_1$ 的证伪就是对 $T_2$ 的确证。(4)理论与事实的不一致不见得是证伪了理论。这样,证伪就不是科学理论发展的动力了。从"对称破缺"的角度看,拉卡托斯的证伪一开始就是不对称的或"对称破缺"的,开放的而非封闭的;理论与事实的不一致正是科学理论"对称破缺"的表现,不一致才导致"对称破缺",进而导致理论的进步。如果一个理论是全对称的(可完全证实的),那就没有发展的余地了,也就失去了内在发展的动力。只有具有"对称破缺"特征的理论才具有生命力和发展前景。因此,从语境变换的角度看,"对称破缺"就是打破旧语境建立新语境的过程。

### 三、科学与非科学划界的语境依赖

科学、非科学及伪科学是不同的东西，如果不加区别，就不仅在理论上，而且在实践上造成混乱。科学哲学的任务之一就是要对此进行澄清。

(一)科学、非科学及伪科学的界定

对于科学，人们的理解不外广义和狭义两种。广义的科学指自然科学、人文社会科学和思维科学，人们对它的理解主要有四种：

第一，实证知识论。从认识的结果看，科学是一种系统化的实证知识。例如，美国《大百科全书》(1977 年版)把科学定义为"系统化的实证知识，或看做在不同时期、不同地点所系统化的这样一种知识"。德国《百科全书》的解释为"科学是作为一个整体的知识的总和……或者在总体上的描述、有计划的发展及研究"。中国《辞海》和《自然辩证法词典》的解释为"科学是关于自然、社会和思维的知识体系或正确反映自然、社会和思维本质与规律的系统知识，是实践经验的结晶"。

第二，知识进化论。从认识的过程看，科学是一种人类知识不断积累与深化而获得规律的过程。比如，日本《世界大百科词典》称"科学是认识的一种形态，是指人们在漫长的人类社会生活中所获得和积累起来的，现在还在继续积累的认识成果即知识总体的总和和连续不断的认识活动本身"。苏联《大百科全书》解释为"科学是在社会实践基础上历史地形成的和不断发展的关于自然、社会和思维及其规律的不断深入认识的过程"。

第三，知识反映论。从认识过程和结果看，科学是人类对客观事物及其规律的认识或反映。英国《新百科全书》认为"科学是按在自然界的秩序对事物进行分类和对它们意义的认识"。法国《百科全书》的解释是"科学是通过揭示现象之中规律所取得的全部知识以及作为这些知识之基础的认识论"。

第四，文化现象论。从文化大背景去看，科学是一种文化现象。这种文化现象是人类心智现象、语言现象、精神现象、社会现象和历史现象相互作用共同建构的，是一种非常复杂的人类特有的现象。

这四种观点远没有穷尽对科学本质的认识，仅是科学这一整体现象或活动的不同侧面的解释和说明。看来科学是一个极为复杂的东西，随着人类实践的发展和认识的深化而不断丰富自己的内涵。

狭义的科学专指自然科学，人文社会科学和思维科学为非自然科学。人们对自然科学的理解主要有五种：

第一，知识体系论。这是 19 世纪以来的传统看法，认为科学是根据一定理论原则整理出来的知识的总和，这种知识不是零散的，而是由其内在逻辑特征和本质联系被揭示后建立起来的一个完整的知识体系，本质特征是系统性和实证性。这与广义的科学的实证知识论一致。

第二，探索活动论。科学本质上是一种探索活动，是一个认识和创造过程。知识并不是科学，而是科学的产物。科学不在于已认识的真理，而在于探索真理。

第三，工具论。科学是一种有理论、有思路和方法的探索自然奥秘的工具。它不仅是对外部世界的认识和描述，更是应付或适应外部世界的工具。

第四，约定论。科学不是由经验决定的，而是由"科学共同体"共同约定的东西，它不能被经验证据确证或反驳。

第五，信念论。科学是"科学共同体"按照其成员公认的信念所进行的研究活动，是根据范式解决实际难题的创造性活动。信念论与约定论极为相似，如出一辙。

显而易见，知识体系论从静态对自然科学进行描述，不足以反映自然科学的本质。探索活动论从动态对自然科学进行考察，关注的仅是其认识过程，而忽视其作为知识的一面。工具论将自然科学当做应付环境的工具，仅注意到其功利的一面，是典型的实用主义。约定论强调"科学共同体"的作用，突出了其主观性、非理性和社会性的一面，而忽视了自然科学的客观性和真理性。信念论关注人的精神方面，将自然科学归结为科学共同体的共同信念，这与宗教的信仰方式没有多少区别，因而不可取。

概言之，科学是人类能动地认识和改造外部世界的一种探索性活动，是人类的一种特殊实践活动，它有其共同体、结构和建制，具有实验性、探索性、理性和逻辑性等特征，并通过内部诸要素的相互作用形成完整的、不断发展的由定理、定律、理论和实验等构成的实证知识体系。

非科学是指广义的科学之外的所有知识体系或观念，包括形而上学、宗教、神学、灵学、占星术和迷信等。它不具有或不完全具有科学的特征。需要指出的是，非自然科学不是非科学，因为非自然科学与自然科学虽然在研究对象、研究手段和方法及目的上有明显区别，但共同点是都具有客观实在性，即研究对象均是客观实在的不同运动形式，如机械的、物理的、化学的、生物的、思维的和社会的运动形式，正因为运动形式的不同，才分为不同的科学形态。而非科学则不具有科学研究对象的客观实在性这一本质特征，其研究对象要么是虚构的，要么是臆造的，要么是凭空想象的。这一点必须澄清，混同二者会造成思想上的混乱。

非科学按其完备程度及其与科学密切的程度可分为系统性非科学和非系统性非科学。前者如形而上学和宗教具有较完备或系统的知识体系，也具有科学的部分特征如理性和逻辑性，与科学既相互联系又相互作用，既对立又统一，既有促进科学的一面，又有阻碍科学的一面。后者如神学、灵学、占星术和迷信等几乎没有任何科学的特征，其体系一般也不完善，远离科学而靠近愚昧，与科学完全对立，因而有必要作区分。但需澄清的是，非科学还不是伪科学，但在一定条件下可转化成伪科学，当且仅当它冒充科学时。

伪科学是指明知自己不是科学却偏偏谎称自己是科学，或伪装或冒充科学的非科学或反科学。柯林武德给出了伪科学的三个特征：

> （1）遮掩法，或者说假装讨论属于所要处理的领域的问题，而实际上讨论的是不属于那个领域的一个不同的问题。（2）自相矛盾，或者说它同时承认两个不能共存的命题都属于科学研究的真正成果，这就暴露了它不能确立任何真正的成果。（3）剽窃，或者说是把事实上属于常识的东西当做它自己的发现。[①]

伪科学是伪科学行为的产物。伪科学行为指一部分人（有意或无意更多是有意）利用人们对科学的信赖和尊崇而又缺乏对科学知识的了解，打着科学的旗号制造、宣传和推销、贩卖非科学或反科学的东西，以此来欺世盗名，赚取个人或小集团利益的不道德甚至是违法行为，严重的会在人们的思想上造成混乱，在经济上造成重大损失[②]。因此，伪科学是在科学取得巨大成功，并广泛为人们所接受时才出现的，如同名牌产品成名之后才有人假冒一样。

伪科学根据其来源不同可分为传统伪科学和新生伪科学。传统伪科学指冒充科学的非系统性非科学，即由非科学转化而来的神学、灵学和迷信等。这种伪科学一般比科学的历史还久远，有深厚的历史根源和广泛影响，一般会得到系统性非科学如宗教的支持，也有一套知识体系（尽管不完善、不系统），在早期往往与科学相混淆。它利用人们对原有知识

---

① 〔英〕柯林武德：《形而上学论》，宫睿译，北京，北京大学出版社，2007，第94页。

② 谢海星：《伪科学探析》，《自然辩证法研究》1996年第6期，第59页。

体系和科学的双重信赖而进行活动，使缺乏科学知识的人上当。新生伪科学指在新的历史条件下由于某种名利的诱引，为达到某种目的而产生的假科学或反科学，如科学算命、伪气功、永动机、水变油和 N 射线等。它又可分为科学共同体之外的伪科学和科学共同体之内的伪科学。前者是非科学家的伪科学行为如科学算命、伪气功，较易识别。后者是科学家（科学共同体内的假科学家）的伪科学行为如永动机、水变油、李森科主义和华莱士的降神术等。他们名正言顺，以科学研究者面目出现，一般有一定的社会地位如李森科之流，他们用臆造的或未控的数据冒充科学研究成果，蒙骗同行。这种科学共同体内部的伪科学更具危险性，更难以识别，人们更易上当受骗。这种伪科学说到底已是明知故犯的反科学，我们必须坚决反对。至于与传统科学理论相抵触或相矛盾的新提出而又未加证实的假说，是科学内部的学术之争，不能不加区分而一概斥为伪科学，至多只能算做科学异端。

（二）识别伪科学的两个判据

科学与伪科学（迷信）虽然相对立，但它们总是相伴而行。这是人们难以区分它们的主要原因。古代的科学淹没在宗教和神学及迷信的汪洋之中。中世纪的科学沦为宗教和神学的婢女。近代科学则是在血与火的洗礼中诞生的。正如柯林武德所说：

> 在伪科学的时代，伪科学常常比科学更为喧嚣。少数抵制伪科学的声音常常被那些想要进行欺骗的人和那些愿意受到欺骗的人共同的叫喊声所淹没。①

科学为摆脱宗教和神学的桎梏付出了沉重的代价，比如，布鲁诺、塞尔维特为科学而惨遭火刑，伽利略为捍卫真理而遭迫害和监禁。可以说，近代科学是通过火刑架和监牢走向辉煌的。

现代科学也是在同形形色色的伪科学和迷信的斗争中前进的。苏联臭名昭著的李森科主义曾一度压倒了科学。在科学十分发达的美国，占星术士是天文学家的数倍，伪科学拥有众多的信奉者。在中国，20 世纪80 年代以来，特异功能、伪气功、科学算命、面相术、手相术、占卜术、水变油、伪养生术、甚至巫术迷信都具有相当的市场，而且常假借科学之名欺骗、愚弄广大群众，危害极大。我们必须提高识别伪科学和

---

① 〔英〕柯林武德：《形而上学论》，宫睿译，北京，北京大学出版社，2007，第 80 页。

迷信的能力，掌握甄别伪科学和迷信的有力武器。笔者认为，辩证唯物主义和科学精神是识别伪科学和迷信的两个有力判据。

辩证唯物主义是反对伪科学、破除迷信的第一个有力判据。坚持"世界是物质的，物质世界处于永恒的、多样性运动之中"的辩证唯物主义观点，是进行科学研究的前提，任何一个科学家，无论是自觉的唯物主义者，还是不自觉的唯物主义者，都首先是以具有客观实在性的物质世界为研究对象的，即科学的研究对象必然是物质的不同运动形式如机械运动、物理运动、化学运动、生物运动、社会运动、思维运动等。伪科学及迷信的研究对象是非实在的主观臆造物如永动机、上帝等。因此，科学首先是唯物主义的，伪科学及迷信是唯心主义的。这是识别科学与伪科学及迷信的首要一点。

然而，仅仅坚持唯物主义还不能最终将科学与伪科学及迷信区分开来，还需要辩证思维。朴素的唯物主义和形而上学的唯物主义之所以是"半截子唯物主义"，就是因为它们不懂辩证法和辩证的思维。它们不仅战胜不了唯心主义，反而成了唯心主义的俘虏。伟大的牛顿由于不懂辩证法，不理解"神秘的第一推动力"而离开科学王国；以发现进化论而闻名的华莱士，因不懂辩证思维而走进了降神术的迷宫中；以发现化学元素铊而闻名的克鲁克斯，因不懂辩证思维而陷入了唯心主义泥潭。这些著名的科学家的教训我们应当记取。正如恩格斯所说："蔑视辩证法不能不受到惩罚"，"经验主义者轻视辩证法便受到这样的惩罚：连有些最清醒的经验主义者也陷入最荒唐的迷信中，陷入了降神术中去了"。的确，不懂辩证法的唯物主义者，缺乏辩证思维的科学家，最终会走向神秘主义。"半截子唯物主义"是不能将唯物主义贯彻到底的。

科学无止境，开拓未知领域要走前人没有走过的路。在这种充满艰难险阻、有岔道、有歧道的科学之路上，欲不迷失方向，辩证唯物主义是最好的指路明灯。

科学精神是反对伪科学、破除迷信的第二个有力判据。科学精神是指创新、求真、求实和批判精神。科学的任务在于不断探索未知，追求客观真理；科学精神是人类发展进步的最重要和最宝贵的精神品质，它是经过科学思想、科学方法、科学理论所体现的严肃认真、客观公正、实事求是、致力创新、独立思考、善于分析、尊重证据、坚持真理、勇于批评、修正错误的精神。具有科学精神的人，绝不会在伪科学及迷信面前迷茫。

创新是科学的生命，求真求实是科学的灵魂，批判是科学发展的动力。伪科学及迷信缺乏的正是这种科学精神。它们总是别出心裁地制造所谓的"奇迹",从不做艰苦的探索就宣称能做到科学所不能做的事,如吹捧为"人类空前发明"的永动机、"第五大发明"的水变油、"长生不老"的养生术等,无一不是弄虚作假,大吹大擂,唯恐受到责难批评。它们利用人们天生的好奇心,利用人们祛病强身、延年益寿的良好愿望,宣传、制造、贩卖伪科学和迷信的东西,以达到其名利和政治目的。这种行为与科学精神格格不入,大相径庭。因此,科学精神的发扬光大之时,便是伪科学及迷信显形之日。假的东西的存在,恰恰证明真的东西的真实。

## 第五节　科学革命的语境解释

科学革命是科学发展过程中的重大变革。它是科学哲学要研究的重要问题之一。历史上不少学者对其进行了研究,其中,科学史学家柯恩提出的科学革命发生的四个判据颇有代表性,为判断科学革命提供了理论依据。但是这些判据不能解释曾发生的理论革命或较小的科学革命,使人们对是否发生过科学革命产生怀疑。通过对历史上关于科学革命研究的梳理与分析,我们重新界定了科学革命概念的内涵,审视了内外史解释的不足,分析了"柯恩解释"的局限性,提出了科学革命发生的"语境解释"及语境转化模型。

关于科学革命,学界一般分为两种截然对立的观点:一种认为历史上没有发生过科学革命;另一种认为曾经发生过。究竟发生还是没有发生?判断的标准究竟是什么?应以怎样的视角去分析才是合理的?到底应在什么样的基底上分析才能看到不同科学发生观之间的统一性?语境论为解决这些难题提供了一个新的研究视角和方法,我们试图在语境框架内解决这些问题。

### 一、科学革命的内涵及语境定义

科学革命作为与社会革命相对应的概念,是科学哲学、科学史研究的重要领域。美国科学史学家撒克里(A. Thackray)20世纪80年代初提出了科学史研究的十大中心问题,其中第二个就是"科学革命",他指出:"革命提供了一种简单而又深刻的观点,与概念分析的理想主义方法极为相称。"①只有弄清楚它的含义，才能在此基础上解决历史中是否有科学革命发生、如何发生的问题。关于科学革命的内涵，前人从不同角度进行了界定，我们将其概括为以下五点：

第一，概念替换观。科学革命首先表现为概念革命，它是科学中心概念的替换过程。"从哲学观点看，概念是反映客观对象本质属性的基本思维方式。它具有抽象性、普遍性。"②一切科学认识基于概念。每门科学都是由概念组成的体系。科学概念体现了人的信念与指称对象之间的统一性及科学理论与科学思维的统一性。由于一个系统的核心要素决定其结构和功能，中心概念的变化必然引起概念体系结构的变革，进而导致科学理论范式的更替和科学观念的重大变革。萨伽德（P. Thagard）确定了概念变化的九个程度，其中"主干转换改变概念层次树的组织原则，是最根本的变化，它影响到整个分支的合并、分化和重组"③。中心概念的转换必然引起概念的主干转换，并由此引发概念革命。拉卡托斯主张作为科学研究纲领核心的"硬核"就是科学概念体系，它是研究纲领的基本理论和基本主张，"硬核"一旦遭到反驳与否定，被新的"硬核"所代替，科学革命就发生了。英国科学史学家霍尔（A. R. Hall）提出了主题分析的概念，科学主题指科学中的基本前提概念，如物理学中的物质间断性和连续性，粒子性与波动性，运动的守恒性、因果性、相对性。在他看来，科学革命表现为科学主题概念的根本变革。法国科学史学家柯瓦雷（Alexandre Koyre）注重分析科学概念场的变化，认为概念场变化引起科学革命。比如，被认为是近代第一次科学革命的"哥白尼革命"首先表现为"日心"概念对"地心"概念的根本改变，同时引起主干概念结构的重大变革，体现为两个概念体系中宇宙中心、中心状态、行星与中心的关系、行星与中心的位置顺序等的根本不同，是天文学中心概念替换引起的科学革命。麦克斯韦革命是在对法拉第中心概念变革基础上实现的，即从电力、磁力、力线、场到位移电流、涡旋电场的中心概念的替换。中心概念的替换是科学革命发生过程中理论、观念变革的最直接证据，是科学革命发生的最深层变化。

第二，理论更替观。在 18 世纪，科学革命普遍被认为是"一系列的

---

① A. Thackray："History of Science,"in P. T. Durbin（ed.）：*A Guide to the Culture of Science，Technology，and Medicine*，The Free Press，1980：3.

② 魏屹东：《广义语境中的科学》，北京，科学出版社，2004，第 158 页。

③ P. Thagard：*Conceptual changes*，Princeton，NJ：Princeton University Press，1992：35.

每过一定时期的重大间断，以致形成与过去明确的决裂"①。1773 年拉瓦锡宣布他的研究纲领将导致一场革命，1790 年丰特奈尔称微积分的发明是 18 世纪数学中的一场革命。那时，人们对科学革命的认识比较模糊，只要是新科学理论与旧科学理论发生决裂，就认为是科学革命，并将科学革命定义在理论层面上，而且产生了两种理解：一种情形是新理论产生后，旧理论依然存在并使用着；另一种情形是新理论完全代替了旧理论。18 世纪后期，贝尔（Alembert Bell）在《近代天文学史》中指出，对于科学革命来讲有大小之分，对于大规模的科学革命，都需要经过两个阶段，"一是反叛，要摧毁已被承认了的科学体系；二是引入新的科学体系取代旧的科学体系"②。20 世纪，大多数科学史家及科学哲学家仍认为科学革命是科学理论的重大变革过程。库恩认为科学革命的发生是科学理论之间不可通约性引起范式更替的过程。波普主张科学革命是一种新的理论合理地推翻一种已被确立的科学理论。按照这种观点，科学革命不仅要破旧，而且要以新理论代替旧理论。

第三，观念变革观。科学观念是一定时期科学思想的精华，是指导科学发展的准则。柯瓦雷将科学观念变革赞誉为自古希腊以来"人类思想所完成或经受的一场最为意义深远的革命"。美国科学史学家柯恩（I. Bernard Cohen）认为科学革命首先是观念发生"改宗"的过程，是接受新观念抛弃过去已被接受的信仰的过程。科学学奠基人贝尔纳也认为许多科学观念的改变综合成为一场科学革命，正如库恩指出的那样："每一次革命都迫使科学界推翻一种盛极一时的科学理论，以支持一种与之不相容的理论。每一次科学革命都必然会改变科学所要探讨的问题，也会改变同行们据以确定什么是可以采纳的或怎样才算是合理问题的标准。每一次科学革命都彻底改变了科学的形象，以至于最后我不得不说，那个人们在里面进行科学研究的世界也根本改变了。这些变化同几乎总是随之而来的争论一起，决定了科学革命的特征。"③爱因斯坦也认为科学发展过程中有量的积累，也有质的飞跃，科学革命主要表现为科学观念的变革。在他看来，17 世纪物理学革命是一场培根式的物理学数学化的观念革命，19 世纪达尔文生物学革命是一场非数学的"培根式"革命，19 世纪末 20 世纪初麦克斯韦革命、相对论革命和量子力学革命都是以概率

---

① 转引自〔美〕柯恩：《牛顿革命》，南昌，江西教育出版社，1999，第 44 页。

② 〔美〕柯恩：《牛顿革命》，南昌，江西教育出版社，1999，第 44 页。

③ 〔美〕库恩：《科学革命的结构》，李保恒、纪树立译，上海，上海科学技术出版社，1980，第 5 页。

论为特征的观念革命。板块学说的革命实质上就是地球观的革命，即新的活动论地球观取代了作为以前地球构造理论根基的旧的固定论地球观。大型的科学革命必然引起科学观念的变革，而观念变革是理论的升华与深化，必然引起人们世界观的重大变革，比如，哥白尼的"日心说"不仅引起了天文学领域理论的变革和人们对天体运行观念的重大改变，而且使人们对世界的看法从以地球为中心转变为以太阳为中心。

第四，思维转换观。所谓思维方式，就是以一定的文化背景、知识结构、习惯和方法等因素所构成的人们思考问题的程序和方法。思维方式的重大变革不仅体现在科学革命发生之中，而且体现在革命发生之后科学和社会领域之中。大型科学革命一般都引起思维方式的重大变革。柯瓦雷认为牛顿将哥白尼、开普勒、笛卡儿、伽利略、惠更斯、胡克、沃利斯和雷恩这些前辈或同时代人的贡献综合在一起。柯恩认为，牛顿引起了一场革命，标志着近代精确科学的诞生。这就是"牛顿风格"，即把精确科学的研究过程分割为两部分的能力：从想象的构筑或系统展开数学推论，然后运用所得到的数学结果对现象学上的真实存在做出解释。"牛顿风格"是机械论思维方式的集中体现，它将天上和地上物体运动的规律用机械力实现了统一。现代科学的思维方式主要是有机论的，生物进化论、地质演化论是这一思维方式的代表。英国历史学家巴德费尔德也指出：

> 第一次科学革命不仅推翻了中世纪的科学权威，就是说，它不仅以经院哲学的黯然失色，而且以亚里士多德物理学的崩溃而结束。因而，它使基督教兴起和宗教改革降到仅仅是一插曲、仅仅是中世纪基督教体系内部改朝换代的等级。由于这个革命改变了物理世界的图景和人类生活本身的结构，同时也改变了甚至在处理非物质科学中的人们惯常的精神活动的特点，因而，它作为现代世界和现代精神的起源赫然耸现出来。①

因此，科学革命必然表现为科学思维方式的重大变革，而思维方式变化体现了科学家看待世界的认知模式发生了变化。

第五，社会变革观。科学革命是社会变革直接影响的结果。20 世纪

---

① 〔美〕巴德费尔德：《近代科学的起源》，张丽萍等译，北京，华夏出版社，1988，第1～2页。

40～50年代，受马克思主义史学观的影响，苏联和英国一些科学史学家从政治经济学角度解释科学革命发生的原因或现代科学的早期起源。他们认为牛顿革命的发生是以新兴资本主义商业经济的发展和与之相关的实际的、经济问题的逐渐增加为基础的。牛顿新物理学体系的建立正是在解决采矿、造船、枪炮制造、航海和测绘等技术问题基础上建立的。因此，对科学革命的解释应放在社会变革中进行考察。李约瑟认为近代中国之所以没有产生近代科学，就是受当时的社会条件所限制。他指出："无论是谁想要解释中国社会未能发展出近代科学的原因，那他最好是从解释中国社会为何未能发展商业的以及后来的工业的资本主义入手。"①贝尔纳认为对于科学革命发生的判断应看它在社会领域中所起的作用或在社会中的功能。他们的共同点是将科学革命放在社会语境中进行分析，侧重科学革命发生的社会因素及科学革命发生后在社会领域中所起的作用。当代科学知识社会学和女权主义科学编史学理论也主张从社会的综合视角重新解析科学革命，认为科学革命的发生绝不仅仅是科学内部的事情。

　　以上五种观点只是从某一方面描述了科学革命，有以偏概全之嫌。如果设科学中心概念替换为 $K$，科学理论范式更替为 $L$，科学观念、世界观的重大变革为 $J$，思维方式的重大转换为 $W$，社会领域的重大变革为 $S$，科学革命为 $R_S$，那么，概念替换观即 $R_S = K$，理论更替观即 $R_S = L$，观念变革观即 $R_S = J$，思维转换观即 $R_S = W$，社会变革观即 $R_S = S$。显然，历史上人们对科学革命的理解只停留在某一层次上，忽视了科学革命发生的其他层次。

　　从语境论的观点看，科学革命发生是有层次的，它是从内层向外层，从主语境向关联语境，认知语境向社会、历史语境传播与变革的过程。也即，科学革命 $R_S = (K, L, J, W, S, \cdots)$。这个定义体现了科学革命的层次性、关联性、基础性、继承性、突破性与相对性。层次性体现为从概念体系到社会层次的扩展；关联性体现为科学变革的非孤立性；基础性体现为科学理论基本概念、理论体系、基本思维方式的重大突破，这是应用科学革命、技术革命和产业革命的基础和前提；继承性体现为理论体系必须是后继理论对先前理论的重大变革，也就是说，科学革命必须是继承中的重大突破。即使在同一领域，研究对象相同，如果两种理论之间没有继承关系，而是各自独立发展起来，如中医和西医，它们

---

　　① 〔英〕李约瑟：《中国科学传统的成就与贫困》，《科学与哲学》1982年第1期，第35页。

之间是不存在科学革命的。科学理论在继承基础上的重大突破是科学革命发生的前提和必要条件；突破性是说发生革命的前后理论体系之间具有不可通约性，是科学中心概念、理论、观念等的根本性变革，这是科学革命的本质所在。相对性是说科学革命是相对于先前理论而言的，是相对于先前理论的重大变革。

这样，科学革命作为历史现象，肯定受到当时政治、经济、文化的影响；作为认识水平的重大飞跃，每一次都改变了人们对世界的看法，体现了人类认知语境的重大转换；作为知识形态在理论上的重大变革，是对原有科学理论语境的再语境化；作为社会现象，科学革命需要得到科学共同体的认可，是技术革命、产业革命发生的基础和前提。因此，科学革命的发生是由历史语境、认知语境、理论语境、社会语境共同决定的。这是因为任何科学革命的发生首先表现为历史中行动的科学家个体认知语境的重大变革和社会认知语境的重大变革。其中科学家个人认知模式通过科学理论体系在得到社会普遍接受后，使人们看待世界的方式也发生了重大变革。比如，牛顿革命是由牛顿对自然界的认知模式决定的，因为"基本假设和建立在这些假设基础上的数学分析的最终结果，能够与被实验和严格精确的观察所揭示的真实的或外部的世界相一致"①。科学中心概念、科学理论体系的重大变革，是科学革命发生理论语境变革的突出表现。比如，麦克斯韦革命表现为中心概念由电力、磁力、场等到位移电流、涡旋电场变革的过程。科学革命的发生得到科学共同体及当时社会的普遍认可且在社会领域产生影响，是科学革命发生的社会语境。因此，科学革命发生过程是科学从内语境向外语境传播与变革的过程。

## 二、"柯恩解释"的语境分析

在弄清了科学革命的内涵之后，让我们分析科学革命的"柯恩解释"。对于科学革命柯恩有独到见解。他以历史证据为依据，提出了重大科学革命发生的四个阶段和四个判据学说，我们称之为"柯恩解释"。然而"柯恩解释"不一定合理，我们对此作深入的语境分析。

柯恩在其名著《科学中的革命》中把科学革命的发生分为四个阶段：思想革命、信仰革命、论著中的革命、科学革命，并指出："科学中的革

---

① 〔美〕柯恩：《牛顿革命》，南昌，江西教育出版社，1999，第58页。

命在这最初三个阶段的任何一个阶段中，都有可能会失败。"①怎样判别科学革命已发生了呢？他认为有四个判据可以作为历史证据进行检验。

第一个判据为目击者的证明，即当时科学家和非科学家们的判断。这是科学革命发生的直接判据。比如，丰特奈尔认为牛顿和莱布尼茨的创造已经在数学中引起一场革命，拉瓦锡在化学领域的根本变革被他同时代的许多科学家看做是化学中的一场革命，达尔文同时代的人则把进化论描写成生物学中的一场革命，魏格纳大陆漂移学说在20世纪30年代被很多地球学家认为引起了一场革命。在柯恩看来，如果科学革命没有目击者证实事件的发生，即使有事后的历史评价，也是不能过分相信的。但是，科学革命的发生在很多情况下是不被目击者所理解甚至反对的。目击者一般为同行，当科学革命发生在他们所认可的理论体系时，他们往往为原理论辩护，反之则坚决反对，甚至到死也不接受。

第二个判据是对发生过革命的那个学科以后的一些文献的考察。这是科学革命发生的间接判据。在柯恩看来，科学革命发生必然会对原理论有重大变革，否则科学革命是不会发生的。通过对1543～1609年天文学论文和教科书中并未采用哥白尼思想和方法的考察，柯恩认为并不存在哥白尼革命。而18世纪大部分数学著作都是按微积分思想撰写的，为数学革命提供了证据。该判据反映了科学革命的发生对原学科的重大变革。但是，当科学革命的发生不为目击者所认可时，其革命性就不可能反映在那个学科以后的一些文献中。比如，哥白尼学说在当时就不被大多数同行所认可，因而被埋没数个世纪。当得到同行认可时，已成为过时的理论，因而在学科文献中找不到直接证据。

第三个判据是有相当水平的历史学家，特别是科学史学家们的判断，既包括现在的和近代的历史学家的判断，也包括很久以前的历史学家的判断。这是科学革命发生的历史判断。在哥白尼时代，历史学家并不认为哥白尼的《天体运行论》引起一场天文学革命，而是18世纪蒙塔克勒和巴伊发明出来的，是用18世纪的历史证据标准而做出的判断，柯恩认为那是不可取的。他反对采用辉格式的方法来处理科学革命。当科学事件发生时的证明与以后历史学家的观点不一致时，他认为我们应对尚未证实的革命持怀疑态度，定义什么是科学革命是没有意义的。但是不同的科学史学家对科学革命的理解不同，会使柯恩所认可的历史证据产生一种混乱，哪一种科学革命观可以作为历史证据显然是不确定的。

---

① 〔美〕柯恩：《牛顿革命》，南昌，江西教育出版社，1999，第38页。

　　第四个判据为当今这个领域从事研究的科学家们的总的看法。这是科学革命发生的共同体判据。对于一些确实发生的科学革命，历史学家又很少关心，在这种情况下就需要第四个标准。柯恩指出："20世纪的物理学家、生物学家和社会科学家大都认识到，在他们自己的时代，以统计学为基础的物理学、生物学和社会科学的建立，已经对过去构成了一种明显的突破，而且有过一场统计学革命了。"①显然，当历史学家与当今科学家看法不一致时，该场革命就是值得怀疑的了。这样，对于一场科学革命要得到四个判据的验证，是很困难的。在柯恩看来，哈维的生命科学、牛顿的经典力学、达尔文的生物进化论、拉瓦锡的氧化说、法拉第及麦克斯韦和赫兹的经典电磁理论、赖尔的地质演化理论、20世纪统计学、爱因斯坦的相对论经过了四项判据的检验，是科学中发生的重大革命。

　　不可否认，柯恩关于科学革命发生的判据开创了对科学革命发生的历史证据研究，颠覆了库恩、费耶阿本德、劳丹、拉卡托斯、波普、夏佩尔等对科学革命过于程式化的研究方式，坚持了科学革命的内史与外史、认知语境与历史语境、反辉格与辉格的统一，在某种程度上反映了科学革命发生的本来面目。不过，"柯恩解释"虽然能够通过历史判据分析历史中发生的大型科学革命，但其局限性也是明显的。

　　首先，"柯恩解释"是在脱离科学革命本体论基础上的认识论判据。由于不同主体对科学革命的理解不同，在认识论上是无法达成一致的。但是柯恩坚持认为，即使对科学革命没有清晰的定义，也有可能对其发生进行有效的检验。这种脱离本体来解释科学革命的发生，将它们用同一组历史判据来判断，会引起某种混乱和疑惑。因为忽视科学革命的本体，会使人们对科学革命的解释成为无源之水。

　　其次，"柯恩解释"只适用于解释大型科学革命，不能用来解释小型科学革命。科学革命内涵的多层次性，决定了科学革命发生是有层次的，级别也不同。而且在科学发展中大型科学革命毕竟是罕见的，更多的是小型科学革命。因此，"柯恩解释"只局限于对个别大型革命的解释，忽视小型及中型科学革命，不具有普适性。

　　再次，"柯恩解释"无法体现科学发展中基础性与继承性、突破性与相对性、连续性与间断性的统一。科学革命是在继承基础上相对前科学体系的重大变革。同一历史事实在同一时期或不同时期经常存在两种情

---

　　① 〔美〕柯恩：《牛顿革命》，南昌，江西教育出版社，1999，第58页。

况：一种认为它在科学中引起一场革命，另一种认为它并没有引起一场革命，而只是科学中的一般进步。在这种情况下，应以哪种历史判据为主，显然不能用"柯恩判据"下结论。也就是说"柯恩判据"无法处理科学发展的连续性与间断性。

最后，"柯恩解释"背离逻辑与历史相统一的原则。科学革命作为科学发展中的重大事件，是被发现与逻辑构建、逻辑与历史相统一的过程。"柯恩解释"虽然提出了革命发生的四阶段说，体现了科学革命发生过程中认知语境、理论语境、科学共同体语境转换的逻辑关系，但是四个判据侧重于采用有利于科学革命事件发生的判据，而没有分析与此相反的观点，即认为某些科学事件是进化的。这样一来就有一种抬高有利于自己观点的证据，而忽视其他关于某科学事件的进化说明之嫌，而且四个判据主要是对他所称的论著中的革命认可的证据，显然并不能判别他所认为的科学中发生的思想革命、信仰革命。这就背离了逻辑与历史相互支持与验证的原则。

综上所述，"柯恩解释"虽然从历史判据中较客观地分析了科学革命发生的过程，但存在本体论与认识论、历史标准与逻辑标准的不一致性，以及适用范围的局限性。"语境解释"将弥补"柯恩解释"的不足。

### 三、科学革命发生的"语境解释"

所谓语境在语言层面上是指"语形、语义和语用的统一"，具体说是一个词、句的上下文；在扩展的意义上（超越语言扩展到历史、社会和文化层面），语境是其构成要素的系统性形式和意义的关联综合体[1]。这样，语境分析就是寻找决定词句或行动、事件之意义的关联因素。

（一）科学革命发生的语境判据

按照语境论的观点，科学革命的发生判据是由科学的不同层次的语境共同决定的。

第一，历史语境是科学革命发生的背景性判据。科学是一种历史量变现象，科学革命是这种历史量变中的质变。每一科学革命发生前，当时的科学认识和发现及评价都脱离不开当时的历史思想、历史事实。通过对某一学科的科学革命的发生进行历史语境分析，我们就会发现所谓科学革命决不是突然发生的，它是基于科学历史思想和事实的突破。以牛顿革命为例，如果没有历史上的科学知识和科学思想，牛顿是无法进

---

① 魏屹东：《广义语境中的科学》，北京，科学出版社，2004，第14～15页。

行综合的。欧几里得的几何学公理化方法深刻地影响了牛顿，牛顿1687年问世的《自然哲学的数学原理》是按公理化方法写成的。巴罗的无穷小量思想是牛顿的"流数"思想的来源。惠更斯的向心加速公式、布里阿德平方反比思想和吉尔伯特的磁力思想是牛顿万有引力定律的思想来源。伽利略的力学相对性原理、力学实验、自由落体定律、单摆运动等时性原理和开普勒的行星运动三定律都直接影响了牛顿的力学运动三定律。另外，斯涅耳的光折射定律、费尔玛的光程最小原理、胡克的波动论、格里马尔迪1666年发现的光的衍射现象、巴塞林1669年发现的光的双折射现象以及惠更斯对双折射现象的解释都对牛顿的光学理论产生了深刻影响。

第二，个人认知语境的重大变革是科学革命发生的原发性判据。科学家的发现与其个人的心理气质、思想情趣、思维方式等有密切关系。"某些科学上的思考或发现，很难用一般的联系或规律来解释，似乎是科学家十分偶然的某种直觉和顿悟。这方面的情况不是发表成果的科学论文所能提供的，而是需要研究科学家的全部材料。"[1]牛顿的认知方式支配着他去用数学原理分析自然界、解释自然界，这就是柯恩所称的"牛顿风格"。不少科学史学家如柯瓦雷、库恩、柯恩等都很重视科学思想史的研究，认为科学家个体认知方式的重大变革在科学革命中起核心作用。没有创新思维，便没有创新理论。这也在某种程度上验证了科学家个体认知语境在科学革命中所起的核心作用。

第三，科学理论语境的重大变革是科学革命发生的结构性判据。在由科学事实、中心概念、科学理论、科学观念组成的科学革命中，中心概念和科学理论的变革处于中间层次，中心概念的变革通过主干概念体系引起科学理论的变革，二者均体现为语言层次的变革，因此将它们归于科学理论语境之中。"如果设某一学科观念为$T$，表述这一学科观念的具体理论构成理论系列$t_1 - t_2 - t_3 \cdots$，那么只有出现某个比较精致的理论$t_n$时，科学观念$T$才真正有可能得到确认。"[2]科学革命的理论语境变革体现了科学革命中信仰的改变。对于科学革命发生的理论语境可通过原有科学文本语境、发生科学革命的学科语境及相关学科语境来判别。其中，文本语境指科学家在原有文本语境中的文本创新。科学革命的发生首先表现为科学核心概念及理论体系的根本性变化，包括假设、公理、

---

① 《霍尔顿教授谈：了解一门科学史的意义》，《世界科学》1985年第11期，第8页。
② 诸大建：《从板块学说看科学革命的若干问题》，《自然辩证法通讯》1990年第1期。

可接受性知识的新形式的出现以及其他性质的新理论的出现。对于历史上已经发生的科学革命，一定会对该学科产生影响，体现在该学科的文献资料中。也就是说，科学革命的发生会对该学科在理论结构上产生重大变革。

第四，科学共同体语境的重大变革是科学革命发生的承认性判据。科学共同体语境是指科学革命在科学界得到认可的境遇。它一般需通过口头、书面或著作的形式告知同行，得到同行的支持与认可，随后在整个科学界传播。这是科学革命发生被认可的最直接证据。比如，相对论的发现起初并没有得到科学界的普遍承认，现在看来，该理论的确引起了一场革命。因此，"一场科学革命的深度与保守主义的猖狂进攻的猛烈程度以及它给科学思想所带来的根本变化的程度是成正比的"①。达尔文1859年9月20日致赖尔的信中说："你以前对物种不变性的怀疑，也许比我的著作对你的改宗影响更大……但是如果你能够转变过来的话，我将是极为高兴的。"达尔文生物进化论在得到科学界认可的过程中，体现了科学共同体观念变革的过程。

第五，社会认知语境的重大变革是科学革命的诱发性判据。社会认知语境是人们普遍对科学革命观点的接受与承认的境遇。科学家个人对世界的认知语境的重大变革，最终必然引起世人对世界的认知语境的重大变革，包括社会观念、思维方式等。这是个人认知方式变革诱发的人们普遍认知发生的变化。历史上大型科学革命必然在社会领域引起人们认知模式的重大变革，因此，"我们不仅要研究科学革命的技术应用对于人类生存方式的影响，也要重视其带来的人类历史及其观念的变革"②。如果说18世纪牛顿革命在社会领域形成机械看待一切事物的机械论认知模式，那么19世纪后期，达尔文革命在社会领域形成进化地看待社会的有机论认知模式，即社会达尔文主义。

第六，社会产业语境的重大变革是科学革命发生的效应性判据。社会产业语境是基于科学革命的科学技术和产业结构的境遇。科学革命引起的认知模式的重大变革，必然引起社会结构的重大变革。例如，19世纪麦克斯韦革命引发了电力技术革命和相应产业革命，20世纪量子力学革命引发了信息技术革命和相应的产业革命。这些都反映了科学革命对于社会语境的影响程度。因此，科学技术与产业语境的重大变革是科学

---

① 〔美〕柯恩：《科学中的革命》，鲁旭东等译，北京，商务印书馆，1990，第518页。

② 胡新和：《科学革命与历史变革》，《史学理论研究》2005年第4期。

革命发生的效应性判据，它增加了人们对科学革命的承认度。

总之，科学革命发生的"语境解释"判据，坚持了逻辑性与历史性、内史论与外史论、本体论与认识论有机统一，有助于我们全面把握科学革命的发生机制，为判断革命发生的级别提供了理论依据。

(二)科学革命发生级别的"语境转换"模式

对于已经发生的科学革命，我们可以根据"语境转换度"解决科学革命发生级别的标准问题。所谓语境转换度就是科学革命在传播过程中语境转换多少的程度。根据"语境转换度"大小，我们将其分为小型革命、中型革命和大型革命。语境转化次数越多，科学革命的级别就越大，反之，科学革命的级别就越小。设科学革命语境转换度为 $G$，则：$G = D_H - D_0$。

其中，$D_H$ 表示科学革命的发生语境，$D_0$ 表示科学革命发生前的历史语境(原始语境)。我们假定历史语境的转换度为 0，语境转换一次，转换度为 1，语境转换几次，转换度就是几。当 $G$ 为 1、2 时，我们称之为小型科学革命；当 $G$ 为 3 时，我们称之为中型科学革命；当 $G$ 为 4、5 时，我们称之为大型科学革命。语境转化模型为：历史语境(0)→个人认知语境(1)→理论语境(2)→共同体语境(3)→社会认知语境(4)→社会产业语境(5)。

小型科学革命是由科学家个体认知语境和理论语境组成的内语境的重大变革，其转换度分别为 1 和 2。科学共同体语境是科学革命发生内语境(科学语境)向外语境(社会语境)传播的关节点，柯恩称之为"论著中的革命"，库恩称之为"范式转换"，从科学革命传播过程看，它处于传播的中间或过渡的关键阶段，因此，我们认为经过科学共同体语境检验的革命为中型的科学革命，其转换度为 3。大型科学革命不仅经历了小型和中型科学革命语境的转换，而且经过了社会认知语境和社会产业语境的重大变革，转换度分别为 4 和 5。大型科学革命经过了所有语境的检验，如牛顿革命、达尔文进化论、爱因斯坦相对论、魏格纳大陆漂移学说等。对于小型科学革命，一般主要经过科学家个体认知语境和理论语境的变革，是一场潜在的科学革命。19 世纪中期，法国数学家伽罗瓦关于群论的论文虽然没有及时得到数学界的认可，在他去世 14 年后才得到数学家的认可，但他的工作仍是具有革命意义的，是科学理论层次的、潜在的科学革命。19 世纪孟德尔遗传学说在生物学引起的也是小型潜在的科学革命。哥白尼天文学理论虽然没有得到当时科学共同体的认可，但它引起人类宇宙观的重大变革，是一场理论层次的潜在革命。

科学革命发生的"语境转换度"判据，其一，体现了科学革命发生在时空传播的客观规律性，即从小型革命到中型革命再到大型科学革命传播的过程；其二，反映了科学革命发生过程中量变到质变、内语境到外语境、低级到高级的演变过程；其三，客观地解释了仅发生于科学语境内的小型科学革命。哥白尼革命、孟德尔革命等由于社会、历史原因没有将内语境的重大变革扩散到外语境的重大变革，被认为没有发生过科学革命，这对于评价科学家的成就不公平。"语境转换度"为分析小型科学革命提供了理论和分析方法。从社会语境看并不存在一场哥白尼革命，但是哥白尼的工作确实引起了一场天文学领域中心概念的重大变革。从小型、潜在的科学革命发展到大型、现实的科学革命需要历史、认知、社会等方面的参与渗透才可能实现。

科学革命发生的"语境解释"的实质在于揭示：（1）客观性，目的是分析是否有科学革命发生及其发生的机制；（2）相关性，科学革命发生中历史、认知、理论、社会语境的相关性；（3）统一性，内史论与外史论的统一、"辉格"与"反辉格"的统一、革命性与连续性的统一。

## 四、"语境解释"的现实意义

科学革命不仅改变了人们的世界观，而且通过技术革命促进了社会生产力的极大进步。近代以来，科学革命主要发生在西欧和北美等地区，这些国家曾成为世界科学、技术、经济的中心，诺贝尔自然科学奖获得者也主要集中于发生科学革命的国家。这是为什么呢？科学革命发生的"语境解释"能够给出合理的解释。

第一，"语境解释"为内史论和外史论两种不同科学发展观提供了统一的语境基底。从历史上看，科学革命争论主要集中于内史论与外史论、间断论与连续论问题上。20世纪30年代兴起的对科学革命的外史研究，强调外部因素对科学革命的重大影响；20世纪50年代以来，科学哲学家和科学史学家伯特、柯瓦雷、巴德费尔德等，主要立足于科学理论的重大变革来研究科学革命。由于两者侧重点不同，无法在同一层面上进行沟通。而"语境解释"消解了内史论与外史论对科学革命分离的解释过程，在语境基底上实现了内史论与外史论的统一。科学革命发生的"语境解释"体现了科学发展过程中量变与质变的统一，也就是实现了科学发展连续论与革命论在语境基础上的对话，通过历史、认知、理论、社会语境转换度判别科学发展的连续性或间断性。

第二，"语境解释"为研究中国是否发生过科学革命提供了判据。中国作为一个文明古国，天文学、数学、农学、医学是传统中发展最快的学科。著名的"李约瑟问题"需要一个新的解释视角。中国古代发生过科学革命吗？席文认为："中国在 17 世纪可以说有过它自己的科学革命，是天文学领域概念的革命，即用数学模型解释并预测天象。"①他也主张必须采用完全不同的研究方法，综合地理解从事科技工作的人的各种事项。这就需要从中国古代科学发展的历史、认知、理论、社会语境中寻找答案，不能以西方近代和现代科学标准来评价中国古代科学。"在古代，'变'系指内部变化，外部形态或形状还全部或部分地保存着；而'化'则是根本的变化，连外表也改变了。"②可以说，古代人们认为"化"就是我们今天所称的"革命"。研究中国古代是否发生过科学革命，就需要从中国古代语境中寻找对科学"化"的分析及评价。这将是一个巨大的社会课题，对于弘扬古代科技文明，促进中国现代科学技术与社会可持续发展具有重要意义。

第三，"语境解释"对促进中国科学技术发展提供了"范式"效应。通过对科学革命发生的"语境解释"，使我们认识到社会制度与文化的变革不仅是促进科学革命发生的重要因素，同时还是促进科学成果社会化进程的基本动力。从历史上看，近代科学革命以来，世界科学中心、技术中心、经济中心转移的顺序是一致的，即意大利→英国→法国→德国→美国，科学革命使这些大国依次崛起。20 世纪以来，随着"大科学"时代的到来，科学远远走在了技术与生产的前面，要实现经济社会的繁荣发展，必须大力发展现代科学技术。诺贝尔自然科学奖得主美国生物学家沃森（James Watson）在获奖后说："我们获得如此高的荣誉，非常重要的因素是由于工作在一个博学而宽容的圈子。"他在这里指的是英国剑桥大学卡文迪许实验室。该实验室治学严谨，学风民主，思想开放，不拘泥于权威，鼓励每个人特别是年轻人从事创造性的工作。科学研究有着自身的运行逻辑与价值追求，为了促进中国科学技术的发展，实现中华民族的伟大复兴，必须在创建有利于创新的环境中发展中国科学事业，遵循促进科学发展的"范式"规律，实现现代科学革命发生在中国的伟大梦想。

第四，"语境解释"对促进中国社会变革具有极强的辐射效应。科学革命的发生需要社会制度、社会创新文化等环境因素的支持。资本主

---

① Everett Mendelsohn：*Transformation and Tradition*：*Essays in Honor of I. Bernard Cohen*，Cambridge University Press，1984：548.

② 〔英〕李约瑟：《中国科学技术史》，北京，科学技术出版社（第二卷），1990，第 83 页。

经济的发展为科学革命的产生提供了基本动力，资本主义国家的建立为科学创新提供了外部社会环境，社会结构的变迁为之提供了创新主体，在此基础上，地理大发现、文艺复兴等事件为之提供了契机。正是这几方面制度条件的契合导致了科学革命在西方的发轫。另外，科学革命的发生通过技术革命应用于生产领域，在社会领域引起了产业革命。马克思说："资本主义在它不到一百年的历程中创造的生产力比过去一切时代还要多。"这是科学革命促进社会进步的伟大见证。近代以来，科学革命已促进社会发生多次转型：近代科学革命使人类从农业社会进入工业社会，现代科学革命使人类从工业社会进入信息社会。目前，中国科技创新成果逐年增长，但是科技成果转化率低，科技与生产的结合力度较低。要实现中华民族伟大复兴，在促进科学革命发生的同时，还要注重科学对社会的变革作用。科学是追求真理的过程，我们在社会制度、奖励机制方面要防止将科学研究看做是取得经济回报的工具。如同科学社会学家齐曼(J. Ziman)所说的："社会上最糟糕的、耗费巨大而又无益的事，是把科学研究仅当做一种致富的捷径。"①

第五，"语境解释"对创建自主创新型国家具有现实意义。科学革命的发生过程就是科学理论、科学观念、科学思维方式重大创新的过程，是科学创新成果促进技术创新、文化创新、制度创新的过程。从"语境解释"看，科学革命的发生大大增强了原发国科技自主创新能力及创建自主创新体系的能力。中国要想在 21 世纪前期进入创新型国家行列，就必须增强自主创新能力，而科学革命的发生代表自主创新能力最高指标，所以，我们必须大力发展尖端科学事业，提升中国自主创新能力。

## 五、结束语

科学革命的"语境解释"一方面为分析和解释科学发展间断论与连续论提供了共同的语境基础，实现了二者的对话；另一方面消解了科学革命内史论与外史论解释的矛盾，在语境基底上实现了多种科学革命观的统一。科学发展间断论与连续论的争论经过几个世纪，表现为多种形式、多种视角、多种理论。科学连续论者过分简单地强调概念的移植和重新解释的存在，概念的发展是其内部逻辑逐渐发展的过程；科学革命论者过分夸大新的概念体系与它前身的截然不同。有趣的是，赞成革命变革论者，在每一位连续论者所称谓的近代科学的本质，即方法和自然规律

---

① 〔英〕齐曼：《元科学导论》，刘珺珺等译，长沙，湖南人民出版社，1988，第163页。

中，总能发现这些方法和自然规律的概念发展过程中会出现突然的和急剧的变化。这也说明了科学发展过程遵循量变和质量规律，反映了科学发展过程是连续与间断的统一。"语境解释"不仅使二者在共同语境基础上分析科学发展过程的量变与质变，实现不同争论在同一语境基础上的对话，而且使不同科学革命观在语境基底上实现了统一，能够更全面系统地分析和解释科学革命的发生问题，体现了在特定语境下科学文本与其他要素之间的关系，为从整体上分析科学革命开辟了新的道路。

通过"语境解释"使我们认识到：第一，不同语境因素在科学革命发生过程中作用是不同的，我们需要处理主语境与次语境的关系。第二，科学发现的过程是非逻辑的和不可解析的，但对于科学革命发生来讲是逻辑的和可分析的，可根据它们发生的共性，在语境层面上给出最一般意义的判断标准。第三，对于每一次科学革命发生进行语境分析具有相对的和具体的意义，而不是绝对的和抽象的意义，而且随着社会实践的发展，科学革命发生的"语境解释"在实践和视域基础上是不断变化的。第四，加强科学革命发生问题的研究，对提升中国科学技术发展能力，创建自主创新国家，促进科学技术与社会和谐发展具有重要的理论和现实意义。

## 第六节　科学主义的语境解释

在科学哲学中，逻辑经验主义和证伪主义都是典型的科学主义。它们都奉行科学理性主义、逻辑主义和经验主义，主张经验对于命题或理论的确证作用（证实或证伪）。科学主义的观点引起了历史主义、社会建构论、后现代主义和女性主义的批判和反思，导致了 20 世纪 90 年代的"科学大战"（Science War）的发生[①]。"科学大战"是科学主义与人文主义之间的一场较量，是科学家与非科学家之间的一场论战，是科学与 SSK（科学知识社会学）之间的一场争论，也是科学文化与人文文化之间的一次大碰撞。它引起了人们对两种文化的关系、科学主义与人文主义的关系、科学的本质和价值的深入思考。人们发问：是两种文化还是一种文化？科学是在反映世界还是在建构世界？科学与人文之间究竟是什么关系？二者能否融合？科学家与非科学家之间如何沟通等。这一章笔者将

---

① Jay A. Labinger, Harry Collins(eds)：*The One Culture*，Chicago，London：The University Press，2001：1-3.

运用语境分析深入讨论这些问题。

## 一、"科学大战"的语境分析

20世纪90年代中期发生的"索卡尔事件"颇有影响。它引发了一场"科学大战",其实质是科学家阵营和非科学家阵营（主要是SSK）在科学观、科学方法论和科学伦理观方面的一场较量。这场大战不仅对科学本身的发展、科学政策的制定、人们对科学的看法有重要影响，而且对科学哲学的发展有重要影响。其实，学术界一再讨论的"科玄之争"、两种文化、科学与人文、科学主义与人文主义、科学精神与人文精神、科学的现代主义与后现代主义、科学的绝对主义与相对主义的争论，等等，都与"科学大战"有着密切的关系。可以说，这场大战是20世纪初发生在中国的"科玄之争"、1959年斯诺提出两种文化引发的争论、科学哲学中逻辑经验绝对主义和历史相对主义争论的继续和发展，SSK的兴起和发展为这场大战起到了推波助澜的作用。

"索卡尔事件"的始作俑者是艾伦·索卡尔（Alan Sokal）。他是美国纽约大学的量子物理学家，他对"科学论"的后现代思想家们关于科学研究的逻辑标准、科学知识的客观真理性和实验证据等的社会学解释十分反感，于是向著名的文化研究杂志《社会文本》（Social Text）递交了一篇题为《超越界限：量子引力的超形式的解释学》的"诈文"，目的是检验该杂志奉行后现代主义思想的编辑们在学术上的诚实性和他们识别常识性科学错误的能力。该杂志的编辑们没有发现索卡尔论文中的错误，更没有识别他的意图，并在1996年《社会文本》杂志的5～6月合刊上将该文发表。论文发表后，索卡尔又立即在1996年《大众语言》杂志的5～6月合刊上发表《曝光：一个物理学家的文化研究实验》一文，披露事情的真相。这篇"诈文"一出现，立刻在全球学术界爆发了科学家及持科学主义立场的哲学家与后现代主义思想家包括哲学家、文学家、历史学家、社会学家、文化学家等之间的一场大论战。这场论战涉及科学本性、科学真理的客观性和理性、科学的合理性、科学方法、科学道德、科学价值、科学与社会诸因素如政治、经济、军事、教育和文化的互动等问题。众多科学家如物理学家、化学家、生物学家等纷纷投入这场保卫科学、保卫理性的战斗中。与此同时，后现代思想家也不甘示弱，奋起反击，出版和发表大量论著，譬如，《社会主题》杂志的主编安德鲁·罗斯主编了《科学战争》（1996）一书，法国科学知识社会学家拉图尔出版《潘多拉的希望：论科学研究的实在》（1999）一书，等等。他们不断借助科学外部的因素解构科学，解构理性，坚持认为科学就其本性而言是社会建构的、文化建构的。这的确是一场科学与"反科学"的论战，一场科学与人文的大冲突，一场科学家和人文家的直接交锋与对话。这场关于科学的不同思想和观点的碰撞与论战，对人类的文明与进步产生了深远的影响。

"科学大战"也是以科学家为代表的科学阵营和以哲学家、历史学家、社会学家以及女权主义者和文化理论家为代表的"科学论"（science studies）阵营之间的一场较量，其本质是科学与反科学、科学主义与反科学主义之间的一场大战。《自然》杂志 1997 年刊登了博奇（Andrew Birch）的一幅卡通画，生动地描述了这场论战。在这幅卡通画中，一位威武高大、顶盔冠甲的骑士（代表科学），手持长矛，怒目圆睁，直指盘踞在一座小山上的一条小龙（代表科学论）。这条小龙张牙舞爪，口中喷着火，直指那位骑士。下面一行解说文字为"科学与对科学持后现代和怀疑观点的龙的战斗"[1]。这条"龙"虽然弱小，但足以挡住"骑士"前进的道路。这种对科学持怀疑态度的相对主义思潮的特点是："对科学研究的逻辑标准、客观真理与实践证据等认识论价值进行挑战，强调政治权力的规则，把科学变成一种权力，一种靠金钱运转的游戏，一种服务于其赞助者的手段。"[2]

"科学论"对科学的攻击主要有两种表现：一是政治的和情感的；二是知识的和哲学的。第一种表现主要是文学批评家、文化研究者、女权主义者、后殖民主义者和激进的生态主义者对科学的批评，他们把科学语言和概念用于他们的工作，甚至把科学文本和实践看做他们的主要目标。他们要用相对主义代替实在论，用政治代替理性，用后现代主义主张代替科学主张，宣称科学没有人性，是科学家剥夺了人类知识的政治和文化特征。譬如，激进的反科学主义者由于不满白人对科学的支配而声称"科学的实质是性别歧视、阶级歧视和种族歧视，最为糟糕的是没有任何意义"[3]。对此，科学实在论者呼吁到，科学已经处于形形色色的相对主义和后现代主义的重重包围之中，科学理性和客观真理受到前所未

① C. Macilwain："Campuses Ring to a Stormy Clash over Truth and Reason,"*Nature*387，1997：331-333.

② 《"索卡尔事件"与科学大战》，蔡仲等译，南京，南京大学出版社，2002，编者前言第1页。

③ W. Herbert："The PC Assault on Science,"*U. S. News&World Report* 118(7)，2002：64-66.

有的威胁①。

第二种表现包括两个方面：一方面是科学史与科学哲学(HPS)对科学的批判，其中又包括两个阵营。第一阵营是借助 HPS 支持科学教育，发展科学；另一个阵营是借助 HPS 揭露科学的妄自尊大和权威②。HPS 的第二个阵营强调科学的人文方面，为相对主义的科学知识观辩护，否认科学的理性和客观性，特别是对科学的四个传统主张即理性、真理、客观性和实在论进行批判。在 HPS 的第二个阵营中，被牛顿－史密斯(Newton-Smith)称为四位宗教裁判官③，被斯特福(Stove)称为四位非理性主义者④，被瑟查尔斯(Theocharis)和波斯姆博勒斯(Psimopoulos)称为四位反叛者⑤的波普、库恩、拉卡托斯和费耶阿本德最具代表性。他们对科学的四个传统主张进行了有力批驳：(1)波普主张经验数据能够证伪一个理论但不能证实它，所以科学从来没有发现真理；(2)波普等认为观察是理论负荷的(theory-laden)，数据非充分决定理论选择；(3)拉卡托斯认为科学理论既然不能被证实也不能被证伪，所以科学不能宣称理论是真或是假；(4)库恩主张范式是不可通约的，所以科学是无理性的(arational)，不具有任何客观性；(5)库恩还主张使一个陈述成为科学的东西仅仅是科学家所说的东西；(6)费耶阿本德则断言科学没有任何特殊的地方，就方法论而言"怎么都行"。以上反驳完全否定了科学的理性实在论和客观真理性。

另一方面是 20 世纪 70 年代初兴起的奉行社会建构论的科学知识社会学(SSK)对科学的批判。SSK 是一个包括爱丁堡学派、巴斯学派和巴黎学派等在内的广泛的科学文化运动，它的形成受到 HPS 第二个阵营的影响，使社会学家的研究兴趣转向了科学知识的内容，并以社会建构论的研究传统取代了默顿的科学社会学的功能主义研究传统，在短短的 20 多年的时间里，就占据了"科学论"研究的主战场。它强调科学知识不是文化的基础，科学理论甚至包括科学事实不是科学家发现的，而是社会

① S. C. Ward: *Reconfiguring Truth*: *Postmodernism*, *Science Studies*, *and the Search for a New Model of Knowledge*, Lanham, MD: Rowman & Littlefield, 1996: ix.

② Matthews: *Science Teaching*: *The Role of History and Philosophy of Science*, London: Routledge, 1994: 9.

③ W. H. Newton-Smith: *The Rationality of Science*, London: Routledge & Kegan Paul, 1981.

④ See D. C. Stove: *Popper and After*: *Four Modern Irrationalists*, Elmsford Park, NY: Pergamon, 1982.

⑤ T. Theocharis & M. Psimopoulos: "Where Science Has Gone Wrong," *Nature* 392, 1987: 595-598.

建构的，因而主张科学知识和事实在本质上是一种社会产品，特别是一种政治产品；科学知识不是对自然的正确反映，而是科学共同体内部共同协商的结果，因而也就不存在什么客观真理；相似的科学实验和理论可以得到不同的解释，因而会得出不同的结论，这样科学也就不存在确定性。因此，SSK 不仅是一种新的"科学论"，而且是反科学主义的主力军。"科学论战"的实质主要是科学与 SSK 之间的较量。

针对"科学论"对科学的种种攻击，科学家做出了回应。1987 年，瑟查尔斯和波斯姆博勒斯在《自然》上发表关于科学理性的煽动性评论指出，如果否定了科学的真理性和实在性，科学将失去目标，而没有目标的科学将不复存在。这引起了众多科学家、哲学家和社会学家的广泛关注，《自然》杂志为此连续刊登了 18 封来信。1993 年，柯林斯（Collins）和平奇（Pinch）《有生命的机器人：人人所应该知道的科学》一书出版[1]，《科学》、《今日物理学》、《自然》和《新科学家》等科学杂志纷纷对它进行了评论，科学家普遍强烈反对该书的结论：科学之所以如此不是因为它受到自然的绝对制约，而是因为我们使它按照我们的方式运作。1994 年美国生物学家格罗斯和数学家莱维特的《高级迷信》一书对以后现代名义出现的"科学论"进行了猛烈抨击，这直接激励量子物理学家索卡尔写出《超越界限：走向量子引力的超形式的解释学》一文，并导致 1996 年"索卡尔事件"的发生。1997 年，哥特福利德（Gottfried）和威尔逊（Wilson）在《自然》发表文章[2]，反驳 SSK 的社会建构论所主张的"科学是其共同体协商的结果，并不与事实证据一致"的观点。他们提出七条证据说明科学的确能够掌握实在和真理：（1）稳定提高的预测力；（2）日益准确和广泛的数据；（3）不断具体和综合的理论；（4）种种组合证据；（5）描述和解释自然的不断进步；（6）可重复的实验；（7）基于科学而起作用的技术。

美国科学促进会（AAAS）对这场"科学大战"保持"中立立场"，其态度可概括为以下六点[3]：（1）科学既不是不加鉴别地实证的，也不是与其他非学科不相容的；科学和技术的应用既能够引起也能够解决社会和环境问题。（2）从悠久的科学史中收集最好的东西，既不是怀旧的，也不是

[1]　See H. Collins，T. Pinch：*The Golem：What Everyone Should Know about Science*，Cambridge University Press，1993.

[2]　K. Gottfried，K. Wilson："Science as a Cultural Construct"，*Nature*386，1997：545-547.

[3]　AAAS：*Science for All Americans：A Project* 2061 *Report on Literacy Goals in Science*，*Mathematics and Technology*，Washington，DC：AAAS，1989；*Designs for Science Literacy*，Oxford University Press，2000.

赶时髦的。(3)科学不是孤立的事业，而是与"广泛的观念世界"密切联系的事业。(4)科学既不是权威主义，也不是独裁主义，而是每个科学家必须考察证据得出结论的东西。(5)科学是"独立思想"，而不是教化或无批判的赞扬和支持。(6)科学知识不是绝对的，而是实验的、近似的和需要修正的。虽然如此，笔者相信，随着科学的深入发展，科学与"科学论"的论战还将继续下去。"科学大战"远没有结束。

## 二、科学主义内涵的语境分析

科学主义和人文主义之间的较量，自 20 世纪初以来，无论在国外还是国内都没有停止过，有时争论还相当激烈。然而，什么是"科学主义"，它与人文主义的区别是什么，恐怕并不是一个十分明确的问题。事实上，科学主义的拥护者和反对者在使用该词时赋予它不同的意义。不同的意义就会有不同形式的科学主义，因此，区分不同形式的科学主义是辨明"科学主义"内涵的前提。斯特马克(Mikael Stenmark)在《科学主义：科学、道德与宗教》一书中对不同形式的科学主义及其与道德和宗教的关系做了深入细致的分析，他试图说明：科学主义典型地是某些科学理论和某些特殊意识形态或世界观如自然主义和唯物主义相结合的产物；科学主义并不是严格意义上的科学，而是人们对待科学的态度和立场①。他把科学主义分为学术内的科学主义(Academic-Internal Scientism)、学术外的科学主义(Academic-External Scientism)和综合的科学主义(Comprehensive Scientism)，给出严格的定义并分析彼此之间的关系。值得我们借鉴和深思。

### (一)学术内的科学主义

学术内的科学主义通常指科学内部或学术本身的一种纲领或策略。它试图把先前还没有作为自然科学来理解的学科转化为自然科学，认为自然科学能够以种种方式扩展到先前被认为不属于它的领域，如果达不到这个目标，就以某种方式否认这些学科的科学地位和意义。斯特马克认为这种科学主义包括两层含义：一是把社会科学和人文科学还原为自然科学；二是高层的自然科学还原为底层的自然科学。前者斯特马克称为学术内 1 科学主义(Academic-Internal$_1$ Scientism)，后者为学术内 2 科学主义(Academic-Internal$_2$ Scientism)。因此，他把学术内的科学主义定

① Mikael Stenmark："*Scientism：Science，Ethics and Religion*，"Ashgate Publishing Limited，2001：ix.

义为"所有或至少一些真实的、非科学的学术学科最终能够还原（或翻译）为严格的科学如自然科学（学术内 1 科学主义），或者自然科学能够最终还原为一特殊的自然科学，如心理学还原到生物学（学术内 2 科学主义）"①。他进一步解释说，这两种主张并不是立刻要求实现，而是最终会实现。因为它的拥护者认为我们现在有足够的理由相信将来能够实现这一目标，那是"一个还没有完成的纲领，某些情形下仅作为约定注解的解释，比如神经生理学对心理现象的解释"②。斯特马克认为许多科学家如生物学家威尔逊（Edward O. Wlson）是典型的学术内 1 科学主义者，他把社会学和其他社会科学以及人文科学看做是生物学的最后分支学科，等待着被囊括于其中。DNA 的发现者克里克（Francis Crick）则是这两种科学主义的代表，他主张生物学最终可以由它下一层学科得到解释，直到原子水平，我们已经获得的知识还没有不能由物理和化学解释的。

学术内 1 科学主义的通常表现方式是方法论的科学主义（Methodological Scientism）。它被理解为"试图把自然科学的方法扩展到其他学术学科"。譬如，高斯基（Philip S. Gorski）认为科学主义是"试图把自然科学方法应用于社会研究"③。索雷尔（Tom Sorell）坚持科学主义是"高度地期望把成熟科学的概念和方法论进行扩展，且不满足于像伦理学、历史学这样的学科停留在前科学状态的思想"④。在斯特马克看来，这种对科学主义的理解是有问题的，因为它并不包含"只有应用自然科学方法的学科才是科学的"的意思。例如，强调经验观察和数学方法对于哲学的重要性，或把统计方法应用于社会学研究是否就是科学主义？斯特马克认为这还不是科学主义，如果认为只有把观察和数学方法用于哲学，哲学才成为科学的，只有把统计方法用于社会学，社会学才是科学，才能称得上是科学主义。他因此把方法论的科学主义定义为"试图以自然科学方法排斥其他学科先前被认为是核心方法的方式，把自然科学方法应用于其他学术性学科"⑤。也就是说，方法论的科学主义是以排斥其他学科的方

① Mikael Stenmark："*Scientism：Science，Ethics and Religion*，"Ashgate Publishing Limited，2001：1.
② Mikael Stenmark："*Scientism：Science，Ethics and Religion*，"Ashgate Publishing Limited，2001：2.
③ P. S. Gorski："Scientism，Interpretation and Criticism，"*Zygon* 25，1990：279.
④ Tom Sorell：*Scientism，Philosophy and the Infatuation with Science*，London，New York：Routledge，1991：9.
⑤ Mikael Stenmark：*Scientism：Science，Ethics and Religion*，Ashgate Publishing Limited，2001：3.

法为前提应用自然科学方法的。正是这种排他性才使得这样的观点成为科学主义。因此，方法论的科学主义实质上是方法论的绝对主义。

可以看出，斯特马克定义的学术内科学主义本质上是一种科学的理想主义和还原主义。作为理想主义，科学主义是一种有待于完成的"科学研究纲领"，对人类探索自然和宇宙奥秘具有定向引导的积极意义。正如内格尔所说："科学主义实际上是一种特殊形式的理想主义，因为它把宇宙和关于它可说及的托付给一种类型的人类认识。"①作为还原主义，科学主义一般假定表面上不同种类的实在或特性是同一的，主张某一种类的实在能够用与它同一的更为基本的实在或特性来解释。这种主张在自然科学和科学哲学中表现尤为突出，譬如，牛顿力学的方法论主要是机械论的还原方法，逻辑经验主义的"统一科学"纲领也是以还原论为前提的，即假定一种科学理论可以用另一种更为基本的科学理论进行解释。因此，对于学术内的科学主义既要看到它的优点，也要看到它的缺陷，不能一概否定。

（二）学术外的科学主义

学术外的科学主义（Academic-External Scientism）是社会内部的科学主义，具体表现形式有认识的科学主义（Epistemic Scientism）、理性主义的科学主义（Rationalistic Scientism）、本体论的科学主义（Ontological Scientism）、价值论的科学主义（Axiological Scientism）、存在论的科学主义（Existential Scientism）。

认识的科学主义是学术外的科学主义最常见的形式。斯特马克把它定义为"我们能够认识的唯一实在是科学能够探索的实在"②。这个定义蕴涵：(1)科学方法是我们通向知识唯一可靠的途径；(2)科学是我们通向实在的唯一途径；(3)科学告诉我们实在是由什么构成的一切存在。也就是说，科学知识是唯一能够告诉我们存在什么的知识，超越科学范围的不能算做知识，或者说除了科学活动外不存在其他有效的知识活动。真实知识要么一定是科学的，要么一定可以还原为科学知识，科学认识的实在是我们可能知道的唯一实在。正如卡尔纳普指出："当我们说科学知识没有限制时，意思是原则上没有科学不能回答的问题。"③当代著名

---

① Thomas Nagel：*The View from Nowhere*，Oxford：Oxford University Press，1986：9.

② Mikael Stenmark：*Scientism：Science，Ethics and Religion*，Ashgate Publishing Limited，2001：4.

③ Rudolf Carnap：*The Logical Structure of the World*，Berkeley：University of California Press，1967：297.

科学家萨根(Carl Sagan)和莱沃廷(R. C. Lewontin)认为，人们应该"接受科学这个社会和智力的工具作为真理唯一的生产者"[1]。在斯特马克看来，这种科学主义涉及"什么是科学"这个问题。在不同语境中，科学一词的含义不尽相同，在德语中指包括自然科学、社会科学和人文科学在内的所有学科，在英语中指自然科学。科学主义所指的科学是自然科学和应用自然科学方法的社会科学，即狭义的科学而非广义的科学。但科学的定义最终宽泛到什么程度才能将所有学科还原为自然科学，仍是个悬而未决的问题。

　　理性主义的科学主义也即认识论的科学主义。它是这样的观点，即主张"科学是我们被合理地赋予权利相信被科学地确证的东西和科学地认知的东西"[2]。斯特马克认为，人们往往把理性主义的科学主义与认识的科学主义混淆，因为没有意识到知识与理性的不同，知识不是理性，知识条件也不等于理性条件。譬如，以前人们相信地球是扁的(他们的信念满足理性条件)，但我们不能因此说他们知道地球是扁的(他们的信念满足知识条件)。在认识论的科学主义者看来，我们可以根据理由接受所相信的实在，这些理由是经验科学可接受的，而且是唯一可接受的。这样，科学不仅建立了我们认识实在的界限，也确立了理性所确信的界限。斯特马克把罗素看做是这两种科学主义的反叛者，因为在罗素看来，虽然基督教义不仅不能被科学地认识，也没有任何理由思考它们，但人们继续接受其信念。在斯特马克看来，这两种科学主义的拥护者都承认科学具有实践上的限制，都承认除科学外还存在其他问题和事业。人类不仅仅靠科学知识生活，其他有价值和重要的人类活动不仅存在而且对人类的发展是必要的。不过我们也应该看到，科学虽然不是人类活动的唯一方式，但它是探索自然奥秘的唯一有效方式。至少到目前为止，还没有出现有什么活动方式能像科学那样有效地探索自然和宇宙。宗教、道德、艺术和审美方式是以人为本的认识人和展示人性的方式，而不是认识自然的有效方式。

　　本体论的科学主义是更雄心勃勃的科学主义。它主张"科学发现或探索的实在是唯一存在的实在"[3]。这就是说，实在是科学所描述的东西，只有科学处理的实体、原因和过程是真实的。凡是科学不能发现的都不

---

[1]　Mikael Stenmark：*Scientism：Science，Ethics and Religion*，Ashgate Publishing Limited，2001：5.

[2]　Mikael Stenmark：*Scientism：Science，Ethics and Religion*，Ashgate Publishing Limited，2001：6.

[3]　Mikael Stenmark：*Scientism：Science，Ethics and Religion*，Ashgate Publishing Limited，2001：8.

存在，如果存在只能是幻想。它不仅强调我们认识的实在是科学能够达到的实在，而且强调只有科学发现的实在是存在的。这种科学主义与认识的科学主义相关，因为我们不能认识不存在的东西，我们不能认识科学还没有揭示的实在。不过，认识的科学主义只是限制了知识的界限，并没有限制实在的界限。本体论的科学主义还主张只有原子或物质粒子存在于世界，只有实体和原因是物质客体。威尔逊把这种观点叫做"科学的唯物主义"①。萨根声称："我是水、钙和叫做卡尔萨根的有机分子的集合体。你是具有不同集合标签的几乎同一分子的集合体……有人认为这种观点有点贬损人类的尊严。对我来说，我发现这种观点提升了我们关于宇宙允许分子机器进化到和我们一样复杂和细微的程度的看法。"②在萨根看来，科学已经证明世界上唯一存在的东西是物质体及其相互作用，我们人类只不过是同人造物没有本质区别的"分子机器"。克里克把这种观点叫做"惊人的假设"，他说："惊人的假设是，'你'、你的欢乐和你的悲伤、你的记忆和你的雄心、你的感觉特性和自由意志，事实上只不过是神经细胞及其相关分子的巨大集合的行为。"③按照克里克的看法，大多数人形成的这种观念是由前科学的宗教幻想不幸地形成的，而只有靠科学的长期努力才能把我们从前人的迷信中解放出来。在斯特马克看来，科学家一般会认为通过科学方法发现人由分子构成是正确的，但不能因此说这是人的全部。问题是"人类由分子构成"这个前提本身并不必然导致结论"人类是分子的集合"，还必须加上另一个前提"凡科学不能发现的都不存在"。这样一来，没有本体论的科学主义的假定，萨根和克里克的辩护就是逻辑上无效的。

　　价值论的科学主义把科学与价值问题结合起来。索雷尔把这种科学主义理解为"科学特别是自然科学是人类知识或文化最有价值的部分"④，并解释说对于科学主义至关重要的不是区别什么东西是科学的和非科学的，而是科学比非科学更有价值的思想，或非科学有微小价值的思想⑤。

---

① E. O. Wilson: *On Human Nature*, Cambridge, Mass.: Harvard University Press, 1978: 201.

② Carl Sagan: *Cosmos*, New York: Ballantine Books, 1980: 105.

③ Francis Crick: *The Astonishing Hypothesis: The Scientific Search for the Soul*, Touchstone Books, 1995: 3.

④ Tom Sorell: *Scientism, Philosophy and the Infatuation with Science*, London, New York: Routledge, 1991: 1.

⑤ Tom Sorell: *Scientism, Philosophy, the Infatuation with Science*, London, New York: Routledge, 1991: 9.

换句话说，在科学和非科学之间做出区别决不意味着其他活动和其他生活领域没有多少价值。斯特马克认为，把"相信科学活动比其他人类活动有更高的价值"和"相信非科学活动具有很小的价值"相混合是不合理的，这两个陈述是不同的，因为主张科学活动比其他非科学活动更有价值是一回事，而主张非科学活动很少有价值或没有价值是另一回事。科学主义含有贬低非科学活动的意思。因此，斯特马克给出了价值论的科学主义比较精确的定义：科学是唯一真正有价值的人类生活领域；所有其他领域具有微不足道的价值。他把这种科学主义称为价值 1 科学主义（Axiological$_1$ Scientism）。他还定义了另一种他叫做价值 2 科学主义（Axiological$_2$ Scientism），即主张科学能够独自解释道德并取代传统道德规范，即道德能够还原为科学[①]。这两种价值论的科学主义与其他形式的科学主义是什么关系呢？斯特马克认为价值论的科学主义不同于其他形式的科学主义的地方在于，它与知识和本体论没有直接的关系，而与价值问题相关。正由于此，斯特马克把它称为价值论的科学主义。价值论 1 科学主义逻辑上似乎是可能的，但是如果我们获得了非科学知识，而且有理由认为它具有价值，就不能加以排斥。如果科学的确能够同时提供知识和价值，或许我们就不必考虑人类生活的其他领域的重要性。价值论 2 科学主义不需要认识的、理性主义的和本体论的科学主义。也就是说，科学能够完全解释道德并取代传统道德规范，而用不着坚持我们认识的唯一的实在是科学认识的实在，我们理性地相信的只是科学地认识的或唯一存在的实体。

存在论的科学主义认为"只有科学能够解释或取代宗教而拯救人类"，因此，斯特马克也把它称为拯救的科学主义（Redemptive Scientism）[②]。一些科学家似乎在自己从事的学科范围内对科学抱有坚定的信念，认为科学能够解决宗教问题。譬如，达尔文认为，既然我们有生物学就不再需要迷信来解决像生命的意义是什么、我们的目的是什么和人是什么这些深层问题。在他看来，科学不仅能够解决所有这些问题，而且是迷信的唯一替代物。进化论不仅能够解释我们是谁，而且能够解释我们为什么存在，我们生命的目的是什么。霍金也坚持认为科学的宇宙学理论将有助于回答"我们为什么在这儿和我们来自哪里"的问题，我们最终能够

---

① Mikael Stenmark：*Scientism*：*Science*，*Ethics and Religion*，Ashgate Publishing Limited，2001：12.

② Mikael Stenmark：*Scientism*：*Science*，*Ethics and Religion*，Ashgate Publishing Limited，2001：14.

借助科学工具"理解上帝之心"。达尔文和霍金都相信科学能够拯救人类，完成宗教的使命。也就是说，这种科学主义是"仅仅通过科学来拯救的观点"。威尔逊也坚持科学能够把宗教作为"一个完全的物质现象"来解释。为了取代宗教他提出"科学的唯物主义"、"科学的自然主义"和"科学的人文主义"来说明只有物质或物理性质是真实的，一切存在包括物质和精神完全可以根据物质或物理术语解释。在威尔逊看来，科学的唯物主义能够回答人类存在问题，科学主义就等同于科学的唯物主义或自然主义。

上述学术外的科学主义，不管其形式如何，普遍认为"所有或至少一些人类生活的本质上非学术领域能够还原或翻译为科学"①。也就是说，科学能够扩展到人类生活的其他领域如艺术、道德和宗教，如果这些领域不能被科学扩展，它们就是不重要的。格雷汉姆把这种观点称为"扩张主义"(Expansionism)，因为"扩张主义在假定能够被使用的科学理论和发现范围内，直接或间接地引用证据来支持关于社会政治的(道德、政治、审美、宗教)价值。这种努力的结果是扩张科学的界限，以便包括价值问题，至少暗含价值问题"②。不过，把"某非科学学科还原为科学"和"将科学扩张到某非科学学科"是有区别的，还原强调方法，扩张强调价值，还原意味着"替代"，扩张意味着"占领"。学术外的科学主义(还原论的科学主义)不同于扩张主义的地方在于，前者并不主张把科学延伸到价值领域。相反，扩张主义主张所有能够理性地认识的信念必须而且能够包括在科学的范围内，主张科学"占领"价值领域。由于科学规定了我们可能认识实在的界限，我们拥有的唯一一种类知识就是科学知识。所以区分这两个不应该被忽视的概念是重要的。然而，科学的扩张主义一般可以被看做是学术外科学主义的同义词，倡导这种科学主义的人可称为科学扩张主义者，只是科学扩张主义主张科学可以探讨所有领域，没有任何限制。而学术外的科学主义则要弱些，承认科学在实践层面上是有限制的，因为理论上的可能性并不必然转化为实践上的现实性，科学观点也不一定与价值问题结合。斯特马克主张的学术外的科学主义提出了一些值得我们思考的问题，譬如，科学有没有限制？人类生活的所有领域是否都属于科学？宗教问题、伦理问题科学能够解释吗？

---

① Mikael Stenmark：*Scientism：Science，Ethics and Religion*，Ashgate Publishing Limited，2001：3.

② L. R. Graham：*Between Science and Value*，New York：Columbia University Press，1981：6.

### (三)综合的科学主义

综合的科学主义指学术内的科学主义和学术外的科学主义以种种方式的结合。斯特马克把这种包括所有或几乎所有不同形式的科学主义定义为"科学能够独自最终解决所有或几乎所有真实问题"①。这个定义包括以下几个方面的意思：

第一，科学不仅仅能够解决所有真实问题，而且不需要借助任何其他人类实践的帮助。其他人类活动解决的问题可能与科学解决的问题不同。

第二，科学只解决"合理的"或"真实的"问题，而不能解决"虚假问题"，如上帝是否存在。但什么是"真实问题"和什么是"虚假问题"之间的划界就成了问题，就像在科学与非科学之间、分析命题与综合命题之间划界一样。

第三，强综合的科学主义(科学能够解决所有问题)可能包括所有其他形式的科学主义。因为如果科学能够独自处理我们生活中的道德问题，它似乎需要价值的科学主义；如果只有科学能够解决我们所有的问题，人类生活的其他领域似乎具有微不足道的价值；如果只有科学能够回答所有理论和实践问题，它似乎需要认识的科学主义。综合的科学主义似乎也包括认识的科学主义和理性主义的科学主义。如果科学能够解决任何我们面临的问题，那么科学不能发现的就不存在(本体论的科学主义)。既然科学能够解决所有问题，非科学学科就必须还原为自然科学(学术内的科学主义)。综合的科学主义唯一可能不包括的是学术内部的科学主义，即自然科学能够还原为特殊的自然科学。这种强综合的科学主义就是"科学万能论"。

第四，"最终"这个词是很重要的，它意味着科学不是现在就能够解决所有问题，而是说将来会解决所有问题，因为当代科学，即使是不远的将来科学也几乎不能解决所有问题。否则，科学就成为"绝对科学"，不再发展。事实上，科学是不断发展的，从来也没有停止过。

第五，限定词"几乎所有"意味着科学还是有不能解决的问题，哪怕是非常非常少的问题。这是弱综合的科学主义，这似乎给科学以外的其他学科留有空间。

无论如何，综合的科学主义具有取消不能翻译成科学术语的所有东

---

① Mikael Stenmark：*Scientism：Science*，*Ethics and Religion*，Ashgate Publishing Limited，2001：15.

西的倾向和否定这些问题是真实的和重要的倾向，认为它们是伪问题或不重要的问题。因此，综合的科学主义与人文主义是对立的。但我们必须注意到，由于科学主义有不同形式，我们不能简单地把科学主义等同于还原主义或自然主义或综合的科学主义，也不能不加区别地一概反对。譬如，不同形式的科学主义表明科学主义与传统宗教如基督教的关系不是一个特定的关系，只有存在论的科学主义与传统宗教之间有直接冲突，其他形式的科学主义与传统宗教可能是相容的。

（四）扩张的科学主义及其相互关系

扩张的科学主义即科学的扩张主义，主张把自然科学的方法和观点扩张到其他非科学领域如宗教、道德。斯特马克认为认识的、本体论的、价值论的和存在论的科学主义最具挑战性和扩张性，并特别对它们之间的关系做了进一步分析。他把这四种科学主义概括为[①]：

> $T_1$：我们拥有的唯一知识是科学知识。
>
> $T_2$：唯一存在的事物是科学能够发现的事物。
>
> $T_3$：科学能够独自回答我们的道德问题，解释并替代传统道德。
>
> $T_4$：科学能够独自回答我们的存在问题，解释并替代传统宗教。

在斯特马克看来，$T_1$ 强调所有真正的知识（与表面知识相比）应该通过科学方法去发现。$T_2$ 强调的不仅仅是我们能够认识的唯一实在是科学已经探索的实在，而且进一步主张科学发现的唯一实在存在。这样，$T_1$ 不演推 $T_2$，但 $T_2$ 演推 $T_1$。也就是说，科学不能发现的东西，我们不能认识。例如，通过科学不能发现上帝，我们也就不能认识上帝。斯特马克进一步指出，$T_1$ 规定了知识的界限，$T_2$ 规定了实在的界限。$T_1$ 是哲学陈述而非科学陈述，因为我们无法建立实验验证它的真实性，也不能只通过科学认识它。科学能告诉我们什么同时蕴涵了它不能告诉我们什么。因此，$T_1$ 就是自反驳的（self-refuting），即 $T_1$ 似乎告诉我们不接受 $T_1$，这是认识的科学主义面临的最麻烦的事情[②]。从逻辑来看，如果 $T_1$

---

① Mikael Stenmark：*Scientism：Science，Ethics and Religion*，Ashgate Publishing Limited，2001：18.

② Mikael Stenmark：*Scientism：Science，Ethics and Religion*，Ashgate Publishing Limited，2001：32.

是真的，那么 $T_1$ 是假的，$T_1$ 证伪自己。这样一来，由于 $T_1$ 为假，$T_2$ 自然不能为真。$T_2$ 的拥护者忽视了科学方法的区别，即没有在方法论的还原主义和本体论的还原主义之间做出区别[①]。方法上可以还原并不意味着实在本体也可以还原。科学家出于一定的目的往往只要求把一种现象还原为另一种现象，并不主张本体意义上的还原。因此，科学只允许方法论的还原而非本体论的还原。

$T_3$ 强调科学能够告诉我们应该如何道德地行动。譬如，威尔逊认为进化论能够用来获得道德规范，因此，不再需要传统道德哲学，而由伦理生物学取代。他宣称应该是科学家和人文学家一起考虑把伦理学从哲学家那里接过来并生物学化的时候了。$T_4$ 强调科学能够说明我们是谁，为什么存在以及生命的意义。威尔逊就主张科学不仅能给我们以新的信条，也能带来新的神秘或新的宗教。达尔文则主张科学需要无神论或科学的自然主义，但并不带来神秘，反而消除神秘。在斯特马克看来，区分 $T_3$ 和 $T_4$ 是重要的，因为肯定进化论是发展道德理论和解决道德行为的唯一或至少重要的来源是非常可能的事情，但这同时也否定了生物学或任何其他学科具有解释我们生命意义的宗教所起的作用。换句话说，我们可以坚持认为当我们试图解决道德问题如堕胎、种族歧视、阶级冲突等，进化论能够告诉我们应该用哪条道德规范。这样，$T_3$ 不演推 $T_4$，但 $T_4$ 演推 $T_3$ 吗？斯特马克认为这还不十分清楚，但一般来说，宗教和世界观被认为包括关于我们应该如何生活，什么是好的生活的观点。如果这是正确的，那么接受 $T_4$ 就意味着接受 $T_3$。另外，只有科学能够回答一些我们的存在问题也许是可能的，科学也可能部分地取代宗教。也就是说，人们怀疑或否定科学能够以一个完整的世界观来表达整个世界。科学可能回答部分存在问题，但不能解决道德问题。

$T_3$ 和 $T_4$ 与 $T_1$ 或 $T_2$ 是什么关系呢？斯特马克认为 $T_3$ 和 $T_4$ 都不演推 $T_1$ 或 $T_2$，因为主张 $T_3$ 或 $T_4$ 与坚持 $T_1$ 或 $T_2$ 并不一致。尽管在 $T_3$ 和 $T_4$ 之间、$T_1$ 和 $T_2$ 之间没有逻辑上的必然联系，但它们经常结合在一起。譬如，被达尔文和威尔逊作为世界观而采用的"科学的自然主义"是以接受 $T_1$ 和 $T_2$ 为前提的。达尔文曾宣称，如果科学不能说明存在问题，也就没有别的任何学科能够做出说明，实际上，科学在很大程度上能够说明存在问题。这样，达尔文就把 $T_1$ 和 $T_4$ 连接起来。然而，斯特马克

---

① Mikael Stenmark：*Scientism*：*Science*，*Ethics and Religion*，Ashgate Publishing Limited，2001：135.

提醒说，看出 $T_3$ 和 $T_4$ 仅仅作为 $T_1$ 的进一步扩张是可能的。$T_3$ 和 $T_4$ 的拥护者比科学主义的传统辩护者更乐观。他们坚持的是科学知识能够扩张到人类生活的新领域。除科学已经表达的经验知识外，科学还能够或将来能够为我们提供道德知识（应该如何道德地生活的知识），或许还提供宗教知识和存在的知识（关于生命意义的知识）。

概言之，扩张的科学主义通常主张科学的边界应该扩张到包括先前没有考虑作为科学领域一部分的学科。$T_1$、$T_2$、$T_3$、$T_4$ 表达了主张科学的边界应该扩张的四种观点，是典型的唯科学主义，也是科学的扩张主义。只要坚持其中一种就足以表明是科学主义的支持者。

### 三、科学主义的实质与表现形式

从以上讨论我们知道，科学主义不仅是一个颇有争议的概念，而且有多种表现形式。这一部分笔者将继续在梳理科学主义的各种不同定义的基础上，挖掘科学主义产生的思想根源——本体论的自然主义、认识论的基础主义、方法论的还原主义和价值论的扩张主义；探讨科学中的科学主义——各种各样的科学决定论，哲学中的科学主义——科学经验主义和物理主义以及社会中的科学主义——国家科学主义等，揭示它们的实质。

21 世纪初，国内学界关于科学主义和反科学主义的争论越来越激烈。纵览有关文章，它们一般将科学主义理解为方法论的科学主义及其扩展，这显然有失偏颇。笔者认为科学主义虽然不是科学，反科学主义也不是反科学，但实质都反映了人们对待科学的态度和立场。由于不同领域人们的知识背景和对科学的理解程度不同，对科学的看法就会不同。对科学的看法不同，就会有不同形式的科学主义。因此，争论的关键在于如何理解"科学主义"，它产生的思想根源是什么，有哪些表现形式，哪些应该反对，哪些不应该反对。

（一）科学主义含义的再考察

在上一部分中，笔者梳理和评价了斯特马克对科学主义的划分，总的来说，他把科学主义归结为十类[①]：

（1）学术内科学主义：所有或至少一些真实的、非科学的学术学科最终能够还原（或翻译）为严格的科学如自然科学，或者

---

① Mikael Stenmark：*Scientism*：*Science*，*Ethics and Religion*，Ashgate Publishing Limited，2001：1-18.

自然科学能够最终被还原为一特殊的自然科学。

（2）方法论的科学主义：试图以自然科学方法排斥其他学科先前被认为是核心的方法的方式，把自然科学方法应用于其他学术学科。

（3）学术外的科学主义：所有或至少一些人类生活的本质上非学术领域能够还原或翻译为科学。

（4）认识的科学主义：我们能够认识的唯一实在是科学能够达到的实在。

（5）理性主义的科学主义：科学是我们被合理地赋予权利相信被科学地确证的东西和科学地认知的东西。

（6）本体论的科学主义：科学发现或探索的实在是唯一存在的实在。

（7）价值论 1 的科学主义：科学是唯一真正有价值的人类生活领域；所有其他领域具有微不足道的价值。

（8）价值论 2 的科学主义：科学能够独自回答我们的道德问题，解释并替代传统道德。

（9）存在论的科学主义：科学能够独自回答我们的存在问题，解释并替代传统宗教。

（10）综合的科学主义：科学能够独自并将最终解决所有或几乎所有真实问题。

笔者认为，斯特马克概括的这十种科学主义并没有穷尽科学主义的内涵，还需要对其做进一步的考察。

"科学主义"是近代科学产生和科学家角色形成后出现的，最初意指"作为科学家特征的方法，精神态度等"[1]。

"Merrian-Webster's Collegiate Dictionary"有两种含义：一是指自然科学家或被认为属于自然科学家的典型的方法和态度；二是指过分依赖自然科学方法应用于所有研究领域的功效。[2]

"Webster's Third New International Dictionary"把科学主义定义为"自然科学方法应该用于一切研究领域的主张，相信只有自然科学的方法有效地用来追求知识的信念"[3]。

---

[1] *Webster's New International Dictionary of the English Language*，1917：1895.

[2] .李醒民：《有关科学论的几个问题》，《中国社会科学》2002 年第 1 期，第 22 页。

[3] *Webster's Third New International Dictionary*，1986：2033.

《西方哲学英汉对照词典》把科学主义解释为"一种认为科学是唯一的知识，科学方法是获取知识唯一正确方法的观点"①。

内格尔认为"科学主义实际上是一种特殊形式的理想主义，因为它把宇宙和关于它可说及的托付给一种类型的人类认识"②。

巴恩斯从科学权威及其扩张的角度理解科学主义，认为"这类把科学权威扩展到人们现在所承认它的范围以外的尝试，有时被人们描述为'科学主义'，支持这些尝试的论据被描述为'科学主义的'论据"③。

莫利斯（Michael Morris）认为科学主义是"能够真实、正确地应用的每一个表达——能够用来说明某事为真——可还原为自然科学的某些表达"④。这是作为形而上学图式的科学主义，有时叫做自然主义。

索雷尔认为"科学主义是这样一种信念，即认为科学特别是自然科学是人类知识最有价值的部分，说它是最有价值部分是因为它最权威、最严格、最有用"⑤。

欧文认为科学主义是"把科学有限的原理转化为无所不能的教条，从而使之超越具体知识的范围的主张"⑥。

江天骥认为"'科学主义'是一个贬义词，是指认识论和科学哲学中的一种思潮或运动。反对把自然科学看做文化中价值最高部分的哲学家把他们所反对的看法称为'科学主义'，加以贬斥"⑦。

"Wikipedia, the free enciclepedia"中认为科学主义一般指以科学为基础的某种认识论，有时指接受科学理论和科学方法可以适用于关于物理、自然世界的所有探索领域，功能上等同于科学的自然主义；有时用来指相信科学理论和科学方法能够适用于所有领域包括道德、艺术和宗教；有时指这样的世界观，即用科学来解释所有现象，以避免超自然和超常规思考。

"The American Heritage Dictionary"给出的定义为：科学主义是物理科学的研究方法，可适用于或有理由应用于所有探索的领域。

阿伽西（Joseph Agassi）把科学置于各种情境中和镶嵌于文化中，认

---

① 〔英〕尼古拉斯·布宁、余纪元：《西方哲学汉对照词典》，北京，人民出版社，2001，第 903 页。

② Thomas Nagel：*The View from Nowhere*，Oxford：Oxford University Press，1986：9.

③ 〔英〕巴里·巴恩斯：《局外人看科学》，鲁旭东译，北京，东方出版社，2001，第 126 页。

④ Michael Morris：*The Good and the True*，Oxford：Clarendon Press，1992：41.

⑤ Tom Sorell：*Scientism*，*Philosophy*，*the Infatuation with Science*，London，New York：Routledge，1991：1.

⑥ Owen：*Scientism*，*Man and Religion*，The Westminster Press，1952：20.

⑦ 江天骥：《科学主义和人本主义的关系问题》，《哲学研究》1996 年第 11 期，第 51 页。

为科学与文化之间没有界限，科学主义是一种纯粹理性的、传统而静态的和内在论的观点，"科学主义寄生于科学，然而它有助于支持科学。科学主义在传统社会让人心悦诚服，因为它有力地推动个体从迷信走向科学。但是死守科学主义就是无批判地接受当前科学社会的文化和价值观念，让这些人变成了家中的陌生人"①。

苏珊·哈克(Susan Haack)认为，如果"科学主义"仅仅是指对科学抱有过度热情和不加批判的恭敬态度，看不到或不愿意承认科学的可错性、局限性及其潜在的危险，那它通常就是贬义的；如果对科学持有一种偏见和不加批判的批判态度，看不到或不愿承认科学所取得的非凡智力成就，否认其可能带来的实际利益，那就是"犬儒主义"。这两种对待科学的态度她都不赞成，主张科学是好东西，但绝不是完美无缺的。她把具有贬义的科学主义划分为六种②：

(1)尊崇地使用语词"科学"、"科学的"、"科学地"、"科学家"等，将之作为认识论赞美的通用术语。

(2)采用科学的方式、包装及其技术上的术语，不论其真正的效用如何。

(3)专注于划界问题，即在真正的科学、真实的事物与"伪科学"的骗子之间划清界限。

(4)专注于辨认"科学方法"，试图解释科学如何获得如此的成功。

(5)为那些超出科学范围的问题在科学中寻求答案。

(6)否认或者贬低科学之外其他探究的合法性以及除探究之外的其他人类活动(如诗歌或艺术)。

以上对科学主义定义的考察虽不全面，但基本可以说明这样的事实：科学主义是一个有多种含义的概念，它既可以是一种科学精神或科学态度或科学信念，一种绝对认识论或绝对方法论或绝对价值论，也可以是一种关于科学本质的哲学思潮或运动。

在笔者看来，以上关于科学主义的种种定义，不论是中性的、褒义

---

① 〔美〕阿伽西：《科学与文化》，邬晓燕译，《作为一种倒退的科学主义》，北京，中国人民大学出版社，2006，第6页。

② 〔英〕苏珊·哈克：《科学主义的六种标签》，《科学技术哲学研究》2010年第5期，第2页。

的还是贬义的，也不论是自称的还是他称的，都表现出人们对待科学的态度和立场。有的把科学知识绝对化，对科学知识之外的其他知识如人文、伦理、美学等持虚无主义态度；有的把科学方法绝对化，以科学标准代替其他标准；有的把科学神圣化，认为科学就是真理；有的则把科学的原则和方法扩张到它之外的领域，使科学成为扩张主义。不论科学主义有多少种形式，它们本质上有着共同的思想根源。

（二）科学主义的哲学基础

以上种种科学主义的形成不是偶然的，它们有着深刻的本体论、认识论、方法论和价值论根源。

第一是本体论的自然主义。自然主义主张每个事物都是自然界的一部分，都可以用自然科学方法来解释，不存在科学原则上不能解决的问题。由于它主张一切认识都源于自然界，因此，它在本体论上和解释上都是一元论。自然主义赞成科学，反对神秘主义。在本体论上，自然主义反对假定任何非自然的理论实体、原因和过程，反对科学无法接近的超自然存在物和过程。在方法论上，自然主义认为自然科学方法是我们获得知识的唯一方法。理性地认识自然界每个事物就是应用自然方法。而"自然方法可简单地归结为：（1）通过辨明所研究对象的自然原因提出说明；（2）检验这个说明的后果；如果假说真会有什么结果呢？真理仅仅是后果问题。自然方法乃是一类自然对象（即人）对其他自然对象进行操作的方式……只有自然方法，而非某种道德直觉，可以提供解释道德争论的钥匙"①。在认识论上，自然主义认为认识论上的证明和解释是与自然科学相伴随的持续过程，并论证说科学的方法是我们获得知识的唯一方法。奎因确立了自然主义化认识论，他认为认识论是自然科学的一个分支，特别是心理学的一部分，因而应该包含在自然科学中，自然科学也应该包含在认识论中，因为自然主义认识论可以消除怀疑论。

第二是认识论的基础主义。基础主义这一术语最初在理性主义意义上使用，特别指笛卡儿在清楚明白的理性观念基础上建构知识体系的纲领，其要点为：（1）科学知识是唯一永恒的知识和真理，伦理学、美学和神学都将被科学的进步所取代；（2）科学知识的确定性以明白无误的观念为基础，这是知识的阿基米得点；（3）自然科学之所以是客观实在的正确表征，是由于科学方法的广泛应用。自然科学成为一切知识的标准；（4）科学知识可解决一切问题，因此是最有价值的知识。这是典型的"科

---

① 江天骥：《科学主义和人本主义的关系问题》，《哲学研究》1996 年第 11 期，第 52 页。

学可靠论"。这些观点在 20 世纪的科学经验主义（逻辑经验主义）那里得到了继承，成为新的科学主义。不过，并不是所有逻辑经验主义者都完全接受这些观点。比如，卡尔纳普认为科学知识是需要经过经验验证的知识，赖欣巴哈认为科学真理是概率的而非绝对的。后逻辑经验主义的哲学家很少完全接受这些观点。比如，波普否认科学是永恒真理，主张科学是"可错的"，科学知识是猜测的知识。奎因从整体论出发，认为科学是由不同部分组成的，虽然部分可以被证伪，但并不影响整个科学被接受。尽管如此，还是有不少哲学家相信知识存在着"阿基米得点"，相信科学方法是通向客观知识的唯一有效方法。

第三是方法论的还原主义。还原主义主张事物的高层性质、功能，可归结为低层的性质、功能，并用低层现象说明高层现象。它建立在这样的假定上：表面上不同种类的事物能够用与它们同一的更为基本的存在物或特性类型来解释。把这一假定应用于其他领域就成为方法论的还原主义。在心智哲学中，行为的还原主义用行为说明所有心理现象。在形而上学中，现象论将关于物理对象的语句还原为关于实际的或可能的直接经验的基本语句。在科学哲学中，逻辑经验主义建立统一科学的前提正是还原主义假定：一种科学理论可以用另一种更为基本的科学理论来解释；在科学领域，还原主义主张心理学可以还原为生物学，生物学还原为化学，化学还原为物理学，比如，DNA 的发现者克里克主张生物学最终可以由它下一层学科得到解释，直到原子水平，我们已经获得的知识还没有不能由物理和化学解释的。在非自然科学领域，还原主义认为社会科学和人文科学可以还原为自然科学，即用自然科学理论和方法来解释，比如，生物学家威尔逊把社会学和其他社会科学以及人文科学看做是生物学的最后分支学科。运用还原方法把自然科学扩张到其他非科学领域的做法本身就不是科学的态度，因为科学不是万能的。正是还原方法的泛用，才导致"唯科学主义"的盛行。

第四是价值论的扩张主义。扩张主义通常指政治上的帝国主义，领土上要求扩张，价值观上要求人们无条件接受它的文化思想。在科学中，扩张主义主张把自然科学的方法和观点无条件地扩张到其他非科学领域如宗教、艺术、道德，并认为科学之外无知识。费耶阿本德把这种主张扩张的科学称为科学沙文主义，认为科学已经成为一种"最新的、最富于侵略的、最教条的宗教制度了"[①]。斯特马克指出了价值论扩张主义的两

---

① Paul Feyerabend：*Against Method*，London：New Left Books，1975：295.

种形式：一是主张科学能够解决传统道德问题，从而替代传统道德；二是主张科学能够解决存在问题，从而替代传统宗教。也就是说，科学能够解决道德和人类存在问题，主张科学的边界应该扩张到包括先前没有考虑作为科学领域一部分的学科。价值论的科学主义的实质是理性的扩张。理性主义把数学和逻辑奉为模型，赞赏公理方法，试图建立一个理性的自然科学，主张把理性的运用超越自然科学范围之外的政治、历史、艺术、道德和宗教，在这些领域建立普遍的知识。理性的无限扩张无疑会掩盖非理性，从而导致科学主义思潮的涌现。

（三）科学主义在科学、哲学和社会中的表现

科学主义在自然科学、哲学和社会中都有它的表现形式。

首先是科学中的科学主义。在自然科学中，科学主义首先是作为科学家对待科学的态度和立场出现的，主要表现为科学决定论。近代科学的产生特别是机械论的牛顿力学的成功，使许多科学家和哲学家相信存在一个由自然规律支配的自然秩序。一个系统的初始状态给定后，我们就可以根据自然规律和已知初始条件确定未来状态。也就是说，科学是完全可以预见未来的。这就是科学决定论。

拉普拉斯确立了科学决定论的地位，决定论作为科学的基本原则和科学理解的真正本质得到科学家的普遍赞同。这是科学界形成科学主义的直接思想根源。但科学家并不都赞同这种观点。相对论、量子力学和混沌学对科学决定论提出了挑战，这导致科学哲学中的决定论和非决定论之间的争论。事实上，非决定论是反"唯科学主义"的。

在生物学中，达尔文主义是生物决定论。它认为有机体的进化是由环境及其变化决定的，反对上帝存在的"创世说"。达尔文主义通过按照自然演化链来确定物种的地位，剥夺了人类的优越性，引发了旷日持久的争论，极大地改变了人们的世界观。社会达尔文主义把"适者生存"的观点用来说明人类社会的进化，进一步强化了人们对科学的信念。

在人工智能中，认知主义的信息加工理论是信息决定论的。其核心思想是：大脑是计算机，思维是计算。智能行为可以由内在的认知过程，对人来说就是理性思维过程来解释。它将心智与计算机相类比，把认知过程理解为信息加工、处理同化的过程，把一切智能系统理解为物理符号运算系统，完全排除了社会、文化、心理和意识在认知过程中的作用。接受这一类比的哲学家试图用它解决身心问题。但这个方案受到了批评。最有影响的反驳是塞尔的"中文屋"思想实验，它的辩护表明心智不只是一个软件和程序。

在心理学中，行为主义是行为决定论的。以华生（B. Watson）为代表的古典行为主义诉诸人的可观察行为，用"刺激——反应"来解释人的行为，否认任何心理的活动。以斯金纳为代表的新行为主义受操作主义的影响，把心理活动等同于行为本身的一组操作，认为用科学的操作来规定心理学上的一些术语的意义，可以减少无谓的争论，有助于将心理学建立在客观的实验操作的基础上。新行为主义虽不否认心理活动，但将其看做是行为的操作，用外部观察简单的行为代替了丰富的心理活动，排斥了整体的心理的内在意义、目的和动机。

总之，科学中的科学主义是科学决定论，一般认为科学知识是追求真理和有效控制自然、解决社会问题的有效方法和途径，不一定贬低非科学。但也不排除个别科学家把科学推向极端，犯了"唯科学主义"的错误。笔者认为，只要科学认识自然和改造自然的功能不消失，科学中的科学主义就不会消失。

其次是哲学中的科学主义。在哲学中，科学主义是一个包括传统经验主义和逻辑经验主义的广泛哲学运动，卡尔纳普将这个哲学运动称为"科学经验主义"①。

培根是老科学主义的代表之一，"是第一位科学哲学家。他本人没有什么科学发现，他提出了科学能够拯救我们的信条……一旦人们知道自然如何工作，他们就能够开发自然，发展自己，通过科学创造克服农业上的供应不足；通过科学研究战胜疾病。总之，通过各种各样技术和工业发展提高人类的生活"②。他在《崇学论》中提出的著名格言"知识就是力量"透露出科学主义思想。他的知识分类思想——诗和历史是有限的二级学科，自然科学既不可比拟地更具有涵盖性，又原则上不可比拟地更具有价值——可以看做是科学主义的最初体现。正如罗素指出："培根哲学的全部基础是实用性的，就是借助科学发现与发明使人类能制驭自然力量。"③

另一个老科学主义的代表是达朗贝尔和狄德罗的百科全书派，其纲领是：人们给出科学的普遍陈述的理由是使人们更聪明，也因此更圣洁；宗教不是包括更多知识的方式，真正提升艺术的是那些能够使人类做得更多，而不是感受更多。这些艺术是基于科学的机械艺术，而不是高尚艺术。

---

①　"Carnap's List in His Article on Scientific Empiricism", in D. *Runes's Dictionary of Philosophy*, New York: Philosophical Library, 1960: 285-286.

②　Maurice Cranston: *Philosophers and Pamphleteers*, Oxford: Oxford University Press, 1985: 48.

③　〔英〕罗素：《西方哲学史》（下册），北京，商务印书馆，1981，第62页。

孔德的实证主义是又一个老科学主义哲学，是对传统经验主义的发展。实证主义只关心实证地给予的东西，避免任何经验之外的沉思。研究科学方法论是实证主义的主要任务，并使自己成为一种科学哲学。它认为人类精神的发展经历了神学、形而上学和实证三个阶段，即"用超自然存在物说明事物的本质"、"把神非人格化而成为本质力量的抽象物"和"一切真正知识基于经验并根据观察和经验得到推进"的过程。主张实证科学才是真正的科学，神学和形而上学应当抛弃。

逻辑经验主义者继承了老科学主义的一些思想，同时他们对重建"统一科学"极有兴趣，并对反科学的文化价值提出质疑，着手进行科学的变革，比如，对前科学重新解释。许多逻辑经验主义哲学家声称他们不仅对科学的性质感兴趣，而且把自己看做是科学的代言人，普特南把这些哲学家称为"具有两种见识的科学哲学家"①。这种科学主义的代言人主要是卡尔纳普、赖欣巴哈和纽拉特，他们相信没有什么人类探索的领域能够超越实证科学的范围，也没有什么领域不从科学方法那里受益。

他们的观点可以概括为：(1)科学是统一的；(2)科学无限制；(3)科学在预测、解释和控制方面已经获得巨大成功；(4)科学方法把客观性赋予科学结果；(5)科学始终对人类有益。第一种观点是逻辑经验主义"统一科学"的总纲领，其他几个观点都可由它推出。它主张在科学的各个分支之间不存在目标和方法的差别，应该用逻辑分析方法把不同学科统一起来；自然科学和社会科学或人文科学之间没有明确的分界线，它们的关系不是二元论的而是一元论的。

这些观点又集中表现为物理主义。物理主义是典型的还原主义，也是改良的唯物主义，它认为物理科学可以包含世界上的一切，宇宙中的万事万物都可以用物理学得到彻底的解决，有可能将任何学科的术语或陈述还原为物理术语或陈述。这就是逻辑经验主义的语言物理主义，可以说是典型的科学主义。卡尔纳普是物理主义的代表，他主张用物理语言说明心理现象，在他看来，每一心理语句都可用物理语言表述，物理学语言是普遍的，是"统一科学"的语言基础，企图用单一的物理学语言代替语言的多元性，消除语言差异造成的分歧。

受语言物理主义的影响，物理主义在认知问题上又表现为记号物理主义(Token Physicalism)和类型物理主义(Type Physicalism)。前者认为

---

① Hilary Putnam：*Meaning and the Moral Science*，London：Routledge & Kegan Paul，1978：20.

一个精神状态的每个记号等同于一个物理状态；后者认为精神状态类型等同于物理状态类型，而且每一心理性质等同于一个物理性质。这种修正了的物理主义认为，心理的概念与生理的概念以及物理的概念具有同构对应性关系。这种同一性不是逻辑上的，而是经验上的。因此，物理主义是科学主义在哲学中的集中表现。

最后是社会中的科学主义。无论在西方还是东方，发达国家还是发展中国家，科学的巨大经济功能和社会效用的信念已经深入政治家、企业家和不少民众心中，把科学当做强国富民的有力手段已是不争的事实。譬如，苏联大力发展科学技术，日本以"技术立国"，中国的"两弹一星"和"科教兴国"战略，等等，都可以说是一种"国家科学主义"行为。中国清末的"洋务运动"，"五四运动"时期的"科学与民主"和后来的"科玄之争"反映了中国人对科学的渴求。这些都说明科学主义并不是我们一概都要反对的东西。印度独立后第一任总理贾瓦哈拉尔·尼赫鲁(Jawaharlal Nehru)的观点很有代表性，他曾写道："只有科学能够解决饥饿和贫穷、环境不卫生状况和文盲、迷信、习俗和传统、资源的巨大浪费和难民等问题……今天还有谁敢忽视科学？我们无时无刻不在寻求科学的帮助……未来属于科学和那些与科学交朋友的人们。"[1]因此，科学主义作为一种意识形态在社会层面产生了前所未有的实际效果，这恐怕是人们普遍拥护科学的主要原因。

类似尼赫鲁的观点在20世纪50～60年代乃至当代都广泛流行。马克思的"科学技术是生产力"、"科学是最高意义上的革命"，邓小平的"科学技术是第一生产力"等观点都含有"科学主义"的味道，可以说是政治家的科学主义。发达国家已经完成科学主义的使命，发展中国家正在实施这种使命。在实践层面上，科学主义还大有用武之地。不过，社会发展产生的环境问题绝不是"科学主义"的过错，而是使用技术的"人"的过错，毕竟科学和技术不是一回事。人们通常把科学技术比做"双刃剑"，这其实是对科学技术的误解，因为任何事物都有"两重性"即正面的和负面的，为什么单单说科学技术是"双刃剑"呢？这对科学技术是不公平的。

20世纪90年代中期发生在西方世界的"科学大战"就是科学主义和反科学主义争论的集中反映。解构主义者、激进的女权主义者和社会建构论者等集中讨论科学与人文之间不健康的关系。他们使用"科学主义"

---

① Jawaharlal Nehru：*Proceedings of the Natural Institute of Science of India* 27，1960：564.

一词来贬损以科学抑制其他学科的观点或做法。他们认为科学不过是社会建构的一种意识形态，不比其他学科有更大的特权，科学家不应该使用一些强制性词，如"逻辑"、"实验"、"客观性"等威逼非科学家。而许多科学家则反驳说这种观点是"科学嫉妒"（science-envy）的表现，本质上是反科学的，与科学本身并无多大关系，而与文化恐惧（culture fear）、政治困难和不幸的社会历史有很大关系①。由于科学对人类的贡献超过了其他所有非科学学科，打破了前科学时期各学科之间的均衡，使得不少非自然科学家对科学产生了嫉妒。"科学嫉妒"的表现之一是使用不必要的符号表达深刻和精确的假现象，以显示自己是科学的；表现之二是借科学的声望提高自己的地位的人，企图利用科学结论解决哲学问题，或以科学问题取代宗教问题。

当然，对科学的过度嫉妒会产生对它的憎恨，这是不理智的表现。我们不能在享受科学带来福祉的同时又贬低、指责科学。科学是中立的，非中立行为是使用它的"人"所为。反过来，对科学的过度相信会产生对它的盲目崇拜，而盲目崇拜会损害科学的声誉。我们知道，对人的盲目崇拜会使受崇拜者成为"神"，对物的盲目崇拜会使物成为"图腾"，对科学的盲目崇拜会使科学成为新的"宗教"。20 世纪 80 年代以来在国内发生的种种伪科学事件，其重要原因之一恐怕就是对科学盲目崇拜的结果。这不能不引起我们高度的警惕。

（四）结束语

科学主义具有不同的形式，它们的思想根源是自然主义、基础主义、还原主义和扩张主义。科学中的科学主义本质是理想主义和决定论，哲学中的科学主义本质是还原主义，社会中的科学主义本质是实用主义。科学中的科学主义作为科学家探索未知世界的信念和理想，无可厚非，但推向极端则不可取。哲学中的科学主义是对科学和科学家态度的反思，无论哲学家对此持何种态度，反对还是拥护，可以展开讨论和争论，但不能因此反对科学。社会中的科学主义视情况而定，"国家科学主义"是一种提高一个国家综合国力和发展经济的战略，反对与否要根据国情而定，对于发展中国家，科学主义用来指导国家的经济建设完全是必要的，但如果用于指导发展有害于人类的事情如研制核武器则要坚决反对。我们拥护理智的科学主义，反对盲目的科学主义和扩张的科学主义。

---

① Susan Haack："Science, Scientism, and Anti-Science in the Age of Preposterism," *Skeptical Inquier Magazine*, 1997.

## 第七节 科学编史学综合的语境解释

科学编史学作为科学史的理论，是科学哲学家反思的对象。拉卡托斯和库恩是这方面的代表，他们主张对科学史进行"合理重建"，所谓"合理重建"就是对科学史做历史语境分析。这一节，我们将从语境论视角探讨科学编史学的综合。

我们知道，始于 20 世纪初的科学史学科已经走过近百年的历程。它在与其他科学学科的对话和沟通中，形成了自己的学术规范和精神传统。最近数十年兴起的真正意义的科学编史学，将科学史研究提升到史学的、理论的、全局的和整体的更高层次的探究阶段。从萨顿最初的实证主义编史原则，到柯瓦雷的概念论编史纲领，他们共同建构的科学史内史传统在 20 世纪 60 年代受到外史的挑战。此后，内外史的长期争论，使科学史学家、科学哲学家及科学社会学家几乎一致地认为，科学史研究应该走向内外史的互补和综合。

20 世纪 90 年代以来，科学史新的综合特征更加明显①。科学史研究的"综合"趋势已经形成。但如何实现这一综合，如何找到新的科学编史方法仍在探索之中。鉴于科学史本身是自然科学和历史学的交叉结合产物，它与其他科学学科有着密切的关联，我们通过探讨自然科学、科学史、科学哲学与科学知识社会学（SSK）及女性主义、史学理论等研究的语境化，来阐明科学编史学语境化走向的必然性，提出科学史研究将走向"语境论的科学编史学综合"。

### 一、自然科学研究的语境化要求科学史研究的语境化

科学史作为一门独立学科，有着自己独特的研究对象——自然科学。自然科学作为科学史的本体，是科学史研究的前提和基础。换言之，科学史作为自然科学的知识积淀和记录，有赖于自然科学的进步和发展。自然科学经过厚重的累积，已经在深刻地改变着人们对自然科学自身的认识。接下来我们将要证明，自然科学研究在本体论、认识论、方法论以及价值观上的语境化趋向，决定了科学史研究的语境化走向。

从本体论看，随着自然科学研究由宏观进入宇观和微观领域，特别是从量子力学对微观实体的认识中，人们超越了直观的科学观和理想化、

① 魏屹东：《爱西斯与科学史》，北京，中国科学技术出版社，1997，第 124 页。

简单化的认知模式，对客观实在、测量仪器、研究主体的理解发生了根本的改变，从而直接导致对科学整体研究活动的质疑。"因为现实世界展示给我们的是一个不确定的和概然性的状态，科学理论对世界进行的描述是对象和仪器之间的相互作用的结果，取决于我们探索事件和过程时所采取的方式。这种情况使得语境范式成为当代科学认识的必然结果。"[①]尽管自然科学研究的对象是客观实在，但它的显现是通过观测仪器的作用，对它的认知是依赖人的控制方式和人的理论表征才能实现的。因此，客观实在不仅仅是由它自身的性质决定的，更是由仪器的性质、人的活动及三者之间相互作用的综合化的"语境实在"决定的。

从认识论和方法论看，自然科学的认识开始关注研究主体"人"，提出了科学认识和人的关系以及人的非理性因素在认识中的作用。科学认识主体性因素的介入，强调了科学认识的关系整体性，使科学认识的对象内在于人的活动和人的理论框架之中。人的感性活动和内在主观性使得想象、直觉、体验等非理性方式进入了科学认识之中。而人的复杂的社会属性，使社会因素通过人渗透到科学认识的过程中，甚至在微观的知识探索中也有了人的干扰和社会的影响。这样，具有抽象性和理论构建性特征的"语境实在"，要求使用更加宽广的、综合性的、整体性的、关系性的、多因素的、动态性的语境思维和语境化表述。再者，自然科学的研究客体呈现出认识的多样性和复杂性，增强了学科彼此间的交叉和相互渗透，以及研究方法上的相互借鉴。自然科学与人文、社会科学的相互渗透、协调发展是大科学时代的必然发展趋势。自然科学理论的日益抽象化和实践的日趋复杂化使得自然科学研究在认识论和方法论上趋于语境化。

从价值论看，科学家把追求真理作为其活动的价值基础。但传统的真理观也随着自然科学的发展而受到了质疑。因为科学活动不再是对真实世界的描述，而只能是建立一种与真实世界同构或同态的模型来谈论世界。在科学探索的理论性描述中，只有无限地使模型与世界趋向一致，力图提高模型的解释力，而永远不可能达到与现实世界的绝对一致性。传统的真理也就成为模型和真实世界之间一致性的极限。这样，科学研究活动中的解释与真实世界的关系是建立在一种特定语境中的内在的、整体性的相似，科学真理以一致性为基础而成为语境中的真理，变成了动态的、可变的语境化的概念。"语境实在"、"语境真理"具有了更宽广

---

① 殷杰：《语境主义世界观的特征》，《哲学研究》2006年第5期，第94～99页。

的解释力，从根本上改变了自然科学活动的价值取向。

总之，自然科学的"语境实在"、科学认识和方法的语境范式、"语境真理"的价值取向，从根本上要求以自然科学为研究对象的科学史活动必须适应这种变化，通过语境分析不断扩大研究域面，以达到对自然科学历史发展的规律性认识。这就是科学史研究在本体意义上的语境化选择。

## 二、科学史研究的语境化促使科学编史学的语境化

科学史是人们在对自然科学的研究中逐步分化和独立出来的，经过近百年的艰难历程，已经随着科学史学科的建制化走上了自主性发展的道路。起初科学史研究只关注科学本身发展的历史进程和科学概念的演化，形成了内史研究传统。20 世纪 80 年代出现的内史向外史的转向，将科学置于社会大背景下，考察与之有关的社会、政治、经济和文化因素对科学的影响。20 世纪 90 年代出现了内史和外史争论与交融的新的综合特征，这是科学史研究自身深入发展、科学史研究人员认知能力的提高和拓展研究领域的结果。

虽然科学史研究的深度和广度在不断拓展，但科学史的学科性质一直存在争议。科学史是对科学本身历史的研究是毋庸置疑的。科学史的向度分析深刻表明，虽然科学史研究有哲学的、历史的、科学的和社会学的向度乃至其他向度，但这些只是说明对科学史研究的多层面展开，并不代表科学史的性质发生了变化①。我们认为，科学史仍将继续保持"科学"和"历史"的双重特质，以科学的"内史"研究为主，因为"内史是科学史的基础和出发点，是科学史最根本、最本质的东西，是科学史的灵魂与核心，科学史研究必须围绕着它进行。外史是在内史的基础上成长起来的，是内史发展到一定阶段必然的产物，是内史必不可少的补充"②。综合史的出现也是基于内史的。从对科学史权威期刊的内容计量研究结果表明，近十几年来内史仍然是科学史的主流，外史研究并没有超过内史，虽然科学与社会、科学与文化的论文增多，综合性增强③。

值得注意的是：近十多年来，有关科学史研究的方法论、科学观、科学史观及其现状分析的基础理论研究受到更多的关注，科学编史学的兴起使科学史的研究对象更加全面，研究领域更加广阔，研究内容更加

---

① 袁江洋：《科学史的向度》，《自然科学史研究》1999 年第 2 期，第 97～114 页。

② 魏屹东：《爱西斯与科学史》，北京，中国科学技术出版社，1997，第 144 页。

③ 魏屹东、王保红：《英美科学史研究的新趋向——三份国际科学史权威综合期刊1993－2005年内容计量分析》，《自然科学史研究》2007 年第 2 期，第 202～221 页。

丰富，体系结构更加完整，功能更加完善。例如，在《科学史》（*History of Science*）期刊的研究论文内容中，大量的科学编史学的研究显示了这一趋势，深化了科学史学科性质等元理论研究，是科学史研究更深层次上的综合。

科学史研究由内外史叙事方式的对立逐步消除了各自的极端性而走向融合。特别是科学建构论的案例研究揭示了自然科学对象认识的微观机制，显示了打破内外史的界限之后对科学史进行新诠释产生的巨大威力。科学史的内外史似乎被彻底的消解而完全丧失了自主特征，没有了内史和外史的科学史研究模式，对科学进行怎样的历史书写成为难题。科学史的研究在迷失中紧紧抓住了它的原始载体——人物与事件，将传统内史研究注重的科学事实（知识）转移到人物和事件，被认为是新的基于内史的综合研究的起点。事实上，人物与事件是科学史研究的载体，科学思想的建立、交流、传承都是由人来实现的，科学发展历史的推演必然汇集于人和事才被融合和吸收。人物（科学家群体）有着先存观念、先存知识、先存方法的影响，是处于一定的社会、文化环境和历史阶段的"现实的人"，他们的具体科学活动也是在特定的自然、社会、语言和认识的语境中进行的，因而他们本身作为科学史实已经受到语境的制约与影响；事件本身具有的历史过程性和现实开放性说明它们已天然地融入广泛的历史语境和社会语境之中。对人物和事件微观点上的综合研究就只能是语境论的综合。

另外，科学史研究的主体是科学史学家，他们的主体认知心理和其认知结果的表征，都受到哲学的、历史的、社会的、文化的多重制约。他们坚持的科学史不同的编史原则，内史外史的不同倾向，都会对科学的发展史的描述产生不同的演绎形式，即科学史学家也被附着在特定语境基底上，而且形成的理论也是一定语境下的产物，并可能在更高层次的语境中被修正甚至被抛弃，即实现科学史认识的再语境化。在内史和外史、"辉格"和"反辉格"之间的长期争论以及系统方法和多元主义方法的影响下，科学史研究方法走向了语境化的综合史方法，如内外史统一方法、"辉格"和"反辉格"统一方法、亚文化分析方法、历时共时分析方法、科学思想史和科学社会史统一方法以及科学史和科学哲学的统一方法①。因此，科学史研究在其研究对象、研究的主体和研究方法的语境化整合下，必然秉承内史传统，以基本载体人物和事件为基点实现编史

---

①　魏屹东：《广义语境中的科学》，北京，科学出版社，2004，第39～45页。

学的语境化综合。

### 三、科学哲学与 SSK 的语境化促使科学编史学的语境化

从哲学发展史看，每一门自然科学都是不断从哲学中分离出来而成为独立学科的，但也留给哲学一些自然科学本身永远解决不了的问题，这使得哲学必须永久接受和面对、也只有依靠哲学论证才可能解决的问题。这就是科学哲学。

随着自然科学本身的发展，许多复杂而抽象的自然科学问题本身就具有哲学特征，自然成为科学哲学的问题，如现代天文学中的宇宙起源问题、现代物理学中的质能转换问题、比夸克更小的基本粒子的问题、现代生物学中的从原子水平和分子层面对生命的认识问题，等等。这些科学问题的解答将自然科学与科学哲学紧紧地连在一起。许多卓越的科学家如爱因斯坦就是在对自然科学的探索中开始哲学思考的，他们的哲学研究天然地与自然科学密切相连，并把科学方法与哲学方法融为一体，其哲学思维的拓展往往能产生自然科学和哲学的双重跃进。自然科学与科学哲学的紧密结合也使科学史和科学哲学内在地结合在一起。科学哲学家和科学史学家拉卡托斯最精辟地概括了这两个学科的共融与依存："没有科学哲学的科学史是盲目的，没有科学史的科学哲学是空洞的。"

科学史与科学哲学这种密切的联系使科学史的发展受到科学哲学各流派更替的深刻影响。逻辑实证主义的科学观奠定了科学史研究的内史传统，到库恩的历史主义科学观的科学史外史研究，再到费耶阿本德"怎么都行"的多元主义及邦格的系统主义方法论诱导下的科学史内外史的综合研究，使科学史研究一致指向某种综合。20 世纪后半叶，特别是库恩的《科学革命的结构》一书问世后，科学史研究领域发生了显著变化，传统的实证主义科学观受到置疑，科学的客观性受到人们的重新审视，传统进步主义科学史被斥责为"辉格史"而日渐衰落。这直接诱导了 20 世纪 70 年代的科学知识社会学的兴起，库恩也被认为是社会建构论的先驱。关注了科学与社会的复杂纠葛之余，科学知识内部也在随着自身的发展而受到严重侵蚀，科学不能再用认知真理或逻辑一致性来使自己合法化，SSK 破坏了知识的绝对确定性和真理性，揭露了科学深层次的非理性因素，直接触及自然科学研究的基本信念而深刻影响科学史的研究。

社会建构论认为"科学知识是人类的创造，是用可以得到的材料和文化资源制造的，而不仅仅是对预先给定的、独立于人类活动的自然秩序

的揭示"①。当科学知识被界定为"科学家在实验室里制造出来的局部知识，负载着科学家的认识和社会利益，受特定社会因素塑造"②时，科学研究的客体被社会构建，科学研究的主体也因其受理性框架、价值标准、选择依据和认识趋向等背景因素的"污染"被负载了社会属性，"在某种意义上讲，对于科学史研究来说，SSK 对'内外史'界限的消除也可以被看做是打通了'内史'与'外史'之间的壁垒，形成一种统一的科学史"③。这更像一种方法论取向，这种立足于科学知识本身的微观科学史叙事方式值得传统科学史研究借鉴，也是我们回应其引起的问题所必须采用的方法。把社会建构论的微观科学史研究整合入一种新的宏观叙事，是社会建构论的科学史研究给我们提出的一大难题。社会建构论在追踪知识生产的过程中既研究了社会因素对科学的影响，又涉及了科学思想的发展变化，从另一个角度看也可以认为这是内外史的融合。而不论是内外史的消解与融合，还是转换，都无法摒弃科学知识生产和科学思想传承的载体——人物与事件，这必然要求科学史研究始终以人物与科学专题（案例）研究为统一点，将二者置于广义的知识和社会语境下，进行微观点上的研究，将是一种实在的综合。

20 世纪 80 年代以来，科学史的研究中引入了女性主义的视角，其实质与后现代主义潮流相一致。女性主义"致力建立一种新的科学知识体系和话语方式。这种新的科学知识体系，就是要彻底颠覆现有的男性化的科学模式和话语样式，打破孤立的、自立的、中性的科学表象，赋予科学以活生生的、情境化的社会性"④。女性主义试图通过对科学整体结构的性别解析，使许多科学研究中的潜在问题显露出来，为科学史的研究开辟了新的理论视野。这一批判性的见解和工作在某种程度上改变了人们对科学及科学史的看法，为科学史研究提供了可供选择的视角和方法的转换。

另外，女性主义科学史学家提倡用一种特殊的女性视角重新审视科学史，力图通过改变男性中心支配一切的局面，树立女性视角的地位，揭示科学与社会、经济、政治、性别的关系，给科学以更加包容、更加

---

① 杜严勇：《SSK 与科学史》，《南京社会科学》2004 年第 12 期，第 12～14 页。

② 赵万里：《科学的社会建构——科学知识社会学的理论与实践》，天津，天津人民出版社，2001，第 2 页。

③ 刘兵、章梅芳：《科学史中"内史"与"外史"划分的消解——从科学知识社会学的立场看》，《清华大学学报》（哲学社会科学版）2006 年第 1 期，第 132～138 页。

④ 覃明兴、刘锦春：《女性主义视野中的科学史》，《山西师大学报》2006 年第 1 期，第 109～113 页。

宽广的意义①。在此意义之外，所有知识形式都应以同一方式来对待，人们能够对以前不受欢迎的话题进行探索。不同地域的科学知识、平民口述史、甚至于民间信仰、迷信等研究也取得了合法地位，科学史研究更多地融入了历史情境，有了更加宽广的研究维度。这就构成了科学史研究更加多样协调发展的新境界，意味着科学史研究发展到新的语境化综合的高度。

## 四、史学理论研究的语境化要求科学编史学的语境化

自文艺复兴以来，有关历史知识地位的问题即历史学的认识论，就一直是史学家、哲学家激烈争论的问题。这个问题始终影响着历史学的发展。在对原始资料考证的基础上，历史学家对自身学科知识的局限性进行了深刻反思，逐步形成了两种对立的观点：一种是实证主义观点，认为历史学运用与其他自然科学同样的研究程序，所有的科学知识的基础都是客观公正的、被动的观察者做出的细致和精确的观察，然后得出一般法则和规律。史学家不带有任何成见和价值判断地从事史学研究。这样，历史学被确定为一门科学，其中，史学家从过硬的证据中收集事实并做出有效结论。19世纪孔德的实证主义认为，历史学家通过积累有关过去的事实性知识，而且这些知识可以通过应用原始资料的考据方法得以确证。历史学家的价值观和信念是不相关的。

另一种是唯心主义观点，认为人类事件必须和自然现象区分开来，人类事件有着基本的"内在"因素，包括行动者的意图、情感和心态。过去事件的真实状况必须通过一种在想象中与过去人们的认同来加以解释，这种认同依赖直觉（想象力）和移情，即历史知识具有内在主观性，揭示的真理更接近于艺术家意义的真理。代表人物是柯林武德，他在《历史的观念》中认为，全部历史学本质上都是思想的历史，历史学家的任务就是在他的思想中重演过去个体的思想和意图。因此，艰苦考证与想象的结合才是史学的出路。

对于第一种实证主义观点，科学共同体内部基本认为不再具有说服力，对科学性质的新认识促使史学家认识到在历史研究中，研究者除了具有逻辑和批判技能外，必须具备移情、直觉和想象力的素养。历史事实的理解和解释必然永远处在无休止的纷争之中。历史变迁的复杂结构，

---

① 章梅芳、刘兵：《后殖民主义、女性主义与中国科学史研究——科学编史学意义上的理论可能性》，《自然辩证法通讯》2006年第2期，第65~70页。

进行一种综合历史因果理论建构的基础是不存在的。达成一致意见是不可能的。这是历史学客观性所面临的关键性制约。

后现代主义者对上述两种历史观提出挑战，指出具有高度主观性的价值判断和假设不仅存在于历史资料中，也存在于史学家用于表达他们思想的语言中。后现代主义试图替代历史解释，认为历史学仅能提供文本互见，它研究的是文本间的论证关系，而不是事件间的因果关系；历史解释被作为一种幻想遭到摒弃；后现代主义拒斥历史学家的"宏大叙事"或"元叙事"，提出历史编纂是一种形式的文学作品，是在某些修辞规则下操作的；历史编纂不可能价值中立，历史学家会打上意识形态的烙印。后现代主义向相对主义迈出了一大步，接受同时存在的多元解释，且所有解释都是有效的。

面对各种理论的异议，今日的史学家们坚守学科信念，认为尽管资料的不可靠性、已确证的事实和赋予事实以意义的解释之间的不一致性、历史学家带有的个人色彩，长期威胁着历史学的发展，使其在理论上很容易受到攻击，但历史学既非实在论的一种样本，也不是相对主义的牺牲品。历史学研究程序的坚持，必然使研究更接近于"实在"，同时尽可能远离"相对主义"。历史研究不管多么具有专业化，也会有多元解释，但这应视为一种优势而不是缺陷，它恰是历史学走向成熟的基本标志。

通过理论纷争，历史研究的视野被大大拓宽，历史学家需要将叙事和分析技巧结合起来，既需要移情，也需要保持客观。它们的学科既是重建，也是解释，既是艺术，也是科学。历史研究包括整体社会结构、集体心态学、社会和自然环境间的演化等，已经扩展到全球每个角落，没有哪种文化被认为是"太原始"或"太渺小"而不值得关注。越来越多的研究是在各专业领域的边界上进行的。历史学研究变成了在最广泛的多层语境下的复合体。科学史的史学特质迫使其研究遵从史学理论发展的走向，成为宽广语境下的复合体，即实现科学编史学的语境化综合。

## 五、结束语

自然科学研究的综合化，科学史研究的语境化，科学哲学、SSK 及女性主义对科学史研究的影响，史学理论上的要求，已经充分说明：科学编史学的语境化走向是必然的，"语境论的编史学综合"将成为科学史研究的重要的方法论原则。对历史记录或"事实"背后的故事的建构和再建构，并随着语境的变化而做出新的阐释，这就是语境叙述本身的特性。科学史归根结底是一种描述和解释，是一种描述的语境论。语境论的科学编史学正是语境分析的综合和分散特征在描述的方法论中得到的理解①。尽管语境论有不精确的缺陷，但语境本身就是要打破终极实在，构建层次解释，对科学史微观起点人物和事件的语境分析也不是对科学史的最终解释，也不是对科学发展的客观历史的一种无限逼近，但却是现实可行的科学史研究语境化综合的可能起点。

---

① 魏屹东：《作为世界假设的语境论》，《自然辩证法通讯》2006年第3期，第43～45页。

# 第七章 作为语境的预设与
# 基于预设的推理

如果说哲学是研究知识得以成立的预设的学问，那么科学哲学就是研究科学中各种预设的学问。所谓预设（presupposition）就是人们把毫无疑问地认为为真的东西作为某个结论的前提，它是一种确定无疑的信念。在哲学上，预设往往是本体论和认识论的形而上学命题，比如，世界由水构成，世界是有序的，它因此是不可证实的，说证实了一个预设就等于假设了一个相对的预设。在收集确定证据的意义上，预设往往难以得到证明，但可以通过诉诸常识经验来选择和揭示其意义。

在实际科学研究中，科学家重视证据远超过预设，甚至常常忽略预设，因为在常识科学的语境中，科学所需要的预设不仅有意义而且无问题，并被看做理所当然。因此，科学家的工作不是探索预设，而是进行预设。然而，"预设总是和我们在一起，我们决不是在思考时才用到它们"①，而且"按其本义来称谓的自然科学首先是以自然的形而上学为前提的"②。虽然不同的问题可以有不同的假设和证据，但有相同的预设，而且预设是作为形而上学信念存在于科学理论之中的。正如柯林武德指出的："只要任何人用语言陈述思想，在他的头脑中的思想就比在他的陈述中所表达出来的思想更多。其中有一些和他所陈述出来的思想有着特殊的关系：它们不只是他的语境，它们是他的预设。"③

## 第一节 预设的合法化历程

合法化科学的预设是科学哲学的一项重要任务。为此，这一节笔者将在历史语境中考察、探讨科学预设的合法化过程。

---

① A. O'Hear : *An Introduction to the Philosophy of Science*，Oxford University Press，1989：54.

② 〔德〕康德：《自然科学的形而上学基础》，邓小芒译，上海，上海三联书店，1988，第5页。

③ 〔英〕柯林武德：《形而上学论》，宫睿译，北京，北京大学出版社，2007，第17页。

## 一、古希腊和中世纪时期的预设思想

在哲学史上，预设这个概念有不同的名称——假设、假定、推测、始点、先验信念、公理、前提、第一原理、第一哲学和第一真理。这些概念常常混用而不加区别。甚至使用这个概念而不解释时，它们会对其他主题，特别是对经验证据、科学的目标、可靠性和范围以及科学真理，施加微妙而深刻的影响。

亚里士多德曾说："在每一系统的探索中，存在第一原理，或原因，或成分，知识和科学导致获得这些知识。"①他的形而上学被认为是第一哲学，即科学的预设是科学方法的基础，而科学方法是获得科学结论的手段。亚里士多德的理想科学由两部分构成：一是被认为必然真的第一原理；二是被保证为真的演绎推理。因此，亚里士多德的理想科学类似于欧几里得的几何学，前者从几条第一原理获得许多结论，后者从几条公理获得许多定理。虽然亚里士多德的生物学和其他科学著作很少反映理想图式，但像现代科学一样依赖系统的观察。

然而，亚里士多德关于预设和证据的论述是有问题的。一方面，他的科学实在论立场使他特别强调观察。他的科学目标是从"我们知道的"事物转向"自然知道的"事物，也就是从"现象"到"本质"。他相信"关于世界的事实决定陈述的真理，但反过来不是这样"，而且这种"解释的不对称……被认为是关于客观实在的真理的定义特征"②。这样，事实决定真理，数据重于理论。另一方面，亚里士多德的科学包含许多信念，这些信念虽然控制科学家数个世纪，但只不过是缺乏证据支持的预设之信念，比如天体运动的轨迹是正圆，重的物体比轻的物体下落速度快等。此时预设超过证据，证据由于认识条件的限制还无法获得。这些缺乏证据的信念现在看来似乎是错误甚至荒唐的。然而，信念就是信念，不需要证据支持，证据支持的是理论。

在《后分析篇》这部被誉为"哲学史上最卓越、最具创新和影响力，决定科学哲学进程，甚至某种程度上决定科学本身两千年的著作"③中，亚里士多德提出了关于科学方法的核心问题：需要什么逻辑和证据来论证和组织科学的结论呢？这是科学哲学家一直研究的问题，也是科学家关注的问题。他还提出了一个使得所有逻辑理论都棘手的问题：最初的前

①　T. H. Irwin：*Aristotle's First Principles*，Oxford University Press，1988：3.

②　T. H. Irwin：*Aristotle's First Principles*，Oxford University Press，1988：5.

③　J. Barnes：*Aristotle's Posterior Analytics*，Oxford University Press，1975：xiii.

提是怎样得到的？罗素对这一问题有清醒的认识，他指出："既然演绎法必须从某一点出发，我们就必须从某种未经证明的东西开始，而这种东西又必须是以证明以外的其他方式而为我们所知的。"①

中世纪的马格纳斯(Magnus)是阿奎那的老师，他除神学外，在物理学、天文学、占星术、炼金术、矿物学、生理学、心理学、动物学、植物学、医学、自然历史、逻辑和数学上都有贡献②。马格纳斯诉诸科学哲学中最重要的概念之一"条件必然性"处理科学的预设，并发展了亚里士多德的"假定推理"概念。关于自然的某物 X，无论是无条件的还是有条件的，都可以被认为是真实的，分别表示为"X"和"X 依赖 Y"。一个无条件或绝对必然性的例子是，"一个人不比他自己更高是自我确证的真"，因为它的词义支持它自己，不需要诉诸任何已知假设、实验或证据。马格纳斯认为，陈述句"你坐着"具有条件必然性，它依赖"我看到你坐着"。"你坐着"不是自我确证的，或是来自第一原理的，但它成为必然真，如果我看到的情况是如此，至少在我们和物理世界之间是这样。这是常识验证。感觉正常的人一般会认为是这样。这样，常识证据对于科学陈述为真检验就是必需的。科学之为真也正是基于常识证据的。

阿奎那等人继承了马格纳斯关于科学的预设以及科学与哲学、神学分离的观点，并以两种重要方式发展了"条件必然性"概念：一是减弱了亚里士多德和马格纳斯关于科学说明的终极因中的目的论；二是以认识论的确定性代替本体论的必然性。在阿奎那等人看来，通常说明某物是必然的动机一定是基于某物是确定的。但必然性是一个比确定性更丰富的概念，包含着关于这个世界如何运作的更大的但更有争议的故事。比如，我舞动我的胳膊，并肯定我已经这样做了，但这个行动并不必然蕴涵恐吓别人的意思。由于通过建立必然性来建立确定性蕴涵一个额外的负担，因此，对确定性的科学兴趣逐渐与探索必然性分离。在现代语境中，马格纳斯的"假设必然性"成为现代科学的"条件必然性"。马格纳斯的例子"你坐着"这个陈述句具有条件确定性，依赖于经验证据"我看到你坐着"。这正是"眼见为实"或"你所看到的是你想得到的"。也就是说，观察语句"我看到你坐着"被当做陈述"你坐着"的证据，仅仅是因为常识预设接受"眼见为实"的结果。在现代科学哲学中，"眼见为实"作为证据被

① 〔英〕罗素：《西方哲学史》(上)，北京，商务印书馆，1981，第 258～259 页。

② D. C. Lindberg：*The Beginnings of Western Science：The European Scientific Tradition in Philosophical，Religious，and Institutional Context*. 600B. C. to A. D1450，University of Chicago Press，1992：230.

认为是有问题的，因为眼见为实但不一定为真，比如，我们每天看到太阳围绕地球运转是事实，但不是真理。

生物学能像几何学那样确定吗？按照马格纳斯的看法是可以的，因为"马格纳斯相信，倘若必然推理的绝对标准被观察到，某人就能够具有确定和无可怀疑的实证，甚至处理动物时也是如此"①。比如，"牛吃草"和"三角形的内角和是 180 度"具有同等程度的确定性，即使它们具有不同的确定性基础。在马格纳斯看来，科学把正常的人类能力发挥到极限，而不用过分依赖哲学和神学；科学从哲学和神学中独立出来的基础正是条件必然性概念。这样，科学就把感知可靠性、自然存在和共同常识的预设作为它的前提使用而不用做特别的说明和论证。

科学为什么会以这些常识预设为基础呢？哲学家司各脱认为，不论知识是否具有必然的或有条件的性质，证据被认为是真实和确定知识的充分基础。"通过把强调重点从客观必然性转移到客观证据，司各脱打开了通向科学知识新概念的通道，这种知识比亚里士多德及其追寻者的先验科学更具实在性和综合性。"②司各脱还进一步主张，倘若条件没有问题，条件确定性与绝对确定性同样是确定的，生物学能够像几何学一样确定。同样，奥卡姆主张自然科学能够获得条件真理，这不同于数学获得必然真理，但那些条件可能没有问题地假设了自然的共同过程。逻辑学家布里丹(Jean Buridan)进一步使科学的自主性合理化，进一步发展了假设理论。他主张推理决定我们如何在两可之间作选择，而且我们会选择我们的推理告诉我们的最好选择。有人评价说："当亚里士多德的权威在他的立场与基督教教义相矛盾的基础受到挑战的同时，在布里丹时代，它在不适当性作为观察事实的科学说明的基础方面已经受到挑战。"③可以说，中世纪学者对科学预设合法化的最大贡献在于，被正确对待的预设不仅仅是作为信念，而且已赋予证据以真正的力量。

## 二、近代时期的预设思想

F. 培根比他的前辈们在实证科学方法上前进了一大步，但在预设的合法化方面却倒退了。他强调经验证据而轻视哲学的预设。如果说亚里

---

① W. A. Wallace, in J. A. Weissheipl: *Albertus Magnus and the Sciences*, Toronto: Pontifical Institute of Mediaeval Studies, 1980: 127-128.

② P. C. Vier: *Evidence and Its Function according to John Duns Scotus*, St. Bonaventure, NY: Franciscan Institute, 1951: 165.

③ E. A. Moody, in C. C. Gillispie (ed.): *Dictionary of Scientific Biography*, 18vols(2). New York: Scribner, 1970: 605.

士多德及其追随者的假设推理通过预设使证据得到加强，那么培根的新科学使证据不受预设之"污染"。在培根看来，受预设影响的人在做严格实验前就得出了结论。那么，预设是加强还是削弱证据呢？这要看人们对待预设的态度。比如，培根的新科学有两个重要观点："科学应该依靠无预设的观察而进步的信念和科学研究能够依靠系统的数据列表而进行的思想。"①这两个观点就是他对待预设的态度。他坚持要摆脱先前几个世纪的蒙昧主义，通过净化充满预设和偏见的心灵而用新的眼光读自然之书。毫无疑问，培根的科学观是基于没有预设之证据的，而且仍然代表了许多现代科学家看待预设和科学的方式。

笛卡儿主张科学是用数学语言写成的，数学理性是科学的本质。他说："我们每个人都首先无怀疑地确定自己的存在，然后确定上帝的存在，最后确定物质事物的本质和人类心灵的真实性质。"②笛卡儿寻求从有力的一般原理开始，然后尽可能用演绎推理获得知识。为了获得所需要的无怀疑的一般原理，笛卡儿拒绝前辈权威们未经证实的假设，从普遍怀疑开始，从最确定的东西重新开始。在寻求所有可能始点中最确定一个的过程中，他从自我开始，把"我思故我在"作为知识的始点。已知自我，连同心灵和身体，笛卡儿主张心灵与其思想比其身体更好掌握和更确定。当然，如果这个目标从最确定到最不确定的信念真实地演进，许多现代的科学家会说，笛卡儿的观点倒退了。因为在达到物理世界或我们的身体存在之前，有许多层的哲学预设。

牛顿的高度经验化的科学方法不同于笛卡儿的高度哲学化的科学方法。对牛顿而言，科学的预设是有问题的，这一点是通过需要和强制的科学证据得到说明的。"如果自然的工作方式反映了超人意志的自由中介，那么唯一揭示它们的方法是经验研究。假如一定是上帝创造了事物，就不允许有闭门造车的科学。"③贝克莱的观点又不同于笛卡儿和牛顿的，他主张只有心灵和思想存在，而不是物理世界存在。

休谟的怀疑论取消了科学的传统主张，特别是关于物理实在的客观真理。怀疑论也因此总是处于主流科学之外。但是，对许多科学家来说，与怀疑论的冲突一直是他们形成任何关于科学的预设思想的主要诱因。

---

① A. O'Hear：*An Introduction to the Philosophy of Science*，Oxford University Press，1989：16.

② R. J. Stoothof Cottingham，D. Murdoch：*Descartes：Selected Philosophical Writings*，Cambridge University Press，1988：viii.

③ J. H. Brooke：*Science and Religion：Some Historical Perspective*，Cambridge University Press，1991：140.

在休谟看来，科学的目标必须限制在描述我们的感知之内，避免关于某些外部物理世界的哲学思辨。尽管他持怀疑论的信念，但他认识到常识继续强加给我们关于真实世界的清晰思想，他相信常识在日常生活中一定起支配作用。他的著作反映了常识和哲学之间的某些张力。尽管有理性哲学的非难，说常识和科学基于动物本能必然是对科学的冷漠和勉强的抵抗。休谟不愿意承认物理世界存在和感知一般可靠的预设先于关于物理实在之真理的任何主张，所以他的科学是有阴影的、冷漠的。

与休谟形成鲜明对比的是里德（Thomas Reid）。他是一位把常识作为哲学和科学唯一确定基础的哲学家，提倡的是"常识实在论"主张。"常识"不是指日常智慧，而是指为每个人的理性思考能力形成共同背景的原则，即作为人的生活方式之预设的"常识原则"。里德把常识原则分为两类：偶然真理的第一原则和必然真理的第一原则。在他看来，偶然真理的第一原则是主要的，它包括十二个具体原则[1]：

　　（1）我所意识到的每一个东西都是存在的。

　　（2）我所意识到的思想是我称为"我自己"的那样一个存在者的思想。

　　（3）我明确地记住的那些东西确实已经存在。

　　（4）只要我们明晰地记住任何东西，那么我们就有自己的人格同一性并且继续存在。

　　（5）我们通过自己的感官明晰地知觉到那些东西确实存在，而且就是我们知觉到它们的那个样子。

　　（6）我们对自己的行动、对我们意志的决定具有某种程度的支配力量。

　　（7）我们用来把真理和错误区分开来的各种自然的官能不是靠不住的。

　　（8）与我们进行交流的那些同伴是有生命的和有智能的。

　　（9）我们的面貌、声音、身体姿态的某些特点指示出某些思想和心灵的倾向。

　　（10）我们在某种程度上关注人们在事实问题上的见证，甚至在意见问题上关注人们的权威。

---

① 参见徐向东：《怀疑论、知识与辩护》，北京，北京大学出版社，2006，第225～226页。

(11)有许多事件是依赖于人的意志而发生的，在那些事件中存在着某种多多少少是自明的或然性，取决于它们所发生的环境。

(12)在自然现象中，即将发生或者很有可能发生的事情与在类似的情境中已经发生的事情是相似的。

在里德看来，既然这些原则是偶然的，它们就不是必然真理。但是，这些原则又是非常重要和必要的，因为它们是"自明"的、不需要任何推理就使我们直接相信的命题，是我们形成知识和确证知识的基础。有了这些原则，我们就可以避免无穷回归问题。

虽然先前的思想家在常识框架内发展了科学方法，但来自贝克莱和休谟的挑战使我们有必要更清晰、更有力地揭示科学的常识根源。里德认为：

> 休谟的错误在于他假设诉诸哲学推理来证明我们能力的第一原理。不是这样的……试图通过推理证明我们能力的第一原理，就是那些哲学家试图通过诉诸更少明显的前提证明什么是最明显的东西。适当地理解的哲学不证明这些常识原理，但它来自这些原理，像树从根生长一样……试图通过诉诸有哲学争议的前提证明一个明显始点的结论，比如我看见一只猫，注定是谬论。当一个辩护的结论比它通过哲学辩护能够更加明显时，哲学辩护作为这个结论的证明是无用的……没有这样的哲学辩护具有心灵的先天（常识）原理的证据力量。①

里德基于常识的科学概念体系有五个主要因素②：

第一是"对称论题"。由洛克、贝克莱和休谟发起的并在18世纪占统治地位的人类心灵科学认为，真实知识仅仅为我们的感觉和感觉之间的关系而获得，而不是由假设引起我们感觉的客体而获得，因此，科学一定是研究现象而不是本质。里德运用对称论题对此进行矫正，即给予内在和外在世界同等的优先权和地位，把两个世界作为哲学反思的始点。

第二是"和谐能力"。休谟等怀疑论者假定哲学推理先于科学观察，

---

① K. Lethrer："Reid on Primary and Secondary Qualities," *The Monist* 61，1978：19.

② Hugh G. Jr. Gauch：*Scientific Methods in Practice*，Cambridge：Cambridge University Press，2003：120.

但里德认为，人的所有能力（感觉和精神）的基本可靠性是人的一种和谐能力。科学推理正是以这种能力为前提的。常识也正是基于这种能力的。

第三是"预设中的奇偶性"。里德认为，在实在论和怀疑论预设之间存在奇偶性。他注意到，我们有两种选择：相信常识规定给我们的能力，或不相信这种能力而成为怀疑论者。有人批评说，里德依赖常识是教条的或独断的，"因为常识命题是基本的，为接受它们而提供建设性的、独立的基础是不可能的。常识命题构成上诉的最终法庭，它们自己不能证明自己，至少对适当推出的命题如此。出于这个理由，对于顽固的理想主义者和怀疑论者来说情形似乎是，常识的辩护者诉诸这个问题"①。但是，里德恰恰认为这才是基本预设的本性，必须坚持。而且存在预设的奇偶性：实在论者接受常识，怀疑论者反对常识。任何一个立场是预设地采取的，不存在任何独立证明或更深证据的可能性。因此，说"常识预设接受实在论"等于陈述关于实在论的真理，但那不是一个实在论的批评，因为怀疑论的替代理论同样依赖预设。实在论和怀疑论之间的争论必须转向需要考虑的事而不是预设的作用。

第四是"理性的双功能"。里德认为，理性保持了规范我们的信念和行为的传统"双功能"。信念和行动应该匹配。如果不匹配，这不是一个信念与另一个对立信念之间不一致的逻辑问题，而是不诚实的道德问题，或者是信念和行动之间的不匹配显示的伪善问题。对于人类行动的世界，常识是唯一的游戏。比如，怀疑论者可能说我们不能确定一辆小车是一个真实的客体，但当小车飞速而来时，怀疑论者也会迅速做出反应并及时避让。里德反驳说，怀疑论者发现自己是绝对地和必然地被决定的，在日常生活中同所有其他人一样生活、说话和行动。而休谟则坚持"理性不能驱散这些怀疑论的乌云"。事实上，休谟的理性观点仅仅坚持规范信念的一个功能，而里德坚持规范信念和行动的双功能。

第五是"重复设问"。科学预设的基础是什么？里德认为，要看这个问题被问一次还是两次。被问一次，里德通过诉诸常识支持科学的预设。如果被问两次，深层问题变成：这个世界为什么是像常识假设的那样构成的？比如，为什么物理世界存在而不是空虚？我们为什么被如此构成，以致我们能够理解这个世界？显然，这个深层问题不能仅仅通过诉诸常识得到满意的回答，相反，它需要某些世界观的巨大资源。

① Hugh G. Jr. Gauch：*Scientific Methods in Practice*，Cambridge：Cambridge University Press，2003：121.

　　关于诉诸世界观的问题，里德坚持两点：其一，他认为他的世界观——基督教神学能够解释并支持科学的常识预设。这个世界观说上帝创造了物理世界，并使我们的感觉可靠。在里德看来，常识的存在具有有神论的预设，其真理是"全能上帝的灵感"。但里德没有坚持信仰真理依赖于信仰上帝。真理是通过我们本性的构成强加给我们的，无论我们的其他信念是什么。也就是说，如果我们要解释常识的能力，在我们的本性已经由上帝构成这个事实面前，我们必须探究常识。其二，里德主张，所有其他的世界观事实上也提供了科学预设的基本常识。常识是通过"我们本性的构造"强加给我们的，而且所有人都共享人类本性，不管人们相信还是不相信上帝。因此，里德自己要求的基督教神学可以通过诉诸任何人喜欢的世界观得到实施，比如，我们容易把里德的常识哲学用到进化的唯物主义。里德认为，我们生命的行为所必需的东西——自然的慷慨创造者，已经展示在所有人面前。但有人已经用"为生存而奋斗代替上帝的行为和用物种生存所必需的东西代替动物生命行为所需要的东西"①。

　　可以看出，里德支持科学预设的策略具有较好的清晰性和平衡性。世界观的独立、常识的预设保持科学的可信性，而不用取消其客观性。同时，不存在任何混乱或借口，即常识提供一个深刻或最终关于这个世界为什么是那个样子的解释。这个工作需要通过某些世界观来做。幸运的是，虽然诸世界观在许多观点上不同，但它们对于像"地球存在"这样的常识问题并不相互对立。因此，常识是基于世界观的，而不是相反。这样，里德用人性来补充科学的世界图景。由于常识预设、经验观察是作为物理世界的信息经验地被说明的，因此，当检验科学理论的时候，那些观察或数据可以被看做证据。

　　同一时期的康德提出"综合先验命题"来识别知觉、思想和行动的预设。在他看来，预设就是使有秩序的经验成为可能的东西。说预设是先验的，康德想强调"从经验不能实现"这些原则；说预设是综合的，他想强调它们在过程中的作用。在这个过程中，我们的心灵把感觉的原始材料综合为我们知道的物质世界，同时综合为我们关于那个世界的思想。虽然我们各自完成我们感觉的综合来相互地创造我们的世界和我们的心灵，但是，我们创造的世界或多或少是相同的。这样，康德就把科学预设的合法化推进了一大步，其思想也更为深刻。"概括地讲，他认为我们

---

①　K. Lethrer：*Thomas Reid*，London：Routledge，1989：184.

是通过有色眼镜看世界的，或相反，我们的心灵对物理世界刻下一个确定模式"，结果，科学命题"表达实际命题，因为它们告诉我们关于我们经验的东西。但它们能够通过纯粹理性知晓，因为是心灵把命题印在了实在上"①。关于理性认识与常识经验的关系，康德认为：

> 一切纯粹的理智认识都有这样的特点，即它们的概念都在经验里提供，它们的原则都是通过经验来证实的。相反，超验的理性认识，它们的理念并不从经验里提供，它们的命题从来既不能通过经验来证实，也不能通过经验来否定。②

因此，虽然科学需要预设，但不需要涉及我们，因为我们的心灵已经把那些预设强加给自然，而且"我们管的自然知识，它的知识性是能够由经验证实的，虽然它是先天可能的，并且是先于一切经验而存在的"③。

维特根斯坦在他关于框架和图像的形象比喻中表达了同样的普遍观点。我们的概念系统构成我们描绘世界图景的框架。框架不是图像的一部分。一个甚至更惊人和适当的意象，是他意指正确使用词作为"语法"规则的方式，把正确的观念扩展到我们关于名词、动词、形容词及其他类的语法所不及的范围之外。

可以看出，从里德到维特根斯坦，这三种描述人的实践活动预设的一些重要方面的方式，引起我们对我们所思考、所感觉和所做事之背景的三个方面的注意。背景是共有的，它渗透于我们经历的事情之中。

### 三、现代时期的预设思想

康德之后关于科学预设的合法化的历程出现了反复。孔德的实证主义只关注实证地给予的东西，避免任何经验以外的哲学预设。它把研究科学方法论作为自己的主要任务，主张一切人类知识都基于感觉经验，只能根据观察和经验而得到证实，从而认识到形而上学的预设应该抛弃。逻辑经验主义继承了实证主义的观点，以反"形而上学"为己任，把预设

---

① J. G. Kemeny: *A Philosopher Looks at Science*, New York: Van Nostrand, 1959: 16-17.

② 〔德〕康德：《任何一种能够作为科学出现的未来形而上学导论》，庞景仁译，北京，商务印书馆，1997，第 106 页。

③ 〔德〕康德：《任何一种能够作为科学出现的未来形而上学导论》，庞景仁译，北京，商务印书馆，1997，第 60 页。

作为无意义的形而上学加以贬斥，因为预设既不能被"证实"也不能被"证伪"，因此科学推理不需要预设。以"批判理性主义"自居的波普虽然主张科学知识是通过未经证明的或不可证明的预言，通过猜测和对问题的试探性解答而获得的，也承认许多重大的科学理论是由形而上学理论成长、转化而来的，但他把预言和形而上学赖以存在的基础常识预设忽视了。无论是实证主义、逻辑经验主义还是批判理性主义，都把预设作为形而上学来加以反对。其实，预设是一种信念，存在于所有探索活动中，形而上学则是一种哲学本体论和认识论，虽然也是信念，但更多的是作为哲学理论出现，也更系统化。这样，预设就是比形而上学更根本的东西，是基本信念而非哲学理论。

在预设的合法化过程中，历史主义较逻辑经验主义和批判理性主义进了一步，它不仅区分了预设和形而上学，而且把预设和形而上学内化到科学之中，强调形而上学作为科学信念在科学探索中的作用。不是观察术语决定理论术语的意义，而是科学理论在一定程度上受形而上学的世界观和本体论支配。图尔密的"自然的理想秩序"、库恩的"范式"、拉卡托斯的"研究纲领"、劳丹的"研究传统"、夏皮尔的"信息域"、瓦托夫斯基的"模型"都是内化了某种形而上学本体论和方法论的信念和原则，为科学研究的某些领域的具体理论研究和实验提供什么可以做和怎样做的指导方针。也就是说，科学总是以某种世界观和方法论的信念作为背景而发展的。预设不仅不是科学的异己力量，相反，作为科学的背景信念内化于科学理论之中，成为科学在建构具体理论中具有启发指导作用的重要因素。

科学预设的合法化在科学哲学之外也受到关注。比如，波兰尼就是其中一位，他指出：

> 真实性的逻辑前提我们并不清楚，或者说，在我们建立事实前我们并不相信它们，但通过反思我们建立它们的方式，我们认识了它们。我们必须首先假定接受使经验给予我们的眼睛和耳朵的线索有意义的事实，而且支持这个产生意义的过程的前提必须随后从这个过程推出……我们不相信这些事实的存在，是因为我们先前得到的信念相信这样一个信念的任何清楚的逻辑预设。然而相反，我们相信某种清楚的关于真实性的预设，

仅仅是因为我们已经发现它们蕴涵在我们相信事实存在的信念中。①

戴维斯也指出：

> 一个命题的预设是这样的东西，对于这个命题是真是假而言，它们必须是真实的。真和假作为两个真值存在。因此，预设是使一个命题必须具有真值成为真实的东西。②

同样：

> 一个问题的预设是使这个问题具有答案并成为真实的东西。③

但在科学领域：

> 大多数科学家把他们的形而上学假设视为理所当然，但它们对于科学的结论在逻辑上并不是绝对必要的。④

科学方法论家高奇（Hugh G. Jr. Gauch）把科学预设完全合法化。在他看来，科学预设是科学推理的必要前提，并提出一个 PEL 模型：预设（presuppositions）＋证据（evidence）＋逻辑（logic）→结论（conclusions）⑤。在该模型中，预设是绝对必然的信念，它的目的是让提出的任何假设有意义并且为真，但这些信念对于任意一个假设的可靠性是完全相同的。科学需要一些常识预设，比如"物理世界存在"，"我们的感觉可靠"。这些预设充当了排除包括严格考虑的可感知假设在内的不成熟观念的角色。

① M. Polanyi：*Personal Knowledge*：*Towards a Post-Critical Philosophy*，University of Chicago Press，1962：162.
② W. A. Davis：*An Introduction to Logic*，Englewood Cliffs，NJ：Prentice-Hall，1986：259.
③ W. A. Davis：*An Introduction to Logic*，Englewood Cliffs，NJ：Prentice-Hall，1986：258.
④ E. F. Caldin：*The Power and Limits of Science*：*A Philosophical Study*，London：Chapman & Hall，1949：176.
⑤ Hugh G. Jr. Gauch：*Scientific Methods in Practice*：Cambridge：Cambridge University Press，2003，128.

证据是有关所考虑不同假设的可靠性的经验数据。证据必须是可接受的，在可用的预设范围是有意义的，且必须与有关不同假设相关。逻辑包括归纳、演绎，它是使用有效推理连接预设和证据得出正确结论的工具。

高奇还进一步把科学的预设形式化地定义为"命题 P 是一个陈述 S 的预设，当且仅当 P 对于 S 有一个真值（真的或假的）必须是真的"。而且"命题 P 是由假设集 $H_1$ 到 $H_n$ 表达的问题 Q 的一个预设，当且仅当(1)P 对于每一个 $H_1$ 到 $H_n$ 的假设可能为真必须是真实的，(2)P 不产生比别的命题或多或少更可信的命题"①。

对于一个科学理论而不是一个命题或一个问题更一般的预设的定义为："科学的一个预设是这样一个信念，如果这个信念不可能被任何证据或任何推理所证明，但必须被常识和信仰所接受的话，它对于一个常识实在论的科学操作就是必需的。"②也就是说，预设作为科学推理的"本体论承诺"应该是合法的。

哈瑞(R. Harrē)把预设置于科学研究的核心地位。在他看来，科学哲学的任务就是对科学的预设进行分析。在科学研究纲领的开始和发展中，科学家假定了许多预设。他把预设分为两个主要部分：一是事实预设，像任何事实陈述一样，可得到检验；二是概念预设或哲学预设，表达概念系统成分相互关联的方式，它们的一致性、似真性等能够得到检验③。构建科学研究的一个整体规划是本体论的预设，它是关于哪一类事物存在于研究领域中的假定，即何物存在的预设。比如，科学发展史已经揭示了获得物质世界中的存在物的两个主要途径——原子论和场论。原子论的本体论以物质世界由大量微小物质粒子组成的预设为基础。场论的本体论以物质世界是不断相互作用活动中心的场的预设为基础。牛顿力学是原子论本体论的成功范例。法拉第的电磁学是场论本体论的成功范例。通过这些途径，预设取得了科学化和合法化的地位，并成为科学的一个不可分割的部分。

柯林武德把预设看做是逻辑上的优先性，具有逻辑效力。他认为，绝对预设不是命题，不可证实，命题是蕴涵真假的语句，可以证实。他提出了五个命题来论述形而上学的逻辑优先性和逻辑效力④：

① Hugh G. Jr. Gauch：*Scientific Methods in Practice*，Cambridge：Cambridge University Press，2003：132.

② Hugh G. Jr. Gauch：*Scientific Methods in Practice*，Cambridge：Cambridge University Press，2003：133.

③ R. Harre：*Cognitive Science ：A Philosophical Introduction*，London：SAGE，2002：11-12.

④ 〔英〕柯林武德：《形而上学论》，宫睿译，北京，北京大学出版社，2007，第19～33页。

（1）任何人所做出的每一个陈述都是在回答一个问题时做出的。

（2）每个问题包含一个预设。

（3）一个假设的逻辑效力并不取决于所假设的东西的真理性，甚至也不取决于被认为是真的东西，而仅仅取决于它所假设的东西。

（4）一个预设要么是相对的要么是绝对的。

（5）绝对预设不是命题。

在他看来，一个陈述（要么真要么假）一定是关于一个问题的陈述，每个问题蕴涵了一个直接预设，直接预设又包含其他的预设，即间接预设。他把能够导致某个问题产生的东西称为逻辑效力（logical efficacy），如果没有陈述而只是假定，这个假定就是通过一种自由选择的行为去假设，而假设具有逻辑效力。相对预设是这样一个命题，它相对于一个问题是作为预设，而相对于另一个问题是作为答案。比如说证实一个预设就是假定了它是一个相对的预设。绝对预设是这样一个预设，它相对于所有和它相关的问题都是作为预设，而绝不会作为一个答案。比如，"每个事件的发生都有一个原因"就是绝对预设。绝对预设是不能证实的，因为它从不提出问题，而是作为问题的前提。这里的绝对预设就是哲学预设，相对预设是科学预设。

美国科学促进会（AAAS）给予科学预设以合法地位，它对科学的预设作了这样的表述："科学预设，宇宙中的事物和证据在一致的模式中发生，这个模式通过详细的、系统的研究可以理解。科学家相信，通过运用智力，并在扩展我们感觉的仪器协助下，人们能够发现自然的模式。科学还假定，宇宙像它的名称包含的意义那样，是一个单一系统，在这个系统中，基本规则处处相同。"[①]而且，"所有智力努力共享一个共同目标——使迷惑人的经验多样性有意义。自然科学寻求自然世界中的规律性。这种寻求被断定是建立在自然世界是有序的、可理解和可说明的预设基础之上"[②]。至此，科学预设的合法经历了从古希腊到当代，从哲学到科学的历程后基本完成。

①　AAAS：*Science for All Americans*：*A Project* 2061 *Report on Literacy Goals in Science*，*Mathematics*，*and Technology*，Washington，DC：AAAS，1989：25.

②　AAAS：*The Liberal Art of Science*：*Agenda for Action*，Washington，DC：AAAS，1990：16.

## 四、结束语

关于我们外部的物理世界，柏拉图认为，物理世界不过是它的不可达但完全真实形式的虚幻而短暂的影子。对于亚里士多德，物理世界本身可达到我们的感觉经验，而且是完全真实的。贝克莱、休谟和里德都谈论物理世界的相同经验，但他们对经验的解释不同。贝克莱说物理世界不存在，存在的仅仅是心之观念的物理世界。休谟说科学应该涉及我们关于物理世界的经验，但没有说这个物理世界存在或不存在。里德说哲学和科学应该根据确信的关于物理世界存在的确定性来遵循常识。实证主义主张我们必须在感觉经验内去认识，反对任何非经验的哲学预设。逻辑经验主义拒绝作为形而上学的预设，认为预设是科学不需要的东西。批判理性主义和历史主义肯定了预设的作用并把它内化于科学之中，使之成为科学的一部分。高奇把预设形式化和科学化，主张预设在科学推理中起基础作用。哈瑞主张预设是科学活动的前提和基础，无处不在。柯林武德认为预设是形而上学的领域，绝对预设虽然不可证实，但它对科学具有逻辑效力，形而上学家的工作不是提出绝对预设，而是提出它所预设的命题。美国科学促进会肯定了预设在科学研究中的突出作用。很显然，围绕预设的长期争论不是关于经验数据的，而是关于这些数据的解释的，不是关于科学证据的，而是关于哲学预设的，并经历了从哲学预设到科学预设的转变。如果说预设是哲学的，那么，一门科学只有是哲学的时候，才能是科学的。世界上不存在没有预设的科学。因为先有哲学的信仰、预设和信念，而后才有科学。科学从哲学中获得了一个方向、一种意义、一种方法、一种理念、一种思想和一种界限。不过我们应该清楚，哲学预设是始点，由常识规定，难以检验或确证，具有隐含性和模糊性，或者说哲学预设就是未阐明的假设或任意始点；科学的预设是由具体的科学问题规定的，在某范围内是可检验的，具有明确性。科学哲学家应该揭示科学的所有预设，使之清晰化、明了化和合法化。

## 第二节　形而上学预设的不同礼遇

预设是形而上学研究的范围。形而上学预设作为语境相关性在科学哲学中的境遇是不同的。不同科学哲学流派对待它们的态度完全不同，有的反对，有的肯定，有的认同，有的坚持，形成了形而上学与反形而上学两个阵营。这些对待形而上学的不同态度，反映了科学哲学家对待预设的科学立场。

　　在西方哲学史上，"形而上学"（Metaphysics）通常有三种含义：一是亚里士多德哲学著作的名称，意思是"物理学之后"，指"有形物"背后隐藏的规律和原理，它描述"存在本身"的本性以及事物发生、发展的深层原因①。依照《易·系辞》中的"形而上者谓之道，形而下者谓之器"，中国学者将其译为"形而上学"；二是同辩证法相对立的世界观和方法论；三是超经验的本体论，即超越以经验为基础的实证科学范围，研究关于世界的本质及其规律的知识和学说。卡尔纳普把这种形而上学称为"直觉形而上学"，意指"一种不是理性的而是纯粹直觉过程的结果"②。科学哲学中的形而上学指第三种意义上的形而上学。

　　西方科学哲学在整个 20 世纪的演进中，就其形而上学与反形而上学的特点而言，笔者认为，它经历了一个"拒斥形而上学→肯定形而上学→内化形而上学→回归形而上学"的发展过程。这一过程深刻地表明：形而上学在科学的发展中是不可或缺的，不论科学哲学家们如何看待形而上学，只要还有哲学，就少不了形而上学；只要还有科学，就摆脱不了形而上学。

　　　　由于形而上学是科学的不可或缺的条件，形而上学的敌人就是科学的敌人，一个反动的反形而上学家就是任何进步的科学的敌人，试图用一只笨拙的手拨回科学进步的钟表。③

　　不过，反形而上学并不是我们一概都反对的东西，它虽然把形而上学看做是知识进步过程中的谬见和阻碍，要求废除形而上学，但是我们也应该区分不同的反形而上学，柯林武德把反形而上学分为三种④：进步的反形而上学、反动的反形而上学和非理性主义的反形而上学。进步的反形而上学的代表是理性主义和实证主义，反动的反形而上学的代表

①　亚里士多德所指的形而上学至少有三个不同名称，一个是第一哲学或第一科学，是指主题在逻辑上的优先性，尽管在研究的顺序上排在最后；第二个是智慧，意味着科学本身的研究之外还有进一步的目标，即发现科学的逻辑前提是什么；第三个是神学，即要阐明神的本质的科学。

②　〔德〕卡尔纳普：《世界的逻辑构造》，陈启伟译，上海，上海译文出版社，1999，第329 页。

③　〔英〕柯林武德：《形而上学论》，宫睿译，北京，北京大学出版社，2007，第 262 页。

④　参见〔英〕柯林武德：《形而上学论》，宫睿译，北京，北京大学出版社，2007，第 64～65 页。

是伪科学主义，非理性主义的反形而上学的代表是宗教神学及心理学。我们应当坚决拒绝反动的反形而上学，有条件地接受进步的反形而上学和非理性主义的反形而上学。

## 一、逻辑经验主义：拒斥形而上学

从经验主义立场出发，把形而上学当做无意义的抽象思辨来反对，早在休谟那里已经开始了。休谟反对经院哲学或神学这种形而上学脱离经验事实的抽象空谈、诡辩和幻想，因为它们既不包含数和量方面的任何抽象推论，也不包含关于实在事实的任何经验推论。孔德的实证主义继承了休谟的观点，把知识局限于对经验事实和现象的描述，把现象背后的本质和世界内在的必然联系当做形而上学问题来反对，因为他认为人的理性能力不能解决形而上学问题，尽管它们有意义。逻辑经验主义从语言分析、逻辑分析和经验主义相结合的角度看待形而上学，认为形而上学问题是没有意义的问题，因为它们既不能用经验证实，也不能用经验证伪。也就是说，逻辑经验主义以其"经验证实"的意义标准判定了形而上学命题的无意义。在逻辑经验主义者看来，一个陈述或命题，只有它可以被观察语句直接或间接地加以检验时，才能做出一个关于世界的论断。一个科学上的假说，只有被经验确证时，才能成为理论。而形而上学命题既不能被证实，也不能被证伪，人们不能从经验上做出任何断定，不能够用经验事实检验其表述的内容，也不能把它转化为观察语句。

维也纳学派的创立人石里克认为，一个命题的意义就是它的证实方法。他在《哲学的转变》一文中认为："过去时代最严重的错误之一，是认为哲学命题的真正意义和最后内容可以用陈述来表达，即可以用知识来阐明，这就是'形而上学'的错误。形而上学者的努力一向集中在这一荒谬的目标上，要用知识来表达纯粹性质的内容(事物的'本质')，也就是要说那不可说的东西。性质是不能说的，只能显示在体验中，而认识与体验毫无关系。"①在他看来，人们总是把形而上学理论说成是关于"真实存在"的学说，这实际上是把世界分为可直接感知的"现象世界"和自以为超越存在的"本质世界"或"超越的实在"。由于把世界分为两个，这便引起了认识论上的对立。"现象世界"是可直接认识的，而"本质世界"只是哲学家从现象中推出来的。

---

① 〔德〕石里克：《哲学的转变》，转引自洪谦：《逻辑经验主义》，北京，商务印书馆，1982，第9~10页。

他认为世界只有一个，那就是经验世界，也称"给予"的世界，这个世界背后并不存在什么"超越的实在"。他明确指出，哲学家和自然科学家必须固守在给予的范围内，超出这个给予的范围，如同形而上学家所做的那样，是不可能的，或者无意义的。显然，石里克把哲学和科学加以区分，他认为科学是关于真的经验命题体系，研究的是命题的真理性，而哲学是发现命题意义的活动体系，研究的是命题的真正意义。在他看来，哲学使命题得到澄清，科学使命题得到证实。

卡尔纳普更具有反形而上学的倾向。他在《世界的逻辑构造》中认为，形而上学由于"忽略了在不同的逻辑类型中概念的区别"常常违反逻辑。他区分了"经验的实在"问题和"形而上学"的实在问题，并认为前者是科学问题，后者是伪问题。伪问题不能用逻辑构造术语来论述，所以与科学没有关系。显然，卡尔纳普对形而上学持排斥的态度。在 1932 年发表的《通过语言的逻辑分析取消形而上学》一文更能体现他反形而上学的倾向。在这篇文章中，他把"意义标准"和"可证实性原则"统一起来，因为在他看来，一个句子是真是假可以由经验加以确证，而一个句子有无意义，则要看是否违反了语言的逻辑句法规则；只要不违反逻辑句法规则的句子，才有可能判定其真假，而违反逻辑句法规则的句子，是不能判定真假的。这样，逻辑句法规则就成为判定句子真假的前提条件。

可以看出，卡尔纳普反形而上学的理由是：其一，在逻辑句法结构正确的形而上学陈述中出现无意义的词，即不能指出它们经验特征的词，譬如在"X 是个神"这个逻辑句法结构正确的句子中，"神"这个词，它可以什么都是，什么也都不是；它虽然可以指与物质性东西相联系的东西如神像、狐狸精，似乎是可以用经验证实的，但它们是人设想和臆造东西的物质化，并非实际存在的东西。在形而上学里，"神"是脱离了物质性的东西，即超经验的东西，如牛顿的"神的第一推动力"，由于"神"是万能的，它可以施以推动力，也可以不施以推动力。其二，有意义的词违反逻辑句法规则，譬如"我思故我在"，尽管在句法上是正确的，但在逻辑上却是虚假的、矛盾的，因为谁知道"我在思"，谁知道"我在"是需要确证的，它不断言任何东西，既不表现真命题，也不表现假命题，人们无法描述证实它的方法。

不过，卡尔纳普反形而上学与石里克有所不同。首先，石里克把形而上学的无意义仅仅归结为超越经验和现象范围之外不能为人所认识。卡尔纳普除此之外还认为形而上学的弊端在于概念的混乱和模糊，并用逻辑方法证明了形而上学问题是无意义的伪句子，不仅无用，而且无认识内容，它们虽然有陈述句的语法形式，也似乎作了判断，但它们没有任何断言，既不真也不假，必须完全排斥。其次，石里克虽然反形而上学但并不反实在论，认为实在论是科学研究必要的前提，但卡尔纳普认为科学只是采取实在论的语言形式，而不具有实在论的内容，实在论对科学没有作用，实在概念不属于科学，而属于形而上学。卡尔纳普反实在论的立场是他反形而上学的必然结果。最后，受塔斯基影响，卡尔纳普后来转向语义学研究，认为只对科学进行逻辑的语法分析是不够的，还应进行语义分析，这样才能使科学命题的意义更加清楚，语言分析方法也更加全面，反形而上学也能更彻底。他运用语义分析反形而上学时，区分了语言框架之内与语言框架之外的问题，即内部问题和外部问题。内部问题是不超出语言框架的问题，它不涉及这种语言框架本身的真实性问题；外部问题是关于这种语言框架本身的问题①。如果选择了语言系统如汉语，那么"房间有张桌子"是内部问题，而"事物存在吗"则是外部问题。外部问题是无意义的形而上学问题。因此，卡尔纳普比石里克更具有反形而上学的倾向。

艾耶尔则把形而上学看做是伪命题。在他看来，任何不能通过观察事实加以证实的命题都是伪命题，形而上学就是这样的命题，因而是无意义的。他列举出几个形而上学命题的例子，比如"人具有不死的灵魂"，"有一个非经验的价值世界"，"有一个超越的上帝"。艾耶尔用观察事实作为标准来判断一个命题的有无意义，与实证主义的证实原则没有什么区别。这是一个很强的反形而上学立场。

必须指出的是：逻辑经验主义反形而上学的主张对于科学和哲学摆脱思辨的唯心主义有一定的积极意义，但它所坚持的绝对经验主义立场和采取的纯粹逻辑分析方法是片面的，它们用来反形而上学的两个基本原则——经验证实和分析、综合命题的绝对区分也遭到了随后其他流派的批判。这必然导致它反形而上学纲领遭到失败。柯林武德正确地指出，形而上学是科学的绝对预设，如果形而上学是伪命题而无意义，那么使用绝对预设思想的科学就会破产。"任何对形而上学的攻击也就是对科学基础的攻击，任何对科学基础的攻击也就是对科学本身的攻击。"②在他看来，在逻辑经验主义的语言中，古典物理学和量子理论都是形而上学的，因为这两种理论都取决于对不可证实的原则的信仰。这是"由于'逻

---

① 〔德〕卡尔纳普：《经验论、语义学与本体论》，见洪谦：《逻辑经验主义》，北京，商务印书馆，1982，第83～84页。
② 〔英〕柯林武德：《形而上学论》，宫睿译，北京，北京大学出版社，2007，第130页。

辑实证主义'并没有在好的形而上学和坏的形而上学之间做出区分，而是把所有的形而上学看做是无意义的，量子理论在一位思想一致的'逻辑实证主义者'看来就是和古典的物理学一样是无意义的，不会好到哪里去"①。阿伽西在讨论科学与形而上学的关系时也指出：

> 科学无须畏惧形而上学；科学对任何对手的仇恨都是可悲的，并将付出高昂的代价。由于科学没有被取代的风险，而批判对各方都大有裨益，因此，科学必须尽可能对所有的备选体系都友好相待，如果它认为有一些体系必须抗击，那必须说明为什么。这会让抗击更有效力，有望快速地结束对抗。②

事实上，科学与形而上学是共生的。

## 二、证伪主义：肯定形而上学

在对待形而上学问题上，波普是从科学知识增长的角度来看待形而上学在科学中的作用的。他认为，许多重大的科学理论是由形而上学理论成长、转化而来的，形而上学是科学的幼年。譬如，现代原子分子论是由古代原子论发展而来的，现代化学是由炼金术发展而来的。与逻辑经验主义完全拒斥形而上学的态度不同，波普认为，形而上学对于科学认识是有意义的，在一定条件下可以转化为科学理论。他虽然把形而上学划到非科学的一边，但他不同意逻辑经验主义拒斥形而上学的观点，认为科学家在科学探索中必须有形而上学的观点作为方法论的指导，如果没有任何纯粹思辨的，甚至有时是十分朦胧的形而上学的信仰，科学发现是不可能的。那种把形而上学完全描绘成毫无意义的废话的观点是短视的和浅薄的。波普认为，虽然形而上学的实在论并没有科学根据和认识论上的依据，但它是科学研究所必需的假设。正是这种看待形而上学的立场，使得波普在后期把批评理性主义或证伪主义的研究重心从认识论和方法论扩展到本体论，提出了"突现进化论"和"三个世界"理论。可以说，他的本体论就是一种形而上学。

另一位证伪主义者沃金斯(John Watkins)对形而上学在科学中的作用作了更充分的论证，并探讨了科学中的形而上学成分，认为科学上的

---

① 〔英〕柯林武德：《形而上学论》，宫睿译，北京，北京大学出版社，2007，第198页。
② 〔美〕阿伽西：《科学与文化》，邹晓燕译，《科学的哲学及其文化》，北京，中国人民大学出版社，2006，第19页。

重大进展都包含着本体论的根本变化。他从批判分析逻辑经验主义的分析命题和综合命题入手，认为二者之间存在着一块无人问津的命题，这就是形而上学命题。他把这种形而上学命题叫做"全和某"（all and some）陈述，也形象地称为"闹鬼的宇宙"（haunted-universe）学说，这种陈述或学说的特点是可以确证但不可反驳，在科学中起着重要的调节作用。比如，"某家宅闹鬼"这一陈述，一方面，由于这一现象往往是不可见的，去找"鬼"的人没有看到什么奇异现象但并不反驳；另一方面，此人可能产生毛骨悚然的感觉，并由此形成了一种错觉如听到了怪异的声音或看到了一个移动的影子，就确证了这一陈述，尽管没有证实。沃金斯认为，这类"鬼宅"学说有以下几个特点：（1）"鬼宅"被特殊看待，具有一种秘密的"存在"；（2）这种秘密的"存在"是一种信念，它可为毛骨悚然的感觉确证，虽然不是定论，也不可反驳；（3）依靠这种信念支持来说明"鬼宅"所发生的种种现象，因此，这种信念是一种起调节作用的方法论原则；（4）这种信念会影响持相同信念人的实践观点，如建议别人不要一个人进"鬼宅"。可以看出，这种"全和某"的陈述既不可证实，也不可证伪。

这种"全和某"的形而上学陈述如何在科学中起作用呢？沃金斯把陈述分为四类①：（1）局限存在陈述，即把某种容易鉴定的物体定位于某个容易探查的区域内，它既可证伪又可证实；（2）全称科学陈述，可证伪但不可证实；（3）纯粹存在陈述，不可证伪但可证实；（4）"全和某"陈述，既不可证伪也不可证实。（1）和（2）属于科学陈述，（3）和（4）属于形而上学陈述。形而上学陈述可以通过某种途径变成科学陈述。譬如，可以通过限定（3）适用的范围把（3）变成（1）；通过规定（4）的变项之间的关系，使这种关系成为可检验的，从而把（4）变成（2）。所以，（3）是（1）的弱的推出，（4）是（2）的弱的推出。尽管（4）和（3）都是形而上学陈述，因为它们都不可证伪，但可以通过一定的方法把它们转化成科学的、有意义的陈述。沃金斯认为决定论、机械论、先验的守恒说、自然有序性、场观点都是"全和某"学说，它们对科学的作用是非常重要的。例如，法拉第就认为他的场论就是反机械论的一种科学之外的思辨，为新理论的建立开辟了新的可能性。

这些科学外的形而上学学说如何对科学理论的形成起调节作用呢？沃金斯认为，这些形而上学学说实际上是以事实的描述为伪装的方法论

---

①　参见舒炜光、邱仁宗编：《当代西方科学哲学述评》，北京，人民出版社，1987，第160页。

规定。虽然它们似乎告诉科学家在那里有某种东西，实际上是告诉他们去寻找这种东西。它们是战斗命令，不是战场的素描。决定论就是不要放弃寻找自然规律的方法论规定；机械论等于要科学家不要去设想有什么超距作用的神秘力。他反对逻辑经验主义把所有非经验的哲学问题都归结为语言问题的观点，因为如果形而上学问题仅仅是语言的混乱的产物，一个形而上学胚胎演化为一个成熟的科学理论就难以解释了。形而上学是科学假说的先驱，许多科学理论源于形而上学。它们所表达的是看待世界和提示探索世界的方式。它们并不与科学理论相抗衡，而是揭示未来的科学理论的轮廓。

当一个科学外的形而上学陈述与一个科学理论在逻辑上不一致时，就会激起人们对后者的理性批判，导致科学内部的变化。譬如，莱布尼茨对连续性原理的批判，产生了微分学；笛卡儿对运动规则和牛顿微粒说的批判，产生了波动说；马赫对牛顿力学中绝对时间和绝对空间的批判，产生了相对论，等等。

沃金斯还认为，科学内部也存在形而上学。许多科学理论就是建立在有待检验的假定的基础上的，由于这些假定本身还无法检验，它们是靠信念支持的，所以这些假定、信念就是形而上学。比如，牛顿力学中的绝对时间和空间、超距作用、刚体和质点的存在等；牛顿也认为，所有物体的最小粒子具有广延性、刚性、运动性和惯性，物体的这些特性与古代原子论相似。这些形而上学的假定构成牛顿力学的哲学基础。它们像拉卡托斯所说的"硬核"一样，在科学理论中起持续的作用。如果缺少了这些形而上学的成分，牛顿力学是不可设想的。

### 三、历史主义：内化形而上学

历史主义不仅肯定形而上学，而且把形而上学内化到科学之中，十分重视并强调形而上学作为科学信念在科学探索中的作用。它们根据科学史的研究成果，得出与逻辑经验主义相反的结论：不是观察术语决定理论术语的意义，而是科学理论在一定程度上受形而上学的世界观和本体论支配。比如，图尔密的"自然的理想秩序"、库恩的"范式"、拉卡托斯的"研究纲领"等都是内化了某种形而上学信念。

图尔密在《大英百科全书》的"科学哲学"条目中肯定了形而上学在科学哲学中的地位。他认为科学的中心目的是探求"理解"，是一种意图在于不仅使自然过程可预言而且可理解的探索，通过正确"理解"来合理地解释世界。他追求一种他称之为"自然的理想秩序"的科学解释模式。这种"自然的理想秩序"具有形而上学的特征,是一种形而上学的信念。在图尔密看来,理论中总是包含某种"自然的理想秩序"。当科学家面对自然现象时,总是试图以某种"自然的理想秩序"进行解释,这样,"自然的理想秩序"实际上就是一些标准,依据这些标准,科学家知道自然界的哪些事件是自然的、合理的、规则的,因而是无需解释的,哪些事件是不自然的、不规则的,因而是需要解释的。图尔密特别强调"自然的理想秩序"作为解释模式和标准的意义。在他看来,亚里士多德物理学的"自然的理想秩序"是作用力和阻力平衡产生的稳定运动;牛顿的"自然的理想秩序"是"牛顿第一定律";哥白尼的"自然的理想秩序"是稳定的圆周运动。这些"自然的理想秩序"在科学理论中起标准和范式的作用,是科学理论的核心。图尔密的"自然的理想秩序"概念为库恩提出范式理论做了准备。

库恩的"范式"虽然是一个比较模糊的概念,但概括库恩对"范式"的种种描述,"范式"指特定的科学共同体从事某一科学活动所必须遵循的公认模型,其"硬核"部分是具有形而上学特征的世界观、方法论、信仰和价值标准。他特别强调"范式"所提供的观念和精神工具的作用,因为"范式"作为科学共同体的共同信念,体现一种世界观和信仰,是推动科学活动的精神动力。科学史上许多"范式",如哥白尼的日心说、牛顿的力学、道尔顿的原子论、拉瓦锡的氧化说、达尔文的进化论等无不表现一定的世界观和方法论,用库恩的话讲,就是包含着"形而上学模型"。在库恩看来,某一范式的胜利,首先是一种哲学世界观的胜利。哲学世界观是科学"范式"的先驱。科学史上许多科学理论创立之前,人们很早就依据哲学思维作为一种潜在"范式"提了出来。古希腊的原子论就是现代科学原子论的潜在"范式",19世纪由迈尔、焦耳、赫姆霍茨等提出能量守恒和转化定律之前,在他们的先驱那里,"一个关于奠基性的形而上学力不灭的观念,看来先于科学研究而存在"[1]。

拉卡托斯的"研究纲领"由"硬核"、"保护带"和启示法构成,其中的"硬核"指科学理论中最基本、核心的东西,主要是基础假定和基本原理。这些基础假定和基本原理包括形而上学的本体论和方法论。"硬核"是不容反驳的,就像形而上学问题不能证伪一样。"硬核"一旦被动摇,整个研究纲领就会动摇。比如,地心说是托勒密天文学的"硬核",它被日心说取代后,该理论也就被证伪了。

劳丹的"研究传统"是一组有关某个研究领域的实体和过程的信念,

---

① 〔美〕库恩:《必要的张力》,纪树立等译,福州,福建人民出版社,1981,第93页。

一组认识论和方法论的准则，即关于怎样对这些领域进行研究，怎样检验理论，怎样收集资料等的准则。一句话，研究传统是"有关该研究领域哪些可以做，哪些不可以做的一套本体论和方法论的信念"①。劳丹认为，所有研究传统都表现出一些形而上学的信念，这些形而上学信念作为一个整体，使研究传统特殊化，并使之区别于其他研究传统。譬如，19世纪初，卡诺热机理论中的形而上学的信念主张有"热素"这种东西存在，"热素"像流体一样运动，这使得他把输入和输出的蒸汽温度差比做水落差，从而得出热机理论。这与关于燃烧的燃素说假定存在"燃素"实体一样，是一种形而上学的信念。又如关于光运动本质的波动理论属于笛卡儿研究传统，该理论首先假定存在着一种"以太"的东西，它虽然看不见摸不着，但它是光传播所必不可少的介质，就像声音传播靠空气一样。这些研究传统都依赖于有待证明的形而上学基本假定即预设，而且不少假定后来被证明是错误的，假定的实体并不存在。上述例子中的"热素"、"燃素"和"以太"都不存在，但它们作为形而上学信念对科学研究起到了指导作用。

瓦托夫斯基对形而上学在科学中的作用作了更为深刻的论述。瓦托夫斯基反对逻辑经验主义拒斥形而上学的态度，充分肯定形而上学对科学的意义和作用。他指出：

> 不管是古典形式的和现代形式的形而上学思想的推动力都是企图把各种事物综合成一个整体，提供出一种统一的图景或框架，在其中我们经验的各式各样的事物能够在某些普遍原理的基础上得到理解，或可以被解释为某种普遍本质或过程的各种表现。②

他把形而上学定义为："表述和分析各种概念，对存在的原理及存在物的起源和结构进行批判性、系统性探究的事业。"③在他看来，形而上学基础性的假定是：宇宙中的任何事物都具有为其他任一事物所共有的特征。因此，存在着理解事物的普遍原则，它构成哲学的首要的批判和

---

① Larry Laudan：*Progress and its Problems：Towards a Theory of Scientific Growth*，New Dehli：Ambika Publications，1987：80.

② 转引自舒炜光、邱仁宗编：《当代西方科学哲学述评》，北京，人民出版社，1987，第274页。

③ 转引自舒炜光、邱仁宗编：《当代西方科学哲学述评》，北京，人民出版社，1987，第274页。

反思的最基本的主题。形而上学承担了科学理论中的基本假定，是概念框架的设定者，观念的起源地。譬如，早期的"无不能生有"、"无事不有因"和"自然界的齐一性和简单性"等观念的真理性虽然在科学上很难加以检验，但都是对科学起调节、启发作用的观念，它们形成了科学家的基本世界观，构成科学家关于世界本性的信念。

瓦托夫斯基 1965 年在《对科学起启发作用的形而上学》一文中，把科学哲学家对待形而上学的态度分成四类[①]：（1）形而上学术语没有任何启发价值，对科学也是无用的；（2）形而上学术语有启发价值，但这种价值在科学领域之外；（3）形而上学术语在科学领域内有启发价值，但与有依据的科学术语有区别，它具有做出本体论主张的"过量内容"，一旦这种主张被赋予科学术语，则科学术语就变成了形而上学术语；（4）形而上学术语与科学术语在它们的含义上都是形而上学，它们都起启发作用，都具有本体论的主张。他认为，形而上学提供概念模型的最一般的图式，科学若是缺少了这些基本图式，就不会发展到今天的程度。

他还进一步把形而上学分为四类：（1）结构的形而上学，描述存在物的结构以及其他事物联系的方式；（2）演化的形而上学，描述存在物的起源、形成方式与原因；（3）本体论形而上学，描述存在物为何物存在；（4）描述的形而上学，对某一共同体具有的信仰或意念的语言刻画。可以看出，瓦托夫斯基是从科学实在论的立场出发，强调形而上学在科学中的作用的。

## 四、科学实在论：回归形而上学

科学实在论作为西方科学哲学思潮中最有前途的一支哲学运动，它不仅肯定形而上学，吸纳形而上学，而且本身就是一种形而上学，一种科学的形而上学。

普特南的趋同实在论认为：成熟科学中的名词典型地有所指称；成熟科学中的理论定律典型地近似真理；前后相继的理论应当有共同的指称。这三种观点是典型的形而上学断言。理由是：第一，有些名词有指称，有些名词没有指称，有些名词的指称难以确定或根本就不能确定，不能确定而认为存在指称就是一种形而上学断言；第二，理论定理所描述的现象不一定真实反映了客观实在对象的本质，认为能够反映或近似反映真理也是形而上学断言，而且还预设了真理的存在；第三，前后相

---

① 舒炜光、邱仁宗编：《当代西方科学哲学述评》，北京，人民出版社，1987，第 275 页。

继的理论不一定有共同的指称，如孟德尔遗传学中的"基因"一定与现代遗传学中的"基因"是同一个东西？断言前后相继的理论有共同指称缺乏根据，而缺乏根据的断言其实也是一种形而上学信念。可以看出，普特南把形而上学内化到自己的实在论之中。夏佩尔在这些问题上保持中立态度。他既反对经验绝对主义，又反对真理预设主义，相信客观世界存在，为在科学中保留真理概念辩护。他把科学实在论看做是科学的内在成分，是被科学内在化的一个信息群。他认为实在论观点是信念，不是预设。这与形而上学作为信念是一致的。

本格的科学实在论以精确性而闻名。他认为精确性是连接科学和形而上学哲学的一条纽带。在他看来，科学是局部的本体论，而本体论是总体的科学，对于科学的本体论，它与科学观相互渗透。他指出，好的形而上学与深刻的科学之间没有鸿沟：每一种广泛的科学性理论都可以看做是形而上学的，而每一种带有科学成果并作了概括的本体论理论，或者在公理化科学理论背景上出现的，都可以称做科学。本格以逻辑的方式把本体论精确化，把逻辑作为本体论的一部分，就像莱布尼茨把数学作为本体论的一部分一样。他认为形而上学是科学的延伸，形而上学的范畴和假定与科学的基本概念和原理应当是一致的。基于这种想法，他提出了科学的本体论系统的构想。本体论系统是一种假设——演绎系统，由公设、定义、定理、引论等构成，并分别组成不同的层次，比如，本格的《科学的唯物主义》就是一部典型的科学的形而上学。在他看来，科学研究必须有本体论原则，而本体论应当通过科学去看世界。在这里，本格回到了形而上学的本体论。

科学实在论不管有多少种形式，它们的共同点不外有二：一是对研究对象的本体论承诺，即承认研究对象独立于科学家的活动起作用，这是科学实在论的本体论；二是相信科学理论的中心概念典型地有所指称，即认为中心概念真实描述了客观实体，这是科学实在论的认识论。反实在论针对这两个观点指出：其一，经验之外无实在可言；其二，科学理论的中心概念并无所指称，它们是科学家的主观规定。第一点并不是科学哲学家关注的焦点，因为科学研究必须以客观世界的存在为前提，否则，一切科学研究都是多余的，难怪卡尔纳普说："实在概念（就其独立于认识着的意识的意义而言）不属于（理性的）科学，而属于形而上学。"①

---

① 〔德〕卡尔纳普：《世界的逻辑构造》，陈启伟译，上海，上海译文出版社，1999，第314页。

第二点才是科学实在论的核心问题，即理论中心概念的指称问题。关于这一点，实在论与反实在论的争论还在继续，谁是谁非，难以定论。

如果说科学实在论是一种科学的形而上学，那么，反实在论就是一种反形而上学，因为研究对象的独立性问题和中心概念的指称问题都是一种信念，同样需要进一步检验和确证。例如，科学上常常想当然存在的东西，其实不一定存在。特别是在微观领域，当科学家面对的研究对象不可观察时，包括借助仪器也不可观察时，理论所描述的实体真的存在吗？比如夸克，科学家苦苦寻找了数十年，仍不见其行踪，于是科学家就设想夸克被"囚禁"。是被"囚禁"还是根本就不存在？这是科学实在论和反实在论争论的焦点，也是形而上学与反形而上学争论的焦点。但无论如何，科学实在论已经把形而上学内化于自己的理论中，将形而上学本体论同科学的认识论结合起来，它们明白完全排除形而上学是不现实的，也是不可能的。可以肯定，随着科学理论越来越远离经验的特点，相信科学与形而上学会结合地更加紧密。因为：

> 就其方法来说，所有的分析都是形而上学的分析；由于正是分析使科学具有科学的特征，科学和形而上学是内在统一的，或者是结合在一起的。科学的诞生，或者说是缜密的思想的建立，也是形而上学的诞生。只要一个存在，另一个就会存在；只要一个消亡了，另一个也会消亡。①

因此，科学与形而上学是不能分离的。

### 五、实在论与反实在论之争：形而上学的辩护

随着科学研究深入到微观领域，科学研究对象的客观实在性问题愈来愈引起科学界和哲学界的关注，并由此引发了一场旷日持久的实在与反实在的大争论。

在科学界出现了三种倾向：一是以马赫为代表的"物质消失论"，列宁曾给予彻底批判，提出物质的无限可分性；二是以奥斯特瓦尔德为代表的"唯能论"，以"能"代替"物质"，否认物质的客观实在性；三是以玻尔为代表的"概念非实在论"，否认科学概念有实在的指称，否认客观实在的可认识性，爱因斯坦等对此提出了批判，认为科学理论反映了客观

---

① 〔英〕柯林武德：《形而上学论》，宫睿译，北京，北京大学出版社，2007，第32页。

实在，而且客观实在是可以认识的。

在科学哲学界也相应出现了三种趋向：一是拒斥形而上学本体论，关注认识论和价值论，逻辑经验主义是这一趋向的代表；二是消解"实体"，走向"关系"，关系实在论是这方面的代表；三是由单纯的客观实在和概念实在走向整体的语境实在，语境实在论是这方面的代表。第一种趋向是对"客观实在"的无法证实或证伪的无可奈何而作出的一种"权宜之计"，认为实在问题超出人的认识能力，人只能研究客观事物之间的关系，至于客观事物本身是什么，回答只能是"我不知道"。第二种趋向是对"实在"问题实施的一种"战略转移"，如果实在是非实在的，或实体（不可观察物）根本就不存在，那剩下的就只能是关系，消解了实体，关系自然就凸显出来了。第三种趋向是从整体观出发，整合实在问题上的二元对立，这是一种十分有前途的趋向，是解决实在与反实在争论具有希望的途径。不过，将"实在"问题局限于语言层面则是非常有限的，因为"实在"的表征与语言有关，而实在本身却与语言无关。

这些倾向和趋向表明，对于实在的理解和把握，要寻求一种在感性和理性、经验与超验、实在与非实在、主体与客体等二元对立之间的必要的张力。笔者认为，语境论是解决实在论与反实在论问题的有效方法。语境论认为实在是认识语境中的实在，实在与其认知语境不可分割，离开语境谈论实在是无意义的。也就是说，实在是不能孤立存在的，实在是语境化的实在，因此，在对"实在"的理解上走向整体的语境论是必然的。

我们将实在放到其语境中去考察，就会避免单纯实在论和单纯反实在论的片面性，因为语境消除了主体与客体、观察与陈述、精神与物质、内在与外在等的二元对立，从实在与其语境的统一性去理解认识对象的实在性问题。

就认识的客体而言，它可以是可观察的和不可观察的，可以是肉眼的观察，也可以是借助仪器的观察。肉眼观察不到的，可借助仪器观察，问题是仪器观察到的还是"自在"的客体吗？如果仪器没有干预客体，仪器只是人的肉眼功能的延伸；如果仪器干预了客体，则客体就成了"自为"的了，它同仪器、观察者构成了一个统一体。借助仪器也不可观察时，要么仪器精度不够，要么客体不存在，但认知语境并不随观察不到客体而消失，它可"再语境"化，通过认知语境的不断调整而达到再认识的目的。

不论所认识的客体是可观察的还是不可观察的，它与认知语境中的其他要素都是不可分割的。当客体为不可观察物时，认知语境的作用显得尤为重要，因为客体的实在性就体现在与认知语境中诸因素的互动关联中，客体与认知语境是互补的，科学实在与认知语境是互补的。

事物一般表现为现象与本质两界，科学认识的任务就是透过现象把握本质。在认知语境中，意义世界和对象世界是统一的，认识世界和被认识世界是统一的。从感性和理性、经验和理论、现象与本质的角度看，主体的世界是精神的世界和意义的世界，客体的世界是物质的世界和对象的世界，主体反映客体总是要"把内在的尺度运用到对象上去"，这就需要通过参照系来进行。参照系是介于主体与客体之间的中介物，它具有主体性和客体性两重性，它是主体尺度与客体尺度的统一，是主体反映客体达到同构的桥梁。数学中的坐标系、力学中的参照物，各种观测仪器、价格、货币等都是参照系。总之，认知语境本质上是一种实践语境，强调实在的语境化，客体的主体化。没有认知语境，就不能认识实在，即使实在作为实体真实存在。

从认知语境观来看，客观实在物一旦被纳入认知语境，便不再是独立的实体，而是对象性实体，就像消息一旦进入编码系统便不再是消息而成为信号一样。认知语境内的实在与其外的实在既区别又联系，是自为与自在、被认识与未认识、加工与未加工的关系。在笔者看来，实在论过分强调实在的独立性和实在与概念（意义）的一一对应性；反实在论过分依赖经验，否认科学概念对客观实在（不可观察物）的真实反映。它们的失误在于主体与客体的对立、经验与理论的对立、现象与本质的对立、意义与指称的对立，运用的是"二分对立"思维，缺乏"整体语境"思维。实在论的不断弱化和反实在论的"本体回归"和走向整体化，将使它们在认知语境观上得到统一和融合。

## 第三节　基于预设的科学推理模型

科学发现和推理过程是科学哲学中的一个重要问题。本节笔者将通过对波普的 PTE 模式和高奇的 PEL 模式的分析与整合，提出一个新的科学推理模型，并揭示它的科学意义。我们知道，科学哲学家波普的猜想—反驳模式 PTE 描述了科学发现的一般程序，但这个模式是有问题的，它没有说明根据什么去猜想。高奇的 PEL 模式描述了科学推理的微观过程，但缺乏科学检验环节。笔者提出的 $QH_S[PEL]EE_p$ 模型将 PTE 和 PEL 进行整合，给出了一个更合理的科学推理模型。

## 一、PTE 模型的缺陷

科学发现和推理的过程是怎样的呢？科学哲学家波普认为，科学发现是通过猜想和批判的方法展开的。他据此提出了猜想—反驳的一般图式：$P_1 \rightarrow TT \rightarrow EE \rightarrow P_2 \cdots$（简称 PTE）。其含义是：从某个科学问题 $P_1$ 出发，提出猜测性解答或试探性理论 TT，通过逻辑和实验检验排除错误 EE，然后在研究过程中发现新的问题 $P_2$。这是一个不断循环的发现和创造过程。科学知识正是按照这个图式增长的。

在揭示科学发现的过程中，波普最初给出的图式如图 7-1 所示：

$$P_1 \rightarrow TS \rightarrow EE \rightarrow P_2$$

**图 7-1　波普最初给出图示**

TS 表示试探性解决办法。他发现这个模式丢了一个重要的因素，即试探性解决办法的多样性和尝试的多样性，于是他把上述模式改（如图 7-2 所示）：

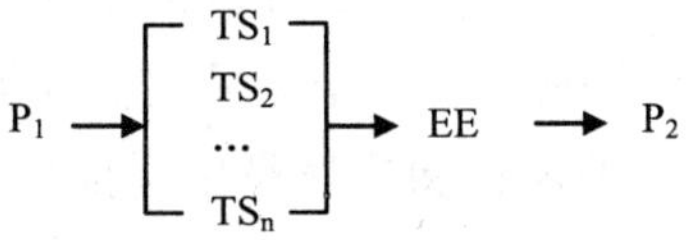

$$P_1 \rightarrow \left[ \begin{array}{c} TS_1 \\ TS_2 \\ \cdots \\ TS_n \end{array} \right] \rightarrow EE \rightarrow P_2$$

**图 7-2　波普 PTE 模型的试探性扩展**

由于 TS 是部分地已试验过的试探性解决办法，于是他把 TS 改为 TT，旨在表明猜想环节应该在试验之前而不是之后发生。然而，在科学知识的增长过程中，同一个问题既可以产生多种试探性解决办法，从而形成多种试探性理论，也可以相应地有多种排除错误和产生新的问题。因此，这个四段图式就成为（如图 7-3 所示）：

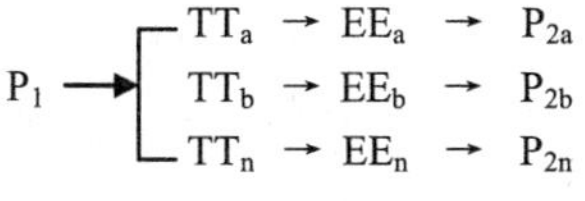

$$P_1 \rightarrow \left[ \begin{array}{ccc} TT_a & \rightarrow EE_a & \rightarrow P_{2a} \\ TT_b & \rightarrow EE_b & \rightarrow P_{2b} \\ TT_n & \rightarrow EE_n & \rightarrow P_{2n} \end{array} \right.$$

**图 7-3　问题 $P_1$ 产生的不同试探性解决途径**

在波普看来，"如果可能的话，应该提出许多理论，作为解决一些给定问题的尝试，并且要批判地考察每个试探性解决方案。那样，我们便会发现每个理论都引发出新问题；而我们可以把那些有希望引发出最异常和最有意义的新问题的理论探究到底"①。也就是说，一个问题可以形成试探性理论集、排除错误集和新问题集：$P_1 \rightarrow \sum TT_n \rightarrow \sum EE_n \rightarrow \sum P_{2n}$。这样，一个有意义的问题可以产生一系列新的问题。如果这些新问题和旧问题有区别，可以说这些理论是进步的。如果这些新问题有所不同，在解决它们的过程中，有希望获得新的理论。这就是科学的创新过程。科学知识正是在这样的过程中不断增长的，科学也正是在这样的过程中进步的。

不过，仔细分析后笔者发现，这个图式为我们提出一些新的问题：试探性 TT 和排除错误 EE 的具体过程是怎样的？猜想的前提是什么？通过什么把问题和结论连接起来的？波普没有继续探索这些问题，这些问题也就成了他的 PTE 模式的缺陷。

## 二、PEL 模式对 PTE 模式的改进

高奇在《实践中的科学方法》一书中，提出一个基于预设、证据和逻辑的 PEL 模式②。P 表示预设（presuppositions），E 表示证据（evidence），L 表示逻辑（logic）。这个模式首先把预设作为推理的一个要素，肯定了预设在推理中的前提和背景作用。推理过程是通过预设支持证据，并应用逻辑连接起来得出结论的过程。可以说该模式是对 PTE 模式的细化和改进。

在科学研究的实践中，科学家如何使用 PEL 模式呢？高奇提出一个应用模型（如图 7-4 所示）③：

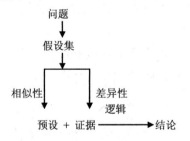

**图 7-4　高奇的 PEL 应用模型**

---

① 〔英〕波普尔：《客观的知识》，舒炜光等译，北京，中国美术学院出版社，2003，第 286 页。

② Hugh G. Jr. Gauch：*Scientific Methods in Practice*，Cambridge：Cambridge University Press，2003：128.

③ Hugh G. Jr. Gauch：*Scientific Methods in Practice*，Cambridge：Cambridge University Press，2003：103.

这个模型表明：科学探究从问题开始，根据所要研究的问题提出种种假设；所有假设之间的相似性支持预设，而差异性则意味着潜在的证据；通过逻辑把预设和证据连接起来得出结论。

与波普的模型相比，该应用模型把预设、证据和逻辑作为科学推理的核心部分，为猜想和反驳提供了前提和证据支持。这是它优于波普模式的地方。不过，它的缺陷也是明显的。一方面，它虽然多了预设和证据环节，但少了排除错误的环节，这与科学研究的实际过程不符；另一方面，高奇把假设推理或溯因推理（abduction）这种被认为是一种新的逻辑形式排除在逻辑之外，这样逻辑的力量就减弱了。

我们知道，假设推理是 C. S. 皮尔士提出的与归纳和演绎并列的三种基本推理类型之一，用以指科学发现的逻辑和一种创造性过程。当遇到用一般规律不能说明的问题时，可以寻找这个问题的若干特征，尝试去发现这些特征之间的关系，并在形成解释这个问题的一组假设中，选择一个对照实验加以检验。因此，假设推理是科学创造性不可缺少的推理方法。PEL 模式把它排除在外显然是不适当的。

### 三、QH$_S$[PEL]EE$_p$ 模型及其推理过程

鉴于 PTE 和 PEL 模式存在的缺陷，笔者将这两个模型进行整合，提出关于科学发现的一种新模式：QH$_S$[PEL]EE$_p$。其中 Q 是问题，H$_S$ 是假设集，P 是预设，E 是证据，L 是逻辑（包括归纳、演绎和假设推理），EE$_p$ 是通过实验检验排除错误。

笔者通过高奇使用的一个简单例子来说明这个新模型的推理过程。拿一个不透明的杯子、一个不透明的盖子和一枚硬币。让某人掷硬币而你不能观察。如果硬币是正面，把硬币放入杯子并盖上盖子；如果是反面，把硬币放到别处，用盖子盖住杯子。现在问：杯子里有硬币吗？你一定会想到只有两种可能答案：杯子里有或没有硬币。推理过程为：

问题：杯子里有硬币吗？
假设集：H$_1$ 杯子里有硬币。
　　　　H$_2$ 杯子里没有硬币。

可以看出，这两个假设是相互排除的，一个为真意味着另一个必然为假。它们一起构成详尽的假设集，即穷尽各种可能假设。在科学中，一个问题的假设集可能包括更多的假设，但假设集一定是有限的，而不

是无限的。无限的假设就成了形而上学问题。

我们如何才能决定哪个假设为真呢？由于寻求的答案是关于世界的偶然事实，任何哲学和逻辑推理都不能给出答案，因为它们不包含杯子里是否有硬币。相反，为了得到答案，一方面，我们必须观察自然，发现自然的实际状况；另一方面，我们必须做实验来验证。

在这个例子中，我们可以设想以下几个实验：（1）打开杯子看；（2）摇动杯子听；（3）拍 X 光照片判断。这些实验中的任何一个都可以解决以上问题。按照简单性原理实验（1）最方便、直观，其推理过程如下：

> 前提：我们看见杯子里有一枚硬币。
> 结论：杯子里有硬币（$H_1$）。

从常识观点看，既然实验证明 $H_1$ 是正确的，问题似乎已经得到解决。不过，这是纯粹经验层次的结论。

从哲学上分析，这个理由还不充分，因为"看见杯子里有硬币"不能必然推出"杯子里一定有硬币"。还必须加上另一个前提："看蕴涵存在"。这是简单的预设"眼见为实"。深入地分析会发现，这个预设又蕴涵着特殊预设——物理世界存在，人的感觉可靠，人类语言有意义并适合这个问题的讨论，所有人有共同的认识能力，等等。加上这个前提，推理过程为：

> 前提 1：看蕴涵存在。
> 前提 2：我们看见杯子里有一枚硬币。
> 结论：杯子里有硬币（$H_1$）。

从逻辑上看，如果用 S 表达"看见杯子"，用 E 表达"杯子里有硬币"，则从前提 1 到结论的逻辑关系为"S；所以 E"。这是一个不合乎逻辑的推理，因为 S 不包含 E，结论不是必然的。从前提 2 到结论的逻辑关系为"S；S 蕴涵 E；所以 E"。这个推理过程遵循"肯定前件式"——"如果 S，则 E；S；所以 E"。如果加上前提 3："肯定前件式是一个正确的演绎规则"，推理过程为：

> 前提 1（预设）：看蕴涵存在。
> 前提 2（证据）：我们看见杯子里有一枚硬币。

前提 3(逻辑)：肯定前件式是一个正确的演绎规则。

结论：杯子里有硬币($H_1$)。

从可重复检验来看，这个过程还没有得到他人的检验，因而是不完善的。我们知道，如果一个科学家或一个研究小组做出一项研究成果，还要经得起同行的检验，即别人的重复实验。在这个例子中，严格讲，结论不仅是自己按照以上过程得出，而且还要让别人也能够按照同样的过程得出。这个环节不是可有可无的，而是必需的，因为我们无法排除研究过程中的"期望偏见"，即研究者看见自己期望看到的东西，这往往会使研究者在推理过程没有问题的情况下出错。

比如，20 世纪初，天文学家用望远镜观察到一种夜晚天空中普遍的漩涡星云现象——一种漫射的漩涡状光环后，有些天文学家认为是类似银河的漩涡星系，有些认为是我们这类星系的气体云。威尔逊山天文台的范·玛恩南(Van Maanen)通过比较间隔数年所拍摄的星云图片解决这一问题。通过一系列的测量后，他宣布这类星云是在银河系，从而支持后一种观点。由于范·玛恩南的声誉，许多天文学家接受了他的观点。几年后，他的同事哈勃(Edwin Hubble)利用新的望远镜观察那些现象，发现那些星云肯定是遥远星系，不属于银河系。范·玛恩南一定错了。但研究范·玛恩南的观察步骤和数据，没有发现任何错误，相反他是在观测准确性限度内工作的，他看到了他期望的东西，而非实际存在的东西[①]。如果加上他人的重复检验，这个推理过程变为：

前提 1：(预设)看蕴涵存在。

前提 2：(证据)我们看见杯子里有一枚硬币。

前提 3：(逻辑)肯定前件式是一个正确的演绎规则。

暂时结论：杯子里可能有硬币($H_1$)。

检验：确定杯子里有硬币。

结论：杯子里有硬币。

将这个推理过程加上前面的问题和假设集就变为：

---

① 〔美〕弗兰克·普雷司：《论做一名科学家》，见郭传杰、李士主编：《维护科学尊严》，长沙，湖南教育出版社，1996，第 218~219 页。

　　(Q)问题：杯子里有硬币吗？

　　(H$_S$)假设集：H$_1$、杯子里有硬币。

　　　　　　　　 H$_2$、杯子里没有硬币。

　　(P)前提 1：(预设)看蕴涵存在。

　　(E)前提 2：(证据)我们看见杯子里有一枚硬币。

　　(L)前提 3：(逻辑)肯定前件式是一个正确的演绎规则。

　　暂时结论：杯子里可能有硬币(H$_1$)。

　　(EEp)检验：确定杯子里有硬币。

　　(C)结论：杯子里有硬币。


　　这个推理过程用符号表示就是：Q→H$_S$→[PEL]→EE$_p$→C。它表明：科学探究从问题开始，问题产生各种假设，预设来自比较不同假设的共有性，而且具有限制假设数量的作用，比如"看蕴涵存在"将其他不合理的假设如"我们梦中看见杯子里有硬币"排除。这个模型适合所有科学推理过程。只是问题不同，假设的数目会不同，预设、证据和逻辑的内容也会不同。美国科学促进会(AAAS)关于科学思维的基本成分的论述为 QH$_S$[PEL]EE$_p$ 模型提供了支持，它指出："科学思维的过程既依赖对现象进行仔细的观察，又依赖创造理论以便从这些观察产生意义。"而且"逻辑推理的原则把证据和假设同结论连接起来"[①]。

### 四、QH$_S$[PEL]EE$_p$ 模型的作用和意义

　　笔者将新模型 QH$_S$[PEL]EE$_p$ 的作用和意义概括为以下五点：

　　第一，把问题确定为推理的起点，问题决定假设。科学研究从什么开始？或者说研究的起点是什么？人们可以给出多种答案，比如经验、观察、问题、理性、实践、概念、信念，等等。从 QH$_S$[PEL]EE$_p$ 模型可知，科学探索是从问题而不是别的什么开始。波普和高奇的模式也都坚持这一点。原因是，科学研究的对象是整个自然界，自然界是科学研究的必要前提。科学又是人的认知活动，是人的心智的操作过程，心智的形成就是科学探索又一个必要前提。因此，科学的发生是以人的出现和自然的存在为前提的。有了这两个前提后，人和自然的相互作用点是什么呢？当然应该是问题，因为正是问题引导人去思考，去探索。经验、

---

①　AAAS(American Association for the Advancement of Science)：*Science for All Americans：A project* 2061 *Report on Literacy Goals in Science，Mathematics，and Technology*，Washington，DC：AAAS. 1989：26-27.

观察、理性、实践、概念、信念是问题成立和得以解决的语境因素。提出问题后，为了解决问题，人们首先根据问题提出种种假设，答案就包含在这些假设中。因此，问题不仅是研究的起点，而且决定假设的构成，也就是说，假设的提出是以问题为根据的，而不是随意猜测的。

第二，揭示了假设依赖预设，预设支持假设并加强证据。根据 $QH_s$ [PEL]$EE_p$ 模型，预设是这样一个信念，为了使任何科学的假设有意义并真实，它是绝对必要的，但关于个别假设的可信性，它又是完全相同的。这样，在科学中，预设是始点的观点并不正确，因为科学研究并不从预设开始，而是从问题开始，而且这个问题更精确地由假设集陈述。在假设集的基础上，预设是作为背景信念出现的，这些信念由假设集中的所有假设共同支持。而且，预设不是任意的。如果一个信念由所有假设共同支持，那么它就是一个预设。如果不是这样，它就不是一个预设，这里不存在任意选择的问题。因此，预设的意义也由来自特定问题的假设和对这些假设的实验检验所规定。证据是作为经验事实出现的，而经验事实蕴涵了种种常识预设，如物理世界存在，人的感知可靠等。如果没有这些常识预设，证据也就失去了证据的经验作用。

第三，把预设作为科学推理的必要前提和背景信念，从而避免了科学推理的"无根"性。预设不是可有可无的形而上学信念，而是科学推理必不可少的前提。我们虽然不能获得已经证明的预设，但至少对某些特别指明的人来说，我们能够获得没有问题的预设。戴维斯指出：

> 一个命题的预设是这样的东西，对于这个命题是真是假而言，它们必须是真实的。真和假作为两个真值存在。因此，预设是使一个命题必须具有真值成为真实的东西。

同样，"一个问题的预设是使这个问题具有答案并成为真实的东西"①。虽然有人认为"大多数科学家把他们的形而上学假设视为理所当然，但它们对于科学的结论在逻辑上并不是绝对必要的"②。但是，预设对于科学来说，就是科学追求和提供真实的、确证的关于外部物理实在的陈述，即科学哲学上所说的"本体论承诺"。如果研究揭示了一个客观

---

① W. A. Davis: *An Introduction to Logic*, Englewood Cliffs, NJ: Prentice-Hall, 1986: 258-259.

② E. F. Caldin: *The Power and Limits of Science: A Philosophical Study*, London: Chapman & Hall, 1949: 176.

上限定的预设,科学家通常扩大假设集以包括附加似真的可能性,因为提出一个更好的问题应该是在战略上推进科学的发展。

第四,把语境分析引入科学推理过程,从而加强了推理的可靠性和确定性。从 $QH_S[PEL]EE_p$ 模型来看,预设是与特定问题、问题的假设和对假设的实验检验密切相关的。也就是说,问题、假设和实验构成了预设的语境,预设的意义由这个语境决定。预设不仅影响科学家研究的问题,而且更根本地影响科学家所思考的问题。比如,在杯子/硬币的实验中,问题"杯子里有硬币吗?"由假设集 $H_1$ 和 $H_2$ 精确地表达,而且这两个假设相互排除并穷尽所有可能。从语境论的观点看,$H_2$ 可以描述为 $H_1$ 的"语境否证"。$H_2$ 之所以是 $H_1$ 的一个"语境否证",是因为 $H_2$ 保持 $H_1$ 中的预设"杯子和硬币存在",用"感觉可靠"等附加预设保持常识语境。$H_2$ 通过断定硬币不存在而不是杯子不存在来否定 $H_1$ 的主要主张。正是这种语境特征加强了推理的可靠性和确定性。

第五,把科学的预设和实在性检验相结合,使得预设成为科学推理的必要组成部分。科学的预设不是任意和无根据的设想,它们必须接受实在性检验。在常识范围,人人都是实在论者,比如,没有人会否认"引火烧身是危险的"。这就是实在性检验。波兰尼(Polanyi)指出:

> 真实性的逻辑前提我们并不清楚,或者说,在我们建立事实前我们并不相信它们,但通过反思我们建立它们的方式,我们认识了它们。我们必须首先假定接受使经验给予我们的眼睛和耳朵的线索有意义的事实,而且支持这个产生意义的过程的前提必须随后从这个过程推出……我们不相信这些事实的存在,是因为我们先前得到的信念相信这样一个信念的任何清楚的逻辑预设。然而相反,我们相信某种清楚的关于真实性的预设,仅仅是因为我们已经发现它们蕴涵在我们相信事实存在的信念中。①

这就是说,实在性检验中蕴涵着某些预设。

---

① M. Polanyi: *Personal Knowledge: Towards a Post-Critical Philosophy*, University of Chicago Press, 1962: 162.

# 第四节　预设的实在性检验

前面我们对预设作了历史的回顾和反思，认为预设是一切理论的前提。预设不仅是哲学家应该反思的，也是科学家应当考虑的。科学中的预设不仅必要而且有意义，但常常被视为理所当然加以忽视。预设不是孤立的，它往往与假设、证据、逻辑、模型一起包括在以特定问题为始点的推理过程中。基于模型的推理以预设为前提，预设基于模型并产生于不同假设的比较语境中。科学的预设虽然还不能被证明，但它们具有常识意义的实在性与合理性。科学结论不仅需要证据支持，也同样需要预设作为前提。没有适当的预设，证据就失去了证据的作用，科学就会丧失真理性。

## 一、预设的常识检验

我们已经知道，预设是一种需要用来获得某一特殊结论但还不能被证明的信念，如果 A 预设 B，就说 B 可以由 A 推出，B 的真是 A 的真或假的必要条件。不过，预设关系不同于衍推（entailment）关系，因为 A 衍推 B 意味着 B 的真只是 A 的真的必要条件，而不是 A 具有一个真值的必要条件。斯特劳森 1952 年在《逻辑理论导论》中对这两者的区别做了说明，他指出，如果陈述 A 在下述意义上预设陈述 B，B 的真是 A 的真或假的先决条件，那么把 A 和 B 的否定组合在一起当然就会出现逻辑上的荒谬的情形。那么科学的预设对于推理是必要的吗？科学的预设是由什么规定的？科学的预设和特定问题的假设是什么关系？科学的预设是实在的与合理的吗？

在笔者看来，科学的预设不是任意和无根据的设想，它们必须接受实在性检验。人们为什么会知道"引火烧身是危险的"呢？答案是常识。

从本体论意义上看，实在性检验预设了差别，预设了物理实在具有不相同的多种事物。由于宇宙不是一个无差别的存在，一定存在着某种可理解的东西。这样，实在性检验就预设了实在性具有自然类如动物、植物、人类和各种人造物等的存在。自然类意味着宇宙是齐一的，譬如，它把各种狗都归为"狗"。而且宇宙也不是复杂到每个物体和每个事件都是独一无二的，否则，我们就无法识别宇宙中的事物了。实在性检验也假定物理实在性是可预测的。比如，过去的火灾经验使人们相信，火灾是有害的，要尽量避免。

从认识论意义上看，实在性检验假定人能够知道一个快速运动的物体是汽车，并知道迅速躲开它。这一点预设我们的感觉器官通常提供关于外部世界的可靠信息，我们的大脑能够处理并理解这些感官输入。而且我们的大脑能够引导我们的身体有目的地移动。只知道而不能行动是不能生存的，所以理性规范信念和指导行动的双功能是明显的。当然，我们这里说的人是正常人，而不是有遗传缺陷和感官不正常、不健全的人。另一个认识论的预设是人类语言是有意义的，人类具有语言和交流能力。这一点是毫无疑问的。

从逻辑的意义上看，实在性检验假定了一致性。合理地断言"引火烧身是危险的"，同时要求我们不能断言"引火烧身是不危险的"。也就是说，断言一个实在性检验真实的同时也断言其否定陈述真实是不可信的。

从真理的意义上看，实在性检验也预示了正确性。逻辑一致性仅要求实在性检验及其否定不能同时被断定，但没有指明断定哪一个。真理是更要慎重选择的。实在性检验表达一个与物理实在性一致的真实信念，同时还假定了演绎、归纳和假设推理逻辑。演绎在处理概率概念如关于冒险事件的概念方面作用大，因为冒险意味着不确定。归纳在认识物体、学习和使用语言方面作用更大。演绎、归纳与假设推理的结合在科学研究中更能发挥作用，它们把事实、现象、假设、模型、理论在不同层次上结合起来。如图 7-5 所示，演绎—归纳与假设推理是连接事实和理论的桥梁。

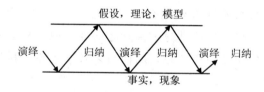

**图 7-5　演绎、归纳、假设与事实和理论之间的关系**

在实在性检验的常识预设中除以上预设外，还有一个更深刻的预设，那就是"自然的统一性"。由于自然是统一的，它必然包含着自然规律。也就是说，科学家在探索之前已经预先假定了自然规律的存在，比如，某某发现了某某规律，而发现意味着规律本来就存在。

## 二、科学预设与常识的关系

由实在性检验分析出的各种预设渗透了常识。那么科学预设和常识及其预设是什么关系呢？这可以从三方面来说明：

第一，科学预设需要常识预设。

> 虽然通过我们的科学理论和由理论指导的借助仪器的观察，我们能够超越和更正这个我们人类拥有的世界的前理论图景，但总是有这样一个感觉，在这个感觉里，我们所有的知识和理论基于那个常识图景的众原理……关于这个世界的更多理论知识总是与平凡的经验层次有某些联系，不论这些联系多么远，如果这个层次是科学事实而不是科学幻想。我们自然地和恰当地期望更多的细微理论与日常经验世界产生某些联系，即使仅仅在仪表的读数和屏幕上的痕迹的水平上。这是因为理论最终必须回答我们的前理论的日常观察和经验。①

第二，科学预设可以修正常识，但不能推翻常识预设。常识预设提供给科学所需要的深奥内容，这些内容完全是常识知识和推理所缺乏的。科学已经用惊人的成就推翻了常识，如太阳围绕地球转，物体的存在与时间和空间无关。然而，那些惊人的成就是科学的结论，而不是预设的结论。的确，那些发现适合成为精确的结论，因为它们从不是预设。那些惊人成就是通过作为精确证据的经验证据建立的，因为常识预设在其中起作用。因此，科学能够推翻常识期望和信念，但不能推翻常识预设。

第三，常识是科学预设的基础。中世纪的哲学家就普遍认为，人们常常利用某些世界观来解释世界为什么是那个样子，并区别了科学预设的终极和次极说明，即世界观→常识→科学的预设。也就是说，世界观是终极说明，常识是次极说明。或者说，科学不能为自己提供基础，相反，科学的直接基础是常识，最终基础是某些世界观如机械论和有机论。然而，世界观有许多，而常识只有一个。世界观是作为语境出现的，常识是作为基础出现的。因此，科学家常常通过借助常识运用科学的预设保持科学的客观性和共有性。

概言之，如果你相信实在性检验"引火烧身是危险的"的真实性，那么，你就已经接受了科学研究所需要的所有的预设，已经使科学远离怀疑论的幽灵。与常识相比，科学需要更多的实验、数据、推理和操作，但绝对很少通过预设的方式。在常识基础上建构科学是一个似是而非但

---

① A. O'Hear: *An Introduction to the Philosophy of Science*, Oxford University Press, 1989: 95-96.

令人尊敬的传统，正如爱因斯坦所说："整个科学只不过是日常思想的提炼。"①当然，实在性检验与哲学基础主义还不是一回事。实在性检验的基础是常识，信奉科学实在论。基础主义寻求一个无怀疑的、自我确证的始点，寻求没有预设，没有信念的功能。实在性检验没有这样的作用，相反，它寻求真实性和共同点。

## 三、结束语

科学的预设为我们的真实世界提供了一幅基本的和不可缺少的图景，它明显不同于任意想象的可能世界的未确证图景。当提出一个科学问题时，这些预设集中于一组可成立的、根据通常可得到的经验证据选择出来的有限假设集。假设是依据特定的科学问题形成的，而不是随意设想的、无选择无根据的无限假设集。科学在由常识和日常经验提供给我们的真实世界范围内生长，在所有想象的可能世界里枯萎。哲学揭示科学的基本预设不可证，预设构成科学的信念，而信念是不需要证明的。信念在接受实在性检验的世界观范围内是没有问题的。

当然，对多数科学家来说，他们的工作更多地关注和掌握技术细节而不是大图景。对于一个以前没有对预设进行过深刻思考的科学家来说，当要求对事物进行彻底揭示时，预设可能引起科学家思考更多的东西，如关注哲学问题和人文主义。科学家应该关注科学的预设这个大图景，因为健康的科学应当包括它之外的目标。

---

① A. Einstein：*Ideas and Opinions*，New York，1954：290.

# 第八章　科学哲学的"认知转向"
# 与语境认知模型

　　科学在 20 世纪的迅猛发展带来了科学哲学的繁荣。这是因为科学的发展为科学的哲学探究提供了极为丰富的材料和思想，特别是以下五大科学进展及其问题是当代哲学家必须面对的：(1)进化论；(2)数学和物理学中的革命性发展，比如非欧几何的发现、相对论和量子力学；(3)实验心理学的发展，用经验方法探讨认知结构；(4)神经生理学的巨大进步；(5)语言学和人工智能的惊人发展[①]。五大领域除(2)外，均与认知问题密切相关。这一倾向表明：认知现象已经成为科学探究的对象，也因此引起了科学哲学的"认知转向"。进入 21 世纪后，科学哲学的语境论倾向与认知科学的语境化研究共同构成了认知的语境论倾向。这一章，笔者将就这两个方面及其关系展开深入讨论。

## 第一节　科学哲学的"认知转向"

　　科学哲学在 20 世纪的蓬勃发展中，形成了逻辑经验主义、批评理性主义(证伪主义)、历史主义和后历史主义众多流派，先后经历了"语言转向"、"解释转向"、"修辞转向"[②]。"修辞转向"之后，科学哲学似乎走到了尽头，清晰的思想发展脉络模糊了，研究趋向不明显了，难怪费耶阿本德悲观地说，科学哲学只有伟大的过去而不再有辉煌的未来。

　　认知科学在 20 世纪 70 年代末的兴起，使科学哲学再度焕发了青春。据笔者不完全统计，国际权威刊物《科学哲学》(*Philosophy of Science*)近 20 年来关于科学认知问题研究的论文数量在不断增加(20 世纪 70 年代 17 篇，20 世纪 80 年代 41 篇，20 世纪 90 年代 54 篇)，更多的科学哲学家关注认知问题。著名加拿大科学哲学家萨伽德(P. Thagard)指出："目前，科学哲学发生了认知转向，它试图从认知心理学和人工智能角度出

---

[①]　Richard H. Schlagel：*Contextual Realism*：*A Meta-Physical Framework for Modern Science*，New York：Paragon House，Introduction，1986：xxxi.

[②]　郭贵春：《后现代科学实在论》，北京，知识出版社，1995，第 2～3 页。

发研究科学的发展。"①柏勒—约翰斯（Bailer-Jones）认为，20世纪科学哲学关于认知模型的研究兴趣"从轻视到重视，从形式描述到功能特征建构，从关注模型在科学中的作用到关注模型在人类认知中的作用"②。可以说，"认知转向"形成了科学哲学研究的第四次战略性转移。这次转向是"离我们现在时间最近，有可能直接影响到21世纪科学哲学发展的转向"③。

## 一、传统科学哲学的认知立场和态度

第一，在对待认知的立场上，传统科学哲学在本体论上是实在论的，认为存在"自然类"，它被认为在成功的归纳推理和自然类概念获得的认知发展中起作用。譬如，在儿童的认知发展中，儿童的认知能力正是通过不断识别一个个"自然类"而得到发展的。问题是"自然类"是否存在？如果存在它们究竟是什么？科学如何运用这些自然类认识实在世界？如何用其他形而上学的概念如本质、内在特性和因果力等描述其特征？这些问题仍然是当代科学哲学争论的问题。在方法论上它是还原论的，主张心理现象可以用物理定律解释。戴威逊（Donald Davidson）的变异一元论否认这种还原论，认为不存在联系心理现象和物理现象的心物定律，不可能把所有心理现象还原为物理现象④。变异一元论指出了还原论的局限性，认为还原论不能回答心身问题，也当然无法解决认知问题。在认识论上它是证明主义的，坚持确证的信念是认知的基础和前提。而在认识论意义上确证有两种：一是客观确证，即证明我们获得的东西是否为真；二是主观确证，即证明我们是否应该相信我们实际相信的东西，无论它在客观上是否存在。一个人拥有一个确证的信念是什么？确证的信念是有理由的信念吗？这些问题在内在论和外在论、自然主义和理性主义之间引起激烈争论。

第二，在研究态度上传统科学哲学坚持"只研究科学证明而不涉及科学发现"的主张。赖欣巴哈区分"发现的语境"和"证明的语境"的目的就是为了把科学发现排除在科学哲学之外。譬如，逻辑经验主义者一般认为

---

① P. Thagard："Societies of Mind：Science as Distributed Computing,"*Studies in History and Philosophy of Science*（24），1993：49-67.

② Daniela M. Bailer-Jones："Tracing the Development of Models in the Philosophy of Science,"in L. magnani，N. J. Nersessian，P. thagard（eds.）：*Model-Based Reasoning in Scientific Discovery*，New York：Kluwer Academic/Plenum Publishers，1999：24.

③ 任定成：《科学哲学认知转向的出色范例》，《哲学研究》2000年第9期，第48页。

④ D. Davidson："Laws and cause,"*Dialectica* 49，1995：263-279.

科学发现属于心理学而非科学哲学。受此思想影响，传统科学哲学家热衷于"科学发现后验证明"问题。内格尔提出的演绎－规律解释、归纳－概率解释、功能解释和发生学解释四种不同模式。亨普尔和奥本海姆提出演绎－规律解释模式和归纳－概率解释模式。波普研究科学发现的逻辑，提出"猜测－反驳"模式。此后的科学哲学家研究科学理论增长或演化的模式，比如，库恩的"范式更替"、拉卡托斯的"研究纲领的进化与退化"、劳丹的"研究传统的进化"和夏佩尔"信息域合并重组"。但无论是科学发现逻辑，还是科学证明或是科学理论的增长，都不可避免地涉及"直觉"和"创造性"问题，因为承认或否认科学发现存在逻辑的人都自觉或不自觉地把发现的根源最终归结到"直觉"和"创造性"上。比如，亚里士多德认为归纳是借直觉进行的，直觉是创造性的根源；笛卡儿认为理智的"洞查和直觉"与演绎推理的结合是科学发现的内在逻辑；惠威尔认为科学发现依赖于某种巧妙而灵活的思想，波普认为是柏格森意义上的"创造性直觉"，库恩认为是"格式塔转换"的思想飞跃。这些思想家都把直觉看做发现和创造的根源，但都没有对直觉进行分析和说明，把复杂的认知问题简单归结为直觉，以直觉代替认知。

第三，在研究策略上传统科学哲学主要奉行语言学进路。在笔者看来，发生的"语言转向"、"解释转向"和"修辞转向"不仅没有深入到认知的深层结构，反而以语言学、解释学和修辞学掩盖了微观认知问题，忽视了科学家的"实际思维"过程，使科学哲学陷入"认知困境"。究其原因，主要是因为：

首先，语言与认知相关，但不是认知的本质。"语言转向"虽然确立了语言在科学研究中的基础地位，对于传统哲学也算得上是一场革命，但它把一切问题都归结为语言问题，把语言的作用绝对化。其实，心智在逻辑上先于语言，只重视语言而轻视认知是不可取的，乔姆斯基的语言认知结构研究值得我们重视。

其次，社会心理解释只能说明认知的外因而不能说明内因。"解释转向"虽然使科学哲学的研究重心转向了科学的社会心理建构，也促进了科学哲学与认知心理学的结合，但解释学的心理分析的目的是为了"揭示人们行为的意向内容，阐释行为的意义，明晰理由与心理结构的内在关联，从而达到对行为的理解和解释，而不是对它的单纯理性的说明"[1]。更不是为了探索认知微观机制。这样一来，反而以科学的社会心理特征掩盖

---

① 郭贵春：《后现代科学实在论》，北京，知识出版社，1995，第 22 页。

了个体的认知特征。

最后，修辞只加强科学论证的艺术，而不加强认知能力。科学哲学家将修辞学引入科学哲学，目的在于"要把科学修辞学作为一种确定的科学研究方法，充分地揭示科学论述的修辞学特征，从而在科学论述的境遇、选择、分析、操作、发明和演讲中，给出战略性的心理定向和更广阔的语言创造的可能空间"①。运用科学修辞学的说明和论证的艺术虽然可以改变或强化在科学交流中具有认识价值的观念，但科学修辞学是科学家们为了达到他们的结论而采用的口头说服、论证技术的集合，而不是表征模型。也就是说，修辞学方法只能加强科学的认知手段，并不能代替认知过程。修辞学本身不具有认知的功能，只有论证的效果。这样，"语言转向"、"解释转向"、"修辞转向"并没有摆脱"认知困境"，相反倒是远离了认知。因此，科学哲学在认知问题上陷入困境是必然的。

针对传统科学哲学的认知态度、立场和研究策略存在的局限性，科学哲学家布雷威特（Richard Braithwaite）、海西（Mary Hesse）和赫坦（Ernest Hutten）等人另辟新径，他们把科学理论看做是假设—演绎的认知体系，从不同角度讨论科学模型的认知功能，促使科学哲学从"科学发现逻辑"研究转向"科学思维模拟"研究。我们简单回顾一下关于科学发现逻辑的研究历史，就不难发现这一转变的意义。

20世纪50年代末，随着汉森的《发现的模式》和波普的《科学发现的逻辑》的相继出版，使得由于逻辑经验主义的兴起而长期遭到忽视的科学发现问题受到科学哲学家的普遍关注。20世纪60年代以来，关于科学发现问题的讨论越来越多，譬如，1977年意大利的艾利斯会议、1978年美国内华达列诺会议、1983和1984年在中国举行的科学哲学会议都把科学发现问题作为讨论的主题。1980年，美国科学哲学家尼克勒斯（Nickles）编辑《科学发展、逻辑和理性》与《科学发现：案例研究》，邱仁宗、章士嵘等也相继出版《科学发现的模式》和《科学发现的逻辑》，把科学发现问题进一步推向高潮。然而，这些研究对于科学发现的微观认知过程而言仍属"宏大叙事"，科学家的"实际思维"仍是未解之谜。为探讨实际思维过程，一些科学哲学家由"科学发现逻辑"研究转向了"科学思维模拟"研究，包括理论发生的认知过程、实验设计、假设检验、数据解释，这些方面包括归纳和演绎推理、因果推理、类比等。在过去的30多年里，最活跃的科学思维研究领域是问题解决、假设检验和概念获得。

---

① 郭贵春：《后现代科学实在论》，北京，知识出版社，1995，第4页。

研究科学思维的有效方法有心理实验、计算模拟和"在线"(on-line)考察。

## 二、认知转向与语言转向、解释转向和修辞转向的关系

在笔者看来，科学哲学的转向包含三种含义：一是研究对象的变化；二是研究视角的变化；三是研究方法的变化。科学哲学已完成的三次转向和业已发生的第四次转向——认知转向都表现在这三个意义上。科学哲学的每次转向都体现了科学哲学的研究重心的一个战略转移，有力地推动了科学哲学的发展。同时，转向也意味着科学哲学在前一个发展阶段陷入困境，为摆脱困境而实施的策略。这四次转向不是彼此无关的，它们是内在逻辑地关联的。

(一)语言转向：认知转向的语言学基础

20世纪初发生的"语言转向"是一场在新的基点上探索哲学存在方式的革命。数理逻辑的兴起，为人们提供了一种新的分析方法，即通过对语言进行分析进而解决传统哲学问题。哲学家不再关心如何使概念符合认识模式，如何使概念反映实在，而是关心如何使语言不违反逻辑句法。逻辑原子主义和逻辑经验主义是语言学转向的倡导者和实践者。弗雷格主张通过语言符号进行心理表征。罗素认为逻辑是哲学的本质，哲学的功能就在于逻辑分析。维特根斯坦提出全部哲学就是语言批判。逻辑经验主义认为哲学是确定并发现命题意义的活动。石里克指出："哲学是命题得到澄清，科学是命题得到证实。科学研究的是命题的真理性，哲学研究的是命题的真正意义。"卡尔纳普提出"一切哲学问题都是语言问题"。传统的哲学问题都是由于没有弄清语言的逻辑句法而提出的无意义的假问题。解决这些问题只能通过逻辑分析方法。他们把观察陈述视为构成整个科学理论的理性重建的逻辑起点，并试图在科学语言的逻辑统一的前提下对科学理论进行经验主义理论重建。石里克和卡尔纳普指出："传统哲学的错误并不是由于它们没能解决人类的认识问题，而是由于它们提出这些问题的方式错了，或者说，根本不存在这样的问题。"① 所以，哲学的任务并不在于探索我们的认识与世界的关系，而只是询问我们的语言是否准确地表达了我们的认识。

逻辑经验主义把科学哲学看做科学的逻辑。它关心科学陈述的逻辑形式、科学定律的逻辑结构、科学理论的逻辑构架、科学说明的逻辑模式、科学推理的逻辑关系等问题。这些问题构成了语言转向的核心内容。

---

① 转引自江怡：《世纪之交再话"语言的转向"》，《外国哲学》1998年第12期，第109页。

由于逻辑经验主义在研究中不考虑科学的内容，不注重科学的实际活动，把哲学分析限制在语言上，因而成了某种先验的东西，受到了后继理论的批判。卡尔纳普的"统一物理学语言"理想的失败，说明局限于语言层面解决认知问题是不可能的。

逻辑经验主义的形成是"语言转向"的直接结果，同时也形成了科学哲学研究的整体背景。逻辑经验主义提出的基本问题构成了此后科学哲学研究和争论的重要问题。但是语言分析不是万能的，试图通过建构理想语言来解决所有哲学问题是一种不切实际的空想。牛津日常语言学派指出，虽然认识论问题最终将转换为语言问题，但在讨论感觉、经验和事实时，我们不能仅仅停留在语言表达的层面，而应该寻找语言中的思维。哲学的目的总是要通过概念分析达到对实在世界的理解和认识①。语言和逻辑问题实质上是和人的认知紧密联系在一起的。把这些问题的解决与人的认知结合起来考虑将是科学哲学认知转向的新视角。由此出发，语言转向中产生的问题在认知转向中将会得到解释。

可以看出，语言转向使哲学进入了分析时代，语言成了基本的东西，但比语言更基本的无疑是人的心智。乔姆斯基的语言学研究表明，语言是人的一种官能，是心理活动的一部分，人的心理结构决定语言结构，语言是一种天赋的能力，这种天赋能力不是"学习"得来的，后天的学习只是一种刺激。因此，语言转向并没有消解认知问题。相反，它倒是成为认知转向的基础。

（二）解释转向：认知转向的解释学基础

历史主义的兴起使科学哲学出现了第二次转向——解释转向。"解释转向是解释与理解在方法论上的融合，即分析与解读的统一。这是语言理解与解释经验、语言分析与解释实践的相互渗透和融合。""修正和超越了语言转向，从实质上赋予了解释学以更强烈的解释实质的特征，从而满足了解释背景必须是科学、社会、文化与历史相统一的趋向。"②

如果说语言转向强调了科学哲学的合理重建，研究科学家应该如何做，那么，解释转向则是整体建构的，主张科学哲学是描述科学家如何做。历史主义认为对于科学哲学而言，重要的不是研究科学的形成，而是研究它的内容。因而主张研究科学理论在什么样的社会、文化条件下产生、发展和变化。科学哲学对科学的研究不能脱离科学史。正如拉卡

---

① 转引自江怡：《世纪之交再话"语言的转向"》，《外国哲学》1998年第12期，第110页。
② 郭贵春、殷杰：《在"转向"中运动》，《哲学动态》2000年第8期。

托斯所说："没有科学史的科学哲学是空洞的；没有科学哲学的科学史是盲目的。"图尔敏也指出："科学的中心目的是探求理解，是一种意图在于不仅使自然过程可预言而且可理解的探索。科学理论的作用就在于阐述自然的理想秩序和对那些偏离自然的理想秩序的现象做出解释。"①事实上，库恩的范式理论、拉卡托斯的研究纲领以及费耶阿本德的无政府主义认识论都是在寻求一种解释。他们力图在社会、文化、心理背景中寻求对科学的一种合理的解释。

解释转向无疑是解释学方法在科学哲学中的应用。它通过对逻辑经验主义和科学主义的批判，把人类行为、科学、文化或整个历史时期作为"文本"来阅读，强调作为对话的个体和共同体之间的协调和互补，从而强化了理论表述的、实践的、历史的和整体的统一。

历史主义实现的解释转向对逻辑经验主义的理性主义和绝对主义进行了有力的批判，但是在批判的过程中却走向了另一个极端，即非理性主义和相对主义。首先，历史主义否定了科学的客观性、真理性和进步性。库恩把"范式"的转变看做是一种"格式塔转换"，否认了可以根据客观的标准对范式进行合理选择的可能性。费耶阿本德强调高层理论即"背景理论"对于科学的决定作用，排斥了科学的客观性和真理性，对科学进步作了相对主义的解释。其次，从反对方法的一元论走向方法论的多元主义或无政府主义。费耶阿本德认为，"没有单一的程序或单一的一组规则能够构成一切研究的基础，并保证它的'科学的'、'可靠的'"②，"一切方法论都有其局限性，唯一幸存的法则是'怎么都行'"③。最后，从模糊科学与非科学的界限到否认科学与非科学的区别。库恩自己也承认："我们越细心地力图区别艺术家和科学家，我们这样做就碰到越多困难。"④费耶阿本德指出："科学是人类已经发展起来的众多思想形态的一种，但并不一定是最好的一种。"⑤它与宗教、神话等意识形态没有根本的区别。科学哲学的认知转向将从认知能力出发，既吸收从社会历史出发解释科学的合理性，又提出克服其相对主义的方法。

---

①　转引自舒炜光、邱仁宗：《当代西方科学哲学述评》，北京，人民出版社，1987，第192～193页。

②　〔美〕费耶阿本德：《自由社会中的科学》，兰征译，上海，上海译文出版社，1990，第105页。

③　〔美〕费耶阿本德：《反对方法》，周忠昌译，上海，上海译文出版社，1992，第256页。

④　〔美〕库恩：《必要的张力》，纪树立译，福州，福建人民出版社，1981，第335页。

⑤　〔美〕费耶阿本德：《反对方法》，周忠昌译，上海，上海译文出版社，1992，第255页。

### (三)修辞转向：认知转向的艺术论证基础

修辞转向本质上是一种在现代语言学、现代心理学和现代逻辑学基础上，将古代传统的"劝说艺术"重建为一种全新的论证艺术的运动。夏佩尔等新历史主义者将之引入科学哲学领域，强调科学的发明与创造的实现必然要通过具体的修辞过程来得以完成和展开，发明和组织科学论述成为科学修辞学的最基本的功能。夏佩尔指出："科学的最终形式语言是科学修辞学。"①从本质上讲，科学修辞学转向是运用说明论证的艺术，以改变或强化在科学交流中具有认识价值的观念。其目的就是要把科学修辞学作为一种确定的科学研究方法，充分地解释科学论述的修辞学特征，从而在科学论述的境遇、选择、分析、操作、发明和演讲中，给予战略性的心理定向和更广阔的语言创造的可能性。

新历史主义在面对逻辑经验主义脱离科学史实际的预设主义困境和库恩等老历史主义出现的相对主义困境时采取修辞学战略，力图克服二者面临的困难。"修辞学是作为发现和有效地表达好理由的艺术的概念化。""在修辞战略中，好理由构成了修辞学的本质特征，所以修辞学的论述就是创造有好理由的论述。"②夏佩尔强调理由与知识和真理是交织在一起的。他曾经说过，我们如何有可能获得知识而避免相对主义和怀疑论，但是不必接受任何绝对性，问题的焦点在于"理由"的概念。但是科学哲学中许多问题，特别是逻辑的、语义的和心理的系统分析，并不是修辞学分析所能取代的。科学的认识活动依据一定的理由而进行的推理活动，正是理由保证了科学概念、名称和理论在前后相继的发展中的连续性。由此可见，科学修辞学转向是科学哲学力图克服逻辑经验主义的预设主义和历史主义的相对主义的结果，它是克服理性主义和非理性主义对立的可能选择，但是科学哲学中许多问题，特别是逻辑的、语义的和心理的系统分析，并不是修辞学分析所能取代的。

笔者认为，语言虽然是认知的重要因素，但不是认知的全部。社会历史因素虽然对认知有重要影响，但只是认知的外在因素。修辞方法虽然可以增强科学发现的艺术性，但修辞不是认知。因此，在认知问题上，科学哲学的语言转向、解释转向和修辞转向都还没有深入到认知的深层结构。但它们为认知问题的进一步研究提供了基础。认知转向将在这个基础上，结合认知科学的成果探讨人的认知机制的秘密。

---

① 转引自郭贵春：《科学修辞学的本质特征》，《哲学研究》2000 年第 7 期，第 23 页。

② 转引自郭贵春：《科学修辞学转向及其意义》，《自然辩证法研究》1994 年第 12 期。

### 三、认知转向与科学发现问题的认知解释策略

如果说"语言转向"是科学知识说明的语言学策略，"解释转向"是科学理论的社会历史解释的策略，"修辞转向"是科学问题艺术论证的策略，那么，"认知转向"就是科学发现问题的认知探讨策略。科学知识是如何产生的？科学理论是怎样形成的？科学问题是如何提出的？这些问题都涉及认知问题，都与发现问题有关，局限于语言学、解释学和修辞学层面上是不能得到最终解释的。认知转向就是要在认知层面解决这些问题。它是一种由外到内、由浅入深的研究策略。它将融合语言学、解释学、修辞学和认知科学的方法来研究认知现象。因此，它不是一次独立的转向，而是汲取了前三次转向思想成果和认知科学的思想及方法的战略转移。

科学认知、科学发现和科学思维属于同一范畴。它们都要说明科学家是如何进行思维的，如何做出发现的。在科学哲学发展史上，关于科学发现存在两大问题：其一，科学发现有无逻辑；其二，发现与证明是什么关系。这两个问题又是紧密联系的。发现之所以存在逻辑，是因为发现和证明就是同一的，发现一个理论就同时证明该理论；发现之所以不存在逻辑，是因为发现和证明不是一回事，发现一个理论，不等于证明了它，发现是非理性的，没有逻辑，而证明是理性的，存在逻辑，即证明的逻辑。

我们先分析第一个问题。围绕"科学发现有无逻辑"这一问题，古今哲学家的观点主要有两种：其一，科学发现存在逻辑，是合理性的；其二，科学发现不存在逻辑，是非理性的。两种观点针锋相对。这里的"逻辑"是指"规则、模式和方法"。亚里士多德、培根、笛卡儿、牛顿持第一种观点。亚里士多德的"直觉归纳"逻辑认为，科学发现是运用归纳法从经验事实中归纳出一般原理，然后以这些一般原理为前提演绎出个别事实的陈述。而归纳是借直觉进行的，直觉是创造性的根源。F. 培根的"实验归纳"法认为科学发现不仅依赖于观察和归纳，也依赖科学实验，在实验基础上的归纳才是科学发现的逻辑，而不是直觉基础上的归纳。笛卡儿的"理智演绎"法认为理智的"洞查和直觉"与演绎推理的结合是科学发现的内在逻辑，但直觉是什么并没有得到说明。假设主义的"假设演绎"或"公理演绎"法强调科学发现中假设或公理的作用，认为事实的积累可直接跳到假设，再从假设演绎出事实命题。但假设来自哪里？爱因斯坦认为来自直觉。他主张从事实到假设没有逻辑通道，是靠直觉来实现的。而从假设到命题是依照逻辑

做出的。也就是说，发现靠直觉，而证明靠逻辑。发现和证明不是一回事，直觉和逻辑也不是一回事。可以看出，除培根反对发现的直觉根源外，其他人都把直觉看做发现的根源。但他们都没有对直觉进行分析和说明，这恰恰为认知转向留下了研究空间。

否认科学发现存在逻辑的人也正是抓住对直觉这种特殊思维方式缺乏深入研究的缺陷，认为直觉是随机的和突发的，无规律可循，不能靠演绎逻辑进行推理，因而不存在发现的逻辑，发现是纯粹非理性的。波普认为科学发现是柏格森意义上的"创造性直觉"；库恩认为是"格式塔转换"的思想飞跃。这样，在科学发现的本质上留给人一种神秘、不可思议的感觉。

在科学发现与后验证明的关系问题上也存在两种观点：一是认为发现与证明是合二为一的；二是认为发现与证明是分离的。从亚里士多德到牛顿的两千多年里，思想家们一般都相信科学发现的逻辑是可以通过哲学分析而明确的，发现与证明是合二为一的。这些思想家们相信一种正确的发现逻辑会自动证明其产生理论的正确性的，将发现与证明分离是没有必要的。

这种将发现与证明不加区分的观点是与当时的主流思想"科学可靠论"观念联系在一起的。"科学可靠论"认为科学是绝对可靠的知识，因为可靠性是科学的本质，它不会随时间而变化。既然科学是可靠的，科学发现过程也必然是合乎某种严格规则的，这种规则就是归纳法，它也是证明的逻辑。

19世纪中叶，"科学可靠论"的归纳发现逻辑的可靠性受到置疑，科学证明的演绎逻辑受到重视。怀疑论思想家们注意到，科学并不全是经验归纳的结果，许多科学概念并没有可观察的对应物，科学理论具有更深层的结构。随着非欧几何和非牛顿物理学的出现，经验主义可靠论的两个基础——经验基础的确实性和归纳推理的正确性受到置疑。"科学可错论"逐渐取代"科学可靠论"，越来越多的哲学家意识到科学发现与科学证明是两个不同的过程。赫歇尔和惠威尔首先提出发现与证明的模式根本不同，二者应该严格区分开来。惠威尔还进一步主张科学发现不存在逻辑，它依赖于某种巧妙而灵活的思想。可以看出，惠威尔的观点已经明确指出了认知过程的非理性因素的存在。

赖欣巴哈和波普发展了惠威尔的思想，确立了只研究科学证明而不涉及科学发现的科学哲学研究策略。逻辑经验主义按照这一思想路线，主张科学哲学只对科学语言进行逻辑分析，把科学发现问题排除在科学哲学研究之外。这与科学的实践发生矛盾。20世纪50年代末,汉森发表《发现的逻辑》、《发现的模式》等著作,指出逻辑经验主义的观点是错误的,他认为假说的提出是通过在现象中发现某种模式来实现的,此过程既有理性因素,也有非理性因素,科学哲学不仅要研究证明的逻辑,更要研究发现的逻辑,研究科学家的认知过程。历史主义从社会历史的立场考察科学发现问题,认为把发现和证明分开的观点是片面的,发现与证明既相互区别又相互联系。人工智能对发现模式的研究有力地推动了科学哲学家对发现问题的思考。

由于历史主义科学哲学观的发展,使科学发现问题成为科学哲学研究的一个重要方面,尼克勒斯的《科学发展、逻辑和理性》与《科学发现:案例研究》①使科学哲学界对科学发现形成比较一致的看法:科学发现是一个创造性过程,从经验事实到科学理论并没有一成不变的逻辑通道;每一个科学发现都是科学家在特定的历史、文化和智力环境中解决一个新问题。这样,认知问题就和社会文化环境联系在一起,发现过程既有逻辑思维也有非逻辑思维,两种思维是互补的、互依的。

科学发现问题的历史考察表明,以往的思想家们关于科学发现的认识仍是关于认知外在逻辑、方法和模式的阐述,并没有就科学家的思维内在过程进行探讨。以逻辑经验主义为标志的语言转向,运用逻辑方法分析科学语言的结构,认知问题不是他们关心的问题。波普的证伪主义从问题开始的大胆猜测科学发展模式虽然涉及认知问题,但没有说明科学家是如何进行猜测和认知的。以历史主义为标志的解释转向虽然从社会、历史、文化、心理等视角解释科学的发展,库恩的"范式"理论、拉卡托斯的"研究纲领方法论"、劳丹的"研究传统"理论都涉及科学认知问题,但没有做进一步的研究,他们把认知作为"黑箱"封闭起来。虽然后期库恩从"范式论"转向了"词典论",研究认知与语言的关系,探讨科学概念变化的认知过程,但这只是科学哲学家探讨科学发现的深层认知问题的开始。以新历史主义为标志的修辞转向,虽然强调科学发现的论证艺术,但这主要是方法论的转向,研究对象不仅没有转到认知问题,而且在认知问题上反而是一种倒退。也就是说,科学哲学发生的三次转向并没有在研究对象上转向认知问题,主要是研究方法和视角的变化。认知转向不仅在研究对象上,而且在研究方法和研究视角上发生变化,使

---

① See T. Nickles: *Scientific Discovery*, *Logic and Rationality*, *Scientific Discovery*: *Case Studies*, D. Reidel Publishing Company, 1980.

科学哲学在 21 世纪发生重大战略转移。

认知科学家，特别是人工智能专家运用计算机重新发现开普勒定律、波义耳定律等的工作，促使科学哲学家思考科学发现的本质问题，譬如，计算机的"发现"和科学家的发现是一回事吗？科学家究竟是如何认知的？认知科学的发展为人们揭示思维的秘密提供了科学基础。"认知转向"意味着科学哲学家开始从认知分析角度研究科学发现问题。

## 四、从"科学发现逻辑"到"科学思维模拟"

认知科学在 20 世纪 70 年代末的兴起，使科学哲学由"科学发现逻辑"转向了"科学思维模拟"。科学思维指在科学研究中使用的思维过程，包括理论发生的认知过程、实验设计、假设检验、数据解释，这些方面包括归纳和演绎推理、因果推理、类比推理等。在过去的 40 多年里，最活跃的科学思维研究领域是问题解决、假设检验和概念获得。

（1）问题解决（problem solving）作为科学思维。在人工智能中，西蒙认为科学思维是在各种问题空间的搜索过程。他通过让被测试者重新发现科学概念，然后分析他们留下的文字的记录方法研究了许多科学发现[1]。克拉尔（Klahr）和邓巴尔（Dunbar）把科学思维描述为在假设和实验这两个问题空间中的搜索[2]，研究者的目的就是要在这两个问题空间之间建立联系。

（2）假设检验（hypothesis testing）作为科学思维。许多研究者把假设检验看做科学思维的核心属性。波普的证伪思想是假设检验的基础，他认为检验一个假设的最好方法是证伪它。按照这一方法，研究者发现被测试者通常试图证实而不是证伪他们的假设。也就是说，人们通常做实验检验假设所预言的结果。这是人们固有的"证实偏爱"，许多实验表明克服这种偏爱是相当难的。邓巴尔发现，尽管科学家习惯证实他们的假设，但当假设与事实不一致时，儿童也会改变他们的假设[3]。可莱曼（Klayman）则辩护说，人们天生具有实证检验的偏爱，在某种环境下这是一种好用的策略[4]。

---

① See H. A. Simon：*Models of Discoery*，Reidel Dordrecht：1977.

② D. Klahr，K. Dunbar："Dual Space Search during Scientific Reasoning,"*Cognitive Science*12(1)，1988：1-55.

③ K. Dunbar："Concept Discovery in a Scientific Domain,"*Cognitive Science*17，1993：397-434.

④ J. Klayman，Y. Ha："Confirmation，Disconfirmation，and Information in Hypothesis Testing,"*Psychological Review* 94，1987：211-228.

（3）概念获得（concept acquisition）作为科学思维。新概念的形成和已有概念的修正是科学思维的重要方面。布鲁纳（Bruner）等人集中于科学家形成新概念和理论的研究[①]。奇（M. T. Chi）等人研究科学概念的表征及其随专门技术的变化[②]。对于认知发展中科学概念重组和变化的研究已经揭示了先于概念变化的外部事件的类型和科学概念变化的方式[③]。

目前，研究科学思维的有效方法有心理实验、计算模拟和"在线"考察。心理实验即通过实验研究儿童的认知过程来说明科学家的思维。许多研究者注意到，儿童的思维类似科学家的思维，虽然他们的知识结构比科学家和成人简单些，但他们能够提出假设，进行实验和设计理论。皮亚杰的认知发展阶段理论揭示了不同年龄的儿童具有不同的检验假设的能力，能够解释他们的认知结果。斯考伯（Schauble）在跟踪研究儿童在不同时期检验假设的能力时发现，儿童的确有能力检验假设并根据经验改变他们的实验计划[④]。最近的科学推理研究也表明，一旦获得大量的知识，儿童与成年人在形成概念、提出假设和设计实验的能力上就没有根本差别。

计算模拟提供了作为科学思维基础的特殊认知过程的模型。早期的计算工作包括选择一个科学发现案例，建立推理过程的计算模型。譬如，兰莱（Langley）等人建立了模拟发现的一系列程序，如哥白尼和斯塔尔发现程序，其中嵌入各种归纳推理算法，当给这些程序输入科学家使用的数据时，能够得到相同的结果[⑤]。自 1980 年以来，研究者把更多科学领域的知识嵌入计算模型。比如，库卡尼（Kulkarni）和西蒙建立了一个表征生物知识和实验技巧的程序，能够模拟克雷伯斯（Krebs）发现尿素循环的过程[⑥]。把科学知识并入计算机程序使计算模型的目的发生了根本变化，即从最初的模拟科学发现到应用模型帮助科学家做出发现。譬如，

① See J. S. Bruner, J. J. Goodnow , G. A. Austin: *A Study of Thinking*, New York: NY Science Editions, 1956.

② M. T. Chi, P. J Feltovitch, R. Glaser: Categorization of Physics Problems by Experts and novices, *Cognitive Science* 5, 1981: 121-152.

③ See P. Thagard: *Conceptual Revolutions*, Princeton, NJ: Princeton University Press, 1992.

④ L. Schauble: "The Development of Scientific Reasoning in Knowledge-Rich Context," *Developmental Psychology* 32, 1996: 102-119,

⑤ See P. Langley et al: *Scientific Discovery*: *Computational Explorations of the Creative Processes*, Cambridge, MA: MIT Press, 1987.

⑥ D. Kulkarni, H. A. Simon: "The Processes of Scientific Discovery: The Strategy of Experimentation," *Cognitive Science* 12, 1990: 139-176.

瓦尔德斯—皮雷兹(Valdes-Perez)在化学中建立发现模型①。

"在线"考察就是对科学家群体认知过程的现场研究。科学家如何思考问题是研究者一直面临的困难。过去研究者利用笔记、谈话、日记和历史记录以及同事的阐述获得对认知过程的描述。邓巴尔等追踪分子生物学和免疫学实验室科学家思考和推理的过程,通过对科学家的实验室集会进行录像和录音,然后逐字逐句分析科学家在明确叙述理论、分析数据、设计实验和建立模型时所运用的思考和推理模型②。用这种方法,他们建立了科学思维的认知基础模型,得到科学家实际怎样进行推理的清晰逻辑。这就是一种"在线"思考和推理。其优点是允许研究者在科学进展时了解它,优于科学家记在笔记本上的那些经过他们选择的信息。这种对真实科学的考察方法,非常有利于我们弄清科学家的"实际思维"过程。

## 五、"实际思维"的模型认知策略

科学哲学家关注科学家的"实际思维"是"基于模型的推理"(model-based reasoning)方式进行的,历史地看,这一过程大致经历了三个阶段。

第一,承认模型的启发作用,否认其认知功能。20世纪初,杜恒区分了理论与模型,认为理论起描述作用,模型起解释作用。模型是理论的附属物,服务于解释目的,不具有认知作用。在他看来,物理理论不是一种解释,而是一个源于一些原则的数学命题系统,尽可能简单、完全、准确地表达一组经验定律③。杜恒把这种理论看做科学进步的推动力,是科学发展的唯一途径。他虽然否认模型的认知作用,但并不否认科学研究中存在想象和直觉。他区分了法国式的"抽象"心智和英国式的"宽广"心智,指出在英国科学传统中模型总是伴随着理论的说明,对于英国学派的物理学家而言,理解一个物理现象就同设计一个模型模仿这个现象一样。事物的性质可以通过想象一个表征和模拟其特征的机制得到理解。英国物理学家的目标是创造一个没有模型就不能掌握的抽象规律的可见和感知的图像。

---

① See R. Valdes-Perez, et al: *Artificial Intelligence* 91(2), Special Issue on Scientific Discovery, 1997.

② See K. Dunbar: "How Scientist Think: Online Creativity, Conceptual Change in Science", in T. B. Ward, S. M. Smith, S. Vaid(eds.): *Conceptual Structure and Processes: Emergence, Discovery and Change*, Washington, DC: APA Press, 1997.

③ P. Duhen: *The Aim and Structure of Physical Theory*, Priceton/New Jersey: Princeton University Press, 1954: 19.

卡尔纳普认为，模型在科学研究中只具有审美或训导价值，或充其量具有启发价值，但对于物理理论的成功应用是不必要的①。在他看来，理论的意义与说明一点也不依赖于模型的使用。赖欣巴哈区分了"发现的语境"和"证明的语境"，目的在于把逻辑与心理学分开，因为他认为"实际思维"与认识论建构不一致，不是合法的认识论的主题，所以对思维和"发现的语境"不感兴趣，关注的是理论与独立于发现者的事实之间的关系②。卡尔纳普也认为在现代理论物理学中，比如相对论和量子物理学，基于直觉的方法几乎不起作用。

第二，探讨模型的解释和认知功能。20 世纪 50 年代初，科学模型成为一些科学哲学家关注的焦点。英国的布雷威特、海西和赫坦都把科学理论看做假设—演绎体系，从不同角度讨论科学模型的有关问题。布雷威特致力于科学理论化的形式重建的研究。他把科学的理论化看做演绎的任务，如微积分为何在形式上成为表征理论的演绎系统。在他看来，微积分本身不是解释，它只是符号操作系统。解释就是根据经验数据赋予微积分符号以意义。从前提（微积分表征的演绎系统）到结论是自上而下的过程。底层是"可直接检验的底层理论概括"③，即观察数据处于推理逻辑链的底部。理论的实际建构自下而上发生，即从观察数据到前提或假设。虽然前提逻辑上在先，但认识上在后，譬如，在理论的发展中，先观察到事件而后知道高层假设④。理论的形成面临认识论问题，因为逻辑在后的结果（观察数据）决定理论术语的意义，如微积分表征的理论中逻辑在先的假设。在布雷威特看来，解决逻辑在先和在后问题需要模型，因为模型在认识结构上不同于理论。同理论相比，模型是得到解释的微积分。在模型中，前提（包括假设的）解释是固定的，而模型仍然具有与理论相同的结构。他用拉链隐喻说明理论和模型在认识论上的差异，"微积分在底部连接理论，拉链向上移动；微积分在上部连接模型，拉链向下移动"⑤。因为模型得到充分解释，而理论没有。模型以更易理解的

①　R. Carnap："Foundations of Logic and Mathematics,"*International Encyclopedia of United Science*, Chicago：Chicago University Press，1939：68.

②　H. Reichenbach：*Experience and Prediction*，Chicago：University of Chicago Press，1938：382.

③　R. Braithwaite："The Nature of Theoretical Concepts and the Role of Models in Advanced Science,"*Revue Internationale de Philosophin* 8，1954：38.

④　R. Braithwaite：*Scientific Explanation：A Study of the Function of Theory*，*Probability and Law in Science*，Cambrige：Cambrige University Press，1968：89.

⑤　R. Braithwaite：*Scientific Explanation：A Study of the Function of Theory*，*Probability and Law in Science*，Cambrige：Cambrige University Press，1968：90.

方式思考微积分表征的结构，而微积分使模型以可选择的方式思考理论。其实，布雷威特的模型概念体系是形式化的，与逻辑经验主义传统非常相似。他的直觉认识论与赖欣巴哈的"实际思维"不是主题的观点如出一辙。

赫坦和海西不同于布雷威特。他们从科学活动和科学家实际需要出发研究科学模型的概念体系。赫坦指出，如果科学家和哲学家对科学模型的说明存在巨大分歧，"模型"就仅仅成为科学家理解科学方法的术语，而这一点恰恰为哲学家所忽视①。他主张科学哲学家应尽可能通过案例研究跟踪科学家的工作，避免使科学成为前构想方案。他研究了振动子模型在固体加热和其他物理学方面的应用。海西研究了 19 世纪光在以太中传播的模型。这些案例研究在一定程度上把科学哲学引向了科学模型功能的研究。赫坦认为模型不是理论和实在的摹写，而是对理论的部分解释，因为，"在科学中我们只是想解释新的和不熟悉的现象，所以我们尽量用我们所知道的知识说明它，或用我们熟悉的语言描述它。也就是说，模型被用来提供一种解释"②。我们熟悉的东西其实就是"实际思维"的一种策略。他把模型与隐喻思维进行比较，指出了模型的心理特征具有启发和实用作用，并提供对事物的可见表征。

赫坦还把模型看做是理论和实验之间的一种联系，认为理论是根据模型来解释和检验的，模型不是理论的应用，而是理论通过模型得到应用。海西认为科学"是通过设计实验来回答模型蕴涵的问题而进步的"③，数学形式主义也是科学模型，而且与机械模型之间没有明显的界限，因为它们本质上是以同一种方式起作用的。这是广泛应用模型概念的重要一步，后来在理论模型概念中起作用。海西主张模型在科学发现和创造性想象中起核心作用，而且从经验数据到理论假设的推理中不存在一套科学发现的规则。假设不是由吸收实验观察的演绎机器产生的，它是创造性想象和吸收实验数据并形成模式的心智的产物，这使理论家以为他们透过现象看到自然的真实结构④。海西对科学发现和创造性想象的哲学分析明显涉及科学家的"实际思维"。

---

① E. H. Hutten："Model in Physics,"*British Journal for Philosophy of Science* 4，1954：285.

② E. H. Hutten："Model in Physics,"*British Journal for Philosophy of Science* 4，1954：286.

③ M. Hesse："Model in Physics,"*British Journal for the Philosophy of Science* 4，1953.199.

④ M. Hesse："Model in Physics,"*British Journal for the Philosophy of Science* 4，1953：98.

　　第三，研究"实际思维"及其心理模型。20世纪60年代末，一些科学哲学家开始通过类比、创造性、心理模型等方式对"实际思维"进行研究。萨普(Patrick Suppes)认为"理论是由一组句子构成的语言实体，模型是补充理论的非语言实体"①，非语言实体意指模型的心理表征角色。他意识到物理学家把模型看做是一个建立在类比上的非常具体的物理事件，这与以数学逻辑为基础的观点不相容。解释是模型的一个突出功能，类比是思维的一个重要特征。而理论模型的解释优势就是使用模型。阿奇斯坦(Achinstein)指出："类比应用于科学来提高理解概念的能力，这样做是要说明这些概念和已熟悉或已掌握概念之间的相似性。"②他研究了原子与太阳系之间，光波动、声音与水之间，原子核裂变与水滴的分开之间的类比关系，认为科学模型的隐喻方法也依赖类比的潜力。布兰克(Black)和海西对类比做了深入研究③，认为运用隐喻对科学模型化的认知过程进行审视，可引入模型创造性地产生思考对象和现象的方式，这样就会对模型使用者的思维方式产生持久的影响。认知是解释的自然伴随物，解释提供理解，理解就是认知活动，而认知活动又依赖于类比。基于这一思想，20世纪80年代以来，科学哲学家杰特(Genter)、萨伽德(Thagard)等把类比看做解释的核心，并作为人类推理的模式进行深入而广泛的研究④。

　　哈瑞(Rom Harre)集中研究科学理论发展中模型具有的说明和创造能力。他认为当我们对科学问题缺乏详尽说明的时候，当在"我们关于结构的知识和事物构成之间存在裂痕"⑤的时候，特别需要创造性。在他看来，科学家在他们大部分理论活动中，试图形成关于产生我们观察到现象的自然机制的图像，完成这一目标的主要方法是通过创造或想象模型，因为模型具有作为假设机制本原的创造功能。在科学中，为探索未知机

①　P. Suppes："A Comparison of the Meaning and Uses of Models in Mathematics and the Empirical Science,"in H. Freudenthal(ed.)：*The Concept and the Role of Model in Mathematics and Natural and Social Sciences*，Reidel：Dordrecht，1961：166.

②　P. Achinsten：*Concepts of Science*，Baltimore/Maryland：John Hopkins Press，1968：208-209.

③　See M. Black：*Models and Metaphors*，Ithaca/New york：Cornell University Press，1962；M. Hesse：*Models and Analogies in Science*，Notre Dame/Indiana：University of Notre Dame Press，1966.

④　See D. Genter："Structure Mapping：A Theoretical Framework for Analogy,"*Cognitive Science*7，1983：155-170；D. Genter，A. B. Markman："Structure Mapping in Analogy and Similarity,"*American Psychologist* 52，1997：45-56；K. J. Holyoak，P. Thagard："The analogical mind,"*American Psychologist* 52，1997：35-44.

⑤　R. Harre：*The Principles of Scientific Thinking*，London，Macmillian：1970：35.

制建构模型就是创造性思维过程，而为已知事物和过程建构模型更具有启发价值[①]。譬如，为了建立原子模型参照太阳系图像设想原子结构是一回事，为了思考或传授原子结构而运用太阳系图像完全是另一回事。尽管创造和使用模型都包含认知的过程，但不是一回事，拥有模型图像也许对于应用它至关重要。

真正的认知过程是以研究科学家"实际思维"的心理模型为标志的。而应用模型与我们已知和未知的事物和过程，并形成这些事物和过程是如何工作的图像涉及心理模型研究。杰特和斯蒂文森（Stevens）在心理模型和知识表征方面进行了深入研究，他们指出："一类典型的心理模型研究以详细检测人们理解某知识领域的方式为特征。"[②]

很明显，探索人类知识需要严格限制在容易处理的范围，这就是为什么已有案例大部分是简单的物理系统的原因。杰特对这类系统的一个著名的心理模型说明是人们关于电路的推理。在这个案例中，他用了两个中心类比——水流和移动人群，它们分别适合于解决电池和电阻问题。这表明，成功解决明确推理任务不仅依赖是否涉及电池或电阻，而且依赖心理模型的选择。德克莱尔（de Kleer）、布郎（Brown）、威廉姆斯（Williams）、霍兰（Hollan）、吉尔（Giere）、纳瑟斯安（Nersessian）等后来研究了人类认知过程中的心理模型[③]。心理模型研究的出现，预示着"科学思维"（scientific thinking）研究的到来。

## 第二节　关联理论与认知模型

"语境"是语境论的核心概念之一，正如系统之于系统论。我们说语境是语形、语义和语用的统一，是要强调语境的关联性特征，斯珀伯和

---

① R. Harre：*The Principles of Scientific Thinking*，London，Macmillian，1970：40.

② D Genter, A. L. Stevens(eds. )：*Mental Models*，Chicago：University of Chicago Press，1983：1.

③ See J. De Kleer, J. S. Brown："Mental Model of Physical Mechanisms and Their Acquisition," in J. R. Anderson(ed. )：*Cognitive Skills and Their Acquisition*，Lawrence Erlbaum Associates，Hillsdale/New Jersey，1981：285-309；M. D. Williams，J. D. Hollan，A. Stevens："Human Reasoning about a Simple Physical System," in D. Genter，A. L. Stevens（eds. ）：*Mental Model*，N. J. Hillsdale Erlbaum，1983：131-153；R. Giere：*Explaining Science：A Cognitive Approach*，Chicago：University of Chicago Press，1988；N. J Nersessian：*In the Theoretician's Laboratory：Thought Experimenting as Mental Modeling* in PSA，1992，M. D. Hull forbes, K. Okruhlik(eds. )：*Philosophy of Science Association*，East Lansing，MI，1993：291-301.

威尔逊(D. Sperber & D. Wilson)的"关联理论"(theory of relevance)就说明了这个特征。

## 一、语境的关联理论

关联理论认为，人类在其心智和社会行为中都寻求关联，也即在语言运用、问题求解和认知过程中寻求最大关联，因此，这些都是关联辖制的(relevance-governed)。在他们看来，认知是一个系统，它的效率取决于各个子系统之间的协同和系统资源的彼此分享。资源的协同与分配必须能够最大限度地保证这样的可能性，即以最关联的方式处理最关联的信息①。在语用活动中，他们假定，显性刺激的相关度必须足以使听者能够付出处理努力；显性刺激必须与交流者的能力和偏好最为相关②。也就是说，最大关联是人与世界联系的中介，能够使认知效果最大化。他们把认知看做是"注意和思维过程"，这一过程自动地转向好像相关的信息。人正是通过关联知识推导出进一步的新信息，进而理解话语，认识世界。这一理论以信息处理为基础，假定人的大脑是一个以最小努力获得最大效果的信息存储和处理系统，它可以在已有旧信息的基础上，甚至对最小或不完整信息进行加工处理，从而获得新信息，取得语境变换效果。事实上，人就是在最相关认知语境基础上获得新信息，认识新事物，进而改变已有的认知语境。或者说，它能够产生认知效果，而且效果越多，得到的就越经济，关联性也就越强。

那么，什么是关联呢？关联的寻求自然涉及语境。关联是语境中的关联，涉及语境的变换。语境变换可以理解为语境效果。语境效果有三种：语境含义的提取、已有推断的加强、由于矛盾的出现对现有推断的取消③。斯珀伯和威尔逊根据语境变换把关联定义为：

程度条件1：一个推断在某一语境是相关的，程度条件是在该语境下其语境效果大。

程度条件2：一个推断在某一语境是相关的，程度条件是在该语境下所需要的处理努力小。即：

$$关联\ R = \frac{语境效果\ E}{处理努力\ C}$$

① D Sperber, D. Wilson：*Relevance：Communication and Cognition*，Oxford：Blackwell (2nd ed)，1995：262.

② D Sperber，D. Wilson：*Relevance：Communication and Cognition*，Oxford：Blackwell 1995(2nd ed)，1995：270.

③ 赵彦春：《认知词典学探索》，上海，上海外语教育出版社，2003，第65页。

这一表达式说明：（1）关联取决于（至少）两种因素的相互作用；（2）关联具有语境依赖性；（3）关联是一个相对概念，也即词语的意义因其在某种语境下所获得的关联度不同而有所不同。或者说，关联是动态和静态的统一。动态关联指人对新信息进行加工时，必须使它与已有的旧信息发生关联，以获得进一步的新信息。静态关联指新信息与旧信息之间的某种关联性，只有通过关联才能据此推导出进一步的新信息，从而产生语境效果。可见，关联不仅指新信息与旧信息之间的关联，也指在二者关联的基础上推断出相关的新信息。关联原则假定人是在语境的关联中认知世界的，人是通过使用语言与世界发生联系的。这样，语言的使用过程就是一个认知过程，语言的交流过程就是寻求语境效果的过程。

## 二、基于解码－激活的认知模型

根据关联理论，任何推理都是基于语境的认知过程，因此，关联理论是一种语境论。就语言交流来说，它是一种明示推理的认知活动，即语用者对所处的认知环境再认识和互明的过程。从说者的角度看，交流是一种明示，即要把他或她的意思告诉听者。从听者的角度看，交流是一种推理过程，即听者要从说者提供的信息推断出说者的意思。在交流过程中，说者和听者处于共同的认知语境中，通过关联原则进行沟通，达到交流的效果。

关联理论的独特之处在于，它提出了两个重要的原则：一是交流过程是语境化的过程，是话语信息与在此基础上建构的关联语境相互作用的结果。在交流中，语境不是预设的，而是在整个认知语境中选定的，而且随着对信息的加工动态地变化着。二是在关联原则的基础上，创造性地提出了最佳关联的概念。语境中的关联不是任意的，而是趋于最佳状态的，即力图以最小的投入取得最佳效果。要达到效果最佳，就要选择最相关的语境，对信息进行最优化处理。实际上，关联原则试图在语义结构和语境之间建立起联系，说明如何寻求语言表达和传递意义之间的最佳关联性。其最终目的是解释人们彼此如何交流的内在机制。

人们在认知语境上越趋同，交流效果就越好。或者说，人们之间的认知语境越相似，交流的效果就越好。这是人们之间能够理解的关键所在，即理解过程具有共有关联性。人们共有的认知语境才使理解成为可能。比如，一个人的认知语境组成了他或她认识事物的能力，他或她认识的事物越多，越有助于他或她认识新的事物，从而提高认知能力。进而，他或她的认知能力越强，他或她越能够从新事物中提取更多的新信息。这是一个良性循环过程。

根据人们具有认知语境上的趋同性，斯珀伯和威尔逊在编码模型和推理模型的基础上，提出了改进的推理模型。按照这个改进的推理模型，句子的语义表征构成话语含义的共享意义，而话语含义是语言意义和语境因素相互作用的函数，即话语含义随语言意义和语境因素的变化而变化。这个模型涉及语言信息和非语言信息的相互作用，推理过程包括语境和推理机制两个因素。按照关联原则，语用推理实质上是一种填补语义和语境之间信息空白的"搭桥"过程。这个过程包括编码模型和认知推理模型。认知推理模型是基本的和主要的，编码模型是辅助的和次要的。编码模型的结果是语言意义。当语言意义与话语意义不一致时，语言意义将成为听者推断说者话语含义的重要因素。语言意义对于语用者来说是常规意义，由解码而来，是最容易也是最先理解的新信息。

在语用推理中，由解码得来的新信息即语言意义，旧信息是听者认知语境中的所有相关联信息。对话语进行推理的过程是将新信息与语境相融合，即将新信息置于语境中进行加工而推导出话语含义的过程。按照关联理论的假定，人的认知能力是以最小的努力获得最大效果的发生工作的，因此，当处理某语句时，大脑只调用或激活最相关的语境信息。语言意义与激活的语境信息相互作用，产生进一步的新信息，即话语意义。话语意义对已有认知产生语境效果，从而获得新的认知语境，为下一次认知活动作准备。这一语用认知推理模型可描述为（如图 8-1 所示）[1]：

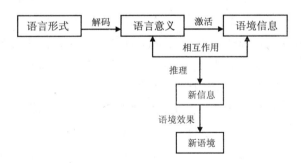

图 8-1 语用认知推理模型

① 参见赵艳芳：《认知语言学概论》，上海，上海外语教育出版社，2001，第 179 页。这里作者做了部分修正。

关联理论从认知视角否定了以前认为语境是关于客观世界的共同静态知识的观点，主张关联语境是一种优化的性质和建构，语用理解是在语言意义与关联语境动态相互作用基础上的推理的观点，这比较符合人的认知特点。

### 三、基于语境的认知模型

斯珀伯和威尔逊的关联理论把语境当做理论体系的内在因素的终极参照和整个理论构架的支点。这是关联理论优于其他理论的地方。不过，在笔者看来，在该理论将推理看做语言解码的结果和激活的最佳相互作用的过程中，语言形式和其语境是分离的，语言似乎是外在于语境的。这一点笔者不赞成。笔者认为语言与其语境是一个整体，语言形式及其意义是语境的一部分。推理和理解是在语境中进行的，脱离语境的认知不是推理。斯珀伯和威尔逊的推理模型虽然对于传统语用理论是一个好的认知模型，为认知活动提供了一个统一的理论框架。但它并没有提出具体的推理步骤，仍然停留在理论假设层面。

笔者曾经就语境的表征计算与意义变换做过研究，并给出了两个认知模型[①]。第一个是 SCL 模型（S 为陈述，C 为语境，L 为逻辑）：

$$陈述＋语境＋逻辑 \xrightarrow{\text{推理}} 结论$$

这是一个非论证性认知推理，因为这种推理只是说明一个陈述的意义所在，而不是要解释该陈述为什么会具有那样的意义，比如，陈述"地球是圆的"，非论证性模型要说明"地球是圆的"语境关联及逻辑蕴涵，至于"地球为什么是圆的"是需要进行论证和解释的，它遵循另一种模型，比如，亨普尔的 D−N 解释模型。

在以上模型中，陈述是事实或事件的"语言表征"。它可分为显式陈述和隐式陈述，其中，显式陈述是根据字面意思就可以直接掌握其意义的陈述，例如，"这是一个杯子"。隐式陈述是根据字面意思不能直接掌握其意义的陈述，隐喻、暗语、成语和歇后语属于这种语句，比如，"爱屋及乌"。语境是该事实或事件的"语言表征"的语言和非语言环境，是"境"的部分。逻辑是二者的关联规则（形式的和常识的），它包括在"境"之中。比如陈述：水在 0℃ 结冰，其语境：水是一种液体；水是纯净的；在一个标准大气压下；测量标准是摄氏温度；温度达到 0℃，逻辑：液体达到其冰点时开始结冰，推理过程：（大前提）液体达到其冰点时开始

---

① 参见魏屹东：《认知科学哲学问题研究》，北京，科学出版社，2008，第 122～132 页。

结冰；（小前提）水达到其冰点的条件，结论：水开始结冰了。

在交流认知活动中，不论认知从什么陈述开始，陈述都是用语言表征的。因此，对语言话语的理解是选择或重构最佳关联认知语境的过程，是话语与语境之间逻辑建构的过程，也即话语与其语境之间的语境化过程。这正如斯珀伯和威尔逊认为的那样，"推理以一组前提开始，以一组由前提按照逻辑推出的，或者至少由前提保证的结论结束"①。它是一种非论证性的演绎推理过程。语用者根据陈述激活关联语境，陈述和其语境作为前提，按照一定的逻辑关系推出意义。

第二个是 PCL 模型（P 为问题，C 为问题语境，L 为逻辑）：

$$问题＋语境＋逻辑 \xrightarrow{推理} 结论$$

这是一种论证性的推理。笔者将通过一个简单例子说明它的推理过程。拿一个不透明的杯子、一个不透明的盖子和一枚硬币。让某人掷硬币而你不能观察。如果硬币是正面，把硬币放入杯子并盖上盖子；如果是反面，把硬币放到别处，用盖子盖住杯子。现在问：杯子里有硬币吗？按照这个模型的推理过程为：问题：杯子里有硬币吗；语境：杯子和硬币存在：我看见硬币，看蕴涵存在；逻辑：看见意味着存在（肯定前件式）；推理：（大前提）看见意味着存在，（小前提）看见杯子，杯子里有硬币；结论：杯子里有硬币。

可见，无论是非论证性推理，还是论证性推理，都是一个寻求语境的过程。而语境寻求的过程，也就是认知推理的过程，或者说，推理过程是一个基于语境的认知过程。

## 第三节 认知语境与语境认知模型

我们知道语言在认知过程中扮演了十分重要的角色。语言不仅仅是"说"，而是在说中表达出各种各样的东西，比如，我们谈论的一个事实，一个事件，一则新闻，一种恳求等。语言是否在说的过程中真实地反映了现实的存在，我们怎样才能讲某种语言，并且在说中讨论某事、某物，以及处理这些事与物。一般来说，语言常被认为是区别人与其他动物的、人类特有的一种更宽泛的交流系统，在这样的系统中，人们自然会形成一种认知语境。

---

① D. Sperber, D. Wilson: *Relevance: Communication and Cognition*, Oxford: Blackwell, 1986: 12.

## 一、语言的认知语境

20 世纪以来，有关语言的研究大多数集中于有声交流的方面，例如声音、语法和意义。也就是说，语言研究的范围大多关注于语言的表达能力。1960 年，语言学家赫克特（Charles Hockett）主张用限定的术语"人类语言"来纠正那些有关语言所指之物的有声的、依句法的、专门性交流的范围，抽象地表明意义是在说话之间的语境中独立确定的。20 世纪 50 年代以来，大量有关语言能力知觉的基础研究、句子的构造和语言的意义已同语言的心理学功能结合在一起，因此，各种语言的意义在特定的语境中通过符号和构句，在控制行为方面形成了一套认知的经验格式，而语言认知就是通过理解语言怎样进行专门性的指称和构句，把"纯语言学"交流的行为功能的范围作为语言学意义的语境指向。这种语言的认知语境包含了大多数流畅的交流环境，即社会的、语用的以及从主观意志出发有效的某种行为方式。如果是这样的话，我们也可以把书面表达的技能看做是有关言语、说话及思想表达的另一种方式。

语言学家威尔逊（Wilson）认为："我们应该依据我们的手迹形成的类型来反省我们的语言。"①这种观点声称：语言学的单位是运送抽象资料的容器，以可视的方式形成特定的功能，这种功能区别于其他的功能和本质，它可能存在于有机生物面对面的交流中，其他的单位有赋予它们上升为语境独立性的可能。洛克认为："语言学家忽略了语言作为社会相互作用和情感表达为媒介这一规则。"②他把人类交流中一般的"说"同受限定的"演说"进行了区别，认为通过语言交流所获之物，起初被处理为语言的对象，建构了一种本质的社会相互作用的框架，进而由演说所获得。显然，限定了的演说是在这样的语境中进行的，语境限定了所要表达的范围与交流的内容，所陈述的内容恰好又是以最初一般的说为基础的。认知和语用学家试图在实践的经验中解释表层语言，并且排斥语法同意义的分析界限。语言学家豪克特在《语言意味着怎样》一文中指出，在语言的使用中，在语言和副语言之间、专门性语言和模仿性语言之间描绘一条鲜明的界限是困难的，他主张把语言和交流作为一个整体来研究，从中了解语言，如同奎因和戴维森所主张的那样，一个句子的意义

---

① Robert A. Wilson，Frank C. Keil：*The MIT Encyclopedia of the Cognitive Science*，MIT Press，1999：439.

② J. Locke："Phases in a Child of Language，"*American Scientist* 82，1994：436-445.

是由它在整个语言中的用法确定的①。

　　这里的语言认知并不是简单地认识语言。按照一般的哲学用法，"认知"包括通往知识的那些状况与过程。斯宾诺沙把认知划分了三个等级：第一类认知由第二手的意见、想象和从变幻不定的经验中得来的认知组成，这种认知承认虚假；第二类认知是理性，它寻找现象的根本理由或原因，发现必然真理；第三类也即最高级的认知是直觉，它从有关属性本质的恰当观念发展而来，达到对事物本质的恰当认识。斯宾诺沙对认知的三个等级的划分体现了主体对世界的认知具有明显的倾向性，也可以认为在我们对世界的把握之前，已置身于一个特定的语境中，在我们的潜意识中设置了正确或不正确理论所编织的看似极为合理的境域。正像海德格尔所说的那样："人的表达总是一种对现实和非现实的东西的表象和再现。"②这无疑把语言置于特定的语境中，才能达其文，表其意。语境论也主张一个原理的意义是随着其所处的不同的非逻辑语境而改变的，意义必定受特定的历史、语义学、社会和政治观点的限制。每一种语言适应一种独特的文化和社会环境，在表达上也有所不同，文化的适应性反过来又构成语言文化的中心，而语言的差异在文化方面可能是最为持久的。文化的回应表明：每一种语言都可以为另一种语言的变革提供新的认知语境。

## 二、语言的一般认知模型

　　语言是一种在线的、相互作用的，同时也是具体的和特殊的人类认知的组织形式。单纯把语言看做一种使用工具并不恰当。有关人类认知的大多数模型是人类在社会中不断地实践和应用的过程中逐渐形成的。就语言本身而言，处理文化变化的特性是语言认知能力的本质特点。根据一定的文化背景，语言不仅可以说或标记，而且也可以通过判断声音、意思或者将二者结合起来，以某种书写系统形式表现出来，也可以借助手势系统来加以标记和传达。丘奇兰德(P. S Charchland)认为，语言有"认识压缩"的功能，它有利于将世界分门别类，把概念结构的复杂性减低到易于处理的程度，例如，单词"螺丝刀"就代表了一种工具的多种表象，其中包括它的操作和用途的形象描述，用法的具体举例，工具的手感以及与之相应的手的运动。"语言本身就根植于那种感性和超感性之间

①　See Robert A. Wilson, Frank C. Keil: *The MIT Encyclopedia of the Cognitive Science*, MIT Press, 1999: 439.
②　〔德〕海德格尔：《在通向语言的途中》，孙周兴译，北京，商务印书馆，1999，第4页。

的形而上学区分中；支撑着这种语言的结构的基本要素就是二分的，一方面是声音和文字，另一方面是含义和意义。"①语言在认识上具有用一个符号就可以将许多概念糅合在一起表达出来的特性。这样看来，人在语言认知的过程中，潜藏了简单的或复杂的语言的认知模型，在这些模型的基础之上建立更复杂的概念，应用这些复杂的概念能在以前难以实现的水平上进行更为细致的和更为深刻的思考。我们将一般认知模型概括为三种：逻辑认知模型、社会认知模型和心理认知模型。

（一）逻辑认知模型

通过学习一种或多种语言，借助不同的理解对象，了解外在事物以及自身时，先获得一个表层的认识。语言在这时只不过是一种表达的方式，或者也可以视之为一种行之有效的工具。对于语言的使用，法国后现代理论家索绪尔认为，言说可以呈现世界，也即语言符号同其内容之间形成了某种本质的和直接的联系，能指同所指就具有单一的稳定关系。这样就表明：人类在使用语言认识事物时，从认识简单的事物到复杂的事物，从事物的外在表象到深层的本质，就会形成演绎性或归纳性推理的逻辑认知模型：

言语交流——→逻辑推理——→逻辑判断——→形成认知

例如，在与一位罪犯面对面的谈话中，通过与他的语言沟通，进而了解他的出身、家庭背景、教育背景等各个方面，由此可以推知其犯罪的动机和作案时的心理活动。这种逻辑模式存在于大多数人的认知过程之中。然而，当我们面对某种语言的逻辑分析时，主要是关注于语句的逻辑形式、句子的语法形式和逻辑形式之间会形成怎样的区别与联系，忽略了语言表达构建的逻辑推理和逻辑判断。探究一个句子的意义不是句子本身而是句子所表达的意图。脑科学的研究表明：对于那些脑部受损伤的人，特别是发育中语言损伤的人而言，将会影响语言认知的模式及其有效性，从而导致理解上的困难。研究进一步发现：有诵读困难的成人，或者语言学习受损伤的人表现出明显的生理听觉的不足，尤其是较为缓慢的听觉处理速度及对事物的分析能力的不足，这将会影响他的认知能力，使他无法形成正常的逻辑推理模式。

（二）社会认知模型

我们常说人是社会中的人，这无疑已经打上了社会的烙印。有人认为语言是一种文化的革命，完全没有必要去思考语言的本质及语言的认

---

① 〔德〕海德格尔：《在通向语言的途中》，孙周兴译，北京，商务印书馆，1999，第86页。

知过程。持这种观点的人夸大了文化创造语言的作用。实际上，语言不是构成人的世界观的唯一形式，但语言所具有的独特的创造力必定赋予人类发展史一个特殊的尺度。语言通过对外部环境的内心领悟和改善，使得一个民族能够赋予它所传承的语言以一个如此不同的形式，以致语言成为一种完全不同的新语言。这一过程并没有改变语言的语音，更没有改变语言的形式和规则，而时代通过不断增长的观念发展了，人类增强了思维能力和不断深化的感受能力，这往往把它以前所不具有的东西引入语言中，进而把某个不同的意义置入相同的外壳中，把某种不同的事物置于统一标志之下，根据相同的连接法则来说明不同层次上的观念过程。因此，语言在认知过程中潜在了认知的社会模型，社会认知模型的认知过程为：

言语──→交流环境──→社会共同体的影响──→信息加工──→形成认知

由于语言的认知会受到文化、性别、思想、环境、制度等一系列社会因素的影响和制约，每一种语言适应一种独特的文化和社会环境，并且在表达上也有所不同，这种文化的适应性构成了语言的文化中心。自然语言的发展是最为明显的例子，学会自然语言并且通过社会的相互作用，可能构成最复杂的认知任务。在相互作用的语境中，自然语言的许多方面才能被理解。这种社会认知模型往往依赖于对事件的片段和个人知识的理解，而这种理解又是建立在社会共同体所形成的信念之上的。模型的建构涉及某些社会文化方面的内容，是基于对这些事件的理解、记忆和表征的。也就是说，语言的社会认知模型体现了社会共同体形成的共识和信念，语言所表达的独特自我意识恰恰是人类社会活动的一种认知的表征形式。

(三)心理认知模型

借助语言来了解一个事件或者是某种发生的状况，无形之中难以把个人的态度、情感与当下的情境剥离开来。这样一来，如果我们要把所经历的事件表征出来，离开心理的表征无疑是很困难的。例如，一个人感到恐惧或经历过巨大的打击时，他的语言会潜意识地流露出不安，听者会感受到这种不安的情形。说者与听者自我本能地构建了相应的心理表征的形式，即语言的心理认知模型。心理模型往往会使人在对曾经亲历的某个事件、某种行为提供更为详细的和经验性的暗示。为了进一步了解一个事件、一种行为、其他人的性格、品质等方面的信息，人就会在此基础上建构一种理解和认知。然而，这种理解和认知或多或少并不是完全正确的，因为每个个体自我的差异不同，就会影响到这种理解和认知。

心理语言学借助认知过程研究语言内容本身，把非动态的交流意图转化为动态的行为。这样转化的过程肯定会把概念或思想翻译为话语表达出来，形成了说者与听者之间的联系，以及听者对话语信息的反应。想象一下教师让学生找出一幅画中的十处不同之处的情境。这样的过程是以交流的意图开始的，教师与学生之间的互动依赖于这个信息。学生得到这个信息后的第一反应不是先弄清信息的结构和语法，而是"按图索骥"，心理活动暗示了信息提供的数字和不同处，进而构建自我的语言表达模式：

言语(话语、行动)──→获取信息──→加工信息──→心理反应──→语言表达

心理认知模型同样会受到前面提到的逻辑认知模型和社会认知模型的影响，可以说这些模型是相互交叉、相互渗透的。当我们在谈论语言所构建的逻辑的、社会的、心理的认知模型时，更为重要的是这些模型是离不开相应的语境的，因为认知毕竟是依赖于语境的。接下来，我们讨论语境认知模型。

## 三、语境认知模型及其功能

在语言的结构关系和言语的使用方面，我们都不应忽略众所周知而又不易引人注意的一个问题，即意义的语境认知。语言的使用不仅仅形成更新了它们交流的事件情境及形式，而且语言参与到所交流事件的环境中了。在某个交流的系统中，演讲者与听者，医生与病人，读报纸与看电视，课程的参与者需要检测自我遇到的问题等诸如此类的场景。概念化的表征会构建一个新的认知模型，即语境认知模型。

（一）语境认知模型的结构

一个交流的事件或情境就是一个语境，这个语境不同于人们所参与的其他的事件，然而它们又是相互作用的，正是通过相互作用而形成认知，这一认知过程就是语境认知模型。在这样的语境中，行为者把自我表征为语言的参与者，当下的言语与行动形成了当下的认识及判断。也就是说，模型的范畴包括了我们所知道的交流状况和语境规定的结构的、心理的相互作用。例如，设定的时间、地点、环境、参与者和行为、参与者之间的关系，这就意味着我们在一个特定的理论框架下，通过交流探讨事件的多个方面，比如事件的内容、目的及意义等。语境认知的过程为：

叙述事件(言语的和行动的)──→语境影响──→内心体验──→认知形成

语境认知模型的结构是建构在一般认知模型的基础之上的，也就是说，语境模型在范围上要比逻辑的、社会的和心理的模型的范围更广，涉及的内容更丰富，它的结构为：

语境认知=〔逻辑认知，社会认知，历史认知，心理认知，文化认知〕

在这样的结构框架下认知不同的事物和事件是全面的、深刻的。比如对亚里士多德关于重的物体比轻的物体下落速度快这种观点的分析，我们会以当时的历史背景、他生活的年代和社会文化以及他是基于怎样的条件得出的。在这样的语境下，就会做出对错的逻辑推理、社会群体的心理认知和认知判断。

语境认知模型形式上大多是个别的、私人性质的，因此，个体的主观解释和交流事件的历史背景客观上限定了言语的表达。比如教师讲课，面对不同年级学生的授课，或者是同一年级学生的授课，即使内容相同，其反应也很难趋同，而是通过授课效果反映出来。因此，认知语境不能简单地被认为是语言的环境，它涵盖了一个事件发生、发展的全过程，即事件交流的时间、地点、文化背景等构成事件的要素，交流语境中说者的目的、意图、内容，还包括听者的言语、行动及反应等诸多因素。

（二）语境认知模型的功能

语境模型常常用于某个交流的事件和论述，也常用来说明参与交流的人彼此之间的意图、目的、观点、期待、态度以及其他的信念等不同的层面。一般而言，语境模型拥有多种多样的交流功能。这些功能会影响谈话或者论述的结构和内容，反之亦然。

首先，语境模型充当了交流与论述的媒介。语境模型的一个重要的功能就是在交流的事件或者论述的背景之间进行调解，这是由于在一个交流系统内很难注意到参与者心理变化的许多方面。尽管一般的语言交流是为了说明事件和情境的模型表征的内容，以及语言使用方面的知识。这样的知识可能会借助认知者的观察或经历详细地加以说明，并且在交流的基础上加以整合，得到一定的认同。这样的知识整合的框架通常是在论述与谈话中表达的。详细地讲是因为语言的使用能很自然地提供带有参与者自己积极的、推断性的信息，或者是个人建构性的和社会性的信息。也就是说，语境认知模型在交流系统中是潜在的、不可或缺的通往认知的一个平台。换句话说，语境认知模型在信息提供方面比其他模型更加丰富，在理解方面更是多层面的互动。

其次，语境模型提供了一个认知整合的平台。没有两个人的言语是一样的，因此，即便是有人从两个地方拿到相同的手稿，也能辨别出不同，这说明了语言在交流中的变化和整合。在这个意义上，这种变化和整合是渐进地、从无序到有序的过程，它可能不会引起多数人的注意。历史学家注意到语言有时会突然变化，在相同的时间内同时发生几种变化，然后就进入相对的累积阶段，处于暂时的整合和调整。比如，一个说话人想要讲一个有关私人事件的故事，记者想要写有关政策的事件，学者要写一个研究性的论文，他们所面对的是事件和涉及的信息应该怎样来表达，什么情况下不应该或者无需把真实的想法或心理的变化、实践的过程在谈论中表达。很明显，掌控这种选择的分析策略是以谈话者和交流的语境模型所提供的信息为基础的。在语境认知模型中，唯一的信息是与当下的语境所表达的论述必然地相关联的。对这种相关的说明需要形成详细的有关语境结构，并通过交流的意图、内容使接受者的知识得以完善，强化认知功能。

最后，语境模型规定了事件或者行动的边界。例如，宣传孝道的讲座，我们姑且把它看做是一个语言交流的认知语境，如果听者知道《孝经》，而宣传者相信有人不知道《孝经》，他就会展开来讲，使未知者知道或者对其了解感兴趣，由此《孝经》就包括在了论述之中。那么参与者共有知识的部分就需要把涉及的典型的语境条件作为参与者的兴趣。语境背景信息的重要性强化了同参与者之间的社会关系，以及与其他事件之间的关系。这就是说，谈论什么，语境认知模型控制了讲述者构想的事件模型规定的语义内容，即语境认知模型控制讲述者构成事件模型的有关信息。这样的论述会依赖于讲解的当下语境和历史性读物产生的语境展开，并且潜在了简单明显的规则，这就意味着语境模型规定了论述的演讲行动。因此，语境认知模型在逻辑的、社会的和心理的基础上整合所有相关的知识和内容。

## 四、结束语

当我们在讲语言的时候，出现了有关语言与语境、语言与认知等问题。语言在人类的认知过程中扮演了十分重要的角色，是人类获得新知识的一种主要的途径。语言的认知模型不仅仅是限于以上所列举的逻辑认知模型、社会认知模型、心理认知模型和语境认知模型，它肯定还有其他的模型或认知的方式。这些语言认知的模型在不同的认知语境中发挥着令人瞩目的作用。如果我们对认知和神经机能的语言形成的原因了解得越多，就会对语言认知是如何发展的，哪些部分适应于不同的目的，哪些是偶然的事物等问题知道得更多。

或许更为重要的是，我们已经在语言认知的不同方向上获得了某些启发。语言的变化恰恰说明了我们关注语境模型和论述结构会影响到语言的变化。语言在语境认知过程中的变化潜在了对事物的认知判断。由此语境可作为说者的心理表征。然而表征语境结构的方式是很复杂的。这就意味着我们仍然不知道语境模型在交流和论述中是怎样形成的。语言的使用者明显是建立了当下言说的语境或者升级了他们言说的心理表征及对社会环境的心理表征。然而，我们需要知道的是：这样的心理与社会的环境是怎样在语境的认知层面上分析和表征的。随着认知科学的不断发展，相信人们对于语言认知语境的探讨会更加深入。

## 第四节　认知语境与机器心灵

认知科学新近发展出的情境认知理论是语境论的一种典型应用。1956年夏，在美国达特茅斯大学举行了一次盛大的学术会议，会议宗旨是探讨在数学、物理学、神经学、心理学和电子工程学等方面如何用计算机模拟人的智能行为。此次大会上，美国科学家麦卡锡（John McCarthy）第一次提出了"人工智能（AI）"概念，并认为 AI 就是要让机器的行为看起来像人所表现出的智能行为一样。这是弱 AI 的观点，它似乎忽略了强 AI 的可能性。在强 AI 看来，AI 是人造机器所表现出来的智能性（包括意识、自我、思维等问题）。这两种观点构成了 AI 研究的两大相互争论的派别。我们认为，计算机能否造就心灵，关键在于它能否被语境化，也就是说，语境化是计算机具有心灵的必要条件，而这一点恰恰被他们忽略了。

### 一、强 AI：在去语境情形下计算机能够造就心灵

"去语境"这个概念是相对于人是语境化而言的。我们假设：人具有心灵是因为人是语境化的，计算机没有心灵是因为它是非语境化的。因此，能否语境化是某物具有心灵的关键所在。强 AI 纲领主张，心灵和计算机都是物理符号系统，计算机同样可以造就心灵。塞尔将强 AI 观点定义为："心与脑的关系就是程序与计算机硬件的关系。"[①]持这种观点的科学家和哲学家认为"计算机能够做到心灵做到的事"的假定是可以实现的，只不过是时间问题，也就是说计算机可以思维，可以拥有人类心灵的一切能力。实现强 AI 纲领的种种努力可以归结为以下三个阶段：

（一）强 AI 模型的最初构想：图灵机

1936 年图灵（Turing）证明，可以设计出一种通用的机器，它能求解

---

① See J. Searle: *Minds, Brains and Programs*, Cambridge University Press, 1980: 8-15.

任何可计算的函数。这就是著名的图灵机①。科普兰德(Copeland)对它作过极好的说明：图灵机的任何物质实现都是用于某数字串的一组抽象程序的物质模型。

图灵机的目的是求解任何可计算的函数，那么图灵的"可计算"是怎样的呢？他将计算定义为：应用形式规则，对符号进行形式操作。1950年，图灵在"计算机器与智能"一文中专门提出"既然这种机器可以求解任何可计算的函数，那么它能否像人一样进行思维"的问题。

针对这个问题，图灵认为，人们不应当依据通常预设的"思维"定义来考虑这个问题，而应看这种机器能否执行一种"模仿游戏"来判定，看看无论是做算法还是阅读诗歌，一台计算机能否以无法与人回答相区别的方式来回答提问者的问题，这就是著名的"图灵检验"(Turing Test)。这个检验包括三个问题：(1)在未来，这种机器真的能够以所设想的方式回答问题吗？(2)在这种机器中，有效过程(一种严格定义的计算过程)原则上能够生成这种性能吗？(3)这种性能又足以使计算机具备智能属性吗？图灵对以上问题的回答都是肯定的。

"图灵检验"隐含着"心灵等价于计算机"的论断，这一论断对20世纪40年代后期兴起的人工智能无疑是一种强有力的声援，自然也引起了一场大争论。

(二)强 AI 模型的假设：物理符号系统

纽厄尔(A. Newell)和西蒙(H. Simon)是强 AI 观点的坚定支持者和实践者。他们在计算机同心灵哲学的关系上，无论是抽象的任务分析，还是细致的实验观察，没有人比他们主张更不妥协的态度了。

1955 年，他们在兰德公司工作时就明确得出结论：由数字计算机操作的二进制数字串能够代表任何东西，人的大脑和数字计算机尽管在结构和机制上全然不同，但可被看做同一类装置的两个不同特例，这一装置通过用形式规则操作符号来生成智能行为。正如纽厄尔论述有关 AI 争论历史时所指出的："计算机的工作范围决定了计算机是操作数字的机器。拥护此观点的人认为，重要的事情是每一样东西都可以经编码成为数字，指令也不例外。反之，AI 科学家把计算机看做操作符号的机器。他们认为，重要的

---

① 图灵机是指由一条无限长的记录带组成，划成许多方格，该机有一个装置，它的读写头能读出方格中的二进制符号"比特"[bi(nary uni)t的缩写]是0还是1，这个读写头能在方格中写出或擦除0或1，且它能在记录带上左移或右移，移到任何位置，依据约20个左右的规则来指导行动，这个机器就可能执行所有的可能计算。

是每一样东西都可以经编码成为符号，数字也不例外。"①

同年，纽厄尔和西蒙设计了一个名为"逻辑专家"(Logic Theorist)的程序，这个程序被许多人认为是第一个 AI 程序②。它将每个问题都表示成一个树模型，然后选择最可能得到正确结论的那一枝来求解问题。"逻辑专家"对公众和 AI 研究领域产生的影响使它成为 AI 发展中的一个重要的里程碑。

1961 年，纽厄尔和西蒙在他们的"符号系统假设"(SSH)中给出认知计算模型的形式表达：一个符号就是一个物理模式，并以物理方式通过各种途径同另一些模式发生联系，以构成复合表达式。1972 年，他们在厚厚的教科书中对这个假设进行了更加详细的说明：符号被说成是"记号"(tokens)而非"类型"(types)，确定的符号指向既定的目标，而符号的特性与指定目标的特性间不存在必然联系，符号和符号结构只是物质系统的无意义状态。任何能够以物理方式存储的基底(base)，都能行使符号的作用，这种因果相关是任意的，就是说任何符号完全可以指称任何事物。

在他们看来，一个人看起来是"智能"的，并不能真正说明这个人就真的是智能的，"人认为自己是智能的，计算机没有智能"只不过是一种主观认定问题而已。这倒与中国古代庄子的"子非鱼焉知鱼之乐"有些异曲同工之处了。而且依照 SSH，思维也是根据指定的符号结构对符号的排列组合，因此只要有符号，有指定的程序，计算机便可以思维，也就是"计算机可以造就心灵"，也可以说人的心灵本就是符号按照指定的程序排列而成的。至此，强 AI 达到了极致。

(三)强 AI 模型的物理实现：冯·诺伊曼构架

图灵机只是一种构想，而将这种构想付诸实施，提出能够执行抽象数字计算工作真实机械装置的基本构架的人是冯·诺伊曼，我们现在的计算机就是"冯式"机器。

根据冯·诺伊曼构架建造的图灵机的任何具体版本：数据都用寄存器的物理状态表征，计算规则用真实物质状态表征，各项规则由存在于这个机器的物质结构和物质状态中的一个真实物理过程表征。这种以冯·诺伊曼型机器技术为基础的 AI 又被称为 GOFAI(Good Old Fash-

① A. Newell：*Intellectual Issues in the History of Artificial Intelligence*，New York：Wiley，1983：196.

② 也有人认为早在 1953 年格雷·瓦尔特(Grey Walter)便已设计出第一个 AI 装置——电子乌龟。

ioned AI），即"好的老式人工智能"。

虽然 GOFAI 机器的制造成功使图灵设想向现实迈进了一大步，然而这与强 AI 设定的"计算机不仅是用来研究人的思维的一种工具，而且只要运行适当的程序，计算机本身就是有思维的"目标相差还是很远。为什么会这样呢？我们认为，根本原因在于：完全形式化的计算机是无语境的，这种计算机不可能拥有心灵，心灵是语境化的。

## 二、弱 AI：在去语境情形下计算机无法造就心灵

目前的计算机还无法思维，这是事实，更不必说造就心灵了，就连那些在 AI 可行性方面与纽厄尔和西蒙有着共同信念的人，也将符号系统这一假设批评为过分的物理主义①。近些年，强 AI 的研究处于一种停滞不前的状态，而主流科研集中在弱 AI 上，并且一般认为这一研究领域已经取得可观的成就。

弱 AI 观点认为，人不可能制造出能真正地推理和解决问题的智能机器，这些机器只不过看起来像是智能的，但是并不真正拥有智能，更不会有自主意识。比如说利用计算机解决问题时，必须知道明确的程序。而人即使在不清楚程序时，根据发现法而设法巧妙地解决了问题的情况却是常见的。计算机在没有被给予充分的合乎逻辑的正确信息时，就不能理解它的意义，而人在既使被给予不充分、不正确的信息的情况下，根据适当的补充信息，也能抓住它的意义，因为人是语境化的，具有在不同语境中处理各种问题的能力。自然语言就是例子。于是，弱 AI 认为计算机虽然可以做很多事，但有些人能够做到的简单事情计算机却很难做到，所以"计算机无法造就心灵"。以下是三个有力的论证：

第一是"哥德尔论证"。1931 年哥德尔在题为《论"数学原理"及有关系统的形式不可判定命题》一文中提出：一个数学模型的真理性永远超出该模型系统的公理和衍生的定理。也就是说，公理及它所衍生的定理系统，无法"完备地"覆盖数学模型的真理性。这便是著名的"哥德尔不完备性定理"。

哥德尔定理的影响并非仅限于数学领域，它的提出使人们很难抵御一种强烈的诱惑，即从该定理出发证明"人心胜过计算机"的论断。这对于 AI 研究领域，特别是弱 AI 的研究具有不可估量的启迪作用。哥德尔

---

① See A. Sloman: *What Sorts of Machines Can Understand the Symbols They Use*, Proc. Aristotelian Soc., Supp. 60, 1986: 61-80.

本人也并不反对用此定理作为证明"人心胜过计算机"这一结论的部分证据。按照这一定理，任何形式系统都是不完备的，计算机也不例外。

20 世纪 70 年代，哥德尔曾在与王浩的讨论中说，图灵的论证再附加两个假定之后就会站得住脚：（1）没有与物质相分离的心；（2）大脑的功能基本上像一台数字计算机。这两个假设其实就是语境条件。哥德尔曾明确断言："大脑的功能不过像一台自动计算机，而心的本质并非如此。"[①]针对哥德尔定理，人们倾向于说它不仅揭示了形式系统的局限性，同时也揭示了机器代替人思维的局限性。

第二是"皇帝新脑"论证。牛津大学的彭罗斯（Roger Penrose）在《皇帝新脑——计算机、心智和物理定律》一书中，对强 AI 观点进行了猛烈的抨击，以大量笔墨从哥德尔定理出发直接论证"人心胜过计算机"，被称为"对哥德尔定理令人吃惊的强应用"。

彭罗斯的强硬论证基于两个方面：一是哥德尔不完备性定理。他对于"人类的意识是由于其在进化过程中靠了'自然选择'实现的"[②]有所怀疑，也对物理世界背后的规律是否全包含在柏拉图世界中存有疑问，通过哥德尔定理，他排除了计算机和柏拉图理念世界交流的能力，认为不能使用计算机算法获得由人类直觉天才所取得的大多数成果。二是当代物理学里几个最深刻未解决难题的思考（EPR 精神实验、"薛定锷之猫"问题和 E－V 炸弹检验模）[③]：这些思考导致了彭罗斯发现深入的物理学客观实体是不可计算的，由此，他联系到最新脑神经科学的结果，认为大脑在意识和思维时具有非局部性和非计算性，计算机绝不可能超越人的心智，计算机不过是强 AI 专家所钟爱的一副"皇帝新脑"而已，计算机根本无法造就心灵。

第三是"中文屋论证"。1980 年，美国哲学家塞尔（John Searle）提出了著名"中文屋论证"（Chinese Room Argument）来诘难图灵检验的有效性。"中文屋论证"的提出有感于 1977 年设计的一个被称为"脚本"（Scripts）的 AI 程序，它是香克（Roger Schank）设计用来模仿人类"理解"行为的一种软件包，且好似已经通过了简化的图灵检验，但塞尔认为这个程序并非是像人那样的"理解"。

塞尔论证说，假如他被关在一间充满中文字条的屋子里，通过在窗

---

① 参见刘晓力：《哥德尔对心－脑－计算机问题的解》，《自然辩证法研究》2001 年第 1 期。
② See R. Penrose：*The Empiror's New Mind*，Oxford University Press，1989：429-430.
③ See R. Penrose：*The Large*，*the Small and the Human Mind*，Cambridge University Press，1997.

口传递中文字条与外界发生联系，并靠一本英文指令书将各种中文字条配对。由于他可以正确回答屋外中国人的提问，因此屋外人认为他懂中文。但在塞尔本人看来，自己仍然对中文一窍不通。因此，计算机不能像人那样理解。

"中文屋论证"在人工智能界引起了强烈的反响。它不仅因为比喻精当而引人深思，它还包含着值得进一步探讨的问题：理解究竟是什么？计算机能够理解吗？脑在计算方面的性能是否足以生成脑产生心理状态的功能呢？

我们可以想象，如果以计算机代替中文屋中的人，即使计算机通过了图灵检验，可以正确解决或回答人提出的问题，也并不能说明它真的"理解"了人所提出的问题，因而也就没有意识。或者说，在判定某类存在物是否正以人的方式执行认知任务时，图灵检验或任何其他的比较行为的方法都是无用的。塞尔非常明确地指出：

> 计算机永不可能代替人心，原因很简单：计算机程序只是语法的，而心不仅仅是语法的。心是语义的，就是说，人心不仅仅是一个形式结构，它是有内容的。①

而内容的意义是依赖语境的，因为语境决定意义。

"中文屋论证"对一直坚信强 AI 的科学家和哲学家是一次沉重的打击，为弱 AI"计算机不可能造就心灵"的观点提供了有力的支持。

### 三、语境框架：机器具有心灵的关键

强 AI 的目标之所以难以实现，关键在于它必须面对"语境框架"问题，即语境限制问题。计算机操作完全是形式化的、去语境化的，而人的理解则完全是语境化的，即语境依赖的。计算机和人的最大不同恐怕就在于此。要使计算机能够理解，就必须设法解决"语境框架"问题。

（一）"语境框架"：AI 研究的关键点

强 AI 的研究之所以难以有所发展，这并非偶然，因为它必须面对一个难题——"语境框架"问题，此问题的解决是解密"计算机造就心灵"的一把钥匙。

我们知道，计算机是通过规则程序进行运算操作的，不论它所处的

---

① 〔美〕约翰·塞尔：《心、脑与科学》，杨音莱译，上海，上海译文出版社，2006，第23页。

环境如何，只要运算就都是遵循指定的规则进行的，而人却能够在各种各样不完全指明的环境中成功运用规则，计算机如果要模仿人的这项能力，便必须将所有的"不完全指明"规则编成"完全指明"的，然而这是极其困难的，这个模拟真实的人认知的难点被称为"框架问题"①：一个人无论决定什么框架规则，一些事先预料不到的"意外"情况总有可能出现，致使这个框架不完整、不适当。1988 年，博登就曾指出：我们从不处于一种无框架的情形中，为了进行任何计划，我们必须使用某些概念规则，至少用于在局部环境识别我们所感知的东西②。也就是说，人是语境化的，并且人时刻处于各种不同的语境之下，有语境便会有限制它的框架，人虽不能决定所处环境，却可以依据自身的独特性对框架进行调整。

再看计算机的"框架问题"。在 GOFAI 计算机中，一个普通通用的框架不可能被逐条输入其中，这需要太多数据，而且每条数据又具有本身特有的框架敏感性，所以说没有任何可能的方法使一个框架丰富得足以在内容上覆盖所有可能发生的事情，并把这些事情输入一部 GOFAI 计算机内，即使我们能够逐条地聚集这些数据③。由此可以看出，计算机所产生的框架问题，有一种不同于人的特殊性，计算机是非语境化的，它的框架并不会像人一样随着语境的变化而自发变化。在这里，我们将这种特有的框架问题称为"语境框架"问题。

人的认知理解或处理某事是置于某些语境下的，这些语境只要有小小的不同，人便会自动调整自己的行为方式，但计算机必须要输入新的程序，语境变化了也不会自己调整，而语境的变化是极其难以计量的，所以人为计算机输入的程序很难包含所有语境，这样计算机的操作便会出现差错。可以说，"语境框架"问题得不到解决，计算机就不会像人一样思维，强 AI 研究便不会成功；当计算机也像人一样，不仅可以在指定的规则内行事，当事件发生、语境变化时，不必输入新的程序，也可以依据自己的"经验"、"心情"或"感觉"④运用一些新的规则达到目标，那时我们才能说计算机能够造就心灵。所以说，"语境框架"问题的解决是"计算机能够造就心灵"的关键所在。

---

① 早在 1975 年，明斯基（Marvin Minsky）就提出了一个类似框架的定义，指出一个框架便是一个等级结构。

② See M. A. Boden：*Artificial Intelligence in Psychology*，Cambridge MA：MIT Press，1988：24-56.

③ 〔英〕罗姆·哈瑞：《认知科学哲学导论》，魏屹东译，上海，上海科技教育出版社，2006，第 125 页。

④ "经验"、"心情"或"感觉"等词是人的专用，在计算机中可以理解为语境的随时变化。

（二）联结主义范式：语境框架的一种尝试

"语境框架"的解决是强 AI 实现的必经之路，然而它的解决又成为摆在认知科学家，尤其是强 AI 科学家面前的难解之题。当人们在做了各种哲学层面的思考后，发现心/物问题，也即"语境框架"问题的最终解决还是要取决于科学的进一步发展。正如斯梅尔所说，解决人类智能的极限和人工智能的极限问题，除了与哥德尔定理有关外，还需要对大脑和计算机更精细的模型作更深入的研究，而且还需要将学习、问题求解、对策理论与实数论、逼近论、概率论和几何学知识结合在一起，探索其如何对问题的解决起实质性作用。在尝试调和强 AI 和弱 AI 矛盾的道路上，在试图研制一种能表现人心灵特征机器的路途上，人们一直在进行着不懈地努力。

早在两百年前，莱布尼茨和稍后的帕斯卡（Pascal）就曾作过自动计算机器的尝试，由于当时科学技术水平的限制，AI 在实践上基本没有发展。第一个模仿人智能的计算机软件是科尔比（K. M. Colby）20 世纪 60 年代中期研制成功的"心理治疗专家系统"，它虽然通过了部分图灵检验，但它对许多测试者的答复却令人困惑①。20 世纪 80 年代后，认知科学发生了一场"人工神经网络革命"，"联结主义"范式取代了符号主义范式，开辟了 AI 研究的新领域，使人们看到了"语境框架"问题解决的曙光。

"联结主义"是一种亚符号神经计算，"联结主义革命"已经触动了"认知可计算主义"的核心，使认知科学研究从"离散符号研究范式"向"亚符号研究范式"转换，因此，人工神经网络的提出被看做是一次革命性的变革。事实上，从 1943 年，美国科学家麦卡洛克（W. S. McCulloch）研制出第一个称为"NP 模型"的人工神经细胞模型开始，科学家就开创了联结主义网络研究的新领域；之后科学家们相继在求解非线性感知、复杂模式识别的多层感知机，以及具有良好自适应特性的神经网络等方面都取得了长足进步。

联结主义网络最重要的特征之一是叠加的可能性。也就是说，它能够在一个网络上使用相同的权重组合来执行多种工作，这是联结主义重要的优势所在。美国科学家韦（Way）对这个问题进行过深入的探讨②，他发现：由于叠加是可能的，一个网络能够存储某人遇到范例的所有信息，而且这个网络并不是单一的，类似于人所能遇到的各种各样事件的

---

① See R. Penrose：*The Empiror's New Mind*，Oxford University Press，1989：12-13.

② See E. C. Way："Connectionism and Conceptual Structure"，*American Behavioral Scientist*，1997：729-753.

集合；由于相似性问题消失，网络会逐渐调整到追踪概念之间的最佳关系；网络联合真实特征，将有可能保存所有共发属性，不需要在本质和特性间做取舍。

联结主义的叠加可能性在一定程度上破坏了计算机的框架，使计算机在一定的规则下有可能产生更多的结果，为"语境框架"的解决提供了一条可能途径，使强 AI 科学家看到了"计算机造就心灵"的未来前景。因为人工网络的联结强化了语境因素的关联，使智能机的认知心灵的涌现成为可能，这就是为什么说联结主义是一种可能"语境框架"的原因。

### 四、结束语

到目前为止，"计算机能否造就心灵"问题还没有确切答案。不过，可以肯定，强 AI 如果不解决"语境框架"问题，实现其目标将是不可能的；弱 AI 虽然坚持人超过计算机，但是还没有充分认识到"语境框架"对于造就心灵的重要性。联结主义虽然可以看做是一种"语境框架"的尝试，但是联结主义者并没有意识到这个问题，说到底，它仍然是一种似人的"语境框架"，还不是真正意义上的人的语境。我们在这里也只是提出了"语境框架"问题，但是并没有解决这个问题，此问题的解决仍然需要无数科学家、哲学家的不懈努力。正如丹尼特（Dennett）所指出的：AI 尚未揭开任何古老的心灵之谜，但是它为我们提供了规范和拓宽想象力的新方法，至于对这些方法的利用，我们还只是刚刚开始[①]。

概言之，认知过程是语境依赖的，智能行为是语境化的。计算机能否拥有心灵，关键在于它能否被语境化。人是语境化的，计算机是非语境化的，将计算机语境化是未来人－机对话的关键。人－机之间能否通过"语境框架"进行沟通，如何沟通，也是未来认知科学和认知科学哲学要探索的重要方向之一。

## 第五节　认知语境与潜意识表征

知识必须是表征的吗？有没有无表征的智能？无表征智能如何语境或情境化？我们认为德雷福斯（Hubert Dreyfus）[②]基于意向弧思想的无表征智能理论是一种认知语境论，它对这些问题作了具有启发性的回答。

---

① See D. C. Dennet：*When Philosophy Encounter Artificial Intelligence*，Daedalus（Winter），1988：283-295.

② 美国加利福尼亚大学伯克利分校的哲学教授，毕生致力于对人工智能领域的批判和质疑。

作为对人工智能最尖锐的批评家，德雷福斯提出的无表征智能思想在人工智能领域产生了广泛而深刻的影响，对人工智能的表征主义提出了挑战。在我们看来，语境化的智能可能是无表征的，它是一种潜意识过程。德雷福斯的技能获取理论表明，智能行为的两种最基本形式——学习和技能，能够被描述和解释，而无需借助于心灵或大脑表征。现象学的两个核心概念——意向弧和获得最大把握趋向，以及吸引子理论，对该理论做出了深入的分析与评价，表明无表征智能现象不仅大量存在，而且可能是人类智能的本质。

## 一、无表征智能的提出

自 1965 年以来，德雷福斯对人工智能的合理性不断提出质疑。他对当时计算主义的信息加工模型进行深入批判，提出我们的相关感觉是整体的，并且参与到不断变化的活动中去，而符号表征则是原子的，与这样的活动完全分离。后来，人工智能研究者开始认识到，德雷福斯所说的整体性情境表征是人工智能的严重障碍。1979 年，德雷福斯在《计算机不能做什么》一书的再版序言中指出，人工智能研究者所说的常识知识问题，其实并不是一个如何表征知识的问题，相反，当我们与外部事物及人打交道时，常识背景理解作为一种语境因素使得我们能够从经验中得到当前有关的东西，这是一种知道如何做的能力，而不仅仅是一种知识。

问题在于这种知道如何做的能力以及兴趣、感觉、动机和体能，所有这些构成一个人的东西都要作为知识，作为巨大复杂的信念系统来传递给计算机。在德雷福斯看来，将我们的未加表述的、前概念的背景理解表述为一种符号表征是没有什么希望的①。

然而，20 世纪 80 年代，人工智能以及与其相关的机器人制造遇到了前所未有的困难。人们开始密切关注联结主义提出的神经网络模型，人工智能研究出现新的转机。神经网络模型表明，信息的储存根本没有必要；设计者只需训练一个模拟的知觉神经网络对特定情境进行反应，并使它对其他情境以它习得的方式进行适当的反应。

那么，神经网络模型是否可以取代传统人工智能而成功地模拟心的活动呢？德雷福斯认为，神经网络模型也不能完全逃避表征问题。因为

① See H. Dreyfus：*What Computers Still Can't Do*？ Cambridge，MA.：The MIT Press，1992.

计算机不是人,所以它就没有人的欲望、需求和情绪。因此,计算机就需要将这些对于人是自然而然的东西用规则表征出来。而这并不比将人的知识和能力用物理符号系统表征出来更容易。

这样,人工智能的所有工作似乎都面临一个深刻的两难境地。如果要建立一个传统人工智能系统,那么就不得不把一个人所能理解的所有东西都表征在一个信念系统中,通过将人由于有一个熟练的躯体就能理解的东西明确化来成功地设计一个表现出常识的计算机。这是极为不可能的。

新近的机器学习研究并不要求将人理解的所有东西都表征出来。但是这样一来,就陷入了另一个困境——所需要的学习装置有与人关心同样的问题,有与人同样的结构来概括人的行为方式。而正像不大可能使一个物理符号系统具有人的属性一样,要制造一个与我们足够相似的装置来活动和学习,至少是同样的不可能的。

在德雷福斯看来,人工智能之所以未能在研究上取得突破性进展,是因为它一直处在知识是可以表征的误区。鉴于此,德雷福斯提出无表征智能理论,试图引导传统人工智能研究走出困境。

## 二、无表征智能的语境化

在某情境中,熟练的技巧是不需要规则表征的。也就是说,熟练行为是无表征的潜意识过程,它是语境化的。而表征是基于规则的有意识过程,它是去语境化的。

(一)技能获取是语境化过程

德雷福斯认为,新手要成为专家必须经过技能接受的五个阶段[①]:

> (1)初学者阶段(Novice);
>
> (2)高级初学者阶段(Advanced Beginner);
>
> (3)胜任阶段(Competence);
>
> (4)熟练阶段(Proficiency);
>
> (5)专家技能阶段(Expertise)。

他试图从现象学解释新手是怎么通过指导语和规则来获取技能的,

---

① H. Dreyfus, S. Dreyfus: *Mind over Machine: The power of Human Intuition and Expertise in the Era of the Computer*, New York: Free Press, 1986: 21-22.

以及这种专家技能的本质是直觉的还是计算的，是可表征的还是不可表征的，是身体的还是与身体无关的。

在初学者阶段，新手要学会识别大量技能所涉及对象的客观特征，并且接受在相关事实和特征基础上进行行动的规则。这些事实和特征得到了精确而又客观的定义，使得新手即使没有语境也能理解它们。所以，这些事实和特征被称为脱离情境的要素。就像计算机执行程序一样，初学者依照给定规则来决定其行为。因此，新手的行为特征是有限的、不灵活的、受规则驾驭的。

在高级初学者阶段，新手通过处理真实情境获得了大量实际经验，使其技能达到一个新的水平。在已有经验的基础上，新手开始认识到情境中包含着规则中没有涉及的要素。这些新的要素即"情境要素"。新手之所以能识别出这些新的要素，在于这些要素与他已有经验相似。这时，新手开始由精确化和客观化的文字描述世界进入到模糊化和主观化的技能世界。因为情境要素既无法用语言来表述，也无法用脱离情境的特征来定义。例如，司机通过发动机声音来判断，当发动机声音听起来就像是车在加、减速，或是像是被卡住一样时就该换挡。发动机声音并不能用话语来表达，因此，在学会区分这些情形时，话语并不能取代具体的范例。

在胜任阶段，新手必须学会制订计划来应付复杂的局面。因为随着高级初学者与真实世界接触的日益增多，可识别的脱离情境的要素、情境元素以及要遵循的程序的数量变得非常巨大。为了解决这样的问题，新手自己学会或者被教会采取决策的等级程序。首先通过制订一个计划把情境组织起来，然后通过检查一小部分在计划中最重要的要素来简化任务和提高绩效。例如，一个胜任的驾驶员在离开高速路进入一个匝道，在考虑速度、路况、时间等因素后，觉得他开得太快了。因此，必须决定是否减速，是否踩制动器，如果他在急转弯时，没有打滑，幸运通过的话，就会感到轻松。

在第三阶段，新手的情感投入发生了重大变化。而在前两个阶段，初学者和高级初学者的态度是超然的，因为他们只是努力运用规则，错误是由他们所运用的规则和程序造成的，所以他们对行为后果不负责任。然而，进一步的提高需要一种对行动的特别投入。胜任者看待学习行动时已经考虑到目标与计划，他会根据当时的学习情境的重要特征做出选择，并把这些选择用于指导行动。一个成功的结果会让他很满意，而失败会让他很沮丧。

在以上三个阶段，决策的特点是"哈姆雷特式"的，即分裂的、迟疑的和苦恼的。在熟练阶段，熟练的操作者超越了这种哈姆雷特式阶段。情境识别及其关联反应替代了规则，直觉反应替代了推理反应，"知道怎样"取代了"知道什么"，迅速、流畅的行为替代了缓慢、迟疑的行为。在这一阶段，操作者会选取一些特定的视角来组织他的任务，情境的某种特征会变得醒目起来，其他特征则会隐入背景并被忽视。熟练的操作者根据对过去类似情境的经验，来制订当前的工作计划。当他完全使用全局相似性认知，而不是使用计算程序来选择几个可能选项中的一个时，行动变得更容易而且压力也变小了。

相比前三个阶段的技能行为是有意识的这个特点，熟练阶段的技能行为开始呈现出无意识，即对于行动的最佳计划的选择已经达到在潜意识就可以做出决断的程度，对情况的总结与对计划的选择非常迅速。例如，熟练的司机在一个雨天到达道路拐弯处，此时他可能会直觉地意识到他的车开得太快，以致有危险。之后他决定是否踩刹车或只是通过加速器上的说明来减轻压力。当做出决定时，宝贵的时间可能已经丧失了，但是熟练的司机必然尽可能安全地解决这一问题，而不像胜任者一样去花费更多的时间来考虑速度、倾斜度、重力，以便决定是否超速。

在专家技能阶段，专家不做有意识的考虑，而是完全投入到技能世界中，达到了"无我之境"。"专家技能成了他的一部分，以至于他不需要意识到技能，而只要意识到他自己的身体。"[1]他不再以一种规则似的方式对一些特征做出反应，而是以一种灵活的方式对整个情境做出反应。就拿开车的例子来说，熟练的司机在对一些情境做出反应时，并非以一种严格的反射作用踩刹车闸，而是他的大脑被调整以至于对整个车/高速路/弯道/天气/速度等情境做出反应，这是以一些有规律的但又不能用规则来描述的方式进行的，这也正是因为专家不是对特征做出反应，他的处理处于一个全新的却又相似的情境。因此，专家型司机在考虑刹车时并非把它表征为一个情境的独立成分。

在熟练阶段，熟练操作者完全投入到他的技能活动中，知道需要做什么，但还是不得不考虑该怎么做；而专家阶段，专家不仅知道需要做什么，由于他有大量的情境差异的储备，他还能迅速知道如何达到目标。能否做出更精确的情境区分就是专家和熟练操作者的区别所在。专家技能的特征就是无意识的、直觉性的情境反应。

---

①　H. Dreyfus：*On the Internet*，New York：Rutledge，2001：30.

当事情进展顺利时，专家不解决问题，也不做决定，他们就做通常该做的事情。①

总之，以上技能获得的现象学描述可以看出，技能获取在开始通常是学习和应用一些与情境无关的规则，但是在技能发展的高级阶段，规则所起的作用越来越小，技能越来越表现为基于情境的直觉判断。对于一个完全掌握某一技能的人来说，规则可以说是完全不起作用了，而不是在无意识中起作用。人工智能所假设的存在于无意识之中的规则根本就是子虚乌有②。

（二）学习无需表征

梅洛·庞蒂的意向弧思想是语境化无表征的理论基础③。对于我们对世界的知觉经验是怎么建立在过去经验的基础上这个问题，胡塞尔是通过心理表征来解释的，因为他认为所有的人类知觉和行动都是以意向内容为中介的，他解释说：

> 类似的东西使我想起类似的东西……这一边的东西与另一边的东西是相关联的，而且这一边的东西使我想起了另一边的东西。④

这其实就是语境关联。

曾在我们的经验中起作用的事件，不知何故会被记下来，然后来影响和充实我们当前的知觉。人工智能吸纳了这种心理表征思想，提出我们拥有对世界的心理表征，即在我们心中，必须存在关于世界的表征模型，而我们根据心理表征来做推理和行动。德雷福斯认为，经验主义的联想主义和理性主义哲学以及它们的当代版本——人工智能哲学，都不

---

① H. Dreyfus：*On the Internet*，New York：Rutledge，2001：30-31.

② See H. Dreyfus，S. Dreyfus：*Mind Over Machine*：*The Power of Human Intuitive Expertise in the Era of the Computer*，New York：Free Press，1986.

③ H. Dreyfus："Intelligence without Representation," *Phenomenology and Cognitive Science*，Vol. 1. 2002：372-373.

④ E. Husserl：*Ideas Pertaining to a Pure Phenomenology and to a Phenomenology Philosophy*，*Second Book*：*Studies in the Phenomenology of Constitution*，trans. Richard Rojcewicz and André Schuwer，Collected Works：Volume 3，The Hague，Kluwer Academic，1989：127.

能提出一种有效精神模式来解释过去经验对现在经验的影响，而只有梅洛·庞蒂的意向弧思想才能对之做出合理的解释。

在梅洛·庞蒂看来，心理表征解释的困难在于：它无法解释为什么经验会召唤起与它相似的特殊记忆，即它无法解决客体的表征联结问题。"一个印象永远不会自己与另一个印象相联结。它也没有引起其他印象的力量。只有在这个印象已经根据过去经验得到理解时，这个印象才会与另一个印象相联结。"①为了把对这个客体的其他方面的恰当记忆与当前经验相联结，人们不得不把一个印象认做是这个客体的一方面。

对于客体的表征联结问题，德雷福斯提出的技能获取现象学对此做出了解释。新手已习得的东西按照世界呈现的方式来显现，而更重要的是，他已习得的东西不是先在心灵中得到表征然后再加入到当前经验中的。换言之，新手是这样来进行学习的：他能够区分越来越细致的情境，而这些情境要求越来越细致的反应。如果新手不明白情境所要求的反应是什么，或者说新手在情境要求下做出的反应是不好的，那么初学者就会进一步完善他区分情境的能力并提高其反应。

这个过程就是技能提高的过程，而这种由情境到人再由人回到情境的反馈回路，在梅洛·庞蒂那里被称为是身体的意向弧。他说：

> 意识的生活——认知生活、愿望生活或知觉生活，受到一个"意向弧"的支撑，而它在我们周围投射出我们的过去、我们的未来、我们的人文环境、我们的物质环境、我们的意识形态环境、我们的心理环境。正是这个意向弧造成了感官的统一性、感官和智力的统一性、感受性和运动机能的统一性。②

这正是语境论的观点，即意识是情境或者语境化的。

意向弧的存在，使得学习者不只是被动地接受外界输入然后处理它，而是对事物主动地做出反应。在过往经验的基础上，人总是从某种角度来看待事物，并且把它们看做是要求人做出某种行动。人能从当前情境中得到什么，取决于他过去对那种事物的经验。意向弧观念的中心思想是反表征主义的，即对世界的最好表征就是世界本身，因为过去所有的经验都会被投射回世界中去。

---

① M. Merleau-Ponty：*Phenomenology of Perception*，London：Routlege，1962，14.
② M. Merleau-Ponty：*Phenomenology of Perception*，London：Routlege，1962：136.

梅洛·庞蒂的意向弧思想得到了"前馈模拟神经系统网络"①的支持。"前馈模拟神经系统网络"提供了这样一种非心理模式，即在大脑不用储存特殊的记忆情况下，过去经验能影响当前的知觉和行动的模式。这种网络的优点是：过去的经验不需要被储存为记忆就能修正模拟神经元之间的联系。在此基础上，新的输入能够激发基于过去经验的输出，而网络不需要回溯到任何过去的特定记忆。这项研究成果为我们放弃心理机制解释提供了支持。

在更好的模拟大脑的神经网络中，输入会与输出相联结，而且在收到输入刺激时，网络中的隐藏节点总是处于特定的激活状态，并且网络的输出会依赖这种最初状态。于是，输入加上初始状态会决定输出。如果输入与当前情境的经验相持，那么当输入与专家对情境的期待和视角相符时，输入所决定的隐藏节点就被激活了，这说明了特定反应是在情境中引发的。这表明，神经网络与被动的联想主义是不同的，因而神经网络为梅洛·庞蒂的意向弧思想提供了神经学基础。

目前，神经网络的最基本困难在于学习。例如，网络是通过被给予恰当的情境－行动匹配进行学习的，还是通过亲自寻找相匹配的情境－行动来进行学习呢？如果网络要学会认出我们能恰当地对之做出识别和反应的情境，那么网络必须学会对相似的情境做出与人相似的反应。此时，网络学习就碰到了它一直难以解决的概括难题，因为每件事物都在无限多的方面与其他事物是相似或者不相似。神经网络的设计者们认为，网络要具备智能就得能够进行概括。

例如，对特定的分类任务来说，如果有足够多的与一个特定的输出相联结的输入例子，那么网络就应该把更多的相同输入与相同输出相联结。但什么才是相同的类型呢？网络设计者通常会想到一种特殊的、为合理的概括所需要的典型定义。如果网络可以凭借这种定义推出这种类型中的其他例子，那么这个定义就成功了。对于相同情境，如果神经网络做出的反应与人的反应不相似，那么这种神经网络就失败了，而不能学到我们的技能，因此，在我们的世界中就没有出路了。

所以，要设计出成功的神经网络，就必须知道人是怎样解决概括难题和接受应付世界的技能的。究竟是什么限制了可能概括的范围的呢？答案是身体限制了可能的概括范围。前馈神经网络的局限性就在于它没

---

① See H. Dreyfus："The Current Relevance of Merleau-Ponty's Phenomenology of Embodiment，"*The Electronic Journal of Analytic Philosophy*，Issue 4，1996.

有身体。德雷福斯认为，身体有三种限制概括范围的方式：大脑结构、依赖于身体的呈现次序和使身体感到满意的东西。

首先，大脑的神经结构决定了我们对于特定的输入能做出什么样的反应。这种内在结构解释了知觉恒常现象，但是单靠大脑结构还不足以限制概括空间。其次，对于概括的第二种限制是依赖于身体的呈现次序。感觉输入的次序和频率进一步限制了一个人会如何进行概括的方式，而感觉输入的次序和频率依赖于身体结构和世界结构之间的互动。最后，第三种限制是使身体感到满意的东西。对现实世界的人来说，感觉输入和输出的配对会在让人感到满意时固定下来。

在德雷福斯看来，这三种身体结构功能解释了为什么所有人以类似的方式进行概括和进行技能化应对。由于缺乏上述三种身体限制，无身的神经网络不能很好地学习怎么应付人类世界。人类根本不可能让网络看到我们能看到的相似性，或者像我们一样来应对情境，也不可能让网络区分出对我们来说相关和不相关的东西，更不可能让无身的神经网络熟悉对我们来说是显而易见的东西。

### 三、无表征智能的理论支持

从以上论述我们可以得出结论：技能和学习行为无需表征。这可以运用以下两个理论得到阐明。

第一是身体对情境的最大把握倾向。根据身体的意向弧思想，具身的人在行动没有产生令他满意的结果时，会自动修正他的反应，而且这种修正不依赖于表征。

> 生活朝向目标的极化完全是非表征的。客观思想绕过了真实的意向性，而真实意向性就在它的对象上，而不是确立了对象。①

梅洛·庞蒂认为，非表征主义意向性才是更为基本的意向性形式，而客观思想的重构遗失了这种基本意向性。他有时称这种意向性为身体的运动意向性。

> 当我的知觉以不同的角度和尽可能清楚地向我呈现时，我

---

① M. Merleau-Ponty：*Phenomenology of Perception*，London：Routlege，1962：446.

的身体被整合进世界中，而且当我的运动意向展开时，运动意向收到了它们对世界的期待反应。①

这种更基本的意向性的主体是身体主体。在他看来，在每个日常的应付活动中，身体主体与世界之间建立比意识主体与对象之间更为基本和牢固的关系。他提出的这种更牢固的关系就是身体的最大把握倾向，也就是说，人类总是倾向于去获得对情境的最大把握。

梅洛·庞蒂的最大把握概念源自日常知觉和操控活动。当我们看某物时，我们并没有思考它，而是在作为整体的事物和它的不同部分中，倾向于找到对它最好的把握距离。当我们把握某种东西时，我们总试图用某种方式来取得最大把握。

> 对于每个客体，比如艺术画廊中的每幅画，存在着它所要求的最佳距离，它本身所尽可能地允许的观看方向：小于或大于这个距离时，我们只能获得模模糊糊的过渡或不足的知觉。因此，我们倾向于最高的可见性，并像调显微镜一样寻求最佳聚焦。②

在上述思想的基础上，德雷福斯提出了反表征主义观点：在技能化应付中，人们不需要对目标的心理表征。当人们对情境做出反应时，行动被经验为稳定的技能活动流。当一个人对情境的反应偏离身体和情境之间的最佳关系时，他的活动会使他更接近身体和情境之间的最佳关系，从而减轻了偏离所带来的紧张感。"我和物体之间的距离不是一种增加或减少的东西，而是一种围绕着标准波动的紧张。"③这时，他不需要而且也无法表达出这种最佳的关系是什么样的。他的身体完全是在情境的要求之下进入到与情境的平衡之中的。"不管动力或知觉系统是否在起作用，我们的身体不是'我思'的客体，而是趋向其平衡的充满生命意义的组合。"④

与此相反的是，表征主义认为，在行动时，人们需要预先对目标进

---

① M. Merleau-Ponty：*Phenomenology of Perception*，London：Routlege，1962：250.

② M. Merleau-Ponty：*Phenomenology of Perception*，London：Routlege，1962：302.

③ 〔法〕莫里斯·梅洛·庞蒂：《知觉现象学》，姜志辉译，北京，商务印书馆，2001，第383页。

④ M. Merleau-Ponty：*Phenomenology of Perception*，London：Routlege，1962：153.

行表征，以便以此为参照来判断行动的成败得失。胡塞尔和塞尔就是这种行动的表征主义的支持者，而海德格尔和梅洛·庞蒂是这种思想的批评者。塞尔认为运动要成为行动，就必须具备逻辑条件和现象条件。逻辑条件指一个行动要有满意的条件；现象条件指行动者必须意识到一个目标，或者说，如果目标是无意识的，那么现象条件要求行动者至少能有意识地在往那个目标努力。反表征主义赞同逻辑条件的要求，但是反对现象条件的要求。也就是说，支配行动的意向内容（即满意的条件）不必在心灵中表征出来。

德雷福斯以打网球为例来论证行动的反表征主义解释。打网球的新手会极力盯着球，让球拍垂直于地面，然后平行地将球击出。但是，对正在进行比赛的网球手来说，一切都会变得好起来，他全身心投入比赛中。他所经验到的是手臂上升并被引向恰当的位置，球拍与球场形成最佳的角度——一个他所需要的但他又意识不到的角度，而所有这些构成了由球场、竞争对手和即将来球等构成的格式塔。当他感到他的行为以这种方式被情境所激发时，他可以减少对格式塔的偏离。问题的关键在于：最终的格式塔从来都不需要在心中被表征，而且也不是人们所能表征的东西。人们只能感觉到他是接近还是远离最佳状态。正如梅洛·庞蒂所说："移动身体就是通过身体针对事物；这就是允许某人做出反应，它完全独立于任何表征。"①

为了让人们确信：有技能的行动者不需要对最终格式塔进行表征就能达到最佳格式塔型，德雷福斯还使用了肥皂泡的类比。肥皂泡的雏形是不成形的。少量的泡沫受力形成了球体，但是球形的结果在肥皂泡的产生过程中不起任何因果作用。这说明，最终格式塔型在其产生过程中不起因果作用。身体运用球拍的最佳格式塔型也属于这种情形。实际上，在运动中，人们意识不到或者说不能表征出他是怎么运用球拍的。

另外，即使一个人是有意识地去接受像打网球这样的技能，他也不是有意识地在区分越来越精细的情境，并将它们与越来越精细的反应相匹配。或者说，技能掌握不是一个有意识的过程，因为新手不知道他是怎么获得专家技能的。有意识的部分只限于他为了提高技能而投身于技能学习和实践中。身体接管了意识的表征范围之外地带。这个能力为梅洛·庞蒂的身体获得最大把握的趋向做了进一步的说明。在这一基本的感觉中，仅仅是因为有了获得最大把握的趋势才有了意向弧。

———————

① M. Merleau-Ponty：*Phenomenology of Perception*，London：Routlege，1962：139.

　　正如我们所看到的，那种技巧性的处理并不需要对目标的心理表征。然而，塞尔认为是为了得到满意条件才引起人的身体移动，他称之为意向行为。这就是人所能体会的人移动身体和人身体被移动之间的区别。此外，塞尔说，在行为的范例中，人的意向性内容必须有一个从心智/世界的因果关系。那就是，当身体的移动引起世界的变化时，人的意向行为才能被体验。

　　德雷福斯根据梅洛·庞蒂的思想，用最大限度把握概念来表达身体运动机能意义生成的非表征性。他说：

　　　　梅洛·庞蒂最重要的贡献就是对于环境和行为之间动态辩证关系的一种描述。梅洛·庞蒂清楚表明，对于目标是最大程度控制的身体运动，人们不需要对于目标的表征。相反，行为被体验为一种不断回应处境的连续技巧活动。这种技巧性的应付活动运转是否良好，也是体验的重要构成。一旦人们感到偏离了最佳的身体/环境结构，人们的活动就试图减轻"张力"从而更加接近最佳身体/环境关系。①

　　第二是弗里曼的吸引子理论。反表征主义与表征主义孰是孰非，可以诉诸最近的生理学研究成果。如果没有一种大脑机制或活动的结构能解释行动者成功地被导向他所不知道的目标状态，那么反表征主义是让人难以置信的。德雷福斯认为，吸引子理论可以说明反表征主义思想绝非主观臆想，而是有科学依据的，因为吸引子理论解释了大脑是如何产生不可表征的技能化行为。有目标的行为能够被这样一种大脑状态所控制。这种大脑状态只在最弱的意义上，能被称为是对行为所朝向的满意格式塔的表征。

　　在弗里曼看来，大脑是根据赫布的学习理论运行的。换言之，各个神经元之间的联结强度在经验的基础上得到增强或减弱。他的重要贡献是说明了赫布变化是更高层面的神经进程的基础。他发现，学习就是调整神经元之间的联结强度，而行动的突发会分裂出大量不同的混沌吸引子。源于感官的微弱输入的作用仅仅是限制突发，并让它跌入一个特定的吸引盆，而这个吸引盆在学习的基础上，会与引发特定输入的客体相

---

　　① H. Dreyfus："Merleau-Ponty and Recent Cognitive Science,"in Taylor Carman，Mark B. N. Hansen(eds)：*The Cambridge Companion to Merleau-Ponty*，Cambridge：Cambridge University Press，2005，136-137.

联系。大脑就是以这种方式不对微弱输入做出反应，而对产生这种微弱输入和诸如此类东西的客体做出反应。也就是说，学习者直接指向客体，而不对客体进行表征。这印证了作为意向弧观念中心思想的反表征主义——对世界最好的表征就是这些实践不是与意向现象相分离的，而是意向现象展开的方式。世界本身，连同过去所有的经验都会被投射回到世界中去。

吸引子理论也证明了身体的最大把握倾向的合理性。比如，当一头哺乳动物如兔子在某种情况下体验到成功和失败时，它的大脑就会形成特定的神经元连接。当兔子再次处于这种情形下时，这种过去已形成的神经元连接会激发全局神经元活动，而这种激发始于特定能量情境中的某一点。这个在能量情境中的点就是让整个大脑进入到那种状态的能量总和，而位于该点周围的点则拥有更多或更少的能量。

因此，在弗里曼那里，大脑被理解为是一个具有能量波峰和波谷的动力系统。每个波峰或波谷都对应于能量的最大或最小值。与爬山相似，攀到波峰的顶点需要花大量能量，而跌到波谷的底部是很容易的。激发神经活动的当前能量状态，要么向要求更多能量的方向前进，要么向要求最小能量的方向前进。当系统处于能量最小值的范围内时，系统就像一个从山上掉下来的球一样，倾向于更加接近这个最小能量状态，而接近最小能量的状态被称为吸引盆。由于以往经验建立了神经元联系，因此当前的知觉输入让大脑进到特定能量情境中。一旦大脑再次处于那种情境中，让大脑更接近最近的吸引盆底的运动就被激发了。兔子或网球运动员，感觉到了系统的这个寻找最小能量状态的倾向，于是就朝向最佳格式塔做出最大把握。这就是最大把握的神经活动基础。

这种寻找最佳格式塔的过程当然是非表征的。因为能量情境只告诉运动员，应该更接近最佳格式塔，而不告诉他具体该怎么做。能量情境指引运动员做了那些运动，引起了大脑中趋向在当前能量情境中最低的可获得点，而不需要表征出最低点或怎么到达最低点，这就像从山顶掉落的球不需要表征出从山上下来的最佳路径，就能找到最佳路径一样。

在德雷福斯看来，弗里曼理论中的吸引子只能在最弱的意义上被称为是表征，而它合并了过去的经验并且在过去经验的基础上导致了行动。因此，弗里曼的工作证明了表征主义是错误的，而反表征主义不但在现象学层面上，而且在神经生理学层面上，都能得到辩护。

### 四、对无表征智能理论的质疑与辩护

格拉什和麦迪克对德雷福斯的技能获取理论提出了质疑，认为表征

是被理解为具有命题意向内容的可分解的心理结构。基于此，人们才能做出假设、形成计划和解决问题。德雷福斯辩护道：

> 我在介绍技巧获取的前四个层次上，为心理表征留有余地，继而认为当我们最终成为专家时，我们对待事物和人的日常方式已经从前四个阶段指导性的目标和计划，转换到了对整个情境需要做出什么的迅速反应。我所要反驳传统表征主义的是智能行为的一些重要情形并不包含心理表征，但是反对者坚持认为，有计划的行为需要心理表征。但是，格拉什和麦迪克不仅误解了我前四个阶段的叙述，他们似乎对第五个阶段的现象论也是盲目的。①

有学者认为，所有智能行为能够而且必须依照意识或无意识的命题表征来解释。他们试图找到一个论据来说明心理表征在引起所有智能行为中所起到的必要作用，并坚持认为德雷福斯所描述的处理行为，如下象棋和推动离合器，仅仅是一个次要的活动，比如，在赢比赛或开车回家这样整个的应用目标的活动过程中。也就是说，仅是一个决定引起了行为，所有技巧处理必须被理解为次要的活动，并依赖于心理表征。而德雷福斯则承认表征会在某阶段被无心理过程所代替。最初由表征产生的反射弧最终不再需要表征了，它们自动地产生作用，因此德雷福斯的技能获取理论是正确的。

巴克(L. R. Baker)在《对德雷福斯无表征智能的评论》一文中指出：

> 他非常赞赏德雷福斯的无表征智能理论，并且认为他对梅洛·庞蒂思想的运用给心理学哲学注入了新鲜活力。②

其实，德雷福斯在面对心灵的可选方法上运用了许多方式。德雷福斯声称，我们的身体移动被体验为行动的充分条件是：

(1)我能控制自身的活动，停止做正在做的事；

---

① H. Dreyfus: "Refocusing the Question: Can There be Skillful Coping without Propositional Representations or Brain Representations?"*Phenomenology and the Cognitive Sciences*(1)，2002：413-425.

② Lynne Rudder Baker: "Comments on Hubert Dreyfus 'Intelligence without representation'," *Phenomenology and the Cognitive Sciences*(1)，2002：412.

（2）并且我的活动是由我和情境所形成的格式塔引起的。

巴克对于第二个条件中的"引起"一词颇有疑问，他这样说道：

> 这个"引起"在这儿究竟是什么意思呢？它是否在某种意义
> 上与物理学家所描述的画面是相容的呢？

物理学家基姆认为身体的移动是由大脑状态而非经验引起，德雷福斯则认为是由经验引起的，如果经验是不同于任何大脑状态的，而只是移动的部分原因，这样的话，岂不是会陷入二元论泥潭吗？因此，巴克怀疑德雷福斯有吸引力的观点被置于更大的形而上学之中。

总之，双方争论的焦点在于如何看待思维模型。目前，大多数的人工智能研究是建立在这样一个理论基础之上的，即思维中包含着一种模型，这种模型内部又含有"物理符号"，而信息加工技术可以对这些符号进行操作和加工。也就是说，认知或智能行为就是遵循规则的内在表征操纵，并且情境也可以被表征。而对德雷福斯来说，人类思维并没有包含一个有关现实的模型，也不是一台进行信息处理的机械设备。相反，思维是在知觉与客观世界的持续交流互动的过程中突然涌现的，而这种突然涌现思维是无法预先表征的，它是语境化的无表征结果。

# 第六节　认知语境与认知的二维语义学解释

语义无疑是语境依赖的。近年来兴起的语义学的二维主义是语境论在语义学中的应用，其影响越来越大。由于二维主义和弗雷格以来的描述主义传统联系紧密，常被纳入新描述主义或新弗雷格主义，受到了很多分析哲学家的特别关注。索姆斯（S. Soames）在《指称和描述：反对二维主义》一书中，专门对二维主义作了系统而深刻的批评，认为二维主义旨在复兴弗雷格以来的描述主义传统，恢复意义、先天性与必然性之间的联系，尽管它采用了新的逻辑和语义方法，但是基本观念仍是传统描述主义的那一套。而以查尔莫斯为代表的二维主义者为自己的理论积极辩护，他们之间的争论可以被看成是描述主义和直接指称主义之间争论的延续。

## 一、二维主义的思想渊源

所谓二维主义，就是将表达式与两种不同的语义值（真与假）在二维框架中联系在一起的主张。在这种意义上，弗雷格关于意义与指称的区分也可以看成是一种二维主义①。弗雷格以来的描述主义传统认为，名称的意义不仅在于其指称，而且包含由描述词提供的认知信息，正是后者决定了名称的指称。而认知意义和先天性是紧密联系在一起的，如果一个命题在认知上没有意义，它就是先天的，因而也是必然的。

克里普克对描述主义传统提出了严厉批判。首先，他认为名称是严格的固定指示词，而描述词只是貌似固定指示，一旦事实并非所预想的那样，其指称的对象可能就会发生改变；其次，不知道相关的认知信息并不妨碍我们对名称的正确使用；最后，我们所拥有的认知信息很可能是错误的，不能作为识别指称的唯一标准。这三个批判通常分别被称为模态论证、认知论证和语义论证，再加上克里普克对后天必然命题的说明，所有这些使描述主义陷入严重的困境。但克里普克的直接指称或因果指称理论似乎并未解决弗雷格的有新知的同一性陈述的难题，而描述主义也针对三大论证提出了不同反驳②，至于后天必然性这个概念，似乎是自相矛盾的。因为：假定 S 为后天必然命题，既然是后天的，那么其～S 就是可想象的，如果没有经验证据来排除～S，那就说明 S 是假的；而如果 S 是必然的，S 就不可能为假，也即，如果 S 是必然的，我们就不需要经验证据以知道 S，因此，如果 S 是后天的，它就不可能是必然的。

二维主义的产生与后天必然性有关，因此关于后天必然性讨论一直颇受关注。索姆斯认为，二维主义产生的一个重要原因就是为了解释后天必然性，其主要思路是把表达式与两个相关命题联系在一起，后天必然的句子除了表达必然命题之外还与一个偶然命题相联系。这一思路其实并不陌生，在克里普克对必然性的说明那里已经包含了二维方法的萌芽。克里普克承认"任何必然真理，无论是先验的还是后验的——都不可能作相反的证明"③，但这并不意味着后天性和必然性是矛盾的。"就某些必然的后验真理而言，我们可以说，在具有适当的定性同一性证据的情况下，一个适当的、相应的定性陈述可能是伪的。"④克里普克继续解释说：

---

① D. J Chalmers："Two-Dimensional Semantics,"in E. Lepore，B. Smith (eds.)：*The Oxford Handbook of Philosophy of language*，Oxford University Press，2006：574.

② See S. Soames：*Reference and Description*：*The Case Against Two-Dimensionalism*，Princeton University Press，2005：35-37.

③ 〔美〕克里普克：《命名与必然性》，上海，上海译文出版社，1998，第119～120页。

④ 〔美〕克里普克：《命名与必然性》，上海，上海译文出版社，1998，第120页。

设"$R_1$"和"$R_2$"为等号两端的两个严格指示词。那么"$R_1=R_2$"这个式子如果是真的，它也就是必然的。"$R_1$"和"$R_2$"的指称可能分别由非严格的指示词"$D_1$"和"$D_2$"所确定……虽然"$R_1=R_2$"是必然的，但是"$D_1=D_2$"这个式子却很可能是偶然的，我们之所以常会错误地认为"$R_1=R_2$"这个式子可能被证明为伪的，其根源即在于此。①

这里，克里普克已经提供了一种二维解释的雏形，其核心观念就是："一个适当的、相应的定性的陈述"（即"$D_1=D_2$"），与原先的必然陈述"$R_1=R_2$"不同，它可以是伪的，因为"如果这个世界可能被证明是另外的样子，那么它也许本来就是那种样子。否认这个事实就是否认自明的模态原理：由某种可能性所蕴涵的东西本身必然地是可能的"②。也就是说，尽管"$D_1\neq D_2$"不具有形而上的可能性，但在我们的认知想象中是可能的，我们不能先天地排除这种可能性，因而"$R_1=R_2$"这一必然陈述是后天的，这就澄清了后天必然性这一概念的困惑。这种解释模式同样可用于对先天偶然性的说明③。显然，克里普克在这里区分了两种可能性：认知可能性和形而上可能性。尽管后天必然命题包含无法先天排除的偶然命题，但这种偶然命题仅仅是认知上可能的，并不具有形而上的可能性。

如果说克里普克对后天必然性的说明已经包含了二维主义的萌芽，那么卡普兰对索引词的分析就直接打开了二维主义的大门。卡普兰区分了表达式的表达语境（context of utterance）和虚拟的赋值条件（circumstance of evaluation），他注意到，像"我"、"现在"这样的索引词在不同的语境表达不同的命题，因而具有不同的语义内容，但其意义确是恒定的，它是从语境到内容的函项，卡普兰称之为特性（character）。这样，包含索引词的表达式，其命题内容只是在某些世界内容为真，但其特性所产生的命题在所有表达的语境中都为真。

如果把卡普兰的语义内容理解为表达式的内涵，那么他所说的"特性"显然就是一种二维内涵。不过，卡普兰对二维方法的运用基本上仅限于直指词和索引词，他认为，名称无论在何种语境中都指称同一对象，

① 〔美〕克里普克：《命名与必然性》，上海，上海译文出版社，1998，第120~121页。
② 〔美〕克里普克：《命名与必然性》，上海，上海译文出版社，1998，第118页。
③ M. García-Caipintero："Two-Dimensionalism: A Neo-Fregean Interpretation," in M. García-Caipintero, J. Macia (eds.): *Two-Dimensional Semantics: Foundations and Applications*, Oxford University Press, 2006: 183.

这一点和克里普克一致，况且卡普兰的原意就是捍卫直接指称，所以索姆斯将卡普兰的观点称为温和的二维主义，甚至承认在这种温和的意义上我们都是二维主义者①。可以预见，如果将卡普兰的观点稍加扩展，便直接危及直接指称主义，斯道纳克、杰克逊和查尔莫斯等二维主义者便在这一方向上发展了二维语义学。尤其是查尔莫斯，1996 年在其颇有影响的著作《意识的心灵》中就采纳了二维方法并用于反对心灵哲学中的物理主义，但查尔莫斯当时的观点明显带有很强的卡普兰的烙印，之后十年里，他致力于摆脱卡普兰语境因素的影响，发展了一种认知的二维语义学，对语义学产生了很大影响。

## 二、索姆斯对二维主义核心观点的批判

语义学的二维方法基于以下观点：表达式的外延甚至内涵都是以某种方式依赖于外在世界的性质。以"水"为例，如果水指称 $H_2O$ 的世界成为现实的，则水在所有世界指称 $H_2O$，但如果其他世界（孪生地球）成为现实的，则"水"所指示的可能是完全不同的东西，而不是 $H_2O$。

如果一个表达式的内涵取决于世界的性质，那么就可以用从世界到内涵的函项来表示这种关系，而内涵本身又是从世界到外延的函项，于是这就揭示了一种二维结构。仍以"水"为例，除我们所处的现实世界 $W_1$，我们设想仍有两个可能世界：$W_2$——孪生地球，透明可饮用的水状液体其实是 XYZ；$W_3$——透明可饮用的水状液体由 95% 的 $H_2O$ 和 5% 的 XYZ 混合而成（仍称水为 $H_2O$）。

如果以纵轴表示现实世界的呈现方式，横轴表示世界可能的反事实的呈现方式（每列表示一个可能世界），那么我们就可以用图 8-2 来表示"水"的外延对世界的依赖关系：

| 第一维：现实世界 | 第二维：可能世界 ——➤ | | |
|---|---|---|---|
| | $W_1$ | $W_2$ | $W_3$ |
| @ $W_1$ | $H_2O$ | $H_2O$ | $H_2O$ |
| @ $W_2$ | XYZ | XYZ | XYZ |
| @ $W_3$ | $H_2O$ | $H_2O$ | $H_2O$ |

图 8-2　水的外延对世界的二维关系

① S. Soames：*Reference and Description*：*The Case Against Two-Dimensionalism*，Princeton University Press，2005：44.

这里@表示"现实的"或者"被视为现实的"。从@$W_1$到@$W_3$的纵行构成了矩阵的第一个维度。不同的二维主义对第一维度的具体规定有所不同，有时将它理解为表达的语境（比如卡普兰），有时理解为认知可能性（比如查尔莫斯）。从$W_1$到$W_3$的横行表示的是世界可能的方式，或说反事实的可能世界，它们构成了矩阵的第二个维度，卡普兰将其理解为命题的赋值条件，查尔莫斯将其理解为形而上的可能性。每一横行表示：当该行的世界成为现实的，或者被视为现实的时，"水"的内涵称为第二内涵，它是从可能世界到外延的函项，可以表示为$F(W \rightarrow E)$。

第一内涵是从视为现实的可能世界到外延的函项，可以表示为$F(@W \rightarrow E)$，这样当$W_1$或$W_3$成为现实的时，"水"的第一内涵给出$H_2O$，当$W_2$成为现实的时，"水"的第一内涵给出XYZ。这就是说，无论现实世界以何种方式呈现出来，"水"的第一内涵都只给出任何具有水这种物质的所有属性的物质。因此，第一内涵是先天的，相反，第二内涵并不是先天决定的，因为它本身取决于现实世界的具体特征。

这个二维结构直观地表示了一种二维内涵，即世界的有序偶对（$W \times W$，W表示可能世界）到外延的函项，可以表示为$F(@W \rightarrow (W \rightarrow E))$。对于句子"水是$H_2O$"同样能够在二维结构中给出其真值（如表8-1所示）：

表8-1 "水是$H_2O$"的二维结构真值

| 水是$H_2O$ | $W_1$ | $W_2$ | $W_3$ |
|---|---|---|---|
| @$W_1$ | T | T | T |
| @$W_2$ | F | F | F |
| @$W_3$ | T | T | T |

这样，"水是$H_2O$"的后天必然性就可以解释为命题的第二内涵在所有可能世界为真，而第一内涵在某些视为现实的可能世界为假。相应地，先天偶然性可以解释为命题的第一内涵在所有被视为现实的可能世界为真，而第二内涵在可能世界为假。也就是说，先天性和后天性、可能性和必然性都可以定义为两种内涵在可能世界的赋值。这就很好地解释了具有相同外延或指称的表达式为何具有不同的二维内涵和第一内涵，同时也能在理论上很好地解释克里普克的后天必然性和先天偶然性。

很显然，二维主义的关键在于如何定义与先天性相联系的第一内涵。前面已经提到，对二维主义有两种不同的理解：一种是卡普兰式的语境

的理解；一种是查尔莫斯所主张的认知的理解。按照语境的理解，第一
内涵是从语境到外延的函项；按照认知的理解，第一内涵是从认知可能
的"情形"（scenario）到外延的函项。查尔莫斯认为语境的理解具有局限
性，因为不同类型的表达式对语境的依赖程度不同，对于索引词和指示
词，它们本身就和表达语境密不可分，对于其他表达式，如名称和自然
种类词，这种分析就不大合适。而且，查尔莫斯的目的是要恢复认知意
义和先天性之间的联系，语境的理解并不胜任①。从认知的角度来看，
对于现实世界可能发生的事实，我们在认知想象中可以有这样或那样的
假设，查尔莫斯称之为"情形"，我们不能够先天地排除它们，而如果这
些情形得以实现，那么相关的表达式可能具有完全不同的真值或意义。
基于这样一种观念，查尔莫斯用认知术语对先天性、后天性以及必然性、
偶然性等概念进行了定义②：

$(T_1)$句子 S 是先天的（认知上必然的），当且仅当 S 的第一
内涵在所有情形为真。

$(T_2)$句子 S 是形而上必然的，当且仅当 S 的第二内涵在所
有世界为真。

$(T_3)$句子 S 是后天必然的，当且仅当 S 的第二内涵在所有
世界为真而第一内涵在有些情形为假。

$(T_4)$句子 S 是先天偶然的，当且仅当 S 的第一内涵在所有
情形为真而第二内涵在有些世界为假。

这些定义构成了查尔莫斯认知二维主义的核心论题。索姆斯在《指称
和描述》一书中对二维语义的解读基本上是语境式的，而查尔莫斯同样反
对二维主义的语境式理解，因此查尔莫斯抱怨说索姆斯并没有完全了解
他的主张，很多批评实际上对他的认知二维主义并没有效力。但这并不
意味着查尔莫斯的理论与这些批评完全不相干，毕竟查尔莫斯的一些基
本结论并没有太大变化。2006 年 6 月美国哲学协会在芝加哥戴维逊中心
专门就索姆斯的《指称和描述》一书举办了作者和批评者的研讨会，索姆

---

① See D. J. Chalmers："The Foundations of Two-Dimensional Semantics,"in M. García-Caipintero，J. Macia（eds.）：*Two-Dimensional Semantics：Foundations and Applications*，Oxford University Press，2006：65-75.

② D. J. Chalmers："Two-Dimensional Semantics,"in E. Lepore，B. Smith(eds.)：*The Oxford Handbook of Philosophy of language*，Oxford University Press，2006：586-588.

斯同样对查尔莫斯的批评作出了回应。

总的来看，索姆斯的批评主要集中在以下几点：第一，二维主义一方面把名称和自然种类词视为伪装的固定描述词，以避免克里普克的模态论证；另一方面将卡普兰的语境原则扩展到名称和自然种类词，以解释后天必然性，但名称和自然种类词决然不同于索引词，而克里普克也早已证明名称并非固定描述。第二，正如固定描述词只是在确定指称的过程中起作用而不构成名称的意义，查尔莫斯的认知内涵实际上是一种私人思想或私人语言，并不是语义的成分。第三，先天性并不要求第一内涵在所有认知可能的情形中为真，查尔莫斯的认知二维主义的核心论题 $T_1$ 是错误的。第四，某些认知可能的世界状态是形而上不可能的，而第一内涵讨论的恰恰是这种认知可能性，这是完全没有必要的。这些批评涉及语言哲学和形而上学的一些根本问题，正如查尔莫斯认为的那样，这些根本问题上的细微分歧导致了双方理论上的巨大差异。

### 三、争论引发的关键问题

（一）二维主义是否是描述主义

名称在所有可能世界指称同一对象而相应的描述词却未必，因此，名称不同于描述词。这是克里普克反对描述主义的模态论证的主要内容。索姆斯认为，二维主义本身就是描述主义的一种表现形式，为了避免克里普克的模态论证，他把名称和自然种类词当成是伪装的固定描述词。按照这种理解，二维主义产生于确定指称的过程中，非固定性描述词产生第一内涵，固定描述产生第二内涵。

然而，查尔莫斯认为二维主义事实上并不依赖于这些描述主义的观点。尽管名称或自然种类词的第一内涵有时候似乎很接近描述词，比如，把"水"的第一内涵说成是"可饮用的透明液体"，凡是满足该描述的物质就是水的指称。但这仅仅是一种近似的用法，并不是说这种描述就是第一内涵本身。第一内涵严格来说只是一个函项，它体现的是语词中我们先天可把握的那部分意义，尽管这部分意义大抵只能通过描述词来表征。而且，一般认为名称的指称是名称的语言学意义的一部分，而相关描述词的指称却不是那些描述词的语言学意义的一部分，所以二者不是同义词。

因此，查尔莫斯强调克里普克反描述主义的论证并不适用于二维主义，但他并不否认二维主义和描述主义之间存在密切关系。和弗雷格一样，他认为指称并不是意义的全部，人们直觉上仍强烈地感觉到像"长庚星"和"启明星"这些有共指称的名称，其意义在某些方面是有区别的，而且，即使它们不共指称在认知上也是可能的。表达式在认知上的区别与这些可能性联系在一起，因此，通过可能性和必然性的分析把握这些认知区别就是一条值得探索的途径。查尔莫斯认为这应该成为二维主义的一个指导思想。索姆斯也承认当我们用这些词来表达思想的时候，通常都会包含一些描述性的信息，但它们是非语义的。查尔莫斯则指出，虽然名称和自然种类词是直接指称，但这依赖于现实世界的呈现方式。

虽然在二维主义和描述主义之间直接画上等号并不合适，但说二维主义是一种弱的描述主义并不会引起什么争议。查尔莫斯本人也承认这一点，同时他强调二维主义在继承描述主义的长处的同时又避免它的很多缺陷，比如，克里普克反对描述主义的模态论证和知识论证在二维框架内都可以得到很好的解释。

（二）名称和自然种类词是否是索引性的

卡普兰之所以区分名称和索引词，原因在于前者的指称确定条件是决定它们意义的前语义因素，因而其指称的改变也就意味着意义的改变；而索引词的指称确定条件是语义的，因而指称在语境之间的改变和意义无关。索姆斯认为查尔莫斯故意忽略了这一点，至少在《意识的心灵》中他确实把名称和自然种类词视为索引性的固定描述词，而且这种描述词本身并不包含任何名称和自然种类词，它是纯粹定性的，就像"水"和"我"、"现在"这些索引词一样，其通常意义运用于不同的语境会产生不同的内容。索姆斯坚持克里普克的观点，认为"水"在孪生地球的同音异义表达式只是有着完全不同意义的不同表达式，名称和自然种类词都是固定指称。而卡普兰本人也是一开始就明确区分索引词和名称，反对把索引性扩展到名称和自然种类词。

从语境依赖的角度理解，索姆斯的批评并没有什么问题。因为名称和自然种类词毕竟与索引词有着明显的区别。在任何一种语言中名称和自然种类词的使用都具有特殊的重要性，这类表达式的指称不能由于语境变化而变得无法捉摸，否则人们将无法把握它，所谓知识也就无从谈起。如果仅仅是把卡普兰的语境原则简单地从索引词扩展到名称和自然种类词，那么这样一种二维主义将很难应对指称论的诘难——尽管这样做能解释后天性与必然性之间的"矛盾"。但问题在于二维主义是否必然蕴涵了名称和自然种类词具有索引性这一观点，如果二维主义能够避免这一结论，那么索姆斯的批评便失去了目标。

首先，查尔莫斯承认名称和自然种类词不是索引性的，其特性和语义指称不变。其次，查尔莫斯也反复强调，他在《意识的心灵》一书中所描述的二维语义是不完全的，他本人也在《二维语义学基础》一文中对语境的二维主义进行了细致的分析和批评，并明确倡导认知的二维主义。查尔莫斯认为按照认知的理解，"水"这样的表达式在某特定语境中指称什么与第一内涵没有关系，因为第一内涵并不是卡普兰的特性或者语境内涵，重要的是孪生地球的某个特定描述在认知上蕴涵了"水不是$H_2O$"。这样一种认知主张与"水"没有语境依赖和"水"不是索引词是相容的，这一点我们将在下面继续讨论。

（三）认知内涵是否是私人的和非语义的

索姆斯认为，在《意识的心灵》一书中二维主义是作为一个语义系统出现的，它把弗雷格的含义一分为二，区分出第一内涵和第二内涵，前者是从视为现实的世界到外延，后者是从视为反现实的世界到外延，这种区分实际上与卡普兰对表达式的表达语境和赋值条件的区分相一致。因而，第一内涵与卡普兰的特性关系密切，而第二内涵则相应于卡普兰的语义内容。但实际上查尔莫斯已经放弃了对第一内涵的语境式理解，转而采用认知概念来定义第一内涵。

索姆斯认为这样一种转变实际上是从公开的意义转到私人的思想，其思路是：尽管我们都使用公共语言 L，但我们各自都有自己的内涵以决定我们在思想和交谈中对 L 的运用。因此，尽管句子表达思想，但思想又不必和它们在语义上用 L 表达出来的东西混为一谈。在索姆斯看来，这种产生思想的系统实际上是一种私人语言，而认知的第一内涵就是把这种私人语言的特性运用于认知上可能的情形中而得到的。因此，所谓"水"和"长庚星"在不同的情形中指称不同事物，这并不是说它们在 L 中的语义指称改变了，而是说它们在认知的私人语言中的指称改变了。也就是说，名称和自然种类词具有一贯的特性和不变的语义指称，但它们还具有随情形而改变的认知指称。

于是，这就一方面允许名称和自然种类词是非描述的、非索引性的；另一方面通过区分句子（包含 L 的语义性质）和句子的运用（在我们私人思想产生系统中）来解决关于认知意义以及先天性和后天性的问题。比如，在 L 语言中，"长庚星即启明星"在语义上可能表达一个先天可知的命题，即使它在我的私人思想产生系统中不是先天的，因为我们平常使用这一思想来表达需要诉诸经验判断。

索姆斯把语境内涵到认知内涵的转变说成是从公开的意义到私人的思想、从语义的到非语义的转变。这种解读是成问题。首先，认知是通往知识的状态和过程，虽然包含一定的心理因素，但并非完全是任意的私人思想。其次，意义的某个部分和认知领域联系在一起，这并不意味着这部分意义是非语义的，除非像索姆斯那样预先规定语义内容是不变的。正如查尔莫斯强调的那样，这些问题涉及我们应该在何种意义上使用"语义的"这个词，而很难说对这个词的哪种运用更正确。

另外，查尔莫斯显然仍是受了克里普克的启发，因为克里普克在解释"水是 $H_2O$"的后天必然性时承认，虽然"水不是 $H_2O$"形而上不可能，但在认知想象中是可能的。因此，从认知的角度入手的确能够避免把名称和自然种类词索引化，但由此而来的另一个问题是，如果"水不是 $H_2O$"仅仅在认知想象中是可能的，那么二维主义就名不副实了。虽然关于名称不是索引词的论证不能驳倒二维主义，但查尔莫斯需要证明凡先天可想象的都是形而上可能的。

（四）认知上可能的是否形而上可能

克里普克认为，我们只能从现实世界发现的对象和性质来理解可能性，对于某特定对象，其缺少偶然属性是形而上可能的，其缺少必然属性则形而上不可能，这两种情形之间并不存在直觉上和认知上的区别。形而上可能世界和认知可能世界都是宇宙可能具有的性质，并且只能通过关于现实个体和属性的约定来说明。也就是说，我们关于可能性的全部知识都源自现实世界中的个体和属性。索姆斯赞同克里普克的模态主张。在他看来，克里普克的后天必然性正是由于认识到某些认知可能状态的形而上不可能性。换句话说，尽管我们需要关于本质属性的经验证据以排除某些认知可能世界，但对于其形而上不可能性我们却常常毫无意识。认识到这一点，二维主义就没有什么必要了。

索姆斯之所以像克里普克那样拒绝讨论仅仅认知上可能但形而上不可能的世界状态，是因为他关心的是在真正可能的各种条件下表达出来的命题，而不是由于错误使用而表达出来的命题。换言之，作为语境的只能是形而上可能世界，认知可能的世界状态是命题的赋值条件，后天必然命题在所有形而上可能世界为真，而在某些认知可能世界为假；先天偶然命题不需要现实世界的经验证据也能获知，即使它们在某些形而上可能世界中为假。索姆斯认为，二维主义的错误就在于把认知可能世界和形而上可能世界混为一谈，并由此解释后天必然性和先天偶然性，甚至把索姆斯对后天必然命题的解释也视为一种二维主义。

查尔莫斯认为，没有明显的证据表明认知可能性和形而上可能性之间具有不可通达性，也没有什么能妨碍我们把先天无法排除的认知可能情形视为现实的。而实际上，我们往往很难分辨一种情形是否仅仅在认知上可能而不具有形而上可能性，至少克里普克和索姆斯贬低了认知可能性的意义。国内有学者认为，二维语义理论仍存在较大争议，解决这一问题只需区分"语义必然性"和"特性必然性"即可①，但这一区分仍然于事无补，因为克里普克持本质主义的立场，在"水是 $H_2O$"这个句子中，$H_2O$ 是作为"水"这一物质的本质属性出现的。在克里普克看来，一事物缺乏偶然属性是形而上可能的，但缺乏本质属性是形而上不可能的。正如索姆斯强调的那样，理解这种仅仅认知上可能但形而上不可能的情形是理解后天必然性的关键。"特性必然性"似乎没有注意到克里普克对本质属性和偶然属性这一区分的强调，尽管对于具体的区分标准还存在争议。

（五）先天性和认知可能性之间是否存在必然联系

索姆斯同意存在先天偶然命题，他给出的例子是包含模态算子"实际上"（用@表示，意即在现实世界或当下实际情形中）的句子②，如"P 当且仅当@P"，这个句子表达命题 S："P 当且仅当 P 在@中为真。"S 是偶然的，因此其第二内涵在某形而上可能世界 W 中为假，而 W 同时也是认知上可能的，因此，S 的第一内涵在 W 中也为假。可见先天性并不要求第一内涵在所有认知可能的情形中为真，因而二维主义的观点有误。

查尔莫斯认为这一反驳是无效的。首先，索姆斯在解释后天必然性的时候说，如果命题 P 是偶然的和后天的，则后天必然命题@P 在某些认知可能的状态中为假。索姆斯的这一观点本身就蕴涵了他所反对的观点。其次，割裂认知可能性与先天性之间的联系也就是割裂了世界状态的认知可能性与命题的认知可能性之间的联系。因为如果某人得知命题 P，他就排除了所有～P 的世界状态。同样，如果某人先天地知道了命题 P，他就会先天地排除所有～P 的世界状态，而如果 P 先天可知且在某世界 W 中为～P，那么它就会先天地排除 W 这一认知假设。换言之，W 就不是认知可能的，所以，只要 P 是先天的，它就在所有认知可能的世界为真。

索姆斯承认 $T_1$ 基本上来说是正确的，但是不能不加限制地使用，尤其是涉及包含"@"算子的命题。我们能够从先天命题"P 当且仅当 P"推出命题"P 当且仅当@P"是先天偶然的，因为是现实世界@中的主体而不

---

① 黄益民：《二维语义学及其认知内涵》，《哲学动态》2007 年第 3 期。

② See S. Soames：*Philosophical Analysis in The Twentieth Century*，Vol. 2：*The Age of Meaning*，Princeton University Press，2003：417-422.

是其他可能世界中的主体能够从@中的真理 P 得出命题"P 在@中为真"，反之亦然。因此，在可能世界中命题"P 当且仅当@P"之为假与其在@中的先天可知性无关。查尔莫斯认为这一策略同样无效，其他世界的主体能不能知道所谈论的问题并没有什么关系，重要的是在我们的世界中先天地知道"P 当且仅当@P"的主体知道什么并排除了什么。

另外，对于认知可能性这一概念，双方存在的分歧也是根本性的。索姆斯认为认知可能状态是一个世界可能具有的最大完全属性（maximally complete properties），这些属性取决于现实世界中实际存在的对象和属性，而查尔莫斯的认知可能性是最大完全句子或命题，这一区别显然涉及从物模态和从言模态的争论。如果按照索姆斯的理解，认知可能性的基础是现实世界中的对象和属性，那么"长庚星不是启明星"的认知可能状态是不存在，而只要金星存在，"长庚星是启明星"就是先天的。查尔莫斯认为这明显与我们的直觉相悖，毕竟"长庚星是长庚星"和"长庚星是启明星"在认知属性上是有区别的。

## 四、结束语

查尔莫斯的二维主义显然具有很大的包容性。一方面，它同意弗雷格的观点，将认知意义作为理解表达式意义的重要因素；另一方面，它又同意克里普克的观点，承认名称和自然种类词是固定指示词。因此，索姆斯和查尔莫斯的根本分歧并不在于名称和自然种类词是否是索引词或固定描述词，而在于他们以完全不同的方式看待认知可能性及其与形而上可能性之间的关系。

正如索姆斯指出的那样，对于查尔莫斯、杰克逊、刘易斯等二维理论家，关键之点在于凡先天可想象的都是形而上可能的。反对者声称从认知领域到本体论领域并没有可通达的通道和方法，双方就可想象论证的问题展开了激烈争论。查尔莫斯的论证方法主要是否证，这很难令人信服，但反对者也没有新的证据来支持他们的观点。由于模态概念的引入，关于二维主义的争论显得更加复杂和深入，索姆斯的批评并不能从根本上驳倒二维主义，由于在解释后天必然性和先天偶然性方面的优势，这一新兴的语义学方法显示出了它的生命力，而由此展开的争论也将持续下去。

# 第九章　发展的语境论

语境论是开放的，当然也是有待进一步发展的。作为世界假设的语境论，它能否提供一种更为合理、更能被广泛接受的世界观，还需要更深入的研究；认识的语境论能否回答怀疑论的挑战，还有待进一步的探讨；对 20 世纪的科学哲学进行语境解释是否能令人信服，还需要进一步的检验和时间的考验。在最后一章，笔者将做两件事：一是对一些可能的质疑做出初步的解答；二是将语境论与马克思主义哲学进行比较，进一步探讨语境论的应用，同时回答不少人常问的一个问题——"语境论与马克思主义哲学是什么关系？"

## 第一节　对语境论的再思考

对科学哲学流派的思想和观点进行语境论重建以及对科学认知现象进行语境解释，似乎有点"大言不惭"。这是一个有相当难度的课题。不过，没有难度就不会有创新。或许有人会说，语境论对于科学哲学的解释有点牵强，用别的什么论，如系统论、历史主义、历史唯物主义也可作出解释。这没错。同一现象或事件可以根据不同的理论有不同的解释，比如，持不同历史观的人，对同一历史事件会做出不同的解释，这不是事件本身有什么不同，而是不同的人有不同的历史观。因为对于同一事件，其语境不同，解释的结果也就不同。意义随语境变化或者说语境决定意义。这样，对同一事件的解释可以是多角度的、多元的，没有哪种解释是绝对的。只是解释的侧重不同，合理程度不同。因此，语境论的解释也不是绝对的。语境论也是发展的。

有人会说语境论是相对主义的。这话只说对了一半。语境论的确具有相对性特征，但还不是相对主义，二者既有联系又有区别。有联系是说它们都有相对性特征，有区别是说语境论把意义与其语境看做一个整体，意义是语境中的意义，而不是相对于语境的意义，也就是说事件的意义是在语境中言说的；相对主义把意义看做是相对于某物的比如证据、信念等东西，意义与相对物是彼此独立的。世界上没有一成不变的东西，没有绝对的东西。但是，在现实生活中，凡事件都有语境，没有语境的事件不存在。虽然有人可以说人工智能是完全形式化的、无语境的。这有一定的道理，但不完全对。这是老式的人工智能，即计算主义的人工智能。新式的人工智能，即联结主义的网络人工智能不是这样的。老式人工智能是机械的形式化的，由于缺乏语境特征，因而没有理解，有的只是操作。而新式的人工智能由于引入神经网络结构，没有了形式化操作，有的是语境化的网络关联，这种人工智能对于事件意义的理解就是可能的了。理解是基于语境的，没有语境就没有理解。因而可以肯定，老式人工智能不能理解它操作符号的意义，因为理解是语境依赖和语境敏感的。仅按程序操作绝不是理解，只是"照章办事"。也就是说，理解是语境化地领会意义，运行程序是机械化地操作。赖尔著名的"中文屋论证"就是要说明计算机操作不理解"中文"。如果将来有一天我们有能力使得智能机能够"自语境化"而不是"被语境化"的话，它才有可能自己思维和自己理解事物。

有这样一个笑话也说明计算机是无语境操作。一中年男子在他的电脑上刚装了一套"自动清除脏话"的软件。一天，他收到了来自朋友的一个 E-mail，有一句话是这样的："孩子病无大碍，医生说是到了更年期。"他觉得十分奇怪，就打电话询问。原来原信写的是："孩子他妈的病无大碍，医生说是到了更年期。"电脑将"他妈的"当做脏话清除了。

著名的"缸中之脑"思想实验就是消解语境的又一个例子。这个假设说，将一个人的脑从他的身体上取下来，使它生存在一个盛有营养液的缸中，然后将这个缸与一台计算机相连以提供正常的刺激。其结果可能是，这个"缸中之脑"将有一个和它过去的生活完全融合的心理生活，以至于它意识不到发生了什么。它不能区分当前情境和先前情境。这个思想实验可能导致对人们实际生活中的经验与经验知识的可靠性的怀疑论。有些哲学家批评说这类假设属于科学幻想，没有多少哲学意义。比如，普特南曾质疑到，假定我们是而且一直是"缸中之脑"，那么，我们的"缸"这个词如何可能指称实在的缸而不是想像的缸呢？如果从语境论来看，这个问题就根本不存在。因为即便"缸中之脑"是可能的，身体上的脑和"缸中之脑"也是两个不同的脑，它们处于不同的语境中，产生的意识和思想也完全不同。也就是说，当我们把大脑从一个人身体上取下时，语境已经发了变换，"缸中之脑"重新设置了新的语境，而新的语境将产生新的意义。因此，"缸中之脑"能够意识到当前和过去的不同。"缸中之脑"假设无法消除语境。

　　再比如，人人都做梦，当做梦时人人都是"梦中之人"，而"梦中之人"意识不到自己在做梦，这是因为"梦中之人"处于"梦语境"之中。只有当"梦中之人"醒来时才会意识到自己做了一个"好梦"或者"噩梦"，此时"梦中之人"变成了"现实之人"，"梦语境"转换成了"当下语境"。由于醒来意味着语境发生了变化，因此，"梦中之人"才意识到自己做了梦。这就是语境变化的结果。而"梦语境"之所以发生变化，是由"梦中之人"的身体及其环境因素决定的，比如，想上厕所，或者被某响声惊醒。这是语境变化的动力问题。

　　语境论的解释不仅关注事件或行动的现实实践目标，也关注事件历史地产生的现实效果和意义。或者说，语境论要把历史的影响呈现于现在，当下发生的事件不是突然地爆发的，而是历史相关地形成的。在语境论者看来，任何事件都是在其语境中发生的，事件是语境中的事件，脱离语境谈论事件是没有意义的。

　　说语境无处不在，不仅仅是因为它是事件发生的所必需的东西，也因为它是解释事件所必需的基底。把语境论置于社会的、历史的、文化的和认知的不同层面，会形成不同形式的语境论——社会语境论、历史语境论、文化语境论和认知语境论，等等。不同形式的语境论都是语境论在不同层次的应用。

　　以认知科学为例，用语境论重新审视认知科学，就会有联想主义的心理语境论、内省主义的精神语境论、行为主义的现象语境论、认知主义的功能语境论，以及联结主义的联络语境论。近年来在认知科学中出现的所谓延展认知，其实就是一种认知语境论，因为这种观点是将认知延伸到大脑之外的世界并包括它。又如，将语境论引入于科学史研究，就出现了语境论的科学编史学以及外史研究，这可称为历史语境论。如果将语境论引入 SSK 和 SSTS 的研究就会形成社会语境论。总之，语境论有着广泛的应用前景。只是在不同的领域或者学科，表现形式和名称不同而已，其实质是相同的。

　　如果用一个隐喻来说明语境是什么，我们可以说，"语境是场"。磁体与其场不能分离，科学与其语境也不能分离。不过，语境可以把事件过去的特征映射到现在，这一点不同于磁体的场。"观察渗透理论"就是典型的语境论观点。没有中立的观察。观察是有背景的，是有目的的。同样，理论渗透文化，理论渗透历史，理论渗透社会，理论渗透利益，观察渗透经验和常识。因为"任何经验都是整体"，"任何经验都是实在"。事实不会说话，但可以显现，这正是"事实胜于雄辩"的威力。

当然，作为一种新的世界观和新的方法论，语境论不是"万能的"，它有不少缺陷，比如，本体论的缺席（语境实在论的提出就是要弥补这个不足），相对主义、实用主义和经验主义之嫌。这些其实并不重要，因为根本就没有普适的世界观和方法论。语境论自然也不会例外，它是开放的和发展的。

笔者深知，运用语境论重建传统科学哲学可能有"泛语境论"或"唯语境论"之嫌，因为笔者把传统科学哲学的流派看做是某一形式的语境论，至少是具有语境论特征的流派。不过，既然语境论是一种新的世界观和方法论，用它去审视一切事物和事件应该是站得住脚的，就像牛顿时代的人们普遍用机械论看待世界，达尔文时代的人们普遍用有机论看待世界一样，持语境论观点的人们自然会用语境观看待世界。至于本书的结论是否合理可信，是否能够自圆其说，就重在论证和分析了。笔者想尽力做到这一点，但是否做到了，还有待学界同仁去评判。

## 第二节 语境论与马克思主义哲学的比较

自美国哲学家派普（S. Pepper）20 世纪 40 年代运用根隐喻理论建立了语境论（Contextualism）这种世界假设或世界观以来，哈恩（Lewis Edwin Hahn）、德罗斯（Keith DeRose）等人①纷纷对语境论的认识论、方法论及其应用进行了广泛研究，提升和推广了语境论在解释现实世界中所发生事件的意义和作用。作为一种新的世界观或世界假设，语境论目前已经被用于科学哲学、科学史、认知科学、心理学、教育学和经济学等领域，并产生了极大影响。

然而，苏联的马克思主义者和大多数美国语境论者认为马克思主义哲学特别是辩证唯物主义与语境论是根本不同的世界观，甚至相互对立。美国著名语境论者瑞斯（Reese）认为，语境论具有普适性，与马克思主义

① See Lewis Edwin Hahn：*A Contextualistic Worldview*：*Essays*，Carbondale；Great Britain：Southern Illinois University Press，2001；Marja Keränen：*Universalism*，*Contextualism and Reflexivity*：*Constructing Versions of European Political science*，Glasgow：Dept. of Social Sciences，Glasgow Caledonian University，1995；Keith DeRose："Contextualism，Knowledge Attributions，"*Philosophy and Phenomenological Research* 52，1992；Ralph L. Rosnow，Marianthi Georgoudi（eds.）："*Contextualism and Understanding in Behavioral*" Science：*Implications for Research and Theory*，New York：Praeger；Timmons，1986.

哲学根本不矛盾，而且"辩证唯物主义是语境论的一个版本"①。对于这些看法笔者持不同见解，主张语境论并没有超越马克思主义哲学，相反，它是马克思主义哲学的一个新版本，或者说在某种程度上丰富和发展了马克思主义哲学。

本节的目的是把语境论与马克思主义哲学结合起来进行比较研究，通过根隐喻和语境分析探讨实践、矛盾、真理、发展、变化及其规律，论证两种世界观之间存在的本质联系，阐明语境论是马克思主义哲学的一个版本，它是对马克思主义哲学的丰富与发展。

### 一、实践隐喻与历史事件隐喻

马克思主义哲学的主要内容是辩证唯物主义、历史唯物主义。辩证唯物主义是一种哲学的世界观，历史唯物主义是辩证唯物主义在社会历史中的应用，或者说历史唯物主义是一门以辩证唯物主义为基础的社会科学。辩证唯物主义、历史唯物主义共同构成了马克思主义哲学这块整钢。从根隐喻的视角看，辩证唯物主义的根隐喻是实践。实践是一种在特定时间和具体情境中由人执行的具体的、目标引导的行动，这与语境论的根隐喻"历史事件"显然是一致的。"历史事件"是一种在某语境中为了某个目标而由人执行的具体行动②。"历史事件"不是过去死的事件，而是现实中活的事件。换句话说，历史事件是"再现"的事件，它是现实的而非可能的，是进行的而非完成的，是发生的而非封装的。

很显然，语境论的历史观与马克思主义哲学的历史观即唯物史观是一致的。唯物史观把历史理解为**"现实中的个人"**③的活动，也即实践中的人或者历史中行动的人的活动。因为**"历史不过是**追求着自己目的的人的活动而已"④，是由现实人的目的性活动构成的过程。而历史的前提无疑是现实中的人，"它（唯物史观）从现实的前提出发，它一刻也不离开这种前提。它的前提是人，但不是处在某种虚幻的离群索居和固定不变状态中的人，而是处在现实的、可以通过经验观察到的、在一定条件下进

---

①　W. Hayne Reese："Contextualism and Dialectical Materialism,"in Steven C. Hayes, Linda J. Hayes, Hayne W. Reese, Sarbin Theodore R.：*Varieties of Scientific Contextualism*, Context Press, 1993：71.

②　S. Pepper：*World Hypotheses：A Study in Evidence*, Berkeley, CA：University of California Press, 1942：232-233.

③　〔德〕马克思、恩格斯：《马克思恩格斯选集》第 1 卷，北京，人民出版社，1995，第 71 页。

④　〔德〕马克思、恩格斯：《马克思恩格斯全集》第 2 卷，北京，人民出版社，1957，第 118-119 页。

行的发展过程中的人"①。

历史唯物主义作为辩证唯物主义应用，其根隐喻是劳动或生产劳动。它认为生产劳动是实践的一种具体形态，是人类的最基本活动，是现实中的人的活动，而不是抽象的人的活动。人类社会是一个由历史事件构成的历史过程，其存在前提是现实人的活动。人的活动是有目的的，是与自身需要和利益密切相关的，因为"一个很明显的而以前完全被人忽略的事实，即人们首先必须吃、喝、住、穿，就是说首先必须**劳动**，然后才能争取统治，从事政治、宗教和哲学等等"②。

语境论把"历史事件"看做是现实中动态的、活跃的、有目的的事件，是其语境中的行动。因此，语境论不是着眼于过去，而是着眼于现在，不是关注已经发生的行动，而是关注正在发展的行动。"历史事件"是一个复杂网络，包括每个观察者的独特历史，与现实事件相互渗透。比如，在解释一个事件意义的过程中，人们许多先前的经验功能地呈现，并成为人们所说的一部分。因此，"历史事件"是"似现在"，即过去发生的历史事件的性质功能地渗透到现在正发生的事件之中。比如，我们的传统文化，总是潜移默化地影响我们的行为，也就是我们的行为或多或少总是表现出传统文化的痕迹。从实践观来看，历史事件是人的有目的的活动，包括物质生产活动、社会政治活动和科学文化活动，显然是一种社会实践。从这种意义上讲，语境论本质上就是马克思主义哲学的一个版本。

## 二、实践活动与语境行动

实践是马克思主义哲学的核心概念之一。实践观是马克思主义哲学的根本观点。实践是人为了解决自身生存和发展需要与外部世界的矛盾而进行的能动地改造世界的社会性的感性物质活动。这个定义蕴涵了实践的人类特有性、社会历史性、主观能动性、客观实在性、直接现实性、目标引导性的特征。马克思主义哲学认为，物质生产是实践的首要形式，是人类特有的存在方式，因为只有人才有能力从事创造性的物质生产，比如从事农业、工业活动，从而维持自身的生存，因此，"一当人开始**生产**自己的生活资料的时候，这一步是由他们的肉体组织所决定的，人本

---

① 〔德〕马克思、恩格斯：《马克思恩格斯选集》第 1 卷，北京，人民出版社，1995，第 73 页。
② 〔德〕马克思、恩格斯：《马克思恩格斯选集》第 3 卷，北京，人民出版社，1995，第335～336 页。

身就开始把自己和动物区别开来"①。

很显然，实践是人的生存前提，是人认识外部世界的基础，也是人彼此结成社会关系"**创造、生产人的社会联系、社会本质**"②的基础。既然实践是人存在的前提，它必然是客观的物质活动，必然是以感性事物为对象的现实性物质活动。在这个物质性活动中，有意识的人进行自觉的能动性创造，这种能动性是"主观见之于客观的东西"③，是人区别于动物的特性。实践不仅具有直接现实性，不仅是人的当下的感性物质活动，也是一种社会历史性活动，因为实践一开始就是群体的人进行有目的的物质生产的历史过程。也就是说，人的实践是社会性的活动，是人在一定的社会关系中同外部世界相互作用的活动。人在相互作用的实践活动中，不仅从事物质生产活动，在此基础上也从事政治、科学和文化活动，"人的社会实践，不限于生产活动一种形式，还有多种其他的形式，阶级斗争，政治生活，科学和艺术的活动"④。虽然"生产活动是最基本的实践活动，是决定其他一切活动的东西"⑤。

实践不仅是一种社会历史过程，也是一种有结构的活动。它的结构一般由主体、中介和客体构成。实践的主体是人，客体是主体作用的对象，中介是主体作用客体时的手段，也就是人与世界相互作用时往往并不是直接的而是间接的，间接作用是要借助工具的。中介工具可分为物质性和符号性两种。物质性工具是各种生产工具和实验仪器，符号性工具是语言包括日常语言和形式语言。人在同世界相互作用的过程中，总是要借助语言来表征对世界的认识结果。这种认识结果就是知识。知识是要通过语言来表达的。这就是知识表征问题。从语境论来看，实践的主体、客体和中介及其相互作用构成了一个语境化结构，在这个语境化结构中，实践目的的确定、主客体作用过程和作用结果的评价及检验都是离不开语境的，特别是实践结果的评价和检验是语境依赖的，因为实践中发现的问题、形成的理论都是在特定时间、特定地点和特定问题语境中产生的。科学哲学家范·弗拉森指出：

　　然而，在分析对科学理论的评价过程中，忽视语境因素对

① 〔德〕马克思、恩格斯：《马克思恩格斯选集》第1卷，北京，人民出版社，1995，第67页。
② 〔德〕马克思、恩格斯：《马克思恩格斯全集》第42卷，北京，人民出版社，1979，第24页。
③ 毛泽东：《毛泽东选集》第2卷，北京，人民出版社，1991，第477页。
④ 毛泽东：《毛泽东选集》第1卷，北京，人民出版社，1991，第283页。
⑤ 毛泽东：《毛泽东选集》第1卷，北京，人民出版社，1991，第282页。

评价的歪曲，也许是一个错误，这些因素是科学家通过个人、社会和文化的状况而引进的。①

科学实在论者施拉格尔(Richard H. Schlagel)认为：

> 所有经验和知识都是相对于各种语境的，不论是物理的、历史的、文化的还是语言的。由于语境变化，因此，人们审视这些问题的角度也是变化的。②

总之，实践是以主体、中介和客体的相互作用为基本结构，通过目的、手段和结果的反馈控制而自我运动、自我发展的活动过程③。

这与语境的结构、运动和发展过程是极为相似的。

语境是语境论的核心概念。在文本的意义上，语境(context)是语形、语义和语用的统一体。在超文本的意义上，语境是某一事物或行动得以存在和发展的关联体。由于语境是相对于意义而言的，在决定意义这个目的方面，语境具有实在性、结构性、制约性、历史性、基底性、关联性④。语境不是虚幻的，而是客观实在的，它由认知者(主体)、认知对象(客体)、认知中介(物质的和语言的)和认知背景(自然的、社会的、历史的、文化的)构成，比如，科学语境是由科学家、研究对象、科学仪器、科学表征、科学背景等因素构成的。语境决定意义，对意义有制约作用。例如，一个实词或事物的意义可以有"原始指称"或本意，这是在历史语境中"约定俗成"地形成的，而引申意义，或者说是大于"原始指称"的意义，则是在使用的语境中形成的。语境是时间的函数，随时间的变化而变化，语境发生变化，意义也随之发生改变。比如，社会学上的"代沟"现象就是时间变化引起社会语境变化的结果。语境还是认知和评价的基底。语境是意义的"最后屏障"，词语或事物的意义都是由语境支撑的，语境也因此为其中的事物提供关联，形成语境之网。

通过比较，我们不难发现，实践和语境极具相似性。语境同实践一

① 〔美〕范·弗拉森：《科学的形象》，郑祥福译，上海，上海译文出版社，2002，第110页。

② H. Richard Schlagel：*Contextual Realism：A Meta-Physical Framework for Modern Science*，New York：Paragon House，Introduction，1986：xxxi-xxxii.

③ 马克思主义哲学编写组：《马克思主义哲学》，北京，高等教育出版社，人民出版社，2009，第90页。

④ 魏屹东：《广义语境中的科学》，北京，科学出版社，2004，第14～15页。

样，是实在实体相互作用表现出来的。对具体的主体而言，其语境是确定的，比如一个词语，它的语境就是它的上下文；对一个事物，它的语境就是它与其周围事物的关联体。然而，当我们分析或理解某个词语或事件的意义时，其语境又是需要具体分析才能确定的，因为语境的某些相关因素是隐含的而非显在的。语境行动就是要在特定语境中分析、把握特定事物的隐含相关性。这就需要对语境进行元研究，比如：

> 对于科学哲学而言，"语境"是一个重要视角，它提供了重新审视科学哲学发展的基础，逻辑经验主义侧重于符号化系统的形式语境，历史主义强调整体解释的社会语境，而具有后现代倾向的后历史主义则侧重修辞语境。没有形式语境，就没有科学的表征，没有社会语境就没有科学的评价，而没有修辞语境就没有科学的发明。所有这一切都只有在语境的意义上才能生成和发展，所以，从元理论的层面上对"语境"观念进行分析，是整个"语境"研究的基础。①

因此，语境之于语境论，如同实践之于马克思主义哲学，是一个非常重要的概念。语境概念与实践概念的相互贯通性和内在关联性，使我们有充分理由认为，语境行动是实践活动的具体化。实践出真知，语境现真义。实践活动是人生存的基础，语境行动是人认知的基底。人的生存与认知相辅相成，相互依赖。实践活动与语境行动也相辅相成，相互依赖。

### 三、实践真理与语境真理

人认识世界的目的是获得真理进而去改造世界。真理是人对世界及其规律的正确认识。那么如何才能获得正确的认识呢？如何知道是正确的认识呢？这就是真理的获得过程和检验问题。在真理问题上有不同看法，代表性的有"符合论"、"融贯论"和"工具论"。"符合论"认为认识在于与其客观对象相符合，"融贯论"认为认识在于命题之间的一致性或无矛盾性，不必与客观事实一致，"工具论"认为认识在于其有用性，无用的认识不是真理。马克思主义哲学的真理观是"反映论"，主张认识的真理性在于对客观事物及其规律的正确反映，也就是与事物的本来面目相

---

① 郭贵春：《隐喻、修辞与科学解释》，北京，科学出版社，2007，第3页。

符合。我们如何知道我们的认识与事物的本来面目符合呢？答案是"通过不断地实践"。语境论的真理观在坚持反映论的同时，还主张真理是语境依赖和限制的。语境真理并不是先前人们认为的那样是"实用主义的"，即有用即真理，这是对语境真理的误解和歪曲。语境论一方面坚持真理是人们对客观事物的正确认识，是成功实践的结果，当然是有用的；另一方面也认为其正确性必须通过语境来判断和评价。这与真理的实践检验是一致的。

实践真理观认为，真理的获得和发现是一个实践、认识、再实践、再认识的反复循环和无限发展的过程，也就是在实践中发现真理、检验真理和发展真理的过程，真理是客观的、具体的、发展变化的，是绝对性与相对性的统一。语境真理观认为，真理的获得和发现是一个人们在特定语境中对特定问题和特定事物进行认知上不断语境化和再语境化的过程。在语境中获得的真理无疑也是客观的、具体的、发展变化的，是绝对性与相对性的统一。从实践的构成和过程来看，实践本身就是一个语境，即实践语境，在特定语境中发现真理就是在具体实践活动中发现真理。

在真理的检验方面，马克思主义哲学认为，实践是检验真理的唯一标准。在检验过程中，实践既具有确定性又具有不确定性。确定性是说，实践标准是唯一的，是确定的，没有第二个标准可以代替实践；不确定性是说，实践又是发展的，在一定时期的实践检验会受到当时社会条件的限制，检验具有不确定性。语境论认为，在语境中真理也具有确定性和不确定性。确定性是指观念或理论的真理性只有在特定语境中才能确定，超越特定语境是没有办法确定的，因为是语境决定命题的意义而不是别的什么东西；不确定性是指命题的真理性又是相对于语境的，在一个语境中是真理的东西，在另一个语境中可能就是错误的。比如，在科学活动中，牛顿理论在当时的科学语境中就是真理性认识，而在当代语境中则是非真理性认识。语境论也把实践看做检验真理的重要标准，但不是唯一标准，除实践标准外，还有逻辑的、实验的标准，因为唯一性就是专一性，专一性具有排他性。语境论的实践标准是指有目的成功活动，不成功的活动不是实践，而只能是一种活动。从这种意义上说，语境论在承认实践标准的同时，更强调实践标准的语境性和成功性，即在特定语境中检验和评价真理，因为任何标准都具有人为规定性，也就是具有主观性，而主观性是语境依赖和语境限制的。或者说，实践标准本身是语境敏感的，实践的不确定性就是这个道理。在不同的语境中实践标准是有差异的，是变化发展的。

实践真理和语境真理在世界可知性方面也是一致的。实践观认为在实践中人们能够认识事物，认识的结果也能够由实践得到检验。语境论主张在语境中人们能够把握世界的意义，理论的意义在语境中能够得到确认和检验。在检验真理的过程中，我们要克服偏见，坚持正见，就不仅要重视实践的作用，也不能忽视语境的存在。没有实践，我们无法检验真理，没有语境，我们不能确定真理的意义。因此，实践和语境是我们在认识过程中缺一不可的东西。

关于实践与理论的关系问题，马克思主义哲学与语境论也是一致的。马克思主义哲学认为，理论与实践是相互依存相互联系的，理论的目的是认识世界，实践的目的是改变世界，实践是理论与活动的统一与融合，脱离实践的理论是贫乏的，没有理论指导的实践是盲目的。语境论主张，理论是语境中的理论，脱离语境的理论是不存在的，实践也是语境化的实践，脱离语境的实践也是不存在的，理论与实践统一于语境。也就是说，理论和实践均有自己的语境，它们统一于更大的语境之中。在马克思主义哲学视野中，理论与实践是对立统一关系，理论源于实践，最终服务于实践。在语境论视野中，理论、实践、语境是三元关系，语境包容了理论与实践，理论与实践在语境中自我发展。这是语境论对实践观的丰富与发展，因为语境论更强调和谐中的差异与同一，强调"和而不同"，强调"同一中求发展"。

不过，两种真理观也存在着差异。马克思主义哲学的实践是社会实践，语境论的实践是个人实践，尽管社会实践由个人实践构成。在实践的目的上，个人行动指向个人的目的，社会行动指向集体目的，共同点都是指向成功的目的，即发现真理。也就是说，实践活动是有目的的，只是这种目的不是个人的而是集体的。

## 四、矛盾分析与语境分析

矛盾分析是马克思主义哲学的主要方法论。唯物辩证法认为矛盾即对立统一，差异、对抗、对立、冲突是矛盾的不同表现形式；矛盾具有斗争性和同一性，斗争性是矛盾双方的对立性，也即双方之间相互限制、相互排斥、相互否定的属性；同一性是矛盾双方之间的相互依存、相互吸引、相互转化的属性。因此，矛盾关系就是对立统一关系，或者是对立面的同一关系，矛盾分析就是对立统一分析。

具体而言，所谓矛盾分析就是分析事物发展中存在的差异、冲突和对抗,"就本来的意义说,辩证法是研究**对象的本质自身中**的矛盾"①,研究矛盾双方的斗争性和同一性、普遍性和特殊性,研究矛盾双方的相互排斥与相互转化,研究主要矛盾和次要矛盾。不论是自然事物还是社会事件,都需要在实践中来认识和把握它们发展中的矛盾,由于实践是特定时代的活动,这就必须"具体问题具体分析",用语境论的术语说就是特定问题在特定语境中分析。

如果把实践看做一种特殊语境,矛盾分析也即语境分析。语境分析有语言和非语言两种形式。在语言层次,语境分析就是对词语的意义进行语形、语义和语用分析,以澄清词语的真实意义。在非语言层次,语境分析就是对事件或行动的意义进行因果性关联分析,目的是弄清事件或行动的真实意义。在语言层次,语境分析的路径是通过语义上行达到高度概括或理论综合,通过语义下行通向具体的客观事实的结构深度,通过横向的因果分析找到关联因素,达到理论和实践的广度。也就是说,通过语境分析把理论与实践立体地结合起来。在非语言层次,语境分析的路径是通过矩阵模型分析特定语境中某个事物或行动的各种维度和主要关联因素②,从而弄清该事物或行动的相互作用机制及意义。

在派普的语境论中,新奇和障碍是语境论中的矛盾表现形式。新奇是事先未料到的、突然出现的事件,新奇的出现会产生认知障碍,障碍就是前进中的矛盾和冲突,因为人们对它没有任何心理准备,扫除障碍就是解决矛盾。语境论是如何扫除障碍的呢?那就是在特定语境中进行语境相关性分析,找出产生新奇的主要因素和次要因素,一般因素和特殊因素,直接因素和间接因素,然后提出解决的具体办法。比如,遗传物质在生物体中的变异就是新奇,人们通过遗传算法把新奇与变化结合起来解决障碍或矛盾。语境既是一个矛盾统一体,也是解决矛盾的一个平台。比如,正数—负数存在于代数语境中,微分—积分存在于微积分学语境中,正离子—负离子存在于盐这个统一体中,而在溶解液中才能真正实现,这个溶解液是更大的矛盾统一体。因此,矛盾就是语境这个统一体中的冲突。

在认识的语境论中,"知道和不知道"、"理解和不理解"是矛盾的表现形式,如何知道是"知道"还是"不知道",如何知道是"理解"还是"不理解"呢?答案是在语境中把握,因为知道和理解是语境依赖和语境敏感

---

① 〔苏〕列宁:《列宁全集》第 55 卷,北京,人民出版社,1990,第 213 页。
② 魏屹东:《广义语境中的科学》,北京,科学出版社,2004,第 21～24 页。

的。例如，你说："我知道奥巴马是美国现任总统。"有人问："你如何知道呢?"你回答："电视和报纸是这样说的。"在电视和报纸的语境中，你确信你知道。如果有人说你不知道，因为电视和报纸有误，在这个语境中，你可能就不知道了。因此，要解决"知道和不知道"这个矛盾，离开语境是万万不行的。

### 五、普遍联系与语境关联

普遍联系是唯物辩证法的总特征之一。世界中的万事万物包括自然、社会和思维始终处于普遍联系之中，普遍联系引起事物的运动发展。联系是事物固有的、不以人的意志为转移的、普遍的客观现象，因为"一切……都是经过中介，连成一体，通过过渡而联系的"[①]。联系又是作为系统存在的，一个事物就是一个系统，系统本身体系了联系，"关于自然界所有过程都处在一种系统联系中的认识，推动科学从个别部分和整体上到处去证明这种系统联系"[②]。在系统论中，系统是指由一定数量且相互联系的因素构成的统一体，它具有整体性、有序性、相关性和动态性。一个事物就是一个整体，一个事物与其他事物也处于相互联系之中，构成更大的整体。事物内部的联系和事物外部的联系形成了事物的整体联系。事物的结构是有层次的，是按照一定的顺序形成组织化结构的。系统的有序性组织化又是动态的，也就是说，系统是一个由稳定到失稳的演化过程，一个不断与环境进行着物质、能量和信息交换的过程。

作为联系的系统的这些特征与作为关联的语境是一致的。语境就是一个系统，系统也是一种语境。语境最本质的特征是关联性，关联性形成了语境的整体性，关联性体现了有序性和动态性。派普的语境论认为，事物或事件的性质和结构这些范畴没有整体与部分之分，它们在我们关注的焦点与整体对其细节之间做出区别。也就是说，事物的整体性以整体方式展现，并以定性的形式得到描述。然而，当我们关注包含在整体中的结构的细节时，每个结构本身作为整体被展现，这个整体也能够以其他定性的形式得到描述。整体及其细节的关系取决于我们每时每刻关注的目标取向。在任何情形下，事物的整体及其细节由于它们自己的独特的、明显的和整体的性质而呈现于我们面前。

事件在语境中的变化是通过扩散、集聚和融合的方式进行的。扩散

---

① 〔苏〕列宁:《列宁全集》第 55 卷，北京，人民出版社，1990，第 85 页。
② 〔德〕马克思、恩格斯:《马克思恩格斯选集》第 3 卷，北京，人民出版社，1995，第 376 页。

即向外的渗透过程，也是事件具有历史和朝向未来的传递过程。最简单的扩散是线性过程，在这个过程中，一事件按次序从时刻 A 到 B 到 C，"从开始到结束伴随一个向前向后的连续中间扩散点"①。语境分析包括集聚或收敛过程。"收敛过程是一个复杂的线性过程，在这个过程中，或有几个始点(事件 A1，A2，A3)"集聚于一个结果(事件 B)或几个结果(B1，B2，B3)源于一个始点。也就是说，多集聚事件可以产生一个结果，比如宣战；一个单一事件比如赢得彩票奖可以有多个结果。一个"单一事件"几乎总是被证明是一个复杂的结构和组分之网，这些结构和组分与它们各自的语境相互贯通，并从过去传递到未来。

融合是集聚的一种特殊情形，在那里，事件不仅相互作用，而且吸收新的或突现的事件。因此，融合是事件不同成分的混合，混合到无法分解。比如，柠檬、水和糖有各自的可感知性质，当把它们混合时，我们得到一个新的事件，一个我们称之为柠檬水的东西，具有它自己独特的性质。事物的结构性质是通过组分、组分的语境和指称来表达的。这三个部分组成一个密切关联的组。组分是"结构中的一个起作用的细节，可以延伸到一个语境中，并把这个语境的一些性质带入结构"②。不同的组分相互连接构成结构，结构相互连接构成整体。组分的语境是其结构，结构的语境是整个文本或系统。结构由组分构成，并存在于语境中。组分和语境之间没有明确的界限，因为是组分之间的连接构成了语境，而且在很大程度上语境决定组分的性质。结构、结构的组分和组分的语境是相对的，因为如果几个组分组成一个结构，这个结构周围的组分就是其语境。

总之，系统，不论是自然系统还是社会系统，客观系统还是人化系统，都是普遍联系的。语境，不论是自然语境还是社会、历史和文化语境，也都是普遍联系的。就系统和语境而言，语境更能体现人的属性，更能体现人的主观能动性，因为我们说自然是语境化的难以理解，但是说人是语境化的却容易理解。系统决定结构，语境决定意义。就认识世界和改造世界而言，系统没有这个功能，而语境却有这个功能。认识世界就是理解世界，理解是依赖语境的，改造世界是实践化的，实践过程也是依赖语境的。在联系的程度上，语境关联比系统联系更普遍、更积

---

① S. Pepper：*World Hypotheses*：*A Study in Evidence*，Berkeley，CA：University of California Press，1942：253.

② S. Pepper：*World Hypotheses*：*A Study in Evidence*，Berkeley，CA：University of California Press，1942：247.

极、更主动。系统彰显结构,语境彰显意义。结构是事物固有的,意义则是属人的。因此,语境关联是对普遍联系的深化和拓展。

## 六、运动发展与语境转化

事物内部的联系和事物之间的联系蕴涵着相互作用,而相互作用必然引起事物的运动、变化与发展。事物的运动发展必然体现为一个过程,这个过程又是通过"现实的诸环节的全部总和的展开"①。马克思主义哲学把运动发展的环节概括为整体与部分、必然与偶然、现实与可能、内容与形式、原因与结果、本质与现象,这些环节"是各种事件的世界性的相互依存、(普遍)联系和相互联结的环节,只是物质发展这一链条上的环节"②。事物在运动发展过程中,表现出全局性与局部性、必然性和偶然性、现实性和可能性,并以形式承载内容,以原因引发结果,以现象呈现本质。事物的运动发展遵循一定的规律,唯物辩证法把这些规律概括为对立统一、量变质变、否定之否定。这些规律具有普遍性,语境转换过程中也遵循这些规律。

事物运动发展过程中出现的环节和规律在语境转换中也同样有所体现。语境论的基本范畴是"变化"和"新奇","在最根本的意义上接受的变化与新奇将被当做这个理论的基本的预设"③。变化是事件的演化、显现和重构,可以"变慢",可以"稠化",我们通过这个过程区别各种事件,定性地描述和评价它们及其相互关系。出于实践目的,我们能够区别一整个事件的性质和它的结构的性质。一般来说,"一已知事件的性质是其直觉的整体,结构是对性质有贡献的细节和关系"④。一事件或行动的语境发生转换,是通过部分相关因素的变化而引起整体语境的变化的。某一相关因素的变化可能是偶然的,而整体语境的转换则是必然的。相关因素的变化是因果性变化,也即由某个原因导致的。由一语境向另一语境的变化也是由可能向现实的变化,因为语境论关注的不是过去而是现在,不仅仅是历史更是现实。

语境转换过程中既有对立也有统一,体现了矛盾的运动发展。对立统一规律即矛盾规律,唯物辩证法认为它是宇宙中的根本规律,为事物

---

① 〔苏〕列宁:《列宁全集》第 55 卷,北京,人民出版社,1990,第 132 页。
② 〔苏〕列宁:《列宁全集》第 55 卷,北京,人民出版社,1990,第 134 页。
③ S. Pepper:*World Hypotheses*:*A Study in Evidence*,Berkeley,CA:University of California Press,1942:235-236.
④ S. Pepper:*World Hypotheses*:*A Study in Evidence*,Berkeley,CA:University of California Press,1942:238.

运动发展提供内在动力。派普把对立统一解释为部分与整体之间的矛盾，他用四对相互对立的范畴来描述部分与整体的关系：统一与细节、直觉与分析、性质①与关系、融合与扩散。"一个发展中的事件是一个由细节构成的统一体。如果我们直觉到它的统一……我们就通过它的相互关联细节的融合获得这个事件的性质。如果我们分析事件发现其细节的关系，我们就分散了统一体，失去了整体的性质，或者说，在寻找细节的过程中至少减少了它的主体性……有性质而没有构成它的相互关联的细节的事物是不存在的。而仅有细节的分析而没有整体事物的情形也是不存在的。"②一个语境中的持续行动就是一个整体，它由要素构成。整体由直觉把握，要素由分析获得。没有直觉的整体，就不会有分析的要素。没有构成整体的要素，直觉到整体也是不可能的。这就是部分与整体之间的矛盾，或者是层次间的矛盾。

同一层次的矛盾是对立面的冲突，这是整体内部的矛盾。比如人民内部矛盾，交易中的买方与卖方。唯物辩证法认为，事物内部的矛盾是其发展的主要矛盾，它与另一事物的相互联系与相互作用是外部矛盾，是次要矛盾，内部矛盾是事物发展的内因，外部矛盾是事物发展的外因，"外因是变化的条件，内因是变化的根据，外因通过内因而起作用"③。语境论就是按照唯物辩证法处理语境行动中的矛盾的。语境论主张相关因素是有主次、内外之分的，一个行动的目的和其障碍之间是一对矛盾，这个矛盾导致工具行动的变化，当一个工具行动④与它的目标和障碍完全整合时，"这三个要素共同形成一个整体"⑤。此时障碍不再作为障碍出现，工具作为插入行动也不再出现，而只是完全作为一个整个复杂行动的环节。这是语境论解决矛盾的方式。因为目标与其障碍之间的矛盾，导致工具行动把目标和它的障碍合并起来，克服这个目标的障碍就等于是工具行动否定了这个障碍。

概括地说，在语境论中，克服障碍就是解决矛盾，改变并实现目标就是进步。在唯物辩证法中，对立面的同一就是解决矛盾，否定之否定

---

① 性质在语境论中是指事件的直觉整体特性。
② S. Pepper：*World Hypotheses*：*A Study in Evidence*，Berkeley，CA：University of California Press，1942：61-62.
③ 毛泽东：《毛泽东选集》第1卷，北京，人民出版社，1991，第302页。
④ 工具行动就是借助中介的活动，比如，运用语言或仪器这种中介的实践活动就是一种工具行动。
⑤ S. Pepper：*World Hypotheses*：*A Study in Evidence*，Berkeley，CA：University of California Press，1942：262.

就是进步。从语境论来看，事物的运动、变化与发展就是语境转化，因为每个事物都有自己的语境，都是在自己语境中的运动发展。运动是一般的变化，新奇是变化中的突变。因此，语境转换是对对立统一规律的具体应用和拓展。

语境转换过程中既有量的扩张，也有度的突破和质的提升，体现了事件发展中质与量的相互变化。唯物辩证法认为，质是事物保持自身并区别于其他事物的固有规定性，它与事物的存在直接同一。量是事物存在和发展的规模、程度、速度等数量的规定性，量在度范围的变化不影响某事是某物。度是事物保持自己质的量的限度。事物在量方面的变化超过度的范围就会引起质的变化，使一事物成为另一事物，比如，食物的腐败，基因的变异，社会革命等。事件的语境转换是事件量变到突破临界点的结果，语境的转换导致事件意义发生变化。也就是说，语境转换不是突然发生的，而是一个渐变的过程，量变积累的过程，在这个转换过程中，量变是连续的，质变是不连续的，比如，持续变化中出现的新奇就是连续的中断。

语境论把量变质变看做是一个过程和一个产物。作为过程，语境论认为当最初目标完全不能实现时，人们就会为了实现目标而设置新的目标。当一个行动的目标实现时，或者当设置了新目标时，这个持续的工具行动的量变就结束了。然而，一个目标的实现，或者一个新目标的设置不会终止所有行动。相反，一个目标的实现紧随着一个新目标的设置，新目标的设置又开始了一个新的工具行动。由一个目标的实现到另一个目标的实现的过程是一个量变到质变的过程。作为产物，语境论把质变的实现看做量变的结果，或者说，量变是质变的前提，质变是量变的结果，这与唯物辩证法是一致的。用语境论的术语讲，一个事件是细节或要素的一个统一体，这个统一体是作为一个直觉的整体被体验的，但是，通过分析揭示这个统一体是细节的融合，包括与其他事件的关系。一个事件的直觉地融合的统一是这个事件的性质，而通过分析获得的细节是它的结构。根据语境论，量变质变意味着，当一个事件的结构量充分地变化达到临界点时，该事件的性质发生变化，也就是发生质变是量变的积累，量变过程中包含了部分质变，质变过程中又具有量的特征。

语境转换过程中既有肯定与否定，也有肯定向否定的发展。唯物辩证法认为，肯定是事物保持自己存在的方面，否定是该事物促使自己灭亡而转化为他物的方面，否定之否定是事物否定方面的否定，即新的肯定，肯定中包含了否定，否定中也包含肯定，肯定与否定是相互依存、相互转化的。黑格尔认为，一方面肯定"自身中就具有否定性，所以它可以超越自身之外，并引起自己的变化"；另一方面，"否定的东西也同样是肯定的；或说，自相矛盾的东西并不消解为零，消解为抽象的无，而是基本上仅仅消解为它的特殊内容的否定；或说，这样一个否定并非全盘否定，而是自行消解的被规定的事情的否定，因而是规定了的否定"①。语境论认为，肯定即存在(being)，否定即生成(becoming)，否定之否定就是生成的再生成。这个规律描述了发展的方向性和进步性。语境论和唯物辩证法都坚持发展的方向性和进步性，否认发展的目的性，也就是否认了辩证唯心主义的终极因果性。

为了说明事物发展的进步性和方向性，黑格尔、皮亚杰等目的论者把进步定义为无限接近终极目的的过程，也就是用结果定义进步。语境论也根据结果定义进步，特别是对环境的成功适用的结果，这个环境包括自然的、社会的、经济的、政治的，等等。成功适用就是发展进步。这意味着获得某些目标的成功不是作为终极目的，而是作为意向目的，作为语境中行动的目的。因此，成功适用是有目的的结果。根据语境论，一个工具行动不必然实现它的目的。如果目的不能实现，它就会被另一个工具行动否定，如此往复，直到某些工具行动获得成功。成功意味着消除障碍，实现目的。在这个意义上，进步就是必然的。

要获得成功需要满足四个条件②：(1)进步依赖于发现一个成功的工具行动；(2)成功的工具行动在过去总能被明确地发现，即使有时为了获得成功不得不改变目的；(3)成功的工具行动现在正在被发现，尽管不总是关于最初目的的；(4)成功不总是在未来实现，即使目标发生变化。不过，实现目的并不一定是发现必然真理，而是在语境行动中实现目标。实现目的就是工具行动的成功。


## 七、结束语

笔者说语境论是马克思主义哲学的一个新版本，并不意味着二者完全是一回事，就像系统论丰富了马克思主义哲学而它并不能代替马克思主义哲学一样，比如在本体论方面，语境论把"世界统一于物质"作为它

---

① 〔德〕黑格尔：《逻辑学》(上)，杨一之译，北京，商务印书馆，1966，第36页。

② Hayne W. Reese："Contextualism and Dialectical Materialism,"in Steven C. Hayes，Linda J. Hayes，Hayne W. Reese，Theodore R. Sarbin：*Varieties of Scientific Contextualism*，Context Press，1993：97.

的"本体论承诺"，或者说，承认世界的物质性是认识世界的前提和基础，它并没有专门论述世界的物质性，物质、运动、时间和空间的关系等问题。因为在语境论者看来，这些论述在马克思主义哲学那里已经论述清楚了，只把它们作为认识的前提即可。在这种意义上，语境论严格说不是关于本体论的哲学，而是关于认识论和方法论的哲学。语境论的范畴是对马克思主义哲学范畴在某些方面的扩展。特别是语境论强调的目的性、方向性、进步性、目标引导性是与马克思主义哲学完全一致的，都是为了解决问题，而解决问题本质上是一种具体的实践活动。

首先，语境论拓展了马克思主义哲学的范畴。实践作为辩证唯物主义的根隐喻，比语境论的根隐喻历史事件更根本，因为说到底，历史事件也是一种社会实践。也就是说，实践不仅孕育了历史唯物主义的根隐喻劳动或生产，也孕育了语境论的根隐喻历史事件。历史事件和生产劳动都是实践的具体形式。用语境论的术语讲，实践是一种在语境中由具体目的引导的行动，真理标准是实现目的的一组行动的问题解决。因此，语境论从实践这个根隐喻出发发现了新的隐喻，即历史事件。历史事件更强调语境中人的行动，或者说是社会历史中人的行动。人是社会的人，社会是人的事件构成的，突出历史事件就是突出人的社会实践。

其次，马克思主义哲学的三大规律蕴涵了语境论的进步和方向范畴。对立统一规律说明事物发展的动力，动力是由内向外的，具有方向性。量变质变规律说明事物发展的过程，事件的一个语境向另一个语境的转换是由渐变到突变的过程。否定之否定规律说明了事物发展的形式，体现为由存在向生成的发展，一个旧状态向新状态的发展。这些规律的结合，反映了语境转换过程中的进步与方向。从数学的观点看，人的实践活动包括生产劳动和历史事件，是一种矢量而不是一种标量现象。这个有目的的活动不是目的论意义上的终极目的，或者说，人的目的性不是目的论的终极性，而是满足需要的生存目的。

再次，言语行为是人特有的意向行为。动物的似目的性是出于本能，而不是人的意向目的。意向行为是指向他物的行为，当然具有目的性和方向性。我们常说的"时间之矢"是一种隐喻，即从过去指向未来。因果性是这种隐喻的具体化。因果关系是引起和被引起关系，即原因和结果关系。因在先，果在后。从时间之矢隐喻看，原因是过去与现在之间的关系，目的是现在与未来之间的关系。这里所说的原因、目的、过去、未来都是一种言语概念，它们之间的关系也是一种言语行为，这些概念与行为都是人特有的。语境论强调人的意向行为及其产生的意义（理论的和实践的)。它的基本范畴变化和新奇就是言语行为框架下的概念。

最后,解决问题是一种具有目的、方向和进步的实践活动。解决问题,无论是在社会领域,还是在自然科学领域,都是一种目的性的言语行为。因为任何问题都是有语境的,解决问题就是在特定语境中实现某种目的的行为。在解决问题的过程中,人的主观能动性会发挥重要作用,但是主观能动性是受语境限制的,也就是受实践限制的。用语境论的术语说,解决问题就是从已知语境到目标语境转换的过程。这个过程包含了目的、方向和进步之间的相互关系。有计划的言语行为蕴涵了目的,有目的的问题解决者的潜在行为之间的关系的陈述蕴涵了方向,在当下状态和目标状态之间建立的比较框架的陈述蕴涵了进步①。因此,有目的、有方向和有进步的解决问题实质是一种实践活动。马克思主义哲学实质上是一种实践哲学,与语境论的解决问题实现目标的活动几乎完全一致。

---

① Shawn Boles: "Purpose, Direction, and the Arrow of Time,"in Steven C. Hayes, Linda J. Hayes, Hayne W. Reese, Theodore R. Sarbin: *Varieties of Scientific Contextualism*, Context Press, 1993: 108.

# 参 考 文 献

## 外文文献

[1]Peter Achinstein: *Particles and Waves: Historical Essays in the Philosophy of Science*, New York, Oxford: Oxford University Press, 1991.

[2]R. Ackermann: *The Philosophy of Karl Popper*, Amherst: University of Massachusetts Press, 1976.

[3]J. Adler: "Epistemological Problems of Testimony", *The Stanford Encyclopedia of Philosophy (Winter 2006 Edition)*, Edward N. Zalta (ed.), URL, 2006.

[4]J. Adler: "Withdrawal and Contextualism", *Analysis*, 66(4), 2006: 280-285.

[5]Garland E. Allen and Roy M. MacLeod(eds.): *Science, History, and Social Activism: A Tribute to Everett Mendelsohn*, Dordrecht, London: Kluwer Academic, 2001.

[6]W. P. Alston: *Illocutionary Acts and Sentence* Meaning, Ithaca and London: Cornell University Press, 2000.

[7]J. R. Anderson: *The Architecture of Cognition*, Cambridge, Mass.: Harvard University Press, 1983.

[8]H. Andersen: *On Kuhn*, Belmont CA, Wadsworth. 2001.

[9]D. B. Annis: "A Contextualist Theory of Epistemic Justification,"*American Philosophical Quarterly*, 1978, 15(3): 213-219.

[10]Evandro Agazzi and Massimo Pauri(eds.): *The Reality of the Unobservable: Observability, Unobservability and Their Impact on the Issue of Scientific Realism*, Dordrecht, London: Kluwer Academic, 2000.

[11] Jerrold L. Aronson: *A Realist Philosophy of Science*, London, Macmillan. 1984.

[12]J. L. Austin: "Other Minds", *Proceedings of the Aristotelian Society*, Supplementary Volume XX. Reprinted in Austin's *Philosophical Papers*, 3rd edition, 1979, New York, NY: Oxford University Press, 1946: 76-116.

[13] A. J. Ayer: *Language, Truth, and Logic*, London, Gollancz (2nd. Edition, 1946), 1936.

[14]A. J. Ayer: *The Problem of Knowledge*, London, Macmillan, 1956.

[15]A. J. Ayer: *Philosophy in the Twentieth Century*, London, Weidenfeld, 1982.

[16]Yuri Balashov and Alex Rosenberg(eds.): *Philosophy of Science: Contemporary Readings*, London, Routledge, 2002.

[17]B. Barnes: *T. S. Kuhn and Social Science*, London, Macmillan, 1982.

[18]W. W. Bartley III(ed.): *Realism and the Aim of Science*, London, Hutchinson, 1983.

[19]J. Baudoin: *Karl Popper*, PUF, Paris, 1989.

[20]Fabio Bevilacqua, Enrico Giannetto and Michael R. Matthews(eds.): *Science Education and Culture: The Contribution of History and Philosophy of Science*, Dordrecht, London: Kluwer Academic, 2001.

[21]A. Biglan: *Changing Culture Practices: A Contextualistic Framework for Intervention Research*, Reno, NV: Context Press. 1995.

[22]A. Biglan, R. E. Glasgow, G. Singer: "The Need for a Science of Larger Social-units: A Contextual Approach", *Behavior Therapy*, 1990, 21: 195-215.

[23]A. Biglan, S. C. Hayes: "Should the behavioral sciences become more pragmatic? The case for functional contextualism in research on human behavior", *Applied and Preventive Psychology: Current Scientific Perspectives*, 1996, 5: 47-57.

[24]A. Bird: *Philosophy of Science*, London: UCL Press, 1998.

[25]A. Bird: "Thomas Kuhn", *Chesham: Acumen and Princeton*, NJ: Princeton University Press, 2000.

[26]A. Bird: "Naturalizing Kuhn", *Proceedings of the Aristotelian Society*, 2005, 105: 109-127.

[27]Tim Black: "A Moorean Response to Brain-in-a-Vat Scepticism", *Australasian Journal of Philosophy*, 2002, 80: 148-163.

[28]Tim Black: "Relevant Alternatives and the Shifting Standards for Knowledge," *Southwest Philosophy Review*, 2002, 18: 23-32.

[29]T. Black: "Classic Invariantism, Relevance, and Warranted Assertability Manceuvers,"*The Philosophical Quarterly*, 2005, 55(219): 328-336.

[30]T. Blackson: "An Invalid Argument for Contextualism", *Philosophy and Phenomenological Research*, 2004, 68(2): 344-345.

[31]M. Blaauw: "WAMing Away at Contextualism", *Nordic Journal of Philosophy*, 2003, 4(1): 88-97.

[32]Stephen E. Braude: *The Limits of Influence: Psychokinesis and the Philosophy of Science*, London, Routledge, 1986.

[33]M. Brady, D. Pritchard: "Epistemological Contextualism: Problems and Prospects", *The Philosophical Quarterly*, 2005, 55(219): 161-171.

［34］ R. Brandom： *Making it Explicit*，Cambridge MA： Harvard University Press，1994.

［35］C. Verisimilitude Brink： "Views and Reviews"，*History and Philosophy of Logic* 10，1989，181-201.

［36］ P. Boghossian： *Fear of Knowledge*，New York： Oxford University Press，2006.

［37］P. Boghossian： "Précis of *Fear of Knowledge* and Replies to Wright，MacFarlane and Sosa"，*Philosophical Studies*，2008，141，377-378，409-432.

［38］Nick Bostrom： *Anthropic Bias*： *Observation Selection Effects in Science and Philosophy*，New York，London： Routledge，2002.

［39］Richard Boyd，Philip Gasper and J. D. Trout(eds. )： *The Philosophy of Science*，Cambridge，Mass. ： MIT Press，1991.

［40］ Baruch A. Brody ( ed. )： *Readings in the Philosophy of Science*，Englewood Cliffs，N. J. ，Prentice-Hall，1970.

［41］Harold I. Brown： *Perception，Theory and Commitment*： *The New Philosophy of Science*，Chicago： University of Chicago Press，1979.

［42］J. Brown： "Contextualism and Warranted Assertibility Manoeuvres"，*Philosophical Studies*，2006，130： 407-435.

［43］Bruno Latour： *Laboratary Life*，Pribceton University Press，1986.

［44］Gerd Buchdahl： *Metaphysics and the Philosophy of Science*； *The Classical Origins，Descartes to Kant*，Oxford，Basil Blackwell，1969.

［45］Mario Augusto Bunge(ed. )： *The Critical Approach to Science and Philosophy*，New York： Free Press of Glencoe； London： Collier-Macmillan，Ltd，1964.

［46］T. E. Burke： *The Philosophy of Popper*，Manchester： Manchester University Press，1983.

［47］Anthony Brueckner： "The Shifting Content of Knowledge Attributions,"*Philosophy and Phenomenological Research*，1994，54： 123-126.

［48］ J. C. Campbell，M. O'Rourke and H. Silverstein(eds. )： *Knowledge and Skepticism*. Volume 5 in the *Topics in Contemporary Philosophy* series，Cambridge MA： The MIT Press.

［49］H. Cappelen and E. Lepore： "Context Shifting Arguments"，*Philosophical Perspectives* 17： *Language and Philosophical Linguistics*，2003： 25-50.

［50］H. Cappelen and E. Lepore： *Insensitive Semantics*，Oxford，Basil Blackwell，2005.

［51］ H. Cappelen and J. Hawthorne： *Relativism and Monadic Truth*，New York &. Oxford： Oxford University Press，2009.

［52］Tian Yu Cao(ed. )： *Philosophy of Science*，Bowling Green，Philosophy Documentation Center，Bowling Green State University，2001.

[53]Rudolf Carnap: *Philosophy and Logical Syntax*, London: Kegan Paul, 1935.

[54]Rudolf Carnap: "Logical Foundations of the Unity of Science", in *International Encyclopaedia of Unified Science*. vol. I n. 1, Chicago: University of Chicago Press, 1938.

[55]Rudolf Carnap: *Introduction to Semantics*, Cambridge, Mass.: Harvard University Press, 1942.

[56]Rudolf Carnap: *Meaning and Necessity: A Study in Semantics and Modal Logic*, Chicago: University of Chicago Press, 1947.

[57]Rudolf Carnap: *Logical Foundations of Probability*, Chicago: University of Chicago Press, 1950.

[58]Nancy Cartwright: *The Dappled World: A Study of the Boundaries of Science*, Cambridge: Cambridge University Press, 1999.

[59]Peter Caws: *The Philosophy of Science, A Systematic Account*, Princeton, N. J., Van Nostrand, 1965.

[60]Louis Caruana: *Holism and the Understanding of Science: Integrating the Analytical, Historical and Sociological*, Aldershot, Ashgate, 2000.

[61]H. Castañeda: "The Theory of Questions, Epistemic Powers, and the Indexical Theory of Knowledge", *Midwest Studies in Philosophy*, 1980, *Volume V*: 193-237.

[62]Cees Leijenhorst, Christoph Lüthy, Johannes M. M. H. Thijssen (eds. ): *The Dynamics of Aristotelian Natural Philosophy from Antiquity to the Seventeenth Century*, Leiden, Brill, 2002.

[63]Andy Clark: *Mindware: An Introduction to the Philosophy of Cognitive Science*, New York, Oxford: Oxford University Press, 2001.

[64]Steve Clarke and Tymothy D. Lyons(eds. ): *Recent Themes in the Philosophy of Science: Scientific Realism and Commonsense*, Dordrecht, London: Kluwer Academic, 2002.

[65]S. Cohen: "Knowledge and Context", *The Journal of Philosophy*, 1986, 83: 574-583.

[66]S. Cohen: "Knowledge, Context, and Social Standards", *Synthese*, 1987, 73: 3-26.

[67]S. Cohen: "How to be a Fallibilist", *Philosophical Perspectives*, 1988, *Volume* 2: 91-123.

[68] S. Cohen: "Contextualist Solutions to Epistemological Problems: Skepticism, Gettier, and the Lottery", *Australasian Journal of Philosophy*, 1998, 76(2): 289-306.

[69]Stewart Cohen: "Two Kinds of Skeptical Argument", *Philosophy and Phenome-*

*nological Research*, 1998, 58: 143-159.

[70]S. Cohen: "Contextualism, Skepticism, and The Structure of Reasons", *Philosophical Perspectives* 13: *Epistemology*, 1999: 57-89.

[71] Stewart Cohen: "Contextualism and Skepticism", *Philosophical Issues* 10, 2000, *Skepticism*: 94-107.

[72]Stewart Cohen: "Replies [to Klein, Hawthorne, and Prades]", *Philosophical Issues* 10, *Skepticism*, 2000: 132-139.

[73]S. Cohen: "Contextualism Defended: Comments on Richard Feldman's 'Skeptical Problems, Contextualist Solutions '", *Philosophical Studies*, 2001, 103: 87-98.

[74] S. Cohen: "Contextualism and Unhappy-Face Solutions: Reply to Schiffer", *Philosophical Studies*, 2004, 119: 185-197.

[75] S. Cohen: "Knowledge, Speaker, Subject", *The Philosophical Quarterly*, 2005, 55(219): 199-212.

[76] I. B. Cohen: *Revolution in Science*, Cambridge MA: Harvard University Press, 1985.

[77]James Conant and John Haugeland(ed.): *The Road Since Structure*, Chicago: University of Chicago Press, 2000.

[78]Martin Curd & J. A. Cover(ed.): *Philosophy of Science: The Central Issues*, New York, W. W. Norton, 1998.

[79]Robert G. Colodny(ed.).: *Frontiers of Science and Philosophy*, Lanham: London, University Press of America, 1983.

[80]R. Corvi: *An Introduction to the Thought of Karl Popper*, (trans. P. Camiller), London & New York: Routledge, 1997.

[81]George Couvalis: *The Philosophy of Science: Science And Objectivity*, London: SAGE, 1997.

[82]G. Currie& A. Musgrave(eds): *Popper and the Human Sciences*, Nijhoff, Dordrecht, 1985.

[83]Daniela M. Bailer-Jones: Tracing the Development of Models in the Philosophy of Science, in L. magnani, N. J. Nersessian, P. thagard (eds.): *Model-based Reasoning in Scientific Discovery*, New York: Kluwer Academic/Plenum Publishers, 1999.

[84]David Braddon-Mitchell and Frank Jackson: *Philosophy of Mind and Cognition*, Blackwell Publisher Ltd, 2000.

[85]Arthur Coleman Danto: *Philosophy of Science; Readings Selected*, New York: Meridian Books, 1960.

[86]K. DeRose: *Knowledge and the Flow of Information*, Cambridge, MA: The

MIT Press, 1981.

[87]K. DeRose: "The Pragmatic Dimension of Knowledge", *Philosophical Studies*, 1981, 40: 363-378.

[88] K. DeRose: "Knowledge: Sanford and Cohen", in *Dretske and His Critics*, B. P. McLaughlin ed. , Cambridge, MA, Blackwell, 1991: 185-196.

[89] K. DeRose: "Epistemic Possibilities", *The Philosophical Review*, 1991, 100 (4): 581-605.

[90]K. DeRose: "Contextualism and Knowledge Attributions", *Philosophy and Phenomenological Research*, 1992, 52(4): 913-929.

[91]K. DeRose: "Solving the Skeptical Problem", *The Philosophical Review*, 1995, 104(1): 1-52.

[92] K. DeRose: "Knowledge, Assertion and Lotteries", *Australasian Journal of Philosophy*, 1996, 74: 568-580.

[93]K. DeRose: "Relevant Alternatives and the Content of Knowledge Attributions", *Philosophy and Phenomenological Research*, 1996, 56: 193-197.

[94]K. DeRose: "Introduction: Responding to Skepticism", in Keith DeRose and Ted A. Warfield, eds: *Skepticism: A Contemporary Reader*, Oxford: Oxford University Press, 1999.

[95]K. DeRose: "Contextualism: An Explanation and Defense", in *The Blackwell Guide to Epistemology*, J. Greco and E. Sosa, eds. , Malden MA, 1999: 185-203.

[96]K. DeRose: "Now You Know It, Now You Don't", *Proceedings of the Twentieth World Congress of Philosophy* (Philosophy Documentation Center) Vol. V, Epistemology, 2000: 91-106.

[97]K. DeRose: *Perception, Knowledge and Belief: Selected Essays*, New York, NY: Cambridge University Press, 2000.

[98] K. DeRose: "How Can We Know that We're Not Brains In Vats?" *Southern Journal of Philosophy* 38 (Spindel Conference Supplement), 2000: 121-148.

[99]K. DeRose: "Assertion, Knowledge and Context", *The Philosophical Review*, 2002, 111(2): 167-203.

[100]K. DeRose: "Single Scoreboard Semantics", *Philosophical Studies*, 2004, 119 (1-2): 1-21.

[101]K. DeRose: "The Ordinary Language Basis for Contextualism and the New Invariantism", *The Philosophical Quarterly*, 2005, 55(219): 172-198.

[102]K. DeRose: "'Bamboozled by Our Own Words': Semantic Blindness and Some Arguments Against Contextualism", *Philosophy and Phenomenological Research*, 2006, 73(2): 316-338.

[103]John Dewey: *The Quest for Certainty*: *A Study of the Relation of Knowledge and Action*, New York, Minton, Balch, and Company, 1929.

[104]John Dewey: "Context and Thought", *In University of California Publications in Philosophy*, Berkeley University of California Press, 1931.

[105]John Dewey: *Logic*: *The Theory of Inquiry*, New York: Henry Holt and Company, 1938.

[106]T. Dougherty and P. Rysiew: "Fallibilism, Epistemic Possibility, and Concessive Knowledge Attributions", *Philosophy and Phenomenological Research*, 2009, Vol. 78, No. 1: 123-132.

[107]Willem B. Drees (ed.): *Is Nature Ever Evil*: *Religion, Science and Value*, London, Routledge, 2003.

[108]F. I. Dretske: "Epistemic Operators", *The Journal of Philosophy*, 1970, 67 (24): 1007-1023.

[109]F. I. Dretske: *Knowledge and the Flow of Information*, Cambridge, MA: MIT Press, 1981.

[110]F. I. Dretske: "Epistemic Operators", in *Perception, Knowledge and Belief*: *Selected Essays*, Cambridge: Cambridge University Press, 2000.

[111] F. I. Dretske: "The Pragmatic Dimension of Knowledge", in *Perception, Knowledge and Belief*: *Selected Essays*, Cambridge: Cambridge University Press, 2000.

[112] John Dupré: *Human Nature and the Limits of Science*, Oxford, Clarendon, 2001.

[113]K. Dunbar: "How Scientist Think: Online Creativity and Conceptual Change in Science", in T. B. Ward, S. M. Smith, and S. Vaid (eds.): *Conceptual Structure and Processes*: *Emergence, Discovery and Change*, Washington, DC: APA Press, 1997.

[114] Brian Ellis: *Scientific Essentialism*, Cambridge: Cambridge University Press, 2001.

[115] J. Fantl and M. McGrath: "Evidence, Pragmatics, and Justification", *The Philosophical Review*, 2002, 111: 67-94.

[116]J. Fantl and M. McGrath: "Knowledge and the Purely Epistemic: in Favor of Pragmatic Encroachment", *Philosophy and Phenomenological Research*.

[117]R. P. Farrell: "Feyerabend's Metaphysics: Process-Realism or Voluntarist-Idealism? "*Journal for General Philosophy of Science*, 2001, 32: 351-369.

[118]R. P. Farrell: *Feyerabend and Scientific Values*: *Tightrope-Walking Rationality*, Dordrecht, Kluwer, 2003.

[119]R. P. Farrell: "Feyerabend and Scientific Values: Tightrope-Walking Rationali-

ty", *Philosophy of Science*, 2005, 72(3): 514-517.

[120]Jan Faye: *Rethinking Science*: *A Philosophical Introduction to the Unity of Science*, [translated by Susan Dew], Aldershot, Ashgate, 2002.

[121]R. Feldman: "Contextualism and Skepticism", *Philosophical Perspectives* 1: *Epistemology*, 1999: 91-114.

[122] R. Feldman: "Skeptical Problems, Contextualist Solutions", *Philosophical Studies*, 2001, 103: 61-85.

[123]R. Feldman: "Comments on DeRose's 'Single Scoreboard Semantics," *Philosophical Studies*, 2004, 119(1-2): 23-33.

[124]P. Feyerabend: *Against Method*, London, Verso, 1975.

[125]P. Feyerabend: *Science in a Free Society*, London: New Left Books, 1978.

[126]P. Feyerabend: *Realism, Rationalism, and Scientific Method*: *Philosophical Papers*, *Volume* 1, Cambridge: Cambridge University Press, 1981.

[127]P. Feyerabend: *Problems of Empiricism*: *Philosophical Papers*, *Volume* 2, Cambridge: Cambridge University Press, 1981.

[128]P. Feyerabend: *Farewell to Reason*, London: Verso/New Left Books, 1987.

[129]P. Feyerabend: *Three Dialogues on Knowledge*, Oxford: Basil Blackwell, 1991.

[130]P. Feyerabend: *Killing Time*: *The Autobiography of Paul Feyerabend*: Chicago: University of Chicago Press, 1995.

[131]Paul Feyerabend: *Knowledge, Science, and Relativism*: *Philosophical Papers* *Vol.* 3 , Edited by John Preston, Cambridge: Cambridge University Press, 1999.

[132]Allan Franklin: *Selectivity and Discord*: *Two Problems of Experiment*, Pittsburgh, Pa. : University of Pittsburgh Press, 2002.

[133]Robert J. Fogelin: "The Sceptic's Burden", *International Journal of Philosophical Studies*, 1999, 7: 159-172.

[134]J. A. Fodor: *The Modularity of Mind*, Cambridge, Mass. : MIT Press, 1983.

[135]S. Fuller: *Thomas Kuhn*: *A Philosophical History for our Times*, Chicago: University of Chicago Press, 2000.

[136]George Gale: *Theory of Science*: *An Introduction to the History, Logic and Philosophy of Science*, New York, London: McGraw-Hill, 1979.

[137] Alan Garfinkel: *Forms of Explanation*, New Haven: Yale University Press, 1981.

[138]Hugh G. Jr. Gauch: *Scientific Methods in Practice*, Cambridge: Cambridge University Press, 2003.

[139] M. Glanzberg: Context, Content, and Relativism, *Philosophical Studies*,

2007，136：1-29.

[140]A. Goldman："Discrimination and Perceptual Knowledge"，*The Journal of Philosophy*，1976，73：771-791.

[141]A. Goldman："Psychology and Philosophical Analysis"，*Proceedings of the Aristotelian Society*，1989，89：195-209.

[142] A. Goldman：*Liaisons：Philosophy Meets the Cognitive and Social Sciences*，Cambridge，MA：The MIT Press，1992.

[143]A. Goldman：*Philosophical Applications of Cognitive Science*，Boulder：Westview Press，1993.

[144]A. Goldman："Social Epistemology"，*The Stanford Encyclopedia of Philosophy (Spring 2007 Edition)*，Edward N. Zalta (ed.)，2007.

[145]R. Giere：*Explaining Science：A Cognitive Approach*，Chicago：University of Chicago Press，1988.

[146]D. A. Gillies(Donald Angus)：*Philosophical Theories of Probability*，London：Routledge，2000.

[147]Derek Gjertsen：*Science and Philosophy：Past and Present*，Harmondsworth，Penguin，1989.

[148] Trish Glazebrook：*Heidegger's Philosophy of Science*，Bronx，N. Y. ：Fordham University Press，2000.

[149] P. J. Graham："The Relativist Response to Radical Skepticism"，in J. Greco (Ed). *The Oxford Handbook of Skepticism* (pp. 392-414)，Oxford：Oxford University Press，2008.

[150] J. Greco (ed.)：*Ernest Sosa and His Critics*，Cambridge，MA：Blackwell，2004.

[151]H. P. Grice：*Studies in the Way of Words*，Cambridge，MA：Harvard University Press，1989.

[152]M. Grmek et al (eds.)：*On Scientific Discovery*，Dordrecht，Reidel，1980.

[153]Gary Gutting(ed.)：*Paradigms and Revolutions：Appraisals and Applications of Thomas Kuhn's Philosophy of Science*，Notre Dame；London：University of Notre Dame Press，1980.

[154] I. Hacking (ed.)：*Scientific Revolutions*，Oxford：Oxford University Press，1981.

[155]R. Hambourger："Justified Assertion and the Relativity of Knowledge"，*Philosophical Studies*，1987，51：241-269.

[156]Lewis E. Hahn：*A Contextualistic Worldview：Essay*，Southern Illinois University：The Board of Trusteses. 2001.

[157]T, E. Hansen, trans. A. Pickel (ed.): *The Two Fundamental Problems of the Theory of Knowledge*, Routledge, 2007.

[158] N. R. Hanson: *Patterns of Discovery*, Cambridge: Cambridge University Press, 1958.

[159]G. Harman: "Knowledge, Inference, and Explanation", *American Philosophical Quarterly*, 1968, 5: 164-173.

[160]G. Harman: "Reasoning and Explanatory Coherence", *American Philosophical Quarterly*, 1980, 17: 151-158.

[161] R. Harre: *Cognitive Science: A Philosophical Introduction*, London: SAGE, 2002.

[162]David Hawkins: *The Language of Nature*; *An Essay in the Philosophy of Science*, San Francisco, W. H. Freeman, 1964.

[163] J. Hawthorne: "Lewis, the Lottery and the Preface," *Analysis*, 2002, 62: 242-251.

[164]J. Hawthorne: *Knowledge and Lotteries*, New York, Oxford: Oxford University Press, 2004.

[165]S. C. Hayes: "Contextualism and the Next Wave of Behavioral Psychology," *Behavior Analysis*, 1988, 23 (1): 7-22.

[166] S. Hayes et al. : *Varieties of scientific contextualism*, Reno, Nv: Context Press, 1993.

[167]S. C. Hayes, L. J. Hayes, H. W. Reese: "Finding the Philosophical Core: Areview of Stephen C. Pepper's World Hypotheses," *Journal of the Experimental Analysis of Behavior*, 50: 97-111.

[168]Patrick A. Heelan: *Space-Perception and the Philosophy of Science*, Berkeley, London: University of California Press, 1983.

[169]Michael Heidelberger, Friedrich Stadler (eds.): *History of Philosophy of Science: New Trends and Perspectives*, Dordrecht, London: Kluwer Academic, 2002.

[170]M. Heller: "Relevant Alternatives," *Philosophical Studies*, 1989, 55: 23-40.

[171]M. Heller: "The Simple Solution to the Problem of Generality," *Noûs*, 1995, 29 (4): 501-515.

[172]M. Heller: "The Proper Role for Contextualism in an Anti-Luck Epistemology," *Philosophical Perspectives* 13, *Epistemology*, 1999: 115-129.

[173]M. Heller : "Relevant Alternatives and Closure," *Australasian Journal of Philosophy*, 1999, 77: 196-208.

[174]John Henry: *The Scientific Revolution and the Origins of Modern Science*, Basingstoke, Palgrave, 2002.

[175]C. G. Hempel: "A Purely Syntactical Definition of Confirmation," *The Journal of Symbolic Logic*, 1943, 8.

[176]C. G. Hempel: Studies in the Logic of Confirmation. *Mind*, 1945, 54.

[177] C. G. Hempel, & Oppenheim, P.: A Definition of Degree of Confirmation. *Philosophy of Science*, 1945, 12.

[178] C. G. Hempel, & Oppenheim, P.: Studies in the Logic of Explanation. *Philosophy of Science*, 1948, 15.

[179]C. G. Hempel: *Fundamentals of Concept Formation in Empirical Science*, Chicago, University of Chicago Press, 1952.

[180]C. G. Hempel: Deductive-Nomological vs. Statistical Explanation. In H. Feigl & G. Maxwell (Eds.). *Minnesota Studies in the Philosophy of Science* (Vol. 3), Minneapolis, University of Minnesota Press, 1962.

[181]C. G. Hempel: *Aspects of Scientific Explanation and other Essays in the Philosophy of Science*, New York, Free Press, 1965.

[182] C. G. Hempel: *Philosophy of Natural Science*, Englewood Cliffs, N. J.: Prentice-Hall, 1966.

[183] Mary Hesse: *Revolutions and Reconstructions in the Philosophy of Science*, Brighton, Harvester Press, 1980.

[184]J. Hintikka, Dordrecht, Holl(ed): *Rudolf Carnap, Logical Empiricist. Materials and Perspectives*, D. Reidel Publishing Company, 1975.

[185]G. E. Hinton, J. A. Anderson(eds.): *Parallel models of Associative Memory*, Hillsdole, N. J. Erlbaum, 1981.

[186]T. Hofweber: Contextualism and the Meaning-Intention Problem. In Kepa Korta, Ernest Sosa, Xabier Arrazola, eds. *Cognition, Agency and Rationality*, Dordrecht, Kluwer, 1999: 93-104.

[187]Home R. W. (ed.): *Science under scrutiny: the place of history and philosophy of science*, Dordrecht, Lancaster, Reidel, 1983.

[188]Ernest B. Hook(ed.): *Prematurity in scientific discovery: on resistance and neglect*, Berkeley, Calif.; London, University of California Press, 2002.

[189] C. Hookway: Questions of Context. *Proceedings of the Aristotelian Society*, 1996, 96(Part 1): 1-16.

[190]Paul Horwich : *Asymmetries in time: problems in the philosophy of science*, Cambridge, Mass.: MIT Press, 1987.

[191]P. Horwich (ed.): *World Changes. Thomas Kuhn and the Nature of Science*, Cambridge, Mass.: MIT Press, 1993.

[192]David Howie: *Interpreting probability: controversies and developments in the early twentieth century*, Cambridge, Cambridge University Press, 2002.

[193] Paul Hoyningen-Huene, Howard Sankey (eds. ): *Incommensurability and Related Matters*, Dordrecht, London, Kluwer Academic, 2001.

[194] Lewis William Halsey Hull: *History and Philosophy of Science: An Introduction*, London, New York: Longmans, Green, 1959.

[195] S. Jacobson: "Contextualism and Global Doubts about the World," *Synthese*, 2001, 129: 381-404.

[196] B. C. Johnsen: "Contextualist Swords, Skeptical Plowshares," *Philosophy and Phenomenological Research*, 2001, 62: 385-406.

[197] David H. Jonassen: "A Constructivist's Perspective on Functional Contextualism," *Educational Technology, Research and Development*, 2006, 54.

[198] Jonathan L. Kvanvig : "Contextualism, Contrastivism, Relevant Alternatives, and Closure," *Philosophical Studies*, 2007, 134 (2).

[199] Joshua May, Walter Sinnott-Armstrong, Jay G. Hull, Aaron Zimmerman: "Practical Interests, Relevant Alternatives, and Knowledge Attributions: An Empirical Study," *Review of Philosophy and Psychology*, 2010, 1 (2): 265-273.

[200] A. Karjalainen, A. Morton: "Contrastive Knowledge," *Philosophical Explorations*, 2003, 6(2): 74-89.

[201] Karin D. Knorr-Cetina: *The Manufacture of Knowledge*, Pergamob Press, 1981.

[202] J. G. Kemeny: *A Philosopher Looks at Science*, New York: Van Nostrand, 1959.

[203] P. Klein: "Contextualism and the Real Nature of Academic Skepticism," *Philosophical Issues*, 2000, 10: 108-116.

[204] P. Klein: "Skepticism," *The Stanford Encyclopedia of Philosophy* (*Fall* 2005 *Edition*), Edward N. Zalta (ed. ), 2005.

[205] Philip Kitcher: *Science, Truth, and Democracy*, New York, Oxford: Oxford University Press, 2001.

[206] Robert Klee: *Introduction to the Philosophy of Science: Cutting Nature at its Seams*, New York, Oxford, Oxford University Press, 1997.

[207] Joseph J. Kockelmans (ed. ): *Philosophy of Science: The Historical Background*, 1968.

[208] N. Kompa: "The Context Sensitivity of Knowledge Ascriptions," *Grazer Philosophische Studien*, New York: Free Press, 2002, 64: 11-18.

[209] H. Kornblith : "The Contextualist Evasion of Epistemology," *Philosophical Issues*, 2000, 10: 24-32.

[210] Peter Kosso: *Reading the Book of Nature: An Introduction to the Philosophy*

*of Science*, Cambridge: Cambridge University Press, 1992.

[211]S. Kripke: *Naming and Necessity*, Cambridge MA: Harvard University Press, 1980.

[212]F. Kroon: "Theoretical Terms and the Causal View of Reference,"*Australasian Journal of Philosophy*, 1985, 63: 143-166.

[213]Thomas Kuhn : *The Copernican Revolution: Planetary Astronomy in the Development of Western Thought*, Cambridge Mass : Harvard University Press, 1957.

[214]Thomas Kuhn: *The Structure of Scientific Revolutions*, Chicago: University of Chicago Press, 1962.

[215]Thomas Kuhn: *The Essential Tension. Selected Studies in Scientific Tradition and Change*, Chicago: University of Chicago Press, 1977.

[216]Thomas Kuhn: *Black-Body Theory and the Quantum Discontinuity*, Oxford: Clarendon Press, 1978.

[217]James Ladyman: *Understanding Philosophy of Science*, London: Routledge, 2002.

[218] I. Lakatos, A. Musgrave (eds.): *Criticism and the Growth of Knowledge*, London: Cambridge University Press, 1970.

[219]I. Lakatos: *The Methodology of Scientific Research Programmes*, (ed. J. Worrall & G. Currie), Cambridge University Press, 1978.

[220]David Lamb(ed.): *New Horizons in the Philosophy of Science*, Aldershot: Avebury, 1992.

[221] L. Laudan: *Progress and Its Problems: Towards a Theory of Scientific Growth*, London: Routledge, 1977.

[222]P. Lasersohn: "Context Dependence, Disagreement, and Predicates of Personal-taste,"*Linguistics and Philosophy*, 2005, 28: 643-686.

[223]A. Leite: "How to Link Assertion and Knowledge Without Going Contextualist: A Reply to DeRose's 'Assertion, Knowledge, and Context',"*Philosophical Studies*, 2007, 134: 111-129.

[224]D. Lewis: "Scorekeeping in a Language Game,"*Journal of Philosophical Logic*, 1979, 8: 339-359.

[225] D. Lewis: "Causal Explanation," in *Philosophical Papers*, *Volume II*, New York: Oxford University Press, 1986.

[226]D. Lewis: "Elusive Knowledge,"*Australasian Journal of Philosophy*, 1996, 74(4): 549-567.

[227] K. Lethrer: "Reid on Primary and Secondary Qualities," *The Monist* 61. 1989. *Thomas Reid*: London: Routledge, 1978.

[228]D. C. Lindberg: *The Beginnings of Western Science: The European Scientific Tradition in Philosophical, Religious, and Institutional Context. 600B. C. to A. D1450*, University of Chicago Press, 1992.

[229]P. Lipton: "Contrastive Explanation,"in Dudley Knowles(ed. ), *Explanation and its Limits*: Cambridge: Cambridge University Press, 1990.

[230]P. Lipton: *Inference to the Best Explanation*: London: Routledge, 1991.

[231]John Losee: *A Historical Introduction to the Philosophy of Science*, Oxford: Oxford University Press, 2001.

[232]S. Luper: "The Epistemic Closure Principle," *The Stanford Encyclopedia of Philosophy (Spring 2006 Edition)*, Edward N. Zalta (ed. ), 2006.

[233] J. MacFarlane: "The Assessment Sensitivity of Knowledge Attributions," in T. S. Gendler, J. Hawthorne (eds. ), *Oxford Studies in Epistemology 1*, Oxford: Oxford University Press, 2005: 197-233.

[234]J. MacFarlane: "Making Sense of Relative Truth,"*Proceedings of the Aristotelian Society*, 2005, 105, 321-339.

[235] J. MacFarlane: "Relativism and Disagreement," *Philosophical Studies*, 2007, 132: 17-31.

[236]Peter Machamer, Michael Silberstein(eds. ): *The Blackwell Guide to the Philosophy of Science*, Malden, Mass. ; Oxford, Blackwell, 2002.

[237]Edward H. Madden(ed. ): *The Structure of Scientific Thought: An Introduction to Philosophy of Science*, Boston: Houghton Mifflin, 1960.

[238]B. Magee: *Popper*, Fontana, London, 1977.

[239]N. Malcolm: "Knowledge and Belief," *Mind*, 1952, 61(242): 178-189.

[240]Wolfe Mays: *Whitehead's Philosophy of Science and Metaphysics: An Introduction to His Thought*, The Hague, M. Nijhoff, 1977.

[241] C. McGinn: "The Concept of Knowledge," *Midwest Studies in Philosophy*, 1984, *Volume IX* : 529-554.

[242]Joke Meheus (ed. ). : *Inconsistency in Science*, Dordrecht, London: Kluwer Academic, 2002.

[243]D. H. Mellor: "The Popper Phenomenon,"*Philosophy*, 1977, 52, 195-202.

[244]Edmund Mokrzycki : *Philosophy of Science and Sociology: From the Methodological Doctrine to Research Practice*, London: Routledge & Kegan Paul, 1983.

[245] M. Montminy: "Contextualism, Relativism and Ordinary Speakers' Judgments,"*Philosophical Studies*, 2009, 143: 341-356.

[246]G. E. Moore: "Proof of an External World,"*Proceedings of the British Academy*, 1939, 25: 273-300.

[247]G. E. Moore: *Some Main Problems of Philosophy*, New York: Macmillan, 1953.

[248]G. E. Moore: *Philosophical Papers*, London: George Allen and Unwin, 1959.

[249]G. E. Moore: *Commonplace Book* 1919-1953, Bristol, Thoemmes Press, 1993.

[250]G. E. Moore: *G. E. Moore: Selected Writings*, Thomas Baldwin(ed), London: Routledge, 1993.

[251]E. K. Morris: "Contextualism: The World View of Behavior Analysis,"*Journal of Experimental Child Psychology*, 1988, 46: 289-323.

[252]E. K. Morris: "Mechanism and Contextualism in Behavior Analysis: Just some observations,"*The Behavior Analyst*, 1993, 16: 255-268.

[253]E. K. Morris: "Some Reflections on Contextualism, Mechanism, and Behavior Analysis,"*The Psychological Record*, 1997, 47: 529-542.

[254]P. Munz: *Our Knowledge of the Growth of Knowledge: Popper or Wittgenstein?* London: Routledge, 1985.

[255]A. Musgrave: "Kuhn's Second Thoughts,"*British Journal of the Philosophy of Science*, 1971, 22: 287-297.

[256]Ernest Nagel ; Patrick Suppes, Alfred Tarski(eds.): *Logic, Methodology and Philosophy of Science: Proceedings of the 1960 International Congress*, Stanford, Calif: Stanford University Press, 1962.

[257] E. Nagel: *The Structure of Science*, London: Routledge and Kegan Paul, 1961.

[258]R. Neta: "S knows that P,"*Noûs*, 2002, 36(4): 663-681.

[259]R. Neta: "Skepticism, Contextualism, and Semantic Self-Knowledge,"*Philosophy and Phenomenological Research*, 2003, 67(2): 396-411.

[260]R. Neta: "Contextualism and the Problem of the External World," *Philosophy and Phenomenological Research*, 2003, 66(1): 1-31.

[261]W. Newton-Smith: *"The Rationality of Science,"*London: Routledge, 1981.

[262]T. Nickles: *Thomas Kuhn*, Cambridge: University of Cambridge Press, 2003.

[263]R. Nola: "Fixing the Reference of Theoretical Terms,"*Philosophy of Science*, 1980, 47: 505-531.

[264]R. Nola: *Rescuing Reason: A Critique of Anti-Rationalist Views of Science and Knowledge*, Dordrecht, London: Kluwer Academic, 2003.

[265]M. A. Notturno(ed.): *Knowledge and the Mind-Body Problem: In Defence of Interactionism*, Routledge, London, 1994.

[266] R. Nozick: *Philosophical Explanations*, Harvard, MA: Harvard University Press, 1981.

[267]I. T. Oakley: "A Skeptic's Reply to Lewisian Contextualism," *Canadian Journal of Philosophy*, 2001, 31: 309-332.

[268] A. O'Hear: *Introduction to the Philosophy of Science*, Oxford: Clarendon Press, 1989.

[269] A. O'Hear: Routledge *Karl Popper*, London, 1980.

[270] Samir Okasha: *"Philosophy of Science: A Very Short Introduction,"* Oxford: Oxford University Press, 2002.

[271] John O'Shaughnessy: *"Explaining Buyer Behavior: Central Concepts and Philosophy of Science Issues,"* New York: Oxford University Press, 1992.

[272] B. Partee: "Comments on Jason Stanley's 'On the Linguistic Basis for Contextualism'," *Philosophical Studies*, 2004, 119(1-2): 147-159.

[273] Peter Pesic: *"Seeing Double: Shared Identities in Physics, Philosophy, and Literature,"* Cambridge, Mass.; London: MIT Press, 2002.

[274] M. Polanyi: *Personal Knowledge: Towards a Post-Critical Philosophy*, University of Chicago Press, 1962.

[275] J. L. Pollock: *Contemporary Theories of Knowledge*, Savage, Maryland: Rowman & Littlefieldm, 1986.

[276] Edward Pols: *Radical Realism: Direct Knowing in Science and Philosophy*, Ithaca; London: Cornell University Press, 1992.

[277] Karl Popper: *The Open Society and Its Enemies*, London: Routledge, 1945.

[278] Karl Popper: *The Logic of Scientific Discovery*, London: Hutchinson, 1959.

[279] Karl Popper: *The Poverty of Historicism (2nd. ed)*, London: Routledge, 1961.

[280] Karl Popper: *Conjectures and Refutations: The Growth of Scientific Knowledge*, London: Routledge, 1963.

[281] Karl Popper: *Objective Knowledge: An Evolutionary Approach*, Oxford: Clarendon Press, 1972.

[282] Karl Popper: *Unended Quest; An Intellectual Autobiography*, London: Fontana, 1976.

[283] Karl Popper: "A Note on Verisimilitude," *The British Journal for the Philosophy of Science*, 1976, 27, 147-159.

[284] Karl Popper: *The Self and Its Brain: An Argument for Interactionism* (with J. C. Eccles), London: Springer International, 1977.

[285] J. Prades: "Skepticism, Contextualism and Closure," *Philosophical Issues*, 2000, 10: 121-131

[286] D. Pritchard: "Closure and Context," *Australasian Journal of Philosophy*, 2000, 78(2): 275-280.

[287] D. Pritchard: "Contextualism, Scepticism, and the Problem of Epistemic Descent," *Dialectica*, 2001, 55: 327-349.

[288]D. Pritchard: "Two Forms of Epistemological Contextualism,"*Grazer Philosophische Studien*, 2002, 64: 19-55.

[289]D. Pritchard: "Recent Work on Radical Skepticism,"*American Philosophical Quarterly*, 2002, 39: 215-257.

[290] D. Pritchard: "Contextualism, Skepticism, and Warranted Assertibility Manoeuvres," *in J. K. Campbell, M. O' Rourke, H. Silverstein (eds. ): Knowledge and Skepticism*, Cambridge MA: The MIT Press, 2005.

[291]G. Preyer, G. Peter(eds. ): *Contextualism in Philosophy: Knowledge, Meaning, and Truth*, Oxford: Clarendon Press, 2005.

[292]J. Pryor: "Highlights of Recent Epistemology,"*British Journal for the Philosophy of Science*, 2001, 52: 95-124.

[293]Hilary Putnam: "Mind, Language and Reality,"*Philosophical Papers*, *vol. 2*, Cambridge: Cambridge University Press, 1975.

[294]Hilary Putnam: *Meaning and the Moral Sciences*, London: Routledge and Kegan Paul, 1978.

[295]Hilary Putnam: "Brains in a Vat,"in *Reason, Truth, and History*, Cambridge University Press, 1981.

[296]Hilarg Putnam: *Many Faces of Realism*, Open Court Publishing Com, 1987.

[297] Hilary Putnam: *Representation and Reality*, Cambridge, Mass. : MIT Press, 1988.

[298]Hilary Putnam: *Realism with a Human Face*, Cambridge, Mass. : Harvard University Press, 1990.

[299]Hilary Putnam: *The Threefold Cord: Mind, Body, and World*, New York: Columbia University Press, 1999.

[300] W. V. Quine: "Two Dogmas of Empiricism,"*The Philosophical Review*, 1951, 60: 20-43.

[301]W. V. Quine: "Quantifiers and Propositional Attitudes,"*Journal of Philosophy* 53. Reprinted in his 1976 *Ways of Paradox*, Harvard Univ. Press, 1956: 185-196.

[302]W. V. Quine: "Epistemology Naturalized, "in *Ontological Relativity and Other Essays*, New York: Columbia University Press, 1969: 69-90.

[303] W. V. Quine: *From a Logical Point of View*, Harvard Univ. Press, 1980 (1953).

[304] W. V. Quine : *The Time of My Life-An Autobiography*, Cambridge: The MIT Press, 1985.

[305]W. V. Quine : *The Philosophy of Logic*, Harvard Univ. Press, 1986(1970).

[306]Veikko Rantala: *Explanatory Translation : Beyond the Kuhnian Model of Concep-*

*tual Change*, Dordrecht ; London: Kluwer Academic, 2002.

[307] F. Recanati: "On Defining Communicative Intentions," *Mind & Language*, 1986, 1(3): 213-242.

[308] F. Recanati: "The Pragmatics of What is Said," *Mind & Language*, 1989, 4 (4): 295-329.

[309] F. Recanati: "Contextualism and Anti-Contextualism in the Philosophy of Language," in *Foundations of Speech Act Theory: Philosophical and Linguistic Perspectives*," S. L. Tsohatzidis ed. , London and New York: Routledge, 1994: 156-166.

[310] Hans Reichenbach: *"Experience and Prediction: An Analysis of the Foundations and the Structure of Knowledge,"* Chicago: University of Chicago Press, 1938.

[311] Hans Reichenbach: *Philosophic Foundations of Quantum Mechanics*: Berkeley, Los Angeles: University of California press, 1944.

[312] Hans Reichenbach: *Elements of Symbolic Logic*: New York: Macmillan Co, 1947.

[313] Hans Reichenbach: *The Rise of Scientific Philosophy*, Berkeley: University of California Press, 1951.

[314] Hans Reichenbach: *Nomological Statements and Admissible Operations*, Amsterdam: Nort Holland Publishing Company, 1954.

[315] Nicholas Rescher: *The Nature and Understanding: The Metaphysics and Method of Science*, Oxford: Clarendon Press, 2000.

[316] Deborah A. Redman: *Economics and the Philosophy of Science*, New York, Oxford: Oxford University Press. 1991.

[317] M. Richard: "Contextualism and relativism," *Philosophical Studies*, 2004, 119 (1-2), 215-241.

[318] B. K. Ridley: *On Science*, London: Routledge, 2001.

[319] S. Rieber: "Skepticism and Contrastive Explanation," *Noûs*, 1998, 32 (2): 189-204.

[320] R. Rorty: *Philosophy and the Mirror of Nature*, Princeton NJ: Princeton University Press, 1979.

[321] Alexander Rosenberg: *Philosophy of Science: A Contemporary Introduction*, London: Routledge, 2000.

[322] G. A. Rosen: "The Case against Epistemic Relativism: Reflections on Chapter 6 of Fear of knowledge," *Episteme: A Journal of Social Epistemology*, 2007, 4 (1), 10-29.

[323] Joseph Rouse: *Knowledge and Power: Toward a Political Philosophy of Science*, Ithaca: Cornell University Press, 1987.

[324] Ronald N. Giere: *Science without laws*, The University of Chicago Press, 1999.

[325] R. L. Rosnow, M. Georgoudi(eds.): *Contextualism and Understanding in Behavioral Science: Implications for Research and Theory*, New York: Praeger, 1986.

[326] A. Ross(ed.).: *Science Wars*, Durham, NC: Duke University Press, 1996.

[327] Robert A. Rubinstein: *Science as Cognitive Process: Toward an Empirical Philosophy of Science*, Philadelphia: University of Pennsylvania Press, 1984.

[328] P. Rysiew: "The Context-Sensitivity of Knowledge Attributions," *Noûs*, 2001, 35(4): 477-514.

[329] P. Rysiew: "Contesting Contextualism," *Grazer Philosophische Studien*, 2005, 69: 51-70.

[330] P. Rysiew: "Speaking of Knowing," *Noûs*, 2007, Vol. 41, No. 4 (December): 627-662.

[331] P. Rysiew: "Epistemic Contextualism," *Stanford Encyclopedia of Philosophy*, http://plato. stanford. edu/entries/contextualism-epistemology/.

[332] P. Rysiew: "Rationality Disputes-Psychology and Epistemology," *Philosophy Compass*, 2008, Vol. 3, Issue 6 (October): 1153-1176.

[333] H. Sankey: "Kuhn's Changing Concept of Incommensurability," *British Journal of the Philosophy of Science*, 1993, 44: 759-774.

[334] H. Sankey: *The Incommensurability Thesis*, Aldershot: Avebury, 1994.

[335] J. Schaffer: "Knowledge, Relevant Alternatives and Missed Clues," *Analysis*, 2001, 61: 202-208.

[336] J. Schaffer: "From Contextualism to Contrastivism," *Philosophical Studies*, 2004, 119(1-2): 73-104.

[337] J. Schaffer: "Skepticism, Contextualism, and Discrimination," *Philosophy and Phenomenological Research*, 2004, 69 (1): 138-155.

[338] I. Scheffler: *Science and Subjectivity*, Indianapolis, Bobbs-Merrill, 1967.

[339] S. Schiffer: "Contextualist Solutions to Skepticism," *Proceedings of the Aristotelian Society*, 1996, 96: 317-333.

[340] S. Schiffer: "Skepticism and the Vagaries of Justified Belief," *Philosophical Studies*, 2004, 103: 161-84.

[341] P. A. Schilpp(ed.): *The Philosophy of Karl Popper*, (2 Vols), Open Court Press, La Salle, 1974.

[342] Richard H. Schlagel: *Contextual Realism: A Meta-Physical Framework for Modern Science*, New York: Paragon House, 1986.

[343] J. R. Searle: "The Background of Meaning," in *Speech Act Theory and Pragmat-*

*ics*，J. Searle，F. Kiefer，M. Bierwisch (eds. )，Reidel，1980；221-232.

[344]Moritz Schlick："Epistemology & Modern Physics,"in *The Emergence of Logical Empiricism* (1996) publ，Garland Publishing Inc. (The whole of Schlick selection for series is reproduced here)，1925.

[345]P. A. Schillp，La Salle，Ill(ed. )：*The Philosophy of Rudolf Carnap*，Open Court Pub. Co，1963.

[346]D. Shatz："Reliability and Relevant Alternatives,"*Philosophical Studies*，1981，39；393-408.

[347]D. Shapere："The Structure of Scientific Revolutions,"*Philosophical Review*，1964，73；383-394.

[348] W. W. Sharrock(Wesley W)：*Kuhn：Philosopher of Scientific Revolution*，Cambridge：Polity，2002.

[349]S. Shuger："Knowledge and its Consequences,"*American Philosophical Quarterly*，1983，20；217-225.

[350]H. Siegel："Objectivity, Rationality, Incommensurability and More,"*British Journal of the Philosophy of Science*，1980，31；359-384.

[351]Roy A. Sorensen：*Thought Experiments*，New York，Oxford：Oxford University Press，1992.

[352]E. Sosa："The Analysis of 'S knows that P',"*Analysis*，1964，25；1-8.

[353]E. Sosa："On Knowledge and Context,"*The Journal of Philosophy*，1986，83；584-585.

[354]E. Sosa："Knowledge in Context, Skepticism in Doubt,"*Philosophical Perspectives*，Volume 2，1988；139-155.

[355]E. Sosa："How to Defeat Opposition to Moore,"*Philosophical Perspectives* 13，*Epistemology*，1999；141-153.

[356]E. Sosa："Skepticism and Contextualism,"*Philosophical Issues* 10，*Skepticism*，2000；1-18.

[357]E. Sosa："Replies [to Tomberlin, Kornblith, and Lehrer],"*Philosophical Issues* 10，*Skepticism*，2000；38-41.

[358]E. Sosa："Relevant Alternatives, Contextualism Included,"*Philosophical Studies*，2004，119 (1-2)；35-65.

[359]J. Stanley："Context and Logical Form,"*Linguistics and Philosophy*，2000，23；391-434.

[360]J. Stanley："On the Linguistic Basis for Contextualism,"*Philosophical Studies*，2004，119(1-2)；119-146.

[361]J. Stanley："Fallibilism and Concessive Knowledge Attributions,"*Analysis*，2005，65(2)；126-131.

[362]J. Stanley: "*Knowledge and Practical Interests*,"New York, Oxford: Oxford University Press, 2005.

[363]M. Steup: "The Analysis of Knowledge,"*The Stanford Encyclopedia of Philosophy* (*Spring* 2006 *Edition*), Edward N. Zalta (ed.), URL, 2006.

[364] M. Steup, E. Sosa (eds.): *Contemporary Debates in Epistemology*, Malden MA, Blackwell, 2005.

[365] Gail C. Stine: "Skepticism, Relevant Alternatives, and Deductive Closure," *Philosophical Studies*, 1976, 29: 249-261.

[366]Jim Stone: "Skepticism as a Theory of Knowledge,"*Philosophy and Phenomenological Research*, 2000, 60: 527-545.

[367] M. W. F. Stone, Jonathan Wolff (eds.): *The Proper Ambition of Science*, London: Routledge, 2000.

[368]D. Stove: *Popper and After: Four Modern Irrationalists*, Oxford: Pergamon Press, 1982.

[369]Barry Stroud: *The Significance of Philosophical Scepticism*, New York: Oxford University Press, 1984.

[370] Paul Thagard: *Computational Philosophy of Science*, Cambridge, Mass.; London: MIT Press, 1988.

[371]"The Internet Encyclopedia of Philosophy. *Contextualism in Epistemology*,"http://www.iep.utm.edu/contextu/.

[372]D. W. Theobald(David William): *An Introduction to the Philosophy of Science*, London: Methuen, 1968.

[373]P. Tichy: "On Popper's Definitions of Verisimilitude,"*The British Journal for the Philosophy of Science*, 1974, 25, 155-160.

[374]P. Tichy: "Verisimilitude Revisited,"*Synthèse*, 1978, 38, 175-196.

[375]Stephen Edelston Toulmin: *The Philosophy of Science: An Introduction*, London: Hutchinson, 1967.

[376]S. Toulmin: "Does the Distinction between Normal and Revolutionary Science Hold Water?"in I. Lakatos, A. Musgrave(eds.): *Criticism and the Growth of Knowledge*: London: Cambridge University Press, 1970.

[377] C. Travis: "A Sense of Occasion," *The Philosophical Quarterly*, 2005, 55 (219): 286-314.

[378] Andrew Tudzor: *Beyond Empiricism: Philosophy of Science in Sociology*, London: Routledge & Kegan Paul, 1982.

[379]P. Unger: *Ignorance: A Case for Skepticism*, New York: Oxford University Press, 1975.

[380] P. Unger: *Philosophical Relativity*, Minneapolis: University of Minnesota Press, 1984.

[381] P. Unger: "The Cone Model of Knowledge," *Philosophical Topics*, 1986, 14 (1): 125-178.

[382] Bas C. Van Fraassen: *The Empirical Stance*, New Haven; London: Yale University Press, 2002.

[383] Charles C. Verharen: *Rationality in Philosophy and Science*, Lanham; London: University Press of America, 1983.

[384] H. Vetter: "A New Concept of Verisimilitude," *Theory and Decision*, 1977, 8: 369-375.

[385] J. Vogel: "Tracking, Closure, and Inductive Knowledge," in Steven Luper-Foy (ed.): *The Possibility of Knowledge: Nozick and His Critics*, Totowa, NJ: Rowman and Littlefield, 1987.

[386] J. Vogel: "Are There Counterexamples to the Closure Principle?" in Glenn Ross and Michael D. Roth (eds.): *Doubting: Contemporary Perspectives on Skepticism*, Dordrecht: Reidel Publishing Company, 1990.

[387] J. Vogel: "Skepticism and Foundationalism: A Reply to Michael Williams," *Journal of Philosophical Research*, 1997, 22: 11-28.

[388] J. Vogel: "The New Relevant Alternatives Theory," *Philosophical Perspectives* 13, *Epistemology*, 1999: 155-180.

[389] E. Von Glaserfeld: *Radical Constructivism: A Way of Knowing and Learning*, London: The Falmer Press, 1995.

[390] William A. Wallace in J. A. Weissheipl: *Albertus Magnus and the Sciences*, Toronto: Pontifical Institute of Mediaeval Studies, 1980.

[391] J. Watkins: *Science and Scepticism*, Princeton, London: Princeton University Press and Hutchinson, 1984.

[392] M. Weiner: "Must We Know What We Say?" *The Philosophical Review*, 2005, 114(2): 227-251.

[393] M. Williams: "Epistemological Realism and the Basis of Scepticism," *Mind*, 1988, 97: 415-439.

[394] M. Williams: *"Unnatural Doubts: Epistemological Realism and the Basis of Skepticism,"* Cambridge, MA, Blackwell, 1991.

[395] M. Williams: *Unnatural Doubts: Epistemological Realism and the Basis of Scepticism*, Princeton, NJ: Princeton University Press, 1996.

[396] M. Williams: "Understanding Human Knowledge Philosophically," *Philosophy and Phenomenological Research*, 1996, 56: 359-378.

[397] M. Williams: "Still Unnatural: A Reply to Vogel and Rorty," *Journal of Philo-

*sophical Research*, 1997, 22: 29-39.

[398]M. Williams: *Groundless Belief: An Essay on the Possibility of Epistemology*, 2nd ed, Princeton, NJ: Princeton University Press, 1999.

[399]M. Williams: "Fogelin's Neo-Pyrrhonism,"*International Journal of Philosophical Studies*, 1999, 7: 141-158.

[400] M. Williams: "Contextualism, Externalism and Epistemic Standards,"*Philosophical Studies*, 2001, 103: 1-23.

[401]M. Williams: *"Problems of Knowledge,"*Oxford, New York: Oxford University Press, 2001.

[402]M. Williams: "Why (Wittgensteinian)Contextualism is not Relativism, "*Episteme: A Journal of Social Epistemology*, 2007, 4(1), 93-114.

[403]T. Williamson: *Knowledge and its Limits*, Oxford University Press, 2000.

[404]T. Williamson: "Comments on Michael Williams' 'Contextualism, Externalism and Epistemic Standards',"*Philosophical Studies*, 2001, 103: 25-33.

[405] T. Williamson: "Contextualism, Subject-Sensitive Invariantism and Knowledge of Knowledge,"*The Philosophical Quarterly*, 2005, 55(219): 213-235.

[406]L. Wittgenstein: *Philosophical Investigations*, Blackwell, 1953.

[407]L. Wittgenstein: *On Certainty*, Blackwell, 1969.

[408]C. Wright: "Contextualism and Skepticism: Even-Handedness, Factivity, and Surreptitiously Raising Standards," *The Philosophical Quarterly*, 2005, 55 (219): 236-262.

[409]C. Wright: "New Age Relativism and Epistemic Possibility: The Question of Evidence,"*Philosophical Issues*, 2007, 17(1), 262-283.

[410]C. Wright: "Relativism about Truth Itself: Haphazard Thoughts about the Very Idea,"in M. Garcia-Carpintero, M. Kölbel (eds. ), *Relativising Truth*, Oxford University Press, 2008.

[411]C. Wright: "Fear of relativism? "*Philosophical Studies*, 2008, 141, 379-390.

[412] P. Yourgrau: "Knowledge and Relevant Alternatives," *Synthese*, 1983, 55: 175-190.

[413]John Ziman: *Real Science: What it is, and What it Means*, Cambridge: Cambridge University Press, 2000.

[414] A. Z. Zimmerman: "Against relativism," *Philosophical Studies*, 2007, 133, 313-348.

## 中文文献

[1]〔英〕艾耶尔:《语言、真理与逻辑》,尹大贻译,上海,上海译文出版社,1981。

[2]〔英〕艾耶尔:《哲学中的变革》,上海,上海译文出版社,1985。

[3]〔美〕安德鲁·皮克林:《作为实践和文化的科学》,刘大椿主编,柯文、伊梅译,北京,中国人民大学出版社,2006。

[4]〔加〕本格:《科学的唯物主义》,张相论、郑毓信译,上海,上海译文出版社,1989。

[5]〔英〕波普尔:《猜想与反驳》,傅季重等译,上海,上海译文出版社,1986。

[6]〔英〕波普尔:《科学知识进化论》,纪树立译,北京,生活·读书·新知三联书店,1986。

[7]〔英〕波普尔:《客观知识》,舒炜光等译,上海,上海译文出版社,1987。

[8]〔法〕布鲁诺·拉图尔、史蒂夫·伍加尔:《实验室生活:科学事实的建构过程》,张伯霖、刁小英译,北京,东方出版社,2004。

[9]〔法〕布鲁诺·拉图尔:《科学在行动:怎样在社会中跟随科学家和工程师》,刘文旋、郑开译,北京,东方出版社,2005。

[10]〔英〕巴恩斯:《局外人看科学》,鲁旭东译,北京,东方出版社,2001。

[11]成素梅、郭贵春:《语境实在论》,《科学技术与辩证法》,2004年第3期。

[12]成素梅、郭贵春:《量子测量的玻姆解释语境》,《自然辩证法研究》,2004年第4期。

[13]成素梅、郭贵春:《关于语境问题的哲学解释》,《科学技术与辩证法》,2004年第3期。

[14]陈健:《科学划界》,北京,东方出版社,1997。

[15]陈嘉明:《知识与确证——当代知识论引论》,上海,上海人民出版社,2003。

[16]郭贵春:《后现代科学哲学》,长沙,湖南教育出版社,1998。

[17]郭贵春:《后现代科学实在论》,北京,知识出版社,1995。

[18]郭贵春:《"语境"研究纲领与科学哲学的发展》,《中国社会科学》,2006年第5期。

[19]郭贵春:《科学隐喻的方法论意义》,中国社会科学,2004年第2期。

[20]郭贵春、康仕慧:《当代数学哲学的语境选择及其意义》,《哲学研究》,2004年第3期。

[21]郭贵春、程瑞:《量子引力时空语境分析》,《中国社会科学》,2005年第5期。

[22]郭贵春:《科学实在论的语境重建》,《自然辩证法通讯》,2002年第5期。

[23]郭贵春、贺天平:《隐变量理论与语境选择——一个语境分析方法的案例》,《自然辩证法研究》,2003年第8期。

[24]郭贵春、贺天平:《测量语境的特征》,《社会科学研究》,2001年第5期。

[25]洪谦:《逻辑经验主义》,北京,商务印书馆,1982。

[26]贺天平:《测量的语境分析及其意义》,《自然辩证法研究》,2001年第5期。

[27]贺天平,郭贵春:《模态解释:量子力学的新图景》,《自然辩证法通讯》,2006年第2期。

[28]〔美〕费耶阿本德:《自由社会中的科学》,兰征译,上海,上海译文出版社,1990。

[29]〔匈〕拉卡托斯:《批判与知识的增长》,周寄中译,北京,华夏出版社,1987。

[30]〔匈〕拉卡托斯:《科学研究纲领方法论》,兰征译,上海,上海译文出版社,1987。

[31]〔德〕卡尔纳普:《世界的逻辑构造》,陈启伟译,上海,上海译文出版社,1999。

[32]〔德〕卡尔纳普:《哲学与逻辑句法》,上海,上海人民出版社,1962。

[33]〔奥〕卡林·诺尔-塞蒂纳:《制造知识:建构主义与科学的与境性》,王善博等译,北京,东方出版社,2001。

[34]〔美〕奎因:《从逻辑的观点看》,上海,上海译文出版社,1987。

[35]〔美〕库恩:《必要的张力》,福州,福建人民出版社,1981。

[36]〔美〕库恩:《科学革命的结构》,李保恒、纪树立译,上海,上海科学技术出版社,1980。

[37]〔美〕劳丹:《进步及其问题》,刘新民译,北京,华夏出版社,1999。

[38]江天骥:《当代西方科学哲学》,北京,中国社会科学出版社,1984。

[39]〔美〕瓦托夫斯基:《科学思想的概念基础》,范岱年等译,北京,求实出版社,1989。

[40]〔德〕康德:《自然科学的形而上学基础》,邓小芒译,上海,上海三联书店,1988。

[41]〔德〕康德:《任何一种能够作为科学出现的未来形而上学导论》,北京,商务印书馆,1997。

[42]〔美〕普特南:《理性、真理与历史》,沈阳,辽宁出版社,1998。

[43]任晓明、桂起权:《计算机科学哲学研究》,北京,人民出版社,2010。

[44]〔德〕石里克:《哲学的转变》,见洪谦主编:《逻辑经验主义》,北京,商务印书馆,1982。

[45]〔英〕苏珊·哈克:《逻辑哲学》,罗毅译,张家龙校,北京,商务印书馆,2003。

[46]舒炜光、邱仁宗编:《当代西方科学哲学述评》,北京,人民出版社,1987。

[47]魏屹东:《广义语境中的科学》,北京,科学出版社,2004。

[48]魏屹东等:《认知科学哲学问题研究》,北京,科学出版社,2008。

[49]魏屹东:《科学技术哲学与科学技术史英语分类文献》,太原,山西科学技术出版社,2004。

[50]魏屹东:《科学社会学新论》,北京,科学出版社,2009。

[51]魏屹东:《社会语境中的科学》,《自然辩证法研究》,2000年第9期。

[52]魏屹东:《论科学的社会语境》,《科学学研究》,2000年第4期。

[53] 魏屹东：《科学的维度及其广义语境解释模型》，《自然辩证法研究》，2002 年第 2 期。

[54] 魏屹东：《论科学与语言的关系》，《科学技术与辩证法》，2002 年第 2 期。

[55] 魏屹东：《科学社会学方法论：走向社会语境化》，《科学学研究》，2002 年第 2 期。

[56] 魏屹东：《李约瑟难题与社会文化语境》，《自然辩证法通讯》，2002 年第 3 期。

[57] 魏屹东：《科学史研究中的语境分析方法》，《科学技术与辩证法》，2002 年第 5 期。

[58] 魏屹东：《西方科学哲学中的形而上学与反形而上学》，《文史哲》，2003 年第 4 期。

[59] 魏屹东：《计算—表征认知理论的认知语境分析》，《自然辩证法通讯》，2003 年第 1 期。

[60] 魏屹东：《科学发展的文化语境解释》，《山西大学学报》，2003 年第 3 期。

[61] 魏屹东：《概念变化、科学革命与再语境化》，《科学技术与辩证法》，2004 年第 2 期。

[62] 魏屹东：《科学主义：我们究竟应该如何理解》，《科学技术与辩证法》，2004 年第 6 期。

[63] 魏屹东：《"科学论战"为哪般》，《自然辩证法通》，2005 年第 1 期。

[64] 魏屹东：《作为世界假设的语境论》，《自然辩证法通讯》，2006 年第 3 期。

[65] 魏屹东：《科学中的预设、证据和基于模型的推理》，见洛伦佐·玛格纳尼、李平主编：《认知视野中的哲学探究》，广州，广东人民出版社，2006，第 81～99 页。

[66] 魏屹东：《科学主义的实质及其表现形式》，《自然辩证法通讯》，2007 年第 1 期。

[67] 魏屹东、薛平：《"孪生地球"假设的哲学内涵与语境认知形式》，《洛阳师范学院学报》，2007 年第 1 期。

[68] 魏屹东、常照强：《语用模型表征：一种基于语境的认知推理》，《科学技术与辩证法》，2007 年第 4 期。

[69] 魏屹东、陈敬坤：《可想象性论证及其问题》，《科学技术与辩证法》，2010 年第 10 期。

[70] 魏屹东、苏玉娟：《科学革命发生的语境解释及其现实意义》，《自然科学史研究》，2009 年第 3 期。

[71] 魏屹东、裴利芳：《论情境化潜意识表征》，《科学技术与辩证法》，2009 年第 2 期。

[72] 魏屹东、杨小爱：《语境框架：计算机能否造就心灵的核心问题》，《洛阳师范学院学报》，2009 年第 1 期。

[73] 魏屹东：《语境论的科学研究纲领方法论》，《人文杂志》，2009 年第 4 期。

[74] 魏屹东：《论科学之预设的合法化过程》，《文史哲》，2008 年第 5 期。

［75］魏屹东：《语境的表征计算、意义变换与认知推理》，《山西大学学报》，2009 年第 5 期。

［76］魏屹东、薛平：《认知语境与语境认知模型》，《哲学动态》，2010 年第 6 期。

［77］〔英〕维特根斯坦：《逻辑哲学论》，郭英译，北京，商务印书馆，1985.

［78］〔美〕夏佩尔：《理由与求知》，楮平等译，上海，上海译文出版社，1990.

［79］夏基松、沈斐凤：《西方科学哲学》，南京，南京大学出版社，1987。

［80］徐友渔：《哥白尼式的革命》，上海，上海三联书店，1994。

［81］徐向东：《怀疑论、知识与辩护》，北京，北京大学出版社，2006。

［82］殷杰、董佳蓉：《论智能机器人研究的语境论范式》，《自然辩证法研究》，2009 年第 2 期。

［83］殷杰：《语境主义世界观的特征》，《哲学研究》，2006 年第 5 期。

［84］殷杰：《语境分析方法的起源》，《科学技术与辩证法》，2005 年第 4 期。

# 后 记

本书是我 2009 年承担的国家哲学社会科学基金后期资助项目"科学哲学的语境重建"(批准号：09FZX011)的研究成果。

经过十多年的教学实践与潜心研究,《语境论与科学哲学的重建》一书终于完成。我坚信："任何事件或行动都处于语境之中"，"人是语境中的行动者"，"语境不同，事件或行动的意义不同"，"知识的产生是语境化的结果"，"事件或行动是语境敏感的、语境依赖的、语境限制的"，"认知是语境涌现的"，"认知推理是基于语境的"。比如我们常说的"具体问题具体分析"，用语境论的术语讲就是"特定问题在特定语境中分析"。

在认知系统中，认知过程是语境化的，心智的涌现是语境依赖的、意识的产生也是语境限制的。许多认知科学家开始运用语境论的方法论研究认知现象，比如巴尔斯的意识的认知理论中就运用语境分析探究意识现象，提出了多种语境解释模型[1]。在认知科学中，许多理论都是语境论，比如联想主义是心理语境论，内省主义是精神语境论，行为主义是现象语境论，认知主义是功能语境论，联结主义是关联语境论。在人工智能中，科学家要使得计算机能够像人那样地思维，就必须使它由"被语境化"(人为它设置了语境)转化为"自语境化"(计算机主动融入语境或自己设置语境)。这是一个非常艰难的过程，甚至可能是永远都难以实现的过程。不过，语境化肯定是人和智能机器区别的重要标准之一。

在知识系统中，对于不同命题或理论，它们的语境必然不同；语境不同，意义当然不同，比如不同学科的理论。对于同一命题或理论，在同一语境中，语境论强调该命题或理论的整体"联动性"，正是这种"联动性"决定命题或理论的意义；在不同语境中，语境论强调该命题或理论意义的"差异性"，正是这种"差异性"，使得我们能够区别命题或理论的微小差别。比如不同"范式"的更替其实质就是不同语境的转换。

在社会系统中，任何事件或行动都是"社会语境中的事件或行动"。对于不同的事件或行动，它们的社会语境肯定不同，比如不同社会制度中的经济行为；正是由于社会语境不同，才使得事件或行动的意义不同。

---

① See B. J. Baars. 1988. *A cognitive theory of consciousness*, Cambridge University Press.

对于同一事件或行动，在同一社会语境中，语境论强调该事件或行动的意义确定性，或意义的不变性；在不同社会语境中或社会语境发生了变化，该事件或行动的意义将随之发生变化，甚至是巨大变化。比如"发家致富"，在计划经济和市场经济中的境遇和意义不同。在计划经济时代，"发家致富"被看做资本主义"尾巴"遭到割除，而在市场经济时代，"发家致富"被看做是一种正当的追求和光荣的行为，受到鼓励和支持。

在文化系统中，任何事件或行动都是"文化语境中的事件或行动"。对于不同的事件或行动，它们的文化语境肯定不同；正是由于文化语境不同，才使得事件或行动的意义不同。比如，不同文化中的科学。对于同一事件或行动，在同一文化语境中，语境论强调该事件或行动的意义确定性，或意义的不变性；在不同文化语境中或文化语境发生了变化，该事件的或行动的意义将随之发生变化，甚至是巨大变化。比如不同宗教信仰，"改宗现象"就是文化语境变化的结果。

在自然系统中，任何客观事实或自然现象都是"自然语境中的客观事实或自然现象"。没有独立存在的客观事实或自然现象，它们是因果地关联的。这种因果联系链条正是客观事实或自然现象自组织语境化的表现。人的介入更加使客观事实或自然现象语境化。这是"双重语境化"，即自然本身的语境关联和语言对自然的语境关联。这两种语境关联的耦合使得知识的产生得以可能。比如 21 世纪最大的谜团之一的暗物质（dark matter）和暗能量（dark energy），它们的存在向科学家提出了挑战。科学家普遍认为，暗物质存在于已知物质之外，虽然我们目前还不知道它们的存在，它们是什么，结构如何，但是可以肯定，暗物质是整个宇宙中恒星和星系赖以存在的框架。美国加州理工大学天文学家 Richard Massey 说："如果没有暗物质的存在，宇宙就不会以今天的形式呈现在我们面前。"大爆炸结束后，暗物质像框架一样既把星系维系在一起，同时又为普通物质提供结构空间。这就像语境为命题和行为提供意义框架一样，暗物质与语境有许多共同之处。因此，语境论能够为暗物质的研究提供一种世界假设和方法论。因为，"暗物质被认为是宇宙研究中最具挑战性的课题，它代表了宇宙中 90% 以上的物质含量，它们既不发光也不吸收光，而我们可以看到的物质只占宇宙总物质的 10% 不到。中微子和黑洞是现在已经知道的两种暗物质，但其对暗物质的总量的贡献非常微小，暗物质中的绝大部分现在还不清楚，其本质现在还是个谜。"而且，"暗物质主导了宇宙结构的形成，如果没有暗物质就不会形成星系、恒星和行星，也就更谈不上今天的人类了"①。对暗物质的探讨一定是人类对物质结构的认识上的一次巨大飞跃。我们相信，把语境论引入暗物质研究领域，一定会对其本质的认识有极大帮助。

一句话，人的世界中的一切事物或社会中的一切事件都是语境化的。这正是我要完成这本书的信念所在。

魏屹东
2011 年 9 月于山西大学蕴华庄寓所

---

① 钟阳泰：《寻找暗物质》，《光明日报》2011 年 1 月 10 日第 13 版。